湖北省学术著作出版专项资金资助项目

中国学术档案大系

主编　陈文新

本书为"《吕氏春秋》文献稽考与唐前接受研究"（10YJA751078）项目成果

《吕氏春秋》学术档案

王启才　编著

WUHAN UNIVERSITY PRESS
武汉大学出版社

图书在版编目（CIP）数据

《吕氏春秋》学术档案/王启才编著 . —武汉：武汉大学出版社，
2015.4
中国学术档案大系
ISBN 978-7-307-14491-0

Ⅰ.吕…　Ⅱ.王…　Ⅲ.①杂家　②《吕氏春秋》—研究
Ⅳ.B229.25

中国版本图书馆 CIP 数据核字（2014）第 235728 号

责任编辑:白绍华　　　责任校对:汪欣怡　　　版式设计:马　佳

出版发行:**武汉大学出版社** 　　（430072　武昌　珞珈山）
　　　　　（电子邮件：cbs22@ whu. edu. cn　网址：www. wdp. whu. edu. cn）
印刷:武汉中远印务有限公司
开本:720×1000　1/16　　印张:38.25　字数:567 千字　　插页:2
版次:2015 年 4 月第 1 版　　2015 年 4 月第 1 次印刷
ISBN 978-7-307-14491-0　　定价:96.00 元

前 言

　　《吕氏春秋》是我国战国秦汉之际颇有影响力和代表性的著作，然而，有汉以降，历代学者对它重视不够，吕书研究一直是先秦诸子研究中的薄弱环节。1980 年以来的几十年，吕书研究的冷落局面有不少改观，尤其是近年，相当一批研究成果的涌现，表明了其研究已到了一个新的阶段，也预示着吕书研究会有一个美好的明天。下面将吕书学术研究情况，钩玄提要，作一简介。

一、《吕氏春秋》研究的历史与现状

（一）20 世纪 80 年代之前

　　西汉是推翻暴秦建立起来的国家，因《吕氏春秋》的主编吕不韦与秦王嬴政在一系列重大问题上有矛盾，当然也有权力之争，在汉代反秦风气下，《吕氏春秋》受到普遍重视，对两汉政治思想影响很大，这种影响从两汉君主的诏令、臣子的奏议，从贾谊《新语》、司马迁《史记》、《礼记·月令》、《礼记·乐记》、刘安《淮南子》、董仲舒《春秋繁露》、《黄帝内经》、刘向《说苑》、《新序》，桓谭《新论》、王充《论衡》以及黄老帛书《黄帝四经·称》、汉代敦煌悬泉置壁书《四时月令五十条》等，都可看出来。东汉高诱第一个给《吕氏春秋》全面作注，既为后人学习、研究《吕氏春秋》奠定了基础，又扩大了其影响。今天看来，汉代形成了学习、研究《吕氏春秋》的第一次高潮。

　　东汉高诱以迄元代，因班固《汉书·艺文志》把《吕氏春秋》列为"杂家"，人们对"杂家"的理解不同，特别是不少人将其理解为杂凑、杂抄、折中、调和之作，缺乏自己的理论体系，缺乏独特的个性与创造而贬损之；不少人因《吕氏春秋》的主编（甚至有人否定吕不韦的主编资格）是位投机商人，又有宫闱丑闻而累及吕书，抑或暗用其书而不称其人；再者，就是"儒学独尊"使诸子学的地位大为下降，诸子学成为儒学或经学的附庸，其中"杂家"的地位可谓等而下之。魏晋以后，经济生活、政治制度、社会思潮、审美趣尚等较以前有很大的不同，《吕氏春秋》的不少观点与主张，不太符合统治者的脾性与需要，所以研究者寥寥，相关著作只有魏徵《吕氏春秋治要》、马总《吕氏春秋要语》、贺铸《手校吕氏春秋》（未见）3 种，甚为冷落，这是《吕氏春秋》研究的低谷期。

明代中后期到清朝，尤其是明清之际，朝代更替，社会动荡，战乱频仍，内忧外患严重，以经世致用为宗旨、以挽救社会为目的的诸子学兴起，以前一向受冷落的《墨子》、《吕氏春秋》等典籍也成了士人学习、研究的对象。这时期产生的各种《吕氏春秋》著述已知道的有 74 种，其中毕沅《吕氏春秋新校正》等，对后人研究吕书影响很大，这是《吕氏春秋》研究的第二次高潮。

民国时期，再具体一点说，从 1916 年到 1948 年这 32 年，刘师培、孙人和、马其昶、刘咸炘、刘文典、谭戒甫、许维遹、蒋维乔、杨树达、李峻之、于省吾、沈延国、王叔岷、缪钺、杨明照等一批功底深厚的学者从事《吕氏春秋》研究工作。现在看来，其研究多从版本、文字、注疏出发，以札记、随笔的形式出现，有不够系统、全面之处，但路子很正，基础性的积累工作做得扎实、充分。这时期产生的各种《吕氏春秋》研究著述在 36 种以上，其中以许维遹《吕氏春秋集释》成就最高。为此，也可以把 20 世纪 30—40 年代定为《吕氏春秋》研究的第三次高潮。

新中国成立以后的 50—60 年代出版了杨树达遗著《〈吕氏春秋〉札记》、夏纬英《〈吕氏春秋·上农〉等四篇校释》、吴则虞《〈吕氏春秋〉译注》、吉联抗《〈吕氏春秋〉音乐文字译注》4 部著述，相关论著还有《〈吕氏春秋〉中的耕作原理》（收在中国农业遗产研究室所编《中国农学史初稿》上册，科学出版社，1955）、万国鼎《〈吕氏春秋〉的性质及其在农学史上的价值》（《农史研究集刊》第二册，科学出版社，1960），邓胥功《〈吕氏春秋〉教育思想的研究》（《西南师院学报》1959

年第 2 期），取得了一定的成绩——在某种程度上说，这是民国《吕氏春秋》研究的继续，但在总体成就上，较前者逊色不少。1961—1965 年，杜国庠发表《杂家之始作者吕不韦和〈吕氏春秋〉》（《杜国庠文集》，人民出版社，1962），刘元彦、沈觉民、王范之、周文英、万国鼎、朱仲玉、李诗、杨志玖，分别在《哲学研究》、《中华文史论丛》、《文汇报》、《光明日报》、《人民日报》发表《吕氏春秋》论文 8 篇。在"文革"期间（1966—1976 年），尤其是在"崇法批儒"时期（1973—1974）所发的 12 篇文章，多数是对《吕氏春秋》研究的批判和扭曲。1977—1979 年，是《吕氏春秋》研究的反拨与回复期。这一阶段，只见 8 篇反拨与重新评价《吕氏春秋》的文章，专著仅见薄薄的 2 部：吉联抗辑译《〈吕氏春秋〉中的音乐史料》（上海文艺出版社，1978，页数：57），《评〈吕氏春秋〉》（江苏人民出版社，1974，页数：36），《吕氏春秋》研究显得较为冷落。

　　值得一提的是，台湾地区学者较好地继承了清代以来的朴学传统，出版了贺凌虚《〈吕氏春秋〉的政治理论》、李九瑞《〈吕氏春秋〉思想理论》、陈郁夫《〈吕氏春秋〉撢微》、谢德三《〈吕氏春秋〉虚词用法诠释》、严灵峰《先秦诸子知见书目（五）·〈吕氏春秋〉》等一批专著，发表了余书麟《〈吕氏春秋〉教育思想发展》、潘光晟《〈吕氏春秋〉高注补正》、罗云家《吕氏春秋》、赵金海《吕氏春秋校诂》、《读〈吕氏春秋〉札记》、《〈吕氏春秋〉思想管窥》、施之勉《〈吕氏春秋〉二十余万言或三十余万言》、陈郁夫《〈吕氏春秋〉教育思想》、陈国栋《〈吕氏春秋〉之教育思想》、贺灵虚《吕不韦与〈吕氏春秋〉》、张柳云《吕氏春秋与统一思想》、黄锦铉《吕氏春秋论乐》、徐复观《〈吕氏春秋〉及其对汉代学术与政治的影响》、朱守亮《〈吕氏春秋〉中的孔子》等多篇有份量的论文。

　　此外，日本学者大岛利一于 1966 年、1970 年先后在《史林》发表《论见于〈吕氏春秋·上农〉四篇中的农业技术》和《再论见于〈吕氏春秋·上农〉四篇中的农业技术》两篇文章。

　　总的来看这三十年《吕氏春秋》研究状况，可以称之为学术转型与积蓄力量期。

　　关于汉以降历代评点吕书的概况，一般读者可以参看 1935 年清华大学出版的许维遹《吕氏春秋集释》后面的《附录》、陈奇猷《吕氏春秋校释》后面的《附录:〈吕氏春秋〉考证资料辑要》、牟钟鉴《〈吕氏春秋〉与〈淮南子〉思想研究》后面的《附录:历代有关〈吕氏春秋〉的考评辑要》;专门从事研究者可以参看明焦竑、翁正春的《吕氏春秋评林》,黄甫龙的《吕氏春秋汇评》,李鸣春的《批点吕氏春秋》,王天铎、李鸣春、陈继儒的《吕氏春秋校评》,清张道绪选评的《吕氏春秋选》等书。

综述文章有杨宗莹的《六十年来吕氏春秋学》(见《六十年来国学》),李维武的《〈吕氏春秋〉古今研究》及续篇(《国内哲学动态》,1986 年第 6—7 期)。

论文方面,从 20 世纪之初到 20 世纪 80 年代初,方克立、杨守义、肖文德编的《中国哲学史论文索引》(中华书局,1986)收录中国内地(1900—1984)及港台地区(1950—1980)《吕氏春秋》研究论文152 篇,刘冠才等主编的《诸子百家大辞典》(华龄出版社,1994)附录中国内地、港台地区(1900—1992)《吕氏春秋》研究论文索引 117篇,再配合"中国学术期刊数据库"(《世纪期刊》),基本能反映出这一时期《吕氏春秋》的研究状况。

(二)20 世纪 80 年代至今

为帮助人们更好、更快捷地了解《吕氏春秋》的研究概况,先介绍几篇综述文章:

王纪纲《建国以来〈吕氏春秋〉研究述评》(《文史知识》,1991 年第 6 期),李家骧《中外"〈吕氏春秋〉学"评考综要》(上)(《湘潭大学学报》,1998 年第 6 期),《中外"〈吕氏春秋〉学"评考综要》(下)(《湘潭大学学报》1999 年第 1 期),王启才《〈吕氏春秋〉研究 20 年》(《阜阳师范学院学报》,2001 年第 2 期),陈宏敬《〈吕氏春秋〉研究综述》(《中华文化论坛》,2001 年第 2 期),李家骧《中外"〈吕氏春秋〉学"评考综要补》(《湘潭大学学报》,2001 年第 5 期),俞长保《20世纪〈吕氏春秋〉研究综述》(《徐州师范大学学报》,2002 年第 4 期),高小瑜《〈吕氏春秋〉研究三十年》(《绥化学院学报》,2010 年第 6期)。

（1）研究状况概览

据笔者粗略统计，这34年共出版吕书索引、注译、智谋、妙语、词类研究、通论及吕不韦评传之类的专著60多部，是前1700多年（从汉高诱《吕氏春秋注》至1979年）的6倍多。其中王范之《吕氏春秋研究》、夏纬瑛《〈吕氏春秋·上农〉等四篇校释》、吉联抗《〈吕氏春秋〉中的音乐史料》、陈奇猷《吕氏春秋校释》、王利器《吕氏春秋注疏》、张双棣等《吕氏春秋译注》、（台）林品石《〈吕氏春秋〉今注今译》、牟钟鉴《〈吕氏春秋〉与〈淮南子〉思想研究》、（台）田凤台《吕氏春秋探微》、（台）吴福相《〈吕氏春秋〉八览研究》、（台）黄大受《〈吕氏春秋〉政治思想论》、李家骧《吕氏春秋通论》、刘元彦《杂家帝王学——〈吕氏春秋〉》、萧风《吕氏春秋养生精要》、张双棣等主编《吕氏春秋词典》、殷国光《〈吕氏春秋〉词类研究》、何根科《〈吕氏春秋〉韵语研究》、暴拯群和李科编著《〈吕氏春秋〉箴言录》、张富祥《王政全书——〈吕氏春秋〉与中国文化》、陈雪良《吕子答客问》、张自文《吕不韦的99种智慧》、洪家义《吕不韦评传》、林剑鸣《吕不韦传》、李维武《吕不韦评传——一代名相与千古奇书》、王启才《吕氏春秋研究》、李颖科、丁海燕《吕不韦与〈吕氏春秋〉》、周华文《吕不韦十讲》、许富宏《〈吕氏春秋〉：四季的演讲》、王晓明注译《吕氏春秋通诠》（上下）、曾锦华《〈吕氏春秋·十二纪纪首〉、〈淮南子·时则训〉及〈礼记·月令〉之比较研究》、殷国光《〈吕氏春秋〉句法研究》、王伟《〈吕氏春秋〉思想新探》、郭智勇《被遗忘与曲解的古典中国——〈吕氏春秋〉对传统学术的投诉》、许富宏主编《吕氏春秋鉴赏辞典》、张富祥注说《吕氏春秋》、陆玖译《吕氏春秋》等影响较大，以上专著对推进吕书研究起了极其重要的作用。

这一时期，以《吕氏春秋》为选题做博士论文的有［美］J. Marshall、（台）田凤台、（台）吴福相、（台）李如苹、吕艺、刘慕方、侯文莉、陈宏敬、蔡艳、申镇植、黄伟龙、庞慧、李铭娜、俞林波、林荣、吴欣、王伟、孔令梅、杨汉民、管宗昌20人，做硕士论文的有50余人。

值得欣喜的是，90年代以来，一改过去专门类通史或先秦断代史很少提及吕书的局面，刘泽华《中国政治思想史》、王炳照、阎国华《中国教育思想通史》等百十部很有影响的书都辟专章介绍吕书，并以它收束先秦部分，这表现了现代学者对吕书的关注和认可。

从论文方面看，据不完全统计，这34年间中国大陆、台湾地区发表《吕氏春秋》研究论文近500篇，其中洪家义、李维武、牟钟鉴、熊铁基、修建军、王启才等论文篇什较丰，富有特色。这些论文分别就以下内容进行探讨或评介：吕不韦其人，吕书的成书年代、版本、编纂特点，中心思想，结构体系，思维特点，学派归属，传习与研究概况，悲剧命运，与中国文化的关系，该书的政治、哲学、史学、法学、伦理、教育、心理、音乐、文学、艺术、逻辑、语言、军事、科技、情报、天文、历法、农业、体育、养生、饮食、生态环境、社会管理、商业、企业、人学、传播、中医、工艺、编撰、体例、文献等内容，以及吕书与儒家(孔子、荀子)、道家(老子、庄子)、名家、阴阳家、墨家(《墨子》)、法家(《韩非子》、《商君书》)、《周易》、《管子》、《淮南子》、《礼记》、《史记》、《潜夫论》、《文心雕龙》等学派或书的关系，历史作用，对后世的影响，历代研究书目举要，等等。总的看来，涉及面较广，有些问题立论较新，研究正在走向深入。

(2)一些重要论题的进展情况
关于吕不韦的评价问题

有汉以迄近代，一直存在着鄙薄、讥刺吕不韦的偏见，骂其为奸商、政治投机家、阴谋家、商业炒作的创始人、性贿赂者，并因人废其书者，代有其人。从郭沫若称吕不韦"在中国历史上应该是一位有数的大政治家"①以来，学术界对吕不韦在秦统一天下中的作用，对其思想、内政、外交、军事、著述等方面的建树，多持肯定态度。邹贤俊说吕不韦"开创了汇通百家的学风"②，其境界、识见是战国四公子所不能比的。洪家义《吕不韦评传》认为："吕不韦的悲剧，是历史的悲剧，更是秦王朝的悲剧。"南京大学《中国思想家评传丛书》将

① 郭沫若：《十批判书》，人民出版社1954年版，第341页。
② 邹贤俊：《吕不韦在秦统一事业中的贡献》，《华中师范学院学报》1982年第1期。

吕不韦收入"思想家"行列,并单独立传。现在,吕不韦在中国历史上作为政治家、思想家的地位,在秦统一过程中的贡献与作用,得到大多数人的认可。

关于吕书的性质与学派归属问题

历来对吕书性质的看法,见仁见智,难以统一。大致说来,有代表性的观点共六种,即百科全书说、史书说、子书说、类书说、政(论)书说和先秦总揽性文化要籍说,目前认可后两说的较多。

吕书号为杂家,对杂家之"杂"有杂存、杂凑、杂选、杂通等多种理解,近年人们颇有认可"杂通"之说的趋向。

该书的学派归属也是个众说纷纭的问题,继清卢文弨《抱经堂文集·书〈吕氏春秋〉后》主墨家说以来,郭沫若《十批判书》主儒道两家说,陈奇猷《吕氏春秋校释》主阴阳家说,金春峰《论〈吕氏春秋〉的儒家思想倾向》(《哲学研究》,1982 年第 12 期)主儒家说,牟钟鉴《〈吕氏春秋〉道家说之论证》(《道家文化研究》,第十辑)主道家说,熊铁基《秦汉新道家》主新道家说,争议较大。不过,近年人们普遍认为吕书是一部以儒道为主、兼综百家的著作,并提出如果在该问题上纠缠下去,对深入剖析吕书的思想内容不利。

关于吕书的中心、体系问题

近代以来,对吕书有无中心、成不成体系问题,争议颇大。大致说来,80 年代以前持否定论的较多,认为吕书兼容并包,调和折中,无一贯的思想,不能创立一个体系。90 年代以来持肯定论的占多数。熊铁基《论〈吕氏春秋〉的中心思想》(《道家文化研究》第十四辑)认为吕书是黄老新道家形成的标志,是一部有完整体系的政论书,它有明确的中心思想,即高诱所概括的"道德"、"无为"、"忠义"和"公方"。洪家义《论〈吕氏春秋〉的性质》(《南京大学学报》,1999 年第 4 期)说吕书有"严密的系统"、"突出的中心"、"完整的结构"、"卓然成一家言"。

关于吕书的哲学、政治思想问题

吕书虽不是哲学著作,但其蕴含着哲学思想。34 年来,人们较为普遍地认为在宇宙观、认识论等方面,吕书基本上是唯物主义的,在方法论方面,朴素的辩证思想较多,当然以阴阳五行为框架也使它有神秘主义和形而上学的一面。刘元彦、陈宏敬、吴昌仲、熊开发、晋荣东分别就《吕氏春秋》的"天人关系"、"自然哲学"、"领导哲学"、"存在哲学"、"言'辩'的语言哲学"等发表了各自的看法。

目前，人们较多地认为吕书是一部政治（论）书，这样，该书的政治思想就成了占据全书重要位置的部分。就吕书具体的政治思想而言，洪家义认为它主要表现在"民本思想"、"德治思想"、"反君主专独思想"三方面①。刘泽华则从"关于政治法自然和随时变的思想"、"关于君臣的论述"、"关于对民的态度与理论"、"关于无为政治思想"、"关于义兵与统一天下思想"五方面②加以论述，所论较详。李宗桂、陈宏敬《〈吕氏春秋〉的政治哲学》（《福建论坛》，2001年第3期）说：

> 《吕氏春秋》的政治哲学表现为立君道护治道的利欲论、着眼政治操守和智慧的君臣论、接近德主刑辅模式的德刑论。《吕氏春秋》的政治哲学是秦汉之际社会思潮、学术思潮的反映。

李匡夫《略论〈吕氏春秋〉治理思想的几个特点》说吕书的治国理论，有如下几个特点："博采众家之长，构筑治国体系"，"大力推崇'德治'主张"，"组织管理科学初见端倪"，"推究事理，察物辩证"。韩慧《〈吕氏春秋〉之治国思想评析》（《政法论丛》，2005年第3期）说：

> ……《吕氏春秋》一书，提出了清静无为、施仁行义、严明赏罚、重用贤人的治国思想。这些思想主张反映了当时社会的呼声，是较符合时代潮流的施政纲领，同时也对秦自商鞅变法以来的法治传统多所补充和修正。

另外，李家骧、王宗非、孙实明又分别就吕书的政治辩证法思想、政

---

① 洪家义：《吕不韦评传》，南京大学出版社1995年版，第189—250页。
② 刘泽华：《中国政治思想史》，浙江人民出版社1996年版，第594—611页。

治法律思想、政治伦理思想发表了看法。

关于吕书的历史理论问题

人们对吕书的历史观看法基本一致，牟钟鉴、洪家义等认为它能用变化的观点看待自然，用变化的观点看待社会历史，比较符合统一天下的客观要求，是唯物的、进步的，而且在探讨历史发展规律方面比前人又向前跨越了一步。34 年来，相关论文主要有丁原明《论〈吕氏春秋〉及其历史作用》(《文史哲》1982 年第 4 期)，汪受宽《以史资政的〈吕氏春秋〉》(《兰州大学学报》，1997 年第 4 期)，任重《〈吕氏春秋〉的历史超越精神》(《山东大学学报》，1999 年第 2 期)，汪高鑫《〈吕氏春秋〉历史观析论》(《江淮论坛》，2000 年第 3 期)，李林《论〈吕氏春秋〉的历史思想》(《鄂州大学学报》，2002 年第 3 期)，丁海燕《〈吕氏春秋〉历史思想浅论》(《齐鲁学刊》，2004 年第 1 期)等。

关于吕书的教育、心理思想问题

吕书的教育思想颇为丰富，除了几本《中国教育史》辟专章介绍外，赵年苏认为，"《吕氏春秋·孟夏纪》是世界上最早的教育论著"(《〈吕氏春秋·孟夏纪〉是世界上最早的教育论著》，《苏州大学学报》，1989 年第 4 期)，廖其法认为它具体表现在"先教而后杀，事莫功焉"，"义理之道彰，则暴虐奸诈侵夺之术息"，"音乐通乎政，而移风平俗"，"身定、国安、天下治，必贤人"，"圣人生于疾学、疾学在于尊师"，"达师之教"与"善学"之方六方面。① 李家骥、张瑞在他们各自的书中对吕书所阐发的教育的关键、宗旨、原则、作用以及教学的态度和方法等问题，也作了较详的论述。人们普遍认为，吕书十分重视教育对于治理天下的作用，其要旨近于儒家。

近年，关于《吕氏春秋》论教育的相关论文，还有吴智雄《〈吕氏春秋〉的教育理论》(《孔孟月刊》，第 40 卷，第 5 期)，韩红侠《浅析〈吕氏春秋〉中的自然主义教育观》(《陕西师范大学学报》，2001 年第 2 期)，谢克庆、刘亮、张文平《〈吕氏春秋〉论教育》(《成都中医药大学学报》(教育科学版)，2002 年第 2 期)，王红《〈吕氏春秋〉教育思

---

① 廖其发：《吕氏春秋中的教育思想》，《华东师范大学学报》(教育科学版)1988 年第 3 期。

想对外语教学的启示》(《外语教学》，2004 年第 3 期)，陈兴安《〈吕氏春秋〉教育思想摭说》(《天津市教科院学报》，2005 年第 1 期)、王勇《〈吕氏春秋〉的文治教化思想》(《湖湘论坛》，2013 年第 2 期)，等等。

《吕氏春秋》的心理学思想是近年研究的热点。贺福安、吕锡琛《〈吕氏春秋〉的心理学思想及其现代意义》(《求索》，2001 年第 4 期)说：

> 《吕氏春秋》中蕴含了相当丰富的心理学思想，其主要包括：第一，顺情而教的教育心理学思想；第二，节欲、适欲的情欲心理学思想；第三，"八观六验"的心理测验思想；第四，"托于爱利"的管理心理学思想。弘扬其思想精华，有助于提高管理水平，改进教育方法；保持心理健康，选择健康的生活方式；改善干群关系，促进反腐廉政。

晏海珍《〈吕氏春秋〉中"人欲"与"知人"思想刍议》(《陕西师范大学学报》，2001 年第 1 期)认为：吕书蕴含着丰富的管理心理学思想：

> 《吕氏春秋》认为，管理者必须重视人欲并根据人欲来用人。掌握"令人得欲之道"关键在于"知人"。"八观"、"六验"法是知人的两种基本方法。

此外，燕国材《〈吕氏春秋〉心理思想拾零》、赵德肃《〈吕氏春秋〉的教育心理》、赵南《〈吕氏春秋〉的教师心理探析》、《试析〈吕氏春秋〉的差异心理思想》、《〈吕氏春秋〉道德心理思想探析》、范庭卫和朱永新《〈吕氏春秋〉的领导心理思想研究》、晏海珍和伍铃《〈吕氏春秋〉中的人欲论心理学思想》、王启才《〈吕氏春秋〉管理心理思想及其现代意义》(《阜阳师范学院学报》，2001 年第 6 期)、《〈吕氏春秋〉的修辞心理》(《古籍研究》，2002 年第 4 期)、《〈吕氏春秋〉的艺术心理》(《兰州学刊》，2003 年第 6 期)、修建军《〈吕氏春秋〉"以乐和心"思想及其现代启示》(《青岛科技大学学报》(社会科学版)，2012 年第 2

期)等，都是就吕书心理的某一方面作了可贵探索的论文。

关于吕书的科技、农业、医学、养生问题

吕书对与政治有关的科技问题也非常关心，天文、农学、医学、养生等在该书中都占有相当的比重。卢嘉锡总主编的《中国科学技术史·农学卷》、袁运开的《中国科学思想史》和《中国农学史》等书都辟专章介绍。霍有光《〈吕氏春秋〉的科技思想史地位》(《秦文化论丛》第四辑，西北大学出版社，1995)一文中"重视科学技术的明智理智态度"一节说：

> 《吕氏春秋》中关于科学技术有丰富的内容。第一，在处理人与自然的关系问题上，把自然界明确作为人类的研究对象。第二，发现了自然界演化遵循螺旋式的循环之道。第三，人类为了求生存，必须注意与自然界协调发展，使可再生的资源(动植物)有休养生息的机会。第四，由于重视研究各种自然现象，事实上先秦时期已经出现原始的自然科学门类，有些则隶属国家部门的管理对象。根据《吕氏春秋》的具体内容，后来产生了气象学、农业土壤学、园艺学、水利学、本草学、临床医学、方剂学、冶炼学和自然地理学。第五，把科学技术的发明者、推广者崇之为圣人，指出发挥科技人才作用的重要性。第六，提倡尊师重教。

李家骧《吕氏春秋通论》，洪家义、李维武各自的《吕不韦评传》对吕书的科技内容也辟专章介绍，材料新颖翔实，值得称道。

比较而言，现在人们对吕书的农业、养生理论兴趣大些，发表的文章很多。先看农业问题，由于中国自古以农立国，农业是"本"，《吕氏春秋》又保存有现存最古的农书，所以，人们普遍重视《吕氏春秋》的农业问题。相关论文主要有王毓瑚《先秦农家言四篇别释》(农业出版社，1981)、梁家勉《〈吕氏春秋·任地〉等篇在农学史上的地位》(《中国农业科学技术史稿》，农业出版社，1989)、王缨《农时不可违——论〈吕氏春秋〉中〈上农〉等四篇的中心思想》(《湖北农业科学》，1981年第2期)、张企曾《〈吕氏春秋〉中〈上农〉等四篇论文的

农学成就和农业辩证法思想》(《河南农业大学学报》，1988 年第 3
期)、郭文韬《〈月令〉中的生态农学思想初探》(《古今农业》，2000 年
第 1 期)、杨钊《〈吕氏春秋〉与农业》(《农业考古》，2002 年第 3 期)、
张景书《〈吕氏春秋〉的农业教育思想》(《西北农林科技大学学报》，
2003 年第 2 期)、张文友《〈吕氏春秋·上农〉等四篇文献中的农业知
识》(《西昌农业高等专科学校学报》，2003 年第 2 期)、谭亲毅《〈吕
氏春秋〉农业生态思想及其现实意义》(《安徽农业科学》，2008 年第 7
期)、王星光《〈吕氏春秋〉与农业灾害探析》(《中国农史》，2008 年第
4 期)、谭黎明《〈吕氏春秋〉中的农业科学技术研究》(《兰台世界》，
2011 年第 6 期)、刘冠生《〈吕氏春秋〉之〈上农〉四篇的内容体系》
(《管子学刊》，2013 年第 3 期)、刘慧杰《〈吕氏春秋·上农〉等四篇
文献所反映的畎亩制》(《知识经济》，2013 年第 7 期)。

《上农》等四篇的来源问题，历来见仁见智，发表的论文主要有
许富宏《〈吕氏春秋〉"上农四篇"来源考》(《中国农史》，2009 年第 1
期)、苏正道《再论〈吕氏春秋〉"上农四篇"的来源》(《农业考古》，
2013 年第 3 期)等。

《上农》等四篇与其他相关农学文献的比较研究，也是热点之一，
近年发表的主要论文有范常喜《〈上博五·三德〉与〈吕氏春秋·上农〉
对校一则》(《文献》，2007 年第 1 期)、李亚光《〈吕氏春秋〉与〈商君
书〉重农思想比较研究》(《长春师范学院学报》，2007 年第 11 期)、
肖瑾《许行的"神农之教"与〈吕氏春秋〉的"上农"农业思想比较研究》
(《学理论》，2011 年第 25 期)、张喆《〈吕氏春秋·上农〉等四篇与
〈农业志〉的农学思想之比较》(《中国农史》，2012 年第 3 期)、王沙
力《〈吕氏春秋〉与〈管子〉农学思想比较研究》(《中国市场》，2013 年
第 41 期)等。

再看医学、养生思想。由于现代人们生活条件大为改善，产生了
营养过剩等问题；加之人们生活节奏加快，工作压力加大，环境污染
加剧，所以身心失调，养生问题受到特别关注。近年发表的关于《吕
氏春秋》这一方面的文章也多了起来，医学文献如郑怀林《〈吕氏春
秋〉医学篇简述》(《现代中医药》，1988 年第 5 期)、贺松其《略论〈吕
氏春秋〉中的情志医学思想》(《中医文献杂志》，1998 年第 2 期)、孙

庆民《〈吕氏春秋〉医学保健心理思想评述》(《心理学探新》,2006年第2期)、冯文林《〈吕氏春秋〉的中医治疗学思想探析》(《医学与哲学》,2006年第7期)、姚洁敏、严世芸《"精"通天地人——〈吕氏春秋〉论"精"及其与中医学之关系》(《中医药文化》,2012年第2期)等。

养生文献如王璟《〈吕氏春秋〉养生思想探究》(《孔孟学报》,第81期)、章树林《〈吕氏春秋〉的养生观》(《安徽中医学院学报》,1990年第1期)、金易《略论〈吕氏春秋〉养生治国一理的思想》(《湘潭大学学报》,1990年第2期)、彭万中《〈吕氏春秋〉的养生思想探析》(《国医论坛》,1991年第3期)、田静《〈吕氏春秋〉中的养生思想》(《华夏文化》,2001年第1期)、姜守诚《〈吕氏春秋〉的养生观探析》(《锦州医学院学报》,2003年第1期)、曾永忠《〈吕氏春秋〉论养生与现代体育卫生观》(《湖北体育科技》,2004年第1期)、赵英、孙岸弢、马艳春《杂家养生思想剖析》(《中国老年保健医学》,2005年第1期)、茅晓《〈吕氏春秋〉中的先秦养生观》(《中华医史杂志》,2005年第3期)、杨波《〈吕氏春秋〉里的养生之道》(《东方食疗与保健》,2005年第5期)、杨琪东《〈吕氏春秋〉里的养生之道》(《山西老年》,2005年第5期)、杜昌宏《〈吕氏春秋〉的养生思想》(《家庭中医药》,2005年第6期)、胡斌、贺翔《〈吕氏春秋〉的全生论》(《法制与社会》,2009年第28期)、李宗坡《浅谈〈吕氏春秋〉的养生理念》(《国医论坛》,2009年第3期)、荆世群《〈吕氏春秋〉养生理论述论》(《邵阳学院学报(社会科学版)》,2010年第1期)、孔令梅《〈吕氏春秋〉的养生之道》(《周口师范学院学报》,2010年第1期)、王京龙《战国百家争鸣的高亢谢幕余音——〈吕氏春秋〉的体育养生思想》(《图书与情报》,2010年第4期)、张祝平《〈吕氏春秋〉中的体育论述与养生思想探究》(《浙江体育科学》,2012年第2期)、刘长江《〈吕氏春秋〉的养生之道》(《兰台世界》,2012年第16期)等。这些论文有的探赜索隐、剖析肌理,十分精到,有的则较为短小浅显。

关于吕书的军事思想问题

《吕氏春秋》成书之前,正值秦国抗击韩、赵、魏、燕、楚五国反秦联盟之际。主编吕不韦大权独揽,不断对外用兵,把秦国统一事业向前大大推进了一步，所以《吕氏春秋》重视战争，反对"禁攻"、"偃兵"之说，主张用"义兵"统一天下，具有较为系统的军事情报思想与理论特点。

吕书的军事思想在先秦诸子中别具特点，近年颇受学者青睐，人们多从战争的起源、性质、方略、与君主（国家）的关系等方面，探讨它既不同于兵家，也不同于儒法两家的观点。

除李家骧、牟钟鉴等书中辟章节介绍吕书的军事思想外，主要论文有：张国光《〈吕氏春秋〉中关于战争的理论》（《人文杂志》，1981年第1期）、杨一民《〈吕氏春秋〉中的治军思想》（《军事历史研究》，1989年第1期）、刘春志《〈吕氏春秋〉军事思想初探》（《先秦军事研究》，金盾出版社，1990）、李家骧《〈吕氏春秋〉的战争论》（《湘潭大学学报》，1994年第3期）、王联斌《〈吕氏春秋〉的军事伦理思想》（《军事历史研究》，1995年第2期）、储道立和钟海《〈吕氏春秋〉的军事情报思想》（《军事历史研究》，2001年第4期）、龚留柱《〈吕氏春秋〉和〈淮南子〉的军事思想比较》（《河南大学学报》，2003年第3期）、田照军《〈吕氏春秋〉军事思想略论》（《军事历史研究》，2011年第3期）、曾文芳《〈吕氏春秋〉的军事思想浅析》（《西安财经学院学报》，2012年第4期）等。

关于吕书的美学、文学、文艺思想问题

吕书有10多篇谈及美的文字，可谓内容丰富，但今人对其美学思想的评价不一。敏泽认为吕书调和各家而名杂家，其美学"重要的创见并不多"，"未成自己完整的体系"，对后世的影响小。① 周来祥等认为吕书作为先秦美学的逻辑终结，它总结吸收前人的理论但无突出的创新。② 曹利华等认为吕书的美学思想成体系，有所创新，是向汉代美学过渡的桥梁。③ 相关论文还有李家骧《〈吕氏春秋〉之论美》

---

① 敏泽：《中国美学思想史》（第一卷），齐鲁书社1987年版，第303页。

② 周来祥主编：《中国美学主潮》，山东大学出版社1992年版，第79—82页。

③ 曹利华：《中华传统美学体系探源》，北京图书馆出版社1999年版，第92—95页。

（《台州学院学报》，2004 年第 2 期）、轩小杨《〈吕氏春秋〉以儒补道的音乐美学思想》（《辽宁师范大学学报》，2010 年第 3 期）、薛永武《论〈吕氏春秋〉与〈乐记〉音乐美学思想的趋同》（《山东大学学报》，2011 年第 6 期），等等。

　　吕书论乐的文字之多，超过了先秦其他诸子。1980 年以来，对其音乐美学思想作专门论述的文章近 40 篇，近年研究是热点之一。如胡健《〈吕氏春秋〉音乐美学思想初探》（《音乐探索》，1988 年第 4 期）、李耀建《〈吕氏春秋〉的音乐美学思想研究》（《高校理论战线》，1989 年第 3 期）、蔡仲德《论〈吕氏春秋〉的音乐美学思想》（《星海音乐学院学报》，1991 年第 1 期）、蔡正非《从〈吕氏春秋〉看先秦美育心理思想的发展》（《云南师范大学学报》，1991 年第 4 期）、王军《〈吕氏春秋〉论乐宏观模式及其由来》（《中国音乐学》，1998 年第 2 期）、尚红《〈吕氏春秋·音初篇〉中的音乐史料研究》（《星海音乐学院学报》，1999 年第 1 期）、王志成《〈吕氏春秋〉中的音乐美学思想》（《齐鲁艺苑》，2002 年第 2 期）、胡健《"大乐"简释——〈吕氏春秋〉音乐美学思想再探》（《音乐探索》，2002 年第 2 期）、赵寅《声出于和，和出于适——〈吕氏春秋〉乐论美学观之检讨》（《贵州大学学报》（艺术版），2002 年第 3 期）、周薇《孔子、荀子和〈吕氏春秋〉的乐论比较》（《宁波大学学报》（人文科学版），2003 年第 3 期）、于川《〈吕氏春秋〉美在"中和"思想浅析》（《安徽农业大学学报》（社会科学版），2004 年第 6 期）、罗卉《〈吕氏春秋〉音乐思想研究的两个问题》（《西南师范大学学报》，2005 年第 2 期）、杨善武《〈吕氏春秋〉先益后损生律的确定性》（《音乐研究》，2009 年第 4 期）、刘宇统《浅谈音乐自然观的基础——从〈吕氏春秋·古乐篇〉中的三个音乐故事说开去》（《鸡西大学学报》，2009 年第 6 期）、薛丽《学习〈吕氏春秋·适音〉的体会》（《边疆经济与文化》，2009 年第 6 期）、修海林《应当基于对原典的理解——谈〈吕氏春秋·音律〉中与生律法相关的"阳上阴下"观念》（《音乐研究》），2010 年第 1 期）、修海林《先秦道家音乐学术思想的主要特征——以〈吕氏春秋〉诸篇为例的分析》（《中国音乐学》，2011 年第 1 期）、杨善武《阴阳观、〈吕氏春秋〉生律与史学研究——由〈应当基于对原典的理解〉一文所引发》（《交响》（西安音乐学院学报)，2011 年第 2 期)、宋克宾《阴阳观念与音律规律是解读〈吕氏春秋·音律〉不可或缺的两个方面——与杨善武先生探讨〈吕氏春秋·音律〉篇的生律次序问题》(《交响》(西安音乐学院学报)，2011 年第 4 期)、王洪军《〈管子·地员〉、〈吕氏春秋·音律〉引发的与三分损益律相关问题之思考》(《黄钟》(武汉音乐学院学报)，2011 年第 4 期)、张小苹《从〈吕氏春秋〉看〈乐记〉部分篇章的成书年代及其佚篇》(《西南交通大学学报》(社会科学版)，2011 年第 5 期)、刘宇统《〈吕氏春秋〉中的音乐自然观史料研究》(《名作欣赏》，2011 年第 23 期)、李方元《"乐"之"化生"与"化成"——〈吕氏春秋·大乐/古乐篇〉中的时间与历史》(《中国音乐学》，2012 年第 1 期)、柳倩月《〈吕氏春秋〉音乐功能观的人类学阐释——兼论古代诗论相关内涵》(《湖南社会科学》，2012 年第 1 期)、宋克宾《律源、律度、律数、律历——以〈吕氏春秋〉、〈淮南子〉为代表的秦汉道家律学"四维"理论结构》(《中国音乐》，2012 年第 2 期)、修海林《"乐本体"思维模式在秦汉道家音乐思想学理性思考中的存在——以〈吕氏春秋〉中〈大乐〉、〈适音〉为例的分析》(《中国音乐学》，2012 年第 2 期)、修建军《〈吕氏春秋〉"以乐和心"思想及其现代启示》(《青岛科技大学学报》(社会科学版)，2012 年第 2 期)、刘宇统《〈吕氏春秋·八览〉及〈六论〉中音乐史料特征探略》(《钦州学院学报》，2012 年第 4 期)、陈克秀《〈吕氏春秋〉的"十二律"与"十二纪"》(《中国音乐学》，2013 年第 2 期)、刘阳阳《〈吕氏春秋〉音乐功能论》(《管子学刊》，2013 年第 4 期)、王汀《音乐社会功用之刍议——以〈乐记〉和〈吕氏春秋〉为例》(《吉林广播电视大学学报》，2013 年第 6 期)、袁文迪《论"适"——从古之〈吕氏春秋〉"适音"到今之音乐艺术之"适"》(《大众文艺》，2013 年第 8 期)等。此外，还有针对吕书论乐的具体问题如"上生"、"下生"等专门探讨和争论的文章。

吕书的文(学)艺思想、政论文学、文学价值，也是近年人们关注较多的方面，李家骧《吕氏春秋通论》专辟两章论述《吕氏春秋》的文艺思想与政论文学，谭家健和郑君华《先秦散文纲要》、郭预衡《中国散文史》、刘衍等主编《中国散文史纲》、褚斌杰和谭家健《先秦文学史》、赵明等《两汉大文学史》、聂石樵《先秦两汉文学史稿》(先秦卷)、顾易生和蒋凡《先秦两汉文学批评史》、邵传烈《中国杂文史》、张啸虎《中国政论文学史稿》、公木《先秦寓言概论》、陈浦清《中国古代寓言史》等一批著作,对《吕氏春秋》的文学(寓言)成就、文学价值进行了发掘与探讨。从论文方面看,主要有于维璋《〈吕氏春秋〉的文艺思想浅说》、章沧授和王启才分别发表的《论〈吕氏春秋〉的文学价值》、刘怀荣《论〈吕氏春秋〉的文学思想》、李家骧《〈吕氏春秋〉的文艺起源论》、朱立元《试论〈吕氏春秋〉的言意观》、洁芒《〈吕氏春秋〉与〈史记〉关联探微》、张秉光《〈吕氏春秋〉寓言试探》、周晚琴《〈吕氏春秋〉言意关系探微》(《毕节学院学报》,2008 年第 3 期)、叶慧和徐静《〈吕氏春秋〉中的成语研究》(《大众文艺》(理论),2009 年第 20期)、管宗昌《〈吕氏春秋〉对浓缩型历史典故的运用及其文学意义》(《北方论丛》,2010 年第 3 期)、管宗昌《〈吕氏春秋〉之惠子形象试析——兼论〈吕氏春秋〉的说理艺术》(《商丘师范学院学报》,2010 年第 8 期)、王晓丹《论〈吕氏春秋〉在古代散文发展史上的作用》(《韶关学院学报》2011 年第 7 期)、管宗昌和杨莉《〈吕氏春秋〉对长篇历史故事的处理》(《商丘师范学院学报》,2013 年第 10 期)等。

硕士论文方面,有兰州大学刘世芮的《〈吕氏春秋〉美学思想研究》、福建师范大学王雪清的《〈吕氏春秋〉文艺思想研究》(2002)、首都师范大学陈平《四象之美:〈吕氏春秋〉美学思想研究》(2007)、华中师范大学向玉露《〈吕氏春秋〉文学价值研究》(2007)、山东师范大学付浩宇《〈吕氏春秋〉文学性研究》(2009)、山东大学张锋《〈吕氏春秋〉中的美学思想解读》(2009)、辽宁师范大学高小瑜《〈吕氏春秋〉艺术结构研究》(2011)、湖南师范大学王南萍《论〈吕氏春秋〉的文艺思想》(2012)、曲阜师范大学王晓丹《试论〈吕氏春秋〉在中国古代散文发展史上的作用》(2012)、东北师范大学宋洁《吕氏春秋寓言研究》(2013)等。博士论文方面,有中国人民大学管宗昌的《〈吕氏春秋〉文学研究》(2010)。随着研究的不断深入,人们逐渐认可了吕书的文(学)艺价值。

吕书的结构体系也是近年研究的热点之一,发表的主要论文有庞慧《〈吕氏春秋〉数字形式之寓意》(《廊坊师范学院学报》,2008 年第 3 期)、管宗昌《遭逢际遇事象大观园的营造——〈吕氏春秋〉·孝行

览的题材、主旨及结构》(《学术论坛》,2009 年第 7 期)、李珍《论
〈吕氏春秋〉的柔性系统》(《文学界(理论版)》,2010 年第 6 期)、宋文
婕《五行传统与中国式奇幻的世界结构——以〈吕氏春秋〉为起点的历
时考察》(《重庆三峡学院学报》,2011 年第 2 期)、管宗昌《论〈吕氏
春秋·有始览〉与相关篇目的互见关系》(《学术论坛》,2011 年第 7
期)、管宗昌《试析〈吕氏春秋〉的篇幅规律》(《古籍整理研究学刊》,
2012 年第 1 期)、许富宏《论〈吕氏春秋〉〈十二纪〉的结构体系》(《井
冈山大学学报》,2012 年第 3 期)、管宗昌和杨莉《纲举目张、众星拱
月——〈吕氏春秋〉三秋纪及其所属作品的篇章结构》(《大连民族学院
学报》,2013 年第 4 期)等。

关于吕书的语言、文字学等问题

34 年来从语言、文字学角度研究吕书,先是个别字词的考证、
某种语言规律的揭示,再到何根科《〈吕氏春秋〉韵语研究》、张双棣
《〈吕氏春秋〉词类研究》等专著的出版,再到张双棣等《吕氏春秋词
典》、《吕氏春秋索引》的编纂,从王范之《吕氏春秋选注》,到张双棣
等《吕氏春秋译注》、廖明春和陈兴安《吕氏春秋全译》,再到陈奇猷
《吕氏春秋校释》、王利器《吕氏春秋注疏》等,取得了很大的成绩。
从论文方面说,孙中原《〈吕氏春秋〉关于逻辑和语言的论述》(《思维
与智慧》,1982 年第 4 期)、林鹏《〈吕氏春秋·淫词〉解》(《山西师范
大学学报》,1989 年第 1 期)、张双棣《〈吕氏春秋〉词汇简论》(《北京
大学学报》,1989 年第 5 期)、刘如瑛《〈吕氏春秋〉笺校商补》(《诸子
笺校商补》,山东教育出版社,1995)、殷国光《关于〈吕氏春秋〉句型
研究的若干问题》,张雁《从〈吕氏春秋〉看上古汉语的"主·之·谓"
结构》(《语言学论丛》第二十三辑,北京大学《语言学论丛》编委会
编,商务印书馆,2001)、殷国光《谓词性向心结构向非向心结构变
换的考察——〈吕氏春秋〉谓词性向心结构的考察之一》(《语言研
究》,2002 年第 2 期)、李超《〈吕氏春秋〉的反问句研究》(《玉林师范
学院学报》,2003 年第 2 期)、晋荣东《〈吕氏春秋〉言"辩"的语言哲
学审视》(《华东师范大学学报》,2003 年第 2 期)、雷汉卿和杜晓莉
《〈吕氏春秋〉中由动词"为"构成的述宾结构》(《四川大学学报》,
2003 年第 3 期)、刘红芹《〈吕氏春秋〉语言观探析》(《沈阳工程学院

学报》(社会科学版)，2008 年第 2 期)、马宁《〈吕氏春秋校释〉"总至"释义商榷》(《吉林大学社会科学学报》，2008 年第 2 期)、邓磊和郭小春《〈左传〉〈吕氏春秋〉"所"字用法比较研究》(《宜春师专学报》，1998 年第 6 期)、陈经卫《〈吕氏春秋〉"所以"浅释》(《唐山师范学院学报》，2009 年第 1 期)、林雪《〈吕氏春秋〉中未用的先秦程度副词》(《牡丹江大学学报》，2009 年第 7 期)、曹波等三人《试论〈吕氏春秋〉的修辞观》(《辽宁医学院学报》(社会科学版)，2011 年第 4 期)、林雪《〈吕氏春秋〉中涉及争议的程度副词"甚"》(《忻州师范学院学报》，2012 年第 4 期)等。

博、硕士论文主要有吉林大学李铭娜《吕氏春秋动词研究》(2012 年博士论文)、辽宁师范大学于冬梅《〈吕氏春秋〉的量词研究》(2006 年硕士论文)、浙江大学孙靓《〈吕氏春秋〉中的语用思想》(2007 年硕士论文)、苏州大学顾莉丹《〈吕氏春秋〉校注札记》(2008 年硕士论文)、湖南师范大学胡光庭《〈吕氏春秋〉疑问句考察》(2010 年硕士论文)、山东师范大学曲文蕾《〈吕氏春秋〉词类活用研究》(2011 年硕士论文)、山东师范大学李秀娟《〈吕氏春秋〉形容词转指研究》(2011 年硕士论文)、曲阜师范大学华祚彩《〈吕氏春秋〉兼语句研究》(2011 年硕士论文)等，以上论著，大体上代表了《吕氏春秋》语言研究的现状与水平，显示了其研究的实绩。

值得注意的是，近年《吕氏春秋》高诱注引发了不少人的兴趣与研究，取得了较好的成绩，出版专著有(香港)何志华《高诱注解发微：从〈吕氏春秋〉到〈淮南子〉》(香港中文大学，2007)，论文主要有古敬恒《〈吕览〉高注中所见古汉语基本词的特性》(《徐州师范大学学报》，1988 年第 3 期)、(香港)何志华《〈吕氏春秋〉高诱〈注〉校释》(《中国文哲研究集刊》，第 12 期)、姚红卫《试析〈吕氏春秋〉高诱注的训诂价值》(《江西社会科学》，2001 年第 6 期)、崔晓静《高诱〈吕氏春秋〉语句注释测查与分析》(河北大学，2001 年硕士论文)、徐志林《〈吕氏春秋〉高诱注研究》(安徽大学，2003 年硕士论文)、卢和乐《试析〈吕氏春秋〉高诱注的语法价值》(《江西广播电视大学学报》，2004 年第 1 期)、王丽芬《〈吕氏春秋〉高诱注研究》(南京师范大学，2005 年硕士论文)、马辉芬《〈吕氏春秋〉高诱注训诂特点综述》(《兰州教育学院学报》,2008 年第 1 期)、吴欣《从注释内容看〈吕氏春秋〉高诱注的文献资料价值》(《现代交际》,2011 年第 11 期)、吴欣《〈吕氏春秋〉高诱注声训体例研究》(《现代交际》,2012 年第 9 期)、吴欣《高诱〈吕氏春秋〉注词汇研究》(浙江大学,2008 年博士论文)等。

关于吕书的文献研究

对吕书文献进行研究,也是近年出现的热点之一,发表的主要论文有徐飞《〈吕氏春秋〉援引〈庄子〉研究》(《四川文理学院学报》,2008 年第 1 期)、付浩宇《〈吕氏春秋〉接受史概述》(《安徽文学(下半月)》,2008 年第 2 期)、张富祥《吕氏春秋》校释札记(一)(二)(《古籍整理研究学刊》,2008 年第 4、5 期)、马辉芬《〈吕氏春秋〉注文版本及著录情况》(《图书馆理论与实践》,2008 年第 6 期)、赵敬波和蒋波《关于〈吕氏春秋〉中一条史料的考辨》(《湖北第二师范学院学报》,2008 年第 9 期)、李森虎《珍古明宋邦乂本〈吕氏春秋〉收藏记》(《当代图书馆》,2009 年第 4 期)、张富祥《〈吕氏春秋〉引用〈易经〉诸例释义》(《周易研究》,2010 年第 5 期)、杨居让《〈吕氏春秋〉明宋邦乂刻本辨识》(《图书馆理论与实践》,2010 年第 5 期)、高小瑜《〈吕氏春秋〉研究三十年》(《绥化学院学报》,2010 年第 6 期)、林清澄《为什么"先识"者都是档案工作者——〈吕氏春秋·先识〉解读》(《山西档案》,2011 年第 3 期)、王启才《关于〈吕氏春秋〉命名与主编问题的文献爬梳》(《阜阳师范学院学报》,2012 年第 3 期)、徐丽华《〈吕氏春秋〉文献学研究述评》(《牡丹江师范学院学报》,2012 年第 6 期)、王启才《关于〈吕氏春秋〉辨伪问题的文献爬梳》(《阜阳师范学院学报》,2013 年第 3 期)、俞林波《元刊〈吕氏春秋〉考述》(《船山学刊》,2013 年第 4 期)、张文渊和王竹波《近八十年来有关〈吕氏春秋〉政治思想研究述评》(《理论与现代化》,2013 年第 6 期)等。

吕书与其他各家、各派的比较研究

《吕氏春秋》是处于历史转折点上的集成之作,也是杂家的开山作与代表作。既然是"杂家",是集腋成裘之作,人们的思维、视角自然就落在与它前后各家、各派的比较方面,一是想看一看《吕氏春秋》的渊源何在?以哪一家为主,从各家各派吸取了什么,是怎样吸取的？与各家各派有什么异同？反映了什么情况，说明了什么问题。二是从吕书与其他各家、各派的比较研究中，看秦汉学术文化的继承、发展与嬗变情况，看《吕氏春秋》对中国文化的作用与影响。从著作方面看，田凤台《吕氏春秋探微》、李家骧《吕氏春秋通论》、刘元彦《杂家帝王学——〈吕氏春秋〉》等都有专章探讨《吕氏春秋》的思想渊源，论述吕书与儒家、道家、墨家、法家、阴阳家、名家、农家、纵横家、兵家和小说家的关系。

从论文方面看，该方面是研究的热点，数量很多，主要有：

台湾地区：傅武光《〈吕氏春秋〉与墨家的关系》（上下）（《东方杂志》，1985 年第 3—4 期），朱守亮《〈吕氏春秋〉与法家之关系》（《中华学苑》，第 2 期）、朱守亮《〈吕氏春秋〉之孔子》（《孔孟月刊》第 15 卷第 2—3 期），傅武光《〈吕氏春秋〉与先秦法家之关系》（《中国学术年刊》第 5 期）、吴福相《〈庄子〉、〈吕氏春秋〉寓言结构之比较研究》（《中国学术年刊》第 20 期）等。

中国内地：主要有牟钟鉴《〈吕氏春秋〉与〈淮南子〉的比较分析——兼论秦汉之际的学术思潮》（《哲学研究》，1984 年第 1 期）、牟钟鉴《〈吕氏春秋〉道家说之论证》（《道家文化研究》，第 10 辑）、侯利中《〈吕氏春秋〉与老庄哲学的关系》（《语文学刊》，1989 年第 6 期）、苗润田《〈吕氏春秋〉与稷下学》（《管子学刊》，1991 年第 2 期）、洁芒《〈吕氏春秋〉与〈史记〉关联探微》（《语文学刊》，1991 年第 2 期）、王克奇《〈吕氏春秋〉、〈韩非子〉异同论》（《山东师范大学学报》，1991 年增刊）、修建军《博采众长独倾儒——从〈吕氏春秋〉的孔子观谈起》（《齐鲁学刊》，1991 年第 4 期）、修建军《〈吕氏春秋〉与〈荀子〉思想主体之比较——兼议学派归属性的一般问题》（《管子学刊》，1994 年第 3 期）、修建军《〈吕氏春秋〉与阴阳家》（《管子学刊》，1995 年第 3 期）、修建军《〈吕氏春秋〉与墨学》（《齐鲁学刊》，1995 年第 4 期）、刘元彦《〈吕氏春秋〉的精气论：兼论与德谟克利特原子论的异同》（《传统文化与现代化》，1997 年第 2 期）、修建军《超越传统的尝试：〈吕氏春秋〉与法家》（《管子学刊》，1998 年第 2 期）、修建军《〈吕氏春秋〉与道家析论》（《管子学刊》，2000 年第 3 期）、修建军《〈吕氏春秋〉与中国文化》（《孔子研究》，2001 年第 4 期）、魏宏灿和王启才《〈吕氏春秋〉对〈周易〉的继承与改造》(《汉中师范学院学报》,2002 年第 1 期)、王启才《〈吕氏春秋〉对〈老子〉的继承与超越》(《阜阳师范学院学报》,2002 年第 4 期)、龚留柱《〈吕氏春秋〉和〈淮南子〉的军事思想比较》(《河南大学学报》,2003 年第 3 期)、郭鹏《简论〈吕氏春秋〉对〈文心雕龙〉的影响》(《宁波大学学报》(人文科学版),2004 年第 4 期)、霍有光《〈吕氏春秋〉与先秦儒家思想》(《秦文化论丛》,2004 年第 11 辑)、霍有光《〈吕氏春秋〉与黄帝、三皇五帝文化》(《唐都学刊》,2005 年第 1 期)、李家骧《〈吕氏春秋〉与先秦百家的思想渊源关系》(《台州学院学报》,2005 年第 2 期)、刘康德《〈吕氏春秋〉〈淮南鸿烈〉合论》(《南京师范大学文学院学报》,2006 年第 2 期)、李亚光《〈吕氏春秋〉与〈商君书〉重农思想比较研究》(《长春师范学院学报》,2007 年第 11 期)、方万青《〈韩非子〉与〈吕氏春秋〉民本思想比较研究》(《农业考古》,2010 年第 4 期)、薛永武《论〈吕氏春秋〉与〈乐记〉音乐美学思想的趋同》(《山东大学学报》,2011 年第 6 期)、熊帝兵《〈吕氏春秋〉与〈潜夫论〉涉农思想比较》(《兰州学刊》,2012 年第 8 期)、王沙力《〈吕氏春秋〉与〈管子〉农学思想比较研究》(《中国市场》,2013 年第 4 期)、来永红《论道家治国治身治心思想体系——以〈老子〉、〈管子〉、〈吕氏春秋〉和〈淮南子〉为中心》(《兰州大学学报》2013 年第 3 期)等。

此外,近年不少论文各从一个侧面立论,如对吕书的文化整合之功、编纂心理、编辑思想、舞蹈史论、体育宝藏、修身理论、孝道、治国管理、宇宙观、天道观和天命论、名实观、生态环境观、饮食观、用人之道、孔子观、墨学观、商业伦理、文治教化、财经经济、人才观、法律思想、逻辑思想、易学思想、美育思想、人口思想、社会管理思想、传播思想、工艺思想、可持续发展思想等,进行探讨,颇多值得肯定的新深之作。

以上简要地梳理 20 世纪 80 年代以来《吕氏春秋》研究的概况,从中可以看出成果是较为丰硕的,成绩是喜人的。由此我们可以把 80 年代看做《吕氏春秋》研究的高潮期与丰收期。

二、今后之路向

《吕氏春秋》研究虽取得了可喜的成果，但这只是纵向比较的结果，如果横向比较，即与其前后的其他诸子研究相比，还不够景气，研究的前景仍相当广阔。

1. 研究有待于系统深入

历代治吕书者不乏其人，但多局限在校释、翻译、普及、散论、分论方面，全面系统的专著像田凤台《吕氏春秋探微》等，尚不多见。对某一专题作深入研究写出专著的，如张双棣《〈吕氏春秋〉词类研究》、何根科《〈吕氏春秋〉韵语研究》等，尚不够多，目前对吕书注译、评介、智慧借鉴、寓言故事解读等普及性的工作做得较多，而系统深入的研究太少，尚没见到《〈吕氏春秋〉学史》或《〈吕氏春秋〉研究史》之类的著作问世。

吕书是一部政治书，也是先秦晚末的一部百科全书，包罗甚广，需要跨学科的协同研究。现在对其所蕴含的政治理论以及相关的天文、历法、农业、科技方面的研究，较以前虽有长足的进步，但仍显得薄弱，尚未见相关的系列专著问世。

吕书研究历来争议较多，众说纷纭，但综观这34年的研究成果，可以发现随机选题多，浅尝辄止多，争论少，没有产生重大的突破。吕书研究的系统深入，不能仅靠个人从各自的专业出发，凭兴趣关注、研究与其专业相关或相近的内容，搞散打出击或小打小闹的游击战，要培养训练一支素质高、发展全面的正规军，打阵地战，啃硬骨头。我们渴望有更多的专家学者关注、研究吕书，系统策划、协同作战，以求在未来几年内能有更多的在对各个专题独立分析之后的综合研究类力作问世。

行文至此，笔者想把成书于先秦晚末的《吕氏春秋》与西汉的《淮南子》研究现状作一番比较。

《淮南子》是受吕书影响而成的一部书，比吕书晚出百十年，可在研究方面，却远远地走在了吕书的前面。2004年12月成立了"安徽省《淮南子》研究会"，2005 年 9 月、2006 年 9 月分别召开了全省、全国的《淮南子》研讨会，已出版研究《通讯》6 期，出版《〈淮南子〉研究论文集》第一至第五卷，第六卷也正在编辑出版中。经过有意识的组织、策划，近年不但有成批的论文问世，还产生了陈广忠《淮南子科技思想》(安徽大学出版社，2000)、陶磊《〈淮南子·天文〉研究——从数术史的角度》，齐鲁书社，2003)、陈静《自由与秩序的困惑——〈淮南子〉研究》(云南大学出版社，2004)、孙纪文《淮南子研究》(学苑出版社，2005)、戴黍《〈淮南子〉治道思想研究》(中山大学出版社，2005)、马庆洲《淮南子考论》(北京大学出版社，2009)、杜绣琳《文学视野中的〈淮南子〉研究》(中国社会科学出版社，2010)、黄悦《神话叙事与集体记忆：〈淮南子〉的文化阐释》(南方日报出版社，2010)、金妤《思想淮南子》(人民出版社，2013)等专著。

相比之下，《吕氏春秋》研究确实显得落后了，既没有自己的学会和发表阵地，也没有凝练一批学有专长的研究队伍，无论是专著或是论文数量都嫌不足。吕不韦的老家在河南濮阳，又是"阳翟大贾"，而河南属中州文化，中原一带是中华文化的主要发源地之一，战国时期商贾云集，经济相当繁荣，吕不韦往来"买贱卖贵"，家累千金，其发迹事实本身就有力地证明了这一点。

《吕氏春秋》与《淮南子》有共同的特点与命运，有太多相似的地方，建议河南濮阳、阳翟从建设中原经济区、促进当地经济、文化发展的角度，挖掘、利用好这一资源，在河南中东部形成一个《吕氏春秋》研究中心，与安徽中部的《淮南子》研究相互呼应，共同推进杂家或秦汉道家研究走向深入。

2. 研究范围应进一步扩大

吕书本是先秦体系完整、包罗万象的集成之作，以该书为突破口，向上可找出它的思想渊源，尤其是与先秦其他诸子的关系。这方面的工作，刘元彦、李家骧等人已做了一些，苗润田、侯利中、傅武光、修建军等已就吕书与稷下学、老庄道家、墨家、儒家、阴阳家、法家的关系作了可贵的探索。向下可寻绎出它与《新语》、《新书》、《黄帝内经》、《淮南子》、《史记》、《春秋繁露》、《说苑》、《新序》、

《论衡》、《潜夫论》、《四民月令》、《文心雕龙》等书关系的线索，以见吕书的影响。这方面，牟钟鉴、熊铁基等人已做了不少工作，但仍可以深入做下去。尤其是杂家与秦汉文化乃至中国文化的关系问题，是个大课题，值得深入研究下去。

进行中外比较也是一条路，刘元彦《〈吕氏春秋〉的精气论：兼论与德谟克利特原子论的异同》一文已开了好头。① 下一步只要开展广泛的比较研究，眼界开阔些，可做文章的地方还不少。

现在，学术界对道家学派的研究关注较多，尤其是先秦老庄学派，但对秦汉道家(新道家)学派的《吕氏春秋》、《淮南子》的研究稍显不足，这方面研究有待于加强。

吕书号为"杂家"，一向为人所轻忽，系统地深入研究杂家出现的原因及与秦代的关系，其作用、命运，尤其是对后世政治、思想、科技、文化、文艺、图书编纂等的广泛影响，目前较为欠缺。

现在不少《吕氏春秋》研究者，眼界还不够开阔，识见还不够宏通，只看到与本专业相关、相近的地方，论文就事论事，甚至缺乏把《吕氏春秋》放在秦汉时期关中(三秦)文化与三晋文化、齐鲁文化、中州文化等的交流与碰撞，乃至在中国学术史、中华文化史的发展链条中去审视与把握的勇气与能力。

3. 研究者综合素质的提高与研究方法的改进与突破

《吕氏春秋》研究要尽快走出当前的困境，弥补其不足，除了在筹措资金，收集资料，成立学会，建立阵地，开辟发表园地，开展与港台、国际交流与合作之外，研究者综合素质的提高，研究方法的改进与更新也显得非常重要。《吕氏春秋》是一部包括人文社会科学与自然科学的古籍，客观要求研究者具有较好的国学功底，如扎实的版本、目录、文字、音韵、训诂功夫；学科视野宽广，文史综合素质全面；具有较好的艺术修养和自然科学基础，如音律、天文、地理、农学、医学等，具有这样全面的素质或有组织、有计划，能领导多学科

---

① 刘元彦：《〈吕氏春秋〉的精气论：兼论与德谟克利特原子论的异同》，《传统文化与现代化》1997 年第 2 期。

协调作战的专门机构，才能把吕书研究做大做强；否则，仍有可能低水平地重复与徘徊，较难有重大突破与斩获。

在研究方法上，一是借鉴诸子学研究以及其他诸子研究（如《庄子》、《淮南子》）的成功经验与做法，借鉴港台、海外的研究成果与方法；二是在传统文献、西学视角与方法上融会贯通，以求有突破，有新变。

卡西尔有句名言："空间与时间是一切实在与之相关联的构架。"《吕氏春秋》以"十二纪"安排全书的框架，以阴阳五行观念为指导，时间意识、空间概念明晰。今天我们继承、研究这部书时，应该抓住这一特点，把它放在秦汉历史文化的转折点上去认识，把它放在关中文化与三晋文化、中州文化、齐鲁文化、荆楚文化的交流与碰撞这一空间范围内去把握。同时，坚持思辨和实证的统一、历史意识和当代意识的统一、全球视角与中西结合的统一，运用各种研究方法，比如材料辑佚考辨的文献研究法，明变求因的学术解析研究法，发展流变的历史研究法，古为今用的借鉴、资政研究法，用当代视角、西方理论、现代化的检索手段重新审视与评价法，古籍普及与工具书编纂法，综合创新法，等等，从各个领域、各个层面、各个角度，对它进行全方位多层次立体化的研究，力求有较大的突破，有嘉惠后人的集成性、标志性的成果问世。

目　录

《吕氏春秋》主要论著评介

《吕氏春秋》汇校(存目)

蒋维乔等

【评介】

据杨沈赵三君的后跋(页七一五),这部书是在蒋竹庄先生指导之下,由师生四人分工合作而写成的一部皇皇"巨帙"。杨跋说:"诸书皆一字一句,翻阅对雠,自信尚属刻实,可无大误。"这是说他们对于元刻以下诸本的负责校对。他又说:"遍搜类书古注,一字一句,皆采辑无遗,更取原书一一注其所出,察其异同。"这是说他们对于类书古注的负责采辑。"如此为书","搜求既广,所获又多",这样"草创汇校","既便检讨,又益来学",似乎是一部令人满意的书了。然而,在我把这书略翻一遍之后,不仅是"疏误至多",而且是"妄为撰述"。待我慢慢道来:

现在条举的次序,就依《〈吕氏春秋〉汇校》(以下简称《汇校》)的次序。

(一)版本 当补明李鸿(按:当为"鸣")春本,这书在北平是很容易找到的,间或也有一二异文,如《贵公》篇:"桓公行公去私,用管子而为五伯长。"李鸿春本"伯"作"霸"是。

(二)类书征引 关于类书征引一项和古籍征引一项,杨跋对于这两件事是颇为自负的,他说:"遍搜类书古注,一字一句,皆采辑无遗",这话未免大言欺人了。古类书引到《吕览》的,岂止《汇校》所列的二十种?据我所曾引用来校《吕览》的,还有:《编珠》《蒙求旧注》《事始》《续事始》《事物纪原》《册府元龟》《职官分纪》《记纂渊海》《海录碎事》《古今事文类聚》《古今合璧事类备》《簪缨必用翰苑新书》《锦绣万花谷》《山堂群书考索》《群书类编故事》《永乐大典》《天中记》

《彭氏类编杂说》《和名类聚钞》……在这一批书里，《册府元龟》一书，尤为紧要，因为这部书，不仅是引用《吕览》，它还引用到高注啊。蒋先生诸人读古书的能力，我不知道怎样，不过像这样略翻一二十部类书，便侈言"遍搜"、"采辑无遗"，真是未免有点不知天高地厚了。

（三）古籍征引　至于说到这一项，那真有浩如烟海之感。因为《吕氏春秋》这部书，皋牢百家，包罗万象，后人在其中讨生活的，从汉以来，那真有"一世二世，乃至于万世"的趋势，反转来看《汇校》所征引的古籍，才得自刘向《新序》至马骕《绎史》二十六种书，其他姑且不论，连一部《十三经注疏》和"四史"以外的诸史，都未曾列入。这样便可自诩"遍搜"、"采辑无遗"吗？

（四）专著　前人校《吕览》最勤的，当数高邮王念孙，王氏有手校本，现藏中央研究院历史语言研究所，其材料超出刊行的杂志之外很多，这部书为《汇校》所不及引，本不足责，不过如蔡云的《吕子校补献疑》，聚学轩丛书本；吕吴的《吕览辨土任地篇校注》，存古书局四种合刊本；都未曾列入，这真算是名符其实的"要目"了。

（五）版本书录　《汇校》一书，比较其他研究《吕氏春秋》的书而言。差强人意的地方，要算版本书录和后面的佚文了。佚文的问题，放在后面讨论。《汇校》书录列第一种元至正嘉兴路儒学刊本，应当补洪颐煊《读书丛录》一条，《读书丛录》这样说："《吕氏春秋》二十六卷，前有遂昌郑元祐序，后有嘉兴路儒学教授陈华（当做'泰'）至正□□吴兴谢盛之刊一行，即所谓元嘉禾学宫本也。目录后有镜湖遗老记，每页廿行，行廿字。"《汇校》于凌稚隆本下，颇知引《援鹑堂笔记》，为什么在这里不知道引《读书丛录》呢？

以下我们讨论《汇校》的正文：

（六）元本漏引　《汇校》所引诸本，佚漏的地方很多，其他姑且不论，以元本来说罢，便有页一九"论其轻重"，注与李本等合一条，页二五伯禽将行，注与李本合一条，页四三复来求之，注与汪本合一条，页七二反修于招，注与李本合一条，页一二二"非特以欢耳目极口腹之欲也"，注与姜本合一条，页一七二"兵之所自来上矣"，注与张本合一条，页二一〇"失民心者而立功名"，注与许本合一条，好，这类材料也够多了，就此告一段落罢，假如这样征引下去，那真可以写一部"吕氏春秋汇校校"了。不过，就只这些，也可以说明《汇校》之不忠实了。《汇校》尝"病诸家检雠之不详"，你自己疏略的地方，"言李本作某，元本亦往往已然"的，你知道吗？

（七）妄称元本 《汇校》页四二天下"重物也"条说："元本'又况于它物乎'误'可以讬天'"，元本于此，只是"它"作"他"，并未尝误作"可以讬天"，页四六九"湫然清净者"条说："元本李本许本姜本'清净'作'清静'"，元本并不作清静，这样的"妄为採入"，不是恰合你自己所说的"宜乎其校勘之或有支离"吗？

（八）材料重出 《汇校》页一三"始生"之条说："元本李本许本姜本宋邦乂本刘本汪本朱本黄本及《日钞》，'天也'之'也'皆误'地'。"又说"《日钞》'天也'之'也'误'地'"。在一条的中间，相隔才十多个字，就犯上重出的毛病来，难道这也还会失之不察吗？页三四五之"秦之道"条和下面"至因见惠王"条，也犯上这个毛病。

（九）引书难信 《汇校》页一二引《广韵》去四绛"髊"字下云云。髊字在广韵去五实，髊字读什么音？会入四绛吗？从这些地方看来，我怀疑蒋先生四人颇不识字，不然，会连四绛五实两部的字也都弄不清楚吗？页八一"人之情伪"条引《治要》"美"作"羡"，但《治要》是"美恶"作"羡美"，并不是"美"作"羡"。页一六〇"今故兴事动众以增国城"条注引《治要》"重我罪"作"益我罪"，但《治要》是作"益我咎"，不仅是"益我罪"而已。页四三六和四三七引《治要》三条，都是校宋元王令解闭的故事，这个故事，《治要》根本就把它删去了，《汇校》所据的是《四部丛刊》影印日本尾张刊本，我所据的，也是这个本，难道因为《治要》这个书化身千万，就变得来蒋先生诸人所具的有，而我所据的便无吗？这真奇怪了。接着页四三九"故任天下而不彊"条，《汇校》又引《治要》"彊"作"轻"，我的本子也没有，这真是奇之又奇，怪之又怪了。页二二〇"兔丝非无根也"条引洪兴祖补注《九歌·河伯》云云，按洪氏补注引吕氏这段文章，是在下一章的《山鬼》，而不是在上一章的《河伯》；原来古书的旧式，有每篇的标题在每篇的正文之后的，你们知道吗？假如照《汇校》的引法，把《河伯》下一章的《山鬼》当做《河伯》，把《山鬼》下一章的《国殇》当做《山鬼》，把《国殇》下一章的《礼魂》当做《国殇》，这样一来，这《九歌》最末的标题——《礼魂》作何交代呢？尤可怪的，《河伯》的开首就是"与女游兮九河，冲风起兮横波"，《山鬼》的开首就是"若有人兮山之阿，被薜荔兮带女萝"，这样开门见山的文章，都会弄得来张冠李戴吗？假如蒋先生诸人对于古书的这种旧式还不十分清楚的话，最好把我相信你们应该有的毕校本《吕氏春秋》，随便翻一两卷来读一读，就可发现毕校本《吕氏春秋》的标题，也和"九歌"一样，这样或许对于你们了解古书的旧式，不无帮助。因此，我倒联想起一件事来：《陆云集》有篇文章叫《九愍》，是拟"九歌"而作的，这文章当篇的小题，也都在篇末，宋刊本集，把它误摆在篇首，这样一来，末篇就失掉了标题。这件事情的错误，正和《汇校》一样，都是不懂得古书的旧式闹出来的，这真可算是天地间自作聪明之人，无独有偶了。页二九三"岐山太行山"条引李善注《文选·鲍照戒行诗》注"譬如"作"似"。这是李善注《文选·江文通杂体诗》引的，并不是注鲍照诗引的。并且《汇校》这句话也欠妥，你说："李善注《文选·鲍照戒行诗》注"，别人不会怀疑李善是替鲍照戒行诗的注作注吗？页五一四"荆有次非者"条及"得宝剑于干遂条"引如淳注《史记·宣帝纪》，又页五一六"仕之执圭"条引如淳注《史记·宣帝纪》，《汇校》于此再三引如淳注《史记·宣帝纪》，可见并不是笔误或者手写之误。如淳有没有"史记注"，我想这件事情，《汇校》诸人，恐怕还不会知道这么多，用不着去苛求他们；不过，想想看，《史记》会有《宣帝纪》吗？你把《史记》的断限弄清楚了吗？你把太史公的时代弄清楚了吗？我告诉你，这是如淳注的《汉书》，而不是《史记》，真抱歉，连《史》《汉》都弄不清楚的人，也公然著书立说起来了。

（十）次序颠倒　《汇校》页一八"则此论之不可不察也"条，应该在上《本生》篇的末尾。页一四五"无或作事"条，应该在"仲吕之月"条前面。页一六七"其名曰滑马"条，应该在"有其状若悬釜而赤"条的后面。页三五五"结罘网"条，应该在"以其徒属掘地财"条的后面。页六一二"皆为得其处"条，应该在"从焉氏塞"条前面。这些都是《汇校》任情无例的地方。

（十一）所引诸书失注出处　《汇校》页二〇二中"之者已六札矣"

条引徐锴《说文系传》,《系传》下应该补"手部"二字。又页三三六"云梦之芹条"引《说文系传》,也应该在《系传》下补"艹部"二字。页二三九"舜葬于纪市"条引《魏志》注,这是见于《魏志》的《文帝传》注。至于像页三六"律中夹钟条"引《初学记》注,页三八"有不戒其容止者"条引《事类赋》注……都不标明卷数,杨跋说:"更取原书。一一注其所出。"这话靠得住吗?

(十二)不知毕据而妄疑之 《汇校》页三六四"垂眼临鼻"条说:"案毕校云:'鷙即戾字,不当训胝,案《选注》引正文作'鷙股',今脱'股'字,误为胝,入注中,而又误增二字也。'甚是。惟胡刻'选注'亦正同今本,不知毕氏所见何本也。"案毕氏所见的是六臣注本,《四部丛刊》影印的便是这本子,并不难求,请你检查一下,便知道了。页四八三"巫马期短褐衣弊裘"条说道:"众本……'旗'作'期'……不知毕校何以私改为'旗'?"今案元本和宋邦乂本都作"旗",你们自己校勘不忠实,很武断而全称地说:"众本'旗'作'期'",还疑毕校私改吗?

(十三)本书不熟妄想牵引 《汇校》页三〇一"安知其所"条说道:"李善注《文选·辩命论》'安'作'焉'。'所'下有'由之矣'三字。"今案《文选注》所引的应该是《召类篇》"祸福之所自来,众人以为命焉,不知其所由"的那一段,不应当牵扯到《应同篇》来。

(十四)引据失之含混 《汇校》页一二九"其长三寸分"条引《类聚》九八(当作八九)《御览》九六三作"六寸九分"。又引《御览》作"九寸"。这虽承上条引《御览》五六五来,但也须补明是《御览》五六五卷,不然只作《御览》,便与《御览》九六三含混不清了。页二四八"皆离吾纲"条引《御览》八三四"离"作"罗",《御览》八三四"离"作"罹"。这是怎么样一回事呢?我真莫名其妙,请你告诉我。页三五九"所乐非穷达也"条引李善注《文选·幽通赋》,案《幽通赋》是曹大家的注,不是李善注。当该说明。页四三〇"尧舜之臣不独义,汤禹之臣不独忠,得其数也。桀纣之臣不独鄙,幽厉之臣不独辟,失其理也"条引《治要》"臣"作"民",这段文章里有四个"臣"字,你是说四个"臣"字都作"民"呢?还是有几个作"民"呢?今案《治要》原文,只是尧舜之臣和桀纣之臣的"臣"作民,你说《治要》"臣"作"民",这话岂不太含混了吗？页五四八"今夫燫蝉者条"引《类聚》八八"务"作"精"，夺"其树"二字。本条在"务"字下两出"其树"之文，《类聚》引的是夺第二个"其树"字，你只说夺"其树"二字，这未免太含混了。

（十五）辗转抄写不肯查书　《汇校》页二一四"以来其心"条说道："《盐铁论》亦云：'甘毳以养口'，"这是出于《盐铁论》的哪一篇，你查过吗？页九六"颜涿聚"条说道："《论语摘辅象》'聚'作'娶'。见《辞通》引。"《辞通》是何等书，也值得转引吗？《辞通》的纰缪，不下于《汇校》，有暇当为文评之。页六三〇"甌隅有灶"条说道："《淮南》作'隩隅'。"这种大而无当的工作，连你们自己看来恐怕也是莫名其妙吧？

（十六）揭橥出处前后不一致　《汇校》页六三〇"甌隅有灶"条引《类聚》五，接着下面三条又三次引作《类聚》岁时部，在一段文章里面，就冲突到这样的地步，你们攻击清人的"校勘不统于一"，像这些地方，你们将何以解嘲呢？

（十七）转写讹谬　这一类是抄写时不留心，不能推诿到手民的错误上去的，《汇校》这种错误，相当多，兹略举一二罢。例如页一一六"勇者凌却"条，"凌却"当作"凌怯"；页一二二《古乐》篇所有引的《玉海》二〇六当作一〇六；页一九一"过胜之勿求他"条，《亢仓子·君道》篇当作《兵道》篇；页一九八"凡兵贵其因也"条，《御览》三二六当作三二二；页二〇四"赵简子"条及二〇五"谒者入道"条二〇六"取肝以与阳城渠"条，所引《御览》四九当作四七九；页三八〇"齐水走莒"条，"齐水"当作"齐王"，页三八四"既受其赏"条，"其"当作"吾"；页五五二"尘气冲天"条，"冲"当作"充"；页五八九"荆文王得茹黄之狗"条，页五九〇"三月不返"条，页五九一"葆申曰"条，所引《御览》九〇五俱当作九〇三；页六五〇"冬至后"条《齐民要术》引无"生"字，"生"当作"始"。这些都是亟当改正的。

（十八）校印太疏　这一类《汇校》最多，不能尽举，略略摘取一些吧。例如页八二"万物殊类殊形"条，六皇后哀策文，"六"当作"元"；页九〇"圣人生于疾学"条，"魅"当作"魁"；页一〇三"螳螂生"条，"汜州"当作"沆州"；页二一九"柳下季"条，元本……'赂'上皆有旧校'一作欲'，"上"当作"下"；页二二八"死而弃之沟壑"

条，盖不知正文有误而经依正文改之也，"经"当作"径"；页二七七"而当乞所以养母焉"条，《墨子·矢志》"矢"当作"天"；页三五八"无乃天下笑乎"条，"类类"当作"类聚"；页三八〇"帝也者"，《文雅钩》"雅"当作"耀"；页三八三"桃李之华于行者"条，"华"当作"垂"；页四六三"曰士马列"条，《御览》四四当作四四六；页四九五"倒而投之漒水"条，宋人有取道者，有马不进，"有马"当作"其马"，苑泮林补校"苑"当作"茆"；页五一二"天大寒而后门"条《御览》"无"八六，"无"当作"四"；页五二七"列精子高听行乎齐尊王"，"尊"当作"湣"；页五三四"赵简子"条，《治要》"栾"，当作"鸾"，当作"'鸾'作'栾'"；页五九五"肉圃从格"条，朱字注"字"当作"本"；页六〇〇"非王其孰能用是"条，《尹文子·道》篇当作《大道》篇；这些都是校印时太疏忽的地方，可惜限于篇幅，不能再多举了。

以下讨论《汇校》的附录——佚文，《汇校》于《吕氏春秋》的佚文，辑校颇勤，不过，那沉而未钩的材料还够多，据我所辑，超出《汇校》的便有三十条左右，这个问题姑且搁下不谈，只谈《汇校》辑校的错误。

（十九）佚文误字 《汇校》页六六五"桂枝之下无离木"条，"离"当作"杂"，《梦溪笔谈》四引作"杂"不误。《尔雅》释木："梫木桂。"郭璞注云："桂……丛生岩岭，枝叶冬夏常青，间无杂木。"《山海经·南山经》："招摇之山……多桂。"郭璞注云："桂……丛生山峰，冬夏常青，间无杂木。"稽含《南方草木状》卷中云："桂出合浦，而生必高山之巅，冬夏常青，其类自为林，间无杂木。"《类聚》八九、《御览》九五七引《广志》云："桂出合浦，而生必以高山之巅，冬夏常青，其类自为林，间无杂树。"《广韵》十二霁，桂下云："木名，丛生合浦巴南山峰间，无杂。"《太平寰宇记·岭南道桂州临桂县》云："县有漓水，遂名桂江；有荔水，亦曰荔江；其江源多桂，不生杂木，故秦时立为桂林郡。"此皆作"杂"之证。陶隐居《本草集注》一说："树得桂而枯"，这就是桂枝之下无杂木的道理。

（二十）佚文妄疑为他书之文 《汇校》页六六九"精神劳则越"条，是据李善注《文选·七发》引来的，《汇校》这样说："此文及注，均见《淮南·主术篇》，误引无疑。"今案《止观辅行传弘决》卷四之三引亦作"劳者精神则散也"。李善、湛然都是唐人，两引俱有此文，想来唐时本是这样。至于《淮南》，本多抄写吕氏的地方，你以为此文见今本《淮南》而不见今本《吕氏》，便以为是"误引无疑"，这个道理说得通吗？这些地方，让它存疑好了，用不着去辨谁是谁非，这是我们辑佚应有的态度。

（二十一）佚文为他书之误不能辨别而妄为列入 《汇校》页六七〇"白龙化为鱼，豫且射中左目"条，是据《白帖》九五引来的。《汇校》这样说道："此事未见今《吕览》。《说苑·正谏篇》云云，疑亦误引说《说苑》文也。"今案这段文章《治要》十二载《吴越春秋》便有这个故事，今本《吴越春秋》也佚此文，《白帖》所引的《吕氏春秋》，当是《吴越春秋》之误，因为"吕氏"与"吴越"字形很相近，古书引《吴越春秋》而误成《吕氏春秋》，引《吕氏春秋》而错成《吴越春秋》的，真是多着呢。

（二十二）佚文非佚 《汇校》页七一三据《长短经·政体第八》引《吕览》云："夫信立则虚，可以赏矣，六合之内，皆可以为府矣。人主见此论者，其王久矣，人臣知论者，可以为王者佐矣。"《汇校》又说："此节大概不见《吕览》，非佚文即误引。"这"大概"二字说得太不合逻辑了，"不见"就"不见"，"佚文"就"佚文"，"误引"就"误引"，何"大概"之有。假如对于一件事体弄不清楚，便以"大概"二字了之，那么我可以根据《汇校》的一些荒谬的地方，说蒋先生诸人"大概"不曾读过《吕氏春秋》，但是你们明明有部巨著——《吕氏春秋汇校》，你们对于我这话能折服吗？《长短经》引这段文章，是见《吕氏春秋·贵信篇》，并非佚文。奇怪的是《御览》四三〇也引《贵信篇》此文，《汇校》于页五〇四颇知引来一校，何以在《长短经》便把它误为"大概不见《吕览》，非佚文即误引"呢？我常说："读古书未熟，不敢言佚。"这是辑佚工作起码应持的态度。

末了，此书由著者的后跋来看，"大概"是杨沈赵三君的大学毕业论文，在蒋维乔先生的指导下写成的。一个大学生的毕业论文，本来无须苛求；不过一个导师指导学生做出这样荒谬的论文，便是对学生的不忠实；这种作品，不自敝帚自珍则已，又把它拿来发行问世，便是对天下后世不忠实。我常说；"做校勘工作的人，除了忠实以外，一切皆是第二义。"今天我对于《汇校》的不客气的批评，并不是想自附于如《汇校》所说的"世有达者，幸教益之"之列；我是想借《汇校》做到对于《吕氏春秋》忠实，对于天下后世读《吕氏春秋》的人忠实。假如蒋先生诸人会想的话，那么我的对你们批评，便是对你们忠实了。

（藏用《评吕氏春秋汇校》，文载《图书季刊》新第 8 卷，第 1—2 期）

启才按：《〈吕氏春秋〉汇校》系光华大学丛书，蒋维乔、杨宽、沈延国、赵善诒合著，上海中华书局 1937 年印行，由于只有汇校、没附原文等原因，又不便阅读，所以新编《诸子集成》最终没采用该书。

《吕氏春秋》集释(存目)

许维遹

【评介】

　　许维遹(1902—1951),语言文字学家、古籍研究专家,号骏斋,山东威海荣成人,1932 年毕业于北平大学中文系,曾任西南联大教授,后任教于清华大学,1951 年 4 月 2 日在北京清华园病逝,享年49 岁。

　　许维遹父辈兄弟四人,以打鱼为生,都是当地非常有名的好艄公。据说,他们兄弟四人合开一渔行,靠勤劳发家致富,因目不识丁,便雇佣一账房先生,谁想年底时所有钱财被账房先生席卷一空,痛定思痛,遂下决心培养后代识文断句。

　　许维遹天资聪颖,又刻苦好学,入私塾后,很快熟读四书五经等各种典籍。20 世纪 20 年代末期,许维遹到北平大学求学,在此期间,他潜心于经史、训诂之学,经常向杨树达、冯友兰、孙人和、刘文典等学者请疑问难,深受师长器重。

　　许维遹原从刘文典治校勘训诂之学。时刘文典代理清华中文系主任,延聘许维遹来任教员,代大一国文课。在师长们的指导鼓励下,他认真教书,课余整理古籍,编成《吕氏春秋集释》一书,1933 年被列入清华大学整理的古籍丛刊之一印行(也没有第二部)。指导此著作者为许维遹之师刘文典与孙人和两先生,热心助成付印之事者,为冯友兰与闻一多先生。此外,许维遹先生在《清华学报》上发表郝懿行及牟默人两位之年谱及著述考,并曾介绍郝、牟两家之遗著手稿售于清华图书馆,此为抗战前之事。

　　抗日战争期间为保持中华教育的国脉,奉教育部之命,国立北京大学、清华大学和私立南开大学迁到湖南长沙，长沙沦陷后，再迁至昆明，成立国立西南联合大学，当时的西南联大名师荟萃，许维遹讲《左传》，闻一多讲《诗经》，陈梦家讲《论语》，刘文典讲《文选》，唐兰讲《史通》，罗庸讲《唐诗》，浦江清讲《宋词》，魏建功讲《狂人日记》等，各展所长，并驾齐驱，使学生大开眼界。

在西南联大时期，清华大学在昆明郊外龙泉镇的司家营，设文科研究所，许维遹先生即在研究所工作，成《管子》及《韩诗外传》之集释(只有稿本，未及校定及付印)。在西南联大任历代散文选、校勘实习等课。有《尚书义证》(近十篇)发表于《国文月刊》，有《飨礼考》、《说衅》二文，发表于《清华学报》。据许维遹自己交代，此二文开始用民俗学眼光研究古"礼"，是受了闻一多的影响。

许维遹先生在清华，从民国十七年(或十八年)起历任中文系教员、讲师，到学校迁昆明时代约在民国三十一年左右升副教授，复员前升教授。久任大一国文、历代文选、校勘实习等课。复员后，任读书指导、历代文选、尚书、诗经等课。治学方法，有些保守，缺乏现代见解。但为人低调，处世老练，几乎足不出户，一心学问，不善交际，不事张扬，对于同人及同学关系处理得很好。自新中国成立后，因为老式功课不太受学生欢迎，心怀忧虑，常发牢骚，抑郁成疾。

许维遹先生尽管中年早逝，但研究范围较广，一生著述颇多。在语言文字、训诂方面亦多发明，诸如《韩诗外传集释》、《登州方言考》、《飨礼考》、《古器铭对扬王休解》、《释衅》、《尚书义证金藤篇》、《郝兰皋夫妇(郝懿行、王照圆)年谱》等，对《管子》、《尚书》也颇有研究，出版有《管子集校》(郭沫若、闻一多、许维遹合著，科学出版社1956年版)，这部书在1949年前由许维遹纂集，闻一多校阅一部分，后来两位先生先后作古，至1953年秋，闻一多先生之夫人将此稿送交郭沫若手中，由郭沫若整理出版。现在看来，许维遹先生校释工作成就最大的，是《吕氏春秋》、《管子》、《韩诗外传》三书，他是承继清儒朴学传统，补其所未竟的工作者。

《吕氏春秋》是战国末年秦相吕不韦召集门客编纂的一部带有集成性质的书籍，是子书中的重要一种。它征引了古代许多遗闻旧说，给后代学者研究古代社会提供了大量宝贵资料。然因此书流传日久，错误渐多，又因屡经传抄，难于理解之处甚多。汉代著名学者卢植、高诱等为本书作注，纠正了书中的一些讹误。到了清代，毕沅、王念孙、孙诒让等又曾对本书作了校注考订，但遗缺仍然很多。关于许维遹纂《吕氏春秋集释》的缘起，其《自序》说："第自东京以降，脱误渐多，屡经缮写，校雠久废。清儒治经，首以诹正文字为事，旁及诸子，亦循此术。毕尚书秋帆广采群言，重付剞劂，补苴理董，功盖前人。而筚路初开，榛芜未剪，征援虽广，遗缺尚多。虽云据元本以下悉心校勘，而执编复按，疏漏讹脱尚待刊正者，犹数百事。且精刊如明张登云、姜璧、李鸣春诸本，皆弇山所未及见。弇山以降百五十年，诸大师匡正浸多，考订益富，惟简编繁博，未有会归，其他短书笔记，旁证遗闻，披沙拣金，取长舍短，虽通人其犹病诸，在初学更苦其芜杂，是则狐白既集，成裘待人，和璞含光，敦琢斯贵矣。况乎孔、贾疏经，李氏注选，采华集萃，曲证旁求，虽有述事忘义之讥，实亦汲古考文之道。宋、元以来，踵注疏之风，遂多集注、集解、集传、集释之作。晚近学人，益相竞尚，于是纵横四部，各有专书，采摭既多，检寻称便。其精者，如孙仲容之诂《墨子》，刘先生之解《淮南》，衡量辨正，学者赖焉。余远念前修，近承师教，于玩索之余，辄自钞纂，采真削繁，间附管见。依据毕刻，参伍别本。盖于前人校雠训诂之书，凡有发明，靡不甄录。其沿明、清人评点陋习及穿凿附会者，辄加删正。更自旁涉典籍，以广异闻。质正师友，俾就绳墨。其或稽疑莫解，则丘盖不言。则吾岂敢？"

《吕氏春秋集释》（上、下），梁运华整理，中华书局1999年版，受国家古籍整理出版专项经费资助，在其"整理说明"中有这么几句话："许维遹先生经过四年半（一九二八年六月———一九三三年正月）时间精心结纂的《吕氏春秋集释》，于一九三五年由清华大学作为清华大学古籍整理丛刊之一排印出版，一九五五年文学古籍刊行社、一九八五年中国书店曾予以再版。"

《吕氏春秋集释》书前有冯（友兰）序、刘（文典）序、孙（人和）序、自序、引用诸书姓氏、高（诱）序，正文后附录有《吕氏春秋发微》、《〈吕氏春秋〉附考：序说，卷帙》。

　　至于其书的贡献，在于它汇集了前人 80 余种校雠训诂，为《吕氏春秋》研究奠定了一个新的高度和起点，冯友兰先生所作的序评价很高："使后之读此书者，得不劳而尽食以前学者整理此书之果，其利物之功宏矣。诚义信候之功臣，高诱、毕沅之畏友，而孙诒让、王先谦诸人之劲敌也。"这种评价不仅是对《吕氏春秋集释》的充分肯定，也是对许维遹学识的高度认可。具体而言：

一、征引注解广博、规范

　　《吕氏春秋集释》不仅对汉高诱注、清毕沅注详加分析、考辨，还网罗近人诸多《吕氏春秋》注本，如梁玉绳《吕子校补》、《吕子校续补》、蔡云《吕子校续补献疑》、陈昌齐《吕氏春秋正误》、茆泮林《吕氏春秋补校》、日本松皋圆《毕校吕氏春秋补正》（钞本）、孙锵鸣《吕氏春秋高注补正》、吕调阳《吕氏春秋释地》、吴汝纶《吕氏春秋点勘》、陶鸿庆《读吕氏春秋札记》（钞本）、刘咸炘《吕氏春秋发微》、李高淦《吕氏春秋高注补正》、马叙伦《读吕氏春秋记》、吴检斋《吕氏春秋校理》（稿本）、孙叔丞《吕氏春秋举正》等，有的虽不是专门的《吕氏春秋》注本，但涉及《吕氏春秋》一书，如王念孙《读书杂志·吕氏春秋校本》、刘文典《三余札记》等，更难得的是对清代以来的文集乃至读书笔记，虽一鳞半爪，也不放过，如刘师培《左盦集》、桂馥《札朴》、汪中《旧学蓄疑》、牟庭《雪泥书屋杂志》、俞正燮《癸巳存稿》、凌曙《群书答问》、沈涛《铜熨斗斋随笔》、宋翔凤《过庭录》、张文虎《舒艺室随笔》、徐鼒《读书杂释》、俞樾《诸子平议》、李慈铭《越缦堂日记》、孙诒让《札迻》等。其收集、整理，用力甚勤，嘉惠后学甚多。

　　《吕氏春秋集释》不仅征引广博，而且注解相当规范。凡征引一律以某某曰或某某某曰，加引号标出，如果同时征引数人之言，按时间先后排比，依次列出，自己的注解则以"维遹案"的形式出示，哪是别人的，哪是自己的，著作权清晰，注释很规范。

二、补高注、毕注之阙

高诱、毕沅等前人注解《吕氏春秋》，厥功甚伟，但《吕氏春秋》原文26卷，字数较多，仍有很多令人费解甚至当注未注之处，对于这些令人费解甚至悬而未决的问题，许维遹《集释》本努力尝试解决，不少案语紧承《吕氏春秋》原文列出，显示出许维遹本人的学识与校勘功底，如《季春纪》："是月也，命工师令百工审五库之量，金铁、皮革筋、角齿、羽箭幹、脂膠丹漆无或不良。"何谓"五库"，前人未注，不便于理解，维遹案：

> 《月令》孔《疏》云："五库者，熊氏云：'各以类相从，金铁为一库，皮革筋为一库，角齿为一库，羽箭干为一库，脂胶丹漆为一库。'"义或然。

虽然许维遹先生谨慎地下断语"义或然"，但是联系上下文，"五库"所指是比较明确的。《精通篇》："何故而乞？与之语，盖其母也。"维遹案：

> "盖其母"《御览》两引，一作"是其母"，一作"乃是其母"，高注《淮南·说山篇》述此事作"则其母"，并较今本为优。

对比版本的异同与优劣。《听言篇》："善不善本于义，不于爱，爱利之为道大矣。"维遹案：

> "本于义不于爱"，疑当作"本于义，本于爱"，方与下句"爱利之为道大矣"相承接。今本"本"字误为"不"，校者遂改"利"为"义"，则文不成义。《离俗篇》云："以爱利为本"，《用民篇》云："讬于爱利"，《适威篇》云："古之君民者，爱利以安之"，足征"爱利"为本书恒语。

先推测，再从《吕氏春秋》其他篇找多种内证，足证其推断之合理。《适威篇》："故民之于上也，若玺之于塗也，抑之以方，抑之以圜则圜。"维遹案：

玺之沿革，郝懿行《证俗文》论之甚详，谓其玺封之者曰泥，濡之者曰塗，引《西京杂记》及此文为证。案塗即封泥。今验此物，其制为土古，面有印文，背有版痕及绳迹，其色或青或紫，其填于印齿中者则为正方，其施于无印齿之简牍者则为圆形。高无注者，缘汉时此物通行易明，故不烦解。《淮南·齐俗篇》云："若玺之抑埴，正与之正，侧与之侧。"许注云："埴，泥也。"

这段案语对玺与塗考辨甚详。《吕氏春秋集释》案语一般先从其他篇找内证，罗列尽可能全，然后再旁求外证，外证多从高诱《淮南子》等注、唐代类书中寻找，有时，案语后面又有案，虽多方注解，然言必有据。对于推动《吕氏春秋》研究，作出了自己的贡献，到目前为止，《集释》仍不失为研究《吕氏春秋》最好的参考书。

三、纠高注、毕注之误

《吕氏春秋集释》对高诱、毕沅之注，信而不盲从，特别是其注中的错误，许维遹一一辨析指出，并予以纠正。

《孟春纪》："三公九卿诸侯大夫皆御，命曰劳酒。"高诱注曰："御致天子之命，劳群臣于太庙，饮之以酒。"

维遹案："据高注，以'御命'连文，于义未安。《月令》郑注云：'既耕而宴饮，以劳群臣也。御，侍也。'则从'御'字为句，是也。"

《古乐篇》："帝喾命咸黑作为声，歌《九招》、《六列》、《六英》。"

毕沅曰："旧校云'声'一作'唐'。案《御览》、《路史》俱作

'唐'。又曰'九招六列六英'六字衍，说详下。"

维遹案：毕说非是。此文本作"帝喾命咸黑作为声，歌《九招》、《六列》、《六英》"。《文心雕龙·颂赞篇》云："昔帝喾之世，咸黑为颂，以歌《九招》"（据唐写本。）《周礼·大司乐》贾《疏》引《乐纬》云："帝喾之乐曰《六英》，语皆本此。旧校及《御览》、《路史》"声"作"唐"，因习见"唐歌"而妄改之。毕本从歌字绝句，则下文无所丽，故云衍六字。而刘勰以歌字属下句，知其所据本不误，并与下文"汤命伊尹作为《大护》，歌《晨露》"句法相同。细绎下文，"帝舜乃令质修《九招》、《六列》、《六英》"，是帝喾之乐至舜之时更增改修治而用之；下文汤命伊尹"修《九招》、《六列》、《六英》"，（"六英"二字旧脱，据《御览》补。）是帝舜之乐至汤之时更增改修治而用之，仍其旧名，不忘本也，则"《九招》、《六列》、《六英》"非衍文明矣。

《仲秋纪》："行夏令则其国旱，蛰虫不藏，五谷复生。"高诱注曰："夏气胜阳，故炎旱，使蛰伏之虫不潜藏，五谷复萌生也。于《洪范》五行为恒燠之征。"

毕沅曰："其国旱"必本是"其国乃旱"，上节必本是"国有大恐"，后人以《月令》参校，遂记一"乃"字于"有大恐"之上。写时因误入，后来校者，本欲去上"乃"字，而反误去此节之"乃"字，一胜一脱。其所以致误之由，尚可推求而得也。

维遹案：《淮南》正作"国有大恐，行夏令则其国乃旱"，毕不知引，疏矣。《论威》："刃未接而欲已得矣。"

高诱注曰："已得欲杀也。"

维遹案：谓已得其所愿。注专以杀言之，非是。

《知化》："夫以用事人者，以死也。未死而言死，不论。"

高诱注曰:"诈言已死,不可为人论说。"

毕沅曰:此注未明。事人以死,谓扞敌御难而致死,死有益于国也。未得死所,而徒以言死,其言又不用,是不论也。下"知之"指君言,下文甚明,《注》皆非。孙锵鸣曰:"论犹察也,未死,自许能死,人不之察。"俞樾曰:"'论'当作'谕',字之误也。言未死而言死,则人之不谕也。不谕,谓不知也。"

> 维遹案:"论"字不误,《直谏篇》注:"论,犹知也。"且"知"字与下文义正一贯。

四、辨高注、毕注之正

《吕氏春秋集释》对高诱、毕沅等之注,凡认为正确的,多分析其正确的原因,并补充事例予以充分地证明。

《本生》:"故圣人之制万物也,以全其天也。高诱注曰:"天,身也。"

> 维遹案:注"天,身"者,叠韵为训,亦高之常诂也。"天"训"身"犹"天"训"性"也。《淮南·原道篇》云:"故达于道者不以人易天",高注:"天,性也。"一说曰:"天,身也。"是其比。《三国志·吴质传·注》"上将军曹真性肥,中领军朱铄性瘦",性肥性瘦即身肥身瘦,尤为明显。

《劝学篇》:"不知理义,生于不学。"高诱注曰:"生犹出。"

> 维遹案:"理义"原作"义理",毕沅云:"'义理'亦当同上文'理义'。"案许本正作"理义",《治要》引同,今据乙转。

《季夏纪》:"行冬令则寒气不时,鹰隼早鸷,四鄙入保。"高诱注曰:"冬阴闭固而行其令,故寒风不节也。鹰隼早鸷,象冬气杀戮。

四界之民畏贼之来，故入城郭自保守也。"

毕沅曰："'寒气'《月令》作'风寒'。"

维通案：据《注》云云，此亦当作"风寒"。《淮南》作"风寒"，注与此同，足证高所见本不误。

《制乐》：公曰"宰相所与治国家也，而移死焉，不祥。"高诱注曰："祥，吉也。"

毕沅曰："《注》'吉'疑本是'善'字。"

维通案：《谨听篇注》正作"祥，善也"。

《去尤篇》："扣其谷而得其鈇。"

毕沅曰："'扣'，旧讹作'相'，今从《列子·说符篇》改正。"

维通案：毕改是。《治要》引"扣"作"掘"，扣、掘古通，又引"谷"下有注："谷，坑。"

《顺说篇》："惠盎见宋康王，康王蹀足謦欬。"

毕沅曰："旧本讹作'惠盎见宋康公而谓足声远'，今据《列子·黄帝篇》、《淮南·道应训》及李善注《文选》谢惠连《咏牛女诗》所引改正。"

维通案：毕改是。《治要》引正作"惠盎见宋康王"。

《顺说篇》："疾言曰：'寡人之所说者，勇有力也，而无为仁义者。客将何以教寡人？'"高诱注曰："惠盎者，宋人，惠施族也。康王，宋昭公曾孙辟公之子，名侵，立十一年，僭号称王，四十五年，大为不道，故曰宋子不足仁义者也，齐湣王伐灭之。"

毕沅曰："正文'也不说'三字旧本作'而无'，今从《列子》、《淮南》改。梁伯子曰：《注》'名侵'当是'偃'字之讹。'四十五年'与

《禁塞篇》注'四十七年'又异，其实六十一年也。"

维遹案：毕改是。《治要》引正作："寡人之所悦者，勇有力也，不悦为仁义者。"

《赞能篇》："孙叔敖、沈尹茎相与友。"
毕沅曰："'茎'当作'筮'，下同。"

维遹案："《文选·颜延年五君咏》注、《诸宫旧事》引'茎'作'筮'，与《察传篇》合。"

《吕氏春秋集释》具有实事求是的严谨作风，如《悔过篇》："缪公不听也。蹇叔送师于门外而哭曰：'师乎！见其出而不见其入也。'蹇叔有子曰申与视，与师偕行。"高诱注曰："申，白乙丙也。视，孟明视也，皆蹇叔子也。"
毕沅曰："《左传》'蹇叔之子与师'，则必非三帅明矣。《史记·秦本纪》云："百里傒子孟明视，蹇叔子西乞术及白乙丙。"孙云："均属传讹。"
松皋圆曰："'申'恐'甲'字讹。《韩子》云'正妻之子曰甲'，盖失其名，故以甲、乙称之。'与亲'恐与下'与师'字相涉而衍。'蹇叔有子曰甲，与师偕行。'则与《传》合，《左传正义》云："《传》称蹇叔之子与师，言其在师中而已。若是西乙、白乙，则为将帅，不得云与也。"此亦甚确。毕校何不引此？

维遹案：若从松说，则下文"有子二人，皆与师行"，当作"有子一人，与师偕行"。惟异闻已久，殊难定耳。

《权勋篇》："燕人逐北入国。相与争金于美唐甚多。"高诱注曰："美唐，金藏所在。"
俞正燮曰："《庄子·田子方》云：'求马唐肆'，《释文》引李云：'唐，亭也。'亦双声字。《吕氏春秋》'争金美唐'，亦言亭肆。"

维遹案：美唐，其义未详。俞说亦难定耳。

毋庸讳言，《集释》也有缺点，表现在：有的不必注而注，没有太大意义。有的当注而未注。尽管如此，其校刊集释之功，善莫大焉。

（王启才）

许维遹《吕氏春秋》研究著作：
《吕氏春秋集释》
国立清华大学古籍整理丛刊之一 1933 年印行；
中国书店，1985 年据 1935 年清华大学版影印；
上海书店 1996 年版(民国丛书第五编 5011)；
中华书局，2009 年版。

《吕氏春秋》研究(存目)

王范之

【评介】1

王范之先生中年曾在中国科学院哲学社会科学部哲学研究所研究中国哲学,后来转到内蒙古大学工作,"文革"中因受迫害,过早辞世。他留下了80多篇学术论文和若干部著作。其中《吕氏春秋研究》是他平生力作,初稿完成于1948年,晚年在病中作过修改,直到去世很久以后的1993年,才由内蒙古大学出版社正式出版。这部书写作年代虽早,但一问世便得到研究道家的学者们的欢迎和好评,这是很不寻常的。中国几十年来社会变动太大太多,一些人文学科作品由于受政治气候影响,过于趋时,短期内似乎可以流行,不久便随着政治的变化而失去了价值。而《吕氏春秋研究》这部书,虽说也有其时代的烙印,但其主要内容却无陈旧之感,其价值是相对稳定的,可以持久的。其原因在于作者实实在在下了功夫,坚持了写作的学术性和科学性,给人们提供了关于《吕氏春秋》的比较可靠的知识和一系列真知灼见,并对该书作出较为公允的评价。

对于我来说,读王范之先生的书更有一种特殊的亲切感,我与王先生同受过冯友兰先生的教诲,同在哲学社会科学部工作过,虽然未曾相见,毕竟有一种亲缘性。同时我写过一部《〈吕氏春秋〉与〈淮南子〉思想研究》的书,许多看法竟与王先生不谋而合,似乎神交已久;当然王先生在论证和分析上比我更细致周到,彼此可以互证互补,这就使我更有兴趣来读他的书。

《吕氏春秋研究》在学术上是很有特色的,是一部内容充实、功夫较深的好书。它的贡献有以下几点:

第一，通过充分的论证，说明《吕氏春秋》虽然广采博收，而其基本倾向却是道家的。这个观点实际上否定了《四库提要》"以儒为主"的看法和许多学者认为"杂而无要"的评论。书的《绪论》指出，《吕氏春秋》"虽则是杂，但却并非没有它的系统，没有它的理论和原则的"，"它对各家是兼收并蓄，对儒家道家是尽量摄取，然而它把道家却是放在主要地位上的"（第2页，第3页）。这个论点我也曾提出过，但在具体论证上不如本书周详。作者为了说明全书的思想成分，不辞劳苦，对书中所采各家的学说，一一进行考查，最后发现，该书保存道家的学说最多，"有老子、老子后学、关尹、杨朱、杨朱后学、子华子、庄子、庄子后学、田骈、詹何等"（第13页）10家，加上黄帝学共11家。作者对属于道家的章节加以引证分析，说明来源，确凿有据，令人心服。作者特别指出，《吕氏春秋》"以引《庄子》书文的为最多，可以设想，吕氏门下道家定然是占有最大的势力，而且大概是以庄子的门徒为多"（第12页）。作者关注的另一个道家学派是杨朱及其后学。杨朱的文献资料不足，后人因受《列子·杨朱篇》的影响，往往误解杨朱学说"为我"的真义。本书作者撰杨朱专题论文分析杨朱的思想，认为其"为我"说的要点是"重生、适欲、全天、制四官、以物养性"五项（第139页），与"拔一毛利天下不为"正相反对，须加以澄清。论杨朱是该书最精彩的内容之一。总之，确定《吕氏春秋》基本属于道家这一点很重要，它使该书真正找到了自己在中国文化史上的地位。只有把《吕氏春秋》看做道家思潮从先秦向秦汉的中介作品，我们才能从宏观上把握《吕氏春秋》，也才能说明《淮南子》的来龙去脉。

第二，作者深刻指出《吕氏春秋》寄托着吕不韦的政治主张，"并且大半都是从批判秦国当时的政治作为出发，好多地方都似乎针对着秦始皇在指责"（第16页）。作者归纳出吕不韦的政治纲领有四个方面："第一，在智识上要'公'（《序意》篇），因此要兼收并蓄，所以必须要集合百家之言。第二，在政治上君主要'公'、'平'无私（《贵公》篇），要'顺民心'（《顺民》篇）……第三，施政的原则，要以'德''义'（《上德》篇）、（《用民》篇），施政要照十二月令行事（十二纪《月令》)，这样才能与农业生产相适应。第四，经济上要贯彻商鞅以来的重农政策(《上农》等篇)。"作者指出,吕不韦与秦始皇之间存在深刻矛盾,并列举吕书中讥刺、谏正秦始皇和讥刺秦先王的言论,证明这种矛盾不是个人的,而是在治国原则上的分歧。这一见解对于人们重新评价吕不韦的历史功绩是重要的。

第三,作者对于《吕氏春秋》书中的科学技术思想作了深入的发掘和阐扬。首先整理出书中关于中医病理论和食医的资料,列表将该《重己》、《尽数》、《达郁》三篇的医学理论知识同《黄帝内经》逐条对比,又将《本味》篇的食医,即今日所谓食疗,作出解说,列表分项标出,为后人研究和继承古代医学思想和饮食文化的精华提供了一份经过认真整理加工过的宝贵资料,其现实意义是不言自明的。

此外,作者还分篇说明了吕书中关于农业政策和农业知识的思想内容,具体到对土壤的处理、耕种原则和方法以及田间管理等项,说明我国古代农业学说的发达。

第四,作者从文献学的角度,对《吕氏春秋》的思想资料作了相当系统而详备的考证,正本清源,索隐纠谬,其用力之勤,用心之细,都是前所未有的。作者将《吕氏春秋》称引先秦诸家文献分为几种情况:(1)有准确称引并说明来历;(2)有准确称引不说来历;(3)有大意符合而文辞小异;(4)有文辞全异而义理相合。作者将明引或暗引诸子百家之言的地方,逐条查实,列其出处,包括了儒、道、法、墨、名、兵、农、纵横各家及民歌、谚语,涉及先秦典籍二三十种。这说明作者对先秦学派及其书典十分熟悉,又肯下大功夫细心查找,这种功力和作风是值得提倡的。书中展开了《吕氏春秋》与先秦百家之学的各种思想联系,读王先生的书,不仅可以了解《吕氏春秋》,也可以了解先秦各家的学说,其收益是多方面的。

此外,作者还考证出今本《吕氏春秋》在流传中出现的若干处错简,如《制乐》篇首段有错简似《音初》篇末段误置此处者,《禁塞》篇末有脱文似误置在《安死》篇中,《士节》篇末段有逸文在《序意》篇中,《顺说》篇有脱文误置《报更》篇末段。这些考证皆能言之成理,持之有据。

第五,作者对黄帝书和黄帝学的阐述颇具特色,有孤明先发的价值。作者列举吕书中有六处引黄帝言,可知黄帝书当时已经存在,并指出，黄帝传说已"有神话意味"（第145页），"古籍称引黄帝，多是见于道家或与道家有关的记载。儒家的《论语》、《孟子》，都称尧舜禹稷而不言黄帝"（第147页），"黄帝信为古有帝王的名号，由神帝再传而为神仙"，"被道家之徒尊为与道家相近的人物"（第147页），"黄帝之学兴于战国，这是足以深信的了"（第148页）。上述关于黄帝崇拜的起源，黄帝学与道家道教的关系等论述，都是很精辟得当的，在没有见到1973年马王堆汉墓黄老帛书出土的情况下，作者能较好说明黄帝学的缘起流变，这需要极高的见识。

这部书的不足之处主要在结构上，即编排不尽合理，前后多有重复，层次不甚分明，缺乏严密的逻辑性，读起来有杂沓之感。但考虑到作者生前并未定稿，晚年病中仍在修改，并没打算出版，那么，足以证明作者治学之认真慎重。倘若上天假以时日，作者将会把此书做得更加完满，这是不必怀疑的。是书虽未尽善，但已大体初成，经"文革"劫难而得以保存下来并终于出版，在作者可以告慰在天之灵，在读者可以得到一部内容丰富的有价值的好书，这是不幸中的幸事，形式上的不足便是次要的了。

读其书而想像作者的为人，不仅使我获得了许多宝贵的知识，而且看到了一位正直坚毅的学者形象，从中学到了治学为人的道理，这是比知识更重要的东西。我立意写这篇书评，也是借以纪念逝者，激励自己，这已经不是一般意义上的书评了。

（牟钟鉴《虽历久而犹新——评王范之《吕氏春秋研究》，原载《内蒙古大学学报》（哲学社会科学版）1996年第2期）

【评介】2

《吕氏春秋》是我国古代文化史上的一部奇书。它不但是"杂家"的开山之作，而且还有助于认识先秦诸子学说在秦国统一事业中的作用。

某些现代和当代的学者都研究过、论述过《吕代春秋》。遗憾的是，他们常常不是从《吕氏春秋》原书的实际内容出发，而是把个人的某些主观的推断强加于《吕氏春秋》，这样，就在不同程度上，从各种角度把《吕氏春秋》的真面目弄模糊了。

王范之先生的《吕氏春秋研究》(内蒙古大学出版社 1993 年出版),是一部"考据、义理、辞章"三者俱备的力作。它的主要价值在于,驳正了关于《吕氏春秋》的种种曲说,力图恢复它的真面目。

(一)驳正了"吕氏摄取儒道而批判墨法"的说法。这是郭沫若先生在《十批判书·吕不韦与秦王政的批判》一文中提出的。郭氏是一位有浓厚诗人气质的史学家。他对于很多古人的爱憎是鲜明而热烈的,但常常流于偏激,在先秦诸子中,郭氏偏爱孔子、孟子、庄子而偏恶墨子、韩非子,这是读过《青铜时代》和《十批判书》的人都熟悉的。他在《吕不韦和秦王政的批判》一文中指出:"(吕氏)对于各家虽然兼收并蓄,但却有一定的标准:主要是对于儒家、道家采取尽量摄取的态度,而对于墨家、法家则出以批判。"在郭氏看来,只有这样论述才能证明吕氏是属于"人民本位"的。

王先生在《吕氏春秋研究·绪论》中有力地指出:郭氏这种说法是片面的,不确切的,并不符合《吕氏春秋》原书的实际内容。王先生在《吕氏春秋研究》中特辟了《法家》一节(见本书第二篇第二章第三节),引用确凿的材料,证明《吕氏春秋》中保存了"韩非学"和"慎到学"的许多遗产,也就是说,摄取了法家的许多精华。王先生还在《吕氏春秋研究》中专设了《墨家》一节(见同书同篇同章第五节),摆出具体材料,揭示出《吕氏春秋》怎样继承了、吸取了墨翟本人和墨翟后学的学说。

在王先生的笔下,《吕氏春秋》对于先秦诸子并不是"取此舍彼"、"是丹非素"的,而是遍尊各家、集儒道墨法之大成。这样,就把"吕氏取儒道而批法墨"的偏颇说法纠正过来了。

(二)驳正了"吕不韦被淹没了二千多年"的曲说,这也是郭沫若在《十批判书·吕不韦与秦王政的批判》中提出来的。

郭氏说:"吕不韦在中国历史上应该是一位有数的大政治家","请研究《吕氏春秋》吧,从那儿你可以知道秦始皇和吕不韦的冲突,就在思想上已经是怎么也不能解的一个死结"。郭氏又指出:"秦始皇和吕不韦,无论在思想上与政见上,都完全立于两绝端","两人的关系当然不能善终"。这些说法本来都是有道理的。但郭氏又说:

"然而不在二千多年后的今日，吕氏的真面目要想被人认识恐怕也是不可能的。"言下之意是，吕不韦惨死的真相(并非由于他是秦始皇的亲生父亲，而是由于他大胆地和秦始皇对抗)，是淹没了两千多年之后，由郭氏发现的。这样，就把前人对这一悲剧的揭示和分析完全抹杀了。

郭氏是个具有浪漫气质的史学家，常常驰骋想象，不但喜欢夸大某些历史人物在历史上的作用，也喜欢夸大他个人在文化史上的作用。他自称在"半个月"之内发现了吕不韦悲剧的真相，不过是对于自己"驰骋想象"的一个突出例子而已。王先生在《吕氏春秋研究》中，引用了几段古人的话，婉转地批评了郭氏的夸张。

在《吕氏春秋研究》第一篇第四章《讥刺和谏正》中，王先生指出：吕氏有许多"属于讥刺秦始皇的"、"属于谏正秦始皇的"以及"属于讥刺秦先王的"言论。一面引用《吕氏春秋》原书中的话，一面穿插引用古人的评论。王先生先引用了宋人高似孙《子略》中对《吕氏春秋·任数篇》的评论："'十里之间，耳不能闻，帷墙之外，目不能见，三亩之宫，心不能知。而欲东至开梧，南抚多鬻，西服寿靡，北怀儋耳，何以得哉?'因此所以讥始皇也，始皇顾不察哉?"末一句是反诘语，意谓"秦始皇怎会不发现呢"？王先生还引用了方孝孺对于《吕氏春秋》全书的评论："其书诋訾时君为俗主，至数秦先王之过无所惮也。"所谓"时君俗主"，指的当然还是秦始皇。

吕不韦讽刺嬴政导致惨死，本是千古人的传统话题，而郭氏却把吕氏描绘成"影子"长期"稀薄"的神秘人物了。到底是发现了"真面目"呢，还是搞乱了"真面目"呢？王先生寓批评于引证，也可以算是"乱反正"吧。这样，《吕氏春秋》在文化史上的地位和影响就更加清楚了。

(三)驳正了"吕不韦联合各家围攻法家"的说法。这是杨宽先生在《秦始皇》一书中提出来的。按照这种说法，好像吕不韦聚集文人学者编写《吕氏春秋》，是为了建立一个反抗秦始皇的"统一战线"了。

王先生在《吕氏春秋研究·绪论》中引用了杨宽的原话：吕不韦"有组织地联合各个学派向秦国传统的法家学说进攻，企图用这一套综合的学说来代替法家的学说"。王氏对于这种"无限上纲"、"刻意求深"的说法也进行了有力的批驳。

王氏指出：《吕氏春秋》对于法家是有所批判也有所肯定的。王氏尖锐地问道："如果已经费了这样大的气力来反对法家，为什么书里还要保存法家学说？为什么《史记》还说他要看重属于法家的李斯呢？"

需要指出的是：杨宽的说法是在"批林批孔"以前就提了出来的，但却和"批林批孔"期间（1973 年左右开始）"四人帮"及其附和者们提出的那套"儒法斗争史"一脉相通。不同的是：杨宽认为吕不韦是"综合诸家只反法家"，"儒法斗争史"的"研究者"们却认为吕不韦是"拥护儒家反对法家"而已。王先生举出两点有力的理由（《吕氏春秋》书中保存了法家学说，吕不韦看重李斯是史有明文、毋庸置疑的），证明了吕不韦对于法家是有抑有扬、有弃有取的，并不是法家的一贯反对者。这样，形形色色的"儒法斗争史著作"中常见的"秦始皇是法家、吕不韦是儒家，二人之间的斗争显示出儒法斗争的高潮"的奇谈怪论，在王先生的论证面前也就不攻自破了。

在拨开了种种曲解的迷雾之后，《吕氏春秋》到底是一部什么样的书，就比较容易认识了。王先生在《吕氏春秋研究》中指出：

第一，"吕氏在辑合百家九流的学说时并未曾就拆散了百家九流……任凭着自己来折中齐合一番。因此各家学说的独立性依然是存在的"。吕氏是个尊重各家特点的"集大成"者，而决不是个"拉其几家打某几家"的"战斗者"。

第二，"他的辑合百家九流之说，在原则上是兼收并蓄，以道家为主，以儒家为辅的"。这样，吕氏对于各家学说的摄取就决不是漫无中心的"甲乙丙丁开中药铺"而仍然是有主次的。

到今天为止，这些论述恐怕是对于《吕氏春秋》的最准确最全面的评价了。

（任嘉禾《简评王范之先生著〈吕氏春秋研究〉》，http://rqwaaa.blogchina.com）

附：王范之简介

王范之（1915—1973），又名献模、宪模，四川德阳市西街人。王范之于民国十九年（1930）考入成都成城中学，民国二十六年考入光华大学政经系，民国二十七年再考入金陵大学史学系。次年秋，该系教授陈慕录在课堂公布上年考勤时，指责王之创见为异端，王不服，据史力争，陈极为不满，拂袖而去。次日，王收到校方退学通知。王离校返家后，其父专为其在后楼设置书室，并购回二十四史等大量文史书籍，供其阅读。王除在德阳各校执教外，终日闭门攻读，钻研中外历史、哲学、文字学、考古学、佛学等，尤重先秦哲学与《吕氏春秋》的研究。从民国三十一年开始，在报刊先后发表《评冯友兰〈新理学〉》、《中国古代田制与地税》、《王充思想评议》、《杨朱"为我说"发微》、《论孔子"性"说并评钱穆〈辨性〉》、《科学与玄学》等学术论文。民国三十六年在成都启文书局出版《先秦性理通诠》一书。1950 年后，王执教德阳县立初级中学。1953 年，在《中华医学杂志》发表《先秦医学资料一斑》；1955 年，在《光明日报》发表《杨朱和他的思想》，引起中国科学院哲学研究所所长冯友兰的关注。1956年冬，国务院专家局调他去北京中国科学院哲学研究所，任中国哲学史组副研究员。1957 年至 1958 年，参与《中国哲学史资料汇编》的编纂，注译《庄子》、《孟子》，校核《管子》、《吕氏春秋》。此间在《医学史与保健组织》上发表《从〈山海经〉的药物使用看先秦时代的疾病情况》，接受带苏联研究生布诺夫的任务。1959 年在《人民保健》上发表《扁鹊与俞附——我国最早的内科医家和外科医家》，参与中华书局出版发行《中国大同思想资料》的编纂。1961 年，主动申请"支边"，去中国科学院内蒙古分院从事科研，同时在内蒙古大学执教，带研究生。此后为中华书局编辑部主编的《中国古典哲学名著选丛书》编写《吕氏春秋选注》，在《文汇报》、《光明日报》、《文史哲》、《江海学刊》等报刊和中华书局出版的《中国历代哲学文选》一书上分别发表《从〈吕氏春秋〉看中国古代哲学思想中的唯物主义观点》、《惠施"十事"形而上学的诡辩本质》、《〈穆天子传〉及其所记古代的地名与部族》、《论刘荃》、《略论龚自珍的形而上学哲学思想》、《庄子·天下篇今译注》等多篇学术著述。其一生著作多达 70 余种（篇），约

150万字。后合编为《困学集》10册。1965年，王范之被评为内蒙古大学及呼和浩特市先进工作者。1967年"文化大革命"中，被打成"历史反革命"（1980年平反），虽备受摧残，仍孜孜不倦。伏枕写出最后一篇论文《从庄子说到李斯》后，于1973年5月3日去世。

王范之《吕氏春秋》研究主要论著：

《从〈吕氏春秋〉看中国古代哲学思想中的唯物主义观点》，《文汇报》1961年11月23日。

《吕氏春秋选注》，中华书局1981年版。

《吕氏春秋研究》，内蒙古大学出版社1993年版。

《吕氏春秋》校释(存目)

陈奇猷

【评介】1

《吕氏春秋》是我国先秦时的一部重要典籍,是战国末秦相吕不韦集合门客共同编写的,内容以阴阳家思想为主,兼及儒、道、名、法、墨、农诸家之言,汇集先秦各派学说,为当时秦国统一天下治理国家提供思想武器,对后世的政治、文化影响甚为深广。

由于《吕氏春秋》是一部很有学术价值的典籍,历代学者对它都有公正的论述。而自东汉高诱作注以来,为之作注释者代有其人。但自三十年代至今五十年来未有新版问世。上海学林出版社新近出版的陈奇猷教授所撰《吕氏春秋校释》一书,可谓学术界一大喜讯。

陈奇猷先生出生于书香门第,幼承家教,弱冠从师,得名家指点,经史子集、文字音韵训诂之学皆得师传。数十年如一日,致力于先秦诸子之校释工作。曾于一九五八年出版《韩非子集释》,计八十多万言,为海内外学者所称许,日本和香港先后翻印再版。此后又用二十多年的功夫,撰成这部一百七十万言的《吕氏春秋校释》。

他校释《韩非子》,先从探明韩非的思想体系入手,然后对其学术著作进行剖析、考证、注释。这就避免了望文生义、貌合神离、穿凿附会的现象。治《吕氏春秋》则先研究全书之体系,然后分出各篇所属之家派。由于对全书有深刻的理解,不仅对每个字的原意作出正确注释,对疑难问题亦多有发明创新,高出前人一筹。历代学者认为《吕氏春秋》的内容以儒道为主,兼及名、法、墨、农、阴阳诸家之言,而陈氏却得出"阴阳家的学说是全书的重点"的新看法。由于他精通先秦诸子,又长于天文、历算、物理、化学等自然科学,故《吕氏春秋》所述自然科学条文，前人不得其解者，陈氏多能通其本。
《吕氏春秋校释》一书与历代考据家比，其显著特点有三：

一、搜罗齐全，资料丰富

前人校释的版本，以清毕沅的《吕氏春秋校正》为最好。陈氏即以之为底本，广搜元、明及日本诸刻本 20 种，以及唐宋以来类书引文详为校核，以补毕氏之未备。所引前人校说注释达 126 家之众。可以说，前人释事释义之作，无不被他所搜罗。凡甲骨钟鼎以及先秦两汉以下经史子集各部中有关之文字、出土文物、先民遗迹、报章杂志之报道，凡可资证明吕文者，上下三千余年，皆为陈氏所涉猎，采撷以为校释之资料，如此丰富齐全，可谓网罗无遗。较三十年代许维遹的《吕氏春秋集释》本多出近一倍，可谓集研究《吕氏春秋》之大成。许氏在刘文典的指导下，仅用了两三年时间，匆匆忙忙出版《吕氏春秋校释》一书。而陈氏所花费的时间较许氏多达十倍。质量上陈氏《吕氏春秋校释》也远胜前人。此实为本书之一大特点。

二、校释认真，考证精详

陈先生治学谨严，校释认真，一丝不苟。自《韩非子集释》出版后，海内外学者对此已有公论。今《吕氏春秋校释》一书，比《吕氏春秋集释》更进一步。所录前人校说，多加案语，指明其是非，其非者加以说明，其是者予以疏证，"审究再三，作出判断"。其说相同者，则取其最完善之一种，余则仅言某人校说相同，不具引其文。正文有问题之处，《吕氏春秋校释》皆有交代，可作答者，皆有详细解说；不能作出答案者，也说明疑难所在，使读者有所适从。吕氏一书，属于杂家，各家各派，各自为篇，各有其独特的思想和词语；即同一词语，亦恒殊其义。这就给校释工作带来很大困难。如不能正确分别，势必张冠李戴，难以了解文章之真谛。陈先生深知此意，认真考究，于每篇之首皆论证其所属家派，不但对篇中文句有注释之准绳，而且可供研究思想史之参考。这一工作推轮始创，困难实多，筚路蓝缕，在所不惜，终于完成这一大业，实为学术界之幸事。

三、精心推敲，多所创见

北齐有名学者颜之推在其《家训》中说："校对古书，亦何容易？自刘向、扬雄方称此职耳。读天下书未遍，不敢妄下雌黄。"这实在是经验之谈。陈氏如不是博览群书，融会贯通，怎能精心推敲，使吕氏原著，历代校释疑难错误之处得以解决，而且多有创见？例如《八览·有始》篇云："极星与天俱游，而天极不移。"生动地记录了由极星所标志的赤极和整个星空一起环绕黄极运动的现象。可是过去许多学者不了解这一现象，把"极星"误为"众星"。结果长期以来人们一直误认为最早发现岁差的是希腊天文学家依巴谷（Hipparchus，公元前160~公元前125年），实际上早在公元前241年中国人就发现了由地球运动形成岁差的现象。陈氏用了近一千五百字进行详细考证，并用一整页绘制了《赤极轨迹图》，才纠正了这一错误。又如《六论·士容论》一云"其状朖然不儇，若失其一"一句，高诱注："一谓道也。"章炳麟注："朖当作为良。"引《墨子·公孟篇》"身体强良"为证。谓"强直者必不儇给巧伪"。沈祖緜注："《说文》无朖字，疑误。"刘文典说："《庄子·徐无鬼篇》'若卹若失，若丧其一'，《淮南子·道应篇》'若灭若失，若亡其一，与此文'若失其一，宜皆相类，盖周、秦之恒言，谓其状仿佛无定耳。"谭戒甫云："《释文》'丧其一，言丧其耦也'……此'若失其一，即似丧其藕，亦谓精神不动，若失其身也。"众说纷纭，无一道其本。陈氏旁征博引，道其症结。他说："朖为朗之本字，见《说文》。沈谓《说文》所无，失检。《文选》孙绰《游天台山赋》李善注：'朗犹清彻也。'《说文》：'儇，慧也。'，此文'朖然不儇'，谓中心清彻而无巧慧，即中心虚静而无诈之意。义与《分职》'处虚素服而无智'相近。'若失其一'者，《庄子·徐无鬼》云：'徐无鬼曰：吾相马，直者中绳，曲者中钩，方者中矩，圆者中规，是国马也，而未若天下马也。天下马有成材，若恤若失，若丧其一，若是者超逸绝尘，不知其所。'《淮南子·道应训》秦穆公谓伯乐曰：'子之年长矣，子姓有可使求马者乎？'对曰：'良马者，可以形容筋骨相也，相天下之马者，若灭若失，若亡其一，此马者，绝尘弭辙……'"，"以《庄》、《淮》二文观之，相千里之马之道，必宜'若亡其'。可知'若亡其一'者，'忘其粗，忘其外，不见其所不见，遗其所不视'之谓。《吕氏》此文'若失其一'正是此义。'其状睋然不儇，若失其一'，谓所谓士者，中心虚静而无巧诈，得其精而忘其粗，在其内而忘其外，见其所见，而不见其所不见，视其所视而遗其所不视"。并对前人的注释，一一指出其讹舛和不妥之处，如此认真论证，精心推敲，实为罕见。如此精辟的校释，有时使人情不自禁地拍案叫绝！

如果我们用最简练、最准确的语言来评价《吕氏春秋校释》这部书，不妨借用 86 岁高龄的社会科学家孙楷第老教授的话最为恰当，他说《吕览》校释，"搜罗宏富，对前人释事解义之作，可谓网罗无遗。而又参伍考稽，误者正之，晦者显之。识断之精，校勘之勤，足以抗衡前哲，为《吕氏春秋》功臣。实是五十年来唯一仅见之第一流著作……此书出版，意味着乾嘉以来中国校勘学之复兴。不但为中国学术界、中国民族增光，亦可以为近世学者之典范"。

为了方便读者，本书首次采用新式标点和分段，这是一项十分复杂很费心血的事。书中还增加附录一卷，收有《吕氏春秋》佚文、校释版本目录以及有关考证和评论资料，对读者都很有用处。实为难得之巨著。

（李范文《贤圣发愤之所为作——评〈吕氏春秋校释〉》，原载《宁夏社会科学》，1985 年第 1 期。）

【评介】2

《吕氏春秋》是吕不韦主编、撰写而成。但是由于《史记》对他人格的诬陷，历史学家们在他们的历史著作中不介绍《吕氏春秋》的思想，其学识之浅偏见之深可谓至矣。陈奇猷先生能用"四十余年"的精力投入《吕氏春秋》的校释中，为后人研究铺平道路，应该说是难能可贵的了。学林出版社将其成果公之于世，功不可没。

《吕氏春秋校释》除在校释方面将前人之成果给予总结和发挥外，

最大贡献就在于肯定了《吕氏春秋》阴阳思想的主导地位(参见第 3 页、第 659 页、第 1886 页)。这对于我们肯定中国文化是"阴阳文化"、中国文化之源头是太阳历提供了线索和依据。中国的大部分地区位于北温带和亚热带,冬夏之温差尤其悬殊,也许正是这个地理原因规定了我们祖先的认识起点——昼夜、寒热、四季、八节、物候、时令,开始了中国文化漫长的历程。由于中国文化在西汉末年(约前 45 年~前 23 年)经历了一次大变革,实际上是一次大篡改,其本来面貌已被深深地埋没于封建思想体系之中。如果不借助于受害较浅的《吕氏春秋》,我们也许永远不会知晓西汉以前中国文化的真貌。

世人一提起先秦著作,就谈论千家百派,哪里会有人知晓秦时的思想只有一家,即我们今天称之的"杂家"。人类思维发展的基本方向,是沿着整体到部分,宏观到微观进行的,以医学为例,一开始医学是不分科的,就像今天中国的乡村医生,碰到什么病治什么病。随着人类认识的积累,医学才逐渐分为内科、外科、妇科,直到今天分出科中之科。在《吕氏春秋》成书之际,是没有这家那家之分的,而且医学(中医)、军事、天文、社会思想是一个密切结合的整体。这一点,从中医以阴阳五行为理论基础已足以说明问题。所谓法家、儒家、道家、阴阳家等,都是西汉刘歆(约前 50—23 年)任"国师"之职时,伪造出来的。这是出乎世人意想之外的,陈先生也不例外。所谓"杂家",实质上是一家,一个当时本来就没有分派的家。我也不得不指出陈先生的《吕氏春秋成书的年代与书名的确定》(《复旦学报》1979 年第 5 期)一文的错误。《吕氏春秋》的三部分:《十二纪》、《八览》、《六论》,是在同一时间写成的,没有什么吕不韦迁蜀作《吕览》一说。在这个问题上,陈先生显然是屈从于《史记》而放弃了自己的感觉和判断。《史记》或者是被刘歆大肆篡改(可参见《康有为全集》第一集第 577 页,上海古籍出版社 1987 年版)或者是刘歆之伪书。我们的观点是后者。从陈先生鉴定《吕氏春秋》成书年代一事看来,野史《史记》误人深矣!

《吕氏春秋》原名不是《吕氏春秋》,从《汉书·刘向传》可以发现线索,《吕氏春秋》原名《春秋》内容比现存的三部分要多得多,《孙子兵法》当在此列。为了树立封建思想的统治地位,刘歆在《史记》中大

肆诬陷吕不韦的人格，并用其伪造的《春秋》以偷梁换柱的手法取代
了原《吕氏春秋》。世人只知怀疑《左传》是伪书，哪里会知道《春秋》
及"三传"均是伪书。刘歆伪造古经下的功夫太深了，我们今天予以
纠正都难以使人相信，更非一两篇文章所能说得清。正因为有以上的
发现，我才敢说世人对秦汉历史的研究连入门都称不上。

如果以上发现能够成立，我们就会发现，被专家学者忽视了近两
千年的《吕氏春秋》，才真正是中国文化之根。中国文化灿烂，主要
不是反映在四书五经之中，而是反映在《吕氏春秋》之中。陈先生《吕
氏春秋校释》，不正是对中国文化之根的校释吗？

（林存柱《读吕氏春秋校释》，原载《复旦学报》社会科学版，1995
年第 4 期）

附：陈奇猷简介

陈奇猷（1917~2006），广东韶关人，著名学者，主要从事《韩非
子》、《吕氏春秋》研究。父亲是前清的秀才，以教书为生，曾教他四
书五经，为他后来研究先秦诸子打下了扎实的古文基础。入中学后，
他喜好数理，尤致力于几何之学，为后来自学天文历法打下了数理基
础。1936 年，他考入北京辅仁大学中国文学系。1940 年大学毕业，
升入辅仁大学文科研究所史学部深造。1942 年毕业，获硕士学位。
曾任上海震旦大学文理学院、光华大学、诚明文学院教授，中华书局
上海编辑所、上海古籍出版社特约编审。

陈奇猷治学长于先秦诸子之学，功底扎实，经四十年不懈的努
力，著有《韩非子集释》、《吕氏春秋校释》。这两本书问世以后，受
到海内外学者重视。此外还发表数十篇论文，现已辑录成《晚翠园论
学杂著》，2006 年 10 月 3 日逝世于上海。

陈奇猷《吕氏春秋》研究主要论著：

《〈吕氏春秋〉成书的年代与书名的确立》，《复旦学报》1979 年第
5 期。

《〈吕氏春秋〉记载的几种美味肉食》，《中国烹饪》1981 年第

5 期。

《吕氏春秋异僻字考释》，见吴文祺主编：《中华文史论丛》增刊《语言文字研究专辑》上，上海古籍出版社 1984 年版。

《〈吕氏春秋〉评介——兼为管敏义先生〈吕氏春秋译注〉序》，《宁夏大学学报》1985 年第 4 期。

《吕氏春秋异僻字考释补》，见吴文祺主编：《中华文史论丛》增刊《语言文字研究专辑》下，上海古籍出版社 1986 年版。

《吕不韦是怎样一个人?〈吕氏春秋〉为何有"一字千金"之誉?》，见《中国历史三百题》，上海古籍出版社 1989 年版。

《读周乾溁〈陈奇猷吕氏春秋校释数事议〉后》，《文史》1999 年第二辑。

《〈吕氏春秋〉所著周五鼎考释——兼释"窃"字》，《中华文史论丛》第六辑。

《〈吕氏春秋〉的天学价值》，《传统文化研究》第十一辑，古吴轩出版社出版。

《吕氏春秋校释》，学林出版社 1984 年版。

《晚翠园论学杂著》，上海古籍出版社 2008 年版。

《吕氏春秋新校释》，上海古籍出版社 2002 年版。

《吕氏春秋》注疏(存目)

王利器

【评介】

王利器(1912~1998),字藏用,号晓传,四川省江津县(现属重庆市)人。"利器"取《论语》义,"工欲善其事,必先利其器"。其书斋名为"善藏其书,所以善待其用",七十以后又称为"争朝夕斋","晓传"见于"书为晓者传,事为见者明"。

据王利器之子王贞一的《王利器学述》(浙江人民出版社,1999年版)等记载,王利器先生为九三学社成员,先后毕业于四川大学中文系与北京大学文科研究所,历任四川大学、北京大学、西北大学、四川师范大学讲师、副教授、教授,中科院特约研究员,人民文学出版社编辑、高级编辑。治学受乾嘉学派影响较大,以实事求是、理论兼赅为主,不求速成,长于校勘之学。1943年开始发表作品。1954年加入中国作家协会。著有《新语校注》、《文镜秘府论校注》、《文心雕龙校正》、《水浒全传》(校点)、《历代笑话集》(辑录)、《元明清三代禁毁小说戏曲史料》、《盐铁论校注》、《文则·文章精义》、《苕溪渔隐丛话》、《颜氏家训集解》、《越缦堂读书简端记(校录)》、《风俗通义校注》、《郑康成年谱》、《李士祯李煦父子年谱》、《耐雪堂集》等专著43部,举凡经史名著、笔记小说、方志杂记、档案手稿、金石铭文等文献资料,信手拈来,纷聚笔端。另发表古典文学论文百余篇。《颜氏家训集解》曾于1978年获奖。其著作被港台出版机构翻版者,约在10多种以上,国内外报刊对其著作及人品评论推崇者甚多,如程千帆先生戏称他为"多宝道人",海外学界惊呼他为"两千万字'富翁'"。

　　王利器生于富裕家庭，其父王章可性儒雅、喜读书，家中藏书甚丰。王利器七岁入家塾，启蒙老师是清代秀才刘昌文，先熟读经典，后尝试做文章、对对子、做诗、做四六、做律赋……这些为其日后治学打下了坚实的国学基础。1931 年王利器离开私塾，进入江津中学初中部学习。三年后毕业，考入重庆大学高中预科部，得遇良师吴芳吉、吕子方、向宗鲁、陈季皋、文幼章等先生指导，学问精进，逐渐走上了精研博学的治学道路。1937 年考入成都国立四川大学中文系学习，川大名师荟萃，他在尤擅校勘考据、治学谨严的向宗鲁先生指点下，从校勘入门，以《吕氏春秋》、《风俗通义》两部古典要籍为研究对象，进行校勘注释，在烽火硝烟艰苦的四年里，他以勤奋刻苦的顽强精神，完成了大学毕业论文《风俗通义校注》。这一优秀论文，荣获当时国民政府举办的第一届大学生毕业论文会考的满分，他同时被授予"荣誉学生"称号。

　　1941 年王利器大学毕业，考入中研院史语所，师从傅斯年先生。那时傅先生的行政事务很繁忙，但仍经常把王利器叫到办公室悉心指导，王利器从此踏上了崭新的治学之路。此间他除遍览史语所所藏要籍外，还撰写了《家人对文解》等重要论文。其硕士论文《吕氏春秋比义》，是用注疏体写成，全文洋洋洒洒三百万字。1943 年王利器《文心雕龙新书》问世，这是他的第一部著作。1945 年后，王利器先后在四川大学文科所、光华大学、北京大学任教，在北京大学中文系讲授校勘学及《史记》、《庄子》、《文心雕龙》等专书，并应文化部艺术局的邀请，参加《杜甫集》、《水浒全传》的整理工作。随后，他又参与了其他文学古籍的整理出版。1956 年伊始，在郑振铎先生直接领导下，王利器与浦江清、吴晓铃二位先生一道，致力于古典小说、历代诗集、戏剧的整理出版工作。

　　从 1945 年到 1957 年十余年间，王利器的岗位从教师转为编辑，学术研究方向也随之发生了很大变化。一方面继续校理古书，先后出版了《盐铁论校注》、《世说新语》校点本、《历代笑语集》、《文心雕龙校正》等专著，还撰写了《经典释文考》(《北京大学成立五十周年国学论集》)等论文。另一方面，根据工作需要，着手开拓古典小说戏剧研究工作，1953 年 5 月 27、28 日《光明日报》发表了其《水浒与农民战争》一文，该文在学术界甚至思想文化界产生了重大影响，也标志着王利器已真正踏上了通俗小说研究这一新兴阵地。其后，有关论文相继发表，后收录于《耐雪堂集》一书，从而奠定了其新中国古典小说戏剧研究的先行者地位。1957 年的反右风暴，王利器蒙受了不白之冤，被迫下乡劳动，但他仍矢志不移，锲而不舍，忙里偷闲，埋头著述。"四人帮"垮台后，他接连出版《盐铁论校注增订本》、《风俗通义校注》、《颜氏家训集解》、《文心雕龙校证》、《文镜秘府论校注》、《郑康成年谱》、《李士桢李煦父子年谱》、《宋会要辑稿补》、《历代笑话集续编》、《元明清三代禁毁小说戏曲史料增订本》、《九龠集》校点本、《警世通言》校点本、《越缦堂读书简端记》等著作十余部，发表论文一百多篇。约有六七百万字。数量之多，质量之高，令时人惊叹不已。

从工作岗位退下后，王利器除应酬来访、出席学术会议外，潜心著述。七十老翁，醉心驰骋于文史哲领域中，辨疑解惑，出版了《新语校注》(中华书局)、《耐雪堂集》(中国社会科学出版社)、《吕氏春秋注疏》(巴蜀书社)、《汉书古今人表疏证》(齐鲁书社)、《晓传书斋文史论集》(香港中文大学)、《宋会要辑稿补》(巴蜀书社)、《水浒全传注》(齐鲁书社)、《绎史》点校本(中华书局)、《葛洪论》(台湾五南图书出版公司)，还主编了《金瓶梅词典》(吉林文史出版社)、《史记注译》(三秦出版社)、《水浒全传》(人民文学出版社)等专著。1998 年 7 月 25 日，王利器先生以 87 岁高龄谢世。

王利器先生一生致力于中国传统文化典籍的整理与研究，成果卓著，在学术界享有盛誉，《中国文学大辞典》(第二卷)、《20 世纪中华人物名号辞典》、《民国人物大辞典》、《二十世纪中国名人辞典》、《中国社会科学家辞典》(现代卷)、《古代散文百科大辞典》、《中国当代艺术界名人录》都记录了其生平事迹。

关于《吕氏春秋注释》纂著缘起，王利器先生在《我的大学毕业论文〈吕氏春秋比义〉》一文中说：

　　　余之读《吕氏春秋》也，是和读《淮南子》同步发轫的。后来，我考入北京大学文科研究所先秦哲学组，专攻《吕氏春秋》，毕业论文是《吕氏春秋比义》。比义者，取高诱《吕氏春秋序》"后之君子，断而裁之，比其义焉"之义，杜预《春秋左传序》所谓"比其义类，各随而解之"是也。寝馈既久，乃觉高诱注亦有疏解之必要，乃廓而充之，定名为《吕氏春秋注疏》，亦犹夫"唐学重在疏注"之义也。注疏既成，爰为之序，其文曰：

在北京大学文科研究所学习三年，毕业论文是《吕氏春秋比义》，我的导师是傅斯年先生。他对我的论文选题很重视。当时，虽然他的行政事务很繁忙，仍然经常叫我去他的办公室，问我论文的进展情况，有时，还要把写好的部分带回去看，很多页底稿上都有他的红笔批语，字迹工整、清楚，傅先生崇高的师德，学术上的严谨态度，提携后进的精神，使我终生难忘。《吕氏春秋比义》完成后，由北大送到政府主管部门，作为授予学位的根据。哪知国民党政府迁至台湾后，论文没有了下落，后来，在香港讲学时，有机会与台湾大学历史系教授逯耀东先生相晤，承逯教授帮助，在台湾教育部档案馆查出，当时这份论文是送交中央大学李笠教授审查的。我先后向南京大学、南开大学、复旦大学查询，始知李笠教授当时没有去台湾，留在了大陆，但本人已在"文革"中身亡，家也被抄了。至此，我的这篇约300万言，装订成二十册，上有傅斯年先生亲笔批注的《吕氏春秋比义》论文就下落不明了。多年心血，毁于浩劫，只好从头做起。因高诱为汉人，学有师承，注有家法，因而加以疏证。重写后的题目定为《吕氏春秋注疏》。

可见，《吕氏春秋注疏》是为了弥补作者的一个缺憾，完成一个已久的心愿。王大厚《王利器撰〈吕氏春秋注疏〉即将出版》(《古籍整理出版情况简报》2001年第7期，总365期)说：

……但直至近代，才又出现了一批卓有成就的研究成果。其中，1984年陈奇猷先生《吕氏春秋校释》最为突出。但陈先生之书，着重于对吕书原文的校释，对于高氏旧注，则似重视不够。对此，王利器先生深感不足，以为高诱为汉之大儒，学有师承，且去秦未远，其注大有可观。因集十年之力，撰成《吕氏春秋注疏》一书。

王利器先生为当代国学大师，著述等身。早在1940年，他就在北大师从傅斯年先生，专攻《吕氏春秋》，取诸家旧注加以分析比较，辨其是非，正其得失，撰成300万字长篇论文《吕氏春秋比义》。可惜该稿在40年代末不幸遗失。此后先生于此书仍致力不辍，1996年终于完成《吕氏春秋注疏》。其时距先生之初习吕书，已逾60年了。

《吕氏春秋注疏》为王利器先生压卷之作，先生为之倾注了毕生的精力与心血。其广搜博采，历览群籍，引据之书，不下数百种。书中对吕书的源流、思想、价值均作了十分精辟的考证和论述。同时，发微阐幽，疏释旧注，不仅对原书和旧注作了明晰的讲解，而且对原书之所出，旧注之所本，作了详细的考证，从而订正文字，判明讹脱。此外，吕书历来存在的一些聚讼不清的问题，诸如成书时间、全书次第、撰述作者等，经过先生疏证，俱已不辨自明。书中胜义迭出，其引据之富，令人叹为观止。

附注：全书230万字，将于今年年底由巴蜀书社出版。

《吕氏春秋注疏》（一至四册），巴蜀书社2012年1月出版。此书出版得到国家古籍整理出版规划领导小组资助。

关于王利器《吕氏春秋注疏》的价值，张真《王利器的文献学思想研究》（山东大学古典文献学硕士论文，2011），也约略涉及一些，但该书也存在不少瑕疵与缺憾，正如图克《呜呼，〈吕氏春秋注疏〉》（《文汇读书周报》，2004年3月8日）一文所评：

数年之前，《文汇读书周报》曾专文介绍王利器先生的学术成就，提及先生的《吕氏春秋注疏》将由巴蜀书社出版。先生辞世后数年，这部遗著终于在2002年1月问世了。

但当我们仔细翻阅此书后，不禁为其粗劣的编校质量而目瞪口呆。

巴蜀书社编辑部在该书的《编后记》中说，1997 年后，因先生身体状况急剧恶化，"已无力完成对书稿的整理和标点工作"，"一再嘱咐责编代为整理"，而出版社对书稿进行了三项整理工作。"首先……对原文原注进行了覆核"；"其次，尽可能对先生所引资料进行了覆核"；"其三，先生原稿未加书名号……我们为全书增补了书名号"。

这三项整理工作做得如何呢？

首先，原文原注多处严重脱漏。如《决胜》篇原文"战而胜者，战其勇气也"，下脱"战而北者，战其怯者也"九字（第二册，823 页）。（原文为繁体直排，本文改为简体，下同。）《知接》篇："公又曰：'竖刀自宫以近寡人'，下脱'犹尚可疑邪？'管仲对曰：'人之情，非不爱其身也，其身之忍，又将何有于君？'"廿八字（第三册，1827 页）。

其次，引书多处错漏。王先生《序》引《能改斋漫录》"列于上圣"（第一册，王《序》1 页），当为"叙列于上圣"。高诱《序》引《史记·吕不韦传》"是时诸侯多辨士"（第一册，高《序》18 页），"辨"当为"辩"。

其三，书名号加得莫名其妙。王先生《序》有这么一段："此《戴法兴》所谓'时以作事，事以厚生，此乃生人（民）之大本，历数之所先'是也。"（第一册，王《序》6 页）《戴法兴》何许书？查先生所引《宋书·历志下》原文，"戴法兴"乃人名，却被出版社的先生变成了一本谁也没有见过的书。又如《重言》篇记管仲与东郭牙的对话，竟把"管子曰"的"管子"加上了书名号（第二册，2149 页）。

此外，书中将"吴汝纶"（人名）误为"吴汝论"，引号漏半边等文字、标点疏误更是无法一一胪列。应当说，如此惊人的疏误，非利器先生之过，是出版社的编审、校对工作惊人的粗疏所致。如《离谓》篇有两段"注、疏"紧连（第三册，第 2193 页），很明显后一"注、疏"前当有原文，经查，确漏廿三字。而经出版社诸君三审数校，居然过关。

耗费王先生数十年心血的成果，经出版社的"精心"整理，竟至令人无法卒读。呜呼!《吕氏春秋注疏》!

以上所言,话虽然说得偏重,但我们期望在今后的修订版中,编校的质量,能有很大的提高,使之真正成为《吕氏春秋》的经典注疏本。

(王启才)

《吕氏春秋》探微(存目)

田凤台

【评介】

田凤台《吕氏春秋探微》(中国哲学丛刊,台湾学生书局印行,1986年版),原名《吕氏春秋研究》,是其博士论文,也是一部用力甚勤、考订全面、识见稳妥的《吕氏春秋》研究专著,必将在《吕氏春秋》研究中占据一席之地。

关于作者,根据该书封页简介,参照该书前高明《序》与《自序》,略加补充如下:

田凤台,河南汤阴县人,1929年11月28日生,台湾淡江大学英语系文学士,政治大学中国文学研究所硕士班暨博士班毕业,获文学博士学位。曾任政治作战学校专任教授兼中国文学系主任,淡江大学兼任教授。

田凤台,"家世农业。祖义,父玉镜,以勤俭持家,称小康。母姬氏,生兄弟二人,余其仲也。幼时曾肄业于省立安阳初中,继升入省立安阳高中"。

田凤台1947年升高中时,正值解放战争时期,没有安定的学习环境,他先后随学校辗转到河南郑州、江西樟树镇、湖南衡阳上课,因升学无望,有家难归,毅然投笔从戎,于1949年7月随军入台。到台后任职上等兵,两年后,适逢政工干部学校第一期招生,田凤台考中入学,于1953年卒业,"奉派军令指任政治工作,凡十有六年余,历任干事,营连辅导长,组训幕僚等职",1969年退伍。

退伍后,田凤台年仅39岁,自感因早年辍学而"学浅识漏,应世不足",于是萌生复学之志,考入淡江文理学院夜读部英文系攻读，克服年龄偏大、经济拮据，学业繁重之困难，珍惜时光，发奋读书，成绩常名列前茅。1971 年，淡江大学毕业，投考中国文学研究所硕士学位班，落榜，翌年秋，考取政治大学中国文学研究所，深受所长高仲华鼓励，此后半工半读，于 1975 年秋以《王充思想研究》一书，获得文学硕士学位。随即考入博士学位班攻读，终以《吕氏春秋研究》一书，于 1979 年 12 月 14 日，获得文学博士学位。田凤台的导师高明在序中称赞说："昔自逢(案：胡姓，凤台之师)以治《周易》郑氏学，而获得文学博士，年已四十有九；今凤台而获得文学博士，则年亦五十；二君均不以年近迟暮而自馁，卒皆有成，闻名于当世，交相辉映，诚学坛之嘉话也。"

田凤台"半生戎马，生活萍踪，守身瓢零，未遑家焉"，直至1972 年，淡江大学毕业后，经友人介绍，与在越南的华侨小姐张秀兰结为连理，婚后夫妻和谐，育有二女一子。1979 年冬，受政治作战学校聘任，任教于文史系。1984 年秋，任中国文学系主任。

田凤台著有《王充思想研究》(台湾天一出版社，1975)、《先秦八家学述》(台湾文史哲出版社，1982)等书。平时有关学术性著作，发表于台湾《中华文化复兴月刊》、《孔孟月刊》、《孔孟学报》、《东方杂志》、《复兴岗学报》等杂志。

《吕氏春秋探微》由绪论与八章组成。绪论由杂家之名，讲到吕不韦其人其书及其在汉以后所受到的轻视，由人们未识吕书之价值，自然导入对该书八章内容主旨的概略介绍。

第一章是吕不韦之生平。第一节"里籍与家世"，从里籍之考异、家世之考证方面论述"不韦以贾商，崛起政坛，位极宰辅，专掌国柄。其一生传奇事迹，波起云幻，在吾中华曩昔重农重士之史篇中，可谓鲜见。然不韦未显之时，固一默默无闻之商旅，故今史书所载，于其里籍，每有异说；于其家世，则语焉不详"，第二节"从政之背景"，从社会之风气、政治之背景两方面论述，人们对吕不韦"亦鲜加探讨"。第三节"不韦之相业"，从军事上之丰功、内政上之建树、外交上之折冲、著述上之野心四方面，论述吕不韦的成绩与贡献，按其实际贡献，足以彪炳史册，可实际上却是"其为相时之功业，多因卑共人而少称及之"。第四节"才略与人品"，就才略论之，不韦胆识超人、舌锋犀利、才勘御众、轻财好施，就人品论之，着重就进姬生子、进毒自代二事进行辨析，然而"世人之议不韦，仅据史公一传，因痛秦政之暴虐，而并诋及之，千载而下，众口铄金，故其个人之才略，因卑其品而置之不顾"。第五节"史策之考异"，从史策之歧异、史记之异见二方面论述"《国策》《史记》之传不韦，趣旨迥异，待考者多"。第六节"不韦之年谱"，论述"因其生年，旧史不详，更未有尝试之人矣"。

"本章爰就此数端，稽诸史乘，旁采众说，揆诸情理，附以己见，本人事分论之公见，以不隐不讳之态度，其善者是之，其不善者非之，以使千载讳言之贾商吕不韦一生翻云覆雨之史迹，得其本来之面目。"

第二章是《吕氏春秋》之撰著。第一节"时代之背景"，从道术之分裂、学术之偏失、统一之欲求、杂家之学兴四个方面，论述"《吕氏春秋》者，丞相吕不韦集众宾客所著之书也。其书殿先秦诸子之后，启两汉政论之先，虽其书非吕氏亲撰，假诸众宾客之手，然其欲弥纶群言，深究治道，综百家之学于一统，开集体著作之先声，则前古所未有。先贤评《吕览》，尝谓出诸子之右者，盖以此也"。第二节"著书之动机"，着重论述"然《吕览》之书，论之者每异说纷出，而从成书之动机，或言沽名钓誉，或谓立言不朽，或云立政讽箴，或说羁客穷愁"。第三节"吕览之作者"，"湮没无考，故或云荀卿之徒，或谓墨者独多，或言宗老氏之学，或说以儒居统"。第四节"书成之始末"，从书籍之编定、篇卷与字数、书名与篇次三个方面进行论述，第五节"书成之年月"，分列成于为相时说、驳迁蜀之说者、有成于死后者进行辨析，"其书之命名，或言窃名春秋，或谓踵获麟。书之编次，或云纪先于览，或谓览先于纪，或言纪内览外，或说编次不一。书成之年月，或云成于为相之时，或云出于迁蜀之后"。第六节"悬书之目的"，从悬书之篇数、悬赏之金额、增损之异说、悬书之目的四个方面，论述"书成悬市，聿求增损，昭诸世人，一字千金。而悬书之篇数，悬赏之金额，增损之歧论，悬书之目的，皆有异说"，"本章爰就诸家所见，旁征博引，综以己说，务求折衷。以使《吕览》一书，成书之经纬，后世之众说，得一至当之论也"。

第三章是《吕氏春秋》之版本与校勘。本章共列著录与版本、错简与脱伪、误引与重文三节，论述"先秦篇籍，《吕览》称完，故其书至高诱训解迄今，注校评释者，无虑百余家，字梳句斟，略无胜义。故本章所研，第一广搜历代书目，以见其著录之概况，篇卷之歧异，以明吕书递变之梗概，版本之优劣。第二吕览之书，时历千载，简编脱伪，为数甚夥。前贤校释之作，多有所指，而鲜加辨正。故因前贤之指，己之所见，详加辨正，略补前贤之未及。第三《吕览》之书，专精证验，每申一旨，必广引古今事例，甚至一篇之中，有全籍事例以证其篇旨者。然征引既多，而征引之人，或失之稽考，或凭之记忆，或耳之传闻，故多与史乘乖谬。又《吕览》之书，出于众手，书成之后，删校未善，重文重篇，所在多有，故征诸载籍，指其误引之处，详审全篇，比勘重同之文"。

第四章是《吕氏春秋》之思想渊源，分十节就《吕氏春秋》与儒家、道家、墨家、阴阳家、法家、名家、纵横家、农家、小说家、兵家的思想渊源关系作了探讨。"丞相吕不韦，其著书之旨，在荟萃群言之精，牢笼百家之长，冶于一炉，故其书所蕴括，于班志所谓九家之学，无不尽包，甚至有出九家之外者。故研读吕书者，于其思想之渊源必明其所自出……每家皆先揭其所从出，思想之大旨，中引吕书中之旨，条分缕析，与百家之旨相征验，以见所举属实。末复辨《吕览》于诸家之学，有何同异取舍，约其旨要，以作结论，以见吕氏之书，非如耳食辈所言，乃一杂凑泛袭他书为说者也。"

第五章《吕氏春秋》思想之剖析，田凤台认为，"《吕氏春秋》者，言治道之书也，亦即言君道之书也。故其书纵谈政治，商榷道术。以丞相仲父之身，诲人君理国经邦之事，而治国之道，虽经纬万端，但约而言之，不外管教养卫四事……亦即今日所谓政治、教育、经济、军事之大政"。所以本章共分四节，分别从政治、教育、军事、经济四个方面重点探讨该书的思想内容。

《吕氏春秋》之政治思想处于核心地位，所以首先介绍："先由其书所言之国家论，举凡立君之原因，君主之责任，国家之疆域，君权之限制，引证古今中外政治学说，以见吕书早得风气之先……专美于后世。次论其月纪分令施政之牵强违忤，以见此说实古代神权政治下游士迷惑君主之魔术，鲜实质之意义。三论君主之修养，配合近日评人之标准，分德智体群四育，详析君主在生理、品德、智慧、行事各方面所应具备之条件，以见君人者，必此四育并备，方能荷天下之重任也。四论君道与治术，此治道之方法论，常因时而异，古今不必同，就吕书析之，约得任人之道、听言之道、治民之道、无为之道、贵因之道、赏罚变法、正名审分、处势执一，凡此八端……以见治道之不易。末论臣道与士节，一论臣道之操守，一论士节之特行，而且每一论列，皆不厌详引吕书原文，附其例证，以见余言吕书为言治道之书，为言君道之书，证据确凿，非徒托空言，此余析吕书政治思想之大要也。"

再论其教育思想。"吕书之教育思想，有政教、乐教、社教之别，分见于夏纪及冬纪二编。政教所以启迪受教者之心智，灌输其思想，培养其人格与品德，故以忠孝显荣为教育之目标。……乐教所以怡和帝王之情志，化民之俗尚，建立安和悦易之社会风气。……而于孟冬之纪，复申言薄葬之义，乃欲转移当时帝厚葬之风，养成俭朴之民俗，故列之于社教也。"

再论其军事思想。"吕书之军事思想，其重心在非偃兵之说，斥救守之论，倡义兵之号，及义兵之所尚也。"

末论其经济思想。"吕书之经济思想，见之于其书中上农、辩土、任地、审时四篇。除上农一篇为讨论农业政策外，余三篇或论耕耘之技术，或论播植之方法。"

第六章《吕氏春秋》综合研析。共分辨纲目与篇名、辨篇旨与章法、《吕氏春秋》引书考、《吕氏春秋》引人考四节进行分析，"吕氏之书，条纲谨秩，篇目整齐，非散漫无纪之作……而每纪览论之首题，类多有深意，而吕书之篇目，皆以二字标题，全书一律，然今据各家版本，常有篇题歧异者，此吕书之纲目与篇名，所当辨之者一也。吕氏之书，非仅篇目整齐，而其撰写方法，似亦有事前之约定。细绎吕书之文，全书章法若有格局。而其各篇，通有主旨语，多寡虽不一，位置虽不定，没有例外。故其篇旨与章法，所当辨之者二也。《吕氏春秋》，前人有以类书目之者，被其征引古籍之众，有非他书所可比拟者，此当辨之者二也。而吕书论争，多引古为鉴，引人为喻，从其引人次数之统计，或可助研吕书之旨归，此当辨之者四也。本章爰就此数端，辨纲目则重其旨要，去其凿空之说；篇名则视其致歧之由，复其正是；辨篇旨则约其要义，齐于一律；章法则视其作例，归于数类；考引书则重其真伪，以见可征；考引人则区分流品，以别其善恶；然后吕书之大要末旨，得尽研无遗矣"。

第七章《吕氏春秋》之评价。本章共分历代对《吕氏春秋》评议、《吕氏春秋》评价之总结二节。"《吕氏春秋》，评价不一，千古毁誉，难尽一途。或以其人而卑其书，或以书人当分编，不当以人废言。故卑其人者，谓其人品不可问，何著书立说之足言；美其功者，则谓不韦虽出身商贾，身居相位，不闻恣心所欲，而志著书立说，亦非庸碌可疑。轻其知者，谓不韦不学无术，焉知文字，特藉宾客为书，博后世之名；赞其才者，谓不韦虽日理万机，不能亲与，然与书不能无提纲簿正之功，故其才富在众宾客之上。故誉之者谓其书广综百家，采其长说，有益治道；毁之者谓其机行巧诈，市名盗位，何知道德仁义之衷。或以其书杂录群言，掊扯成书，方之类书则合，譬之著作则否；或以其书在秦火以前，多先哲之话言，往古之佚事，存古之功难没。或以其书朴实无华，条理明析，乃论说之范本；或以其专尊重事验，鲜少奥义，乃哲学之末流。称之者又谓其书聚众为说，集体著作之先声；毁之者又谓其书不事创作，钞书之先例。而赏其文者，谓其事覈言练，沉博丽绝，大出诸子之右；诋其书者，谓其文前后重覆，误谬多有，为群籍之鲜见。本章爰将前人旧评，近人新论，摘其精要，分代录列，以见古今论吕书之公意。末复综前人之评，分项以陈，断以己意。"

第八章《吕氏春秋》之影响。本章从学术与政治方面分述，学术影响分为杂家之书勃兴、阴阳五行盛行、天人相与观念、图谶纬书旁出四个方面；政治影响分为五德终始说、改制与封禅、时令与施政、灾异与责任四个方面，"吕氏之宾客代不韦所集之《吕氏春秋》，系代丞相而立言，其主旨在调和众说，汇成完善之政治宝典，为秦统一天下之施政，作未雨绸缪者也……其书虽得免于秦火，或有其政治因素者在，然始皇即位，对其书条陈之建国大政，则未予重视，所采者帝德主运之说而已。降及汉世，虽憎秦政而讳言其书，然两汉以来，政务崇实，故哲理之谈日衰，论政杂学之著则日众，如陆贾《新语》、贾谊《新书》、刘安《淮南》、王充《论衡》、王符《潜夫》、仲长《昌言》、皆其著者也。斯类之作，论政为本，其治术亦泛采各家之说，此吕书影响者一也。又驺衍之说，及汉多佚，吕氏众客，采之月纪，两汉儒者，欲主用其说，故衍吕书之旨，挟阴阳以入儒，推灾异以解经，明天人之相感，述五行之生胜。而驺衍之思，得吕书保存采录之功，而于两汉学术政治，几息息相关矣"。

结论部分，主要谈了研究之所得，研究之感想。正文最后由附录，一为《吕氏春秋》书目类举，分校雠训解、考书析义、文法研究三类列举。二为参考书目举要。

（王启才）

田凤台《吕氏春秋》研究主要论著：

《〈吕氏春秋〉教育思想》，《中华文化复兴月刊》13 卷 6 期，1980年 6 月。

《〈吕氏春秋〉中论君主养生之道》，《孔孟月刊》19 卷 10 期，1981 年 6 月。

《〈吕氏春秋〉军事思想》，《中华文化复兴月刊》14 卷 8 期，1981年 8 月。

《〈吕氏春秋〉撰著考》，《复兴岗学报》26 期，1981 年 12 月。

《吕不韦传考》，《复兴岗学报》27 期，1982 年 6 月。

《〈吕氏春秋〉中"十二纪"》，《中华文化复兴月刊》15 卷 6 期，1982 年 6 月。

《〈吕氏春秋〉之版本与校勘论》，《复兴岗学报》28 期，1982 年12 月。

《〈吕氏春秋〉综合研究》，《复兴岗学报》29 期，1983 年 6 月。

《〈吕氏春秋〉政治理论》，《中华文化复兴月刊》17 卷 9 期，1984年 9 月。

《〈吕氏春秋〉对后世之影响》，《复兴岗学报》32 期，1984 年12 月。

《〈吕氏春秋〉历代评价汇论》,《复兴岗学报》33 期, 1985 年
6 月。

《〈吕氏春秋探微》, 台湾学生书局 1986 年版。

《吕氏春秋》与《淮南子》思想研究(存目)

牟钟鉴

【评介】

牟钟鉴《〈吕氏春秋〉与〈淮南子〉思想研究》,1987 年由齐鲁书社出版,为《中国传统思想文化研究丛书》之一种,23.2 万字,责任编辑是严茜子。2013 年由人民出版社再版。

牟钟鉴(1939—),男,山东烟台人,当代著名中国哲学史、宗教学研究专家,民族宗教学的创建者。牟钟鉴 1957 年至 1965 年在北京大学哲学系哲学专业读本科和中国哲学史方向研究生,师从冯友兰、任继愈、朱伯昆诸教授。毕业后于 1966 年 4 月进入中国社会科学院(前身为中国科学院哲学社会科学部)世界宗教研究所研究中国哲学与宗教。1987 年 11 月调中央民族大学哲学与宗教学系任教至今。现为该系教授,博士生导师,学校"985 工程"中国民族问题创新基地当代重大民族宗教问题研究中心主任,宗教学学科学术带头人。

目前已培养博士生、硕士生数十人,分别为本科生和研究生开设过《宗教学原理》、《中国宗教史》、《马克思主义宗教理论》、《中国道教》、《儒佛道三教关系》、《中国民族宗教问题》、《中国宗教与文化》、《中国哲学史》等课程,教学成果突出。2007 年 12 月,在第十七届中共中央政治局第二次集体学习中,牟钟鉴教授与中国社会科学院卓新平研究员应邀就"当代世界宗教和加强我国宗教工作"进行了讲解。

科研方面,主要学术著作有《〈吕氏春秋〉与〈淮南子〉思想研究》、《中国宗教与文化》、《中国道教》、《走近中国精神》、《儒学价值的新探索》、《道教通论》(主编)、《中国宗教通史》(与张践合作)、

《宗教·文艺·民俗》、《概说中国宗教与传统文化》(与吕大吉合作)、《全真七子与齐鲁文化》(与白奚等五人合作)、《中华文明史》十卷本(宗教史分科主编)、《中国哲学发展史》前四卷(主要撰稿人之一)等,在国内外各类各级学术期刊发表学术论文约280多篇。

主编《宗教与民族》集刊一至七辑,推动了民族宗教问题的研究,前后三次主持国家社会科学基金项目,曾主持"211"工程重点课题和"985工程"民族宗教研究课题。

主要社会兼职有国家社会科学基金项目宗教学学科评审组专家、中国社会科学院研究生院教授、中国宗教学会副会长、国际儒学联合会理事、中国人民大学孔子研究院学术委员、中国人民大学"佛教与宗教学理论"文科基地学术委员、中国道教学院研究生班导师、山东师范大学齐鲁文化研究中心学术委员、华侨大学客座教授、香港青松观全真道研究中心顾问等。

主要奖励有1992年享受国务院颁发的政府特殊津贴,1993年获北京市优秀教师称号;1999年获宝钢优秀教师奖,《宗教学通论》(主要撰稿人之一)获国家社会科学基金项目优秀成果一等奖;2001年获全国优秀教师称号;2003年《中国宗教通史》获教育部第三届中国高校人文社会科学研究优秀成果宗教类一等奖;2003年获中央民族大学研究生会"十佳导师"称号;2005年获中央民族大学名师称号;2006年获第二届北京市高等学校教学名师奖;2012年获世界儒学大会"孔子文化奖"等。

关于《〈吕氏春秋〉与〈淮南子〉思想研究》一书的内容,人民出版社新版简介如下:

"《吕氏春秋》与《淮南子》是中国学术思想史上两部重要的著作,两书兼取百家之长、尽弃百家之短,从内容上而言包罗万象,兼综儒墨道法等学派,但从思想旨趣而言,又难以尽归一家。故以其'杂'而传于后世。牟钟鉴编著的《〈吕氏春秋〉与〈淮南子〉思想研究》并不以'杂'来界定两书,而是因'容'来标榜其思维成果。

《〈吕氏春秋〉与〈淮南子〉思想研究》把《吕氏春秋》与《淮南子》一并研究是一个创举,认为两书之间有着前后相继、一以贯之的关系。

首先,两书的主导思想都是道家,从学派归属而言当属秦汉道家；其次，两书同处于为统一的封建帝国确立统治思想的准备时期，《淮南子》则是以《吕氏春秋》为蓝本而写成的，不过，由于时间的发展和两者社会思想文化背景上的差异，《淮南子》显得更为丰富和系统。再次，两书都以道家为底色，吸收了儒学的成果，而这种儒道互补是理解中国人性格的关键。最后，两书的风格影响了魏晋玄学，而其思维成果则影响了宋明理学，包括向我们今人提供的具有道家色彩的精神财富如包容精神、超迈风度、辩证思维、自然哲学、个体意识等。"

由于牟钟鉴先生认为成书于战国晚末的《吕氏春秋》和汉初的《淮南子》之间有密不可分的特殊关系，《淮南子》是以《吕氏春秋》为蓝本而写成的，它是《吕氏春秋》在新的历史条件下的再现，两书在思想倾向上同属于道家思想，所以一并加以讨论。这种选题是颇有眼光与学识的。

该书前有《中国传统思想研究丛书》编辑委员会出版前言，作者牟钟鉴的再版序言、序言，正文分两部分，按成书先后与渊源关系排列，先《吕氏春秋》，后《淮南子》，每部分之后有附录。最后是参考文献与索引。

书的序言部分，主要介绍了写作缘起，把《吕氏春秋》与《淮南子》放在一起讨论之目的，联系秦汉之际儒道两大社会思潮，谈两书之同异及价值，最后谈所依据的版本。

第一部分中《吕氏春秋》的思想，分列《吕氏春秋》的史料考辨、《吕氏春秋》的特色与思想构成、《吕氏春秋》的宇宙观和天人关系说、《吕氏春秋》的社会历史观和政治观、《吕氏春秋》论认识与思维经验教训、《吕氏春秋》的人生论、《吕氏春秋》的军事理论、《吕氏春秋》的音乐理论、《吕氏春秋》的历史地位九个方面进行论述，附录为历代有关《吕氏春秋》的考评辑要。第二部分：《淮南子》的思想，分列《淮南子》的成书与结构、《淮南子》论"道"与宇宙演化、《淮南子》的"无为"新说与认识论、《淮南子》的生命观、《淮南子》的历史辩证法及其局限、《淮南子》与《吕氏春秋》在社会政治思想上的异同、《淮南子》的历史地位与评价七个方面进行论述，附录为历代关于《淮南子》的考评辑要。

牟钟鉴认为，文化上的大融合的另一种方式是跳出学派圈子，对各家学说进行综合整理与发挥。这种总结以往文化的方式，要有一种合适的文化环境，即各派云集，实行兼收并蓄的文化政策。从战国到秦汉，具备这种环境的时候有三次：第一次是战国中后期的齐国稷下学宫，而有《管子》一书的出现；第二次就是在秦国吕不韦门下形成的学术中心里，出现了《吕氏春秋》；第三次是西汉前期的淮南王刘安治下成为学术中心，而有《淮南子》巨著的出现。《吕氏春秋》与《淮南子》有同有异，其不同主要表现在系统性、所选论题、书中各家所选的比重及其相互关系等方面。《吕氏春秋》和《淮南子》不仅有重要的史料价值，而且更有重要的理论价值，两书是秦汉道家的作品，已经吸收了一些儒家思想，又以自己特殊的风格和思维方式，对当时社会和后人提供了道家色彩的精神文明成果，主要有五点：包容精神、超迈风度、辩证思维，自然哲学、个体意识。包容精神："在政治上实行无为而治，反对君主个人专断，向往开明的贤人政治，主张调动全社会各方面的积极性，共同为国家服务……在文化上兼容并包、容纳异说，对以往诸子百家采取以发扬优秀传统文化为主的态度……不迷信任何一家圣贤如周孔老庄，因而不借用古圣贤去抹杀其他学派的地位与作用。这种开放与平等的态度对繁荣文化有好处，而为儒家经学所不及。"超迈风度："在宇宙论上恢廓弘道，六合之外敢于测想，亘古之前勇于追究。"辩证思维："系统观念，理性主义、分析方法、转化思想是两书共同的思维方式……这些辩证思维的成果大大提高了中国哲学的理论水平，增加了人们智慧积累的厚度和思想行为的灵活性，冲击了僵化、偏颇和浅薄之风。"自然哲学："讲究天道，热爱自然，尊重物理，是两书的共同特征……两书的自然哲学和无神论成果，尊重自然、探索自然的精神，都推动了古代唯物论和科学技术的发展，减弱了宗教和迷信的消极影响。"个体意识："《吕氏春秋》的人性论，其出发点是个体情感欲望，而不是社会公德……《淮南子》作者思考问题的出发点是个体身家性命的保全……道家强调个人利益和个体意识，有对抗社会压迫、要求个性自由和个人正当利益的合理性、不过又会发生消极自保，苟且人生和放荡不羁的流弊。由于中国古代是宗法性社会，等级观念和群体意识始终占据绝对优势，平等观念和个体意识除在道家中有所表现(如《庄子》、《列子》等)外，是不多见的。"

牟钟鉴认为就学术思想的演变而言，《吕氏春秋》开启了秦汉之际的道家思潮，直接推动了汉代哲学的发展。这部书在政治上提出的若干封建治国原则，对于汉代也有重大影响。

《吕氏春秋》是一部奇书，与它的前人及同时代学者的著作相比，无论在内容上还是在形式上，都有自己的独到之处。在天人关系问题上，《吕氏春秋》提出两个响亮的崭新的口号："法天地"和"因则无敌"。《吕氏春秋》能用变化的观点看待自然，也能用变化的观点看待社会历史。在认识论方面，《吕氏春秋》的思想极为丰富，新意迭出，启人智慧。《吕氏春秋》主动的养生之道，是一种好的传统，应当得到发扬。《吕氏春秋》在军事战略上，能从政治角度看问题，眼光较为远大，不是狭隘的军事主义者。《吕氏春秋》在十二纪的仲夏、季夏二纪中，共用七篇文章阐发其音乐思想……它对于音乐的产生、发展、性质和作用，以及五音、十二律的形成，都有详细的论说，是我国古乐史上的重要文献。《吕氏春秋》的历史作用可以从以下几个方面加以说明：第一，它是先秦时期最后一部理论著作，也是先秦文化最后一次总结。它对诸子百家的学说进行了一次规模空前巨大的综合整理工作，并为行将统一的封建帝国创造出一个相当系统的理论体系。第二，它开创了秦汉之际道家的学术思潮，成为汉初黄老之学的先声。第三，它对于整个汉代的学术和哲学，乃至实际政治生活，都有重大的影响，这些影响都远远超出了汉初道家的范围。

最后牟钟鉴总结说："《吕氏春秋》不是一部孤立出现的可有可无的书，它是历史从先秦向两汉转变时期的产物，是前一个时代的文化向后一个时代的文化过渡时期中间型的著作。要了解先秦的学术史和哲学史，固然不可不读《吕氏春秋》，要了解秦汉的学术史和哲学史，尤其不可不深研《吕氏春秋》。它的内容本身有许多珍贵的思维经验可供今人借鉴，它在古代思想史上也确实起过重大的作用，它的重要的历史地位是不容抹杀的。"

在第二部分论《淮南子》思想部分，牟钟鉴处处以《吕氏春秋》作参照，哪些是继承，哪些是发展，哪里同，哪里异，一清二楚，甚至单列"《淮南子》与《吕氏春秋》在社会政治思想上的异同"一节。牟钟鉴认为，《淮南子》"作者也受到这种责秦空气的压力，在书中无一字提到吕不韦与《吕氏春秋》，然而正是《吕氏春秋》给予《淮南子》的写作以最大和最直接的影响。在一定的意义上，我们可以说《淮南子》是《吕氏春秋》在新的历史条件下的再现，两书是极为相似的姊妹篇。我们甚至想象得出，《淮南子》的主编和作者在写作前，精研过《吕氏春秋》，在写作中，案头就摆着《吕氏春秋》，以备随时查考。两书类同处很多……可以说两书是秦汉道家学术思潮最具代表性的著作。《淮南子》处处以《吕氏春秋》为蓝本"，"以道家为主包容百家是一股强大的学术思潮，《吕氏春秋》和《淮南子》是这同一学术思潮的不同发展阶段上的产物"。

该书是牟钟鉴深具功力的一本著作，视野广阔、观点新颖、材料丰富、论证严谨，可读性强，至今仍不失为研究《吕氏春秋》与《淮南子》的上乘之作。

（王启才）

牟钟鉴《吕氏春秋》研究主要论著：

《〈吕氏春秋〉的独特风格与创新精神》，《历史论丛》1983 年第 4 期。

《〈吕氏春秋〉与〈淮南子〉的比较分析——兼论秦汉之际的学术思潮》，《哲学研究》1984 年第 1 期。

《〈吕氏春秋〉论认识的任务方法及教训》，《中国哲学史研究》1984 年第 1 期。

《〈吕氏春秋〉道家说之论证》，《道家文化研究》第 10 辑，上海古籍出版社 1996 年 8 月出版。

《虽历久而犹新——评王范之〈吕氏春秋研究〉》，《内蒙古大学学报》(哲学社会科学版) 1996 年第 2 期。

《〈吕氏春秋〉与〈淮南子〉思想研究》，齐鲁书社 1987 年初版，人民出版社 2013 年再版。

《吕氏春秋》通论(存目)

李家骧

【评介】

　　吕不韦与《吕氏春秋》,可算是中国历史上的一个奇人与一部奇书。在先秦诸子中,《吕氏春秋》是产生最晚的一部,其学术成就是相当突出的。但它在后世的声望不但远远赶不上列入儒家经典的《论语》、《孟子》和列入道家经典的《道德经》、《南华经》,甚至还不及《管子》、《墨子》、《荀子》、《韩非子》等著作引人注目,人们在谈到《吕氏春秋》时,总是轻蔑地称之为杂家著作,因为它不属正宗门派,研究它的著作与文章自然要比其他诸子相对少一些。这种现象在"文革"以后逐步有了改变,除了产生相当数量的高水平论文外,还出版了陈奇猷先生的《吕氏春秋校释》等专著,这种现象充分说明了党中央改革开放政策大大推动了学术界的繁荣昌盛。尤其使人欣慰的是在《吕氏春秋》这棵古树上,又开了一大丛理论研究的新花,湘潭大学中文系李家骧先生已推出其辛勤耕耘十年的《〈吕氏春秋〉通论》。在众多研究《吕氏春秋》的专著中,它以其庞大严密的系统性、高超的理论性、广博的知识性,显示其独特风采,并将和其他专著、论文一道把《吕氏春秋》的研究推向新的高潮。本人有幸在教学之余匆忙地翻读了这本四十余万字理论巨著的校样稿,于中得益良多,并兴奋地向学术界同仁将本书的主要特点作几点扼要介绍:

　　一、书体博大、系统严密:全书四十余万字,分上下两编。上编为综论部分,由作者、时代、写作与成书、思想渊源、版本、总评价六章组合而成,下编为分论部分,由哲学思想、政治思想、军事思想、农业思想、教育思想、美学思想、文艺思想及政论文学八章组成。综论部分从多种不同角度通过长远的历史文化背景对全书有关的人物事件、时代背景、思想渊源等诸方面作鸟瞰式的概括介绍，分论部分则对全书所包含的各方面的内容作具体深入的探讨与分析。全书既有多角度的宏观介绍，又有多层次、多方面的微观分析，上下古今，纵横开阖，真可谓洋洋大观。

二、材料丰富、辨析精详：李家骧先生为写《〈吕氏春秋〉通论》，从搜集材料到具体撰述先后花去十年功夫，征引文献之广博浩繁，自不待言。然使用材料，不难乎广博，而难于辨析，而且就学问渊博而言，他毕竟很难超越陈奇猷等老先生。李君正是把功夫着力于材料之辨析与使用。如论《吕氏春秋》编纂主持人吕不韦其人之事功，作者虽只是从《秦始皇本纪》等史籍中勾勒其有关史料，吕不韦之相业与殊勋已自赫然彪炳，不劳费辞，已足可塞历来诋呵吕氏者之谤口。其他如《吕氏春秋》成书年代之判定，思想渊源之考查，尽管并未多引罕见的新鲜资料，然而定性准确，如铁案难移，凡此种种足见其辨析之功夫确实不同凡响。

三、力图创新，勇于争鸣：从来学术研究之发展，多有赖敢为天下先的学者之首倡。如中国古代小说、戏剧地位之提高，李贽、金圣叹等之鼓吹呐喊，自有其不可磨灭之历史功绩。李家骧先生是一位力图创新、勇于争鸣的学者，他对吕不韦是非功过的评说、对《吕氏春秋》学术贡献之评价，皆言前人之所未言，读之令人耳目一新。其对《吕氏春秋》在哲学、政治、军事、农业、教育、美学、文艺诸多方面的赞扬，与人们通常评《吕氏春秋》之著作往往大相径庭。然其立论持之有故，言之成理，对推动《吕氏春秋》之研究无疑会起到巨大的作用，无论其个别论点是否有过当之处，其开拓精神和理论勇气都是使人敬佩的。

李家骧先生 60 年代初毕业于北师大中文系，早年曾受到黎锦熙、刘盼遂、陆宗达、启功、郭预衡等名师的多方指点，为日后的经史研究打下了深厚的根基，后来虽经受了"文革"的磨难，"文革"后在湘大中文系工作中仍潜心古籍研究整理，为古籍所《曾国藩全集》的整理出版做了许多出色的工作，并在教学之余发表了大量有关古代文学、古代文论等方面的重要论文。《吕氏春秋通论》的出版更是他在学术研究中取得的新的重大收获，祝愿他在今后的古籍研究中不断取得新成果。

（刘建国《借〈吕氏春秋〉之古树发理论研究之新花——简介〈吕氏春秋通论〉》，原载《湘潭大学学报》哲学社会科学版，1995 年第 2 期）

吕不韦评传(存目)

洪家义

【评介】

在所有吕不韦评传中，被列入《中国思想家评传丛书》之一的南京大学洪家义先生所编纂的《吕不韦评传》，是厚实亦见功力的一部。该书共 39.5 万字，有南京大学出版社 1995 年一册版，2011 年上下两册版。

本书传主吕不韦(？—前 235 年)，战国末年卫国濮阳(今河南濮阳南)人，秦国丞相，政治家，思想家。先为阳翟(今河南省禹州市)大商人，故里在城南大吕街，他往来各地，以低价买进，高价卖出，所以积累起千金的家产。他以"奇货可居"闻名于世，曾辅佐秦庄襄王登上王位，任秦国相，秦王政幼年即位，继任相国，号为"仲父"，掌秦国实权十三年。秦王政亲理政务后，被免职，贬迁蜀郡，公元前235 年因忧惧饮鸩自杀。吕不韦掌权时，有门客三千、家僮万人。他曾组织门客编纂了号称"一字千金"的《吕氏春秋》，有 12 纪、8 览、6 论，共 160 篇，26 卷，为先秦时杂家代表作。内容以儒道思想为主，兼及名、法、墨、农及阴阳家言，汇合先秦各派学说，为当时秦统一天下、治理国家提供理论依据。

据该书扉页介绍："洪家义，1931 年生，安徽庐江夹板村人。1956 年毕业于南京大学历史学系。南京大学历史学教授，中国古文字研究会会员，中国孙子与齐文化研究会副会长。讲授课程有中国古代史、中国史学名著选读、古文字学等。著有《金文选注绎》等书，发表《墙盘铭文考释》、《玄、无、道、自然》等论文约 50 篇。"

该书内容简介说："吕不韦是中国历史转型期的特殊人物，他主编的《吕氏春秋》虽成于众人之手，却反映了他的立场、观点、方法和主张。本书分八章，介绍了吕不韦生活时代的社会背景及其生平、业绩，分析了《吕氏春秋》与诸子学说的关系，阐述了《吕氏春秋》中的政治、社会、历史观和科技、哲学思想，对《吕氏春秋》的历史地位及其影响也作了初步评断。历代学者对吕氏其人其书的评议，毁誉不一，迄无定论。本书本着求实原则和科学精神对吕氏其人其书作了全面论定。"

下面根据该书的《序言》等资料，再略微详细介绍其书的主要内容与意旨。

该书前有匡亚明《中国思想家评传丛书》序，书稿八章内容依次是：

第一章，战国时代社会变革和历史走向，是写背景的，写得比较全面、具体，长达66页，分两个层次展开，第一，介绍战国时代的发展是由"生产力的突破"、"革命斗争的冲击"、"科学技术的促进"三种基本动力促成的，第二，介绍变革浪潮的兴起及其趋势，秦国进入独强的阶段，天下"定于一"是大势所趋，人心所向。这些背景介绍并非多余，它意在说明："吕不韦是时代的产儿，《吕氏春秋》是历史的杰作，它们的出现并非偶然。"

第二章，吕不韦其人和《吕氏春秋》其书，本章共分两节：第一，吕不韦其人，简要介绍吕不韦的简历及其功业，特别是他与秦王政的关系。目的让人理解："吕不韦为什么要编写《吕氏春秋》？《吕氏春秋》的思想为什么不同于诸子，而具有的独特的品格？"第二，《吕氏春秋》其书，写《吕氏春秋》的编写过程及其特点，重点讨论了《吕氏春秋》的性质。其目的是让人理解"《吕氏春秋》为什么是一部政治理论著作？为什么能成为一家之言"？

第三章，《吕氏春秋》对诸子学说的扬弃，主要分道家的老子、庄子，儒家的孔子、孟子、荀子，其他各家包括墨家、名家、阴阳五行家，进行论述，"主要是具体说明《吕氏春秋》与诸子之间有哪些联系？又有哪些区别？对各家各派的学说，汲取了哪些？批判了哪些？改造了哪些？意在使人们了解《吕氏春秋》并非诸子杂抄"。

第四章，《吕氏春秋》的政治思想，"这是《吕氏春秋》的主体，也是本书的重点。由于内容太多,一章的篇幅容纳不了,所以,本章只写了三个最主要的问题——民本思想、德治思想、反君主专独思想"。其中民本思想,从民本思想的根据、民本思想的内涵、任贤思想三方面展开,德治思想从德治思想的依据、德治的优越性、德治与赏罚三方面展开,反君主专独思想,从拆除君主专独的基石、规定君主的义务和权限、限制君权种种三方面展开。

第五章,《吕氏春秋》的社会观和历史观,与上一章关系密切,可视为姊妹篇。本章分三层论述:第一,伦理道德思想,从社会经济思想、伦理道德观、战争观三方面展开,有的归纳似有牵强之感。第二,教育、音乐思想,分教育思想、音乐思想二方面展开。第三,历史观,从历史的发生和发展、历史规律的寻求、对历史人物的评价三方面展开。

第六章,《吕氏春秋》的科技思想,本章分三层论述:第一,天文历法思想,分天文思想、历法思想二方面展开。第二,农业思想理论,分农业思想、农业技术理论。第三,其他科技思想,分养生思想、乐律及其他二方面展开。之所以这么安排,洪家义先生解释说:"《吕氏春秋》写科技,并不是为了研究科技,而是因为这些科技间接、直接地与政治、社会有着不可分割的联系。天文、历法、农业、养生、乐律各种思想,无不通到政治这个主题。"

第七章,《吕氏春秋》的哲学思想,洪家义先生说:"《吕氏春秋》不是一部哲学著作,也没有系统的哲学思想,但在讨论政治或社会、人事问题时,总是或多或少提出一些哲学思想,以及属于哲学范畴的经验。"有鉴于此,本章也分三层论述:第一,宇宙观思想,从宇宙的本源是气、运动及其规律、生死观和鬼神观三方面展开;第二,辩证法思想,从事物的联系和发展、对矛盾的考察、处理矛盾的方法三方面展开;第三,认识论思想,从"求因知化"、"遵法循理"、"解蔽去囿"、"排斥淫辞,循名责实"四方面展开。

第八章,《吕氏春秋》的历史地位及其影响,这是本书的总结。本章分两层论述:其一,历史地位,从历代歧说述评、卓然一家之言二方面展开,先对历代歧说进行述评,表明作者的倾向,提出个人看法:"第一,历来对《吕氏春秋》其书的评议,总是褒多贬少;第二,褒者在内容上越来越深入，在幅度上越来越扩大，而贬者却没有多少进展；第三，到目前为止，意见还是不一，评价尚未趋同。"并以"有严密的系统"、"有突出的中心"、"有完整的结构"、"有独特的创造"四点理由进行了论证，结论是《吕氏春秋》"卓然一家之言"，而且"大出诸子之右"。其二，对后世的影响，从"在西汉的影响"、"在西汉以后的影响"两方面展开，"重点放在西汉，尤其是《淮南子》、并把《吕氏春秋》和《淮南子》作了一点比较，以突出《吕氏春秋》的地位。对西汉以后的影响，也作了简略的叙述，说明《吕氏春秋》的影响一直存在，从而证明了《吕氏春秋》中一定埋藏着某些真理的因子"。

最后是附录：附有人名索引、文献索引和辞语索引。

（王启才）

洪家义先生《吕氏春秋》主要研究论著：

《关于吕不韦评价的两个问题》，《社会科学战线》编辑部编辑《中国古代史论丛》，1981 年第 3 辑，福建人民出版社 1982 年版。

《略论〈吕氏春秋〉中反君主专制的思想》，《南京大学学报》1981年第 4 期。

《再谈〈吕氏春秋〉中的反君主专制思想——答沙路同志》，《华东师范大学学报》1983 年第 2 期。

《略论〈吕氏春秋〉中的自然主义思想》，《南京大学学报》1985 年第 1 期。

《秦朝"数以六为纪"解》，《宝鸡师范学院学报》1989 年第 3 期。

《论吕不韦》，《南京大学学报》1996 年第 2 期。

《论〈吕氏春秋〉的性质》，《南京大学学报》1999 年第 4 期。

《吕不韦评传》，南京大学出版社 1995 年版。

《吕氏春秋》：兼容并蓄的杂家(存目)

刘元彦

【评介】

《〈吕氏春秋〉：兼容并蓄的杂家》，1992 年初版书名为《杂家帝王学〈吕氏春秋〉》，是三联书店"中华文库"的一种，2008 年再版根据丛书编者建议改成现名，改名原因该书《再版前言》说："'兼容并蓄'这一杂家的特点，是思想、文化发展的规律。在《吕氏春秋》之前，荀子、韩非已经不公开地采取了其他学派的观点；在《吕氏春秋》之后，汉、唐到宋、明各大学派，也都'兼容并蓄'地吸收了其他学派的观点，外来的佛学思想，也被某些学派所吸取。因此，《吕氏春秋》此次再版，书名改为《吕氏春秋：兼容并蓄的杂家》，以突出'兼容并蓄'这一思想、文化发展的规律。"

又补充说："'兼容并蓄'虽然是思想文化发展的规律，但能否择优'兼容'却是十分重要的。比如：西汉初年的统治者，深刻吸取了秦王朝覆灭的教训，崇尚清静无为的'黄老之学'，政治思想和政治措施采取'霸王道杂之'，于是有了汉朝的盛世文景之治。令人惊异的是，汉初崇尚的'黄老之学'，'霸王道杂之'与《吕氏春秋》的主张十分近似。本书指出：'前者是事后总结得来，后者是事前预先规划，中间隔了一个秦王朝。秦王朝的产生和崩溃，是汉初黄老之学成为统治思想的契机，它雄辩地证明了《吕氏春秋》思想的卓越和预见的可贵。'同时，这也说明了'兼容并蓄'不能是简单地凑合，而是根据现实情况，选择、综合各派优秀思想，才能成为新的思想体系。"

根据该书扉页作者简介，结合远强《博学多思的老编辑刘元彦》等文，刘元彦先生的主要生平著述如下：

刘元彦(1928—)，人民出版社资深编审。1928年5月出生于四川大邑。其父刘文辉，是著名爱国起义将领，历任民国第24军军长，二级陆军上将，西南军政委员会副主席，四川省政协副主席，中华人民共和国林业部部长。刘元彦1942年9月—1944年8月，在成都华西协合高级中学学习。1944年9月—1948年8月，在成都华西协合大学学习。1948年9月—1949年4月，在成都西方日报社任总稽核。1949年2月—1950年2月，在成都建国中学任校长。1952年8月—1953年2月，在北京俄文专科学校学习。1954年8月起，在人民出版社工作，先后在第三编辑室、哲学编辑室、历史编辑室和审读室工作，曾任历史编辑室主任。1989年离休。

刘元彦1956年进入哲学编辑室工作，曾是《中国思想史》(侯外庐主编)、《中国哲学史新编》(冯友兰著)、《中国哲学史》(任继愈主编)等多本学术著作的责任编辑。1978年任历史编辑室主任，除处理日常稿件外，他和同志们一起，制定中外史的选题组稿规划，从根本上消除"左"的影响；及时重印出版吴晗、邓拓、翦伯赞等人的著作，借以恢复他们的名誉，消除"四人帮"文化专制主义的流毒；探讨编辑出版工作的改革问题。1980年因病休养，后调审读室工作，负责《祖国丛书》设计、选题规划的制定、稿件的终审等。20世纪80年代任《新华文摘》副总编辑、总编辑。

此外，还应约编辑了父亲刘文辉的遗著《走到人民阵营的历史道路》(三联书店1979年版)，参加了《鲁迅选集》(四川人民出版社1983年版)的编选和注释工作。

远强撰文指出："刘元彦编辑经验丰富，并注意总结，曾应中国出版工作者协会、南开大学等单位邀请，作过关于选题、组稿、审稿等编辑学的专题讲座，1986年人民出版社出版的《编辑工作二十讲》一书中，收入了他关于'加工与整理'的论述。刘元彦还是一位笔耕不辍的学者。早在1948年秋，他就写过若干经济学论文，如《论战后美国经济》等，用笔名"谭兴之"发表在成都《民讯》月刊上；他还在成都《西方日报》、《四方夜报》上，用'瘤子'的笔名发表过一些杂文，锋芒直指美帝国主义和国民党反动派。刘元彦在学术研究上和他当编辑一样，博学多思，有自己独到的见解。新中国成立后，刘元彦长期潜心研究中国古代思想史，发表过若干论文。值得指出的是，刘元彦在《吕氏春秋》的研究方面提出了值得重视的学术见解。《〈吕氏春秋〉泛论》(见《中国哲学》第三辑)、《〈吕氏春秋〉是先秦各家思想最大的综合者》(见《中国文化与中国哲学》第一辑)两篇论文，是刘元彦的代表作，他的基本观点可以概括如下：吕不韦的主张'是符合当时历史要求的。汉初的一套理论和措施，实际上或基本上是《吕氏春秋》的承袭。换句话说，如果按吕不韦方案办，统一的天下(也一定会统一)决不会迅速瓦解，历史的进程将少一个秦代的小曲折，而直接出现西汉那种盛世。《吕氏春秋》思想是相当开明的。按它去做，不仅不会产生焚书坑儒之类的蠢事，对被统治者也不会那样暴虐，广大人民在战争后将得到休养生息。嫪毐同吕不韦是截然不同的两种人。按《史记》的记载，吕不韦也有生活上不干净的事，但从他当政的成绩看，从《吕氏春秋》所提主张看，他却是一位有眼光、有远见的政治家'。(见《刘元彦复曾彦修信》，载《严秀杂文选》，人民文学出版社1985年版，第195~196页)刘元彦这一见解，在《吕氏春秋》研究中，是独树一帜的，可以说是自郭沫若《十批判书·吕不韦与秦王政的批判》发表以来，对《吕氏春秋》评价最高的论述。"

《吕氏春秋：兼容并蓄的杂家》一书前面有"再版前言"、序，正文分七章，最后附参考文献。

第一章，商人政治家吕不韦，每节标题分别是"奇货可居"、"立国君能获利几倍"、"从商人到相国"、"执政中做的三件事"、"一字千金的故事"、"《吕氏春秋》的架构"、"轰动效应"、"沉默的反对者"、"吕不韦败亡之谜"、"不可置信的宫闱秽史"、"秦始皇是不是吕不韦的儿子"、"反秦的传说"、"政治斗争的真相"、"嫪毐集团覆灭"、"'仲父'被贬"、"逐客令的背后"，旨在介绍《吕氏春秋》的主编吕不韦，说明吕不韦的失败、身死，决不是由于私生活的不严谨，而是政治斗争的失败。吕不韦与嫪毐之间，仅仅是权力之争，与秦王政之间的深刻矛盾，属于政治斗争。

第二章，统一天下之路，每节标题分别是"用义兵统一天下"、"效果不彰的弭兵会"、"各种反战论调"、"有义兵而无偃兵"、"攻无道和伐不义"、"非攻和救守"、"以铲除暴虐为目的"、"义兵必胜"、"义为兵之本"、"兴义兵能争取民心"、"动兵时就要想到长治久安",旨在说明义兵说虽有不足,但其"富有远见卓识,是符合历史潮流的进步理论","它是从政治的角度来审视战争的各个环节的,这就是它的特别之处"。

第三章,治理天下的方略,每节标题分别是"君道的奥秘"、"天下非一人之天下"、"生命比权位更重要"、"君主不亲自做具体的事情"、"顺应趋势和选择时机"、"用德化和赏罚治理百姓"、"充满理想色彩的贤人政治"、"理想的君臣关系是自然契合"、"得贤人者得天下"、"悲壮的忠臣廉士"、"民本和用众"、"宗庙之本在于民"、"如何得到民众的拥护"、"民众要靠政府去治理",旨在对《吕氏春秋》君无为、贵公、贵生理论、贤人政治、民本思想等政治方略进行客观的评价。

第四章,天道和人道,每节标题分别是,"精气说——中国古代的原子论"、"天地有始"、"太一和道"、"精气是产生天地万物的本原"、"精气循环往复引起万物变化"、"精气使万事万物具有功能"、"精气有感召的作用"、"五德终始——循环的历史观"、"王朝盛衰和五行相克"、"五行说何时有了神秘色彩"、"对驺衍学说的改造"、"贯串天人的体系"、"在君主制圈子中变革"、"求取真知的方法"、"保持心灵的宁静"、"审察事物的征兆"、"去除主观上的蒙蔽"、"表面合理的未必合理"、"推论不一定能获得正确的知识"、"反对诡辩"、"对战国诡辩家的批评"、"《吕氏春秋》认识论的缺陷"、"社会和人生的哲理"、"以音乐为教化的重要手段"、"学习应摄取众家之长"、"重视农业"、"养生和安死"。《吕氏春秋》"备天地万物古今之事",本章旨在对该书政治方略所赖以存在的基础,特别是天道和人道,分专题作了颇为深入的探讨。

第五章,失败的胜利者,每节标题分别是"吕不韦和秦王政的政治矛盾"、"是兴义兵还是武力征服"、"是重德治还是严刑峻法"、"是君道无为还是君主专制"、"谁是真正的失败者"、"英雄还是暴君"、"荀子的隐忧"、"强大中的脆弱"、"胜利的失败者和失败的胜利者"、"汉家制度和《吕氏春秋》"、"王道和霸道并用"、"汉初政治的兼容并蓄"、"清静无为政策的成功"、"文景之治是无为政治的成果"、"《吕氏春秋》与黄老之学",旨在说明吕不韦和秦王政之间存在着深刻的政治矛盾,吕不韦被迫害而死,他设计的方略没有实施的机会,但在汉朝似乎复活了其主张。"从政治主张的是否符合历史的潮流而言,应当判定秦始皇是失败者,吕不韦是胜利者。吕不韦是失败了的英雄。"

第六章,综合百家,每节标题分别是"《吕氏春秋》与道家"、"以精气解释道"、"将无为用于君道"、"小国寡民和封建大帝国"、"吸取老庄思想加以改造"、"《吕氏春秋》与儒家"、"尊崇孔子但不奉为唯一的圣人"、"政治思想深受孟子影响"、"接近荀子学说但也有差异"、"《吕氏春秋》与其他各家"、"与法家思想的异同"、"受到墨子学说的影响"、"与先秦其他各家的关系"、"综合百家 自成体系"、"《吕氏春秋》评价的历史考察"、"太史公的看法"、"宋代之前学者的好评"、"否定《吕氏春秋》成就的意见"、"现代学人的评价"、"吕不韦是《吕氏春秋》的主编",旨在说明从思想文化方面考察,《吕氏春秋》的特点"则是综合先秦诸子百家",且"自成体系",并通过历史上对《吕氏春秋》的评价,觉得还是"沿用杂家这个概念更好",种种事实与理由表明作为秦国政治家、当权者的吕不韦就是《吕氏春秋》的主编。

第七章,杂家的启示,每节标题分别是"中国传统文化的杂家性格"、"儒学综合了各家学说"、"兼综儒道的玄学"、"儒佛道三教合流"、"理学是三教融合的成果"、"从'霸王道杂之'到儒佛道并用"、"独尊儒术未禁止各家思想的传播"、"两个儒法并用的人物"、"儒家为主,兼容别家"、"唐太宗制定儒佛道并用的政策"、"以佛治心,以道治身,以儒治国"、"杂家的启示"、"杂家出现的必然性"、"有选择的综合"、"传统文化有弹性也有限度"、"杂家精神仍将延续",旨在说明具有"兼容并蓄、吸收各家之长,创造出新的思想"特点的出现,是历史的必然,"《吕氏春秋》典型地表现了这种取向","杂家性格对中国传统文化的发展有巨大的影响",我们应"综合中国传统文化与世界各种文化的优秀部分,创造出当代的中国文化,以促进中国的繁荣兴旺,使中国文化更加光彩地列于世界文化之林"。

刘元彦先生的著作,通俗易懂,对史事有辨析,有评论,有自己的体会与见解，特别是抓住"兼容并蓄"这一杂家特点深入剖析，把《吕氏春秋》放在中国文化发展的长河中去审视与观照，视野较为开阔，又着眼于借鉴与资用，结论是较为稳妥的。

（王启才）

刘元彦《吕氏春秋》研究主要论著：

《〈吕氏春秋〉论"义兵"》，《哲学研究》1963 年第 3 期。

《〈吕氏春秋〉的精气说——兼论与德谟克利特原子论的异同》，《传统文化与现代化》1997 年第 2 期。

《杂家与传统文化》，《传统文化与现代化》1993 年第 6 期。

《〈吕氏春秋〉天人关系观浅析》，《燕京学报》新 5 期，北京大学出版社 1998 年版。

《〈吕氏春秋〉泛论》，《中国哲学》第三辑，三联书店 1980 年版。

《〈吕氏春秋〉是先秦各家思想最大的综合者》，《中国文化与中国哲学》第一辑，东方出版社 1986 年版。

《杂家帝王学〈吕氏春秋〉》，三联书店 1992 年第一版，2008 年再版改名《〈吕氏春秋〉：兼容并蓄的杂家》。

《吕氏春秋》对社会秩序的
理解与构建(存目)

庞　慧

【评介】

　　中国社会科学出版社 2009 年出版庞慧的《〈吕氏春秋〉对社会秩序的理解与构建》一书，是在其 2006 年北京师范大学史学研究所撰著同名博士毕业论文基础上修订而成。

　　据该书作者简介，结合相关介绍，庞慧(1971—)，女，四川巴中人。1990—1997 年先后就读于四川师范大学和陕西师范大学历史系，并相继获得历史学学士、硕士学位。1997—2003 年在韩山师范学院任职。2003—2006 年在北京师范大学史学研究所中外古史比较方向攻读博士学位。2006 年毕业后在陕西师范大学历史文化学院任教，现为副教授，目前讲授历史学本科基础课"世界上古史"及全校公选课"先秦诸子导读"。在《北京师范大学学报》、《南京大学学报》、《史学月刊》等刊物上发表学术论文 10 多篇。主要从事先秦和秦汉历史、思想、文化的研究工作。

　　该书扉页内容简介说："《〈吕氏春秋〉对社会秩序的理解与构建》围绕'理解与构建合理的社会秩序'这一中心议题来研究《吕氏春秋》的总体思想，将《吕氏春秋》放在战国秦汉学术、思想史的大背景、大视野中来透视其思想和学术的意义，并由此提出对'杂家'和《吕氏春秋》之作为'杂家'的独到理解。全书分上、下两篇。上篇讨论《吕氏春秋》的编撰与结构，尤其对十二纪、八览、六论的构成与含义进行了细致梳理和深入分析。下篇讨论《吕氏春秋》中的君臣民及其相互关系，在讨论中注意辨析不同学派的异同及思想与时代之间的因应互动。作者在研究方法上强调'思想的历史研究',对春秋战国诸子学说之异同,战国时期'士'的身份变化,及《吕氏春秋》中'道'观念的融汇等问题都给出了新的很有说服力的解答,并在此基础上提出了关于战国秦汉间的学术流变与政治转型的新的思考。"

该书前有庞慧博士的导师刘家和的《序》,序中介绍了庞慧求学为人的一些特点,对其博士论文予以首肯,特别指出该书的价值与贡献:内含着庞慧两个方面的重大思考:"……《吕氏春秋》即使作为杂家也是可以有其自己的结构或系统的。这样,她就体会到了,《吕氏春秋》的思想既有其内在的结构,又有其外在的环境结构,而且这样的内外结构是既有区分又有联系的。这是她的这一本书中的横向的思考,可以说是其重大思考之一。庞慧又注意到了《吕氏春秋》成书于先秦与秦汉之交,自然就反复思考它是前因与后果的问题……但是她能把《吕氏春秋》置于历史中来看,或者说能作纵向的历史思考,可以说是其重大思考之二。"

书的内容由绪言、正文、结语、参考文献、后记组成。

绪言部分由传世本《吕氏春秋》与初本的一致性问题、《吕氏春秋》思想研究现状、本书的研究思路和研究方法三节组成,庞慧认为,对社会秩序的理解与构建"正是《吕氏春秋》表达其思想的形式和特色所在","政治思想,是《吕氏春秋》全书的主题和命意所在,而《吕氏春秋》讨论政治思想,又自始至终围绕着构建合理社会秩序这一中心展开"。今本编次与初本虽未必一致,但其内容应该是大体一致的。《吕氏春秋》思想研究经历了长期受冷落到晚近获得广泛认同,当前《吕氏春秋》思想研究中仍存在着有关"杂家"说、融汇诸子、撰著时代背景等尚待深入的问题。关于该书的研究思路和研究方法,庞慧就"如何根据《吕氏春秋》一书的'杂家'特点,选取合适的切入角度和研究方法;如何能够同时从诸子学说之'同'与'异'两个方面,说明《吕氏春秋》对各家学说的融汇;如何在战国秦汉学术与政治的流变转移中,把握住《吕氏春秋》的特有语境",谈了该书的问题、任务与思考,"按《吕氏春秋》自身的思路及其内容、特点,从它对诸子学说的检择取舍中探寻其思想倾向,在战国后期的学术与政治的网络中为它寻求适当定位,这是本书用以研究《吕氏春秋》思想的基本思路。

而所有这些工作，本书都希望能够建立在‘文字考古’的基础之上，通过文本分析和语境复原，一步步地梳理出《吕氏春秋》自身的思想”，“本书拟将战国后期的子家著作群，作为《吕氏春秋》语境中最核心部分来考察”，其中重点考察《荀子》《韩非子》两书与《吕氏春秋》思想之异同。

书的主要内容分上下两篇。上篇为《吕氏春秋》的编撰与结构包括：

第一章，《吕氏春秋》的编撰与成书，分“吕不韦与《吕氏春秋》”、“编撰群体与编撰方式”、“《吕氏春秋》的成书年代”三节进行介绍，意在清理前人旧说，为下一步讨论张本。

第二章，十二纪、八览、六论的构成与含义，分“十二纪结构分析”、“八览结构分析”、“六论的内容与结构”、“《吕氏春秋》数字形式之寓意”、“览事论理”、“顺天之纪——《吕氏春秋》三大部分的构成与含义”五节进行论述，其中“数字形式之寓意”发前人之未发，新意较多。庞慧篇末总结说：“十二纪、八览、六论这个显然是事先拟好的结构，不仅仅是《吕氏春秋》的编撰者用来包容百家异说的框架，也是用来整合、统一各家学说的基点和平台。这里面包含着两个至关重要的问题，一个是《吕氏春秋》对宇宙秩序（即天、地、人）的理解，一个是《吕氏春秋》对社会秩序（即君、臣、民）的理解。一部《吕氏春秋》，便是在致力于寻求、发现和确立理想的社会秩序及其包裹物——宇宙秩序，即道。十二纪以‘纪’为名，便道明了确立秩序之用心。而《吕氏春秋》充满象征意味的结构所表现出来的那种以天统人，天人合一，宇宙秩序与社会秩序混一的态度，无疑是我们理解、把握其思想的绝佳出发点。”

下篇论述《吕氏春秋》中的君臣民及其相互关系，其中“引言”说：“一部《吕氏春秋》，主要讨论了三种人：君、臣、民；两种关系：君臣关系、臣民关系。”

第一章，字义辨析，分“关于‘君’、‘臣’、‘民’，‘士’、‘人’、‘君’形象的历史演变”，“战国后期语境中的‘君’”，“诸子著作中的‘君’”三节，主要从语源学、学术史的角度，分析几个重要概念的含义演变。

第二章,《吕氏春秋》中的君主形象,分"《吕氏春秋》中的'君'与'主'"、"理想的君主"两节进行探讨,庞慧认为,《吕氏春秋》所谈论的"君",可以分别从这两个方面来看。君作为民之主,则"有土有民者,斯谓之君",为一国之首,具有绝对性;而君作为臣之主,则凡事人者与被事者,便构成君臣关系,这就具有相对性。在《吕氏春秋》中,作为"民之主"的"君",即一国之君,其形象跟《荀子》、《韩非子》中的"君",并无多大差别,而三书中作为"臣之主"的"君"的形象,则差别很大。关于《吕氏春秋》中的"贤主","与诸子中最接近《荀子》说的'明君'。《吕氏春秋》认为贤主之'贤',在于善识人,善用贤才,善用术,有道",至于如何才能成为理想型的君主,《吕氏春秋》与《荀子》又有很大差别。

第三章,君守何道,先解释何谓君道,然后从利而勿利、用非其有两方面加以论述。"《吕氏春秋》认为君主必须顺民之欲、护民之生、救民之患、除民之害、忧民之苦、劳民之事,这样的论述贯穿全书,成为理解《吕氏春秋》思想的一根主轴。""'利而勿利'这一君道原则的核心问题是如何看待、处理君民关系,'用非其有'则力图说明君道与臣道的区别,关注的重点是君臣关系。"本章"旨在说明《吕氏春秋》君道与诸子之说的关系。而从《吕氏春秋》对这两条君道原则的理解和解说中,我们可以感受到它融汇、调和、折中诸子的杂家风格"。

第四章,臣与君臣关系,分"《吕氏春秋》中的'贤者'","基于'一体'、'分职'认识的君臣和同","君臣关系:理想与现实之际"三节进行论述,庞慧认为,"《吕氏春秋》理想的臣,是'贤者',是'士',《吕氏春秋》对'贤者'的解说表现出超越学派纷争的宽宏态度,'士'是《吕氏春秋》用来衡量臣下之'贤'的标准。《吕氏春秋》理想的关系是君臣和同,它所说的君臣和同既包含着战国社会'士为知己者死'的一般看法,又采用了战国后期道法家关于君臣'一体'、'分职'的理论。《吕氏春秋》力图将儒墨所向往的君臣关系的理论,与道法家对君臣关系实质的解说统一起来,但对于二者在根本上的矛盾,它没能真正解决"。

第五章,民与君民关系,分"民是群氓","民是与天同气的群氓", "民本与君本: 循环的逻辑" 三节论述。庞慧认为, "《吕氏春秋》对民的看法, 可以用一句话来概括: 民是与天同气的群氓", "按照《吕氏春秋》的理解, 君应以民为本, 但民的命运又最终寄托在君主身上, 君是'事之本'(《行论》), 君与民互为目的, 亦互为工具", "在《吕氏春秋》中, 君和臣是治道的主体, 民却被客观化了, 民只是治的对象。一方面, 民无知无识, 被欲望驱使而不自知, 必须有贤主忠臣来约束、引导他们的欲望, 教化他们。另一方面, 正因为民被客体化了, 所以便成了客观必然性——天道的代表, 其自发的欲望是天意的体现, 必须顺应民心, 才能不违背天道, 获得长治久安"。

第六章, 如何看待《吕氏春秋》对君臣民及其相互关系的理解? 本章从"总体上的统一", "理解和解说中的内在冲突", "与诸子之说的比较" 三个方面加以论述, 庞慧认为, "十二纪寓指天、道、君; 八览寓指地、事、臣; 六论寓指人、理、事。《吕氏春秋》十二纪、八览、六论之构成所体现出的对君、臣、士三者各自在治道中所处的位置和应有行为的理解, 与《吕氏春秋》认为君法天体道、臣法地任事、士作为理想的人, 肩负行理践义的使命这个看法, 能够一一吻合", "但其在内在理路上、尤其是在具体问题的阐说中存在着不少颇嫌违忤、不能完全一致之处。它对一些问题的解说缺乏内在的一致的逻辑, 不够彻底, 调和折中的倾向十分明显", "《吕氏春秋》对君臣民及其相互关系的思考, 是以营建理想的社会秩序, 构建理想政治作为出发点和归宿。《吕氏春秋》在这个问题上, 确实表现出了鲜明的不主一家言, 融汇、折中诸说的风格"。

结语部分主要讨论了两个问题: 一是如何看待《吕氏春秋》思想及其出现, 二是战国后期的政治走向与《吕氏春秋》的出现。庞慧认为, "杂家的特点是不主一家之言, 力图包揽各家之长……从'辨章学术'的角度考虑,《汉书·艺文志》将《吕氏春秋》归入杂家是有道理的", "战国后期, 政治领域有两大走向……一是统一, 一是集权", "《吕氏春秋》及其思想其实都深深植根于战国后期的政治走向及与之相应的社会文化心理的变迁当中"。

综观全书, 庞慧集中讨论了《吕氏春秋》的政治思想, 始终围绕构建合理社会秩序这一中心展开, 注意把《吕氏春秋》放在与诸子的异同比较中，放在战国秦汉的历史发展中审视与观照，所以论题集中，论证既放得开，又收得拢，有思考、有分析、有比较，处处以史料文献说话，结论是能够令人信服的，特别是该书对《吕氏春秋》数字形式之寓意，对《吕氏春秋》中的君臣民及其相互关系等的理解，较之前著作有独到、深入的认识，创新开拓是明显的。但白璧微瑕，该著作亦存在校勘不精问题，如第4页"张心澄"之"澄"，应为"澂"之误，第11页吴福湘《吕八览研究》，应为"《吕氏春秋八览研究》"，第264页，田凤台《吕氏春秋历代评价论》，应为"汇论"，夺一"汇"字，其他第7、8页，清卢文弨《抱经堂文集》、谭介甫《校吕遗谊》都不算难找资料，转引陈奇猷、田凤台著作，既没必要，也不严谨。

（王启才）

庞慧《吕氏春秋》研究主要论著：

《吕不韦与〈吕氏春秋〉》，《河北大学学报》（哲学社会科学版）2007年1期，人大复印资料《先秦史》2007年第3期全文转载。

《今本〈吕氏春秋〉与初本的一致性问题》，《咸阳师范学院学报》（社会科学版）2007年第3期。

《〈吕氏春秋〉中的民与君民关系》，《南京大学学报》（哲学·人文科学·社会科学版）2006年第4期，《新华文摘》2006年20期《篇目辑览》收录。

《〈吕氏春秋〉的传习与研究概览》，《廊坊师范学院学报》（社会科学版）2006年第1期。

《〈吕氏春秋〉数字形式之寓意》，《廊坊师范学院学报》（社会科学版）2008年第3期。

《〈吕氏春秋〉对社会秩序的理解与构建》，中国社会科学出版社2009年版。

《吕氏春秋》研究（存目）

王启才

【评介】

年前，启才先生《〈吕氏春秋〉研究》成稿，嘱我作序，这叫我既感且愧，一时不知从何说起。

所"感"者，自然有感激的成分在。近十年来，我醉心于秦汉文学史料的收集与整理；研读之余，时有小文发表，这便引起了远在南方的王启才先生的注意。他从复旦大学蒋凡先生问学，其博士论文即以秦汉奏议作为研究对象，看到我的成果，便引以为同道。任教于安徽阜阳师范学院之后，我们便有了联系。他很久就想到北京深造，于是申请到文学研究所作博士后研究，希望我作为合作导师。由于种种原因，直至去年才如愿以偿。由于这样一种因缘际遇，我有机会对于他的研究方法和研究领域多所了解。我早就知道他近来一直潜心于《吕氏春秋》研究，没有想到这么快就拿出成果，我为此而感到高兴。因此，当他提出让我作序时，我几乎不假思索，就贸然答应下来。在学术的征程中，我不过是众多跋涉者当中的普通一员，本无资格为他人作序。但是承蒙启才不弃，小文得以冠诸篇首，在我当然十分荣幸。

但是两个多月过去了，启才先生的大著就要付印，而我的序却只字未成。这时我才感到贸然承诺的风险和压力。

这篇序所以不好写，主要原因是我对于吕不韦及其《吕氏春秋》没有深入研究，因此很少自己的见解，也很难对于同行成果作出准确的判断。虽然，吕不韦其人其书，我上中学时就有所了解。那个时候，正是"文革"的中后期，评法批儒之风，甚嚣尘上。作为"法家"

代表人物的吕不韦，一时成为当时追捧的对象。《吕氏春秋》中的一些寓言故事和脍炙人口的成语，也就这样深深地印在了我年幼无知的脑海中。上大学之后，我才发现这么重要的一个人和这么重要的一部书，却很少有人作深入系统的论述。想当初，吕不韦和他的《吕氏春秋》是多么的显赫啊。书成之后，他把书悬诸咸阳城头，"延诸侯游士宾客有能增损一字者予千金"。由此可见，吕不韦对于自己主编的这部大书该是多么的自信和自负。这也难怪，《吕氏春秋》确实经过精心的编纂。《汉书·艺文志·诸子略》杂家类著录《吕氏春秋》二十六篇，而今保存下来的恰好是二十六卷，分为《八览》、《六论》、《十二纪》。《八览》下另设子目六十三个，《六论》下另设子目三十六个，《十二纪》下另设子目六十一个，总计一百六十篇，各篇字数也大体相同。可见，其书编排非常整齐，且在两千多年的流传过程中，几乎没有多少佚失，这在中国先秦典籍流传史上应当算是一个奇迹了。确实，在先秦两汉所有传世子书中，没有一部像《吕氏春秋》那样，作者及成书年代非常明晰，很少异议；也没有一部著作像《吕氏春秋》那样，章节安排环环相扣，有条不紊；更没有一部著作能像《吕氏春秋》那样，在辨伪成风的学术环境中还能岿然不动。可惜的是，这部经历如此奇特的大书，在学科划分越来越细的今天，却找不到自己应有的位置了。中文系的古代文学史不重视它，因为它的文学价值并不突出；历史系的中国古代史不重视它，因为它的史料价值十分有限；哲学系的古代哲学史也不重视它，因为它的思想庞杂，难以归纳系统。因此，谁都知道这部著作有着较高的可信度，但是，除"文革"期间曾享有短暂荣华外，多数情况下是遭遇冷落。真是时移物换，今非昔比！倘若吕不韦地下有知，当不知作何感想。

1997年，我与业师曹道衡先生合著《先秦两汉文学史料学》，有机会重读《吕氏春秋》，很想就上述问题，略作探讨。清人汪中《述学补遗·吕氏春秋序》中的一段话引起了我特别的注意。他说："《吕氏春秋》出，则诸子之说兼而有之。故《劝学》、《尊师》、《诬徒》、《善学》四篇，皆教学之方，与《学记》表里。《大乐》、《侈乐》、《适音》、《古乐》、《音律》、《音初》、《制乐》皆论乐。《艺文志》言刘向校书，别得《乐记》二十三篇。今《乐记》有其一篇，而其他篇名载在《别录》

者，惟见于《正义》所引。按本书《适音篇》，《乐记》载之。疑刘向所得，亦有采及诸子同于河间献王者。凡此诸篇，则六艺之遗文也。《十二纪》发明明堂礼，则明堂阴阳之学也。《贵生》、《情欲》、《尽数》、《审分》、《君守》五篇，尚清静养生之术，则道家之流也。《荡兵》、《振乱》、《怀宠》、《论威》、《决胜》、《爱士》八篇，皆论兵，则兵权谋、形势二家也。《上农》、《任地》、《辩土》三篇，皆农桑树艺之事，则农家者流也。其有抵牾者，《振乱》、《禁塞》、《大乐》三篇，以《墨子·非攻》、《救守》及《非乐》为过，而《当染篇》全取《墨子》，《应言篇》司马喜事，则深重墨氏之学。"清人徐时栋《吕氏春秋杂记序》也有类似的论述："考其征引神农之教，黄帝之诲，尧之戒，舜之诗，后稷之书，伊尹之说，夏之鼎，商周之箴，三代以来，礼乐刑政，以至春秋、战国之法令，《易》、《书》、《诗》、《礼》、《孝经》、《周公》、《孔子》、《曾子》、《子贡》、《子思》之言，以及《夫关》、《列》、《老》、《庄》、《文子》、《子华子》、《季子》、《魏公子牟》、《惠施》、《慎到》、《宁越》、《陈骈》、《孙膑》、《墨翟》、《公孙龙》之书，上志故记，歌诵谣谚，其掎摭也博，故其言也杂，然而其说多醇而少疵。"按照他们的解说，《史记·吕不韦列传》所谓"备天地万物古今之事"，实际上就是汇集群籍，比类成编，客观上起到学术思想史资料类编的作用。正是从这个意义上，梁启超称其为"类书之祖，后世《艺文类聚》、《太平御览》、《永乐大典》等，其编纂之方法及体裁，皆本于此"。这是很有道理的，因为它几乎涉及《汉书·艺文志》所收录的绝大部分内容。而《汉书·艺文志》乃集当时及先秦学术之大成，将其分为六大类，即：六艺、诸子、诗赋、兵书、数术、方技。这样广泛的内容，自然远远超出了我的学识范围，常常有望洋兴叹之感。因此，我在撰写《两汉文学史料》时，也只能就《吕氏春秋》与诸子略中的各家之说略作排比而已。

　　事实上，《吕氏春秋》的价值远远不仅仅限于诸子范围，它更具有百科全书的性质。诚如启才先生概括的那样，涉及政治、哲学、史学、法学、伦理、教育、逻辑、语言、心理、音乐、艺术、军事、科技、情报、农业、体育、养生、生态环境、社会管理、商业观、人学等内容，以及与儒家(孔子、荀子)、道家(老子、庄子)、名家、阴阳家、墨家(《墨子》)、法家(《韩非子》)、《周易》、《管子》、《淮南子》、《史记》、《文心雕龙》等学派或书的关系，等等。启才先生的《吕氏春秋研究》，视野开阔，注意到上述众多问题，并加以梳理论证，给读者展示出《吕氏春秋》所蕴含的广博丰富的内容。当然，在一部篇幅有限的著作中，不可能涉猎所有的问题。哪些更重要？哪些问题有待解决？哪些问题基本解决，就需要做一些探究家底的工作。为此，作者首先回顾了 20 世纪有关吕不韦及《吕氏春秋》的研究历程，分析了《吕氏春秋》的编辑特点，移步换形，由文学价值到心理思想，最后集中到《吕氏春秋》的传播论、生态观、丧葬观以及饮食文化观等专门问题，掇取大旨，语玄析理。虽然所涉及的内容我多所不知，而所展现的盛景，却如同山阴道上行，目不暇接。至于这些论析是否合理，材料是否精准，远非浅薄如我者所能评判。职是之由，这篇序便拖延至今。开篇所说既感且愧的"愧"字，殆缘于此。

但是既然已经答应的事，又不能不兑现。因此，这篇序，我也只能表达一种美好的愿望：希望启才先生的博士后出站报告《〈吕氏春秋〉文献研究》能做得更加精彩，更加厚重，从而有更多的机会向学界同仁展示自己的雄厚实力。

（刘跃进《〈吕氏春秋〉研究序》，原载《阜阳师范学院学报》2007年第 2 期）

读《吕氏春秋》

胡 适

一 《吕氏春秋》的贵生主义

《吕氏春秋》是秦国丞相吕不韦的宾客所作。吕不韦本是阳翟的一个商人，用秦国的一个庶子作为奇货，做了一笔政治上的投机生意，遂做了十几年的丞相（前249—前237），封文信侯，食客三千人，家僮万人。《史记》说：

> 是时诸侯多辩士，如荀卿之徒，著书布天下。吕不韦乃使其客人人著所闻，集论以为八览、六论、十二纪，二十余万言，以为备天地万物古今之事，号曰《吕氏春秋》(《史记》八十五)

吕不韦死于秦始皇十二年（前235）。此书十二纪之末有《序意》一篇的残余，首称"维秦八年"，当纪元前239年。此可见成书的年代。

《吕氏春秋》虽是宾客合纂的书，然其中颇有特别注重的中心思想。组织虽不严密，条理虽不很分明，然而我们细读此书，不能不承认它代表一个有意综合的思想系统。《序意》篇说：

> 维秦八年，岁在涒滩，秋，甲子朔。朔之日，良人请问十二纪。文信侯（吕不韦）曰："尝得学黄帝之所以诲颛顼矣：'爰有大圜在上，大矩在下。汝能法之，为民父母'。盖闻古之清世，

是法天地(大圜即天,大矩即地)。凡十二纪者,所以纪治乱存亡也,所以知寿夭吉凶也。

上揆之天,下验之地,中审之人,若此则是非可不可无所遁矣。天曰顺,顺维生。地曰固,固维宁。人曰信,信维听。三者咸当,无为而行。行也者,行其理也。行[其]数,循其礼,平其私。夫私视使目盲,私听使耳聋,私虑使心狂。三者皆私设精则智无由公。智不公则福日衰,灾日隆。……

这是作书的大意。主旨在于"法天地",要上揆度于天,下考验于地,中审察于人,然后是与非,可与不可,都不能逃遁了。分开来说:

> 天曰顺,顺维生。
> 地曰固,固维宁。
> 人曰信,信维听。

第一是顺天,顺天之道在于贵生。第二是固地,固地之道在于安宁。第三是信人,信人之道在于听言。"三者咸当,无为而行。"无为而行,只是依着自然的条理,把私意小智平下去,这便是"行其数,循其理,平其私"。一部《吕氏春秋》只是说这三大类的事:贵生之道,安宁之道,听言之道。他用这三大纲来总汇古代的思想。

法天地的观念是黄老一系的自然主义的主要思想(这时代有许多假托古人的书,自然主义一派的人因为儒墨都称道尧舜,尧舜成了滥调了,故他们造出尧舜以前的黄帝的书来。故这一系的思想又称为"黄老之学")。而这个时代的自然主义一派思想经过杨朱的为我主义,更趋向个人主义的一条路上去,故孟子在前4世纪末年说杨朱、墨翟之言盈天下,又说当时的三大系思想是杨、墨、儒三家。杨朱的书,如《列子》书中所收,虽在可信可疑之间,但当时的"为我主义"的盛行是决无可疑的。我们即使不信《列子》的《杨朱篇》,至少可以从《吕氏春秋》里寻得无数材料来表现那个时代的个人主义的精义,因为这是《吕氏春秋》的中心思想。

　　《吕氏春秋》的第一纪的第一篇便是《本生》，第二篇便是《重己》；第二纪的第一篇便是《贵生》，第二篇便是《情欲》。这都是开宗明义的文字，提倡的是一种很健全的个人主义，叫做"贵生"主义，大体上即杨朱的"贵己"主义。(《不二篇》说："阳生贵己。"李善注《文选》引作"杨朱贵己"。是古本作"杨朱"，或"阳朱")其大旨是：

　　　　圣人深虑天下，莫贵于生……尧以天下让于子州支父，子州支父对曰："以我为天子，犹可也。虽然，我适有幽忧之病，方将治之，未暇在天下也。"天下重物也，而不以害其生，又况于他物乎？惟不以天下害其生也者，可以托天下。(《贵生》)

　　　　倕，至巧也；人不爱倕之指而爱己之指，有之利故也。人不爱昆山之玉，江汉之珠，而爱己之一苍璧小玑，有之利故也。

　　　　今吾生之为我有而利我亦大矣！论其贵贱，爵为天子不足以比焉。论其轻重，富有天下不可以易之。论其安危，一曙失之，终身不复得。此三者，有道者之所慎也。(《重己》)

　　这就是"拔一毛而利天下，不为也"的本意。本意只是说天下莫贵于吾生，故不以天下害吾生。这是很纯粹的个人主义。《吕氏春秋》说此义最详细，如云：

　　　　身者，所为也。天下者，所以为也。审〔所为〕所以为，而轻重得矣。今有人于此，断首以易冠，杀身以易衣，世必惑之。是何也？冠所以饰首也，衣所以饰身也。杀所饰，要所以饰，则不知所为矣。世之走利，有似于此。危身伤生，刈颈断头以徇利，则亦不知所为也。……不以所以养害所养。……能尊生，虽富贵，不以养伤身；虽贫贱，不以利累形。今受其先人之爵禄，则必重失之。生之所自来者久矣，而轻失之，岂不惑哉？(《审为》)

　　　　凡圣人之动作也，必察其所以之，与其所以为。今有人于此，以隋侯之珠弹千仞之雀，世必笑之。是何也？所用重，所要轻也。夫生岂特隋侯珠之重也哉？(《贵生》)

以上都是"贵生"的根本思想。因为吾生比一切都重要，故不可不贵生，不可不贵己。

贵生之道是怎样呢?《重己》篇说:

> 凡生之长也，顺之也。使生不顺者，欲也。故圣人必先适欲（高诱注：适，节也）。

《情欲》篇说:

> 天生人而使有贪有欲。欲有情，情有节。圣人修节以止欲，故不过行其情也。故耳之欲五声，目之欲五色，口之欲五味，情也。此三者，贵贱愚智贤不肖欲之若一。虽神农、黄帝，其与桀、纣同。圣人之所以异者，得其情也。由"贵生"动，则得其情矣。不由"贵生"动，则失其情矣。此二者，死生存亡之本也。

怎么叫做"由贵生动"呢?

> 夫耳目鼻口，生之役也。耳虽欲声，目虽欲色，鼻虽欲芬香，口虽欲滋味，害于生则止。在四官若不欲，利于生者则弗为[止]。由此观之，耳目鼻口不得擅行，必有所制；比之若官职，不得擅为，必有所制。此贵生之术也。(《贵生》)

这样尊重人生，这样把人生看做行为动作的标准，看做道德的原则，这真是这一派个人主义思想的最大特色。

贵生之术不是教人贪生怕死，也不是教人苟且偷生。《吕氏春秋》在这一点上说得最分明:

> 子华子(据《吕氏春秋·审为》篇，子华子是韩昭侯时人，约当前四世纪的中叶。昭侯在位年代为公元前 358 到前 333) 曰:"全生为上，亏生次之，死次之，迫生为下。"故所谓"尊生"者，全生之谓。所谓全生者，六欲皆得其宜也。所谓亏生者，六欲分

得其宜也(分是一部分，故叫做亏。亏是不满)。亏生则于其尊之者薄矣。其亏弥甚者，其尊弥薄。所谓死者，无有所以知，复其未生也。所谓迫生者，六欲莫得其宜也，皆获其所甚恶者，服是也，辱是也(服字高诱训"行也"，是错的。服字如"服牛乘马"的服，在此有受人困辱羁勒之意)。辱莫大于不义，故不义，迫生也。而迫生非独不义也。故曰迫生不若死。奚以知其然也? 耳闻所恶，不若无闻；目见所恶，不若无见。故雷则掩耳，电则掩目，此其比也。凡六欲皆知其所甚恶(《墨经》云，知，接也)，而必不得免，不若无有所以知。无有所以知者，死之谓也。故迫生不若死。

　　嗜肉者，非腐鼠之谓也。嗜酒者，非败酒之谓也。尊生者，非迫生之谓也。(《贵生》)

正因为贵生，所以不愿迫生。贵生是因为生之可贵，如果生而不觉其可贵，只得其所甚恶，故不如死，孟轲所谓"所恶有甚于死者"正是此理。贵生之术本在使所欲皆得其宜，如果生而不得所欲，死而得其所安，那自然是生不如死了。《吕氏春秋》说:

　　天下轻于身，而士以身为人。以身为人者如此其重也! (《不侵》)

因为天下轻于一身，故以身为人死，或以身为一个理想死，才是真正看得起那一死。这才叫做一死重于泰山。岂但重于泰山，直是重于天下。故《吕氏春秋》又说:

　　石可破也，而不可夺坚。丹可磨也，而不可夺朱。坚与朱，性之有也。性也者，所受于天也，非择取而为之也。豪士之自好者，其不可漫以污也，亦犹此也。……(此下引伯夷、叔齐饿死的故事)……人之情莫不有重，莫不有轻。有所重则欲全之，有所轻则以养所重。伯夷、叔齐此二士者，皆出身弃生以立其意，轻重先定也。(《诚廉》)

全生要在适性，全性即是全生。重在全性，故不惜杀身"以立其意"。
老子曾说：

> 故贵以身为天下，若（乃）可寄天下。爱以身为天下，若可
> 托天下。

《吕氏春秋》解释此意道：

> 惟不以天下害其生也者，可以托天下。

又说：

> 天下轻于身，而士以身为人。以身为人者如此其重也！

明白了这种精神，我们才能了解这种贵生重己的个人主义。

儒家的"孝的宗教"虽不是个人主义的思想，但其中也带有一点
贵生重己的色彩。孝的宗教教人尊重父母的遗体，要人全受全归，要
人不敢毁伤身体发肤，要人不敢以父母之遗体行殆，这里也有一种全
生贵己的意思。"大孝尊亲，其次弗辱"，这更有贵生的精神。推此
精神，也可以养成"不降其志，不辱其身"的人格。所不同者，贵生
的个人主义重在我自己，而儒家的孝道重在我身所自生的父母，两种
思想的流弊大不同，而在这尊重自身的一点上确有联盟的可能。故
《吕氏春秋》也很注重孝的宗教，《孝行览》一篇专论孝道，甚至于说：

> 夫执一术而百善至，百邪去，天下从者，其惟孝也。

这是十分推崇的话了。但他所引儒家论孝的话，都是全生重身的话，
如曾子说的：

> 身者，父母之遗体也。行父母之遗体，敢不敬乎？居处不

庄，非孝也。事君不忠，非孝也。

　　莅官不敬，非孝也。朋友不笃，非孝也。战阵无勇，非孝也。五行不遂，灾及乎亲，敢不敬乎？

又如曾子"舟而不游，道而不径"的话；又如乐正子春下堂伤足的故事里的"父母全而生之，子全而归之，不亏其身，不损其形，可谓孝矣"的一段话，都可以算做贵生重己之说的别解。《孝行览》又说：

　　身也者，非其私有也，严亲之遗躬也。……父母既没，敬行其身，无遗父母恶名，可谓能终矣。

这正是一种变相的贵生重己主义。

二　《吕氏春秋》的政治思想

　　《吕氏春秋》的政治思想，根据"法天地"的自然主义，充分发展贵生的思想，侧重人的情欲，建立一种爱利主义的政治哲学。此书开篇第一句话便是：

　　始生之者，天也。养成之者，人也。能养天之所生而勿撄之谓之天子。天子之动也，以全天为故者也。此官之所自立也。立官者以全生也。今世之惑主多官而反以害生，则失所为立之矣。譬之若修兵者，以备寇也。今修兵而反以自攻，则亦失所为修之矣。（《本生》）

政府的起源在于"全生"，在于利群。《恃君》篇说：

　　凡人之性，爪牙不足以自守卫，肌肤不足以扞寒暑，筋骨不足以从利辟害，勇敢不足以却猛禁悍，然且犹裁万物，制禽兽，服狡虫，寒暑燥湿弗能害，不唯先有其备而以群聚耶？群之可聚也，相与利之也。利之出于群也，君道立也。故君道立则利出于群，而人备可完矣。昔太古尝无君矣，其民聚生群处，知母不知父，无亲戚兄弟夫妻男女之别，无上下长幼之道，无进退揖让之礼，无衣服履带宫室畜积之便，无器械舟车城郭险阻之备：此无君之患。……自上世以来，天下亡国多矣，而君道不废者，天下之利也。故废其非君而立其行君道者。

这里可以看出《吕氏春秋》的个人主义在政治上并不主张无政府。政府之设是为一群之利的，所以说：

置君非以阿君也，置天子非以阿天子也，置官长非以阿官长也。(《恃君》)

所以说：

故废其非君而立其行君道者。

所以说：

天下非一人之天下也，天下之天下也。(《贵公》)

政府的功用在于全生，故政府的手段在于利用人的情欲。《用民》篇说：

民之用也有故。得其故，民无所不用。用民有纪有纲。壹引其纪，万目皆起。壹引其纲，万目皆张。为民纪纲者何也？欲也，恶也。何欲？何恶？欲荣利，恶辱害。辱害所以为罚充也（充，实也）。荣利所以为赏实也。赏罚皆有充实，则民无不用矣。

《为欲》篇说：

使民无欲，上虽贤，犹不能用。夫无欲者，其视为天子也，与为舆隶同；其视有天下也，与无立锥之地同；其视为彭祖也，与为殇子同。天子，至贵也；天下，至富也；彭祖，至寿也。

诚无欲，则是三者不足以劝。舆隶，至贱也；无立锥之地，至贫也；殇子，至夭也。诚无欲，则是三者不足以禁。……

故人之欲多者，其可得用亦多。人之欲少者，其得用亦少。无欲者不可得用也。

从前老子要人"无知无欲"，要"我无欲而民自朴"，要"不欲以静，天下将自定"。墨者一派提倡刻苦节用，以自苦为极，故其后进如宋钘有"情欲寡浅"（欲字是动词，即"要"字）之说，以为人的情欲本来就是不要多而要少的（《荀子·正论篇》、《正名篇》、《庄子·天下篇》；见我的《古代哲学史》第十一篇第三章三，第十二篇第一章二）。这种思想在前 3 世纪已受严重的批评了，最有力的批评是荀卿的《正名》和《正论》两篇。荀卿很大胆地说：

凡语治而待去欲者，无以道欲而困于有欲者也。凡语治而待寡欲者，无以节欲而困于多欲者也。……治乱在于心之所可，亡于情之所欲。（《正名》）

《吕氏春秋》从贵生重己的立场谈政治，所以说的更彻底了，竟老实承认政治的运用全靠人有欲恶，欲恶是政治的纪纲；欲望越多的人，越可得用；欲望越少的人，越不可得用；无欲的人，谁也不能使用。所以说：善为上者能令人得欲无穷，故人之可得用亦无穷也。（《为欲》）

这样尊重人的欲恶，这样认为政府的作用要"令人得欲无穷"，便是一种乐利主义的政治学说。墨家也讲一种乐利主义，但墨家律己太严，人人"以自苦为极"，而对人却要"兼而爱之，兼而利之"，这里面究竟有点根本的矛盾。极少数人也许能有这种牺牲自己而乐利天下精神，但这种违反人情的人生观之上绝不能建立真正健全的乐利主义。创始的人可以一面刻苦自己，而一面竭力谋乐利天下，但后来的信徒必有用原来律己之道来责人的；原来只求自己刻苦，后来必到责人刻苦；原来只求自己无欲，后来必至于要人人无欲。如果自苦是不应该的，那么，先生为什么要自苦呢？如果自苦是应该的，那么，人人都应该自苦了。故自苦的宗教绝不能有乐利的政治，违反人情的道德观念绝不能产生体贴人情的政治思想。《庄子·天下篇》说得最好：

> 其生也勤，其死也薄，其道大觳，使人忧，使人悲，其行难为也。……反天下之心，天下不堪。墨子虽能独任，奈天下何？……将使后世之墨者必自苦，以腓无胈胫无毛相进而已矣。乱之上也，治之下也。

故健全的乐利主义的政治思想必须建筑在健全的贵己贵生的个人主义的基础之上（近世的乐利主义[Utilitarianism]的提倡者，如边沁，如穆勒，皆从个人的乐利出发）。《吕氏春秋》的政治思想重在使人民得遂其欲，这便是一种乐利主义。故此书中论政治，时时提出"爱利"的目标，如云：

> 若夫舜、汤，则苞里覆容，缘不得已而动，因时而为，以爱利为本，以万民为义。（《离俗》）

如云：

> 古之君民者，仁义以治之，爱利以安之，忠信以导之，务除其灾，思致其福。（《适威》）

如云：

> 圣人南面而立，以爱利民为心，号令未出而天下皆延颈举踵矣。（《精通》）

如云：

> 爱利之为道大矣！夫流于海者，行之旬月，见似人者而喜
> 矣。及其期年也，见其所尝见物于中国者而喜矣。夫去人滋久而
> 思人滋深欤？乱世之民，其去圣王亦久矣，其愿见之，日夜无
> 间。故贤王秀士之欲忧黔首者，不可不务也。（《听言》）

这一派的思想以爱利为政治的纲领，故虽然时时钦敬墨者任侠好
义的行为，却终不能赞同墨家的许多极端主张。他们批评墨家，也就
是用乐利主义为立论的根据。如他们批评"非乐"的话：

> 始生人者，天也，人无事焉。天使人有欲，人弗得不求。天
> 使人有恶，人弗得不辟。欲与恶所受于天也，人不得与焉，不可
> 变，不可易。世之学者有非乐者矣，安由出哉？（《大乐》）

这样承认乐是根据"不可变，不可易"的天性，便完全是自然主义者
的乐利思想。

他们批评"非攻"、"偃兵"之论，也是从人民的利害上立论。第
一，他们认为战争为人类天性上不可避免的：

> 古圣王有义兵而无有偃兵。兵之所自来者久矣，与始有民
> 俱。凡兵也者，威也。威也者，力也。民之有威力，性也。性也
> 者，所受于天也，非人之所能为也。武者不能革，而工者不能
> 移。（《荡兵》）

这仍是自然主义者的话，与上文所引承认欲恶为天性是一样的理论。
第二，战争虽是不能革，不能移，其中却有巧拙之分，义与不义之
别，分别的标准在于人民的利害。他们说：

> 夫有以噎死者，欲禁天下之食，悖。有以乘舟死者，欲禁天
> 下之船，悖。有以用兵丧其国者，欲偃天下之兵，悖。

　　夫兵不可偃也。譬之若水火然，善用之则为福，不能用之则
为祸。若用药者然，得良药则活人，得恶药则死人。义兵之为天
下良药也亦大矣！

　　兵诚义，以诛暴君而振苦民，民之说也，若孝子之见慈亲
也，若饥者之见美食也。民之号呼而走之也，若强弩之射于深溪
也，若积大水而失其壅堤也。（《荡兵》）

　　攻无道而伐不义，则福莫大焉，黔首利莫厚焉。禁之者，是
息有道而伐有义也，是穷汤、武之事而遂桀、纣之过也。（《振
乱》）

在这些话里，我们可以看出秦始皇的武力统一政策的理论。我们不要
忘记了吕不韦是秦始皇的丞相，秦始皇是他的儿子，将来帮助秦始皇
做到天下统一的李斯也是吕不韦门下的舍人，也许即是当日著作《吕
氏春秋》的一个人。当时秦国的兵力已无敌于中国，而武力的背后又
有这种自觉的替武力辩护的理论，明白的排斥那些非攻偃兵的思想，
明白的承认吊民伐罪是正当的，这是帝国统一的思想背景。看他
们说：

　　今周室既灭，而天子已绝（秦灭周室在始皇即位前十年，纪
元前 256 年）。乱莫大于无天子。无天子则强者胜弱，众者暴
寡，以兵相残，不得休息。今之世当之矣。（《谨听》）

这完全是当仁不让的口气了。

　　《吕氏春秋》的政治思想虽然侧重个人的欲恶，却不主张民主的
政治。

　　《不二》篇说：

　　听群众人议以治国，国危无日矣！

为什么呢？因为治国是一件很繁难的事，需要很高等的知识和很
谨慎的考虑，不是群众人所能为的。《察微》篇说：

> 使治乱存亡若高山之与深溪，若白垩之与黑漆，则无所用
> 智，虽愚亦可矣。

可惜天下没有这样简单容易的事！

> 治乱存亡则不然。如可知，如不可知；如可见，如不可见。
> 故智士贤者相与积心愁虑以求之，犹尚有管叔、蔡叔之事，与东
> 夷八国不听之谋。故治乱存亡，其始若秋毫，察其秋毫则大物不
> 过矣。

因为治乱存亡的枢机不容易辨别，"如可知，如不可知；如可见，如
不可见"，所以有贤能政治的必要。"弩机差以米则不发"（《察微》篇
语），治国之事也是如此。群众往往是短见的，眼光望不出一身一时
的利害之外，故可以坐享成功，而不能深谋远虑。

> 禹之决江水也，民聚瓦砾。事已成，功已立，为万世利。禹
> 之所见者远也，而民莫之知。故民不可与虑化举始，而可以乐成
> 功。（《乐成》）
> 舟车之始见也，三世然后安之。夫开善岂易哉？（《乐成》）

《乐成》一篇中历举孔子治鲁，子产治郑的故事，来说明民众的缺乏
远见。最有趣的是魏襄王请史起引漳水灌邺田的故事：

> 史起曰："臣恐王之不能为也。"
> 王曰："子诚能为寡人为之，寡人尽听子矣。"
> 史起敬诺。言之于王曰，"臣为之，民必大怨臣，大者死，
> 其次乃籍臣（籍是抄没家产）。臣虽死籍，愿王之使他人遂之
> 也"。王曰，"诺"。使之为邺令。史起因往为之。邺民大怨，欲
> 籍史起，史起不敢出而避之。王乃使他人遂为之。水已行，民大
> 得其利，相与歌之曰：

> 邺有圣令，时为史公；
>
> 决漳水，灌邺旁。
>
> 终古斥卤，生之稻粱。
>
> 使民知可与不可，则无所用贤矣。

治国之道，知虑固不易，施行也不易。不知固不能行，行之而草率苟且，也不能有成，行之而畏难中止，或畏非议而中止，也不能有成。计虑固须专家，施行也须要贤者。这是贤能政治的理论。

《吕氏春秋》主张君主政治，其理由如下：

> 军必有将，所以一之也。国必有君，所以一之也。天下必有天子，所以一之也。天子必执一，所以抟之也。一则治，两则乱。今御骊马者使四人，人操一策，则不可以出于门间者，不一也。（《执一》）

这是当时政治思想的最普通的主张，无甚深意。墨家的尚同主义不但要一个一尊的天子，还要上同于天。儒家的孟、荀都主张君主制。孟子虽有民为贵之论，但也不曾主张民权，至多不过说人民可以反抗独夫而已。古代东方思想只有"民为邦本"、"民为贵"之说，其实并没有什么民主民权的制度。极端左派的思想确有"无君"、"无所事圣王"之说，但无政府是一件事，民主制度是另一件事。东方古代似乎没有民主的社会背景，即如古传说中的尧、舜禅让，也仍是一种君主制。因为没有那种历史背景，故民权的学说无从产生。西洋的政治史上是先有民权制度的背景，然后有民权主义的政治学说。

但世袭的君主制，究竟和贤能政治的理想不能相容。君主的威权是绝对的，而君主的贤、不肖是不能预定的。以无知或不贤的人，当绝对的大威权，这是绝大的危险。而名分既定，臣民又无可奈何，难道只好听他虐民亡国吗？这是古代政治思想的一个中心问题。这问题便是：怎样可以防止避免世袭君主制的危险？前4世纪到前3世纪之间，政治哲学对于这个问题，曾有几种重要的解答。第一，是提倡禅国让贤。禅让之说，在这时代最风行，造作的让国神话也最多，似乎

都有暗示一种新制度的作用。第二，是主张人民对于暴君有反抗革命
的权利。孟子所谓"君之视民如土芥，则臣视君如寇仇"，"闻诛独夫
纣矣，未闻弑君也"，都是很明白地承认人民革命的权利。第三，是
提倡法治的虚君制度。慎到(《古代哲学史》第十二篇，第一章，一)、
韩非(同书第十二篇，第二章，四)等人都主张用法治来代替人治。
韩非说得最透彻：

> 释法术而以心治，尧不能正一国。去规矩而妄意度，奚仲不
> 能成一轮。……使中主守法术，拙匠守规矩尺寸，则万不失矣。
> 君人者能去贤巧之所不能，守中拙之所万不失，则人力尽而功名
> 立(《韩非子·用人篇》)

这是说，若能守着标准法，则君主的贤不贤都不重要了。这是一种立
宪政体的哲学，其来源出于慎到的极端自然主义。慎到要人"弃知，
去己，而缘不得已"，《庄子·天下篇》说此理最妙：

> 推而后行，曳而后往，若飘风之还，若羽之旋，若磨石之
> 坠，全而无非，动静无过，未尝有罪。是何故？夫无知之物，无
> 建己之患，无用知之累，动静不离于理，是以终身无誉。故曰至
> 若无知之物而已，无用贤圣。夫块不失道。

这是当日的法治主义的学理的根据。慎到要人学无知之物，弃知，去
己，不用主观的私见，不用一己的小聪明，而完全依着物观的标准，
不得已而后动，如飘风之旋，如石头之下坠，动静皆不离于自然之
理。这种无知无为的思想，应用到政治上便成了法治的哲学。

《吕氏春秋》的政治哲学大概很受了这种思想的影响，故虽不主
张纯粹的法治主义，却主张一种无知无为的君道论。《君守》篇说：

> 得道者必静，静者无知。知乃无知，可以言君道也("乃"字
> 疑当在"可"字上)。……天无形而万物以成，至精无象而万物已
> 化，大圣无事而千官尽能。此乃谓不教之教，无言之诏。故有以

知君之狂也，以其言之当也。有以知君之惑也，以其言之得也。君也者，以无当为当，以无得为得者也。当与得不在于君而在于臣。

故善为君者无识，其次无事。有识则有不备矣，有事则有不恢矣。

《任数》篇说：

君道无知无为，而贤于有知有为，则得之矣。

为什么要无知无为呢？因为：

耳目心智其所以知识甚阙，其所以闻见甚浅。以浅阙博居天下，安殊俗，治万民，其说固不行。十里之间而耳不能闻，帷墙之外而目不能见，三亩之宫而心不能知。其以东至开梧，南抚多颎，西服寿靡，北怀儋耳，若之何哉？（《任数》）

因为：

人主好以己为，则守职者舍职而阿主之为矣。阿主之为，有过则主无以责之，则人主日侵而人臣日得。（《君守》）

因为：

人主自智而愚人，自巧而拙人，若此则……请者愈多，且无不请也。主虽巧智，未无不知也。以"未无不知"应"无不请"，其道固穷。为人主而数穷于下，将何以君人乎？（《知度》）

因为这些理由，人主应该无知无事。

去听，无以闻，则聪。去视，无以见，则明。去智，无以知，则公。去三者不任则治，三者任则乱。……

耳目知巧固不足恃，惟循其数，行其理，为可。(循字旧作脩，依《序意》篇改)(《任数》)

这就是上文所引《序意》篇所说"行其数，循其理，平其私。夫私视使目盲，私听使耳聋，私虑使心狂"的意思。用个人的耳目智巧，总不能无私，所以人君之道须学那无知之物，然后可以无建己之患，无用知之累。故说：

至智弃智，至仁忘仁，至德不德。无言无思，静以待时。时至而应，心暇者胜。……无唱有和，无先有随。古之王者，其所为少，其所因多。因者，君术也。为者，臣道也。为则扰矣，因则静矣。因冬为寒，因夏为暑，君奚事哉？(《任数》)

无唱有和，无先有随，即是慎到所谓"推而后行，曳而后往"，即是"因"。慎到说"因"字最好：

因也者，因人之情也。人莫不自为也。……用人之自为，不用人之为我，则莫不可得而用矣。此之谓因。

人皆欲荣利，恶辱害，国家因而立赏罚，这便是因人之情，便是用人之自为(说详上文)。《分职》篇说：

先王用非其有，如己有之，通乎君道者也。夫君也者，处虚素服而无智，故能使众智也。智反无能，故能使众能也。能执无为，故能使众为也。无智，无能，无为，此君之所执也……

武王之佐五人，武王之于五人者之事无能也，然而世皆曰取天下者武王也。故武王取非其有，如己有之，通乎君道也。……枣，棘之有；裘，狐之有也。食棘之枣，衣狐之皮，先王固用非其有而已有之。

用非其有，如己有之，也是"因"。

> 今召客者，酒酣歌舞，鼓瑟吹竽。明日不拜乐己者，而拜主人，主人使之也。先王之立功名，有似于此。……
> 譬之若为宫室必任巧匠。……巧匠之宫室已成，不知巧匠而皆曰"善，此某君某王之宫室也"。此不可不察也。(《分职》)

我们看了这种议论，可以知道《吕氏春秋》虽然采用自然主义者的无知无为论，却仍回到一种虚君的丞相制，也可以说是虚君的责任内阁制。君主无知无事，故不负责任，所谓"块不失道"，即是虚君立宪国家所谓"君主不会做错事"。不躬亲政事，故不会做错事。政事的责任全在丞相身上。《君守》篇所谓"当与得不在于君而在于臣"是也。慎到是纯粹法治家，故说"无用贤圣，夫块不失道"。但《吕氏春秋》的作者是代一个丞相立言，故有时虽说"正名"，有时虽说"任数"，却终不能不归到信任贤相，所谓"为宫室必任巧匠，匠不巧则宫室不善"。君主是世袭的，位固定而人不必皆贤。丞相大臣是选任的，位不固定而可以选贤与能。故说：

> 凡为善难，任善易。奚以知之？人与骥俱走，则人不胜骥矣。居于车上而任骥，则骥不胜人矣。人主好治人官之事，则是与骥俱走也，必多所不及矣。夫人主亦有居车，无去车，则众善皆尽力竭能矣。(《审分》)
> 有司请事于齐桓公，桓公曰，"以告仲父"。有司又请，公曰，"告仲父"。若是三。习者曰："一则仲父，二则仲父，易哉为君！"桓公曰："吾未得仲父则难。已得仲公之后，曷为其不易也？"(《任数》)

这是虚君的丞相制。《勿躬》篇又说管仲推荐宁戚为大田，隰朋为大行，东郭牙为大谏臣，王子城父为大司马，弦章为大理：

> 桓公曰，善，令五子皆任其事，以受令于管子。十年，九合

诸侯，一匡天下，皆夷吾与五子之能也。

这是虚君的责任内阁制。大臣受令于丞相，丞相对君王负责任，这种
制度似乎远胜于君主独裁制了。但在事实上，谁也不能叫君主实行无
知无为，这是一大困难。丞相受任于君主，谁也不能叫他必任李斯而
不任赵高，这是二大困难。一切理想的虚君论终没有法子冲破这两大
难关，所以没有显著的成绩可说。猫颈上挂串铃儿，固然于老鼠有大
利益。但叫谁去挂这串铃呢？后世的虚君内阁制所以能有成效，都是
因为实权早已不在君主手里了。

　　我在上文曾指出《吕氏春秋》不信任民众的知识能力，故不主张
民主政治，而主张虚君之下的贤能政治。但《吕氏春秋》的政治主张
根本在于重民之生，达民之欲，要令人得欲无穷，这里确含有民主政
治的精神。所以此书中极力提倡直言极谏的重要，认为是宣达人民欲
望的唯一方法，遂给谏官制度建立一个学理的基础。《达郁》篇说：

　　　　凡人三百六十节，九窍，五脏，六腑，肌肤欲其比（高注，
　　比犹致也。毕沅注，谓致密。）也，血脉欲其通也，筋骨欲其固
　　也，心志欲其和也，精气欲其行也。若此，则病无所居，而恶无
　　由生矣。病之留，恶之生也，精气郁也。故水郁则为污，树郁则
　　为蠹，草郁则为蕢（毕沅引梁履绳说，《续汉书·郡国志》三注引
　　《尔雅》"木立死曰菑"，又引此"草郁即为菑"，疑蕢本是菑字，
　　即菑也，因形近而讹）。国亦有郁，主德不通，民欲不达，此国
　　之郁也。国郁处久则百恶并起而万灾丛至矣。上下之相忍也，由
　　此出矣。故圣王之贵豪士与忠臣也，为其敢直言而决郁塞也。

此下引召公谏周厉王的话：

　　　　防民之口，甚于防川。川壅而溃，败人必多。夫民犹是也。
　　是故治川者决之使导，治民者宣之使言。是故天子听政，使公卿
　　列士正谏，好学博闻献诗，蒙箴，师诵，庶人传语，近臣尽规，
　　亲戚补察，而后王斟酌焉。是以下无遗善，上无过举。（此文又

见《国语》，文字稍不同)

《自知》篇说：

> 欲知平直，则必准绳；欲知方圆，则必规矩。人主欲自知，则必直士。故天子立辅弼，设师保，所以举过也。夫人固不能自知，人主独甚。尧有欲谏之鼓，舜有诽谤之木，汤有司过之士，武王有戒慎之铭，犹恐不能自知。今贤非尧舜汤武也，而有掩蔽之道，奚由自知哉？……范氏之亡也，百姓有得钟者，欲负而走，则钟大不可负；以椎毁之，钟况然有音。恐人闻之而夺己也，遽掩其耳。恶人闻之，可也。恶己自闻之，悖矣。为人主而恶闻其过，非犹此耶？

这都是直言极谏的用处：达民欲，决郁塞，闻过失，都可以补救君王政治的缺点。中国古来有这个直言极谏的风气，史传所记的直谏故事不可胜举，最动人的莫如《吕氏春秋》所记葆申笞责楚文王的故事：

> 荆文王得茹黄之狗，宛路之矰，以畋于云梦，三月不反；得丹之姬，淫期年不听朝。葆申曰："先王卜以臣为葆，吉(《说苑》引此事，葆作保。保即是保傅，申是人名)。今王得茹黄之狗，宛路之矰，畋三月不反；得丹之姬，淫期年不听朝：王之罪当笞。"
>
> 王曰："不谷免衣襁褓而齿于诸侯，愿请变更而无笞。"
>
> 葆申曰："臣承先王之令，不敢废也。王不受笞，是废先王之令也。臣宁抵罪于王，毋抵罪于先王。"
>
> 王曰："敬诺。"
>
> 引席，王伏，葆申束细荆五十，跪而加之于背，如此者再。谓王"起矣!"王曰："有笞之名一也，遂致之"。(既然打了，爽性有力打罢!)
>
> 申曰："臣闻'君子耻之；小人痛之'。耻之不变，痛之何益?"葆申趣出，自流于渊，请死罪。

文王曰："此不谷之过也,葆申何罪?"王乃变更,召葆申,杀茹黄之狗,折宛路之矰,放丹之姬。(《直谏》)

这一类的故事便是谏诤制度的历史背景。御史之官出于古之"史",而巫祝史卜同是宗教的官,有宗教的尊严。春秋时代,齐之太史直书崔杼弑君,兄弟相继被杀而不肯改变书法;晋之太史董狐直书赵盾弑君,而赵氏不敢得罪他。史官后来分化,一边仍为记事之史,而执掌天文星占之事,仍有一点宗教的权威;一边成为秦以下的御史,便纯粹是谏官了。葆申故事里说先王卜他为保,故他能代表先王,这里面也含有宗教的权威。古代社会中有了这种历史背景,加上自觉的理论,故谏官制度能逐渐演进,成为裁制君权的最重要制度。

三 《吕氏春秋》与李斯

我在前面曾说《吕氏春秋》也许有李斯的手笔,这虽是一种臆测,然而此书的政治思想有"不法先王"的议论,上承荀卿"法后王"的思想,而下合李斯当国时的政策,李斯与韩非同是荀卿的弟子,而在这一点历史进化的见解上他们的主张完全相同,这大概不是偶然的事吧?试看《吕氏春秋》说:

上胡不法先王之法?非不贤也,为其不可得而法。先王之法,经乎上世而来者也,人或益之,人或损之,胡可得而法?

虽人弗损益,犹若不可得而法。东夏之命(东是东部,秦在西部,故自称夏而称余国为东),古今之法,言异而典殊,故古之命多不通乎今之言者,今之法多不合乎古之法者。殊俗之民有似于此。其所为欲同,其所为异。……先王之法胡可得而法?

虽可得,犹若不可法。凡先王之法,有要于时也。时不与法俱至,法虽今而至,犹若不可法。

故择(一作释)先王之成法,而法其所以为法。先王之所以为法者,何也?先王之所以为法者,人也。而己亦人也。故察己则可以知人,察今则可以知古。古今一也,人与我同耳。有道之

> 士贵以近知远，以今知古，以所见知所不见。故审堂下之阴而知日月之行，阴阳之变；见瓶水之冰而知天下之寒，鱼鳖之藏也。（《察今》）

这里的"古今一也"之说最近于荀子的"古今一度也，类不悖，虽久同理"（《古代哲学史》第十一篇第二章二至三）。其实此说不够说明"不法先王"的主张，并且和"时不与法俱至"的话是恰相冲突的。如果真是"古今一也，人与我同耳"，先王之法何以不可得而法呢？何以还怕"时不与法俱至"呢？大概"法后王"之说出于荀卿，但荀卿所谓"法后王"并不含有历史演化的意义，只是说"文久而灭"，不如后王制度之粲然可考，既然古今同理，何必远谈那"久则论略"的先王制度呢？韩非、李斯一辈人虽然也主张"不法先王"，但他们似受了自然演化论的影响，应用到历史上去，成为一种变法的哲学。韩非所谓"世异则事异，事异则备变"，即是此书所谓"有要于时，时不与法俱至"，这才是此书主张不法先王的真意义。（韩非的书流传入秦，史不记何年。《始皇本纪》说用李斯计攻韩在始皇十年，其时始皇已读了韩非的书了。似韩非书传入秦国或在八年吕不韦著书之前）这里偶然杂入了一句荀卿旧说，其实不是著书者的本意。试看此篇下文云：

> 荆人欲袭宋，使人先表澭水（表是测量）。澭水暴益，荆人弗知，循表而夜涉，溺死者千有余人。……向其先表之时，可导也。今水已变而益多矣，荆人尚犹循表而导之，此所以败也。
>
> 今世之主法先王之法也，有似于此。其时已与先王之法亏矣，而曰，"此先王之法也"，而法之以为治，岂不悲哉？
>
> 故治国无法则乱，守法而弗变则悖。悖乱不可以持国。世易时移，变法宜矣。譬之若良医，病万变，药亦万变。病变而药不变，向之寿民今变为殇子矣。故凡举事必循法以动，变法者因时而化。若此论则无过举矣。
>
> 夫不敢议法者，众庶也。以死守[法]者，有司也。
>
> 因时变者，贤主也。是故有天下七十一圣，其法皆不同，非务相反也，时势异也。（《察今》）

这种变法的哲学最像韩非的《五蠹》篇，其根据全在一种历史演进的观念。此种观念绝非荀卿一辈主张古今虽久而同理的儒家所能造出，乃是从庄子一派的自然演化论出来的，同时又是那个国际竞争最激烈的时势的产儿。其时已有商鞅、赵武灵王的变法成绩，又恰有自然演变的哲学思想，故有韩非、李斯的变法哲学。《察今》篇中的表澭水的故事，说得何等感慨恳切。此故事和同篇的"刻舟求剑"的寓言，和韩非《五蠹》篇的"守株待兔"的寓言，命意都绝相同，很可以看出他们的思想渊源。韩非不得用于韩国，又不得用于秦国，终于死在李斯、姚贾手里。韩非虽死，他的变法的哲学却在李斯手里发生了绝大的影响。李斯佐秦始皇统一中国之后，废除封建制度，分中国为郡县，统一法度，画一度量衡，同一文字，都是中国有历史以来的绝大改革。后来因为博士淳于越等反对新政，李斯上焚书的提议说："五帝不相复，三代不相袭，各以治，非其相反，时变异也。"此与《察今》篇的"七十一圣"一段相同。议奏中又切责诸生"不师今而学古"，"语皆道古以害今"，又说"三代之事何足法也"，又有"以古非今者族"的严刑。这都是《五蠹》篇和《察今》篇的口气。究竟是《吕氏春秋》采纳了韩非的思想来做《察今》篇呢？还是李斯借了吕不韦来发挥他自己的变法哲学呢？还是李斯不过实行了韩非的哲学呢？还是李斯、韩非同是时代的产儿，同有这种很相同的思想呢？——可惜我们现在已无法解答这些疑问了。

一九三〇年三月二十日校改

（原载《胡适文存三集》卷三，又见于《中国中古思想史长编》，安徽教育出版社 2006 年版）

【评介】

胡适《读〈吕氏春秋〉》于一九三〇年三月二十日校改，收入《胡适文存三集》卷三。主要内容又见于《中国中古思想史长编》第二章《杂家》。

胡适(1891—1962)，安徽绩溪上庄村人。原名嗣穈，学名洪骍，字希疆，后改名胡适，字适之，笔名天风、藏晖等。其中，适与适之的名与字，乃取自当时盛行的达尔文学说"物竞天择，适者生存"典故。胡适是现代著名学者、诗人、历史学家、文学家、哲学家。

胡适 1891 年 12 月 17 日生于上海大东门外，祖辈经商，父亲胡传是清朝官吏。胡适 4 岁时父亲教他认方块汉字，5 岁时父亲病死。胡适 6 岁在绩溪老家接受私塾教育，打下一定的旧学基础。14 岁到上海新式学堂求学，接受《天演论》等新思潮，并开始在《竞业旬报》上发表白话文章。1910 年考取庚款留美官费生进入美国康奈尔大学农学院，后转入文科。毕业后进入美国哥伦比亚大学研究院，师从著名的实验主义哲学家杜威，1917 年完成了其博士论文《中国古代哲学方法之进化史》。在此期间，胡适热心探讨文学改良方案，并试作白话诗。而与《新青年》主编陈独秀的通信，以及《文学改良刍议》一文的发表，引发了一场声势浩大影响深远的文学革命。同年胡适学成归国，被聘为北京大学教授，并担任《新青年》杂志的编辑，至此一发而不可收，成为新文化运动的主将之一。1919 年发表《多研究些问题，少谈些主义》，主张改良主义。1920 年离开《新青年》，后创办《努力周报》。1923 年与徐志摩等组织新月社。1924 年与陈西滢、王世杰等创办《现代评论》周刊。1932 年与丁文江等创办《独立评论》。后又曾担任过中国公学校长、北京大学文学院院长、北京大学校长等职，并于 1938 年出任国民党政府驻美国大使。1949 年 4 月起寓居美国。1958 年到台湾"中央研究院"任院长。1962 年 2 月 24 日于"中央研究院"开会时心脏病猝发病逝于台北南港。

胡适兴趣广泛，在文学、哲学、史学、考据学、教育学、伦理学、红学等诸多领域都有深入的研究。1939 年还获得诺贝尔文学奖的提名。

胡适一生著述丰硕，其学术研究和创作主要集中在前期，有《胡适文存》、《中国哲学史大纲》(上卷)、《短篇小说》(翻译)、《先秦名学史》、《国语文学史》、《白话文学史》,《胡适论学近著》、《淮南王书》、《藏晖室札记》、《中国章回小说考证》、《词选》、《中国新文学大系·建设理论集》、《中国新文学运动小史》、《丁文江的传记》、

《齐白石年谱》、《中国中古思想史长编》,《尝试后集》等。从抗战后期到晚年,学术方面主要从事《水经注》研究。另有颇多时论文字。

胡适作品集主要有:《四十自述》、《胡适文选》、《文学改良刍议》、《问题与主义》、《水浒传与红楼梦》、《贞操问》、《最低限度的国学书目》、《五十年来中国之文学》、《我们的政治主张》、《西游记考证》、《海外读书杂记》、《中国古典小说研究》、《三百年的女作家》、《说儒》、《神会和尚传》、《醒世姻缘考证》、《我们走哪条路》、《白话文学史》、《丁文江的传记》、《胡适演讲集》、《尝试集》、《尝试后集》、《胡适选注的诗选》、《胡适选注的词选》、《中国古代哲学史》、《戴东原哲学》、《章实斋先生年谱》、《胡适留学日记》等著作共计 30 种。

据胡适日记及相关传记资料记载,胡适 40 岁著《读吕氏春秋》,"1930 年十一月初回上海。二十八日,全家搬至北平。著《胡适文存》三集(上海,亚东图书馆,一九三〇年),《胡适文选》(上海,亚东图书馆,一九三〇年)《中国中古思想史长编》前九章(油印本)(吴淞,中国公学,一九三〇年;台北,胡适纪念馆,一九七一年印手稿本;此本未续完。其中'秦汉之间的思想'一章的两个部分后来收在文存里,题作'读吕氏春秋'及'陆贾新语考'。其中'淮南王书'的一章后来单行,即题作《淮南王书》"。

《读吕氏春秋》刊于《胡适文存三集》,共分三节,第一节为"《吕氏春秋》的贵生主义",第二节为"《吕氏春秋》的政治思想",第三节为"《吕氏春秋》与李斯",这三节看似散漫不相关,从内在逻辑看,实则层层递进。在现代《吕氏春秋》研究史上,胡适的这篇唯一的《吕氏春秋》研究论文,确有其开拓性的贡献与意义。

第一,胡适的这篇论文是从哲学的高度、思想的深度来把握《吕氏春秋》的,具体来说,他通过深思,从《吕氏春秋》对人欲、人性情这个角度落墨,提炼出其思想、立论的基础——贵生主义。然后水到渠成地谈建立在这种贵生主义主张基础上的爱利主义的政治哲学,以及这种政治思想的利弊得失,然后再谈《吕氏春秋》的思想与李斯的贡献与关系,从一个典型个案深入探讨《吕氏春秋》思想的来源与时代特征,论文虽然没能把问题解决了,但可贵的是它提出了一系列有价值的期待人们思考与解决的问题。

第二，这篇论文提出了不少现在看来仍不失为有价值的观点，如"《吕氏春秋》……其中颇有特别注重的中心思想……然而我们细读此书，不能不承认他代表一个有意综合的思想系统"，"法天地的观念是黄老一系的自然主义的主要思想……《吕氏春秋》的第一纪的第一篇便是《本生》，第二篇便是《重己》；第二纪的第一篇便是《贵生》，第二篇便是《情欲》。这都是开宗明义的文字，提倡的是一种很健全的个人主义，叫做'贵生'主义，大体上即杨朱的'贵己'主义……贵生的个人主义重在我自己，而儒家的孝道重在我身所自生的父母，两种思想的流弊大不同，而在这尊重自身的一点上确有联盟的可能。故《吕氏春秋》也很注重孝的宗教"，"《吕氏春秋》的政治思想，根据于'法天地'的自然主义，充分发展贵生的思想，侧重人的情欲，建立一种爱利主义的政治哲学"，"《吕氏春秋》的个人主义在政治上并不主张无政府"，"《吕氏春秋》的政治思想虽然侧重个人的欲恶，却不主张民主的政治"，"《吕氏春秋》不信任民众的知识能力，故不主张民主政治，而主张虚君之下的贤能政治。但《吕氏春秋》的政治主张根本在于重民之生，达民之欲，要令人得欲无穷，这里确含有民主政治的精神。所以此书中极力提倡直言极谏的重要，认为是宣达人民欲望的唯一方法，遂给谏官制度建立一个学理的基础"，"达民欲，决郁塞，闻过失，都可以补救君王政治的缺点。中国古来有这个直言极谏的风气，史传所记的直谏故事不可胜举，最动人的莫如《吕氏春秋》所记葆申笞责楚文王的故事"，"《吕氏春秋》也许有李斯的手笔，这虽是一种臆测，然而此书的政治思想有'不法先王'的议论，上承荀卿'法后王'的思想，而下合李斯当国时的政策，李斯与韩非同是荀卿的弟子，而在这一点历史进化的见解上他们的主张完全相同，这大概不是偶然的事吧"？

此外，还提出了一些思索与问题，如"究竟是《吕氏春秋》采纳了韩非的思想来做《察今》篇呢？还是李斯借了吕不韦来发挥他自己的变法哲学呢？还是李斯不过实行了韩非的哲学呢？还是李斯、韩非同是时代的产儿，同有这种很相同的思想呢？"

第三，在研究方法上，本文也有值得称道之处。胡适既有较为深厚的古文功底,又有现代的西学背景,所以能用中西比较的角度来看待中国的思想文化,开拓性地运用西方历史的进化观点来研究《吕氏春秋》的哲学、政治思想,发人之未发,如"故健全的乐利主义的政治思想必须建筑在健全的贵己贵生的个人主义的基础之上(近世的乐利主义[Utilitarianism]的提倡者,如边沁,如穆勒,皆从个人的乐利出发)。《吕氏春秋》的政治思想重在使人民得遂其欲,这便是一种乐利主义。故此书中论政治,时时提出'爱利'的目标",针对《吕氏春秋》主张君主政治,胡适发挥说:"古代东方思想只有'民为邦本'、'民为贵'之说,其实并没有什么民主民权的制度。极端左派的思想确有'无君'、'无所事圣王'之说,但无政府是一件事,民主制度是另一件事。东方古代似乎没有民主的社会背景,即如古传说中的尧、舜禅让,也仍是一种君主制。因为没有那种历史背景,故民权的学说无从产生。西洋的政治史上是先有民权制度的背景,然后有民权主义的政治学说。"

第四,本文思想史的写法与文风方法也有值得称道之处。在《中国哲学史大纲》中,胡适认为研究哲学史有三个目的:第一,"明变",弄清历史上思想的发生和变化;第二,"求因",探求思想变化的原因;第三,"评判",即"把每一家学说所生的效果表示出来"。又因为胡适深受西洋哲学史的影响,不认同传统观点,用外来的观念对中国思想文献材料作"整理",为了使对象能成"体统",于是采用了叙述式的文体;又由于胡适重视用材料说话,主张用白话文写作,所以论从史出,明白晓畅,特别易读易懂,便于读者接受。

然而,本文也有值得商榷之处,如"《吕氏春秋》是秦国丞相吕不韦的宾客所作","吕不韦是秦始皇的丞相,秦始皇是他的儿子,将来帮助秦始皇做到天下统一的李斯也是吕不韦门下的舍人,也许即是当日著作《吕氏春秋》的一个人",其观点一是完全抹杀了吕不韦主编的功劳,二是对秦始皇是吕不韦之子深信不疑。三是用西洋观点来审视、裁断中国传统思想文化,也有不尽稳妥之处。

(启才按:本文《中古思想史长编》删掉部分也有价值)

(王启才)

《吕氏春秋》发微

刘咸炘

　　道原于一，本全也，分裂而为百家，斗争极，调和兴，杂家乃会之，故论诸子而要其始终，则始为官守之赅，终为杂家之合，杂家言讵不重耶？后世目录所谓杂家，非真杂家也。古杂家之完存者首《吕氏春秋》，诸子书亦惟《吕氏春秋》为完整，盖诸子书皆不出一时，不出一手，故其体碎杂，《吕氏春秋》独有条理部勒，是尤可宝，顾世既因不韦而轻其书，又未识杂家之所以为杂家，故罕推究，《四库提要》谓："夏令多言乐，秋令多言兵，似乎有义，余绝不可晓，先儒无说，莫之详矣。"宋黄东发《日钞》亦仅于春夏秋纪说其义类，粗略已甚。近人吕思勉《经子解题》始知皆可贯说，而浑泛以贯之者居大半，每篇各撮数语，又不能赅，盖由未明其主旨。愚夙好是书，三复而后得其纲要，知其根极大理，会通儒、道，乃为说以贯串发明之，十二纪、八览，粲然有章，六论为余分，不必强贯，又其书本裁众说，非自造文，故推衍之处多有枝蔓，盖是斋割而存之者，亦未可举一端而强附，凡此皆不多为支说也。至于是正文训则毕氏以后众说加精，今惟于明义所及偶举一二，若其详备，当如王氏治荀、韩书之例，撰为《集解》，盖有志焉，而今未暇也。庚午年三月廿一日始笔，人事间之，四月初七日乃毕。

　　高诱解序曰："为十二纪，八览，六论。"

　　《四库提要》曰："《季冬纪》末一篇题曰《序意》，为十二纪之总论，殆所谓纪者犹内篇，而览与论者为外篇、杂篇欤。唐刘知幾作《史通》内外篇，而自序一篇亦在内篇之末，外篇之前。盖其例也。"

　　梁玉绳曰："《史记·十二诸侯年表序》及《吕不韦传》并云著八览六论

十二纪，以纪居末。故世称《吕览》，举其居首者言之。今十二纪为首，似非本次。"毕沅曰："十二纪乃春秋所由名，汉以来皆以《吕氏春秋》为正名，行文之便容有不拘。"吕思勉曰："据本传，号曰《吕氏春秋》，则四字当为全书之名，然编次当如梁说，《序意》在十二纪末尤其明证。古人著书以"春秋"名者甚多，岂皆有十二纪以为之首耶？《四库提要》说亦非，古书序例在篇末，《吕览》本无内外杂篇之名，何得援唐人著述凿空立说。"按吕氏之辨甚有力，然十二纪乃全书大旨所在，六论乃其余义，且多杂泛，不应重者居后，轻者反居前，且《序意》固止言十二纪，不必居全书末，吕氏谓《序意》止言十二纪乃后半有脱文，然如其说则所脱乃后半述览、论之文。而所存乃前半述十二纪之文，既先述十二纪，是十二纪在首明矣。

又曰："此书所尚，以道德为标的，以无为为纲纪，以忠义为品式，以公方为检格，与孟轲、孙卿、淮南、扬雄相表里也。诱正《孟子》章句，作《淮南》《孝经解》毕讫，乃为之解，以述古儒之旨。"

按高氏此论最能明本书之宗旨。是书，杂家书也。《七略》曰："杂家者，兼儒、墨，合名、法，知国体之有此，见王治之无不贯。"章实斋曰："子有杂家，杂于己而不杂于众。"（《遗书·立言·有本》篇）盖极端之病见而调和之说兴，调和者，必持一容公之量以兼取众长，裁剪部勒而成全体，如调音以制乐，然裁剪部勒必有其中心之一贯，如调乐虽兼众音，而必有一元音为其调之左，《七略》之言，言其调和也；章君之言，言其调和之主也。是书之调和据圜方同异公平之理，天圜地方举于《孟春纪》末之《圜道》篇，大同众异举于览首之《有始》篇，而圜方公平总举于《序意》篇，圜方同异兼言于《处方》篇，圜者同也，一也，其义详于《圜道》篇。凡《有始览·应同》篇之言同，《论人》《圜道》《大乐》《君守》《有度》《执一》诸篇之言一，皆同义也。方者，异也，众也，其义详于《处方》篇。凡《审方篇》《勿躬》篇之言分，《异用》篇之言无，《不侵》《去尤》篇之言知美恶。《谨听》篇之言通不足，《用众》《举难》《博志》《执一》诸篇之言物固不全，各有长短，《似顺》《别类》二篇之言似而非与类而不类，皆异义也。公平之理即由此生，详于《贵公》《大乐》《有始》诸篇。此是书调贯众说之根柢也。其所主者则儒、道二家大旨，以生生为本，己身为主，诚感为用，此三旨者，道、儒之所同而大异于权势、法术之说者也。生生之旨见于《本生》①《重己》《贵生》《情欲》《尽数》《先己》《审为》诸篇，本身之旨见于《贵生》《先己》《论人》《谕威》《决胜》《审己》《本味》《必己》《察今》《执一》诸篇，诚感之旨详于《精通》《应同》《精谕》《具备》《贵信》《壹行》诸篇。生生者天也，故以全天为本，己身之所以能诚感者，即根于宇宙之大同，生也感也，《圜道》然也，以天圜统三旨，《孟春纪》略具之矣。道家多言形上，详于圜也，儒家多言形下，详于方也。以是为基据，故曰"以道德为标的，无为为纲纪，公方为检格"，道德固儒、道之所同，无为亦儒、道、法家同有之目的，而虚静无为则道家之所详，即合天道之说也。公方为检格则儒家之所详，即修人义之说也。忠义为品式者，亦即儒家之仁义，《冬纪》详言忠义，《离俗览》《慎行论》及《知分》篇皆明义之贵，是书多为人君言，又详于《下贤》，几于篇篇必及之，明贤者之忠，讽人君以受直言甚详切，《观世》《谨听》二篇无天子之叹及《恃君览》之说，亦所谓忠义也。其余合于儒、道者犹多，《四库提要》谓大抵以儒为主而参以道家、墨家，陈兰甫谓多古儒家之说，皆是也。高氏注《孟子》《孝经》《淮南》，因及此书，是书八览之第二即为《孝行》，《先识览》中明引《孝经》，而《尽数》篇之"知本"，高氏以刘子受中、孟子性善之言注之，《淮南》亦杂家，而其所主则道较儒多，其所采与此书亦多出入也。

序　意

　　是节本在《季冬纪》后，以为全书大旨所在，故先释之。昔人读是书者皆忽是节，不知其意也。

　　尝得黄帝之所以诲颛顼矣，爰有大圜在上，大矩在下，汝能法之，为民父母。

　　黄帝者，中国道术之祖，吾于《子疏》道家详言之矣。方圜二义为中华理学最古之题，天道圜，地道方，详本书《春纪》末《圜道》篇

---

　　①　本生，原作本身。按《吕览》有《本生》无《本身》。

及《曾子·天圜》，凡形上动静乾坤分合同异礼乐诸义，治道上下主臣无为有为及道、法二家所以分歧，皆由此出。圜者，一气之同和，方者，万物之异宜。吾别有《天地篇》专明之，在《内书》中，又说见《圜道》。《有始览》公方之检格本于是，众说之和贯依于是。

盖闻古之清世，是法天地。凡十二纪者，所以纪治乱存亡也，所以知寿夭吉凶也。《太史公书·吕不韦列传》言其著是书，乃欲备天地万物古今之事。盖万事皆系于时变，一气而分四时，是为同而异。此书所以和贯众说者，如一元之包四时，视众说为四时之花实鸟虫裘葛汤水也。且上古之世，惟司天者擅知识之长，天官即史官，故曰太史抱天时。《七略》谓史官明于古今成败得失之故，盖独较常人为能知远。知远者，明于事变之往复，事变固生于时，而往复之大理乃宇宙所同，其显然者为四时，是则学术之初生在知天时，其终亦不外于知天时也。故四时者，天道人事之纪，欲明世变，莫如举四时，明乎此则十二纪之故可知矣。周、秦诸子中述古事者惟此书为多，与他子书多论少事者殊，名为《春秋》，亦因此，故太史迁创本纪、列传之体即暗法是书，列传之文即参用此书之法，故其叙述《春秋》家学，亦举是书，而于《不韦传》称之为闻者，亦以是书。刘知幾乃谓其不编年月而名春秋为名实之爽，浅矣。

天曰顺，顺惟生。运行者为天，天惟一生，是为中国言形上者惟一之义。《易传》曰："生生之谓易。"刚健不息，生生不已，其势顺，道家用逆，所以济顺，故曰"不自生，乃能长生"。上自老、孔，下至宋、明儒者，凡言道言德言仁言孝弟，皆以生为主，未有言无生者也。"贵生"为本书第一旨。

地曰固，固惟宁。森列者为地，固者，《乐记》所谓"著不动"，《易传》所谓"定位"也。宁者，老子所谓"地得一以宁"也。品物咸亨，并育不害，各得其宜，坤德方而含宏，是公方之义也。

人曰信，信惟听。人类之所以为人类者，以其群居和一。（出《荀子》）和一之本在于能相听从，所以能相听从者，在于诚心之互通，心之能通以言，此亦人类之特异于他物者也。故曰人言为信。诚感之义为本书第三旨，儒、道之学，末流屡变而成韩非，乃以信人为戒，与人道大背矣。邪说之邪莫甚于是，此义正与相对，是儒、道二家相同之大者也。

三者咸当，无为而行。 无为而行，明自然顺天，非勉强也。此所谓"以无为为纲纪"也。儒、道之言无为主于顺天，法家欲假有为以至无为，遂以人贼天矣。

行者，行其理也，行数，循其理，平其私。 理字即荀卿所谓大理。道家言道，儒家言义，此书乃专言理，开宋儒之先。行数当作行其数，《任数》篇言"修其数，行其理"，修即循之误。古书多然，此与彼文正同，是书屡言行与理、数，如《情欲》篇言行情，《适音》篇言行适，《当务》《士节》二篇言行义，《当染》曰："凡为君以为行理也。"《适音》曰："教民平好恶，行理义也。"《当务》曰："所贵信者，为其遵所理。"《长攻》曰："不备遵理。"《审分览》曰："尧、舜之臣不独义，汤、禹之臣不独忠，得其数也。桀、纣之臣不独鄙，幽、厉之臣不独辟，失其理也。"《达郁》曰："伸志行理。"《似顺》曰："喜怒必循理。"皆是。其言数则有《尽数》、篇《任数》篇，又《贵当》曰："因其固然而然之，天地之数也。"《博志》曰："冬与夏不能两刑，草与稼不能两成，天之数也。"《观表》曰："非神非幸，其数不得不然。"其言理则有《明理》篇、《过理》篇，又《离谓》曰："理者，是非之系也。"盖二字为是书所特用之重要名词。此其义甚精。道理二字为一切议论之准，今人久已习矣，而不察究何以谓之道理，则不易言。吾尝索之，俗言得一言以当之曰路数，道本训路，理本训玉之文理，亦路数耳。宇宙之为宇宙，若有其路数然，是谓天道，亦即人所当率由之路数，是谓人道，道是路数，故无乎不在，老、庄之所言明矣。理是路数，故不能离气，宋、明儒之辨亦详矣。是书以理、数并言，即斯义也。数之一字，虽若止指一二三四，实则直可以代理，如今俗又云下数，是即谓理也。理之一字本该自然、当然二义，后世以义理连言，则止指当然，而自然一义遂别以势字当之，末流相反，理势二字遂若异途，实则当然皆本于自然，不可离自然而言当然，吾已别有《自当》篇详之。此书理、数并言，又可见自然、当然之合，今日作文者犹常用自然之数一语，此数亦即兼理与势而言也。平其私者，谓百家之说皆私而以理、数平之也。止言平不言灭，与荀子、法家异。《大学》于国言治而于天下言平，盖天下之异更多于国，不可纯加修治，惟平之而已。《庄子·盗跖》篇曰："平为福，有余为害。"此非止言人生也，《有始览》曰："平者，皆当其情，处其形。"盖所谓平者乃无差别而有差别，《易传》所谓"称物平施"，非今邪说之所谓平也。邪说之所谓平，实不平耳。

夫私视使目盲，私听使耳聋，私虑使心狂，三者皆私设精则智无由公。智不公，则福日衰，灾日隆。　设字疑。俞樾曰："精，甚也。"按此谓兼听并观，去短取长。老子曰："知常容，容乃公，公乃王，王乃天，天乃道。"尸子曰："孔子贵公。"周茂叔形容合道之心亦以公为说。平、公二字为是书形容道体之名词，盖道之大全皆有而皆不有，不可以一偏之词形容，惟此二字足以状之。《贵公》曰："公则天下平矣，平得于公。"《大乐》曰："务乐有术，必由平出。平出于公，公出于道。"《有始篇》总言宇宙，而以平始，以平终，其意可见矣。

以日倪而西望知之。　孙诒让曰："倪，衰也。"毕校谓此句于上下文不属。马叙伦谓与下《有始览》"以寒暑日月昼夜知之"辞例相同，盖是彼文。按日倪而西望则惟明于一方，即荀子所谓"观于道之一隅"，如此说亦通。原文此下一节乃他篇文混入，详后。吕思勉曰："序语似专指十二纪者，以其已非完篇也。"

孟　春　纪

吕曰："天下之本在身，春为生长之始，故三春纪皆论立身行己之道，而《孟春纪》先上本之于性命之精焉。"按此说似是而非，本身之义不止见于《春纪》，如《冬纪》又岂非立身行己之道耶，《春纪》自言生耳。

本生

此篇言第一旨与后《重己》《贵生》《情欲》《尽数》皆多道家说，不似杨朱之迳挺，盖詹何、魏牟、庄周之流所主也。

始生之者天也(至)以全天为故者也。　开首直揭天人合一之故，凡古今学术之分歧皆在天人之际，或偏主自然，或偏主当然，庄、荀之相对，人皆知之矣，即慎到之主势，商、韩之主法，亦由顺天、制天而推极者也。此篇言生者天，成者人，而曰"以全天为故"，即《中庸》所谓"诚者天之道，诚之者人之道"也。故者所得而然也，即今论理学所谓前提。天人合一者，全其生生而已，一切学术以此为总根据。

此官之所自立也。 高注据上文天子及下文惑主说为官吏。黄震因谓孟春为生之始，因欲为人上者保其人之生。孙锵鸣《吕氏春秋高注补正》谓此篇不言用人，官即后文耳鼻四官。按此"天子"二字本可推以泛指凡人，而此篇虽多言养生，亦及治道，盖篇首之语乃是总旨，养生、治人皆该于其中，中国学术本皆一贯，不以人生、社会分门，而是书通合儒、道，以本身为主义，尤不以修己、治人分为二事，高、孙之说皆其一偏耳。

重己

与上篇相连，上篇已言《重己》，此篇亦言《本生》，是书多此例，凡言学术皆以人生为标的，学本为人而设，故其说以人为宇宙中心，一切作为皆以己为本，固事势之自然，理数之必然，个人主义固非而个人本位则是，吾已论之于《中书·一事论》，儒、道二家皆以此为主，是为第二旨，此二篇与《贵生》《先己》二篇一贯。

凡生之长也(至)必先适欲。 此即《序意》顺惟生之义，然谓使生不顺者欲而必先节欲，是固用逆以济顺也。节者亦止自然之节而非强造，故不言节而言适。适者，合宜也。合宜必有其标准，即自然之理也。然则虽逆而实亦顺也。适字亦是书形容道体之一重要名词，详《夏纪》，又见《过理》篇。

非好俭(至)节乎性也。 此文又见《有度》。

贵公

黄曰："贵公去私，皆演所以生生之道。"按黄说甚浑，此篇之在此有深意，盖但言重己，疑乎个人主义之私己而实不然，人人皆有己，一人之私而实天下之大公，私本公之积也，故继之以公。己者本也，公者末也。儒、道二家义皆如是。

凡主之立也(至)不阿一人。 公之义实不止为人君言，周、秦诸子之兴，本因论政，而其著书皆意在告时君，故多为人君言，虽义稍远者，亦必引而及之。

伯禽将行(至)利而勿利也。 此乃儒家之传说,利而勿利,谓有利之之意则将涉于私也。高注以上利属民,下利属己,本文无此意。

管仲有病(至)不欲小智。 此节见《庄子·徐无鬼》篇,文微略,其义甚精,盖《贵公》非徒空大而已也,《去私》非屈己从人而已也,乃在克己而恕人,上志下求,哀不己若者,恕人也。此老子所谓"和其光"也。有不闻,有不知,有不见者,惟见人长,不见人短。惟见人长,故常怀喜乐,此春气也。仁也。若鲍叔牙多见人短,常怀恶怒,秋气也,义也。义固不可无,然止可为仁之方而不可以为主,故孔子以"举直错诸枉"明知人之仍为爱人,天以春生为主,而秋杀特所以成生,此篇入于《春纪》而生与公二义一贯矣。此节以下乃推衍之词。

去私

此兼有儒、墨二家说,黄帝言数语不贯,疑是《本生》之错简,末言王伯,与上篇"王之立也"一节相应。

仲 春 纪

吕曰:"仲季二纪因修己之道旁及观人用人之术,而极之于君臣分职之理。"按此说亦未明,旁及与极必有所缘,若止浑言,则何处不可旁及耶?

贵生

道之真以持身(至)土苴以治天下。 此节本《庄子·让王》,亦道家本身之要语,然语太抑抗,不若《执一》篇詹何之言为善。

彼且奚以此之也(至)与其所以为。之者,往也。以字有因、用二义,奚以之所以之者,所因而往求得此之故也。奚以为所以为者,所用以求此之具也。注皆滞。

情欲

欲有情(至)行其情也。 情谓其实状。吕氏谓为真理,误也。情有节谓欲本有自然之节。宋钘情欲寡之说近是。

尊酌者众(至)终不自知。 此则道家过甚之论,流于自私者,是书于此类亦裁剪不尽。

当染

黄氏谓此及下篇因《贵生》而展转其说。按黄说亦未明。《春纪》言本生，《贵己》是论其本质，然所谓生所谓己非夙成也，必有所染，故因及于染，又治国本身人治之义，重在用人，故因及用人致人，"劳于论人、逸于官事"一节，即此篇承上篇之故。

功名

此与上篇相贯，言以己致人，末告人君，与《孟春纪》末同义。

季 春 纪

先己

第二旨前仅《贵生》篇一见，至此及下篇详发之。

汤问于伊尹曰一段。　此盖即《七略》所载道家《伊尹》说。

昔者先圣王（至）不于天下于身。　与《不二篇》引詹何说同，乃道家本身之义之要言。

无为之道（至）胜天顺性。　此一节兼赅本身与君无为二义。胜天者谓克以天为主也，犹《劝学》《适音》篇言胜理也。义曰利身，即公私合一之义，勿身即《审分览》《勿躬》篇之义，督听之引申则成申、韩督责之说矣。督责之说本由《勿躬》而衍成，此道家、法家所以为首尾本末。高注嫌其不正，乃以正听说之，虽正而失其本旨矣。

故上失其道（至）有扈氏服。　此皆因本末之义而推之。

孔子见鲁哀公（至）末。　此儒家本身之义之要言。

论人

黄氏谓此及下篇又因《贵生》《尽数》而展转其说。按此与上篇相连，亦道家说之纯者，未及于《勿躬》督听也。《先己》、《论人》二义本相连，儒家谓之修身尊贤，道家谓之上虚下实，主道臣道由此引申。

凡彼万形得一后成。　守一在己而万该焉，一之义见下篇及《大乐》篇。一能应万，又见《君守》。

圜道

此承上二篇而结《春纪》,《先己》篇知一而归朴, 即主道之无为。《论人》篇举八观六验, 则臣道之有为亦在矣, 故论圜方之义, 圜方并论而止言圜, 犹人己两正而先己也。方统于圜, 万归于一, 四时犹一春也。始自本生之天, 终于至贵之圜, 形上之根据具于此矣。

天道圜(至)地道方。 方圜二义最古最要, 已说于《内书·天地篇》, 必明于动静分合之故, 而后圜方之义可明, 说详《内书·理要篇》。《易·系辞传》首曰:"天尊地卑, 乾坤定矣。卑高以陈, 贵贱位矣。方以类聚, 物以群分。在天成象, 在地成形。刚柔相摩, 八卦相荡。鼓之以雷霆, 润之以风雨, 日月运行, 一寒一暑。"《乐记》曰:"天高地下, 万物散殊, 而礼制行矣。流而不息, 合同而化, 而乐兴焉。"又曰:"仁近于乐, 义近于礼。"又曰:"乐者, 敦和率神而从天。礼者, 别宜居鬼而从地。"盖一元之运行不息为动, 为合为同, 为和为圜, 为乐为仁, 就其运行之中而裁节之为静, 为分为异, 为节为方, 为礼为义也。动浑同而静差别, 动流通而静固定, 动一而静万, 是为宇宙本体。此篇末之言一万,《有始览》之言离合同异, 皆是义也。本书之大旨生生诚感, 即不息之圜,《贵公》即不动之方也。

日夜一周(至)小为大重为轻圜道也。 孙锵鸣谓曰上当重一日字。精谓星。是也。此举日月星物云以明宙之圜, 而宇之圜亦在焉。无宇则无宙, 观于日月之周躔可见矣。无宙亦无宇, 观于云气水泉之变可见矣。横之类由纵之时而生也, 纵之时由横之地而显也。此足以明一之所以为万, 万之所以归一矣。

黄帝曰帝无常处(至)以言不刑蹇圜道也。 此节以全造化言帝者造化之主也。陈昌齐《吕氏春秋正误》谓"帝无常处"下疑有"乃有处"三字。俞樾谓刑当作形。是也。《管子·水地篇》:"凝蹇而为人君。"注:"蹇, 停也。"无常处即《老子》次章所谓"夫惟不居, 是以不去",《易·系辞传》所谓"变动不居, 周流六虚"也。处即居, 亦即《乐记》"居宜"之居, 即静而定也。静定则局于一处一形一态, 是谓有处, 凡静定皆自一浑同中裁节而后见, 自浑同而观之, 则又皆无处也。不形蹇者, 周流也。

人之窍九(至)留运为败圜道也。　此节以人身言。形，地也，神，天也，耳目口鼻不能相为，其德方，形之分也，惟听与视不可两兼其德，圜神之合也。"说一"二字，陈昌齐谓衍文，是也。

一也齐至贵(至)万物以为宗。　"一也齐至贵"当从《选》注作"一也者至贵者也"。一者至贵，又见《为欲篇》。圜即一也。天包地，圜包方，夏秋冬皆一春之绵延也。参《大乐》篇。

圣王法之以令其性(云云)。　自此以下则衍主道圜、臣道方之说，上无为，下有为，慎到、庄周以至于申不害、韩非皆同此论，而言之不同。高者为恭己正南面，下者为督责自恣，《审分览》诸篇及《似顺论·有度》以下三篇即明其义。

孟　夏　纪

黄氏曰："皆以学为说。"吕氏曰："孟夏为长大之始，人之于学，亦所以广大其身，故论为学之事。"按春所生至夏而长，故春言其质而夏言其学，学乃长之事，篇中明言之矣。

劝学
周衰，士失官业，宦学之途不通，乃有聚徒讲学之风，尊师之义亦于是重。前言左重右重，颇似为师者衒鬻之词，后言胜理行义，则又戒好为师而不自重者。合观前后，与孟子之言无异也。

尊师
故凡学非能益也(至)是谓善学。　此语与《本生》篇首相应，若移于《劝学》之首，更明整矣，古人著书固多未整。

生则敬养(至)此所以尊师也。　观此则周、秦间师徒有君臣主属之义。

诬徒
此篇交责师徒，而其言善教者视徒如己，反己以教，即本身诚感主义之推，甚精也。

用众
此篇推广师友之义，凡可取者皆可师。

善学者假人之长以补其短。　此亦公平之理。

戎人生于戎(至)取之众白也。　明人之善恶非生而然,多成于习之所长。天下无生而尽善者,必假于人,继《春纪》之言生,于夏长而言学,即为是也,故以此结《孟夏纪》。

仲 夏 纪

黄氏曰:"仲季夏纪皆以乐为说。"吕曰:"乐盈而进,故于夏长之时论之。"按仲夏月令用盛乐,乐主于发,如夏之盛。

大乐

宇宙一大乐也,乐之所由成,和与节也,和合而节分,同而异,统一而变化,是书之调贯众家,亦如制乐也。故此篇名为《大乐》而举和适公平之义。

生于度量(至)或柔或刚。　首言宇宙之情,与《有始览》同,与《易·系》首段相近。本于太一,合和也。生于度量,分节也。离合二字详《有始览》。

声出于和,和出于适。　和字为是书形容道体之第三重要名词,合和见《有始览》。适字为第四重要名词,已见《重己》篇,高注训为节,是也。万籁不同,而成乐者以和也,究何以为和,当更有以表之,其参差不同而能成和者自有一一恰当之则,此固不可以言明者也。下文言必节嗜欲,节即适,此恰当之则即天然之则也。适字之义,《适音》篇更详之,下文言"乐由平出,平出于公,公出于道",公平二字已详见于《序意》。

凡乐,天地之和,阴阳之调也。　天地之和,是谓大乐,即《乐记》所言也。

始生人者天也(至)安由出哉。　归之于天,与《春纪》首篇相应,此言乐出于自然,以驳墨家也。

大乐(至)平生于道。　上文既以适明和,此又以欢欣明平,盖和平固人人知其美而实不易言其状者,故以天然之节、自然之道明之。

道也者(至)知万物之情。　前诸篇不直说道容,于此论乐乃直说道容者,以道之形即和平公,而和平公惟乐足以表之,乐虽主和,节兼同异，而其道实以动合为主，静分属礼，特包于乐中，故言一，一者动合也，两者静分也。张子厚言"一则神，两则化"，是其义也。一者制令，即《圜道》之所谓"一至贵，法之以令"也。

侈乐

谓侈即失其情，明乎乐之情在和平也。

凡养也者（至）必失其天矣。 《夏纪》皆言长养，长养所以全生，全生全天直承首篇，陈氏谓"必有性养"当作"必有生养"，是也。

适音

此承上篇而详言适，与《重己》《情欲》二篇相应，适不易言，故以太巨太小太清太浊之不适反明之，又以小大轻重之衷喻之。

乐无太平和者是也。 陈氏疑平字衍，谓太即上四太。按平者一律之谓，乐固以变化为质，恐人疑乐不可言平，故谓和即是平，如此说亦可通。

季 夏 纪

制乐　明理

此二篇由乐通政而推及祸福。孙锵鸣谓今本《明理》篇文乃《制乐》篇文，《制乐》篇"今室"以下至末乃《明理》篇文，其说甚似。

孟 秋 纪

黄氏曰："以秋故言兵。"按此纪多取兵家说，孟纪第一《荡兵》篇首言古圣王有义兵而无偃兵，仲纪第一《谕威》篇首言义者万事之纪，秋为义也。吕曰："义战二字乃儒家用兵标准"，亦是。

荡兵

凡兵者威也（至）非人之所能为也。 每事必推归于天，明其为自然，凡物皆出于天，皆有病患而皆不可偏废，此所以谓贯众说以成其大公也。非独驳墨家、公孙龙之说而存兵家之学已也。

仲 秋 纪

论威

毕氏谓论当作谕，是也。 此篇言必反于己，即本身之义，言至威之诚即诚感之义，明兵止是威，威本于诚，其义最精，后半言急疾即由重令而引申。

义者万事之纪也。重义亦是书之一旨，《无义》篇曰："义者百事之始，万利之本也。"

决胜

此言必在己，亦本身之义。

季 秋 纪

黄氏曰："因兵而及感动之道。"吕曰："顺民知士，乃用兵之本。审己则慎战之理精通，亦不战屈人之意也。"按《顺民》乃承《怀宠》篇而推，《知士》乃承《爱士》篇而推，《审己》则承上《谕威》《决胜》二篇先己在己之义而言自觉之义，《精通》则承《谕威》篇至威之诚与顺民之义而言诚感之义。

精通

此篇举诚感之事例虽若幻而实确，击磬之悲盖其节奏有异，出于手之缓急轻重，而手之缓急轻重固受令于情感也。若申喜之间歌则彼固夙习熟其母之声，虽久别而未忘，当其闻声，已感旧习而疑之矣。

孟 冬 纪

黄氏曰："冬藏也，故言葬，仲冬所附，不晓所谓，士节以下亦于季冬无预。"吕曰："冬主闭藏，故言丧葬之理，人能多所蓄藏则必智，而智莫大于知人，故诸篇多论求智之事及知人之方。"按吕说非也。此篇实未详于智，止详于节义耳。盖冬者终而复始之机也，故言长见。冬为贞固，守节者不以死变，而且以死著，故言忠节。《春纪》言贵生，《冬纪》言舍生，义相反而相成，故《节丧》篇首即言知生知死。

节丧

孝子之重其亲（云云）。此篇之非厚葬，以孝慈之心为故而不以伤财害众为故，异于墨翟，盖儒家之义也。

异宝

吕曰："言古人所宝者异，以破世俗之惑。"按此因厚葬藏宝而引申，亦缘冬藏之义。

异用

吕曰："言人之用物者不同，为治乱存亡死生所由判，亦承上篇。"按此又因异宝而引申。

圣人之于物也无不材。　此亦公平之理。

仲 冬 纪

当务

此承上言信勇贵乎当理义。

长见

此即《易》象"永终知敝"之义，知今知古，详后《察今》篇。上知千岁，下知千岁，亦见《观表》篇。

季 冬 纪

介立

石可破也（至）非择取而为之也。　明节之本于性，生虽死而实全其生，与《贵生篇》迫生不如死之义相应，是春、冬二端之贯也。

序意

已释于前。卢文弨曰："《玉海》云书目是书凡百六十篇，今书篇数与书目同，然《序意》旧不入数，则尚少一篇。此书分篇极为整齐，览当各八篇，今第一览止七篇，正少一《序意》，末载豫让一事与《序意》不类，且旧校云一作廉孝，与此篇更无涉，因疑《序意》后半篇俄空焉，别有所谓《廉孝》者，其前半亦脱，后人遂相附合，并《序意》为一以补总数之阙。"吕思勉曰："卢说是也。子谓此书篇数实止二十六，今诸览论纪又各分若干篇，亦后人所为，并非不韦书本然也。"按卢说非也。缺一篇者乃第一览也，非《季冬纪》，《季冬纪》篇数已足，何容别有《廉孝》，若如卢说，《廉孝》当本是《有始览》之文，然《有始览》诸篇义相承，无缘及《廉孝》，即言《廉孝》，亦安得在《有始》之前乎？此豫让一节，孙锵鸣谓当在《不侵》篇豫让事下，是也，非别一篇。《廉孝》不知是仲、季冬纪中何篇之异名，今诸篇皆无言孝者，未可定也。若《有始》之缺一篇则或脱或误，并皆不可知，诸篇长短固不一律也。吕谓诸篇分小段为后人所为，乃无据之臆说，即使后人所为亦必整齐，何得于《有始》独止分为五篇乎？

有 始 览

吕曰："古人论政，原诸天道，而一国之政，君若臣实共司之。此篇因论天地开辟之宇宙论而及于君若臣所以自处之道及其所当务也。"又曰："此篇从天地开辟说起，亦可见八览当列全书之首。"按吕说未是。此览自宇宙起论，首举大同众异之义，以明全书调贯众说之故，后诸篇相承，说虽有支而无不连，每篇皆有"解在"云云，举事为例，如《韩非·说储》之例，其事不详于此而详于后诸览及《士容论》，其正文亦有与后诸览及《士容》相复处，岂故为之连络统系耶？然其义又每不贯，不知何意。

天地有始（至）生之大经也。　陈昌齐谓"成形"二字据注当作"生成"，不必然也。天积气，气极微也，地积形，形较气为实也。塞，实也。合和以生，是此书纲义。

以寒暑（至）说之。　上句言纵之时，下句言横之类。横之类生于纵于时，说详《圜道》篇。殊形谓其体，殊能谓其德，异宜谓其理。庄子曰："物固有所然，物固有所可。"形能即然也，宜即可也。

夫物合而成（至）处其形。　此离合即《乐记》之散殊合同也。其语甚精，万物之生，其质皆杂，如人之生乃合父母天地之气，此所谓合而成也，不合则所谓"孤阴不生，独阳不长"矣。

万物之生皆离其所自出而别为一体,如人之离母体,此所谓离而生也,不离则终古止一气,无万物矣。"察"字似衍。情,实也。处,居也。谓形得其所。此二句即《乐记》所谓"宜与居鬼"也。

天地万物(至)则万物备也。 大同之中包容众异,即所谓一同异,又见后《处方》篇,是此书总旨也。

天斟万物(至)以观其类。 高训斟为输,览为总览,是也。天以一气成万物,如水挹注于瓶罍,故谓之斟。览即揽,言合之而观其异。

解在乎天地(至)安平。 此卷凡言"解在"皆举事为例,此独浑举者,宇宙同异固不可举一事为例也。天地之所以形分也,雷电之所以生,合化也。阴阳本一气而成万物之材,人民禽兽各得其所,仍以平字终。

应同

申上篇言宇宙之为一体,一作《召类》,或后人见此篇文多与后《召类》篇同而改之。

而不助农于下。 此下有脱文。

黄帝曰(至)则艴矣。 "威"字当从旧校作"道",与元同气,合一元也。同名,如同名为人,此甚疏,故曰艴,进而同居,如人之同乡里,此情犹不厚,故曰薄,进而同力,则以事合者如工商之伴侣,又进而同义,则有理义以合之者,如君臣朋友之伦,又进而同气,则精神相通,如父子兄弟,其分配帝、王、伯、勤、亡者,言其结合之力不同,霸止能以术相结,若止同居则劳而不结,故曰勤,若止同名,则全无可相结,故必亡。高注同力、同居、同名及艴字皆失本义,以下数句则因艴而引申之支词。

成齐。 此二字乃残文,承上成字,上下有脱。

故乱国(至)曷为政矣。 此节与上文类固相召一节皆重见《召类》篇,类固一节较《召类》篇详,此节则与上文不贯,仅召寇召字相连耳。然解在云云所举例正承此意,解在之例又他览所无,则必非《召类》篇文错入,岂是书引申支蔓固如是耶?

去尤

此篇之次此者,盖谓明于同异之理则能兼听并观而达于公平,不能兼听者，以有所尤也。尤者，过也，蔽也。此与《先识览·去宥》篇义同。

东面望者（至）意有所在也。　"东面"二句最足明大同宇宙中何以有各异之见，然此乃势所限，而云意有在则不当，疑"意有在"指下文而此有脱文。

郑之故法（至）不可不察也。　此谓听言之去取在我，不必间言者为何心。凡是书之兼采众说即本此理，盖书中所采墨、法诸家之说，其立说之本旨固有与儒、道二家不相容者，然皆可裁取以为用也。

故知美之恶（至）美恶矣。　此亦公平之理，采众说之故也。中理之说亦有推衍过当而成偏谬者，偏谬之说，其中亦有中理之处。

老聃则得之矣（至）何可扩矣。　此文义通而与上不贯，亦疑有脱文。

听言

此因上文而引申。

今天下（至）不知类矣。　又爱利之为道大矣（至）不可不务也。此二节皆支，不惟不关听言，且与上文分善不善意亦隔。

谨听

此与上篇同义，上篇言习于学问，此篇因言不自足而学于贤。通乎己之不足则不与物争矣。众异相补则无争，公平之理也。

诤而不足以举。诤、举皆名家之词，名家谓立一词为举，如云狂举正举，诤则谓反理，是书屡用之，高注误。

主贤世治（至）然后其知能可书。　与《观世》篇复。

务本

此节戒臣之当效功轻禄，归本修身，与上篇不连，而与下篇连。

尝试观（至）而逾危。　与后《务大》篇复。

人之议多曰（至）所未得矣。　此亦本身之义，未得已得之论，即曾子行必自内始之说。

谕大

与上篇连，谓人臣当为国，其谓小大相恃，义与篇首同异之义相应，参《处方》篇。

地大则有(至)长久信也。　上文言所务当大乃得成小，下文言为臣者当舍小之身家以为国，此节介其间，则言大乃多材，似谓群策群力，与下节义尚可相贯，"长久信"三字似衍。

季子曰(至)皆得其乐。　与《务大》篇复，下二事例亦见《务大》。

孝 行 览

吕曰："此览承上览，言治国之本及总论成败之道。"按吕说太浑泛。此览自人生论起，专明务本之义，中虽有支而首尾一贯，似亦承上览之《务本》首篇以孝为本，得儒家之精，首末皆能包举而中采曾子则少次第。

凡为天下国家(至)务其本也。　言治国非务在土与财而务在人，人又非务在富与庶而务在教。

本味

承上《务本》义言，务本在得贤，因言汤得伊尹，得贤必先知贤，因言伯牙、钟期，又采伊尹说味而终以备味必知道，道在己，以复务本之义，颇迂曲。《七略》有《伊尹说》，此盖即其文，战国时人传尹以割烹要汤，故传此说，其说亦有喻意。

凡味之本(至)肥而不腜。　言调和之理，亦此书本旨，与《夏纪》言乐相类，采之之意岂在此耶？

道者止彼在己(至)成己所以成人也。　俞樾谓止当作亡。是也。此节乃本身一义之要，与《先己》篇末孔子言相似。

首时

孙锵鸣谓一作胥时为是。胥，须也。是也。此篇义不承上别起，与下二篇连言，功名生于时遇，陆士衡有言："立德之基有常，而建功之路不一。"循心以为量者存乎我，因物以成务者系乎彼。此三篇言因物系彼也。

有汤武之贤(至)不可离。　仍是时与人并重。俞谓"圣人之见时"当作"人之辠时"，是也。

义赏

此篇首承上篇言时，由时及使，由使及赏罚，赏罚成教，教既成则势不易改，盖时与势皆所谓系乎彼者也。

长攻

孙锵鸣曰："此篇历引越王以下，皆不循理而有功者，以功为贵，故曰长功。攻字误。"是也。此篇言功由于遇。

慎人

此及下二篇承上三篇而复归于循心存我，谓遇虽由天而力在人，尽其人而不望于天，故穷达如一，遇合无常，必审诸己，外物不可必，君子必在己。

尽有之贤非加也（至）时始然也。　此即孟子"大行不加，穷居不损"与"舜饭糗茹草"一章之义。

慎 大 览

吕曰："此览亦承上览《孝行览》论成功之术，盖就国家开创时言。此览则就国家既成立后言之，此守成之道也"按此说亦凿强，下贤、贵因何尝非成功之术耶？上览自泛论人生，此览乃专言治国耳。凡慎下因三义。

权勋

此言勿好小利，贪小利亦不慎之一也。权勋谓权其功之大小。

下贤　报更

二篇同义，下贤亦慎之一也。篇首形容土德，乃道家言，是书言下贤处甚多。

顺说

《报更》篇末支论善说，此篇承之，是书言善说处甚多。

不广　贵因

俞樾谓广当作旷。此说与首段"人事则不广"句合。孙锵鸣谓下所引皆以广人事，谓首段当云"则不可不广"。观下文，以孙说为是。《顺说》篇言说贵因，遂支及论因，《不广》篇承之，所言广其事为两得之计者，皆因势也。《贵因》篇则直言因因者，道家之大旨。太史谈《论六家要指》，太史迁论《老子》，皆以虚与因并举。

察今

此又承因而论因先王之法，其言先王不可法，似是法家之言，然谓法其所以为法，所以为法者人，察己知人，察今知古，古今一也，人与我同，则儒、道二家之义。

有道之士（至）一鼎之调。 此亦明浑一宇宙之观，以今知古，宙之一也。堂下瓶水之喻则宇之一也。

先　识　览

吕曰："此览亦承前言之《孝行》《慎大》，皆就行事立言，此则就知识立言也。"按此览专言知识，不必承前览中诸篇，独无支蔓。《去宥》篇言别宥，乃宋钘、尹文说，《正名》篇言名实，乃名家说。首篇亦蒙上《察今》。

孝经曰（云云）。 陈氏谓吕氏时《孝经》未出，此乃注文。非也。吕氏时尚未焚书，《孝经》本儒家所传曾子之书，是书固明引曾子矣。

观世

此篇虽亦言下贤而重在知贤，末条又先识也。

悔过

吕曰："此篇承上篇，上篇言耳目有所不接，此篇言心智亦有所不至，以《悔过》题篇，实非本旨，可见分篇多后人所为。"按吕说非也。上篇亦言心智，非专言耳目，古书题篇原多不赅括，未可为后人为之之证。

审　分　览

吕曰："此览言臣主之分而仍归本于性命之情，可见形名度数皆原于道。"按吕说有见而未明。此篇专言上无为、下有为之说，乃庄周、慎到、韩非、申不害诸家之所同，由无为而至正名，执虚守静，与循名责实并行，即由圆、方二义引申，道家之变为法术在此，而此览所说则道为多。申不害详于正名，慎到详于无为，首篇后半"人主不忧劳"以下尚是道家本旨，慎、申皆有之，韩非则无此矣。当时慎、申以外道家盖多主此，《韩非·主道篇》、《淮南·主术训》皆说此义，董仲舒书中犹有之。慎、申书中当详而今书已残阙，惟此览言之最明，多取尸子发蒙，尸子亦以主人、无为、正名三义调贯为一者也。首篇亦蒙上《正名》。

问而不诏(至)命之曰无有。 但问其事，而不以己意诏之，即慎到所谓"教则不至"之意也。"知而不为"之"知"则"大知大始"之"知"，"和而不务"即慎到之齐万物不尚贤也。不制于物，谓不裁割物也。无肯为使，谓物各有其能，不可强使从我，即慎子所谓"用人之自为，不用人之为我"也。注皆影响。

得道忘人(至)夫其不全也。 "夫其"句，高注难通。马叙伦读夫其为夫岂，通而似赘文，疑此当读"得道忘人乃大得"为句，"人也夫其非道也"为句，言有人即非也，下皆同。观下"于全乎去能"三句可见。人也非道，即慎到去己之说。

大明不小事(至)不全也。 假，大也。俞谓莫当为真，是也。惟不事小故大，惟不能故全能，即老子所谓"大似不肖"，慎到所谓"道则无遗"，注皆误。

君守

此篇所言无识无知正慎到之说，扃开莫窥则近申不害矣，主侵臣得之言则近韩非矣。自老子之负阴流而成申不害之窜匿，此为转枢，下篇亦然。

以阳召阳二句。

按当作"以阳召阴，以阴召阳"，不出不为，阴也，出之为之，阳也。"以阴召阳"即上文"阴之所以发之"，彼注亦误。

有处自狂也。 有处义见《圜道》黄帝语。

不至则不知三句。 此即承上言不到其境则不知，不知即不信，如夏虫之不知冰，文义本明而注迂谬。

勿躬

此篇无申、韩法术之说。

知度

度即数也。《似顺论》有《有度》篇，此篇有法家意。首段所谓"安职不听议"，慎到、韩非之所同也。赵襄子以下又引及用人。

慎势

此及下篇说皆渐偏，慎、申皆主势，《韩非·难势》篇即难慎子说。此篇言众封建以全威，而又云所用弥大，所欲弥易，则是教人兼并而不封建矣。盖当时议论既尚承封建之旧说，又已当兼并之新势，故其言矛盾如此。

不二

"知度"以上皆兼言主虚主尊，慎势乃止言主尊，至此则言主专矣。专与虚大不同，此道、法二家所以成两端也。所言乃法家通说。智不得巧，愚不得拙之言，慎到亦主之，以听众为危则到所不言矣。

执一

此与上篇义似同而实不同。上二篇言专势，已与篇首道家之旨相离，此乃以一为身，复归于无为。

楚王问为国于詹子（至）无出乎身者也。　此道家本身说之要言。

田骈以道术（至）神农以鸿。　"骈犹浅言"以下似非骈语，然仍骈旨也。《士容论》"火烛一隅"以下亦然，田、慎同术也。

吴起谓商文曰（至）末。　此一节又言各有长短，则仍首篇《审分》《勿躬》篇尽五子之能之义。

审应篇

吕曰："此览言人君听说之道，多难名、法之言，以其变乱是非也，而归结于诚，可谓得为治之要矣。"按此篇专论言说，多辨邓析、惠施之说，《不屈》及《淫辞》末《应言》首皆攻惠施，其言少理而近苟，不知何家之说。《应言篇》又多取纵横之说，然篇首文亦承上览之义，《重言》①《精谕》是儒、道之精言也。

凡听必反诸己。　全书大旨。

离谓

谓者，言之意也。即上篇"知言之谓"之谓，高注误。孙锵鸣已正之矣。

---

① 重言，原作无言，据《吕氏春秋》改。

淫辞

非辞无以相期。期，约也。《荀子·正名》篇屡用之。

具备

所谓具者诚也。承《精喻》篇。是书言诚感之义，此最切矣。

离 俗 览

吕曰："承前览言用人之术。"按此览专言民之行俗，为君上言，婉转贯串，与《孝行览》结构相类，首篇谓矫行非通道，而亦可取。篇末"当务"二字即《冬纪》之《当务》。

高义

缘上篇而举义字。

上德

缘上篇而由义及德，言教治当用德义，不在严罚厚赏。前半言上德之神化，后半言贵义之激扬。

用民

首句承上二篇，因泛言用民，下《适威》篇同义。此篇言"三代之道，以信为管"，下篇言"有必缘其心爱之谓"也。详言威不可恃，民不可极，是儒义也。

为欲

承上言使民在顺其欲，首言无欲者不可使，与首篇相反，各明一义。

蛮夷反舌(至)功无不立矣。 谓欲为天不可不顺，然又以纵欲湛俗为逆天，非正欲，与《春纪·重己》《情欲》二篇义同。

群狗相与争(至)末。 此又明欲为争之端，惟争行义乃为善求欲。

贵信

承上《用民》篇及上篇末晋文公信事。

天行不信(至)四时当矣。 推天地四时以言信，语势重，与《孝行览》言孝同，盖信即诚，诚感为是书之纲义也。

举难

此又回承首篇《离俗》之义，言物固不可全，权而用其长，则《离俗》之行有可采矣。此亦公平之义。

故君子贵人则以仁(至)易为则行苟。　得此义而上诸篇皆通，高义所以自责，而为欲所以贵人也。

恃 君 览

吕曰："此览推论国家社会所以成立之原，因博论利害之理及所以知利害之术。"按吕说亦太浑，全书孰非论利害之理耶？盖此览专言人君所处与其自处之道，止言君身，与他篇泛论治道者异，首篇明君出于群，天位非以私一人。

长利

因立君为长久之利，遂推论之。

知分

因上文末戎夷事推论死生有命，当以义断。

召类

吕曰："言祸福自来，人不知则以为命，其实皆有以召之。上篇言理，偏重自然，故以此篇继之。"按此篇由同类相召引至召寇，由召寇引至攻乱，言攻乱甚详，虽为攻者言，实戒召攻者也。

达郁

此承首篇，惟天位不易居，故当通民之志，篇首论甚精，而后半止言豪士忠臣，盖是书本特详于《下贤》也。

行论

此言人君当忍辱，引燕昭王不为张魁复仇事以为例，又引楚庄王为文无兹复仇，而称为能不简人，适与燕事相反，岂故以示各有当乎？

观表

此篇与上义不蒙，岂故以此终耶？

开 春 论

吕曰:"此论言贤人皆以利民为务,因及用人之方。"按六论本不贯串,而吕氏以浑泛之词强贯之,实不该也。首泛言物之应,后举善说,善说虽亦为相应之一,然亦迂矣。

察贤　期贤

上篇首曾及得贤,此二篇承之,皆言下贤。

审为

义与《春纪·贵生》诸篇同,引子华子、詹何,皆道家也。吕曰:"盖因下篇言爱类,故先及此。"亦似凿。

爱类

此言爱人亦与春义近,叙墨守宋及称道禹皆墨家言。

贵卒

似承上篇末"当其时"一言而引申之,颇似兵家言,末文未完。

慎 行 论

吕曰:"此论承前二论,前二论皆言利,恐人误见小利,故此论极言以义为利之旨,义之为利难知,故极言知之贵审,既知义必行之故,又极言行之贵壹也。"按此说浑而强,如此说则凡不相蒙者皆可以行承知、知承行贯之矣。览、论不相蒙,不得云承前二论,《壹行》本言信,亦非言行也。此篇与下《无义》篇相连,皆辨义利,论小人之相倾,其言义之重与《冬纪》《离俗览》同。

疑似　壹行

此二篇相连。壹谓无疑变也。《壹行》大旨曰恶不可知,不可知即使人疑者也。其言不可知则人伦十际败,明人之相安以信,即诚感之根据。其言精详,殆儒、道二家大师之说也。

求人

吕曰:"上篇言壹行在己,故言求人以该其义。"按此说亦不合,如此说则凡不贯之篇皆可以人承己、己承人强贯之矣。

察传

此与《先识览》诸篇同类，其在此者，岂缘疑似耶？

贵 直 论

吕曰："前论言知贵审而行贵壹，知及行必藉人以自辅，故此论承之，极言直行之可贵。"按此说亦人承己之浑说也。此论首尾相贯，皆攻切人君，八览以下言听言者多，此五篇乃详之也。

过理

言亡国之主乐不适。孙曰："不适即过，故以过理名。"按此适即《重己》《情欲》《适音》之适。

原乱

吕曰："举祸乱因壅塞而生者以为戒。"

不 苟 论

吕曰："前论言直臣之可贵，此论则言人主当用贤去不肖，而以用人之本归结君心。"按此说尚不强凿，此论前四篇相贯，皆言用人，首篇前言直臣，中杂百里奚事则申子治不官之说，末一事又进贤受赏，与下《赞能》篇通，首尾衡决，赞能之赞，进也。

博志

王念孙谓博当为搏，即专。是也。大旨言当有去取，乃能专。吕氏以"贤者无功，不肖者害之"为此篇承上之故，亦似可通。

冬与夏（至）盈则必亏。 此与《举难》篇物固不全之义同，皆公平之理。

贵当

此为大旨，言贵本，而观友、骄惑二节则支。

性者万物之本也（至）此天地之数也。 此以本然释性字，因其固然而然之，即谓当然出于自然，即庄子所谓"然于然，可于可"也，数字即势即理，已详说于《序意》。

似 顺 论

吕曰："前论以知人用人归束于君，故此篇又总论君道。"按此说亦不该，首二篇实皆空论事理，非专论君道，亦非言知人也。《似顺》言似而相反。末段论支。《别类》言类然而不然。

有度

此及下《分职》《处方》二篇相连，皆《审分览》之义。此篇义杂，首言听知，中言通性命之情，与《重己》多同，末乃与《知度》《执一》同义，而言《执一》之在虚静尤明。

分职

此篇推言用非其有，又同于《用民》篇。

处方

此篇与《圜道》相对，所谓异安同、同危异，与《谕大》篇之大定小、小安大皆《有始》篇之注也。

夫射者(至)定分之谓也。　分者，分也，人中之小也。故以小为本，以分为本。高注未明其义。

韩昭厘侯(至)末。　昭釐事乃申子治不踰官之说，后引申及法则韩非之说也。申子不言法。

慎小

承上篇，其言适与《谕大》《务大》相对，大言圜道……小言方道也。

士容论

吕曰："前五论皆言人君之道，此论则言臣民之务也。"按此篇首广为形容，后半则专发"傲小物而志属于大"一语耳，故下篇为《务大》，《务大》与《谕大》全同。

上农　任地　辩土　审时

皆古农书。梁玉绳曰："古重农，故以终。"按战国时已不重农，故农家起，是书之置此于末，是重农意否，未可断也。吕曰："上农义与商君同，下言制产之法，又与儒家言大同，亦可见九流之学之本无合。"按吕说微误，九流固同出，而既为九流，则本旨已异，支节偶同，不可为本旨全同之证。若此书之所采则已经剪裁镕铸，更不可为本同之证矣。

（原载《刘咸炘学术论集·子学编》上，广西师范大学出版社 2007 年版）

【评介】

《〈吕氏春秋〉发微》撰于 1930 年 5 月，当年刘咸炘 34 岁，本文是其研究先秦诸子的著作之一，后收入《刘咸炘学术论集·子学编》上（广西师范大学出版社 2007 年版），又收入《推十书》。

刘咸炘（1896—1932），字鉴泉，别号宥斋，四川双流人，史学家、文献学家和书法家。

刘咸炘于清光绪丙申（1896 年）11 月 29 日生于成都纯化街儒林第，曾祖父刘汝钦，祖父刘沅，父亲刘梖文，均为蜀中知名学者。刘咸炘自幼聪颖好学，弱冠即有著述，从 1916 年开始于尚友书塾讲学十余年，与友人蒙文通先生等在成都共创敬业学院，任哲学系主任，后聘成都大学、四川大学教授，终生不离教席，潜心于国学研究，达到国学极高境地。1932 年 8 月 9 日病逝，年仅 36 岁。一生著述甚丰，成书 400 余卷，总名为《推十书》。

为帮助读者更好地理解刘咸炘及其成就，下面提供介绍文章 1 篇以飨读者：

刘伯毅、朱先炳《刘咸炘先生传略》（据《双流县文史资料选辑》第三辑校录）：

先生幼而绝慧，初学步，即喜书。甫四龄，则问难于子维（按：其父）。五龄即效前人弄笔，日窥鸡群，仿作《鸡史》。先随从兄咸荣（字豫波，清拔贡）学，未几，咸荣语人曰："四弟聪慧异常，所问辄博而深，吾不能胜其教也。"于是子维亲为教读，暇则任其自修。先生笃学好问，尤喜翻书，日由书斋抱书数十册入内楼（先生读书楼名），翻阅已，复送书斋，出入往返，日常数次，时仅九龄，勤已如是，族人戏谓之老秀才，太夫人亦笑比为陶公之运甓，而忧其杂乱无成，子维曰："老四自有用地，不必为之过虑也。"先生校雠之学殆基于是矣。甲寅（1914年），子维先生卒，先生乃就从兄咸焌（字仲韬，清光绪癸卯举人，创办尚友书塾）学，初问文之醇肆，乃究班书。继读章实斋书，益知著述体例之原，撰《汉书知意》四卷，是为史学评论之始。丙辰（1916年）后，任尚友书塾塾师，于是遍翻四部，旁涉西书，敏而且勤，独具慧眼，见解益精，著述日富，尤究心于校雠学及史学。自谓："原理方法，得自章先生实斋。首以六艺统群书，以道统学，以公统私。其识之广大圆通，皆从浙东学术而来。所谓校雠者，乃一学术方法之名称，以此二学代表读书辨体知类之法而已。"又谓："吾之学，其对象一言以蔽之曰史。此学以明事理为的，观事理必于史，非但指纪年、编年，经亦在内。子之言理，乃从史出，周、秦诸子亦无非史学而已。横说则谓之社会科学，纵说则谓之史学，质说、括说则谓之人事学。"又谓："能知《尚书》、《春秋》、纪传三者禅变之故，即可窥史迹变化交互。必有变化交互之史，乃能文如其事，而史之良者尤在能推见至隐，原始察终。后世史家重朝政而轻民风，详实事而略大势，史实所以狭也。"

其论方志之学云："一代有一代之时风，一方有一方之土俗，一纵一横，各具面目，史志之作，所以明此也。国史记注之上，更有撰述，撰述之上，更有贯通之识，为文之主，而存于文外。自章先生出而撰述之道大明，贯通之识，亦有端绪，惟方法则止有记注之法。章先生所撰，诚撰述矣，而贯通之识，仍未之见。"于是撰《蜀诵》，以政事、土俗贯论，述四川地方史古今变迁之大势，明方志之有方志之精神，与国史异。此先生识见所以较章先生为卓也。先生论先秦诸子，别具卓识，服膺孔、孟而追本老子，以老子为孔子之师。其衡量诸子，即以道家之观变，儒家之用中，以定诸子之纯驳，谓："诸子之学有二类：一曰人道；二曰群理。人道论为人之术而究及宇宙，群理则止及治群之术而泛及政事。如道家、儒家皆主人道，而墨翟、商鞅则惟及群理。"先生论文学之旨，因其所处之时代，学者多承清末文士之习，喜读唐、宋八家，或高谈八代，俗调庸腔，浅陋已甚，文字之用日狭，乃撰《辞派图说》以药之，其略谓："文集盛于东汉，作者皆工词赋，承子政之法而加枚、邹、东方、司马之辞采，施之诸文，乃成东汉之体，剪裁齐整，下开魏、晋、齐、梁，艺盛辞浓，文质彬彬，远祖荀、屈，近称子政，大家如班、蔡、曹、陆，所谓不分骈散之古文也。能择数家而熟玩之，即可俯视一切，然必先具子、史之识，乃能探文辞之妙。"一九一九年五四运动兴起，提倡写白话文，当时守旧复古之士，皆持异议，先生独非之，著《白话文平议》。一九二四年，先生以白话文写作，如宣讲本《该吃陈饭》，短篇故事《瞽叟杀人》、《孟子齐宣王章说话》，白话译《梦溪笔谈·杜五郎》等及其他白话文，集成一本名《说好话》，惜稿多散佚未刊行。使先生尚生于今日，睹白话文之发达昌盛，其识见又何如耶？

先生学广识高，通观达变，凡天人性命微显本末之义，古今中外同异利弊之故，罔不穷究原委，悉加阐述。总挈纲旨者有《两纪》《中书》；辨天人之微，析中外之异者有《内书》《外书》；《左书》知言，而《孟子章类》《子疏》《学变图赞》《诵老私记》《庄子释滞》《吕氏春秋发微》皆属之，此所谓子学也；《右书》论世，而《太史公书知意》《汉书知意》《后汉书知意》《三国志知意》《史学述林》《学史散篇》《翻史记》《蜀诵》《先河录》皆隶之，此所谓史学也；上溯向、歆，辨章体器，存《七略》意于四部，以辟校雠芜秽之作，则有《续校雠道义》《目录学》《校雠述林》《校雠丛录》，而《内楼检书记》《旧书录》《旧书别录》附焉；申彦和之论，戒以文灭质，树文学轨模之作，则有《文心雕龙阐说》《诵文选记》《文学选林》《文式》《文说林》《言学三举》，而《子篇撰要》《古文要删》《文篇约品》《简摩集》《理文百一录》《史流百一录》《告语文百一录》附焉；明仲伟之旨，主此风救骚，而扶诗之质干者，则《诗评综》《诗本教》《诗人》表之外，复有《一饱集》《从吾集》《风骨集》《风骨续集》《三秀集》《三真集》之选；词则有《长短言读》《词学肆言》；曲则有《读曲录》；论书法之作有《弄翰余渖》；他作如《学略》《浅书》《原书》《论学韵语》《治记绪论》等，则论治学门径，以授生徒者也。计先生所著之书，共二百三十五部，四百七十五卷，总名《推十书》，推十者，先生书斋名也。

先生著书之法，先为札记，二十岁前，即有札记副本。执讲尚友书塾后，每阅一书，即于书眉批校评识，短者数言，多者数十百言，朱墨灿然，粗具纲领。继乃修补成篇，或又删并综贯，以成各种著述。先生所藏中外书籍二万三千余册，书眉副页，悉有批注。现存四川省图书馆。先生著书，凡主一义，古人已言者必称述之，不足者引申之。本言公之旨，表先哲之长，尤所乐为。其所见精核宏通，出人意表之地，皆资深积厚，自抒心得，使读者寻绎无穷，有如入宝山，如涉珊海之感。居尝自谓为"骨董行中识货人"，又谓："若问吾学，庶几可附儒、道两家之后。"其所诣与志盖可见矣。并世学人，广西梁漱溟尝语人云："余至成都，惟欲至诸葛武侯祠堂及鉴泉先生之读书处。"并转载其《内书·动与植》一文于《中国民族自救运动最后觉悟》中，作为附录。修水陈寅恪，抗日战争时期来蓉讲学，搜访购买先生著作，遍及成都书肆，谓其识见之高，实为罕见。浙江张孟劬亦宗章氏，见其著作，称为"目光四射，如珠走盘，自成一家"。盐亭蒙文通与先生有雅故，尝怂其重修宋史，亦谓"其识骎骎度骝骓前，为一代之雄，数百年来一人而已"(《四川方志序》)，殆非虚誉也。一九八一年，日本学者亲到四川省图书馆查阅《推十书》，抄写资料。继此，西德学者亦托人到图书馆查访先生著作。先生学术，已为国际所重视，岂非国家之光耶？

先生容貌清朗，长身白皙，虽所成荦荦，顾无矜骄之气，门户之见，和易不拘，而谦衷自牧。主讲尚友书塾，自一九二六年迄于逝世，又先后兼任敬业学院系主任及成都大学、四川大学教授，学者咸服其教，讲课之时，教室座无虚席，门窗之外，环立而听者尚有多人，至今亲受其教者，犹能道其状云。先生惜人才之难，虽一得寸长，悉为奖饰。教泽所施，质下者不倦诱掖之，寒畯志学，力有不及者，尤乐成全之，不使废学。其冀学者深造，尝募资就书塾设研究班，按季发助学金，以赡膏火。其行谊感人者类此。庚午(1930年)、辛未(1931年)之际，始一游青城，再游峨眉，壬申（1932年）之夏，又蹑窦圌，登剑门，览诸山之胜，皆有游记诗歌。北游溽暑遄征，归而染疾，甫浃月，八月初九日，咯血而没，年仅三十又六。亲友生徒，莫不叹惋。人谓其著书之多，年寿之不永，皆与刘申叔相类。使天假以年，期颐耄老至于今日，其成就固未可限量也。

如果对刘咸炘特别感兴趣，可读蒙文通、萧萐父、庞朴等著《推十书导读》（上海科学技术文献出版社2010年版）、周鼎著《刘咸炘学术思想研究》（巴蜀书社2008年版）等书和向黄《刘咸炘36岁早逝的天才学者》（《成都日报》2012年7月16日）等文章。

《吕氏春秋发微》一文由总论与具体笺注、评论组成。

总论部分首先论述了杂家的产生，杂家的价值，杂家受轻忽的原因，列举前贤对吕书的评价及其不足之处，个人对吕书的爱好及本文的意旨，撰著本文的起讫时间。其中"古杂家之完存者首《吕氏春秋》，诸子书亦惟《吕氏春秋》为完整，盖诸子书皆不出一时，不出一手，故其体碎杂，《吕氏春秋》独有条理部勒，是尤可宝"，可谓慧眼卓识。

具体笺注、评论先从"高诱解序"、《序意》开始，然后按十二纪、八览、六论中的具体篇章顺序排列，先列原文的起讫段落，再列古人注释、评论，再以按语的形式断以己意，在对文本进行细读的基础上，有评点，有补充，有阐发，有辨析，辨其精微，抉其奥义。

如针对高诱解序曰："为十二纪，八览，六论"，《四库提要》、梁玉绳的解说、吕思勉的辨析，刘咸炘先生加按语说："吕氏之辨甚有力，然十二纪乃全书大旨所在，六论乃其余义，且多杂泛，不应重者居后，轻者反居前……吕氏谓《序意》止言十二纪乃后半有脱文，然如其说则所脱乃后半述览、论之文。而所存乃前半述十二纪之文，既先述十二纪，是十二纪在首明矣"，斩钉截铁，要言不烦。《序意》篇是全书的总纲，刘咸炘先生把它移植到前面予以说明："是节本在《季冬纪》后，以为全书大旨所在，故先释之。昔人读是书者皆忽是节，不知其意也。"针对吕书十二纪的意图、作用，刘咸炘先生评论说："故四时者，天道人事之纪，欲明世变，莫如举四时，明乎此则十二纪之故可知矣。周、秦诸子中述古事者惟此书为多，与他子书多论少事者殊，名为春秋，亦因此，故太史迁创本纪、列传之体即暗法是书，列传之文即参用此书之法，故其叙述《春秋》家学，亦举是书，而于《不韦传》称之为闻者，亦以是书。刘知幾乃谓其不编年月而名春秋为名实之爽，浅矣"，切中肯綮，公允精当。其他如"贵生为本书第一旨"，"诚感之义为本书第三旨"，"理字即荀卿所谓大理。道家言道，儒家言义，此书乃专言理，开宋儒之先"，"是书屡言行与理、数……盖二字为是书所特用之重要名词。此其义甚精"等，皆发前人所未发。

在具体篇章的注释、解释、评论中，这类例子也不胜枚举，如："开首直揭天人合一之故，凡古今学术之分歧皆在天人之际……天人合一者，全其生生而已，一切学术以此为总根据"，"和字为是书形容道体之第三重要名词，合和见《有始览》"，"合和以生，是此书纲义"（《有始览》注），"大同之中包容众异，即所谓一同异，又见后《处方篇》，是此书总旨也"，"中理之说亦有推衍过当而成偏谬者，偏谬之说，其中亦有中理之处"，"盖信即诚，诚感为是书之纲义也"，"言调和之理，亦此书本旨"等。

《发微》中有的注释本身就是评点，在于揭示题旨或意蕴。如评论《当染》"昔者先圣王（至）不于天下于身"说："与《不二篇》引詹何说同，乃道家本身之义之要言"，对《劝学》篇整体评价说："周衰，士失官业，宦学之途不通，乃有聚徒讲学之风，尊师之义亦于是重。前言左重右重，颇似为师者衒鬻之词，后言胜理行义，则又戒好为师而不自重者。合观前后，与孟子之言无异也"，对《诬徒》篇评价说："此篇交责师徒，而其言善教者视徒如己，反己以教，即本身诚感主义之推，甚精也"，评《孝行览》"凡为天下国家（至）务其本也"说："言治国非务在土与财而务在人，人又非务在富与庶而务在教。"评《审应》篇"凡听必反诸己"一句说："全书大旨。"

值得提出的是，《发微》对高诱注及前人的注、训诂进行辨析、究谬，如《本生》"此官之所自立也"之"官"高注训为官吏，孙锵鸣《吕氏春秋高注补正》训为感官，针对《发微》辨析说："此'天子'二字本可推以泛指凡人，而此篇虽多言养生，亦及治道，盖篇首之语乃是总旨，养生、治人皆该于其中，中国学术本皆一贯，不以人生、社会分门，而是书通合儒、道，以本身为主义，尤不以修己、治人分为二事，高、孙之说皆其一偏耳。"针对《先识览》孝经曰（云云），《发微》说："陈氏谓吕氏时《孝经》未出，此乃注文。非也。吕氏时尚未焚书，《孝经》本儒家所传曾子之书，是书固明引曾子矣。"

此类例子甚多，从按语中"黄说甚浑"、"此说亦未明"，"注皆滞"、"黄说亦未明"、"吕说非也"、"高注误"、"吕说未是"、"颇迂曲"、"此说亦凿强"、"高注难通"、"注皆误"、"此说浑而强"、"亦似凿"、"此说亦人承己之浑说也"、"此说尚不强凿"、"高注未明其义"、"吕说微误"等语，即可证明，虽然其按语观点未必全对，但态度绝不含糊。

（王启才）

《吕氏春秋》中古书辑佚

李峻之

《汉书·艺文志》载《吕氏春秋》二十六篇，今本凡《十二纪》、《八览》、《六论》，纪凡六十一篇，览凡六十三篇，论凡三十六篇，实一百六十篇。《汉志》所谓二十六篇者，盖就其纲而言，《史记·吕氏不韦列传》云："以为八览、六论、十二纪"，与今本所传纪览论之次第略有出入。考书中每纪皆附四篇，而《季冬纪》独五篇，末一篇标识年月，题曰《序意》，似不当置于书之中间，若依本传所列次第，则此篇适在全书之尾，与普通著书体例正合，故今本篇第疑经后人窜编，非原形也。《四库全书总目提要》云："殆所谓纪者犹内篇，而览舆论者为外篇、杂篇欤？唐刘知幾作《史通》内外篇，而自序一篇亦在内篇之末、外篇之前，盖其例也"，直是臆测不足征信。

此书旧本题秦吕不韦撰，考《史记》本传云"乃使其客人人著所闻，集论以为八览、六论、十二纪，二十余万言，以为备天地万物古今之事，号曰'吕氏春秋'"，而《太史公自序》又称"不韦迁蜀，世传吕览"。按《季冬纪·序意》云："维秦八年，岁在涒滩。"是时不韦未迁蜀，故自高诱以下皆不用后说，咸信其篇集众客所作，即班氏所谓"辑智略土作"也。考其内容，九流并列，百家杂糅，不可一派而论，既非一家之言，则不成于一人之手，可想而知，《史记·自序》盖史公驳文耳。

是书于先秦各派，相容并包，无一贯之思想，故自《汉志》以下，均列之为杂家，在哲学上不占若何地位，又以其著者为千古唾骂之吕不韦，故咸不重视其书。直至近世梁任公先生始推崇备至，谓"此书经二千年无残缺、无窜乱，且有高诱之佳注，实古书中之最完好而易读者"(见《古书真伪及其年代》末刊稿)。然今本篇数虽与《汉志》所著录者相同,而细绎本文,蛛丝马迹,有不能令吾人置信其毫无窜乱者。兹就鄙见所及,举出两点:

第一,有始览八篇,结构最为奇特。其每篇之末均有"解在乎……"之句,而所指故事往往在数篇之后,似本篇所述,全为此种故事之抽象道理者,依《史记》所刊吕书次第,则《有始览》居全书之首(即依今本所传,此数篇亦均在所述故事之前),衡以著书体例,似无此种办法。又自《应同》以下七篇所谓"解在乎……"的故事,均可寻其出处,惟《有始篇》云:"解在乎天地之所以形,雷电之所以生,阴阳材物之精、人民禽兽之所安平",独不详其所出,故私疑其颇有窜乱散亡。

第二,卷十三《谕大篇》与卷二六《务大篇》,卷十三《谨听篇》与卷十六《观世篇》各重文三分之一。《吕氏春秋》虽非一人所写,然当时必经过统一严密的编定,不然咸阳市门之金早被人摯而走矣。故此种重复之处,设认其为一人所作,则普通著书,无是体例;设认其为出于众手,则天下事又绝无如此之巧合。疑为后人窜乱,或不致误。兹将四篇重文列之于下:

> 季子曰:燕雀争善处于一室之下,子母相哺也,煦煦焉相乐也,自以为安矣。灶突决则火上焚栋,燕雀颜色不变,是何也?乃不知祸之将及己也。为人臣免于燕雀之智者寡矣。夫为人臣者,进其爵禄富贵,父子兄弟相与比同于一国,煦煦焉相乐也,以危其社稷,其为灶突近也,而终不知也,其与燕雀之智不异矣。故曰天下大乱,无有安国,一国尽乱,无有安家,一家皆乱,无有安身,此之谓也。故小之定也,必恃大,大之安也,必恃小,小大贵贱,交相为恃,然后皆得其乐。(《谕大篇》)

> 孔子曰:燕爵争善处于一屋之下,母子相哺也,区区焉相乐也,自以为安矣。灶突决上栋焚,燕爵颜色不变,是何也?不知祸之将及之也,不亦愚乎?为人臣而免于燕爵之智者寡矣。夫为人臣者进其爵禄富贵,父子兄弟相与比周于一国,区区焉相乐也,而以危其社稷,其为灶突近矣,而终不知也,其与燕爵之智

不异。故曰天下大乱，无有安国，一国尽乱，无有安家，一家尽乱，无有安身，此之谓也。故细之安，必待大，大之安，必待小，细大贱贵，交相为赞，然后皆得其所乐。(《务大》篇)

主贤世治，则贤者在上，主不肖世乱，则贤者在下。今周室既灭，而天子已绝。乱莫大于无天子。无天子则强者胜弱，众者暴寡，以兵相残，不得休息，今之世当之矣。故当今之世，求有道之士，则于四海之内，山谷之中，僻远幽闲之所，若此则幸于得之矣。得之则何欲而不得，何为而不成？太公钓于滋泉，遭纣之世也，故文王得之而王。文王千乘也，纣天子也，天子失之而千乘得之，知之与不知也。诸众齐民，不待知而使，不待礼而令。若夫有道之士，必礼必知，然后其智能可尽。(《谨听》篇)

主贤世治，则贤者在上，主不肖世乱，则贤者在下。今周室既灭，天子既废。乱莫大于无天子。无天子则强者胜弱，众者暴寡，以兵相划，不得休息，而佞进，今之世当之矣。故欲求有道之士，则于江海之上，山谷之中，僻远幽闲之所，若此则幸于得之矣。太公钓于滋泉，遭纣之世也，故文王得之。文王千乘也，纣天子也，天子失之而千乘得之，知之与不知也。诸众齐民，不待知而使，不待礼而令。若夫有道之士，必礼必知，然后其智能可尽也。(《观世》篇)

就以上比较，除《谕大》篇作"季子曰"，《务大》篇作"孔子曰"之外，余均无大出入。所可怪者，设为一人所作，断无一事而误作二人之理，则除认其为出于后人之窜乱外，复有何说？尤异者，《谕大》《谨听》两篇，适在吾人最所致疑之《有始览》中。如此巧遇，益令读者惶惑不解矣。至于各览皆八篇，惟第一览（即《有始览》）仅七篇，则卢文弨已早疑之，说详《吕氏春秋》中附考中，兹不赘。

虽然，吕氏之书，犹有其不可磨灭之价值在。盖《汉志》著录，十亡八九，先秦旧籍散亡殆尽。是书虽经窜乱，然其大部，尚可相信其为战国旧说，较之后世伪托伪造之书尤为可信。故以书中所引，辑而存之，不特吉光片羽，古书得保持于一线，而参互比较亦可证一般伪品之臆托。历城马国辑有《玉函山房辑佚书》于《吕氏春秋》取材颇多，惜其疏漏不完，臆断误解之处，间有不免，其与鄙见不同者，特私正焉。

（附注：本篇所辑，仅以《汉书艺文志诸子略》所收诸书为断限）

一、儒　家

《四库全书总目提要》（以下简称《四库提要》）："《吕氏春秋》大抵以儒为主，而参以道家墨家"，儒家论几于书中俯拾皆是，兹不赘录。仅将《汉志》所收儒家之书，而今已亡佚，犹幸保存于此书中者，辑抄之。

（1）宓子

《汉志·宓子》十六篇，其书《隋志》《唐志》已不著录，散佚已久。马氏曾辑为一卷。

卷十八《具备》篇："宓子贱治亶父……宓子必行此术于亶父也。"

卷二十一《察贤》篇："宓子贱治亶父……任力者故劳，任人者故逸。"

按：此段马氏属之景子，盖缘于班氏谓"说宓子语，似其弟子"。然此段全不涉景子事，而景子之书，隋以前已亡，其说为何，不得而详，衡以马氏所辑《宓子》，可谓不当。

（2）子思

《汉志》中有《子思》二十三篇，《隋志》《唐志》皆有《子思子》七卷，《太平御览》三百八十六、四百三、五百十五，皆引其文，是书之佚，在宋以后。

卷十八《审应篇》："孔思请行……则鸟曷为举矣。"

（3）曾子

《汉志》中有《曾子》十八篇，《隋志》《唐志》皆著录二卷（后人辑其佚说者，有宋汪晫，赵海鹏，刘子澄，章樵，宋鸣梧，明曾承业，戴良，清冯云鹓，王安定），今佚。《大戴礼记》有《曾子立事》，《本孝》，《立孝》，《大孝》，《立父母》，《制言上》，《制言中》，《制言下》，《疾病》，《天圆》等十篇。（朱熹不信其为《曾子》之书，而由《礼记》中摘出《大学》篇而改定之，分为经传，并为之作集注，以与

《论》《孟》《中庸》合为四书。及清考据之学盛行，遂不服朱子之所考，重新尊信《大戴记》中之《曾子》十篇，而表彰尤力者则为阮元）其见于《吕氏春秋》中者，凡五段，三段均与大戴礼合，其余二段正可补大戴之缺也。又：纬书谓孔子以《孝经》授曾子，其言虽诬，然就《大戴》所收十篇及吕氏所引多为言孝之事，则以曾子为发挥孔子孝之学说者，犹或可信。

卷四《劝学》篇："曾子说：君子行于道路，其有父者可知也，其有师者可知也。"又记曾子之行事曰："曾点使曾参，过期而不至，人皆见曾点曰，无乃畏邪？曾点曰，彼虽畏，我存，夫安敢畏？"

卷十四《孝行》篇："曾子曰，身者父母之遗体也……战陈无勇非孝也。"又："曾子曰，先王之所治天下者五，贵德、贵贵、贵老、敬长、慈幼，此五者，先王之所以定天下也。"又："曾子曰，父母生之……余忘孝道，以是忧。"

(4) 魏文侯

《汉志》有《魏文侯》六篇，《隋志》已不著录。章实斋疑魏文侯平原君之徒，皆无著书，疑《汉志》所载，或系他人著书之篇名，如《孟子》书中梁惠王之类。马氏辑为一卷。

卷十五《下贤》篇："魏文侯见段干木立倦而不敢息……，又责吾礼，无乃难乎。"

卷十六《乐成》篇："魏攻中山……一寸而亡矣。"

卷二一《期贤》篇："魏文侯过段干木之闾而轼之……不敢攻之。"

卷二四《自知》篇："魏文侯燕饮……终座以为上客。"

(5) 李克

《汉志》有《李克》七篇，《隋志》已不著录。《史记·货殖列传》："李克务尽地力"。梁任公曰"克"疑"悝"之误。班氏谓"子夏弟子，为魏文侯相"。但《经典释文》叙毛诗传授源流云："子夏传曾申，曾申传李克。"则克又为子夏之再传弟子矣。佚文马氏辑为一卷。

卷十九《适威》篇："魏武侯(根泽案：原作文侯，《吕氏春秋》原文作武侯，毕沅校云："《韩诗外传》十，《新序》五，俱作魏文侯"），之居中山也……此夫差之所以自没于干遂也。"

卷十九《举难》篇："魏文侯弟曰季成……故相季成。"按："李克"误作"季充"。

(6)宁越

《汉志》有《宁越》一篇《隋志》已不著录。马氏辑其佚文为一卷。

卷十五《不广篇》："齐攻廪丘……，是之谓重攻之。"

卷二四《博志篇》："宁越中牟之鄙人也……，十五岁而周威公师之。"

右辑出者凡六书。又《勿躬》篇有"李子曰……"，马氏据之辑为儒家之《李氏春秋》一卷。按：《汉志》体例，本甚驳杂，以《晏子春秋》属之儒家，唐柳宗元已加非议。此《李氏春秋》之究为何书，隋前已佚，莫得而详。然就《勿躬》篇之思想而论，明为君主御臣下之说，故以之属诸儒家，毋宁属诸法家李悝之尤为愈也。

二、道　家

(1)《伊尹》

《汉志》有道家《伊尹》五十一篇，小说家《伊尹说》二十七篇，二书均早佚，《隋志》已不著录。伊尹时代当无著书之事，《孟子》中所引伊尹言论，想系当时游士所述之伊尹书，班氏所著录者，要即此也。考伊尹出处，《史记·殷本纪》谓其"负鼎俎以滋味说汤"，孟子则力辨其耕于有莘之野，"汤三使往聘之"始出。而《吕氏春秋》一则曰"伊尹尝居于庖厨矣"(卷十八《具备》篇)再则曰"伊尹庖厨之臣也"(卷二二《求人》篇)，复观《本味》篇所述又皆盐梅和羹之事，则伊尹为庖人，或有其事，孟子辞而辟之，要不过为抬高士之身价而发耳。关于伊尹与汤谋伐夏事，《吕氏春秋》卷十五《慎大》篇，卷十九《离俗》篇均载之，兹不赘。

马氏辑有《伊尹书》一卷。

卷十四《本味》篇："汤得伊尹……岂越越多业哉。"按：本篇之首述伊尹生空桑之事，甚详。卷三《先己》篇："汤问于伊尹曰……为天下者不于天下于身。"

(2)《公子牟》

《汉志》有《公子牟》四篇，《隋志》已不著录。高诱司马彪杨倞皆谓即魏牟。《荀子·非十二子》篇谓它嚣魏牟"安情性，纵恣睢，禽兽之行。"与子华子同为当世之纵欲派。马氏有公子牟子一卷。

卷二一《审为》篇："中山公子牟谓詹子曰……重伤之人，无寿类矣。"

附辑《子华子》

《子华子》不见于《汉志》，则刘向校书时已亡佚矣。《吕氏春秋》屡引其说，观其言，似与公子牟同属纵欲之派，至今《子华子》乃北宋人伪造，《四库提要》已辨之详矣。卷二《贵生》篇："子华子曰全生为上……尊生者非迫生之谓也。"（根泽案：此原在最后。审全文似依《吕氏春秋》前后排列，故为移于此）

卷三《先己》篇："子华子曰：丘陵成而穴者安矣，大水深渊成而鱼鳖安矣，松柏成而涂之人已荫矣。"

卷四《诬徒》篇："子华子曰：王者乐其所以王，亡者亦乐其所以亡。"

卷六《明理》篇："子华子曰：夫乱世之民……不闻至乐，其乐不乐。"

卷十七《知度》篇："子华子曰：厚而不博……惟彼天符，不周而周。"

卷二一《审为》篇："韩魏相与争侵地，子华子见昭釐侯……未尝得闻此言也。"

(3)《田子》

《汉志》有《田子》二十五篇，今佚，《隋志》已不著录。其遗说惟《吕氏春秋》中尚保存一部分，（《淮南子·道应训》所引与《执一》篇大致同），亦可谓不幸中之万幸也。田子为战国时一大思想家，《荀子·非十二子》篇，谓其："尚法而无法，下修而好作，上则取听于上，下则取从于俗，终日言成文典，及纠察之，则偶然无所归宿，不可以经国定分"，《庄子·天下》篇称其："学于彭蒙，得不教焉。"《不二》篇谓："陈骈贵齐"，亦即尸子谓其"贵均"之义也。马氏辑为一卷。

卷四《用众》篇："田骈谓齐王曰……得之众也。"（根泽案：此原在《执一》篇后）。

卷十七《执一》篇："田骈以道术说齐……神农以鸿。"（根泽案：遗著本作"此老聃之所谓实状之状，无物之象者也。"兹据吕书改）

卷二六《士容》篇："客有见田骈者……而心甚素朴。"

(4)《黄帝书》

《汉志》道家有《黄帝四经》四篇、《黄帝铭》六篇、《黄帝君臣》十篇、《杂黄帝》五十八篇，阴阳家有《黄帝泰素》二十篇，小说家有《黄帝说》四十篇，《隋志》均不著录。其书虽非黄帝所作，然要为战国时百家所言之黄帝也。今于《吕氏春秋》中《圜道》《应同》《去私》《遇合》《审时》数篇中尚可考见二一，兹辑录之。

卷一《去私》篇："黄帝曰：声禁重，色禁重，衣禁重，香禁重，味禁重，室禁重。"（根泽案：原在《道应同》篇后）。

卷三《圜道》篇："黄帝曰：帝无常处也，有处者乃无处也。"

卷十三《应同》篇："黄帝之时，天先见大螾大蝼，黄帝曰：土气胜，土气胜故其色尚黄，其事则土。"

卷十四《遇合》篇："黄帝曰：厉女德而弗忘，与女正而弗衰，虽恶奚伤？"

卷二六《审时》篇："黄帝曰：四时之不正也，正五谷而已矣。"

按：卷十四《必己》篇云："若夫道德则不然，无讶无訾，一龙一蛇，与时俱化，而无肯专为，一上一下，以禾为量，而浮游乎万物之祖，物物而不物于物，则胡可得而累，此神农黄帝之所法。"此与《圜道》篇所云均道家所言之黄帝也；《应同》篇，阴阳家所言之黄帝也；《去私》篇，杨朱一派所言之黄帝也；《审时》篇，农家所言之黄帝也；《遇合》篇及《本味》篇所谓："黄帝立四面"，则又持尚贤论（儒法墨三派均主之）者所言之黄帝也。

附辑《杨朱书》

杨朱为战国时代一大思想家，孟子所谓"杨朱墨翟之说盈天下"，"天下不归于杨则归于墨"是也。顾其说不传。今本《列子》虽有《杨朱》一篇，然《列子》之为书，自柳宗元以来学者多疑之。及马叙伦先生著《列子伪书考》，胪举证据十六，证《列子》出于王弼之徒所伪造，此案几成定谳。日本武内义雄为《列子》冤词以驳之，其言虽辨，犹未足以服人也。（列子问题，他日当另为文以论之）《列子》为书，既成疑问，则其所述之杨朱学说当然启人疑窦。按《淮南子》曰"兼爱尚贤明鬼非命，墨子之所立也，而杨子非之；全性保真不必物累形，杨子之所立也，而孟子非之"。所谓"全性保真不以物累形"，即《吕氏春秋·不二篇》"阳生贵己"之意。绝不如《杨朱篇》所述，以之为纵恣肉欲，仰企桀纣，此非"为我"，亦非"贵己"，乃"戕我""害己"也。若然，《吕氏春秋》之《本生》、《重己》(卷一)，《贵生》、《情欲》(卷二)，《尽数》(卷三)五篇，或即《杨朱》之原书欤？

右辑道家六书，见于《汉志》者凡四(伊尹、公子牟、田子、黄帝书)不见于《汉志》者凡二(子华子、杨子)。

三、阴阳家

窃疑阴阳家者，乃初民社会"祭祀"之支流，因其掌宗教上的义务，故于天文历象，拘于符应禁忌，班氏谓"阴阳家者流，盖出于羲和之官"者是也。《汉志》著录阴阳二十一家，三百六十九篇，隋以前均佚。然其遗说之可考见者，则有《鸿范》与《月令》。《鸿范》出于战国时代阴阳家，其说见冯芝生先生《中国哲学史》。《月令》即《吕氏春秋》中之《十二纪》，作者为谁，不得而详。郑康成以为吕氏所作，马端临以为乃周公之书，甚而有人谓系淮南所著者，要皆罔诬之辞，不足征信。若视为战国时阴阳家一派之书，则或可无大过焉。又，卷六音律篇所言与十二纪相类，如云"'黄钟之月，土事无作，慎无发盖，以固天闭地，阳气且泄……审民所终'，想亦系阴阳家言"。

(1) 宋司星子韦

《汉志》中有《宋司星子韦》三篇，今佚。余说可见者有《淮南子·道应训》，刘向《新序·杂事篇》而与《制乐篇》字句大同小异。马氏辑之为一卷。

卷六《制乐》篇："宋景公之时荧惑在心……是夕，荧惑果徙三舍。"

卷六《明理》篇。

卷十三《有始》篇。

按以上两篇，前者讲灾异，后者讲星野，疑亦为《宋司星子韦》

三篇之书，马氏所辑，阙而未列，犹未妥。

(2) 邹子

《汉志》中有《邹子》四十九篇，《邹子终始》五十六篇，其书今皆不传。马辑其佚文为一卷，其见于《吕氏春秋》者则有卷十三《应同》篇："凡帝王之将兴也……数备将徙于七。"

按：此文虽未明言系邹衍之说，然李善引《七略》云："邹子终始五德，从所不胜，木德继之，金德次之，火德次之，水德次之。"（《文选·左思都赋注》引）李善又引《邹子》云："五德从所不胜，虞土，夏冰，殷金，周火。"（《文选·沈休文》《故安陆昭王碑文》注引）司马迁亦谓《邹子》"称引天地剖以来五德转移，治各有宜"（史记·孟子荀卿列传）故细其为"谈天雕龙"之说也。

右辑阴阳家两书。

四、法　家

《吕氏春秋》中所收法家学说甚多如《圜道》（卷三）、《审分》、《君守》、《任数》、《勿躬》、《知度》、《慎势》、《不二》、《执一》（卷十七）《当赏》（卷二四）、《有度》、《分职》（根泽案：原置《慎小》后，注卷二十六，误，兹据《吕氏春秋》为移于此）《处方》、《慎小》（卷二五），皆法家思想也。而其要在申"君至经贤（根泽案：疑作"君主任贤"），无为而治"之义。然吕氏书中反法家之处亦甚多，如《上德》、《用民》、《适威》（卷十九）、《长利》（卷二十，根泽案：原与前三篇同标卷十九，兹依《吕书》）皆鄙刑罚而主德礼者也。至于《察今》篇（卷十五）力申"因时变法"之义，更显系商君、韩非一流之思想，《汉志》著录法家十家，今存者惟《商君》、《慎子》、《韩非》三家而已。其遗说之见于《吕氏春秋》中者则有李悝、申不害二家。

(1) 申子

《汉志》中有《申子》六篇，《隋志》云："梁有《申子》三卷"，《新》《旧唐志》仍著录三卷，至宋晁公武《郡斋读书志》，陈振孙《直斋书录解题》以下，皆不著录，马氏其佚说为一卷。

卷十七《任数》篇："韩昭釐侯视所以祠庙之牲……故曰：君道无

知无为而贤于有知有为，则得之矣。"

（2）李子

《汉志》中有《李子》三十二篇，今佚，《隋志》已不著录。《汉书·食货志》谓："李悝魏文侯作尽地力之教"，又相传《法经》为其所作云。

卷十七《勿躬》篇："李子曰：非狗不得兔，兔化而狗，则不为兔。"

按：马氏以此李子为作《李氏春秋》之李子，鄙意李子之名，既不得而详，而其所举兔化为狗之含义，又不得而悉，指篇某人，皆属臆断。然与其谓为《李氏春秋》之作者。毋宁视本篇之下文而定为法家之李悝也。

卷二十《骄恣》篇："魏武侯谋事而当……武侯曰善。"

右辑法家二书

五、名　家

《汉志》著录名家七家，其中《成公生》五篇，《惠子》一篇，《黄公》四篇，《毛公》九篇，均早亡，已不见于《隋志》。《邓析子》《尹文子》虽有传本，然其内容与先秦诸子所述二家学说，绝然不同，故可断其为后人伪作。兹将邓析、伊文、惠施三家学说之见于《吕氏春秋》者辑之如下：

（1）邓析子

《汉志》中有《邓析子》二篇。今本《无厚》篇云："天之于人无厚也。君之于民无厚也。父之于子无厚也。见之于弟无厚也。"显系不解"无厚"，望文生义。又云"异同之不可别，是非之不可定久矣。"邓析为名家，似不应作如是语，其为后人伪造，益信（此段采梁任公先生说）。《吕氏春秋》有邓析教富人之一段故事，并谓邓析之死，杀于子产，并见《离谓》篇。师古曰："据《左传》昭公二十年子产卒，定公九年驷颛杀邓析而用其竹刑，则非子产所杀也。"若然，"咸阳市门之金，固可载而归也。"（高诱语）

卷十八《离谓》篇："水甚大……此必无所更买矣。"下云："子产治郑，邓析务难之，与民之有狱者约，大狱一衣，小狱襦袴。民之献衣襦袴而学讼者，不可胜数。以非为是，以是为非，是非无度，而可与不可日变。所欲胜因胜，所欲罪因罪。郑国大乱。民口喧哗。子产患之，于是杀邓析而戮之，民心乃服，是非乃定，法律乃行。"

（2）伊文子

《汉志》中有《伊文子》一篇，今存二篇（魏黄初末山阳仲长氏析为上下篇），然其与《庄子·天下篇》所述伊文子说迥不相同。《天下篇》曰："君子不为苛察，不以身假物，以为无益于天下者明之不如己也。以禁攻寝兵为外，以情欲寡浅为内。"而今本所传尹文多为苛察缴绕，讨论名实之名学问题，而于"禁攻寝兵，情欲寡浅"反略而不谈，故疑出于后人伪托（梁任公以其书不伪而嫁名尹文者），反观《吕氏春秋》所载伊文子学说，全与《天下》篇"见悔不辱"之意相合，故其可信程度，反较今本尹文子为高焉。

卷十六《正名》篇："尹文见齐王……齐王无以应。"

（3）惠子

《汉志》中有《惠子》一篇，今佚，《隋志》已不著录。《吕氏春秋》述及惠施之处甚多，马氏辑有《惠子》一卷。

卷十八《不屈》篇："魏惠王谓惠子曰……此其止贪争之心愈甚也"。又"匡章谓惠子于魏王之前曰……公何事比施于腊螟乎？"又"白圭新与惠子相见也……诗岂曰'恺悌新妇'哉"？

卷十八《应言》篇："白圭谓魏王曰……则莫宜之此鼎矣。"

卷二一《开春》篇："魏王死……更择葬日。"

卷二一《爱类》篇："匡章谓惠子曰……当其时而已矣。"

按：卷十八《淫辞》篇记有惠子为魏惠王法，而翟翦谓其不可行之事。

右辑名家三书

六、墨　　家

《不二》篇云："墨翟贵廉。"其他记墨子及墨家之处尚多，如墨子救宋事见于《爱类》、《慎大》篇，辞越事见于《高义》篇，哭岐路事见于《疑似》篇，见染丝而叹事见于《当染》篇，墨子之非攻论则见于《听言》、《应言》篇，节丧薄葬之说则见于《节丧》、《安死》篇。至于墨家之见于《吕氏春秋》中者，则有孟胜、田襄子（见《上德》篇）、谢子、唐姑果（见《去宥》篇）。

田鸠（见《首时》篇）。

按：《汉志》著录《田俅子》三篇，《隋志》云："梁有田俅子一卷，亡。"《唐志》以后不著录。马骕、梁玉绳以鸠俅音近，认田鸠即田俅子，然《首时篇》所记者为鸠见秦惠王事，系他人追述之辞，恐非田俅子原书也，故马国翰以之列《田俅子附考》中，而不入正文。

七、纵　横　家

《吕氏春秋》中虽见苏秦、张仪（《报更》篇）顾皆记其行事，恐非《汉志》所著录《苏子》三十一篇，《张子》十篇之旧文，故从缺。

八、杂家（缺）

九、农　　家

《神农书》

《汉志》农家，《神农》二十篇，注曰："战国时诸子疾时怠于农业，道耕农事托之神农"，故所谓《神农书》者，原始即系拟托之作品，《吕氏春秋》中屡见神农之名，《必己》篇云："若夫道德则不然，无讶无訾，一龙一蛇，与时具化，而无肯专为，一上一下，以禾器量，而浮游乎万物之祖，物物而不物于物，则胡可得而累，此神农黄帝之所法。"《慎势》篇云："神农十七世有天下，与天下同之也。"《用民》篇云："夙沙之民自攻其君而归神农。"要皆非农家祖述之神农，其合乎《汉志》之注者，则有下数篇。

卷二一《爱类》篇："神农之教曰……故身亲耕，妻亲织。"按：此即"有为神农之言者许行"所言之神农。

卷二六《上农》、《任地》、《辩土》、《审时》。

按：以上四篇，皆未明标神农之言，然所述皆为农事，疑即班注"道耕农事"之书也。

十、小说家（缺）

右辑出者凡六家，共二十书，儒家六，道家六，法家二，阴阳家二，名家三，农家一。

按：李峻之遗著本错误极多，今依毕校本《吕氏春秋》一一校改；前后移动或整句擅改者，各注明于下，单文只字者不注。如有校改之错，根泽当负其责也。根泽校记。

（原载罗根泽主编《古史辨》第四册，上海古籍出版社 1992 年版。）

【评介】

《吕氏春秋》是一部集成之书，包含了极其丰富的先秦史料，在秦始皇"焚书"、其所采摭原书所存"十不及三四"的情况下，其存古之功，实不可没，具有较大的辑佚、校勘价值。有鉴于此，早在1931年，李峻之从《吕氏春秋》中辑出了宓子贱、李克、公子牟、子华子、田骈、邹衍、邓析子、惠子、孟胜、田鸠等20家言论事迹，撰成《〈吕氏春秋〉中古书辑佚》一文，后收录在《古史辨》第四册中。

综合艾廷和、张清龙《早夭奇才李峻之》及《南阳地区志第四十五卷·人物》等资料可知，李峻之（1908—1933），原名刚中，字毅峰，河南省南召县云阳镇人。幼年在南召县读完小学，后赴开封入中州大学附属中学读书。李峻之在中学已显露出非凡的才智，师生敬之。1926年，孙中山领导的北伐革命军进入中原，开封各校停课，李峻之秘密投身革命。北伐失败后返校，因宣传革命思想，于1928年春被捕，系狱一年半。获释后，更名考入中山大学预科学习，1931年考入清华大学史学系。李峻之在清华大学求学期间，得到了陈寅恪、蒋廷黻等史学家的精心培育，自己又奋发勤勉，博学覃思，刻苦自

励，才识遂"冠诸侪辈"（李峻之同乡同学李嘉言语），曾在同系同学
吴晗在学校主编的《清华周刊》上发表《周氏西方民族之东殖》、《三恪
考》、《〈吕氏春秋〉中古书辑佚》等史学论文，并翻译发表了日本小柳
司气太的论著《文化史上所见之古代楚国》。吴晗在回忆峻之时说：
"峻之与余交仅二载，然相知恨晚，欢恰如平生，晨夕相与析疑质
难，过从无虚日。每文成必互传读，有所未当，断断争论或至面红耳
热，终则遍检故籍，列证以定是非，复一笑而罢。居恒互勉……峻之
治古代史，余则窃有志于明史，且约互为留意。"

1931年12月，著名学者钱穆在《燕京学报》上发表了《周初地理
考》，李峻之以自己的博学与敏思大胆质疑，并在《清华周刊》上发表
《评钱穆先生周初地理考》一文，该文在北京学术界引起强烈反响。
顾颉刚回国后看到此文称赞说："颇能穿穴证会，青年能如此心细
密，太不易得。"吴晗曾约钱穆针对李峻之的质疑写一答辩，打算在
《燕京学报》上开辟学术商榷专栏，将钱穆的答辩与李峻之的文章一
并刊载，他说："（李峻之）笃学嗜书，其所为周初地理考驳文，用力
颇劬。同学皆推服。最好有对李君答辩文发表，可资比观。"

1932年秋，钱穆在清华大学讲东汉史，峻之也来听课，二人才
相识。钱穆对李峻之的第一印象是"李君果恂恂诚笃好学之青年也"，
并问他对周民族西来这个问题，是否续有新作，是夜，峻之到钱穆的
住所，与之深谈，钱穆详细解答了峻之对《周初地理考》一文的质疑，
深喜峻之"诚笃虚心之态度"。

李峻之在治学道路上怀奇负气，踔厉风发，终因用心过度，积劳
成疾，于1933年住进协和医院。吴晗初到医院看望时，李峻之还很
有信心地说他近日来对古代民族之移殖问题，又有新的收获和见解，
稍事静养，就要提笔撰写《古代民族史》一书。来年还要暂卸学籍，
赴三韩、辽、吉考古，希望得到历史文物作为佐证。隔两天，又到医
院探望，峻之已麻痹不能起身，肤色焦黄，说话时常泪涔涔而下，愧
恨抱负难以实现。1933年农历四月十二日，年仅25岁的李峻之病殁
于北平。峻之猝然离世，诸友为之痛惜，吴晗"痛其成就不应止此而
乃止于此也"，钱穆骤闻惊愕，表示："既痛逝者，行以自念。兹又
值外患之殷，平津且岌岌虑不保。然学问之事，无所容其衰沮。窃愿

与吴君及李君他友谋刊其遗文者同益奋勉",冯友兰为其遗著作序说道:"凡世之成大功,立大名者,必具非常之才,立非常之志,又必享相当长寿,以成其志,而尽其才……李峻之君为余故人黄卓璋先生之女婿,可谓其非常之才,又有非常之志者,而竟早死。"

峻之生前,其研究专题和论文颇多。逝世后,其友在惋惜之余,于是集其部分史学研究遗文,编辑出版《李竣之遗著》一书,由顾颉刚题字,冯友兰作序,李嘉言传记,吴晗写跋,并与钱穆先生《重答李竣之对余〈周初地理考〉之驳难》汇为一书,共作纪念。

李峻之《〈吕氏春秋〉中古书辑佚》共 9300 多字,其辑录方法是以《汉书·艺文志·诸子略》所收诸书为断限,参照《史记·吕不韦列传》、《隋书·经籍志》、《四库全书总目提要》、梁启超《古书真伪及其年代》、马国辑《玉函山房辑佚书》等书,互相参证,外证与内证相结合,分各家学派逐条考证辨析,一一列出。

李峻之认为《吕氏春秋》,"考其内容,九流并列,百家杂糅,不可一派而论,既非一家之言。则不成于一人之手";"是书于先秦各派,兼容并包,无一贯之思想"。

《辑佚》首先针对梁启超《古书真伪及其年代》"此书经二千年无残缺、无窜乱,且有高诱之佳注,实古书中之最完好而易读者"的观点提出质疑,并列举两点"窜乱",一是从《有始览》八篇的奇特结构分析,"疑其颇有窜乱散亡",二是列举《谕大》篇与卷二六《务大》篇,卷十三《谨听》篇与卷十六《观世》篇各重文三分之一,"疑为后人窜乱",尽管如此,其辑佚、校刊价值仍不可磨灭,"吕氏之书,犹有其不可磨灭之价值在。盖《汉志》著录,十亡八九,先秦旧籍散亡殆尽。是书虽经窜乱,然其大部,尚可相信其为战国旧说,较之后世伪托伪造之书尤为可信。故以书中所引,辑而存之,不特吉光片羽,古书得保持于一线,而参互比较亦可证一般伪品之臆托"。

然后分学派逐人逐条与《汉志》、《玉函山房辑佚书》等比较辨析陈列,计有儒家的《宓子》佚文 2 条,《子思》佚文 1 条,《曾子》佚文 5 条(其中 2 条可补《大戴礼》之缺),《魏文侯》佚文 4 条,《李克》佚文 2 条,《宁越》佚文 2 条。道家的《伊尹》佚文 2 条,《公子牟》佚文 1 条附辑《子华子》佚文 6 条。《田子》佚文 4 条,《黄帝书》佚文 6 条附辑《杨朱书》，阴阳家的《宋司星子韦》佚文 3 条，其中 2 条有篇名无例句。《邹子》佚文 1 条。法家的《申子》佚文 1 条，《李子》佚文 2 条，名家的《邓析子》佚文 2 条，《伊文子》佚文 1 条，《惠子》佚文 5 条。《吕氏春秋》记墨子及墨家之处尚多，计有 12 篇文字。《田俅子》佚文 1 条，纵横家见于《吕氏春秋》的只有"行事"，恐非旧文、杂家（缺）、农家的《神农书》佚文 4 条，有《上农》《任地》《辩土》《审时篇》4 篇。小说家（缺）。篇末有罗根泽校注按语。

从史料角度上看，如果说"兼儒墨，合名法"的《吕氏春秋》保留了许多已散失了的先秦诸子的只言片语，是一部极可珍视的古籍，那么，李峻之遗著的贡献就是做了辑佚考辨的细功夫，把这些先秦诸子的只言片语一一落实、列出，为先秦诸子研究方面增加了许多材料。

（王启才）

吕不韦与秦王政的批判

郭沫若

（一）

吕不韦在中国历史上应该是一位有数的大政治家，但他在生前不幸被迫害而自杀，在他死后又为一些莫须有的事迹所掩盖。他存在的影子已经十分稀薄，而且呈现着一个相当歪曲了的轮廓。这是吕氏的不幸，然而不在两千多年后的今日，吕氏的真面目要想被人认识恐怕也是不可能的事吧。

本是濮阳人而成为家累千金的这位阳翟大贾，复经纪商业于赵国的都城邯郸，奔走于秦国的都城咸阳，可知他在当时是新兴的富人阶层，而他的经济活动的范围是跨有现今的山东、河北、河南、山西、陕西各省的。他在当时是真实的一位国际贸易商人。在交通梗塞的当时，在商业上能有这样大范围的活动，可知他绝不是一位寻常的材料，果然他在政治上投了一次机，于是便由商界一跃而进入了政界。

关于他在政治上的那一次投机，《史记》本传和《战国策》都有纪录，虽然它们的内容多少有点不同。当他父亲还在的时候，他贾于邯郸，结识了为质于赵的秦国的诸庶孽孙，异人，他认为"奇货可居"，便回到家里同自己的父亲有过这么样一段戏剧性的谈话：

（吕不韦）谓父曰："耕田之利几倍？"

（父）曰："十倍。"

（吕）："珠玉之赢几倍？"

（父）曰："百倍。"

（吕）："立国家之主赢几倍？"

（父）曰："无数。"

（吕）曰："今力田疾作，不得煖衣余食，今建国立君，泽可以遗世，愿往事之。"（据《战国策·秦策》）

就这样便再往邯郸，以金钱资助异人，为他布置门面，另一方面又到秦国去游说，使异人能够争取到继承王位的资格，结果他是成功了，算盘果真是如了意。

异人本是秦昭王的孙子，昭王享国凡五十六年，死时已经在七十岁以上。据《史记》，"昭王四十年太子死，四十二年以其次子安国君为太子"，这就是异人的父亲。但异人的兄弟是有二十几位的，他又不居长，居长的名叫子奚。异人的母亲夏姬也没得宠，因此异人在赵为质是一位相当寒伧的落难王孙。他受着不韦的资助而走意想外的鸿运，对于不韦当然是要感激的。所以当他后来即了王位的时候，吕不韦便做了他的丞相。

以上所述，《史记》、《战国策》都没有什么不同，所不同的是吕不韦游秦之年与他游说的情况。《史记》所记是在昭王末年，安国君为太子的时候。安国君的宠姬华阳夫人是楚国的人，虽有宠而无子。不韦入秦便买贿华阳夫人姊向华阳夫人进言。华阳夫人听从了他，便把异人立为嫡子。《战国策》却说在安国君已经即位以后，而不韦所买贿的则是华阳夫人之弟阳泉君。这在年代上说来，相差要在十年以上。秦始皇是异人之子，以秦昭王四十八年生于邯郸，当时异人已经和吕不韦深相结托，大大地阔绰起来了。再隔十年昭王去世，安国君立为孝文王，其时年已五十三，仅立一年而又死去。如把服丧期（据《秦本纪》只一年）除外，则"即位三日"而已。看来《战国策》的年代说显然是有所望误。至于所买贿的华阳夫人的亲人究竟是姊是弟，无关紧要，或者也有姊也有弟，而《史记》、《战国策》各纪其一的吧。

因此不韦初入秦游说之年当据《史记》，大率是在始皇生年之前，即秦昭王四十二年至四十八年之间。当然在初入秦之后也可以再次或屡次入秦，《战国策》所纪的或许也就是最后一次定立异人为太子时的游说吧。

总之吕不韦在政治上的投机是成功了，他使异人被华阳夫人认为嫡嗣，更被定立为太子，转瞬之间竟公然登了王位，真可以说运气太好，而吕不韦的政治航程从此也就一帆风顺了。

但吕不韦的投机，在一般的传说中却还有续篇。而这续篇两千多年以来便成为了我们中国人差不多家喻户晓的故事，便是说，秦始皇是吕不韦的儿子。这故事是太普遍了，就连我自己在半个月以前也都是深信不疑，而在认吕不韦为阴谋家之外，于认秦始皇为私生子一点，尤感受着一种私意的满足。因为历史上有好些伟大人物往往是私生子，例如孔子是私生子，耶稣也是私生子。秦始皇之非凡，也正好像为私生子增加了光荣。

秦始皇是吕不韦的儿子，这个传说只见于《史记》。本传上说：

> 吕不韦取邯郸诸姬绝好善舞者与居，知有身。子楚（即异人）从不韦饮，见而说（悦）之，因起为寿，请之。吕不韦怒，念业已破家为子楚，欲以钓奇，乃遂献其姬。姬自匿有身，至大期时生子政，子楚遂立姬为夫人。

这传说虽然得到了久远而广泛的传播，但其本身实在是可疑的。第一，仅见《史记》而为《战国策》所不载，没有其他的旁证。第二，和春申君与女環的故事，如一个刻板印出的文章，情节大类小说。第三，《史记》的本文即互相矛盾而无法说通。关于第三的一层须得加以解释。

怎么说《史记》本文自相矛盾呢？因为他既说秦王政母为邯郸歌姬，然而在下文又说，"子楚夫人，赵豪家女也"，这怎么说得通呢？而且既是"大期生子"，那还有什么问题呢？"大期"据徐广说是大过十二月，据谯周说是大过十月。要说不足期还有问题，既是大过了十二月或十月，那还有什么问题呢？所以旧时的学者对于这一事也就早有人怀疑，明时的汤聘尹认为是"战国好事者为之"（《史稗》）。又如梁玉绳的《史记志疑》认为是司马迁有意将"大期"字样写出，以"别嫌明微"，表示传说的不可靠。司马迁有没有这样微妙的用意不得而知，然而传说的不可靠倒是千真万确的。

问题更可以推广到为什么会有这样的传说产生？对于这层，前人也有过一些推测。例如王世贞的《读书后记》便有两种说法。第一种认为是吕不韦自己有意编造，他想用以暗示始皇，知道他才是真正的父亲，应该使他长保富贵。第二种认为是吕氏的门客们泄愤，骂秦始皇是私生子，并使天下的人知道秦国是比六国先亡。事既出于推测，本来是无可无不可，不过照王氏的说法，却未免把吕不韦和他的门客们看得太下作了。我在这儿不想多作辩驳，但却想另外提出一种推测出来。我认为是西汉初年吕后称制的时候，吕氏之族如吕产、吕禄辈仿照春申君与女環的故事编造的。

据《史记·高祖纪》，吕后之父，"单父人吕公，善沛令，避仇，从之客，因家焉"。单父在汉为河内郡山阳县（今河南修武县），与吕不韦所食邑"河南洛阳十万户"在秦同属三川郡。汉初之河南洛阳郡仅为三川郡之一部分，其"户五万二千八百三十九"（《汉书·地理志》），仅及吕氏户口之一半而已。故吕后父吕公可能是吕不韦的族人。即使毫无族姓关系，吕后党人为使其称制临朝的合理化，亦宜认吕不韦为其族祖，秦始皇为其族父，这样便可对刘氏党人说：天下本是我吕家的天下，你刘家还是从我吕家夺去的。我这自然也只是一种揣测，尚无直接证据，但是至少我们可以断言：秦始皇是吕不韦的儿子的话，确实是莫须有的事。

（二）

秦始皇不仅不是吕不韦的儿子，而且毫无疑问地还是他的一位强有力的反对者。秦始皇和吕不韦的斗争，一般的人把它太看轻了，似乎认为的确是为了介绍嫪毐，为了太后宣淫，所谓"中冓之言不可道也"的那么一回事。其实就是关系嫪毐的故事，我相信，也一定有很大的歪曲。我们且根据《史记》）再把这一段故事清理一下吧。

异人即位之后便为秦庄襄王，"以吕不韦为丞相，封为文信侯，食河南洛阳十万户"，但庄襄王也只做了三年的国王便死了。接着便是秦始皇即位，即位时仅仅十三岁，还是一个孩子，政权不用说是操在被尊为"仲父"的丞相吕不韦手里的。在这初期的几年，吕不韦在行政上应该不会有过什么掣肘。有之，便是在这时有那怪物嫪毐的出现。始皇八年，"嫪毐封为长信侯，予之山阳地，令毐居之。宫室、车马、衣服、苑囿、驰猎，恣毐，事无大小皆决于毐。又以河西大原郡，更为毐国"。这嫪毐究竟是什么人呢？

> 始皇益壮，太后淫不止。吕不韦恐觉祸及己，乃私求大阴人嫪毐以为舍人，时纵倡乐，使毐以其阴关桐轮而行，令太后闻之，以啗太后。太后闻，果欲私得之。吕不韦乃进嫪毐。诈令人以腐罪告之。不韦又阴谓太后曰："可事诈腐，则得给事中"。太后乃阴厚赐主腐者，吏诈论之，拔其须眉为宦者，遂得侍太后。太后私与通，绝爱之。有身，太后恐人知之，诈卜，当避。时徙宫居雍，嫪毐常从，赏赐甚厚，事皆决于嫪毐。嫪毐家僮数千人，诸客求宦，为嫪毐舍人千余人。……
>
> 始皇九年，有告嫪毐实非宦者，常与太后私乱，生子二人，皆匿之，与太后谋曰："王即薨，以子为后"。于是秦王下吏治，具得情实。事连相国吕不韦。九月，夷嫪毐三族，杀太后所生两子，而遂迁太后于雍。诸嫪毐舍人皆没其家而迁之蜀。王欲诛相国，为其奉先王功大及宾客辩士为游说者众，王不忍致法。秦王十年十月免相国吕不韦。
>
> 及齐人茅焦说秦王，秦王乃迎太后于雍，复归咸阳，而出文信侯就国河南。岁余，诸侯宾客使者相望于道，请文信侯。秦王恐其为变，乃赐文信侯书曰："君何功于秦，秦封君河南，食十万户？君何亲于秦，号称仲父，其与家属徙处蜀。"吕不韦自度稍侵，恐诛，乃饮酖而死。秦王所加怒吕不韦、嫪毐皆已死，乃皆复归嫪毐舍人迁蜀者。（《史记·吕不韦传》）

这故事也仅见于《史记》。吕不韦在这里所演的节目也同样可疑。首段介绍嫪毐的一节，完全像《金瓶梅》一样的小说。我看，这可能是出于嫪毐的捏诬反噬。

嫪毐和庄襄王后，看来很像清末的西太后与李莲英。吕不韦演的是李鸿章的节目，秦始皇却比光绪皇帝能干得多，所以结果是他胜利。你看嫪毐的气焰不够十足吗？赐封长信侯，家僮数千人，无聊的说客甘愿做宦官舍人的也有千余人（和明末向魏忠贤称干儿的一样）。而且"事无大小皆决于毐"，这不是比吕不韦的势力还要来得专擅吗？照情势上看来，他和吕不韦一定是有斗争的，而《战国策·魏策》上有一段文字也恰好可以作为这一个推测的证明。

> 秦攻魏急。或谓魏王曰……秦自四境之内，执法以下至于长
> 辑者，故毕曰："与嫪氏乎？与吕氏乎？"虽至于门闾之下、廊庙
> 之上，犹之如是也。今王割地以赂秦，以为嫪毐功，卑体以尊
> 秦，以因嫪毐。王以国赞嫪毐，则嫪毐胜矣。王以国赞嫪氏，太
> 后之德王也，深于骨髓，王之交最为天下上矣。秦、魏百相交
> 也，百相欺也。今由嫪氏善秦而交为天下上，天下孰不弃吕氏而
> 从嫪氏，天下必（毕）舍吕氏而从嫪氏，则王之怨报矣。

这或人的说法正明明指出吕氏与嫪氏的对立，太后与始皇的对立。嫪毐与太后通谋，明明有篡夺王位的野心，故当他被人告发了之后，他就首先发乱，"矫王御玺及太后玺以发县卒及卫卒官骑戎翟君公舍人，将欲攻蕲年宫为乱"。秦始皇乃"令相国昌平君，昌文君发卒攻毐"。据司马贞《史记索隐》，"昌平君，楚之公子，立以为相，后徙于郢，项燕立为荆王。史失其名。昌文君名亦不知也"。考秦只有左右二相国，于时吕不韦为相尚未废免，则昌文君应该就是文信侯的别号，或即"吕不韦"三字的讹误。照道理上讲来文信侯也是应该辅助秦始皇诛锄嫪毐的。在这样的情形之下"战咸阳，斩首数百"，嫪毐被生擒，除掉被处死了的人数之外，迁蜀的舍人也有"四千余家"。嫪毐的势力算被全灭。但当毐被生擒时，他当然尽可以栽诬文信侯，极尽他的反噬的能事了。

我们看，假使吕氏和嫪氏果真是同党，在嫪氏诛戮之后，秦始皇为什么还能那么容忍，在一年之后才免吕不韦的相（九年九月诛嫪，十年十月免吕），而且仅仅免他的相？等到齐人茅焦替太后游说，让秦皇把太后迎回之后，而同时便出文信侯就国。又再隔"岁余"，

秦始皇要文信侯与其家属徙蜀，便是充军实边，而在前充军的嫪氏舍人等文信侯一死即被由蜀诏回。这儿对立着的嫪、吕二势力之一消一长，或递消递长，不是很明白的吗？茅焦，无疑的是中伤了吕氏。他对秦始皇所说的话，照《始皇本纪》，仅有"秦方以天下为事，而大王有迁母太后之名，恐诸侯闻之，由此倍（背）秦也"的这样几句，这样并不足以说动秦始皇。《说苑·正谏篇》有下列一段比较详细的纪录：

> 秦始皇帝太后不谨，幸郎嫪毐，封以为长信侯，为生两子。毐专国事，浸益骄奢。与侍中左右贵臣博饮，酒醉，争言而斗，瞋目大叱曰："吾乃皇帝（案于时尚未称皇帝）之假父也，窭人子何敢乃与吾亢（抗）！"所与斗者走行白皇帝。皇帝大怒。毐惧诛，因作乱。战咸阳宫。毐败。始皇乃取毐四肢车裂之，取其两弟囊扑杀之，取皇太后迁之于萯阳宫……齐客茅焦乃往上谒曰："……陛下车裂假父，有嫉妒之心；囊扑两弟，有不慈之名；迁母萯阳宫，有不孝之行；纵蒺藜于谏士，有桀、纣之治；令天下闻之，尽瓦解无向秦者。臣窃恐秦亡，为陛下危之。"……皇帝……乃立焦为仲父，爵之为上卿。皇帝立驾千乘万骑，空左方，自行迎太后萯阳宫，归于咸阳。太后大喜，乃大置酒待茅焦。及饮，太后曰："抗枉令直，使败更成，安秦之社稷，使妾母子复得相会者，尽茅君之力也。"

叙得虽相当详细，但显然使用小说家的笔法，茅焦所说的话也不过把《史记》的文句略略扩充了一下而已。照那样的说话，不仅不能说动秦始皇，而且反会激怒他的。什么"假父"，什么"两弟"，秦始皇受得了吗？故而像这样写小说，也是蹩脚的小说。我们如细心地从嫪、吕两氏的消长以及前后事实的脉络来推测，茅焦所以解说于秦始皇的，一定是替太后与嫪氏洗刷，而对于吕氏加以中伤。这是很容易的，便是说吕氏有篡夺的野心，而太后与嫪氏是忠于王室的人。要这样说，才能够转得过始皇的意念，而始皇的意念也就正转了。故而迎回太后，即逐出不韦，而且还大下逐客令。直至十二年，文信侯不韦死，其宾客数千人窃葬于洛阳北芒山，"其舍人临者，晋人也逐出之；秦人，六百石以上，夺爵，迁。五百石以下，不临，迁，勿夺爵"。而到了秋天来，则"复嫪毒舍人迁蜀者"。如没有对立相克，这事实的错综是无法说明的。特惜茅焦之说，内容失传，谅亦无法传于外，太史公只是信笔敷衍而已。

但要说吕不韦有篡夺的野心，有什么根据可以赢得始皇的相信呢？有的，这根据就在一部《吕氏春秋》。我们请研究《吕氏春秋》吧，从那儿你可以知道秦始皇和吕不韦的冲突，就在思想上已经是怎么也不能解的一个死结。

（三）

魏有信陵君，楚有春申君，赵有平原君，齐有孟尝君，皆下士，喜宾客，以相倾。吕不韦以秦之强，羞不如，亦招致士，厚遇之，至食客三千人。是时诸侯多辩士，如荀卿之徒，著书布天下。吕不韦乃使其客人人著所闻，集论以为《八览》、《六论》、《十二纪》，二十余万言；以为备天地万物古今之事，号曰《吕氏春秋》；布咸阳市门，悬千金其上，延诸侯游士宾客，有能增损一字者予千金。(《史记》本传)

吕不韦者秦庄襄王相，亦上观尚古，删拾春秋，集六国时事，以为《八览》、《六论》、《十二纪)为《吕氏春秋》。(《史记·十二诸侯年表》)

《吕氏春秋》二十六篇，秦相吕不韦辑，智略士作。(《汉书·艺文志》)

《吕氏春秋》这部书到现在还存在，虽然次第已经改变为《十二纪》、《八览》、《六论》，内容也略略有些夺佚或错简。这书是在一定的计划下编成的。《十二纪》每纪各五篇，尾上附一篇《序意》。《八览》每览应该是八篇，但开首的《有始览》只有七篇，可知定然脱落了一篇。《序意篇》也系残文，题名下标注"一作《廉孝》"，则《有始览》所夺的一篇或许怕就是"《廉孝》"。《六论》每论各六篇。以上合共一百六十篇，论理是应该有一百六十一篇的。古人著书，序文照例在书后，《序意》虽在《十二纪》之后，但就全书看来，《十二纪》应该依着《史记》的序列，是在《八览》、《六论》之后的。

吕氏辑成这部书的年代，《序意篇》里面表示得很明白，便是"维秦八年，岁在涒滩，秋甲子朔，朔之日良人请问十二纪"云云。"维秦八年"就是秦始皇八年，先秦列国纪年，在金文中每每有这样的例子，如越国的《者汈钟》称"隹越十有九年"，《都公钟》称"隹都正二月"，《都公平侯盂》称"隹都八月"，《邓伯氏鼎》称"隹邓八月"，《邓公簋》称"隹邓九月"之类。前人不明此例，又以涒滩之岁与后世甲子纪年之逆推不合，遂多立异说，或以为"八"乃六或四之讹，又或以为乃统庄襄王而言，都是削足适履之论。古人太岁纪年乃依实际天象而得，与后世甲子并不一贯，即此也就是证明。今要破此证明而求其一贯，那真是以不狂为狂了。

成书于八年，草创或当在六七年时。在这时候，内则始皇已近成人，而嫪氏势力日益膨大，外则六国日见衰颓，天下将趋于一统。吕氏在这时候纂纂成这一部书，综合百家九流，畅论天地人物，决不会仅如司马迁所说，只是出于想同列国的四公子比赛比赛的那种虚荣心理的。这书在《汉书·艺文志》被列于"杂家"，而"杂家"中的各书事实上要以本书为代表作，所谓"兼儒、墨，合名、法，知国体之有此，见王治之无不贯"，正好是对于这部书的批评。"杂"之为名无疑是有点恶意的。这书不仅在思想上兼收并蓄，表现得"杂"，就是在文字结构上也每每恓饤泄沓，表现得"杂"。因为篇数有一定的限制，各篇的长短也约略相等，于是便有好些篇目明明是勉强凑成，或把一篇割裂为数篇(此例甚多)，或把同一内容改头换面而重出(例如《应同》与《召类》)、《务大》与《谕大》)、《去尤》与《去囿》)，因而全书的体裁，在编制上实在也相当拙劣的。然而这书却含有极大的政治上的意义，也含有极高的文化史上的价值；向来的学者似乎还不曾充分的认识。

首先，我们要注意，自春秋末年以来中国的思想得到一个极大的开放，呈现出一个百家争鸣的局面。这是因为奴隶制度解纽了，知识下移，民权上涨，大家正想求得一条新的韧带，以作为新社会的纲领。儒、墨先起，黄老继之，更进而有名、法、纵横、阴阳、兵、农，各执一端，各持一术，欲竞售于世，因而互相斗争，入主出奴，是丹非素。即在本书中对于这种情势也有叙述：

> 老聃贵柔，孔子贵仁，墨翟贵廉，关尹贵清，子列子贵虚，陈骈贵齐，阳生贵己，孙膑贵势，王廖贵先，兒良贵后。此十人者皆天下之豪士也(《不二》)。故反以相非，反以相是。其所非方其所是也，其所是方其所非也，是非未定而喜怒斗争反为因矣。吾不非斗，不非争，而非所以斗，所以争。故凡斗争者是非已定之用也。今多不先定其是非而先疾斗争，此惑之大者(《安死》，据卢文弨校。二文当衔接)。

像这样对立争持的局势，在做《庄子·天下篇》的人便抱的是一种悲观的态度："悲夫，百家往而不反，必不合矣。……道术将为天下裂。"而在吕氏则企图："齐万不同，愚智工拙，皆尽力竭能，如出乎一穴"。(《不二》)

特别是儒、墨，在当时是斗争得最剧烈的两派，差不多彼此之间是不以人相看待的，诚如本书所说："日以相骄，奚时相得？若儒、墨之议"。(《下贤》)然而吕氏竟把它们兼合了，书中单是以孔、墨对举的辞例便一共有十一处(《当染》、《尊师》、《不侵》、《谕大》、《慎大》、《顺说》、《贵因》、《高义》、《博志》、《有度》、《务大》诸篇)。给予了这两位大师及其徒属以同等的尊敬，这决不是儒、墨两家自动地所能办得到的事，也不是道家所取的那种"二者交讥"的态度(只《有度》一例多少露此痕迹，盖刊落未尽者，说详下)。

其次，它对于各家虽然兼收并蓄，但却有一定的标准。主要的是对于儒家、道家采取尽量摄取的态度，而对于墨家、法家则出以批判。这是最值得注意的本书的一个原则，也可以说是吕不韦这位古人作为政治家或文化批评家的生命。而且我们还要知道，他是在秦国做丞相，在秦国著书的人，在秦国要批判墨家、法家，与在秦国要推尊儒家、道家，在这行为本身已经就具有重大的意义。因为秦法自商鞅以来便采取了法家的精神，而自惠王以来又渗入了墨家的主张。墨家钜子的腹黄亨是惠王的"先生"，唐姑果是惠王的亲信，还有田鸠、谢子这些墨者都曾先后在惠王时代入秦，故秦自惠王时已有墨，而在昭王时却还没有儒。

荀卿，先秦儒家最后的这一位大师，在昭王时曾入秦，昭王见他时开口便说："儒无益于人之国"。(《荀子·儒效》)昭王的丞相应侯范雎问荀卿"入秦何见"？荀子答应他：山川形势胜，民风纯朴，百吏忠实服务，士大夫不朋党比周，朝事无留滞，然而说不上王道，其原因就是"无儒"(《荀子·强国》)。这可见在昭王时儒术还没有入秦，而道家更是无用论了。

惠王享国二十八年，武王继之，仅四年而没，昭王继之，在位凡五十六年。荀子游秦当在四十一年范雎为相以后，五十二年蔡泽代范雎为相以前，或者与吕不韦的初入秦是约略同时的吧。墨术入秦后已七八十年而秦尚"无儒"，这是事实。而在这"无儒"的秦国，仅仅十年之后，吕不韦却把大量的儒者输入了，这却也是事实。这个事实在论吕不韦的为人和政见上是必须注意的。

把这些主要的关键弄明白了之后我们再去读《吕氏春秋》，你可以发觉它并不"杂"，它是有一定的权衡，有严正的去取。在大体上它是折衷着道家与儒家的宇宙观和人生观，尊重理性，而对于墨家的宗教思想是摒弃的。它采取着道家的卫生的教条，遵守着儒家的修齐治平的理论，行夏时，重德政，隆礼乐，敦诗书，而反对着墨家的非乐非攻，法家的严刑峻罚，名家的诡辩苛察。它主张君主无为，并鼓吹着儒家的禅让说，和"传子孙，业万世"的观念根本不相容。我们了解了这些，再去读《吕氏春秋》，可以发觉它的每一篇每一节差不多都是和秦国的政治传统相反对，尤其是和秦始皇后来的政见与作风作正面的冲突。

吕不韦可以说是秦始皇的死对头，秦始皇要除掉他是理所当然而亦势所必然。他既要除掉吕氏，则"欲加之罪，何患无辞"，而体贴意旨，替吕氏的反对党太后与嫪氏说话的人，如茅焦，难道还不晓得利用这种思想的冲突，作为挑拨离间的工具吗？茅焦或许不必就是太后党，但他是"齐人"，他要对敌国的君臣离间，他要中伤吕不韦，在他或许也就如魏国的"或人"那样，正是出于忠于祖国的政略。又看秦始皇对于吕不韦的弹压，终不像对于嫪氏那样放手，也足以证明他自己是有些顾忌。那么，凡在吕不韦名下的一些污秽事迹，我们是不能无条件地认为真正的史实的。

（四）

折衷着道家与儒家的那种宇宙观和人生观是怎样的呢？它是认为宇宙万物出于一元，这个一元叫做"太一"，又叫做"道"，更素朴一点的时候便叫作"精气"。由这混沌的一元而判生天地，便分阴分阳，由这对立的阴阳两气的推移而生出变化，便有万事万物出现。一既生万，万复归于一，循回返复，无有终穷。

> 太一出两仪，两仪出阴阳。阴阳变化，一上一下，合而成章。浑浑沌沌，离则复合，合则复离，是谓天常。天地车轮，终则复始，极则复反，莫不咸当。日月星辰，或疾或徐，日月不同，以尽其行。四时代兴，或暑或寒，或短或长，或柔或刚。万物所出，造于太一，化于阴阳。（《大乐》）

你看，这"太一"，岂不就是《易传》上的太极？《易传》的"太极生两仪，两仪生四象"，"分阴分阳，递用柔刚"，和这儿的话不正是大同小异？注重变化，所谓"剥极必复，复极反剥"，不也和这儿有同一的声息？但这"太一"却本是"道"的别名：

> 道也者至精也，不可为形，不可为名，强为之［名］，谓之太一。（《大乐》）

这不又纯全是道家的口吻？所谓"有物混成，先天地生。寂兮寥兮，独立而不改，周行而不殆，可以为天下母。吾不知其名，字之为道。强为之名曰大［一］"。（《道德经》第二十五章）

这"道"，这"太一"，究竟是什么？是观念，还是实体，从这些文句中判断不出。看情形，似乎就是别的篇章中所说的"精气"。

天道圆，地道方。……精气一上一下，圆周复杂，无所稽留，故曰天道圆。万物殊类殊形，皆有分职，不能相为，故曰地道方。(《圜道》)

精气之集也，必有入也。集于羽鸟与为飞扬。集于走兽与为流行。集于珠玉与为精朗(良)。集于树木与为茂长。集于圣人与为夐明。精气之来也，因轻、而扬之；因走、而行之；因美、而良之；因长、而养之；因智、而明之。(《尽数》)

这和孟子所说的"浩然之气"，或者"夜气"，显然又有一脉的相通了。写这些字句的人显然在做诗，他在这些观念中感受着高度的陶醉，他的精神在随着宇宙的盈虚而波动，随着精气的上下而抑扬，他在宇宙万汇中显然是看出了音乐。

这些文辞明显地是把儒家与道家折衷了。但是从这里我们仍然只看得出变化，看不出进化，宇宙万物只是在那儿兜圈子。这兜圈子的观念表现得更具体点的，是它采取了五行生胜与五德终始的说法，这表现在《十二月纪》和《荡兵》、《应同》诸篇。

《十二月纪》同于《礼记》中的《月令》、《淮南鸿烈》中的《时则》。《逸周书》中也有这一篇，这论理不是吕氏门下所撰录，但不能出于战国以前。在这里已经采用着石申(战国时魏人)二十八宿的完整系统，而渗透着五行相生的配合。

	日	帝	神	虫	音	数	味	臭	祀
春	甲乙	太皞	勾芒	鳞	角	八	酸	羶	户
夏	丙丁	炎帝	祝融	羽	徵	七	苦	焦	灶
中	戊己	黄帝	后土	倮	宫	五	甘	香	中霤
秋	庚辛	少皞	蓐收	毛	商	九	辛	腥	门
冬	壬癸	颛顼	玄冥	介	羽	六	咸	朽	行
	日	祭先	性	事	色	谷	牲	德	兵
春	甲乙	脾	仁	貌	青	麦	羊	木	矛

续表

	日	祭先	性	事	色	谷	牲	德	兵
夏	丙丁	肺	礼	视	赤	菽	鸡	火	戟
中	戊己	心	信	思	黄	稷	牛	土	矢
秋	庚辛	肝	义	言	白	麻	犬	金	剑
冬	壬癸	肾	智	听	黑	黍	彘	水	盾

这里中央土一项是为吕氏所没有的，依《礼记·月令》补。五性与五事只《孟夏纪》有"礼"与"视"，其他据别种资料补入。五兵据《管子·幼官》篇补入。《管》书无矢，《易》言"金矢""黄矢"故据补。

像这样凡是五项为一系统的东西都整整齐齐地配列起来，自然不足五项的要益它一下，譬如在四季之外添一中气，在四方之内添一中央；超过五项的要损它一下，如数减去一二三四，六牲省去马。没有的，当然可以依照这个公式重新造出，如五帝五神之类都是新编的系统。这在现代看来，当然是牵强附会，有好些项目简直可笑。而且在秦以后，这一套观念更作了畸形的发展，成为了迷信的大本营，妖怪的间谍网，窜入于最基本的生活习惯中，就像恶性癌肿的窜走络一样，足足维持了两千多年的绝对权威。到现在虽然被推翻了，而它的根荄依然没有拔尽。不过这是后来的事，是封建社会使这一思想走入了迷宫，没有得到合理的发展。这一思想在它初发生的时候，我们倒应当说它是反迷信的，更近于科学的。在神权思想动摇了的时代，学者不满足于万物为神所造的那种陈腐的观念，故而有无神论出现，有太一阴阳等新的观念产生。对这新的观念犹嫌其笼统，还要更分析入微，还要更具体化一点，于是便有这原始原子说的金木水火土的五行出现。万物的构成求之于这些实质的五个大原素，这思想应该算是一大进步。这本由子思、孟轲所倡导(见《荀子·非十二子篇》)而为阴阳家的邹衍所发展了。在两千多年前的智识水准能分析到这样的程度已经是不容易的，而秦以后的那一大批畸形的发展，子思、孟轲、邹衍都不能任其罪，即思想本身亦不能任其罪。要打破迷信的思想，须推翻封建的机构。我们不要看见五行说后来的迷信化，遗祸于世过深，便连它发生时的进步性都要推翻打倒，那是不科学、不辩证的看法。譬如近代的化学在欧洲中世纪时也曾为迷信的点金术，我们并不因点金术的历史而推翻化学，也不因此而否认希腊的恩披多克列士（Empedocles）的四行——地气水火——为原子论的始祖。要用比附的方法来说吧，或者子思、孟轲就等于恩披多克列士和其一派，而邹衍则如后起的德摩克里特士（Democritus）吧。原子说在印度古代思想中也有，在佛教之前的胜宗以四大，地水火风为"极微"，为形成万物之根。四项原素与希腊相同，而希腊为后，可能是由印度的输入。子思的五行虽有三项相同，而金木两项与风绝异，应该是有他的独创性的。

把五行配于节季，更把五德的终始作为天地剖判以来的转移过程，这不用说是五行的观念论化，但它的动机也是想利用这更新的见解来作为说明宇宙万物之生成及运动的原理。但五行节季和五德终始的次第不相一致，这是值得注意的。

五行节季是以相生为序，木火土金水，而五德终始则为土木金火水，倒数上去便是相克为序的。五德终始的大略见于《荡兵》篇与《应同》篇：

> 黄、炎固用水火矣，共工氏固次作难矣，五帝固相与争矣，递兴废，胜者用事。（《荡兵》）
>
> 凡帝王者之将兴也，天必先见祥乎下民。黄帝之时，天先见大螾大蝼，黄帝曰："土气胜"。土气胜，故其色尚黄，其事则土。及禹之时，天先见草木秋冬不杀，禹曰："木气胜"。木气胜，故其色尚青，其事则木。及汤之时，天先见金刃生于水，汤曰："金气胜"。金气胜，故其色尚白，其事则金。及文王之时，天先见火赤乌衔丹书集于周社，文王曰："火气胜"。火气胜，故其色尚赤，其事则火。代火者必将水，天且先见水气胜。水气胜，故其色尚黑，其事则水。水气至而不知数备，将徙于土。（《应同》）

以相生的次序而递禅，五帝和五神都各有一定的时期交代，这似乎很民主，这大约就是禅让说的扩大（倒过来，当然也就成为根源）。在这儿宇宙每年一次在兜圈子，五行也跟着兜圈子。

以相克的逆序而转移，帝王便要用兵争取胜负，胜者为主，各人所主的时间无定限，主得不好便要起革命而且可以跳跃。这自然是征诛说的扩大（倒过来，当然也就成为征诛的根据）。在这儿宇宙，宁可说是人事界吧，以不定的大期限在兜大圈子，五行也跟着兜大圈子。

这两套学说断然是采自两家，《月令》成为了儒家的重要典礼，我想那一定是子思、孟轲派的系统。五德终始说分明是采自邹衍，这是阴阳家的本家。邹衍的书可惜失掉了，它的大略就算幸存于本书及《史记·孟荀列传》。邹衍当然是受了儒家的影响，但他完成了另外一个宗派。

但在这两套学说里面都只能看得出变化而看不出进化。儒家本来有"日新"的观念的，就是邹衍也这样说过："政教文质所以云救也，当时则用，过则舍之，有易则易也。故守一而不变者未睹治之至也。"（《汉书·严安列传》）虽不十分明朗，可也包含有进化的念头，特在宇宙原理中似乎没有找到方法来说明，或者也就是那种循环的公式太固定了，涵盖不了实际。

因此《吕氏》书中在讨论宇宙原理的范围之外也透露了些进化的消息。

> 夷（原作东）夏之命，古今之法，言异而典殊。故古之命多不通乎今之言者，今之法多不合乎古之法者。（《察今》）
> 治国无法，则乱；守法而不变，则悖。悖乱，不可以持国。世易时移，变法宜矣。（同上）

这很明显地与邹衍"有易则易"之说相平行，同时也接近于荀子的"法后王"的意见。至如《恃君览》一篇，那差不多就是上举《察今篇》的那些话的详细的引证，今摘其大略如下：

> 凡人之性，爪牙不足以自守卫，肌肤不足以扞寒暑，筋骨不

足以从利辟(避)害，勇敢不足以却猛禁悍，然且犹裁万物，制禽兽，服狡虫，寒暑燥湿弗能害，不唯(为)先有其备，而以群聚耶？群之可聚也，相与利之也。利之出于群也，君道立也。……昔太古尝无君矣，其民聚生群处，知母不知父。无亲戚兄弟夫妻男女之别，无上下长幼之道，无进退揖让之礼，无衣服履带官室畜积之便，无器械舟车城郭险阻之备，此无君之患。……圣人深见此患也，故为天下长虑莫如置天子也，为一国长虑莫如置君也。(《恃君》)

这由原始社会看出来的社会进化是很合乎实际的，这当然是由古代传说得来的概念，但在周遭的后进民族中也可找到直接的证佐，《恃君览》中也是有所叙述的，我们可以不必多事征引了。

（五）

我们跳跃一步来研讨《吕氏》书中的政治主张吧。我在这儿要取一个巧，只想把一些重要的文句汇集起来，无须乎多事说明。

第一，他是反对家天下制的。

昔先圣王之治天下也必先公，公则天下平矣。平得于公。……天下，非一人之天下也，天下之天下也。(《贵公》)

置君非以阿君也，置天子非以阿天子也，置官长非以阿官长也。德衰世乱，然后天子利天下，国君利国，官长利官。此国之所以递兴递废也，乱难之所以时作也。(《恃君》)

天下之士也者，虑天下之长利而固处之以身。若[人]也，利虽倍于今而不便于后，弗为也；安虽长久而以私其子孙，弗行也。(《长利》)

诛暴而不私，以封天下之贤者，故可以为王伯。若使王伯之君，诛暴而私之，则亦不可以为王伯矣。(《去私》)

第二，他是尊重民意的。

先王先顺民心。(《顺民》)

凡举事必先审民心然后可举。(同上)

宗庙之本在于民。(《务本》)

圣人南面而立，以爱利民为心。(《精通》)

仁人之于民也，可以便之，无不行也。(《爱类》)

贤人之不远海内之路而时往来于王公之朝，非以要利也，以民为务故也。(同上)

上世之王者众矣，而事皆不同；其当世之急，忧民之利，除民之害，同。(同上)

凡君之所以立，出乎众也。(言自众举出。)立已定而舍其众，是得其末而失其本。得其末而失其本，不闻安居。……夫以众者，此人君之大宝也。(《用众》)

民无常用也，无常不用也，唯得其道为可。(《用民》)

执民之命，重任也，不得以快意为故(事)。(《行论》)

暴虐奸诈之与义理反也，其势不俱胜，不两立。(《怀宠》)

第三，他是赞成修齐治平的哲人政治的。

为国之本在于为身。身为而家为，家为而国为，国为而天下为。故曰：以身为家，以家为国，以国为天下。(《执一》)

主道约，君守近。太上反诸己，其次求诸人。其索之弥远者，其推之弥疏；其求之弥强者，其失之弥远。(《论人》)

、成身莫大于学。身成则……为人君弗强而平矣；有大势，可以为天下正矣。(《尊师》)

圣人成其身而天下成，治其身而天下治。故善响者，不于响，于声；善影者，不于影，于形；为天下者，不于天下，于身。(《先己》)

圣人组修其身，而成文于天下。(同上)

圣人行德乎己，而四荒咸饬乎仁。(《精通》)

第四，他讴歌禅让。

尧、舜贤者也，皆以贤者为后，不肯与其子孙，犹若立官必使之方。今世之人主皆欲世勿失矣，而与其子孙。立官不能使之方，以私欲乱之也。(《圜道》)

败莫大于愚。愚之患，在必自用。自用则戆陋之人从而贺之。有国若此，不若无有。古之与贤，从此生矣。非恶其子孙也，非徼而矜于名也，反(返)其实也。(《士容》)

自上世以来，天下亡国多矣，而君道不废者天下之利也。故废其非君而立其行君道者。(《恃君》)

第五，他主张君主无为。

君也者处虚。素服而无智，故能使众智也。智反无能，故能使众能也。能执无为，故能使众为也。无智、无能、无为，此君之所执也。(《分职》)

善为君者无识，其次无事。有识则有不备矣，有事则有不恢矣。不备不恢，此官之所以疑，而邪之所从来也。(《君守》)

得道者必静，静者无知。知乃无知，可以言君道也。(同上)

大圣无事而千官尽能。(同上)

作者忧，因者平。惟彼君道，得命之情。故任天下而不强(上声)。(同上)

古之王者，其所为少，其所因多。因者，君术也；为者，臣道也。(《任数》)

凡君也者处平静，任德化，以听其要。(《勿躬》)

明君者非遍见万物也，明于人主之所执也。有术之主者，非一自行之也，知百官之要也。知百官之要，故事省而国治也。(《知度》)

有道之主，因而不为，责而不诏；去想去意，静虚以待。不伐之(其)言，不夺之(其)事，督名审实，官复自司。以不知为

道。以奈何(好问也)为宝。(同上)

凡主有识,言不欲先。人唱我和,人先我随。以其出为之入,以其言为之名。取其实以责其名,则说者不敢妄言,而人主之所执其要矣。(《审应》)

贤主劳于求人,而佚于治事。(《士节》)

古之善为君者,劳于论人,而佚于官事,得其经也。不能为君者,伤形费神,愁心劳耳目,国愈危,身愈弱,不知要故也。(《当染》)

天子不处全,不处极,不处盈。全则必缺,极则必反,盈则必亏。(《博志》)

用则衰,动则暗,作则倦。衰、暗、倦,三者非君道也。(《勿躬》)

人主好以己为,则守职者舍职而阿主之为矣。(《君守》)

人主以好暴示能,以好唱自奋;人臣以不争持位,以听从取容;是君代有司为有司也。(《任数》)

亡国之主必自骄,必自智,必轻物。自骄则简士,自智则专独,轻物则无备。无备召祸,专独位危,简士壅塞。欲无壅塞,必礼士;欲位无危,必得众;欲无召祸,必完备。三者,人君之大经也。(《骄恣》)

世主之患,耻不知而矜自用,好愎过而恶听谏,以至于危。耻无大乎危者。(《似顺》)

人主之所惑者……以其智强智,以其能强能,以其为强为。此处人臣之职也,而欲无壅塞,虽舜不能为。(《分职》)

俗主亏情,故每动为亡败。……其于物也,不可得(是)为欲,不可足之为求,大失生本。民人怨谤,又树大雠,意气易动,跷然不固;矜势好智,胸中欺诈;德义之(是)缓,邪利之急。身以困穷,虽后悔之,尚将奚及?巧佞之(是)近,端直之远。国家大危,悔前之过,犹不可及。闻言而惊,不得所由;百病怒起,乱难时至。以此君人,为身大忧。(《情欲》)

"天下为公"这样的话,在现在说起来,当然是很平常的了。但在家天下的时代，尤其是在奴隶领主政权的时代，那应该具有一种钢铁的声音。既认"天下为公"，自然就是把天下国家的主体移到了人民身上来。处理天下国家的事当然也就是人民的事，但人民要选择贤者来处理，所以说："君之所以立，出乎众。"君必定要贤人才可以做得，为了要代代都是贤人，那就只好采取禅让的方式，未成为奴隶制前的原始社会，的确也是这样的。但后来奴隶制成立，成为了家天下的方式，君位竟由子孙继承了。以子孙来继承君位，那为君的人便不能保证代代都是贤人。照理想上说来，自然是以恢复禅让制为最好，但这不是那么轻易办得到的。而且在战国中叶，燕国的王哙与子之演过一次禅让的闹剧，闹出了笑话，自不免为当时学者间的禅让说的一个打击，因而便有君主无为的想法出来。那样，如人君贤固然好，如不贤也就不致坏事了。故儒家主张"恭己正南面，垂拱而治"，道家主张"无为而治"，就是法家也是同样，只是主张用"术"（手腕）而已。只有墨家不同，它是绝端主张强力躬行的。

《吕氏》书中的关于政治理论的系统大体上是因袭儒家，虽然在君道一层颇近于道家，有时甚至有些法家的气息（如上举《审分览》语）。无疑，吕不韦本人倒可以说是一位进步的政治家，不然他是不会容许这种理论在他的名下综合起来的。

（六）

"行夏之时"，是孔子假想执政时准备首先施行的一条政纲。这种以孟春建寅之月为岁首的所谓夏历，和中国的农业社会很适应，施行起来对于一般的农民会很感觉方便，故而孔子特别重视它。吕氏所重视的也就是这夏历，《十二月纪》便是证明。《十二月纪》是一部王者的年中行事或施政历程，是儒家式的重农制度下的一套重要的典礼。故吕氏即使取自成文，也可证明他把这套典礼看得怎样宝贵。真的，吕氏本人很有意思，他的出身虽是阳翟大贾，而他却是一位重农主义者，这是值得注意的事。

霸王有不先耕而成霸王者，古今无有。此贤者不肖之所以殊

也。(《贵当》)

古先圣王之所以导其民者，先务于农。民农非徒为地利也，贵其志也。民农则朴，朴则易用，易用则边境安，主位尊。民农则重，重则少私义，少私义则公法立，力专一。民农则其产复(複)，其产复则重徙，重徙则死其处而无二虑。民舍本而事末则不合(原作令)，不合则不可以守，不可以战。民舍本而事末，则其产约，其产约则轻迁徙，轻迁徙则国家有患皆有远志，无有居心。民舍本而事末则好智，好智则多诈，多诈则巧法令，以是为非，以非为是。(《上农》)

他所说的这些道理究竟是不是绝对正确，我们可以不必追问，但他明白地是重农，不仅是视为重要的生产，而且是视为重要的政略。

儒家是主张德政的，孔子说："导之以政，齐之以刑，民免(勉)而无耻。导之以德，齐之以礼，有耻且格。"这种思想在《吕氏》书中也流荡着。

为天下及国，莫如以德，莫如行义。以德以义，不赏而民劝，不罚而邪止。(《上德》)

古之王者，德回乎天地，澹(瞻)乎四海，……虚素以公，小民皆(偕)之。其之(赴也)敌，而不知其所以然。此之谓顺天。教，变容改俗，而莫得其所受(授)之。此之谓，顷情。……岂必以严罚厚赏哉！严罚厚赏，此衰世之政也。(同上)

凡用民，太上以义，其次以赏罚。其义则不足死，赏罚则不足去就，若是而能用其民者，古今无有。(《用民》)

古之君民者，仁义以治之，爱利以安之，忠信以导之，务除其灾，思致其福。故民之于上也，……若五种之于地也，必应其类而蕃息于百倍。(《适威》)

礼烦则不庄，业烦则无功，令苛则不听，禁多则不行。(同上)

注意德政并不是说不用刑罚，儒家本没有这样的意思，吕氏也没有这样的意思(假使是不用,那便成为道家)。他们只是说不能专用刑罚而已(假使是专用,那便成为法家)。孔子也曾说过"必世而后仁",又赞成"善人为邦百年,亦可以胜残去杀"。故而吕氏同时也在主张赏罚必信,赏罚须有充实。

> 赏罚信乎民,何事而不成!(《慎小》)
> 为民纪纲者何也?欲也,恶也。何欲?何恶?欲荣利,恶辱害。辱害所以为罚充也,荣利所以为赏实也。赏罚皆有充实,则民无不用矣。(《用民》)
> 宋人有取(趋)道者,其马不进,倒而投之鸂(溪)水。又复取道,其马[又]不进,又倒而投之鸂(溪)水。如此者三。虽造父之所以威马,不过此矣。不得造父之道而徒得其威,无益于御。人主之不肖者有似于此,不得其道而徒多其威。威愈多,民愈不用。……故威不可无有,而不足专恃,譬之若盐之于味。凡盐之用,有所托也,不适则败托而不可食。威亦然,必有所托然后可行。恶乎托?托于爱利。爱利之心谕,威乃可行。威太甚,则爱利之心息。爱利之心息而徒疾行威,身必咎矣。(《用民》)

为了调剂刑政,儒家是看重音乐的功用的,吕氏也承继着这个传统,在《仲夏纪》与《季夏纪》中费了不少的篇幅来讨论音乐,他接受了公孙尼子的《乐记》的理论,有时还把它扩张了。在这儿同时还尽了反对墨家的能事。

> 凡乐,天地之和,阴阳之调也。始生人者,天也。人无事焉,天使人有欲,人弗得不求;天使人有恶,人弗得不辟。欲与恶所受于天也,人不得与(原作兴)焉。不可变,不可易。世之学者有非乐者矣,安由出哉?(《大乐》)

刑之大者为兵。儒家不废刑,故亦不废兵。孔子为政,须"足食足兵"而"教民即戎"。吕氏也承继着这个传统,在《孟秋纪》与《仲秋纪》中,同样费了不少的篇幅来讨论兵,他主张义兵,而驳斥偃兵非攻之说，在这儿也尽了反对墨家的能事。

> 古之圣王有义兵而无有偃兵。家无怒笞则竖子婴儿之有过也立见，国无刑罚则百姓之悟(忤)相侵也立见，天下无诛伐则诸侯之相暴也立见，故怒笞不可偃于家，刑罚不可偃于国，诛伐不可偃于天下。……兵之所自来者远矣，未尝少选不用。贵贱长少贤者不肖相与同，有巨有微而已矣。察兵之微：在心而未发，兵也；疾视，兵也；作色，兵也；傲言，兵也；援推，兵也；连反，兵也；侈斗，兵也；三军攻战，兵也。此八者，皆兵也；微巨之争也。今世之以偃兵疾说者，终身用兵而不自知，悖。(《荡兵》)

> 凡为天下之民长也虑，莫如长有道而息无道，赏有义而罚不义。今世之学者多非乎攻伐，非攻伐而取救守，则乡(向)之所谓长有道而息无道，赏有义而罚不义之术不行矣。……为天下之长患、致黔首之大害者，若说为深。(《振乱》)

关于"非乐"与"非攻"，像这样对于墨家的批评，可以说是相当猛烈，而全书中所取于墨家的地方也很少，如尚贤节用，并不是墨家的特见，薄葬也并没有薄到墨家所主张的那样脊戴的地步。此外则墨家兼爱而吕氏不兼，他说"仁也者仁乎其类者也"(《爱类》)。吕氏更采取儒家的孝道，在先秦书籍中首先引用了《孝经》(《察微》)。孝道被认为是平天下治国家之本，"夫执一术而百善至，百邪去，天下从者，其惟孝也。故论人必先以所亲而后及所疏，必先以所重而后及所轻"(《孝行》)。对于亲疏轻重而有先后，是儒家的差等爱，并非墨家的兼爱。

吕氏也主张忠，每将忠与孝并列。"先王之教莫荣于孝，莫显于忠"(《劝学》)，"成身莫大于学。身成则为人子弗使而孝矣，为人臣弗令而忠矣"(《尊师》)。"贤者之事也，虽贵不苟为，虽听不自阿，必中理然后动，必当义然后举。此忠臣之行也"(《不苟》)。这和墨家"上之所是亦必是之，上之所非亦必非之"的"尚同"之义亦不相同，故他竟能主张到"废其非君而立其行君道者"(《恃君》)。这是墨家思想中所决不曾有的。

墨家尊天明鬼，而吕氏则极重理智。书中也有天，但它的天是道，是太一，是精气，是自然，而不是有意想行识的人格神，上帝。对于鬼神之事也采取的是合理的解释：

> 故曰"精而熟之，鬼将告之"，非鬼告之也，精而熟之也。（《博志》）
>
> 圣人之所以过人，以先知。先知必审征表。无征表而欲先知，尧、舜与众人同等。征虽易，表虽难，圣人则不可以飘矣。众人则无道至焉。无道至则以为神，以为幸。非神非幸，其数不得不然。（《观表》）

这些是极可宝贵的话，不仅对于两千多年前的墨家是绝好的开导，就是对于两千多年后的今天的一些观念论者，也是很亲切的启蒙。鬼神并非真的存在，而实在是精巧和圣智的投影，无知者主观上的产物。在这样的认识之下对于卜筮等所谓媒介人神的工具也就不足信了。

> 今世，上（尚）卜筮祷祠，故疾病愈来。（《尽数》）
>
> 今夫塞（赛）者，勇力。时日卜筮祷祠，无事焉。善者必胜。（《察贤》）

鬼神既不足信，则妖异自当化除，书中于《明理》篇）颇有天妖、人妖、物妖各项的叙述，其主旨认为妖之兴归本于人事的不善，故颜其篇曰"《明理》"。在现代看来，其所"明"之"理"，虽然并不怎么"明"，但在当年总不失为一种理性的说法，视神而化之者已大有径庭。《慎大览》篇载有一段故事，正好说明这种态度。

> 武王胜殷，得二虏而问焉。曰："若（汝）国有妖乎？"一虏对曰："吾国有妖。昼见星而天雨血，此吾国之妖也。"一虏对曰："此则妖也，虽然，非其大者也。吾国之妖甚大者，子不听父，

弟不听兄，君令不行，此妖之大者也。"

既不承认上帝鬼神，照儒家的思想系统上说来，便当承认自然中的必然性，便是命。吕氏对于命也恰好下出了一个定义："命也者，不知所以然而然者也。人事智巧以举措者不得与焉。故命也者就之未得，去之未失。国士知其若此也，故以义为之决（判断），而安处之。"（《知分》）命，这种必然性，在自然界中总是存在的，不必对它低头，也不必与它反脸，我行我是（义），随它去！这种正是儒家的态度，而和墨家也恰相反。故他又说：

> 凡人物者阴阳之化也。阴阳者造乎天而成者也。天固有衰嗛废伏，有盛盈蚠息，人亦有困穷屈匮，有充实达遂，此皆天之容，物[之]理也，而不得不然之数也。古（故）圣人不以感私伤神，俞（愉）然而以待耳。（《知分》）
> 达士达乎死生之分，达乎死生之分则利害存亡弗能惑矣。（同上）

《吕氏》全书重理智的色彩相当浓厚，因此它对于淫辞诡辩也是反对的。它是抱着儒家"正名"的本旨，要准乎义理，合乎实用，而不为苟辩、苟察。

> 名正则治，名丧则乱。使名丧者淫说也。说淫，则可不可而然不然，是不是而非不非。……凡乱者刑（形）名不当也，……刑名异充而声实异谓。（《正名》）
> 至治之世，其民不好空言虚辞，不好淫学流说，贤不肖各反（返）其质，行其情，不雕其素。（《知度》）
> 凡君子之说也非苟辩也，士之议也非苟语也，必中理然后说，必当义然后议。（《怀宠》）
> 辩而不当论，信而不当理，勇而不当义，法而不当务，惑而乘骥也，狂而操吴干将也。大乱天下者必此四者也。所贵辩者为其由所论也，所贵信者为其遵所理也，所贵勇者为其行义也，所

贵法者为其当务也。(《当务》)

坚白之察，无厚之辩，外矣。(《君守》)

这所反对的当然不止名家，就是墨家后学的辩者之流也是在所反对之列的。且看《荡兵篇》所说："援推，兵也；……今世之以偃兵疾说者，终身用兵而不自知，悖。故说虽强，谈虽辩，文学虽博，犹不见听"，便分明指斥的是墨家；便是"援推"。二字也就是《墨子·小取篇》中关于辩论上的术语："援也者，曰子然，我奚独不可以然也？推也者，以其所不(否)取之，同于其所取者予之也。"

(七)

在多士济济的吕氏门下，我们可以相信九流百家都是有的，墨家、法家、名家不用说都有，但这些分子显然不占势力。特别值得注意的是《吕氏》书中把墨子和孔子相提并称的地方那么多，却处处攻击墨子的学说。但攻击他的学说时却又是混含着说的，绝不道出任何派别，任何个人的名字。如像说，"世之学者有非乐者矣"，或者说，"今之世，学者多非乎攻伐"，有时甚至连这样混含着的指示都不提。这里一定是有所顾虑的。这固然可以解释为政治家或学者们的礼貌，但我相信，在吕门之外，秦国之墨者一定还很多，故而不好明目张胆地攻击。

道家颇占势力，其中庄子的门人一定相当多，书中每称引《庄子》(《去尤》)，有好些辞句与《庄子》书完全相同，如《必己篇》差不多强半是采自《庄子》的《外物篇》。又如《有度篇》的下列一节，更根据庄子的主张来批评孔、墨。书中指名孔、墨而加以批评的就只有这一节，特别是批评孔子。

孔、墨之弟子徒属充满天下，皆以仁义之术教导于天下，然而无所行教者。术犹不能行，又况乎所教！是何也？仁义之术外也。夫以外胜内(言负担太重)，匹夫徒步不能行，又况乎人主！唯通乎性命之情，而仁义之术自行矣。先王不能尽知，执一而万物治。使人不能执一者，物感之也。故曰：通意之悖（《庄子》作"彻志之勃"），解心之缪，去德之累，通道之塞（通，《庄》作达）。贵富显严名利（《庄》作富贵），六者悖意者也（《庄》无下者字，下同）。容动色理气意，六者缪心者也。恶欲喜怒哀乐，六者累德者也。智能去就取舍（《庄》作"去就取与知能"），六者塞道者也。此四六者不荡乎胸中则正。正则静，静则清明（《庄》无清字，下同），清明则虚，虚则无为而无不为也。

"故曰"以下乃《庄子·庚桑楚》篇的一节，明明是引书，故称"故曰"，只是没有把《庄子》标明出来。像这些地方自然是庄子之徒透露了他们的门户。语气已经和平得多，只说"通乎性命之情而仁义之术自行"，没有说"掊击圣人……攘弃仁义"（《庄子·胠箧》篇）那样激烈的话。大约就因为这样，所以逃过了主编者的眼目而未被删掉的吧？

但无论怎么说，儒家总是占最大势力的。高诱序谓"不韦乃集儒者（原作书）使著其所闻"，虽不必便是事实，但可以说是得其近似。儒家中究竟有些什么人，无从查考了。我们所能确切知道的有一位李斯。《史记·李斯列传》："至秦，会庄襄王卒，李斯乃求为秦相文信侯吕不韦舍人，不韦贤之，任以为郎"，可见李斯颇为吕不韦所重用，在《吕氏春秋》的撰辑上他一定是尽了力的。李斯是荀卿的弟子，在初当然还未放弃儒术，因此吕氏之所以特别要大量地引用儒者入秦，并大量地引用儒术著书，我相信李斯一定参加了意见，而且这意见也就是荀卿的意见。《荀子·强国篇》中有下列一段，便是证明。

力术止，义术行。曷谓也？曰：秦之谓也。威强乎汤、武，广大乎舜、禹，然而忧患不可胜校也，諰諰然常恐天下之一合而轧己也。此所谓力术止也。……然则奈何？曰：节威反文。案（爰）用夫端诚信全之君子治天下焉，因与之参国政，正是非，治曲直，听咸阳。顺者错之，不顺者而后诛之。若是，则兵不复出于塞外，而令行于天下矣。若是，则虽为之筑明堂于塞外而朝诸侯，殆可矣。假今之世，益地不如益信之务也。

据杨倞注，以为《新序》作"李斯问孙卿"云云，是否果为李斯所问虽不能断定，但荀子对于秦抱有莫大的希望，希望秦能够施行儒术却是事实。儒家原来是反秦的，但到荀卿时，秦的力量已经充分强大，有统一中国的情势，故他不得不改变儒家的态度。他自己也曾经亲自入秦，见昭王，见应侯，为儒家传道。他的说法没有为昭王与应侯所采用，但不久之后却为吕不韦所采用了。吕不韦本人无论在赵的邯郸或秦的咸阳，都有可能亲自见过荀子，甚至可以说，他可能还是荀子的门人。因为荀卿晚年曾回赵国，同赵孝成王"议兵"，于时应该就是吕不韦在邯郸的时候。不韦入秦也应该与荀子是约略同时，但我们找不出直接的证据来。即使不韦不曾见过或师事过荀子，而荀子的意见由李斯间接传到，那可是毫无问题的。

这种见解，对于秦国的政治是一种改革，吕不韦却在这儿执行了起来，虽然在政治上的施设没有留下什么，只留着表示他的政见的一部书。毫无问题，秦国内部也有莫大的阻力存在的。阻力的初期是后党的嫪毐，其后便是秦始皇自己了。

秦始皇诛除嫪毐的时候已经二十二岁，不再是孩子了。这位未来的大独裁者，据《史记·本纪》所载，精神和肉体两方面显然都很有缺陷。以下是尉缭所说的话：

> 秦王为人蜂准，长目，挚鸟膺，豺声，少恩而虎狼心。居约易出人下，得志亦轻食人。

这所说的前四项都是生理上的残缺，特别是"挚鸟膺"，现今医学上所说的鸡胸，是软骨症的一种特征。"蜂准"应该就是马鞍鼻，"豺声"是表明有气管炎。软骨症患者，骨的发育反常，故尔胸形鼻形都呈变异，而气管炎或支气管炎是经常并发的。有这三种征候，可以下出软骨症的诊断。因为有这生理上的缺陷，秦始皇在幼时一定是一位可怜的孩子，受了人相当的轻视。看他母亲的肆无忌惮，又看嫪毐与太后谋，"王即薨，以子为后"（《吕不韦列传》），可见他还那么年轻的时候便早有人说他快死，在企图篡他的王位了。这样身体既不健康，又受人轻视，精神发育自难正常。为了图谋报复，要建立自己的威严，很容易地发展向残忍的一路。身居王位，要这样发展也没有什么阻碍。结果他是发展向着这一条路上来了。"少恩而虎狼心"，便是这种精神发展的表征。

始皇周围有些什么人物，也不甚详细。在攻嫪毐的时候有相国昌平君、昌文君，于时不韦尚未免相，昌文君应该就是不韦，而昌平君的思想系统也不明。为太后说话的齐人茅焦，被始皇尊为"仲父"，显然是反吕不韦的，但他的思想也没有什么朕迹。大梁人尉缭来说秦王，是在不韦免相的一年，他十分为秦王敬礼，致"衣服食饮与缭同"，而且"卒用其计策"。这位先生是有著作的，今存《尉缭子》二十四篇，内容系言兵，当即《汉书·艺文志·兵形势类》"《尉缭》三十一篇"之残，但系依托。又《艺文志·杂家》有"《尉缭》二十九篇"，注云"六国时"。颜师古引刘向《别录》云："缭为商鞅学"，则尉缭乃法家，可惜这书已经失传了。但他是法家这一点，由秦始皇喜欢韩非的书可以作为旁证。秦始皇采用了法家的主张是毫无问题的。

法家的主张，自孝公采用商鞅的变法以来便是秦国的传统，但有一点除孝公以外都没有认真实行，便是法家的君道的主张。法家也主张人君不管事，虽然申、韩之流和道家的无为，儒家的德化不同，而是要用术。韩非子说得最明白："明君之道使智者尽其虑，而君因以断事，故君不穷于智。贤者敕其材，君因而任之，故君不穷于能。有功则君有其贤，有过则臣任其罪，故君不穷于名。是故不贤而为贤者师，不智而为智者正。"（《主道》）又说："君执柄以处势，故令行禁止。柄者杀生之制也，势者胜众之资也。……故明主之行制也天，其用人也鬼。"（《八经》）人主只管用人，不管行政，不用说也是在调剂世袭制的弊病。秦国的列君，只有孝公对于商鞅是做到了。商鞅俨然是责任内阁的首相。但自孝公一死，惠文王便不甘于无所作为，把商鞅车裂了。而后武王、昭王可以说都是守着惠文王的传统，丞相时常是换来换去的。穰侯魏冉在昭王前半曾经专擅过一段长远的时期，但经"一夫开说，身折势夺而以忧死"，而他的位置被范雎夺去了。不几年又换成蔡泽，但都不安于位。

惠王的这个传统是和墨家的君道主张一致的，人君要自己动手，强力疾作，不能垂拱待治。人君要做一切的表率，苦干到底，假使不能苦干，那做人臣的，做人民的，便都会怠惰，国家也就因而乱亡。惠王实践了这种主张，可能就是得到墨家的传授。墨家钜子腹黄享是惠王的先生，墨者唐姑果是惠王的亲信，在他的一代先后有墨者集中于秦，墨家的主张对于秦的政治不能说没有影响。当然秦国也并没有全部采用墨术，但部分地采用了，尤其是君道，我看是毫无问题的。

到了秦始皇把这力疾躬行的君道更是实践到了极端。侯生、卢生等批评他的话最为扼要：

> 始皇为人，天性刚戾，自用，起诸侯，并天下，意得欲从，以为自古莫及己。
>
> 专任狱吏。狱吏得亲幸。博士虽七十人，特备员弗用。丞相诸大臣皆受成事，倚办于上。上乐以刑杀为威，天下畏罪持禄，莫敢尽忠。上不闻过而日骄，下慑伏谩欺以取容。
>
> 秦法不得兼方，不验辄死。然候星气者至三百人皆良士，畏忌讳谀，不敢端言其过。
>
> 天下之事，无大小皆决于上。上至以衡石量书，日夜有呈。不中呈，不得休息。（《史记·秦始皇本纪》）

这真是一位空前的大独裁者，一切是自己动手，丞相大臣都是具员，博士良士仅顾饭碗，天下是狱吏的天下。这和吕不韦的主张不是如立在地球的南北两极吗？明白了这层对立的关系，吕不韦要被秦始皇赶掉，甚至于干掉，不是容易了解的事吗？

大独裁者的征候在他十几岁时可能早就有些表现，吕不韦当得在替他心焦。《吕氏春秋》一书之所以赶着在八年做出，可能是有意向他说教。然而结果是无效，或者反生了逆效果。在书成后的第三年吕氏便失足，再后年余便被逼自酖了。

当吕不韦免相的一年，秦始皇大下逐客令，吕氏门下那些儒家、道家当然在被逐之列。在这时那位李斯先生便变了节，有名的《谏逐客书》是脍炙人口的文章，但那只是一篇煽情的谀辞。文章里面，提到秦穆公用五子，孝公用商鞅，惠王用张仪，昭王用范雎，而于庄襄王用吕不韦则绝口不提，这正表示李老夫子的聪明。在这时吕不韦正背了时，他假如要提到他，一定会触犯始皇的怒鳞的。他本来是吕门的人，不与吕氏同进退，而腼颜以媚秦始皇，恋恋于禄位，他的操守实在可成问题。然而近时论者颇有人以为他是荀子的门徒，始皇用他，便是始皇用了儒术，那样皮相的见解恰恰说到事实的反面。事实是李斯献媚于秦始皇，把自己所学抛进茅坑里去了。后来在他做了丞相的时候，他的先生"荀卿为之不食"（《盐铁论·毁学》），不是没有来由的。其实秦始皇又何尝用了他呢！"丞相诸大臣皆受成事，倚办于上"，哪里有他的事做！他不过善于体贴意旨，应时做过一些传声筒而已。治驰道，兴游观，下焚书令，要算是他的最大的德政，然而也不过是先意承志而已。到后来在二世时代与赵高争宠失败，还从狱中上书，把秦自孝公以来的一切文治武功，都写在自己项下，甚至于说出"缓刑罚，薄赋敛，……万民戴主，死而不忘"的话，那未免夸诞得可笑。

（八）

秦始皇这一位怪杰，在他的思想、政见和其他一切的态度上，和吕不韦或他的一群可以说是正相反对的。我们认得清吕不韦，也就可以认得清秦始皇；反过来，我们假如认得清秦始皇，那也就更认得清吕不韦。他们是怎样正反对的呢？我们再来研讨一下秦始皇这一面的情形吧。

还是先从宇宙观和人生观上来说。和吕氏的无神论相对比，秦始皇是一位有神论者，而且沿守着秦人的原始信念，怀抱着一个多神的世界。《史记·封禅书》，"秦并天下，令祠官所常奉天地名山大川鬼神可得而序也"以下所载，叙述得很详，天神地祇人鬼无所不有。"唯雍四畤，上帝为尊"，至上神的存在是维持着的。在他二十七年的时候"作信宫渭南。已，更命信宫为极庙，象天极"。信宫就是神宫，神者伸也，伸与信古字通用。天极者，据《史记·天官书》，"中宫天极星，其一明者，太一常居也"。这太一是上帝的别名，和吕氏的道的太一，同名而异实。故而极庙应该就是至上神庙。

抱着那样一种多神的宇宙观当然怀着极浓厚的迷信。尽管《琅邪台刻石文》有着这样的话，"古之五帝三王，知教不同，法度不明；假威鬼神，以欺远方"；而始皇自己却是更加"假"得厉害。不，他不是"假"，而是真的在信仰。你看，他不是在封泰山，禅梁父，听信一般方士的鬼话，求神山，求仙人，求不死药吗？他因"燕人卢生以鬼神事。因奏图录曰：'亡秦者胡也'，乃使将军蒙恬发兵三十万人击胡"（三十二年）。这迷信的程度不是可以惊人的吗！他信仰鬼神，不仅认为鬼神可以祸福人，而且还相信可以用法术嫁祸于人。"祝官有秘祝，即有灾祥，辄祝祠移过于下"（《封禅书》）。

这群神分镇的宇宙，在他的心目中，是固定不变的，因此他不仅否认进化，而且否认变化。他自己就是至上神的化身，所以他的天下也应该万世不变，在他之后，要"二世、三世、至千万世，传之无穷"。这都还是让了价的，事实是他自己想长生不老，一直活到"无穷"。

有趣的是他却相信了邹衍的"终始五德"之说：

始皇推"终始五德"之传，以为周得火德，秦代周德，从所不胜。方今水德之始，改年始朝贺皆自十月朔。衣服旄旌节旗皆上黑。数以六为纪。符法、冠、皆六寸，而舆六尺。六尺为步。乘六马。更名河曰德水。以为水德之始，刚毅戾深，事皆决于法，刻削，毋仁恩和义，然后合五德之数。于是急法，久者，不赦。（《本纪》二十六年）

邹衍明于五德之传，而散消息之分，以显诸侯，而亦因秦灭六国，兵戎极烦，又升至尊之日浅，未暇遑也，而亦颇推五胜。而自以为获水德之瑞，更名河曰德水。而正以十月，色上黑。（《历书》）

秦始皇既并天下而帝，或曰黄帝得土德，黄龙地螾见。夏得木德，青龙止于郊，草木畅茂。殷得金德，银自山溢。周得火德，有赤乌之符。今秦变周，水德之时。昔秦文公出猎，获黑龙，此其水德之瑞。于是秦更命河曰德水，以冬十月为年首，色上黑，度以六为名，音上大吕，事统上法。（《封禅书》）

自齐威、宣之时，邹子之徒论著"终始五德"之运。及秦帝

而齐人奏之，故始皇采用之。(同上)

奏上这"终始五德"的大约就是齐人徐市或博士齐人淳于越之流。承认天地不变，皇统万世一系的人，却又采用了这个循环变化的假说，在外表上显然是一个矛盾。但在始皇自己大约一点也不以为矛盾的。为什么呢？因为他尽可以这样想，使水德永远支配下去，不再转移为土德。

在采用邹衍说的这一点，和吕不韦的态度有部分的平行，但吕氏在原则上承认变化，而他是不承认的；吕氏同时采用了儒家相生的系统，以建寅之月为岁首，而他却以建亥之月为岁首。二者之间的距离可以说依然很大。

秦始皇的性格相当矛盾，有时也显然在和神鬼斗争。例如二十八年他东行郡县，"浮江，至湘山祠，逢大风，几不得渡。上问博士曰：'湘君何神？'博士对曰：'闻之，尧女，舜之妻，死而葬此。'于是始皇大怒，使刑徒三千人，皆伐湘山树，赭其山"。又例如在他要死的那一年(三十七年)，"梦与海神战，如人状。问占梦博士，曰：'水神不可见，以大鱼蛟龙为候，今上祷祠备谨，而有此恶神，当除去，而善神可致。'乃令入海者赍捕巨鱼具，而自以连弩候大鱼出，射之"。像这样，他的英雄气概真显得有点堂吉诃德式了。他和湘君斗，和海神斗，事实上是承认有这样的神。其所以敢于和他们斗，是因为他自信就是上帝的化身，在权威上还要高一等或数等。

他的人生观自然是一位非命主义者，他不相信"死生有命，富贵在天"，所以他想永远长生，而富贵始终在他自己的手里。他那么不可一世的人，被几位狡猾的方士便玩弄得和土偶一样。三神山没有着落，不死药落了空，仙人化为了烟霞，方士们逃跑了。但等他病得要死的时候，他依然"恶言死，群臣莫敢言死事"，他老先生可以说是死不觉悟的了。然而"凡生于天地之间，其必有死，所不免也"(《吕氏春秋·节丧》)，盖世的大英雄终也敌不过大限的来临，只好遗诏给他的长子扶苏："与丧会咸阳而葬。"

他同时又是一位纵欲主义者，大约因为不相信命，所以敢于极端享乐。他的儿女相当多，二世胡亥是第十八位王子，就可以证明。读李斯的《谏逐客书》，可知在未兼并天下之前，已经有不少的郑、卫的声色和"随俗雅化，佳冶窈窕"的赵女在他的周围，在既兼并天下以后，大兴土木，在咸阳北阪上仿造各国宫室，"所得诸侯美人钟鼓以充入之"，"咸阳之旁二百里内，宫观二百七十，复道甬道相连"，充满着"帷帐钟鼓美人"。就是在他死后，二世命"先帝后宫，非有子者出焉不宜，皆令从死，死者甚众"——真也不知道死了多少女子。这只是他纵欲的一项。

其次是李斯所夸口的"治驰道，兴游观，以见主之得意"，这正是秦始皇的空前的大享乐。"治驰道"一事书于二十七年，但这工程不只是一年的事，其比较详细的情形见《蒙恬传》与贾山《至言》。

> 始皇欲游天下，道九原，直抵甘泉；乃使蒙恬通道，自九原抵甘泉，堑山堙谷，千八百里。（《史记·蒙恬列传》）

这条路还没有通成，秦始皇便死了。司马迁自己是走过这一条路的，他在《蒙恬传》后的赞语里说："吾适北边，自直道归。行观蒙恬所为秦筑长城亭障，堑山堙谷，通直道。"这只是北边的一条直道，大约修筑最迟。此外还有好几条直道，多少替我们留下了这项纪录的，却要感谢汉初的贾山了。他的《至言》——上汉文帝言治乱之道的奏疏是很可宝贵的文献。那里面说：

> ［秦］为驰道于天下，东穷燕、齐，南极吴、楚，江湖之上，濒海之观毕至。道广五十步，三丈而树，厚筑其外，隐（凭）以金椎，树以青松。（《汉书·贾山传》）

这规模的宏大和修筑的合乎近代式，就是现今某些国家的公路都不见得能够赶上。这些直道在地下必然断片地还有留存，我相信将来在田野考古上一定会有发现的希望的。直道的修筑对于交通的沟通上是有了莫大的贡献，后来陈涉、吴广起义，周文的兵长驱直入，很快就到了戏下的，就是取的直道。但始皇筑这直道的动机却完全为的是"游观"，十年之间，五大巡行，是无可否认的事实。

他的宫室的壮丽当然也很惊人：

> 始皇以为咸阳人多，先王之宫庭小。……乃营作朝宫［于］渭南上林苑中。先作前殿阿房，东西五百步，南北五十丈。上可以坐万人，下可以建五丈旗。周驰为阁道，自殿下直抵南山。表南山之巅以为阙。为复道，自阿房渡渭，属之咸阳，以象天极阁道绝汉（银河）抵营室也。（《本纪》三十五年）

真是堂哉皇哉，前无往古。这在贾山的奏疏上也略有记述：

> 起咸阳而西至雍，离宫三百，钟鼓惟帐不移而具。又为阿房之殿，殿高数十仞，东西五里，南北千步。从车罗骑，四马骛驰，旌旗不挠。

两书所说的大小度数稍有出入，或者《史记》是据阿房前殿的大小而言，贾山是指朝宫全体而言的吧。《三辅黄图》也有记述，大小与《史记》同，而于内部构造较详。

> 阿房宫亦曰阿城，惠文王造宫未成而亡，始皇广其宫规，恢三百余里。离宫别馆弥山跨谷，辇道相属。阁道通骊山八十余里。表南山之巅以为阙，络樊川以为池。作阿房前殿，东西五百步，南北五十丈，上可坐万人，下建五丈旗。以木兰为梁，以磁石为门。周驰为复道，渡渭，属之咸阳，以象太极阁道抵营室也。

这"三百余里"的数字是从《史记》"咸阳之旁二百里内宫观二百七十，复道甬道相连"而来，而更加夸大了一些，概称为"阿房宫"，大约是六朝人的语法吧。这些宫殿，古代劳动人民的伟大创造，建起来固然不容易，烧起来却也太容易了。后来楚霸王入咸阳，一火而焚，三月不灭，想见当时四处放火的壮观。前有秦始皇，后有楚霸王，短期间便出了这么两位大豪杰，实在也只好说是天生一对了。但从建设重于毁坏这一点说来，我们是应该宽假秦始皇而痛恨楚霸王的。请注意：楚霸王原本是楚国的一位没落贵族。

阿房宫是毁灭了，但有有名的唐人杜牧的《阿房宫赋》流传。那虽然不免出于文人的幻想(因为阿房宫并未完成)，却把秦始皇穷奢极乐的精神表现得最为酣畅。

像这种极端纵欲的生活，和《吕氏春秋》中所主张的生活态度也真是相反到了极端。吕氏主张卫生，主张节欲，主张不可勉强。

凡生之长也，顺之也。使生不顺者欲也。故圣人必先适欲。(《重己》)

圣人察阴阳之宜，辨万物之利以便生。故精神安乎形而年寿得长焉，长也者非短而积之也，毕其数也。毕数之务，在乎去害。何谓去害？大甘、大酸、大辛、大苦、大咸，五者充形则生害矣。大喜、大怒、大忧、大恐、大哀，五者接神则生害矣。大寒、大热、大燥、大湿、大风、大霖、大雾，七者动精则生害矣。故凡养生莫若知本。知本则疾无由至矣。(《尽数》)

凡食无强，厚味无以。烈味重酒，是以谓之疾首。食能以时，身必无灾。凡食之道，无饥无饱，是之谓五藏之葆，口必甘味，和精端容，将之以神气。百节虞欢，咸进受气。饮必小咽，端直无戾。(同上)

像这些关于卫生的教条，就是现在看起来也是很合乎科学的。而对于秦始皇，也俨然就像在耳提面训的一样。但我想那位伟大的独裁者，对于吕氏这书一定是视为眼中钉的。

无形世界的神鬼既有等级，有形世界的生人也当然有等级，古时候"人有十等"的那种观念，在始皇的意识中是根深蒂固的。他是自命不凡的人，"以为自古莫及己"，除了少数的人他认为可以尊敬或利用，如茅焦、尉缭、韩非、王翦、蒙恬等人之外，其他都是亚流，天下的黔首不用说都是该受奴役的。这种不平等的观念《吕氏》书中也无有。吕氏不承认圣人是天生，而谓"圣人生于疾学"(《劝学》)。人同是太一所造，阴阳所化。有贤有愚主要是由于后天的教养，故又说"成身莫大于学"(《尊师》），"人与我同耳"(《察今》），这是多么平等的看法！故他主张以众人的勇力为勇力，以众人的耳目为耳目，以众人的智慧为智慧。"以众勇，无畏乎孟贲矣；以众力，无畏乎乌获矣；以众视，无畏乎离娄矣；以众知，无畏乎尧舜矣。"但秦始皇那样的大天才根本就看不起这一套。他本来就是贤于尧舜、明过离娄、力超乌获、勇赛孟贲的人，"自古莫及己"，连低级的神鬼都应该向他低头的，谁还要把你庸众当成神圣！

（九）

秦始皇的政治主张，和吕氏的对立，还要更加明显。

吕氏说，"天下非一人之天下也，天下之天下也"；而在秦始皇则是：天下一人之天下也，非天下之天下也。他要一至万世而为君，使中国永远是赢姓的中国。

他是极端专制，不让人民有说话的余地的。就连学者们"偶语《诗》、《书》"都要"弃市"，"以古非今者"要夷三族。他的钳民之口，比他的前辈周厉王不知道还要厉害得多少倍。

当然他反对那一套修齐治平的迂腐的理论，因为他自己就不讲什么道德。他逐放母亲，囊杀婴儿，逼死有功的重臣，毒杀有数的学者，如尉缭批评他的"少恩而虎狼心……得志亦轻食人"，照史实看来，是一点也不曾过分。吕不韦被他逼死了，单因"窃葬"的缘故，更对于他的宾客们大加窜逐，"籍其门"。其实那些"窃葬"的舍人们倒应该是些有良心的人，并不因吕氏的失足而改变他们的情谊。然而这样的人，他哪里看得惯呢！他所乐用的是李斯那样的变节汉，出卖朋友的专家；姚贾那样的"梁之大盗，赵之逐臣"；赵高那样的腐刑之余、该受死刑的要犯。

既以尚法为水德，在秦是应天承运来杀人，当然要"专任狱吏，狱吏得亲信"，而"乐以刑杀为威"。秦行监察制度颇为严密，中央有御史大夫，地方各郡有监御史。《本纪》："二十六年分天下为三十六郡，郡置守、尉、监。"所谓"监"便是这监御史的省称。守治民，尉典兵，监则担任特种任务。这制度应该是承周而来，周初时对于殷之顽民有三监，金文《仲几父簋》有"诸侯诸监"之语，但其详细的情形不可考。汉初改为临时派遣，到武帝元封五年复经常设置，更名为部刺史。据颜师古《汉书·百官公卿表》注引《汉官典职仪》云：

> 刺史班宣，周行郡国，省察治状，黜陟能否，断治冤狱。以六条问事，非条所问，即不省。
>
> 一条：强宗豪右，田宅逾制，以强凌弱，以众暴寡。
>
> 二条：二千石不奉诏书，遵承典制，倍（背）公向私，旁诏守利，侵渔百姓，聚敛为奸。
>
> 三条：二千石不恤疑狱，风厉杀人，怒则任刑，喜则淫赏，烦扰刻暴，剥截黎元，为百姓所疾。山崩石裂，妖祥讹言。
>
> 四条：二千石选署不平，苟阿所爱，蔽贤宠顽。
>
> 五条：二千石子弟恃怙荣势，请托所监。
>
> 六条：二千石违公下比，阿附豪强，通行货赂，割损正令。

官因秦制，职权不必仍沿秦旧，但它的性质是可以想见的。秦时这监察制度似乎一直贯到了地方行政的基层。地方治权，秦分四等，郡、县、乡、亭。"大率十里一亭，亭有长。十亭一乡，乡有三老、有秩啬夫、游徼。三老、掌教化。啬夫、职听讼收赋税。游徼、徼循禁贼盗。县大率方百里，其民稠则减，稀则旷。乡亭亦如之。"（《汉书·百官公卿表》）乡的三职也和守、尉、监相仿佛，有秩啬夫管理刑狱，论理就是属于监的系统了。

天下是一面大刑狱的网，所谓政事，除游观、建筑，南征北伐、东漕西转之外，似乎也只是断狱了。

> 秦始皇兼吞战国，遂毁先王之法，灭礼仪之官。专任刑罚，躬操文墨，昼断狱，夜理书。自程决事，日悬石之一。而奸邪并生，赭衣塞路，囹圄成市。（《汉书·刑法志》）

这也就是《本纪》所说的"衡石量书，日夜有呈（程）。不中呈，不得休息"。石为一百二十斤，言每日所处理之官文书以一百二十斤为标准，达不到标准不能停止办公。这些"书"在当时大抵是用竹木简，故能积累成那样大的重量。但就是那样，分量已是不小的。

刑的严酷与花样之多，恐怕也是古今无两。单是死刑，据可考见的也就有十二种之多。有弃市，有戮死，有腰斩，有车裂，有阬，有矺（磔），有凿颠、抽胁、釜烹，有戮尸，有枭首，有具五刑。特别是具五刑可谓集刑戮之大成。它是"先黥劓，斩左右趾，笞杀之，枭其首，菹其骨肉于市"，此外还要"夷三族"。犯了诽谤詈诅之罪的人是"先断舌"，大率是断舌以代劓或黥吧。

死刑之外有"鬼薪"、"黥为城旦"等奇怪的刑名。鬼薪是三年的有期徒刑。城旦是四年的有期徒刑，"论决为髡钳，输边筑长城，昼日伺寇虏，夜暮筑长城"。长城就是这种徒刑囚筑起来的，可见受刑者之多。还有所谓"籍"，是"籍没其一门皆为徒隶"。所谓"谪"，就是充军。这些怕是无期徒刑吧。"君不见长城下，古来白骨相撑柱"，所以中国人不要地狱，地狱的想象哪有这样的森严！然而中国人也不要天堂，天堂的神秘又哪有秦始皇那样支配者的生活之玄妙呢！

你以为他不玄妙吗？你看，咸阳二三百里的范围之内都有离宫别馆，而且都有地下的通路所谓"复道甬道"相联系，秦始皇自己便是神仙中人，他的起居认真是神出鬼没的。在他的卅五年有这样一段故事：

> 卢生说始皇曰：臣等求芝、奇药、仙者，常弗遇，类有物害之者。方申，人主时为微行，以辟（避）恶鬼，恶鬼辟真人。至人主所居而人臣知之，则害于神。真人者入水不濡，入火不爇，陵云气，与天地久长。今上治天下，未能恬淡。愿上所居宫毋令人知，然后不死之药殆可得也。

秦始皇也天真得可爱，他公然听信了。他说他高兴真人，便自称为"真人"，不再称"朕"。从此他的生活便愈见秘密化了。他所在的地方有人泄露出去便要犯死罪。有一次他行幸梁山宫，从山上望见李斯的车骑很多，不高兴。侍从的人有的去告诉了李斯，李斯便把车骑减少了。始皇明白是有人泄漏，查问不出，便把当时侍从的人通通杀掉了。就因为这样极端的秘密主义，所以他在沙丘死了之后，尸臭可以用鲍鱼臭来掩盖，人也不疑。而他的宝贝儿子二世皇帝继承了他的衣钵，"常居禁中……公卿希（稀）得朝见"，终竟把皇帝的御碗也打破了。吕不韦就好像早料到会有这样的事情一样，他在他的书中早就下出了警告：

> 先王所恶，无恶于不可知。不可知，则君臣父子兄弟朋友夫妻之际败矣。千际皆败，乱莫大焉。……不可知之道，王者行之废，强大行之危，小弱行之灭。（《壹行》）

像这样一位极端的秘密主义者、极权主义者，实行万世一系的人，他当然反对君主无为说，而对于禅让说，论理是尤当反对的。但在《说苑·至公篇》却有一段珍奇的传说，因为它太珍奇了，我要把它整抄在下边：

> 秦始皇帝既吞天下，乃召群臣而议曰："古者五帝禅贤，三王世继，孰是？将为之。"博士七十人未对。鲍白令之对曰："天下官，则让贤是也；天下家，则世继是也。故五帝以天下为官，三王以天下为家。"
>
> 秦始皇帝仰天而叹曰："吾德出乎五帝，吾将官天下，谁可使代我后者？"
>
> 鲍白令之对曰："陛下行桀、纣之道，欲为五帝之禅，非陛下所能行也。"
>
> 秦始皇帝大怒曰："令之前！若（汝）何以言我行桀、纣之道也？趣说之！不解，则死！"
>
> 令之对曰："臣请说之。陛下筑台干云，宫殿五里，建千石之钟，万石之虡。妇女连百，倡优累千。兴作骊山，宫室至雍，相继不绝。所以自奉者殚天下，竭民力，偏驳自私，不能以及人。陛下所谓自营仅存之主也，何暇比德五帝欲官天下哉！"
>
> 始皇暗然，无以应之，面有惭色。久之，曰："令之之言，乃令众丑我。"遂罢谋，无禅意也。

这无疑是小说，始皇不会作那样的异想，鲍白令之也哪里敢那样严厉地当面斥责始皇呢？即使就认为确有其事吧，然而秦始皇结果是家了天下，欲传子孙以及万世，却更是事实。

（十）

最足以代表秦始皇尚法精神的是焚书坑儒这两件大事。

焚书在三十四年，这时兼并天下已经八年了，原因是仍然有人怀疑郡县制而主张分封子弟功臣。结果在这时又让李斯投了一次机。始皇叫他裁判这件事体，他却把它扩大了起来，成为了焚书的禁令。

> 丞相臣斯昧死言：古者天下散乱，莫之能一。是以诸侯（儒？）并作，语皆道古以害今，饰虚言以乱实。人善其所私学，以非上之所建立。今皇帝并有天下，别黑白而定一尊，私学而（乃）相与非法教。人闻令下，则（即）各以其学议之。入则心非，出则巷议。夸主以为名，异取以为高，率群下以造谤，如此弗禁，则主势降乎上，党与成乎下。禁之，便。臣请：（一）史官非秦纪，皆烧之。（二）非博士官所职，天下敢有藏《诗》、《书》、百家语者，悉诣守尉杂烧之。（三）有敢偶语《诗》、《书》，弃市。（四）以古非今者，族。（五）吏见知，不举者，与同罪。（六）令下三十日，不烧，黥为城旦。（七）所不去者，医药卜筮种树之书。（八）若欲有学法令，以吏为师。

他这建议得到始皇的认可，或许早已授意于他而让他出来当号筒，结果是在严刑峻法的威胁高压之下，普天四海大烧其书，所没有烧的就只有博士官所职和医药卜筮种树诸书而已。博士官所职当在中央，不久再经楚人一炬使秦宫被烧，三月不灭，藏在中央的图书应该也被烧光。这无论怎么样说都不能不视为中国文化史上的浩劫。书籍被烧残，其实还在其次，春秋末叶以来，蓬蓬勃勃的自由思索的那种精神，事实上因此而遭受了一次致命的打击。

焚书之后，接着便是坑儒。这事是在三十五年。起因是方士侯生、卢生等骗了始皇几年，畏罪潜逃，始皇发觉了便恼羞成怒。据他自己说："吾前收天下书不中用者，尽去之；悉召文学方术士甚众，欲以兴太平；方士，欲以炼求奇药。今闻韩众去不报，徐市等费以巨万计，终不得药，徒奸利相告日闻。卢生等，吾尊赐之甚厚，今乃诽谤我，以重吾不德也。诸生在咸阳者，吾使人廉问，或为妖言以乱黔首。"于是他叫御史把咸阳诸生通通捉来审问，诸生互相告密，始皇便亲自圈了"为犯禁者四百六十余人"，都把他们在咸阳活埋了。由这经过看来，是因方士的逃跑而迁怒到儒生，方士逃了而儒生则被坑了。近人有替始皇辩护的，谓被坑者不是儒生而是方士，我自己在前也曾这样说过。但这是不正确的，没有把《本纪》的原文细读清楚。被坑的是替死鬼儒生，所以始皇长子扶苏也才说："诸生皆诵法孔子，今上皆重法绳之，臣恐天下不安。"照扶苏的话看来，所坑的儒实在是不折不扣的孔子之徒。

关于坑儒还有另一种说法。据《儒林传正义》所引卫宏的《诏定古文尚书序》云：

> 秦既焚书，恐天下不从所改更法，而诏诸生，到者拜为郎，前后七百人。乃密种瓜子骊山陵谷中温处。瓜实成，诏博士诸生说之，人言不同。乃令就视。为伏机。诸生贤儒皆至焉，方相难不决，因发机，从上填之以土。皆压，终乃无声也。

这与四百六十余人的被坑，不知道是传闻的异辞，还是前后两事。《通考·学校考》是作为两事而叙述的：

> 始皇使御史案问诸生，转相告引，至杀四百六十余人。又令冬种瓜骊山，实生，命博士诸生就视。为伏机，杀七百余人。二世时，又以陈胜起，召博士诸生议，坐以非所宜言者，又杀数十人。

秦始皇对于儒家这样，自然有他的理由：因为他们在一切的观点上差不多是对立的；在日后陈胜、吴广起义的时候，儒家参加革命来得特别踊跃，也自然有他们的理由了。

就和诸生和方术士有别一样，儒家和阴阳家毕竟是不同的两派。方士们是神仙家，看卢生说秦始皇以"真人"，又说始皇的生活不"恬淡"，神仙家显然和道家有结合，后来的道士传统事实上就渊源于这儿。关于这些方士们的下落，《说苑·反质篇》有一段后话。据说坑了四百六十余人之后，卢生始终没有捉到，侯生后来被捉着了。始皇听说，便"升东阿之台，临四通之街"，打算痛骂一顿之后车裂他。但反而被侯生抢白了一阵，说始皇之淫"万丹朱而十昆吾桀纣"。秦始皇被他骂得"喟然而叹"，反而把他释免了。这或许是小说，或许也怕是事实，因为始皇自己也就是一位大神仙家、大方士、大真人，他在焚书坑儒之后的三十六年，不是也还在使"博士为《仙真人诗》，及行，所游天下，传令乐人歌弦之"吗？所以他对于儒生不能恕，而对于方士却能恕。

秦始皇的精神从严刑峻法的一点说来是法家，从迷信鬼神的一点说来是神仙家，从强力疾作的一点说来是墨家。墨家也尊天右鬼，重法尚同。这三派的思想在他的一身之中结合起来成为了一个奇妙的结晶体。而他又加上了末流道家纵欲派的思想实践，那光彩是更加陆离了。因此我们要说秦始皇也把先秦诸子的大部分综合了，这也是说得过去的。但他所综合的，与吕不韦所综合的方面正相反，也是明白如火的。

秦始皇的成功一多半是时代的凑成。中国自春秋以来，由十二诸侯而成七国，无论在政治上与思想上所走的都是趋向统一的路线，而始皇承六世的余威，处居高临下的战略地位，益之以六国诸侯的腐败，故他收到了水到渠成的大功。但这并不是说他的方法是用正确了。相反的，假如沿着吕不韦的路线下去，秦国依然是要统一中国的，而且统一了之后断不会仅仅十五年便迅速地彻底崩溃。

（十一）

和始皇的名字相连而被后人讴歌的是"一法度衡石丈尺，车同轨，书同文字"（二十六年），这也是李斯临死所自夸功之一："更克画平斗斛度量文章，布之天下，以树秦之名"。但这与其说是一二人的大力使然，不如说是时代的趋势。我们从金文的研究上看来，春秋、战国时代的列国铜器，无论是在北部的秦、晋、燕、齐，在南部的徐、楚、吴、越，其文字结构与文章条理，并没有什么不同。这断然是两周七八百年间自然进化的成果。正统以外的文字，如陶玺戈戟之类的刻文，每多不能认识，大约由于故求苟简，或有意出奇，如后世的花押之类。这不仅六国有之，秦亦有之。始皇时所划除的或许就是这些文字吧。

始皇之法多沿商鞅，兵制刑名固不用说，就是度量衡的统一也是以商鞅之法为标准的。存世有商鞅量便是这件事情的实质上的物证。量乃长方形，有柄。量之左侧有铭："十八年齐遣卿大夫众来聘，冬十二月乙酉，大良造鞅，爰积十六尊（寸）五分尊[之]一为升。"这是孝公十八年时的器皿，下距始皇二十六年凡一百三十四年。而量之底复有《始皇刻辞》：

> 二十六年皇帝尽并兼天下，诸侯黔首大安，立号为皇帝。乃诏丞相状（隗状）、绾（王绾）法度量则，不壹嫌疑者，皆明壹之。

这与其他权量《始皇刻辞》全同，足证始皇所据之量仍是商鞅量法。又铭中两"尊"字，马叔平告余云："均即寸字。十六寸二分积为升，与王莽嘉量同。"马氏曾以新莽嘉量尺度量之，其容积与文相合，故断为寸字，因又知新莽之度量实仍周、秦之旧。据此我们可以知道，书同文字，画一度量之事，不仅李斯不能引以为是自己的功劳，就是始皇也是不能居其功的。

郡县制的设立，世人也多以为是始皇的大功，然秦虽设郡，未废侯封（详下），而秦郡多沿燕、赵之旧，顾炎武已言之（《日知录》二十二），县则春秋中叶已见于齐国。宋时出土的《齐侯铸钟》乃齐灵公灭莱时的器皿，铭文有言："锡汝釐（即莱）都××，其县三百。"虽其县必甚小，然已有县制存在固无疑问。关于郡县制的说法在《吕氏》书中无可考见，而于相反的一面却言"诛暴而不私，以封天下之贤者，故可以为王霸；若使王霸之君诛暴而私之，则亦不可以为王霸矣"（《去私》）。又说"多封建所以便其势也"（《慎势》）。看来他是倾向于维持划土分封的说法的。这在吕氏是一个矛盾，因为君位既主张禅让，地方政权为什么要主张分封呢？但假使吕氏门下的分封说，诸侯也须禅让举贤，那么和郡县制也就实同名异了。

万里长城的完成也是和始皇的名字联系着的一个伟大的奇迹。"秦已并天下，乃使蒙恬将三十万众北逐戎狄，收河南，筑长城。因地形，用险制塞，起临洮至辽东，延袤万余里。"（《蒙恬传》）但这工程并不是由秦开始，战国时燕、赵、秦、齐均已有长城，到了秦代仅把北部的长城联接为一而已。筑长城的工人大抵是受了徒刑的罪犯，其中包含有官吏。"三十四年適（谪）治狱吏不直者筑长城"，但这必居其中的仅少的一部分，是毫无疑问的。

始皇和吕氏的重农相反，颇有重商的倾向。虽然《琅邪台刻石》有"上农除末，黔首是富"那样的话，李斯议焚书时也说过"今天下已定，法令出一，百姓当家则力农工"，然而他那样征伐连年，徒役遍地，农业事实上是要大受影响的。而且赋敛甚重，三分取二（"收泰半之税"），所以弄得"男子不得修农亩，妇人不得剡麻考缕，羸弱服役于道，大夫箕会于衢，病者不得养，死者不得葬"（《淮南·人间训》）。而有钱的人却依然有钱，并乘着这纷扰的时候而大发其国难财，这种倾向直到汉初都还存在。《史记·平准书》云：

> 汉兴接秦之弊，丈夫从军旅，老弱转粮饷，作业剧而财匮。自天子不能具钧驷，而将相或乘牛车，齐民无盖藏。……不轨逐利之民，蓄积余业，以稽市物，物踊腾。粜米，至石万钱，马一匹则百金。天下已平，高祖乃令贾人不得衣丝乘车，重租税，以困辱之。

"弊"既"接秦"而来，可知秦时已有其弊。所说的虽然是汉初的情形，但这种战时的社会趋势，自然经济的必然结果，决不是短期间所形成的，事实上秦始皇的政策实有以促成之。秦始皇是奖励囤积居奇的人，《货殖列传》上便有明显的证据：

乌氏倮畜牧，及众，斥卖。求奇缯物，间献遗戎王。戎王什倍其偿，与之畜。畜至，用谷量马牛。秦始皇帝令倮比封君，以时与列臣朝请。

而巴蜀寡妇清，其先得丹穴，而擅其利数世，家亦不訾。清，寡妇也，能守其业，用财自卫，不见侵犯。秦皇帝以为贞妇而客之，为筑女怀清台。

夫倮鄙人牧长，清穷乡寡妇，礼抗万乘，名显天下，岂非以富耶？

这虽然只是两个例子，但也正是两个绝好的例子。这重商政策的色彩不是很浓厚的吗？但这待遇也并不是一般的豪富都能享受的，这儿有严重的差别存在。例如初并天下的那一年"徙天下豪富于咸阳十二万户"，这是出于有强迫性的政治行为，豪富离开了土地或其他的产业，实等于籍没他们的财产。又如，"蜀卓氏之先，赵人也，用铁冶富，秦破赵，迁卓氏，卓氏见虏略"，"宛孔氏之先，梁人也，用铁冶为业，秦伐魏，迁孔氏南阳"，这更明显是谪戍的性质。这待遇的差别是怎么发生的呢？在我看来很简单，便是秦人与非秦人，或顺民与非顺民而已。

然而秦始皇毕竟幸运，有时候连错误都要错得恰到好处。例如有名的郑国渠，便是出乎意外地使他得到了名利的双收。在他生平无数好大喜功的工程中，直接于生产有益，于人民有益的，恐怕就只有这一种。

韩闻秦之好兴事，欲罢（疲）之，无令东伐，乃使水工郑国间说秦。令凿泾水，自中山西邸（抵）瓠口为渠。并（平行）北山，东注洛，三百余里，欲以溉田。

中作而觉，秦欲杀郑国。

郑国曰："始臣为间，然渠成亦秦之利也。臣为韩延数岁之命，而为秦建万世之功。"

秦以为然，卒使就渠。

渠成而用溉,注填阏之水,溉泻卤之地四万余顷。收皆亩一
钟。于是关中为沃野,无凶年,秦以富强,卒并诸侯。因名曰郑
国渠。(《汉书·沟洫志》)

郑国渠的开凿,据《李斯传》与《始皇本纪》)是在吕不韦免相的十
年,那年的十月不韦方被免相,可知渠的开凿可能还在吕不韦执政时
代,而完成是在他去相以后。有这渠的完成,使秦得到了军饷的来
源,所以日后连年用兵而能支持下去,终于把六国兼并了。这不真是
连错也错到了好处的吗?

(十二)

秦始皇的武功不用说更是赫赫震人的。自十七年至二十六年,十
年之间把六国次第全灭,但这功劳差不多全是王氏父子所建立的。

(年代)	(所灭国)	(将兵者)
十七年	韩	内史腾
十九年	赵	王翦、羌瘣
廿二年	魏	王贲
廿四年	楚	王翦
廿五年	燕	王贲
廿六年	齐	王贲

王贲是王翦的儿子,再加上王翦的孙子王离,这频阳王家出了三
代名将。始皇在武力上的成功一多半就依靠这父子孙三代。此中战功
最大的是王翦的攻楚,在这儿是有一番波折的。《史记·王翦传》叙
述得很有趣。

秦始皇既灭三晋(韩、赵、魏),走燕王,而数破荆师,秦
将李信者年少壮勇,尝以兵数千逐燕太子丹至于衍水中,卒破得
丹。始皇以为贤勇。于是始皇问李信:"吾欲攻取荆,于将军度
用几何人而足?"李信曰:"不过用二十万人。"始皇问王翦。王翦
曰:"非六十万人不可。"始皇曰:"王将军老矣,何怯也!李将

军果势壮勇，其言是也。"遂使李信及蒙恬将二十万，南伐荆。
王翦言不用，因谢病，归老于频阳。

李信、蒙恬两路进攻，起初虽然是连战连捷，但后来为楚军所大
败，七都尉阵亡，秦兵溃走。消息传来，激得秦始皇大怒，亲自骑马
跑到频阳去向王翦谢罪，要他想办法。他说："寡人以不用将军计，
李信果辱秦军。今闻荆兵日进而西，将军虽病，独忍弃寡人乎?"看
他这情形是多么着急，大有声泪俱下的光景。的确，假使这时没有王
翦，楚兵乘胜而西，其他五国无论已亡未亡者必先后响应，秦始皇统
一天下的梦，说不定是会全盘破灭的。王翦结果是出山了，他依然要
六十万人，始皇也就只好答应他。王翦和始皇都是了不起的名演员，
当王翦出师的时候，始皇还亲自到灞上送行，王翦当面请求了许多
"美田宅园池"。始皇说："老将军，你去吧，你还怕穷不?"王翦说：
"这次出征，就有功也不会封侯，所以要趁着这个时候为儿孙求点产
业。"说得秦始皇"大笑"。而且王翦到了潼关，他还连派了五批人回
去请求田产。王翦的部下就有人说未免接近要挟了。王翦在这儿答应
的话很值得照原文录出。

> 不然。夫秦王粗而不信人，今空秦国甲士而专委于我，我不
> 多请田宅为子孙业以自坚，顾令秦王坐而疑我耶?

这用心的确是周到。我们从这话里面可以见到秦始皇性格的又一
叙述，而且还可以见到当时秦、楚的斗争也实在都是孤注一掷，假使
王翦这一去也被打败，秦国就完了。幸而王翦这位将军，究竟是身经
百战的老将，他尽管有那样的大兵，但他采取的却是坚壁高垒的战
术，等楚将退兵之后，他才从后追击。这儿是有经济战做后盾的，这
样的战术没有充足的粮饷，当然不能成功，王翦是成功了，可见他的
后方接济做得很好。而楚将之所以引退，也一定是军粮匮乏的原因，
因此受秦人的追击而至于大败，竟一蹶不振。王翦再分兵北并齐、
燕，南征百越，中国的局面也就归于一统。

王翦的战功是很辉煌的。秦始皇毕竟有过人之处。我们看他那样

刚戾自负的人，差不多万事都要自己动手的，偏偏没有带过一次兵。他虽然"粗而不信人"，但到情急势迫的时候，他却能够对于贤能者去卑躬屈节，请罪求救。在武力征服上，这是使他成功的要素。对六国、百越他以全力信王翦，对匈奴他后来以同样的全力信蒙恬，所以他在军事上的确是成功了。他在军事上能信任人才之所以获得成功，也就反衬着他在政治上的完全独裁之所以终归失败。假使他在政治上也能以全力信任吕不韦而走他所拟的路线，秦以后的历史也许会是另外一种面貌。

吕不韦也并不反对用兵，东、西周便是在庄襄王时被他灭了的。他的书里面也强调着义兵的功用，并也有征服四夷的观念。

> 十里之间而耳不能闻，帷墙之外而目不能见，三亩之宫而心不能知，其以东至开梧，南抚多颞，西服寿靡，北怀儋耳，若之何哉？（《任数篇》引申不害语）

这种观念是先秦学者所公有的观念，阴阳家最夸大，就是孟子那样的儒家也在说"朝秦楚而抚四夷"。这观念为秦始皇所实践了一部分，但他的战略却错了。

用兵南越是在二十五年与三十三年。《本纪》云："二十五年，王翦遂定荆江南地，降越君，置会稽郡。……三十三年发诸尝逋亡人赘婿贾人，略取陆梁地，为桂林、象郡、南海，以适遣戍"（陆梁疑即彝族的古名）。这固然显示着武力上的成功，但这成功的一大半我们应该归之于楚人。楚国在两周八百年间的和平经营使南部中国实早已半分汉化。秦以武力征服之虽为时甚速，然而阻碍横生，且成为了日后亡国的因素。

> 秦皇挟录图，见其传曰：亡秦者胡也。因发卒五(三)十万，使蒙公、杨翁子将，筑修城(长城)，西属流沙，北联辽水，东结朝鲜，中国内郡挽车而饷之。又利越之犀角象齿，翡翠珠玑，乃使尉屠睢发卒五十万为五军，一军塞镡城之岭，一军守九疑之塞，一军处番禺之都，一军守南野之界，一军结余千之水，三年

不解甲弛弩，使监禄无以转饷。又以卒凿渠而通粮道，以与越人战，杀西呕君译吁宋。而越人皆入丛薄中，与禽兽处，莫肯为秦虏，相置杰骏以为将而夜攻秦人，大破之，杀尉屠睢，伏尸流血数千万。乃发适戍以备之。(《淮南子·人间训》)

秦之时尝使尉屠睢击越，又使监禄凿渠通道，越人逃入深山林丛，不可得攻，留军屯守空地，旷日持久，士卒劳倦，越乃出击之，秦兵大破。乃发适戍以备之。(《汉书·严助传》)

屠睢的出击当即是三十三年的一次，显然为越人的游击战术所困，是打了大败仗的。而且大兵远戍，不仅劳民伤财，国内空虚，所以便宜了陈涉、吴广的起义，且"宿兵无用之地"(《史记·律书》)，不能回师拯救。秦人的用兵，虽然收到了初期的成功，但从结果上看来事实上是失败了。南部中国以后之所以彻底汉化，历史明显地告诉我们，并不是采取的秦始皇式的办法。

讨匈奴是在三十二年。《本纪》云："燕人卢生使入海还，以鬼神事，因奏录图书曰：'亡秦者胡也'。始皇乃使蒙恬发兵三十万人北击胡，略取河南地。"又《蒙恬传》云："秦已并天下，乃使蒙恬将三十万众北逐戎狄，收河南，筑长城。因地形，用险制塞，起临洮至辽东，延袤万余里。于是渡河据阳山，逶蛇而北，暴师于外十余年，居上郡。"

对北的用兵和对南的性质不同，对北是防卫的反攻，对南是积极的经略。北方的游牧民族自殷代以来便是时常侵略中国的，秦始皇的北进，和赵武灵王及赵将李牧、燕将秦开等一样，毫无疑问地是反抗侵略。但秦所采取的整个战略是南进北守，征南用了五十万人，而御胡则为三十万，由这兵力的悬殊可知秦的主力是用于南征。加以万里长城的完成，在北面更布就了一个守势。尤其不应该的是南北两面同时作战，所以弄得供应不灵，天下扰攘。秦代统治的颠覆无疑就因此而被促进了。

秦人尚军功，将位在相位之上，看《琅邪台刻石》的列名次第便可以明白。

维秦王兼有天下，立名为皇帝，乃抚东土，至于琅邪。

列侯武成侯王翦（原误为王离）、

列侯通武侯王贲、

伦侯建成侯赵亥、

伦侯昌武侯×成、

伦侯武信侯冯毋择、

　　丞相隗状、

　　丞相王绾、

　　卿李斯、

　　卿王戊、

五大夫赵婴、

五大夫杨樛、

从与议于海上。（二十八年）

看这列名次第，可知武人在秦代的位置的隆崇，而秦代虽号称郡县制，但也未尽废除侯封。在当时居于最高位的王翦，军功固然不可一世，但除善于带兵之外，显然是没有什么政治上的远见的。司马迁批评他道：

王翦为秦将，夷六国。当是时，翦为宿将，始皇师之。然不能辅秦建德，固其根本，偷合取容，以至没身。（《王翦传赞》）

这批评，看来是并不过苛。

（十三）

以上所述，可见秦始皇与吕不韦，无论在思想上与政见上，都完全立于两绝端。为明了起见，我可以制一个对照表在下边。

	吕不韦	秦始皇
世界观	无神	有神
	变化	不变
	有命	无命
	适欲	纵欲
	重理智	重迷信
	平等	阶级
政治主张	官天下	家天下
	民本的	君本的
	哲人政治	狱吏政治
	讴歌禅让	万世一系
	君主任贤	君主极权
	裂土分封	分设郡县
一般倾向	反对秘密	极端秘密
	重儒道	轻儒道
	轻法墨	重法墨
	急学尊师	焚书坑儒
	隆礼正乐	恣威淫乐
	重农	重商

　　像这样绝端的对立，两人的关系当然不能善终。但为什么会相异到这样呢？这并不是两个人的对立的问题，而是两个时代的对立。周、秦之际在中国历史上是一个大转换的时期，这不论历史观的新旧是一致的，在旧时以为是封建制向郡县制的推移，而在我看来则是奴隶制向封建制的推移。殷、周是奴隶社会，自春秋中叶以还奴隶逐渐得到自由，向来的奴隶主大多数失掉了优越地位，零落了下来，在社会阶层中生着上下的对流，至秦末汉初更呈出鼎沸的现象，而社会便彻底起了质变。吕不韦是封建思想的代表，秦始皇则依然站在奴隶主

的立场。秦始皇把六国兼并了之后，是把六国的奴隶主和已经解放了的人民，又整个化为了奴隶。

二十六年："徙天下豪富于咸阳十二万户。"

二十八年："南登琅邪，大乐之，留三月，乃徙黔首三万户琅邪台下，复十二岁，筑琅邪台。"

二十八年："使刑徒三千人，皆伐湘山树，赭其山。"

三十三年："发诸尝逋亡人赘婿贾人，略取陆梁地，为桂林、象郡、南海，以适遣戍。"（五十万人守五岭）

三十四年："適治狱吏不直者筑长城及南越地。"

三十五年："隐宫徒刑者七十余万人，乃分作阿房宫或作骊山。"

三十五年："徙三万家骊邑，五万家云阳，皆复不事十岁。"

三十六年："迁河北榆中三万家。"

三十七年："始皇初即位，穿治骊山，及并天下，天下徒送诣七十余万人。穿三泉，下铜而致椁，宫观百官，奇器珍怪，徙藏满之。"

仅就《始皇本纪》中所表见者可得这九项，第九项与第六项大概是一件事。像这样大规模地把豪富或黔首任意迁徙谪戍，把亡人贾人赶出从军，把大批的刑徒、奴产子拿来做苦役（继后又拿来当兵），这不是大规模的奴隶制的复活吗？这里戍南越的既明言是亡人、赘婿、贾人，可知戍北边筑长城的也一定是奴隶。故狱吏不直者可被適治去筑长城，也可適南越。就是陈涉、吴广等那批"闾左"，其实也就是专门任苦役的奴隶。陈、吴起义了，仓促之间秦国发不出兵来，乃"令少府章邯免骊山徒人、奴产子，悉发以击楚大军"，公然有好几十万人（章邯后降项羽，降卒被坑于新安城南者二十余万；又其前陈余遗邯书，有"今将军为秦将三岁矣，所亡失以十万数"之语）。

奴隶制向封建制的转移，隶书的普及可以作为一个标识。奴隶所用的简便字体在汉代便一般化了。姓氏的混同与普及也可以作为一个标识。在古，女子有姓，男子有氏，春秋时犹然。继则姓氏不分，男子以氏为姓，有姓者为贵族，故古时"百姓"实乃贵族。庶人本无姓氏，然在战国年间，庶人抬头，于是姓氏始见普及。陈涉、吴广之姓陈姓吴，尽管"少时尝与人佣耕"，可见都是已经解放了的自由人，然而明明在做着秦人的奴隶。

因此秦始皇时代，看来是奴隶制的大逆转。由奴隶制言，可以比为回光返照。由后一阶段的封建制言，可以比为水达沸点前的一时镇静。然而在那镇静的外貌下是有猛烈的冲击的。果然，等秦始皇一死，不及一年天下鼎沸了。

（十四）

秦代政治的本质弄清楚了，吕不韦的真相也就觉得更加清晰，吕氏可以算得是一位有数的政治家，不幸遭受迫害，并被埋没了两千多年。关于他的事迹，虽然有《吕氏春秋》一书存在，但我们所能知道的依然太少。他的书并不记载他的私事和功业，只有在《序意篇》中略略露了一次法相，而不幸文又残缺。

维秦八年，岁在涒滩，秋甲子朔，朔之日，良人请问《十二纪》。

文信侯曰："尝得学黄帝之所以诲颛顼矣，爰(曰)：'有大圜在上，大矩在下，汝能法之，为民父母。'盖闻古之清世，是法天地。凡《十二纪》者，所以纪治乱存亡也，所以知寿夭吉凶也。上揆之天，下验之地，中审之人。若此，则是非、可不可、无所遁矣。天曰顺，顺维生。地曰固，固维宁。人曰信，信维听。(圣?)三者咸当，无为而行。行也者，行其理也。行数(须)循其理，平其私。夫私视使目盲，私听使耳聋，私虑使心狂。三者皆私，设精(甚)，则智无由公。智不公，则福日衰，灾日隆。"

这不用说是残文，但多少也隐括了他纂辑本书的大意，也表露了他为人的态度。他叫宾客著书，而不使他们涉及自己的私事，不正是他的大公无私的精神吗？说者往往说他著书的动机仅是为名，而对于他的书加以菲薄；又或者以为他有私心，想纂取秦政的王位，这些都不免是受了蒙蔽的见解。好名何必要著这样的书？要纂位，尽可以在始皇幼时夺取之于孤儿寡妇之手，何必要等他活到二十一岁，再来发表和他的思想、政见、气质完全相反的著作呢？

作为封建思想的礼赞者，吕氏是主张急学尊师的人，至少是赞成这样。他说"圣人生于疾学"（《劝学》），"成身莫大于学"（《尊师》）。这在当时的历史阶段上是比较进步的思想。他把尊师当成和孝亲一样的达德，"说义必称师以论道，听从必尽力以光明"（《尊师》）。孝道之被重视，是因为私有财产权合法化，财产继承权受到重视。师道之所以尊，是因为学术文化下移，读书成为了职业。这种尊师重道的思想是奴隶制时代所不能有的。但吕氏所要人尊敬的师是"视徒如己，反己以教"（《诬徒》）的"善教者"；也有那种势利的老师是他所斥责的。

> 不能教者，志气不和，取舍数变，固无恒心。若晏阴，喜怒无处，言谈日易，以恣自行。失之在己，不肯自非，愎过自用，不可证（诤）移。见权亲势及有富厚者，不论其材，不察其行，驱而教之，阿而谄之，若恐弗及。……

像这样的丑态，在《诬徒篇》中还有一些叙述，足见两千多年前的人情，和后代也相差得并不多么远。这样的师当然是不足尊的。

始皇曾尊吕氏为"仲父"，当然是以师礼事之，拿吕氏的著书来说，他并不"阿而谄之"，可以说是够了师格的。同时我想，吕门的三千食客中应该也有为吕氏所师事的人，可惜这些人都湮没无闻了。除变了节的李斯之外，我们知道的有十二岁而为说客的甘罗，曾为他的少庶子；有吕氏曾请他相燕的张唐；有在吕氏失脚后出亡于赵而赵欲相之的司空马。但这几位似乎只是政客而不是学者。吕氏门下的那批学者，可能是完全被消灭了。然而像《吕氏春秋》这部书，我相信，是有永存的价值的。它不是渡过了秦人的火，又渡过了楚人的火，一直传存于现世，已经有两千多年的寿命了吗？人可以诛灭，真理总是烧不绝的。

但吕不韦除这部《吕氏春秋》之外，还有一样遗存的物件，便是他当年所造的铜戈。戈为山东潍县陈簠斋所藏，其上有铭，文为：

"五年相邦吕不韦造，诏吏图，丞×，工寅"。五年，是秦始皇的五年。相邦即相国，汉人讳邦，始改邦为国。诏吏图，是诏县的长吏名叫图。丞×、工寅，都是一职一名。何以知道是这样的呢？因为有上郡戈的铭文可资比证。

上郡戈藏朝鲜平壤中学，余曾得其照片。铭文为："二十五年上郡守×造，高奴工师窗，丞申，工鬼薪×。"这二十五年大约也就是始皇二十五年。上郡守的名字可惜看不清楚。高奴是上郡的首县，故城在延安东，俗呼为高楼城。工鬼薪某者，乃受三年徒刑之人被发遣在那儿做铜匠的。

这两件戈铭的文例完全相同，因此可以知道"诏吏"当得是诏县之吏，但不知道这诏县是该当于现在的什么地方。秦时县制，县官"万户以上为令，减万户为长，皆有丞、尉，是为长吏"（《汉书·百官公卿表》）。那么这诏吏的图先生也应该是吕氏门下的一位人物，但连他的姓是什么，也无从查考了。

（一九四三年十月三日夜脱稿）

（原载《十批判书》，人民出版社1954年版，1961年11月人民文学出版社据之编入《沫若文集》第15卷）

【评介】

《吕不韦与秦王政的批判》写于1943年，是郭沫若写的十篇"批判"系列文章之一，后结集命名《十批判书》。

郭沫若（1892—1978年），乳名文豹，原名郭开贞，字鼎堂，号尚武。笔名沫若、麦克昂、石沱、高汝鸿、羊易之等，是中国现代著名诗人、学者、文学家、剧作家、书法家、历史学家、古文字学家、社会活动家。

郭沫若1892年11月16日生于四川省乐山市观娥乡沙湾镇，幼年入家塾读书，1906年入嘉定高等学堂学习，开始接受民主思想。1914年春赴日本留学，这个时期接触了泰戈尔、歌德、莎士比亚、惠特曼等外国作家的作品，决心弃医从文，1918年开始新诗创作，

1919 年五四运动爆发，他投身于新文化运动，写出了《凤凰涅槃》、《地球，我的母亲》、《炉中煤》等诗篇。1921 年 6 月，他和成仿吾、郁达夫等人组织创造社，编辑《创造季刊》。这一时期他出版的第一部诗集《女神》，也是其代表作，摆脱了中国传统诗歌的束缚，充分反映了"五四"时代精神，在中国现代文学史上开拓了新一代诗风，是当代最优秀的革命浪漫主义诗作。1923 年他在日本帝国大学毕业回国后，继续编辑《创造周报》和《创造日》，并系统学习马克思主义理论，提倡无产阶级文学。1926 年参加北伐战争，任国民革命军总政治部副主任。1927 年"四·一二"反革命政变前夕，写下了《请看今日之蒋介石》，产生了重大政治影响，蒋介石清党后，他参加了中国共产党领导的南昌起义。1924 年到 1927 年，他创作了历史剧《王昭君》、《聂莹》、《卓文君》。1928 年 2 月因被国民党政府通缉，流亡日本，埋头研究中国古代社会，著有《中国古代社会研究》、《甲骨文字研究》等学术著作。1930 年加入中国左翼作家联盟，参加"左联"东京支部活动。1937 年抗日战争爆发后回国，任军事委员会政治部第三厅厅长，后改任文化工作委员会主任，团结进步文化人士从事抗日救亡运动。1938 年任中华全国文艺界抗敌协会理事。抗战时期创作的《屈原》、《虎符》、《棠棣之花》等历史剧和大量诗文，都具有强烈的现实性和战斗性。学术著作《甲申三百年祭》、《青铜时代》、《十批判书》等创见颇多，影响很大。1946 年后，站在民主运动前列，成为国民党统治区文化界的革命旗帜。中华人民共和国成立后，当选为中华全国文学艺术界联合会主席，1958 年 9 月至 1978 年 6 月任中国科技大学首任校长。历任中央人民政府政务院副总理兼文化教育委员会主任、中国科学院院长、全国人民代表大会常务委员会副委员长等职，当选中国共产党第九、十、十一届中央委员，全国政协委员、常务委员、副主席等职。作品有《新华颂》、《东风集》、《蔡文姬》、《武则天》、《李白与杜甫》等，所著《奴隶制时代》等书在史学界影响很大。主编有《中国史稿》和《甲骨文合集》。

郭沫若长期从事科学文化教育事业的组织领导工作，对发展中国科学文化教育事业做出了不可磨灭的贡献。他学识渊博，才华横溢，是继鲁迅之后"我国文化战线上又一面光辉旗帜"（邓小平语）。1978

年 6 月 12 日病逝于北京，终年 86 岁。主要论著有《中国古代社会研究》、《甲骨文字研究》、《卜辞通纂》、《殷商青铜器金文研究》、《两周金文辞图录考释》、《金文丛考》、《十批判书》、《奴隶制时代》、《文史论集》等。

著作结集为《沫若文集》17 卷本(1957—1963)，新编 38 卷本《郭沫若全集》分文学(20 卷)、历史、考古三编，于 1982—1992 年陆续出版发行，许多作品已被译成日、俄、英、德、意、法等多种文字。

《十批判书》因收入十篇题为"批判"的论文而名，是郭沫若在 20 世纪 40 年代研究中国历史最杰出的著作之一，也是他研究中国古代历史分期和中国古代诸子思想的论文专集，书中对先秦诸子思想的研究提出了许多独到的见解。此书始著于 1943 年 7 月，完成于 1945 年上半年，由重庆群益出版社印行，1954 年人民出版社改排出版，1959 年科学出版社印行新一版，1961 年人民文学出版社据人民出版社改排本，编入《沫若文集》第十五卷，1976 年人民出版社重印本书时，郭沫若作了若干文字订正，全书约 33 万字。

《十批判书》全书共收有十篇论文，其编排顺序依次是:《古代研究的自我批判》、《孔墨的批判》、《儒家八派的批判》、《稷下黄老学派的批判》、《庄子的批判》、《荀子的批判》,《名辩思潮的批判》、《前期法家的批判》、《韩非子的批判》、《吕不韦与秦王政的批判》。

《吕不韦与秦王政的批判》是《十批判书》的最后一篇，也是较为重要的一篇，关于该文的写作背景，郭沫若在《十批判书·后记》中说:"……把《公孙尼子》写好之后，我的兴趣又掉换了一个方向。九月十三日的日记这样写着:读《吕氏春秋》，初意欲收集关于惠施之材料，忽尔意动，欲写《吕不韦与秦始皇》，写此二人之斗争。吕不韦当为一非凡人物，汉人名之为'杂家'，其实彼具有集大成之野心，儒、道、墨、法，冶于一炉，细心考之，必有所得。

接连几天，翻来覆去地把《吕氏》读了好几遍，我的一贯的方法是先就原书加以各种注意的标识，再备一个抄本把它们分类摘录下来，这样在下笔的时候，便可以左右逢源了。开始写作是在九月二十五日(按:时为一九四三年)，至十月三日夜完成:竟成了四万字左右的长文。"

　　《吕不韦与秦王政的批判》一文共分十四部分，第一部分充分肯定了"吕不韦在中国历史上应该是一位有数的大政治家"，"在当时是新兴的富人阶层"，由阳翟大贾政治投机做了秦的丞相，然后讨论秦始皇是否是吕不韦之子的问题。第二部分主要论述"秦始皇不仅不是吕不韦的儿子，而且毫无疑问地还是他的一位强有力的反对者。秦始皇与吕不韦的斗争，一般的人把它太看轻了"，研究《吕氏春秋》"可以知道秦始皇和吕不韦的冲突，就在思想上已经是怎么也不能解的一个死结"。第三部分重点介绍《吕氏春秋》的编纂"是在一定的计划下编成的"，"有一定的权衡，有严正的去取"，"这书却含有极大的政治上的意义，也含有极高的文化史上的价值；向来的学者似乎还不曾充分的认识"，意在说明"再去读《吕氏春秋》，你可以发觉它的每一篇每一节差不多都是和秦国的政治传统相反对，尤其是和秦始皇后来的政见与作风作正面的冲突"。第四部分主要介绍折中道家与儒家的《吕氏春秋》，其宇宙观和人生观的表现及其独创、贡献。第五部分主要研讨《吕氏春秋》书中的政治主张：反对"家天下"、尊重民意、赞成修齐治平的哲人政治、讴歌禅让、主张君主无为，其中有代表性的观点，如"'天下为公'这样的话，在现在说起来，当然是很平常的了。但在家天下的时代，尤其是在奴隶领主政权的时代，那应该具有一种钢铁的声音"，"《吕氏》书中的关于政治理论的系统大体上是因袭儒家，虽然在君道一层颇近于道家，有时甚至有些法家的气息……吕不韦本人倒可以说是一位进步的政治家，不然他是不会容许这种理论在他的名下综合起来的"。第六部分主要讨论《吕氏春秋》的施政纲领，代表性的观点如"《十二月纪》是一部王者的年中行事或施政历程，是儒家式的重农制度下的一套重要的典礼。故吕氏即使取自成文，也可证明他把这套典礼看得怎样宝贵。真的，吕氏本人很有意思，他的出身虽是阳翟大贾，而他却是一位重农主义者，这是值得注意的事"，"为了调剂刑政，儒家是看重音乐的功用的，吕氏也承继着这个传统，在《仲夏纪》与《季夏纪》中费了不少的篇幅来讨论音乐……刑之大者为兵。儒家不废刑，故亦不废兵。孔子为政，须'足食足兵'而'教民即戎'。吕氏也承继着这个传统，在《孟秋纪》与《仲秋纪》中，同样费了不少的篇幅来讨论兵，他主张义兵，而驳斥偃兵非攻之说……吕氏更采取儒家的孝道，在先秦书籍中首先引用了《孝经》……墨家尊天明鬼，而吕氏则极重理智。书中也有天，但它的天是道，是太一，是精气，是自然，而不是有意想行识的人格神"。第七部分主要讨论吕氏门下的学派构成，主要撰著者以及秦王的生理缺陷与独裁性格。有代表性的观点，如"特别值得注意的是《吕氏》书中把墨子和孔子相提并称的地方那么多，而却处处攻击墨子的学说"，"李斯颇为吕不韦所重用，在《吕氏春秋》的撰辑上他一定是尽了力的"，"这位未来的大独裁者……精神和肉体两方面显然都很有缺陷……有这三种征候，可以下出软骨症的诊断……少恩而虎狼心，便是这种精神发展的表征"。第八部分主要论述了"秦始皇这一位怪杰，在他的思想、政见和其他一切的态度上，和吕不韦或他的一群可以说是正相反对的"，具体"从宇宙观和人生观"方面加以阐述，代表性的观点，如"他(指秦始皇)同时又是一位纵欲主义者……像这种极端纵欲的生活，和《吕氏春秋》中所主张的生活态度也真是相反到了极端。吕氏主张卫生，主张节欲，主张不可勉强……但我想那位伟大的独裁者，对于吕氏这书一定是视为眼中钉的"。第九部分主要论述"秦始皇的政治主张，和吕氏的对立，还要更加明显"，第十部分主要论述"最足以代表秦始皇尚法精神的是焚书坑儒这两件大事"，有代表性的观点主要有"秦始皇的精神从严刑峻法的一点说来是法家，从迷信鬼神的一点说来是神仙家，从强力疾作的一点说来是墨家……但他所综合的，与吕不韦所综合的方面正相反，也是明白如火的……假如沿着吕不韦的路线下去，秦国依然是要统一中国的，而且统一了之后断不会仅仅十五年便迅速地彻底崩溃"。第十一部分主要就人们所称赞所谓的秦始皇功绩方面，进行带有否定性的评价，第十二部分主要论述秦始皇赫赫震人的武功"差不多全是王氏父子所建立的"，代表性的论点如"假使他在政治上也能以全力信任吕不韦而走他所拟的路线，秦以后的历史也许会是另外一种面貌"。第十三部分从世界观、政治主张、一般倾向等方面论述秦始皇与吕不韦"绝端的对立"，"吕不韦是封建思想的代表，秦始皇则依然站在奴隶主的立场"，由此得出"秦始皇时代，看来是奴隶制的大逆转。由奴隶制言，可以比为回光返照"。第十四部分主要论述"吕氏可以算得是一位有数的政治家，不幸遭受迫害，并被埋没了两千多年”。代表性的论点如"吕氏是主张急学尊师的人……始皇曾尊吕氏为'仲父'，当然是以师礼事之，拿吕氏的著书来说，他并不'阿而谄之'，可以说是够了师格的"。

《吕不韦与秦王政的批判》是《十批判书》中带有总结性质的长文，从吕不韦与《吕氏春秋》研究史看，宋以来长期受冷落，给予否定性的评价多，郭沫若彻底扭转了这种倾向，高度评价了吕不韦与《吕氏春秋》的价值与贡献，称吕不韦是"一位有数的政治家"，称《吕氏春秋》"含有极大的政治上的意义，也含有极高的文化史上的价值"，这在以前是绝无仅有的，观点很新，开拓意义明显，在现代《吕氏春秋》史上具有奠基作用。其不足之处是对秦始皇的贡献否定得太多，带有一定的主观色彩，不够公允客观，后来在《十批判书》后记与修订中作者有所认识与修正。

（王启才）

郭沫若《吕氏春秋》研究主要论著：

《十批判书》，人民出版社 1954 年版。

《吕不韦与秦代政治》（上下），《群众》1943 年第 20—22 期。

《吕氏春秋》撰著考

缪 钺

　　《吕氏春秋》在先秦诸子中，性质最为特殊。先秦诸子，皆独抒己见，自成一家，而吕书则融合群言，折中众说，此一异也。诸子著述，兴发抒，或由自撰，或弟子所记，或后学所附，初皆各篇单行，不相统贯，甚至一篇之文并非出于一人之手，汉人校书，始汇集诸篇，删除重复，勒为定本，而吕书则当撰写之际，即有计划，故纲举目张，自成系统，此二异也。此种撰著方式，自吕不韦开其端，厥后《淮南鸿烈》，为其嫡子，而魏文《皇览》以降之诸类书，亦其支与流裔。但吕书撰著情况，史文不详，千载之下，钩稽遗编，犹可略窥梗概，姑妄言之，以供读先秦书者之商榷焉。

　　《吕氏春秋》分十二纪、八览、六论，十二纪每纪各五篇，八览每览各八篇，（今《吕氏春秋·有始览》只七篇，与其余诸览不同，盖脱一篇。《有始览》之前《序意》篇，本明十二纪之意，篇末忽载豫让一事，与《序意》不类，且旧校云："一作孝廉。"与《序意》更无涉。卢文弨疑"廉孝"应为《有始览》中之一篇，其前半篇简脱，仅留后半，后人遂附于《序意篇》中，（《毕校吕氏春秋》引卢氏语。）其说甚是。然则《有始览》本亦八篇，与其余诸览同也）六论每论各六篇，别有《序意》一篇，述撰著意旨，列于十二纪之后，其篇目极为整齐。吕不韦以"春秋"名书，故以十二纪居首，而《史记·十二诸侯年表序》及《吕不韦传》并云："八览、六论、十二纪"，以八览居首，梁玉绳据此谓"今《吕氏春秋》以十二纪居首，似非本书次序"，毕沅辨之，谓《史记》所云，乃行文之便，容有不拘，不足据为典要，（毕校《春秋》）后梁氏作《吕子校补》，亦改从毕说。吕书非但篇目整齐，其篇次排列，似亦有意义。春气发生，故春纪诸篇多言养生，如《本生》、《重己》、《贵生》、《情欲》是也；夏时长养，故夏纪诸篇多言音乐，如《大乐》、《侈乐》、《适音》、《古乐》、《音律》、《音初》、《制乐》是也；秋气肃杀，故秋纪诸篇多言兵，如《荡兵》、《振乱》、《禁塞》、《怀宠》、《论威》、《简选》、《决胜》、《爱士》是也；冬日收藏，故冬纪诸篇言丧葬，如《节葬》、《安死》是也。此外，如《先识览》中《先识》、《观世》、《知接》、《悔过》、《乐成》、《察微》、《去宥》诸篇，多论人识见之远近高下，《审分览》中《审分》、《君守》、《任数》、《勿躬》、《知度》、《慎势》诸篇，多言为人君之道，《审应览》中《审应》、《重言》、《精谕》、《离谓》、《淫辞》诸篇多论言辞，《离俗览》中《离俗》、《高义》、《上德》三篇谕人主高节卓行，而《用民》、《适威》、《为欲》、《贵俗》诸篇则言人君用民之道，《恃君览》中《恃君》、《长利》、《达郁》、《行论》诸篇，多言人君所以自处之道。虽全书中篇次排列，非尽依严密之思想系统，然其中一部分固已以类相从，在先秦人随意撰写，漫无计划之风气中，若《吕氏春秋》，已为特殊者矣。

《史记》叙《吕氏春秋》撰著之情形曰："吕不韦乃使其客人人著所闻，集论以为八览，六论，十二纪。"《吕不韦传》所述甚略。就上文所言吕书篇目整齐，排列有序两点观之，则诸宾客必先有一度或数度之会商，拟定篇目，略排次序，然后从事撰写。至于撰写方法，亦略可推知，细绎吕书，诸篇作法：皆据题抒论，且有一定规模，非若其他子书之散漫无方，每篇率有要旨，少则三五句，多或百余言，此要旨多居篇首，偶或散于篇中，其余部分则本此要旨发挥。或引故事证明。如细别之可分三类：第一，凌空立论，不引故事者；第二，议论兼引故事者；第三，只引故事证要旨者。全书诸篇中，第一类较少，第二第三两类较多，兹略举例说明之，读者综全书，可以隅反焉。凌空立论不引故事，如春纪中《情欲》篇首云："天生人而使有贪有欲，欲有情，情有节，圣人修节以止欲，故不过行其情也。"此为本篇要旨，以下发议申论之，《尽数》篇云："天生阴阳寒暑燥湿，四时之化，万物之变，莫不为利，莫不为害，圣人察阴阳之宜，辨万物之利以便生，故精神安乎形，而年寿得长焉，长焉者，非短而续之也，毕其数也。"此为本篇要旨，以下即本此发挥：《谕人》篇曰："主道约，君守近，太上反诸己，其次求诸人，其索之弥远者，其推之弥疏，其求之弥彊者失之弥远。"此为本篇要旨，以下即本此发挥。此外，如《本生》、《重己》、《功名》、《圜道》诸篇，均此类也。

议论兼引故事者，如八览中《首时》（按此题下注云："一作胥时"，王念孙谓："作胥是也，篇内三言待时，待即胥也。"王说是，宜从之）篇首云："圣人之于事，似缓而急，似迟而速，以待时。"此数语乃本篇要旨，以下即本此发挥，并引武王伐纣，伍子胥见王子光，墨者田鸠见秦惠王三事证之；《慎人》篇首云："功名大立，天也，为是故，因不慎其人，不可。"此乃本篇要旨，以下即本此发挥，且引舜、百里奚、孔子诸人之事以证之；《察今》篇中曰："故择（同释）先王之成法，而法其所以为法。先王之所以为法者，何也？先王之所以为法者人也，而己亦人也，故察己则可以知人，察今则可以知古，古今一也，人与我同耳。有道之士，贵以近知远。以今知古，以益（毕校云益盖衍字）所见知所不见。"此为本篇要旨，全篇即本此发挥，并引荆人袭宋先表雍水，及楚人刻舟求剑两事证之。此外，如《义赏》、《贵民》、《乐成》、《察微》、《君守》、《任数》、《勿躬》、《知度》、《慎势》诸篇，皆此类也。

只引故事证明要旨者，如八览中《去尤》（"尤"通"囿"）篇首云："世之听者，多有所尤，多有所尤，则听必悖矣。"其下即引人有亡铁者意其邻之子，公息忌劝邾公为甲赏以组，鲁有恶者，其父见商咄曰，不若吾子，三故事，以证人之有所囿；《权勋》篇首云："利不可两，忠不则兼，不去小利，则大利不得，不去小忠，则大忠不至。故小利，大利之残也，小忠，大忠之贼也，圣人去小取大。"此为本篇要旨，其下即引竖阳谷进酒司马子反，卒以偾事，虞公纳晋赂，听其假道伐虢，卒取灭亡，智伯伐仇繇，齐达子与燕战，请金，齐王不与，兵败国亡，四故事，以证贪小失大。此外，如《必已》、《报更》、《顺说》、《悔过》、《去宥》、《执一》、《重言》、《精谕》诸篇，均此类也。

此类之中，有结构甚紧密者，如《报更》篇首曰："国虽小，其食足以食天下之贤者，其车以足乘天下之贤者，其财足以礼天下之贤者，与天下之贤者为徒，此文王之所以王也。今虽未能王，其以为安也，不亦易乎。"此为全篇要旨，其下即云："此赵孟之所以免也，周昭文君之所以显也，孟尝君之所以却荆兵也，古之大立功名与安国免身者，其道无他，必此之由也，堪士不可以骄恣屈也。"以下即叙赵孟等三故事，又如《去宥》篇先叙四故事。然后于篇末说明要旨，《无义》篇首述要旨毕，曰："公孙鞅，郑平，续经，公孙竭是已。"以下即叙公孙鞅等四人之事。此种紧密之结构，尤为先秦书中所仅见。

细研吕书诸篇之作法，可以推知，诸宾客会商之时，不但拟定篇目，排列次序，即诸篇要旨，亦必商定，写出纲领，然后分撰著之人，本此纲领抒写，至于或多发议论，或多引故事，则听作者自便。由此可以进而探索一事，即所谓悬书市门一字不易之美谈是也。《史记·吕不韦传》谓，吕氏于书成之后，"布咸阳市门，悬千金其上，延诸侯游士宾客，有能增损一字者予千金"。桓谭《新论》亦谓："秦吕不韦请迎高妙作《吕氏春秋》，书成，布之都市，悬置千金，以延示众士，而莫能有变易者。"（《文选·杨德祖临淄侯笺》李注引）司马迁、桓谭均述此书。似非尽出于附会虚造、然苟为事实，则此事之实况究竟如何，尚须研讨。吕氏全书一百六十篇（若连《序意》计之，应为一百六十一篇），若尽悬诸市门，无论书于竹，书于帛，在事实上，均不可能，即一篇之文，少者数百言，多者近千言，书而悬之，亦极不便。且以数百言之文，纵使撰写谨慎，安见其无一字之可增损更易，而先秦之时，亦无后世推敲文辞之风，吕不韦又何至以此夸耀。窃疑悬诸市门一字不易之事，不但非悬全书，甚至非悬全篇，乃仅悬各篇要旨，少则三五句，多不过百余言，书而悬之，非不可能，而每篇要旨，皆经宾客会商，斟酌写定，一字改易，出入甚大，故可悬千金之奖，以待众士之增损。吕不韦之为此，非仅表示其撰著之谨严，或尚有深意存于其间。

当不韦之时，秦国统一天下之势已成，秦自孝公以还，崇尚法家，而不韦宾客，多儒道之士。不韦受其影响，故不满意于秦国传统作风，而另有其政治上之理想，其使宾客撰此书，盖欲为一代兴王之典，当时各国游士，多集咸阳，不韦悬书市门，无异发表政见，以广宣扬，而预收天下之人心，所以悬千金之赏以求增损一字者，乃引诱观者，潜心玩读也。

吕书初虽拟定每篇要旨，由诸宾客分撰，而撰成之后，必尚有一二人总其成者，略加删定，此则由诸篇会通之处可以见之，《应同》篇曰："解在乎史墨来而辍不袭卫，赵简子可谓知动静矣。"史墨事见《召类》篇。《去尤》篇曰："解在乎齐人之欲得金也，及秦墨者之相妒也。"两事皆见《去宥》篇。《听言》篇曰："解在乎白圭之非惠子也，公孙龙之说燕昭王以偃兵及应空洛之遇也，孔穿之识公孙龙。翟翦之难惠子之法。"白圭事见《不屈》篇，公孙龙说燕昭王事见《应言》篇，空洛之遇及孔穿翟翦两事均见《淫辞》篇，《谨听》篇曰："解在乎胜书之说周公，可谓能听矣，齐桓之见小臣稷，魏文侯之见王子方也，皆可谓能礼士矣。"胜书事见《精谕》篇，齐桓魏文二事见《下贤》篇(《下贤》篇所记乃魏文侯见段干木事，此云王子方，或撰写者之偶疏也)。《务本》篇曰："解在乎("乎"字据许维遹校增)郑君之问被瞻之义，薄疑应卫嗣君以无重税。"郑君事见《务大》篇，薄疑事见《审应览》。《贵直论》曰："此触子之所以去之也，达子之所以死之也。"两事均见《权勋》篇。分撰之时，各不相谋，必不能有此贯通之处，此盖撰成之后加以删定者。

吕书虽似有总其成者删削其书，然仍有重复之处。《谕大》篇与《务大》篇，文几全同，《谕大》篇篇首"昔舜欲旗古今而不成"，至"故务在事，事在大"一段。《务大》篇亦有之，在篇末，文辞小异，《谕大》篇"季子曰：燕雀争善处于一室之下"，至"然后皆得其乐"一段，《务大》篇亦有之，在前半篇，文辞小异，《谕大》篇于此段下曰："解在乎薄疑说卫嗣君以王术，杜赫说周昭文君以安天下及匡章之难惠子以王齐王也。"而《务大》篇即详载薄疑、杜赫二人之事。此两篇如非出于一人之手，即似互相抄袭者，不知何以并存。此外，《应同》篇与《召类》篇亦有相同处，《去尤》篇与《去宥》篇文虽异而义相同，《谨听》篇"主贤世治则贤者在上"至"然后其智能可尽"一段，与《观世》篇复，《务本》篇"尝试观上古记"至"欲安而益危"一段，与《务大》篇复，此疑借两篇同出一人之手，故有相同之文，而删定者刊落未尽也。

吕书融合群言，亦自有其标准，并非漫无抉择。郭沫若谓吕书

"对于儒家道家采取尽量摄取的态度，而对于墨家法家则出以批判"
（《十批判书·吕不韦与秦王政的批判》），其言得之。惟有一事应注
意者，即吕书批评诸家时之态度是也。先秦诸子之互相驳难，如墨家
之非儒术，孟荀之排墨者，皆明斥其学，直指其名，无所顾忌，甚至
舍学术而攻击个人，如墨子《非儒》篇谓孔子"约则不辞，妄取以活
身，嬴饱则伪行以自饰，污邪作伪，孰大于此"。其他诸家辩难，亦
往往如是，而吕书则措辞蕴藉，其驳墨家非乐、非攻之说曰："世之
学者有非乐者矣，安由出哉。"《大乐》篇又曰："今世之学者多非乎攻
伐，非攻伐而取救守，取救守而向之所谓长有道而息无道，赏有义而
罚不义之术不行矣。"非但不直斥墨子，且不提明墨家，曰："世之学
者。"此外如《安死》篇曰："吾不非斗，不非争，而非所以斗，非所以
争，故凡斗争者，是非已定用也，今多不先定其是非，而先疾斗争，
此惑之大者也。"驳宋见侮不辱之说；《简选》篇曰："世有言曰：锄櫌
白梃，可以胜人之长铫利兵，此不通乎兵者之论。"驳孟子施仁政于
民可使制挺以挞秦楚坚甲利兵之说；《不屈》篇曰："察士以为得道则
未也，虽然，其应物也，辞难穷矣。辞虽穷，其为祸福，犹未可知，
察可以达理明义，则察为福矣。察而饰非惑愚，则察为祸矣。"《正
名》篇曰："名正则治，名丧则乱使名丧者，淫说也，说淫则可不可
而然不然，是不是而非不非。"驳惠施公孙龙之说；然亦均含其辞，
点明宋钘、孟子、惠施、公孙龙之名，吕书所以如此者，并非不韦之
雅量胜于其他诸子，盖二者著书之态度，有根本之差异。先秦诸子皆
思想家，困心衡虑，覃精研思，对于宇宙人生之理，治国安民之道有
其特见，得之难，信之笃，故伸己抑人，思以其道易天下，而吕不韦
乃政治家，自己并无独创之学说，不过博采诸家善言以供治国平天下
之用，其态度纯为超然，诸子断断争辩，自不韦视之，殊可不必。
《察今》篇曰："人以自是，反以相诽，天下之学者多辩，言利辞倒，
不求其实，务以相毁、以胜为故。""务以相毁，以胜为故"，盖非不
韦之所取。诸子之目的在求真，故崇己黜人，辞气亢激；不韦之目的
在实用，故取长短，态度和平。吕氏宾客本有各家各派之人，窃疑撰
著之初岁不韦盖有明白之诏示，就学论学，务取平实，不得漫骂异
派，更不得伤及个人。推其用心，殆欲以宽容之态度，泯学术之争

端，而收实用之效，在政治家之立场，此亦不失为高明之举也。

吕氏宾客，诸家兼备，撰书时切磋讨论，颇见各派学说互相影响之迹，论乐本儒家之事，盖墨家非乐，道家谓"五音使人耳聋"，亦不重乐也；而吕书中论乐诸篇，如《大乐》，《侈乐》等篇采道家之理论，《音律》及《制乐》篇则牵涉阴阳家言。(《制乐》与《明理》两篇有错简：宜依孙锵鸣说，除《制乐》篇"欲观至乐"五句外，文当互易)，然其融合殊为勉强，如《大乐》篇曰："音乐之所由来者远矣，生于度量，本于太一，太一出两仪，两仪出阴阳，万物所出，造于太，化于阴阳，形体有处，莫不有声；声出于和，和出于适，先王定乐，(先王上应有"和适"二字，依毕校删)由此而生。"以道家理论附于音乐，极见牵合凑拍之迹，至秦汉间儒者，本此发挥，如《乐记》所言，则浑融矣。(关于此义，余别有发挥，见拙作《〈吕氏春秋〉之音乐理论》，载本刊中)《当染》篇大半取墨子《当染》篇，自为墨家之徒所撰，而云："孔子学于老聃，孟苏，夔，靖叔"，谓孔子学于老聃，此则受庄子寓言之影响(此义详拙著"先秦孔老谱系诸史料之检讨"，载三十五年六月十八日南京《中央日报·文史周刊》第五期)当战国中叶，齐王好士，诸子云集稷下，标新立异，以相辩会，各家学术，因以发扬，而战国末季，吕氏著书，百家聚于咸阳，切磋讨论，以相启发，诸派思想，渐趋融合，此两事皆先秦学术史上可以特记者也。

吕书对于学术之态度，颇为平和，而其对于政治之态度，则反较严峻，盖吕不韦乃政治家而非思想家，借论学以发表其政见，所重者在此而不在彼也。不韦思想，兼崇儒道，对于秦国政治，诸多不满，《高义》篇曰："秦之野人，以小利之故，弟兄相狱亲戚相忍。"不惜然指斥。《序意》篇曰："维秦八年，岁在涒滩，秋甲子……良人请问十二纪。"吕书之成，在秦始皇八年(关于此问题，前人亦多异说，以为涒滩之岁与后世甲子纪年之逆推不合，以"八"为"六"或"四"之讹，实则仍以始皇八年之说为是，详郭沫若著《吕不韦与秦王政的批判》)而其撰著，当在始皇八年前之数年中。始皇于庄襄王三年即位，年十三岁，次年为始皇元年，年十四，则当吕氏宾客著书时，始皇盖十八九岁，其个性已可见。吕不韦在政治上有一种抱负，欲兼采儒道之长，改革秦国专尚刑法之弊。庄襄王在位时，不韦得行其志，《史记·秦本纪》谓："庄襄王元年，大赦罪人，修先王功臣，施德厚骨肉，而布惠于民。"此种儒家色彩之政治设施，盖出于不韦之意，而始皇刚愎自用，集权自专，其天性近于法家刑名之术，初即位之两三年中，年岁尚幼，或仍听从不韦，及年岁既长，渐欲独行其志，必与不韦意见相左。不韦对于始皇之性之情及行为，亦必多所不满，故书中，常似有讥始皇之语，如曰："执民之命，重任也，不得以快意为故"，(《行论》篇) 又曰："古之善为君者，劳于论人，而佚于官事，得其经也，不能为君者，伤形费神，愁心劳耳目，国愈危，身愈辱，不知要故也。"(《当染》篇) 又曰："人主以好暴示能，以好唱自奋，人臣以不争其位，以听从取容，是君代有司为有司也。"(《任地》篇) 如是之言，不一而足。又有一段尤为明显者曰："故败莫大于愚，愚患在必自用，自用则愸陋之人从而贺之，有国若此，不若无有，古之让贤从此生矣。非恶其子孙也，非徼而矜其名也，反其实也。"(《士容论》) 此则明讥始皇愚而好自用，不足以为人君，而言外颇惜当年庄襄王未禅位于不韦。此意或出于不韦，或出于宾客，或宾客逆探不韦之意而言之，而不韦默契焉，未可知也。吕书中颇有讴歌禅让之言，如曰："尧舜，贤者也，皆以贤者为后，不肯与其子孙。"(《圜道》篇) 又曰："自上世以来，天下亡国多矣，而君道不废者，天下之利也，故废其非君而立其行君道者。"(《恃君览》) 择贤禅让，本为战国学者对君位继承之理想制度，儒家尤加意宣扬；战国君主已有信其说而实行者，如燕王让国于子之，而梁襄王亦欲让国于惠施，惠施不受。(《吕氏春秋·不屈》篇) 吕不韦既有其政治上宏伟之抱负及治国平天下之新方策，而秦国实为实现此理想最好之凭借，吕氏宾客中之贤者，亦欲藉不韦以行其学说，则见始皇之专恣自用，因而太息于当年庄襄王之未能禅位于不韦，固亦出于人情之自然。惟吕书论及治国之理，君人之道，态度如此鲜明，必深触始皇之忌。书成于始皇八年，至九年，始皇即因嫪毐之事，牵连不韦，始欲诛之，因宾客游说，十年十月，免其相国，岁余，卒逼使自杀，非无故矣。

先秦典籍，十不存一，吕氏宾客撰著时所凭借之书，多已散佚，无从一一对勘矣，然亦有略可研论者。《诗》与《尚书》，先秦诸子惟儒墨两家常引之，而儒家尤多，其余道家法家著书称引《诗》《书》者甚鲜。《吕氏春秋》中论述事理，颇引《诗》《书》，亦足证撰著者多儒家之徒。其引《诗》者凡十余条，列举如次。(《应言》篇记《惠施》之言引《诗》:"恺悌君子，民之父母"，《知分》篇记晏婴之言引《诗》"莫莫葛藟，凯弟君子，求福不回"，均不在此列)《先己》篇曰:"诗曰:淑人君子，其仪不忒，其仪不忒，正是四国;言正诸身也。"《安死》篇曰:"诗曰:不敢暴虎，不敢冯河;人知其一，莫知其他，此言不知邻(俞樾谓邻字衍文)类也。"《务本》篇曰:"诗云:有渰凄凄，兴云祁祁，皆能以公及其私矣。"又曰:"大雅曰:上帝临汝，言忠臣，行也。"《报更》篇曰:"宣孟德一士，犹活其身，而况德万人乎。故诗曰:'赳赳武夫，公侯干城，济济多士，文王以宁。'"《重言》篇曰:"故诗曰:何其久也，必有以也。何其处也，必有与也。其庄王之谓邪。"《行论》篇曰:"天下闻之，以文王为畏上而哀下也。《诗》曰:'惟此文王，小心翼翼。昭事上帝，聿怀多福。'"又曰:"愍王以大齐骄而残，田单以即墨城而立功。诗曰:'将欲毁之，必重累之;将欲踣之，必高举之。'"此引逸诗。《原乱》篇曰:"故《诗》曰'毋过乱门'。所以远之也。"此为逸诗。(按"毋过乱门"一语，《左传》昭公十九年子产引作谚，《左传·昭二十二年》及《周语》下并引为人之言)《慎大篇》曰:"《周书》:若临深渊，若履薄冰。以言慎事也。"此则引周诗《小雅》而误为《周书》。然先秦诸子中常有此类情形，《墨子·兼爱下》:"周诗曰:王道荡荡，不偏不党，王道平平，不党不偏。"引《尚书·洪范》而误为周诗，《战国策·秦策》引诗云:"大武远宅不涉，"即《逸周书·大武》篇所云"远宅不薄"，此类或以记忆偶疏，或以一时笔误，或以古时可以互称之故。此外，吕书中有述及作诗之人者，如《慎人》篇以"普天之下"云云为舜自为之诗，固然出于附会，而《古乐》篇以大雅文王及大武为周公所作，则颇有可能。(《古乐篇》散宜生曰:"殷可伐也。"文王弗许。周公旦乃作诗曰:"文王在上，于昭于天。周虽旧邦，其命维新。"以绳文王之德。"文稍简略，易起误会。如谓文王不许伐殷，当时周公即作诗美文王之德，则不合诗意，如谓文王殁后，周公追述其德，则义即通，'文王在上，于昭于天'明为文王殁后之辞，不得作于生前也。")又有孔子论诗之语者，如《先己篇》曰:"《诗》曰:'执辔如组。'孔子曰:'审此言也，可以为天下。'子贡曰：'何其躁也！'孔子曰：'非谓其躁也，谓其为之于此，而成文于彼也。'圣人组修其身而成文于天下矣。"此与《论语》所载子贡与孔子论好礼引诗"如切如磋"，孔子与子夏论诗"巧笑倩兮"云云，谓绘事后素，子夏引申及于礼后之义，皆献诗句之意而推之于其他道理，乃孔门论诗一贯之方法。吕书此条所载，盖亦先秦儒家相传孔子论诗之遗说也。

《吕氏春秋》引《尚书》者亦有数条，然多不见于伏生所传二十八篇之中。《贵公》篇引《鸿范》"无偏无党"云云，《报更》篇引《鸿范》曰："惟天阴骘下民。"此为今传《尚书》中所有者。此外，《听言》篇引《周书》曰："往者不可及，来者不可待，贤明其世，谓之天子。"《谕大》篇引《夏书》曰："天子之德，广运乃神，乃武乃文。"（伪《古文大禹谟》攈拾此数语而改之曰："帝德广运，乃圣乃神，乃武乃文。"）又引《商书》曰："五世之庙，可以观怪。万夫之长，可以生谋。"（伪古文《咸有一德谟》攈拾此数语而改之曰："七世之庙，可以观德。万夫之长，可以观政。"）《孝行览》引《商书》曰："刑三百，罪莫重于不孝。"《报更》篇曰："此书之所谓'德几无小者也'（伪古文《伊训》攈拾此语而改之曰："而维德罔小"）《适威》篇引《周书》曰："民善之则畜也，不善则仇也。"《贵信》篇引《周书》曰："允哉！允哉！"均不见于所传本今文《尚书》中。然就所引诸条之文辞观之，非但不如《殷盘·周诰》古奥，甚至较诸东周之书如《文侯之命》、《秦誓》等，尤为平易，盖战国人喜伪撰夏周之书，篇简流传，吕氏宾客遂征引之矣。

《周易》与先秦儒家关系似较浅，秦汉间儒者始推之。孔子所雅言，"诗书艺礼"，其教弟子以《诗》《书》《礼》《乐》，似未尝及《易》。《墨子·公孟》篇，公孟称孔子，亦曰："博于诗书，察于礼乐。"《论语》记孔子之言，提及《周易》者，仅"不恒其德，或承之羞"一条，至如"子曰：加我数年，五十以学易，可以无大过矣"。后人每引为孔子重《易》之证。然此乃古论之文，鲁论"易"字作"亦"，连下句读，义亦可通。后人颇有主张鲁论为是者，尚为悬而未决之案。《孟子》书中引《诗》《书》，言礼制，推尊《春秋》，独无一言及《周易》，《荀子·劝学》《儒效》两篇以《诗》《书》《礼》《乐》《春秋》并举者三次，且曰："在天地之间者毕矣"，亦不及《周易》，孟荀似未尝以《周易》与《诗》《书》《礼》《乐》《春秋》等量齐观，唯《周易》既为古籍，《荀子》中亦偶及之，《非相篇》引《易》"括囊，无咎无誉"，《大略》篇引《易》"复自道，何其咎"，又曰："善为易者不占。"又解释《咸》卦，然《大略》篇琐碎芜杂，殆荀子之徒所记，非必《荀子》之文，秦汉间儒者作《易传》，始据《周易》发挥哲理，汉人遂尊《周易》跻于《诗》《书》《礼》《乐》《春秋》之列，（秦始皇坑儒生，焚诗书，独不焚易，可见秦时人普通观念尚不认《周易》与《诗》《书》为同类）并伪造商瞿传《易》之系统。至西汉末年经生，更以《周易》为其余五经之原矣。（关于此问题，近年学者论述颇详，兹略言之，举证不备）《吕氏春秋》成于战国末世秦将统一之时，是时《周易》盖已渐为一部分儒家所重，而尚未得普遍之推尊，故吕书征引《诗》《书》者甚多，而引《易》者仅两条，一见于《务本》篇，一见于《慎大览》。至于《壹行》篇谓："孔子卜，得贲。孔子曰：不吉。子贡曰：'夫贲亦好矣，何谓不吉乎？'孔子曰：'夫白而白，黑而黑，夫贲又何好乎？'"恐亦出于后人之附会而非事实，春秋时期开明之士大夫已不信卜筮，孔子不语怪力乱神，疾病时，子路请祷，孔子曰："丘之祷久矣。"其态度如此，似不至问吉凶于《周易》也。

《春秋》为孔子所作，孟荀皆推尊之，其面目应流传于儒家之徒，故《吕氏春秋》中亦言之，《求人》篇曰："观于《春秋》，自鲁隐公以至哀公，十有二世，其所以得之，所以失之，其术一也。"至于《左传》一书，自宋迄今，学者庚续研究，谓其书成于战国初季，约定吴起之时，殆成定论，则《左传》成书，应在《吕氏春秋》之前百余年，《吕氏春秋》所引故事，见于《左传》者二十余则，然颇多舛忤。祁奚荐贤事，见《左传》襄公三年，吕书《去私》篇述此事，既误以晋悼公为平公，复误以军尉为南阳令。鲁季平子卒，将以璠玙敛，仲梁怀止之，见《左传》定公五年，《安死》篇述此事，误为孔子止之。楚王灭息及获蔡侯，见《左传》庄公十年及十四年，《长攻》篇记楚王取息及蔡与《左传》异。宋公求珠，向魋不与，由是得罪，见《左传》哀公十一年，《必已》篇谓，宋桓司马有宝珠，抵罪出亡，王使人问珠之所在"，事既与《左传》异，且事在宋景公世，而谓宋王，亦误。鸡父之战，吴获陈夏啮，见《左传》昭公三年，吴太子终败楚舟师，获潘子臣，小惟子，在定公六年，《察微》篇误为一事。晋顷公使人于周，请祈福于三涂，因灭聊、阮、梁蛮氏，在《左传》昭十七年，《精谕》篇记此事，误以为晋襄公。此外，如《离谓》篇记邓析乱郑国之政，子产杀之，《高义》篇记楚子囊与吴战，遁归自杀，《达郁》篇记管仲觞桓公，卜昼不卜夜，《求人》篇记子产对叔向赋《褰裳》之诗，均与《左传》不合，即所记之事与《左传》合者，如《异宝》篇记野人献玉于子罕，子罕不受，《长见》篇记楚庄王使文无畏于齐，过宋，不假道，宋杀文无畏，庄王兴师围宋诸事，较之《左传》，文辞详略已不同。根据以上所对勘，可得下列两种解释。第一，吕氏宾客已见《左传》，惟古人撰书不若后人之精密，非必尽检原书，惟就记忆所及，随意抒写，故不但文辞多异，事实人名时有舛误。第二，《左传》一书尚未通行，吕氏宾客或未见其书，惟《左传》所根据之史料，吕氏宾客亦多知之，故所述故事见于《左传》者二十余则之多，文辞差异，固不足怪，而事实舛忤，则因吕氏宾客引故事意在阐明理论，不加详核，不若《左传》作者对史态度之谨严也。

《国语》亦战国时书，其与《左传》关系如何，学者研究，迄无定论。余之臆测，《国语》文辞繁缛，其成书似尚在《左传》之后。吕书中故事，见于《国语》者亦有数则，《慎大览》赵襄子攻翟事见《晋语》，《达郁》篇召公见厉王监谤事见《周语》，《似顺论》赵简子令尹铎平晋阳之垒事见《晋语》，虽同记一事，而文辞详略亦甚悬殊。《吕氏春秋》与《国语》之关系，殆亦如其与《左传》之关系，不出上述两种可能之情形也。

《吕氏春秋》中故事见于《国策》者，文辞几乎全同。《知士》篇静郭君善剂貌辨事见《齐策》八，《长见》篇公叔座荐卫鞅于魏王事见《魏策》一，《不侵》篇公孙弘为孟尝君使秦事见《齐策》四，《报更》篇淳于髡为孟尝君说齐王事见《魏策》三，《开春论》惠施说魏太子改葬期事见《魏策》二，不但叙事之文辞同，即叙事毕所发之一段短论，文辞亦同。按今传本《战国策》，乃刘向所校定，据向所校书序，所校中《战国策书》，错乱糅杂，向因国别者，略以时次之，除重复得三十三篇。刘向所根据之资料，不知何时所汇集，然至早不得早于西汉初，盖《国策》中曾记六国之亡也。《国策》中诸资料之求原，难以尽考，而与《吕氏春秋》相同之数条，则皆采自吕书，由每条叙事毕之短论可知。吕书《知士》篇论知人之道，故引静郭君知剂貌辨事为证，而论之曰："静郭君可谓能自知人矣。能自知人，故非之弗为阻。此剂貌辨之所以外生乐趋患难故也。"《长见》篇论人应有远识，引公叔痤荐卫鞅而惠王不听之事，证明惠王无远识，故论之曰："非公叔痤之悖也，魏王则悖也。夫悖者之患，固以不悖为悖。"所论数语，切合篇义，明为本篇作者所撰，决非采自他书，辑《战国策》者，不但取此故事，并吕书议论亦取之，其纯为抄袭明矣。

《吕氏春秋》与《孝经》之关系亦可以研讨。吕书中有两则文与《孝经》相同。《察微》篇："《孝经》曰：'高而不危，所以长守贵也；满而不溢，所以长守富也。富贵不离其身，然后能保其社稷而和其民人。'"见于《孝经·诸侯章》。《孝行览》："故爱其亲，不敢恶人；敬其亲，不敢慢人。爱敬尽于事亲，光耀加于百姓，究于四海，此天子之孝也。"见今《孝经·天子章》。《孝行览》未提明《孝经》，而《察微》篇则明引之。梁玉绳谓："周秦古书中引《孝经》处甚少"，已表怀疑之意，陈昌齐则谓："吕氏时，《孝经》未出，无从引用，《孝经》曰四十六字当是注语。"王念孙谓："《孝行览》'故爱其亲以下'八句亦与《孝经》同，则此似非注文。"汪中即据吕书引《孝经》，认为《孝经》乃先秦之书。梁陈与王汪两派意见不同。钺按：欲解决此问题，应研究《察微》篇，《孝行览》"故爱其亲"数语未提明《孝经》，焉知非撰《孝经》者袭自吕书，不足为先秦有《孝经》之证，《察微》篇引《孝经》云云，陈昌齐谓是注语，说固可通，而余寻求上下文意，窃疑"孝经曰"三字乃汉人识《吕览》者旁注之语，而传写者羼入正文。《察微》篇叙鸡父之战毕，论之曰："凡持国，太上知始，其次知终，其次知中。三者不能，国必危，身必穷。《孝经》曰：高而不危，所以长守贵也；满而不溢，所以长守富也。富贵不离其身，然后能保其社稷，而和其民人。楚不能之也。"苟删去"孝经曰"三字，文义亦甚衔接，此段盖《察微》篇作者论断之语，汉人作《孝经》，采"高而不危"数语如《诸侯章》，后之读吕书者，因此数语见于《孝经》，遂旁注"孝经曰"三字，传写者又将此三字误入正文。《孝行览》"故爱其亲"一节，盖亦《孝经》作者袭取吕书。《孝经》非先秦之书，吕氏宾客固无从引用之也。

兹再论《吕氏春秋》与《山海经》之关系。吕书中记国名，山名及各地所产之动植物，多与《山海经》同，列举如下：

《吕氏春秋·音初》篇："夏后氏孔甲，田于东阳萯山，天大风晦盲，孔甲迷惑入于民室。"《山海经中次三经》："萯山之首。"中山经："和山，吉种泰逢司之，其状如人而虎尾，是好居萯山之阳，出入有光，泰逢神动天地气也。"

《有始览》："白民之南，建木之下，日中无影，呼而无响，盖天地之中也。"《海外西经》："白民之国。"《海内南经》："有木，其状其牛，引之有皮，若缨黄蛇，其叶若罗，其实如栾，其木若菡，其名曰建木。"《有始览》"凡四海之内，东西二万八千里，南北二万六千里，水道八千里，受水者亦八千里"。《中山经》末，"记云：天地之东西，二万八千里，南北二万六千里。"

《有始览》："凡四极之内，东西五亿有九万七千里。"《海外东经》："帝命竖亥步自东极至于西极，五亿十选九千八百步。"（郭注："选，万也。"）

《谕大》篇："地大则有常祥，不庭，歧母，群抵，天翟，不周。"（孙诒让曰："常祥以下六者皆山名。"）《大荒东经》："大荒之中，有山名曰孽摇，頹抵。"（頹抵即《吕览》之群抵）《大荒西经》："有山名常阳之山，日月所入。"又"有偏旬常羊之山"。（常旸，当羊即《吕览》之常祥。）《大荒南经》："大荒之中，有不庭之山。"《大荒东经》："大荒东南隅有山名皮母地丘。"（皮母即《吕览》之歧母）不周山见《大荒西经》。惟天翟未见，孙诒让疑即《大荒经》所云天穆之野高二千俩者，穆与缪通，故书或作天缪，右半从翏，形与翟相近，因而致误耳。

《本味》篇："肉之美者，猩猩之唇。玃玃之炙。"《南山经》："青山之山有鸟焉，其状如鸠，其音若呵，名曰灌灌。"

《本味》篇："述荡之掔。"《大荒南经》："南海之外，赤水之西，流沙之东有兽左右有首，名曰跊踢。"（毕沅曰："跊踢当为述荡之伪。"）

《本味》篇："流沙之西，山之阳，有凤之丸，沃民所食。"《大荒西经》：西有王母之山，有沃之国，沃民是处，沃之野，凤鸟之卵是食。"

《本味》篇："澧水之鱼，名曰朱鳖，六足有珠。"《东山经》："葛山之首。醴本出焉，其中多珠鳖鱼，其状如肺而有目，六足有珠。"

《本味》篇："水之鱼名曰鳐，其状若鲤而有翼，常从西海夜飞，游于东海。"《西山经》："泰器之山，观水出焉，是多文鳐鱼，状如鲤鱼，鱼身而鸟翼常行西海游于东海，以夜飞。"

《本味》篇："菜之美者，昆仑之蘋。"《西山经》："昆仑之丘有草焉，名曰草，其状如葵，其味如葱。"

《本味》篇："余瞀之南，南极之崖，有菜，其名曰嘉树，其色若碧。"《中山经》："半石之山，有草焉，其名曰嘉荣。"

《本味》篇："和之美者，招摇之桂。"《南山经》："招摇之山多桂。"

《本味》篇："沮江之丘，名曰摇水。"《西山经》："槐江之山，爰有淫水。"(郭注："淫音摇"，郝懿行曰："疑淫本作瑶。")

《本味》篇："高泉之山，其上有涌泉焉。"《中山经》："高前之山，其上有水焉，甚寒而清，帝台之浆也。"

《本味》篇："果之美者，沙棠之实。"《西山经》："昆仑之丘，有木焉，其状如棠，其味如李而黑核，名曰沙棠。"

《本味》篇："箕山之东，青鸟之所，有甘相焉。"《海外北经》："平丘爰有甘相。"

《任数》篇："东至开梧，南抚多䲹，西服寿靡，北怀儋耳。"《大荒西经》："有寿麻之国，《大荒北经》有儋耳之国。"

《知度》篇："禹曰：若何而治青北，化九阳、奇怪之所际。"(孙诒让曰："青北当作青丘，奇怪当作奇肱。")青丘国见《海外东经》，奇肱国见《海外西经》。

《求人》篇："禹东至搏木之地，日出九津青羌之野。"《海外东经》："下有汤谷，汤谷上有扶桑。"《东次三经》："无皋之山，东望搏木。"

《求人》篇："鸟谷青丘之乡，黑齿之国"，《海外东经》："青丘国，黑齿国。"（又见《大荒东经》。）

《求人》篇："南至裸民主处，不死之乡。"《海外南经》："羽民国，不死民。"

《求人》篇："西至其肱一臂三面之乡。"（毕沅曰："其肱疑《海外西经》之奇肱。"）

《求人》篇："北至犬戎之国，夸父之野，禹强之所，积水积石之山。"《海内北经》："犬封国曰犬戎国。"《海外北经》："夸父禹所积石之山在其东，河水入，雪方禹强，人面鸟身。"《大荒东经》："禺京处北海，是惟海神。"《大荒北经》："有神人面鸟身，珥两青蛇，践两赤蛇，名曰禹强。"

《山海经》一书撰作之时代问题，亦颇费研究。近来学者谓《山海经》为战国时书，会经汉人附益，其说近是，然除去有秦汉郡名者数处之外，何种部分为汉人所附，亦难确考。观《吕氏春秋》所言地理知识与《山海经》相同者如是之多，则当战国末世，《山海经》或已写定，吕氏宾客曾见之，故著书时遂多采用之也。日人小川琢治作《山海经考》，谓五臧山经撰作之时代较早，海内、海外、大荒诸经乃后来所附，今按吕书所记地理知识，见于海内、海外、大荒诸经者，有二十余则之多，然则海内、海外、大荒诸经在战国末世殆亦大题写定欤。

《吕氏春秋》中时引黄帝言，《去私》、《圜道》、《序意》、《应同》、《遇合》、《审时》六篇均引之。《汉书·艺文志》有《黄帝四经》、《黄帝铭》、《黄帝君臣》、《杂黄帝》诸书，盖皆战国时人所作，班固注中已言之，先秦诸子多托古帝王，黄帝为道家所托，《黄帝读书》盖亦道家之徒所撰，故班固注其谓"与《老子》相似"。吕不韦颇崇道家，宜其时引黄帝之言也。吕氏宾客兼备众家，而儒墨道三家之徒尤盛，故吕书中采三家学说及记诸先师言行者最多，吕书中记孔子言行者，有《贵公》、《当染》、《先已》、《劝学》等三十一篇，七十子中，如颜回（《慎人》篇、《劝学》篇），子路（《慎人》篇、《察微》篇），子贡（《慎人》、《必己》《察微》、《精谕》诸篇），曾子（《劝学》篇、《孝行览》），子夏（《尊师》篇），子张（《尊师》篇），宰予《慎人》篇、《慎势》篇），子贱（《具备》篇）等，亦均有记载，《审应览》记子思之事。

独《孟子》之名，全书未见，书中议论亦罕有采自孟子书者，惟《尊师》篇："故凡举，非能益也，达天性也，能全天之所生而勿败之，是谓善学。"似本孟子性善之旨。吕氏宾客之儒家中，盖少孟子之徒钦。《上德》篇："故曰：德之速，疾乎以邮传命，（此乃孔子之言，《论语》未载，见《孟子·公孙丑》。《上德》篇作者或采自《孟子》，或别有所受）《荀子》之名亦不见于吕书，或以其为同时人之故，荀子弟子李斯为吕不韦舍人，可能参与著书之事，故吕书中有与荀子书相通者。"《尊师》篇曰："君子之举也，说义必称师以论道，听从必尽力以光明，听从不尽力，命之曰背，说义不称师，命之曰叛，背叛之人，贤主弗内之于朝，君子不与交友。"与《荀子·大略》篇："言而不称师谓之畔，教而不称师谓之倍，倍叛主人，明君不内，朝士大夫遇诸途不与言。"大旨相同、辞句小异。

吕书记墨子言行者亦甚多，有《当染》、《尊师》、《不侵》等十四篇，《当染》即采墨子书中《所染》篇而又略有附益，而记墨家故事尤多，所记有禽滑厘（《当染》篇、《尊师》篇），腹䵍（《去私》篇），许犯（《当染》篇），田系（《当染》篇），县子石（《尊师》篇），索卢参（《尊师》篇），高河（《尊师》篇），田鸠（《首时篇》），谢子（《去宥》篇），唐姑果（《去宥》篇），公上过（《高义》篇），孟胜（《上德》篇），徐弱（《上德》篇），田襄子（《上德》篇）等，除禽滑厘，县子石，田鸠，公上过数人外，均不见于先秦其他书籍，虽墨子书中亦无记载，幸赖吕书存之，而腹䵍杀子及孟胜传巨子两事，尤为墨家重要掌故。晚期墨家名辩之学，在吕书中亦有可征，《审己》篇："凡物之然也必有故，而（同如）不知其故，虽当，与不知同，其卒必困，先王名士达师之所以过俗者，以其知也。"与《墨经上》："故所得而后成也"之义相通；《知接》篇："智亦然，其所以接智，所以接不，智同，其所能接所不能接异。"（断句依陶鸿庆说，与《墨经上》"知，接也"之义相通）；《别类》篇："小方。大方之类也。"与《墨经说》"方尽类"之义相通。

吕书颇采庄子，《去尤》篇明引庄子"以瓦殳者翔"云云，见《庄子·达生》篇，《必己》篇引庄子行于山中见木甚美之故事，见《庄子·山木》篇，其未提明者，如《必己》篇"外物不可必"一段见《庄子·外物》篇，《有度》篇"故曰通意之悖"一段见《庄子·庚桑楚》篇，

《适威》篇"烦为教而愚不识"四语与庄子《则阳》篇"匿为物而愚不识"四语意同而辞句小异，吕书中所引故事见于《逍遥游》，《养生主》、《天地》、《达生》、《山木》、《田子方》、《徐无鬼》、《让王》诸篇者有十八条之多。《庄子》诸篇撰作时代颇难确定，大抵内七篇较早，其中可能有《庄子》自撰者，至于外篇杂篇，则多庄学之徒所作，有晚至汉代者，《吕氏春秋》著作之时，今本《庄子》诸篇未必尽已写定，然吕氏宾客中必不乏庄学之徒，故《吕》《庄》两书相通处如是之多也。吕书中辞语及其意义与老子书相类者亦甚多，如《贵公》篇："天地大矣，生而弗子：成而弗有，万物皆被其利，而莫知其所由始。"与《老子》二章："物作焉而不辞，生而不有，为而不恃。"三十四章："大道泛兮其可左右，万物恃之而生而不辞，功成而不有，衣养万物而不为主。"辞句小异而意则同。如此之类，约二十余则，顾颉刚所作《从〈吕氏春秋〉推测〈老子〉之成书年代》一文中（刊《燕京大学史学年报》第四期）征引甚备，兹不再举。所可注意者，吕书中虽数见老聃之名，而此类与老子书意同辞近之语均未尝提明为老子之言，即与老子书辞意均同者，如《制乐》篇："祸兮福之所倚，福兮祸之所伏。"见《老子》五十八章，《乐成》篇："大器晚成，大音希声。"见《老子》四十一章，《君守》篇："故曰：不出于户而知天下，不窥于牖，而知天道，其出弥远者其知弥少。"见《老子》四十七章，《别类》篇："知不知上矣。"见《老子》七十一章，均未言出于《老子》。《君守》篇称"故曰"，点明引书，但亦未言《老子》。故顾颉刚谓："在《吕氏春秋》著作时代，尚无今本《老子》存在。"其言甚是。然可见吕书中多存道家之说，故后之编集《老子》书者，其所取材多与吕书相通，或即来自吕书也。

　　吕氏宾客除儒墨道三家外，尚有各派学者，故先秦诸子遗说多存于《吕氏春秋》之中，如《应同》篇存邹衍之说，《贵生》、《先己》、《诬徒》、《明理》、《知度》等篇存子华子之说，《贵因》、《慎势》两篇存慎到之说，《上农》、《任地》、《辩土》三篇乃农家之言，《淫辞》、《不屈》、《应言》、《开春论》、《爱类》诸篇载惠施言行之类，清乾嘉及晚近举人多已言及，兹不详论。吕不韦以秦相之尊，广致宾客，融合群言，撰为巨著，其中必多异材硕举，惜姓名湮没，无可详考，今所知者，仅有李斯(见《史记·李斯传》)、司空马(《战国策·秦策五》)二人而已。

（原载华西协和大学《中国文化汇刊》，1946年第6卷）

【评介】

缪钺(1904—1995)，字彦威，江苏沭阳人，著名历史学家、文学家、教育家，诗词、书法亦堪称大家。

缪钺1904年12月6日(清光绪三十年甲辰十月三十日)生于直隶(今河北省)迁安县，后随家寓居保定，其祖父名巩，清光绪年间举人，三十余岁即逝世，著有《蔚华山馆诗文集》、《海上厄言》等书。父亲名颂唐，在政府机关任秘书之职，著有《惟是斋文集》、《惟是斋笔记》。缪钺先生1922年中学毕业后，考入北京大学文科，1924年北京大学文预科肄业。1924年冬，因父亲逝世，遂辍学教书以赡养家人，从此开始了教学与治学生涯。抗日战争以前，缪钺先后任教于保定私立培德中学、志存中学、省立保定中学高中部，任国文教员。后历任河南大学中文系、广州学海书院、浙江大学中文系教授。1946年起，应华西协合大学之聘，到成都任该校中文系教授兼中国文化研究所研究员，同时兼任四川大学历史系教授，1952年后，专任四川大学历史系教授，历任中国古代史教研室主任、历史研究所副所长、古籍整理研究所名誉所长、历史研究所学术顾问。

缪钺从事中国古代史、中国古典文学、历史文献学的教学与科研工作70年，治学原以先秦诸子及古典文学为主，20世纪40年代中期以后，转而研究魏晋南北朝史。80年代以后，又再次致力于词学研究。20世纪50年代，开始培养研究生。1981年，被国务院学位委员会批准为首批博士生导师，为四川大学培养出第一位博士。1995年1月6日，病逝于成都，享年91岁。

缪钺曾任中国唐史研究会理事、中国唐代文学学会理事、成都市杜甫研究学会会长，四川诗词学会名誉会长。

任国务院古籍整理出版规划小组成员、四川省古籍整理出版规划小组顾问兼学术委员会副主任。中国魏晋南北朝史学会、中国唐史学会、中国唐代文学会、中国《三国演义》学会、李白研究学会、元好问研究学会、中华诗词学会等学术团体和学术机构的顾问。

与人共同主编了《唐诗精华》、《中国野史集成》等专书,出版有《元遗山年谱汇纂》、《诗词散论》、《杜牧诗选》、《三国志选》、《读史存稿》、《杜牧传》、《杜牧年谱》、《三国志选注》(主编)、《冰茧庵丛稿》、《灵溪词说》(合著)、《三国志导读》(主编)、《冰茧庵序跋辑存》、《冰茧庵剩稿》、《词学古今谈》(合著)等专著,发表论文140余篇,多数收入上述各论文集。另有旧体诗词集《冰茧庵诗词稿》行世。2004年6月河北教育出版社出版《缪钺全集》,共八卷。

1989年,缪钺荣获国家教委普通高校优秀教学成果国家级特等奖。其专著曾多次荣获四川省哲学社会科学优秀科研成果奖、荣誉奖;1995年《灵溪词说》获国家教育委员会全国高等学校首届人文社会科学研究优秀成果一等奖。

缪钺"在各大学教书数十年,开设过诗选、词选,六朝文,杜诗、中国文学史,中国通史、中国古代史(汉魏六朝阶段)、中国学术思想史、魏晋南北朝史专题,史学名著选读等诸种课程。他教书,不仅是传授知识、阐明理论,更注重培养学生独立思考之能力,怀疑探索之精神。通过讲授文史课程,阐述中国文化的优秀传统,古代贤人志士的高风亮节,以培养学生广阔的襟怀,远大的志向,有为国家民族做出贡献之责任感"。

缪钺治学最大特点是文史结合,其次是博通与专精相结合。他自己总结治学方法与经验说:"除去练好基本功之外,就是要'熟读深思'。书必须熟读、精读,重要部分要能成诵。深思有两个方面,一是探索隐微,一是高瞻远瞩,二者兼备,始不致流于狭隘与空疏。他又提出三个结合:论史结合;文史结合;古今结合。同时又要照顾到专精与博通的关系,专精必须建筑在渊博的基础之上,而最高的境界则是能具有才学识三长。"(《缪钺自述》,见高增德、丁东编,《世纪学人自述》第二卷,北京十月文艺出版社,2000年1月第1版。)

缪钺研究中国历史,注重通古今演变,探索、阐释几千年兴衰治乱之迹,各民族间的斗争融合,经济的发展,学术文化的流变,彰往察今,以资借鉴。研究中国古典文学,注重理解其发展情况及优秀传统，古代作家之高情卓识，精湛艺术，尤其是古典诗词中生生不息的感发作用，可以陶冶性情，提高志趣。同时，他又常用文史互证之法，知人论世，探索隐微，发掘问题，树立新义。

缪钺逝世后，著名学者周一良教授曾撰一联："文史回翔，绛帐春风三千弟子；诗词并美，灵溪妙谛一代宗师"，此联对缪钺的业绩作了高度的概括，也是对他风华、德望生动传神的写照，评价精当。

缪钺《〈吕氏春秋〉撰著考》发表于华西协和大学《中国文化研究汇刊》1946 年第 6 卷，据缪元朗《缪钺先生生平编年》(1904 年—1978 年)(中国魏晋南北朝史学会，四川大学历史文化学院编《魏晋南北朝史论文集》，四川出版集团 2006 年版) 记载，"1945 年，四十一岁，本年先生在浙江大学中文系任教……12 月 1 日，先生致函陈盘先生，谓'弟近治先秦学术，以为《吕氏春秋》一书，兼备百家之言，不啻先秦诸子之总汇。先秦学术中种种问题，多可在吕书中寻得线索。弟拟用分析之法，研究吕氏宾客著书之情形及用心，追溯其资料之来源，查勘其中学说承受融合之迹，并评其得失利病而推论其对后世之影响。拟先撰单篇论文，然后合为一书，已成《〈吕氏春秋〉中之音乐理论》及《先秦书中老子史料之检讨》，近正拟撰《〈吕氏春秋〉与〈山海经〉》。(1945 年 12 月 1 日致陈盘先生函)"，这正是先生早年研究先秦诸子的成果之一。

缪钺《〈吕氏春秋〉撰著考》一文首先指出，在先秦诸子中，《吕氏春秋》"性质最为特殊"，特别是"当撰写之际，即有计划，故纲举目张，自成统系"，"此种撰著方式，自吕不韦开其端，厥后淮南鸿烈，为其嫡子，而魏文《皇览》以降之诸类书，亦其支与流裔"，其观点对后人影响很大，自今仍是卓见。

然后，他指出："吕不韦以'春秋'名书，故以十二纪居首……吕书非但篇目整齐，其篇次排列，似亦有意义……虽全书中篇次排列，非尽依严密之思想系统，然其中一部分固已以类相从，在先秦人随意撰写，漫无计划之风气中，若《吕氏春秋》，已为特殊者矣……就上文所言吕书篇目整齐、排列有序两点观之，则诸宾客必先有一度或数度之会商，拟定篇目，略排次序，然后从事撰写。至于撰写方法，亦略可推知，细绎吕书，诸篇作法：皆据题抒论，且有一定规模，非若其他子书之散漫无方，每篇率有要旨，少则三五句，多或百余言，此要旨多居篇首，偶或散于篇中，其余部分则本此要旨发挥。或引故事证明。如细别之可分三类：一、凌空立论，不引故事者；二、议论兼引故事者；三、只引故事证要旨者"，这些都是非常精当的议论与评价。然后，分三类一一摆出具体例证。

缪钺指出：《吕氏春秋》中"有结构甚紧密者，如《报更》篇、《去宥》篇、《无义》篇等，此种紧密之结构，尤为先秦书中所仅见"。

关于《吕氏春秋》诸篇之作法，缪钺通过细研文本，并进行推理说："诸宾客会商之时，不但拟定篇目，排列次序，即诸篇要旨，亦必商定，写出纲领，然后分撰著之人，本此纲领抒写，至于或多发议论，或多引故事，则听作者自便。"

关于《吕氏春秋》书成之后，"布咸阳市门"一字千金的故事，司马迁、桓谭均有表述，但缪钺认为尚有商讨之余地，他指出，"吕氏全书一百六十篇……若尽悬诸市门，无论书于竹，书于帛，在事实上，均不可能，即一篇之文，少者数百言，多者近千言，书而悬之，亦极不便。且以数百言之文，纵使撰写谨慎，安见其无一字之可增损更易，而先秦之时，亦无后世推敲文辞之风，吕不韦又何至以此夸耀。窃疑悬诸市门一字不易之事，不但非悬全书，甚至非悬全篇，乃仅悬各篇要旨，少则三五句，多不过百余言，书而悬之，非不可能，而每篇要旨，皆经宾客会商，斟酌写定，一字改易，出入甚大，故可悬千金之奖，以待众士之增损"，这种观点，大胆新颖，可备为一说。

以上富有新意和创见的观点，文中还有很多，如"其使宾客撰此书，盖欲为一代兴王之典，当时各国游士，多集咸阳，不韦悬书市门，无异发表政见，以广宣扬，而预收天下之人心，所以悬千金之赏以求增损一字者，乃引诱观者，潜心玩读也。吕书初虽拟定每篇要旨，由诸宾客分撰，而撰成之后，必尚有一二人总其成者，略加删定，此则由诸篇会通之处可以见之"，"吕书虽似有总其成者删削其书，然仍有重复之处"，"吕书融合群言，亦自有其标准，并非漫无抉择"，"吕书所以如此者，并非不韦之雅量胜于其他诸子，盖二者著书之态度，有根本之差异。先秦诸子皆思想家，困心衡虑，覃精研思，对于宇宙人生之理，治国安民之道有其特见，得之难，信之笃，故伸己抑人，思以其道易天下，而吕不韦乃政治家，自己并无独创之学说，不过博采诸家善言以供治国平天下之用，其态度纯为超然，诸子断断争辩，自不韦视之，殊可不必"，"窃疑撰著之初岁不韦盖有明白之诏示，就学论学，务取平实，不得漫骂异派，更不得伤及个人。推其用心，殆欲以宽容之态度，泯学术之争端，而收实用之效，在政治家之立场，此亦不失为高明之举也"，"吕书对于学术之态度，颇为平和，而其对于政治之态度，则反较严峻，盖吕不韦乃政治家而非思想家，借论学以发表其政见，所重者在此而不在彼也"，"不韦对于始皇之性之情及行为，亦必多所不满，故书中，常似有讥始皇之语"，"惟吕书谕及治国之理，君人之道，态度如此鲜明，必深触始皇之忌"等，可谓俯拾即是。

缪文另一贡献，是将《吕氏春秋》征引先秦典籍情况，做了大致的梳理，"《吕氏春秋》中论述事理，颇引《诗》《书》，亦足证撰著者多儒家之徒。其引《诗》者凡十余条"，有 1 条很珍贵，"盖亦先秦儒家相传孔子论诗之遗说也"。"《吕氏春秋》引《尚书》者亦有数条，然多不见于伏生所传二十八篇之中"，"而引《易》者仅两条，一见于《务本篇》，一见于《慎大览》"，《吕氏春秋·求人篇》征引《春秋》1 条，"《吕氏春秋》所引故事，见于《左传》者二十余则，然颇多舛忤"，"吕书中故事，见于《国语》者亦有数则"，"《吕氏春秋》中故事见于《国策》者，文辞几乎全同……《国策》中诸资料之求原，难以尽考，而与《吕氏春秋》相同之数条，则皆采自吕书……辑《战国策》者，不但取此故事，并吕书议论亦取之，其纯为抄袭明矣"，"《吕氏春秋》与《孝经》之关系亦可以研讨……盖亦《孝经》作者袭取吕书。《孝经》非先秦之书，吕氏宾客固无从引用之也"，"《吕氏春秋》与《山海经》之关系。吕书中记国名、山名及各地所产之动植物，多与《山海经》同"，然后列举了23条例证，得出结论"观《吕氏春秋》所言地理知识与《山海经》相同者如是之多，则当战国末世，《山海经》或已写定，吕氏宾客曾见之，故著书时遂多采用之也"。

此外，《吕氏春秋》有6篇文章征引黄帝之言，"吕氏宾客兼备众家，而儒墨道三家之徒尤盛，故吕书中采三家学说及记诸先师言行者最多，吕书中记孔子言行者，有 31 篇"，七十子中，如颜回、子路、子贡、曾子、子夏、子张、宰予、子贱、子思亦均有记载，独《孟子》之名，全书未见，书中议论亦罕有采自孟子书者，仅 1 条，《荀子》之名亦不见于吕书……荀子弟子李斯为吕不韦舍人，可能参与著书之事，故吕书中有与荀子书相通者。

吕书记墨子言行者有 14 篇，吕书颇采庄子，有 18 条之多。……然吕氏宾客中必不乏庄学之徒，故吕庄两书相通处如是之多也。吕书中辞语及其意义与老子书相类者亦甚多。吕书征引其他学派学者还有邹衍、子华子、慎到、农家、惠施等遗说。至于《吕氏春秋》的具体撰著者，可考的只有李斯、司空马二人而已。

缪文对于吕书的编纂体例与征引典籍，有较多的发现与创见，对理解中国书籍编纂衍变、《吕氏春秋》材料来源，及其与先秦众多典籍的关系，很有启发与借鉴意义。

（王启才）

缪钺《吕氏春秋》研究主要论文：

《吕氏春秋撰著考》，《中国文化研究汇刊》第 6 卷，1946 年。

《吕氏春秋中之音乐理论》，《中国文化研究汇刊》第 6 卷，1946 年。

《吕氏春秋错简》，《中央日报》1947 年 2 月 17 日《文史周刊》第 38 期。

《吕氏春秋》及其对汉代
学术与政治的影响

徐复观

一 《吕氏春秋》内容之检别

　　一般地说，经学是两汉学术的骨干，也是支持、规整两汉政治的精神力量。但两汉人士，许多是在《吕氏春秋》影响之下来把握经学，把《吕氏春秋》对政治所发生的巨大影响，即视为经学所发生的影响；离开了《吕氏春秋》，即不能了解汉代学术的特性，这点却被人忽略了。所以为了打开探索两汉学术思想特性之门户，便应先从《吕氏春秋》所及于两汉学术与政治的影响开始。当然，两汉思想，除儒家以外，还有其他思想的重大影响。例如道家思想，在四百年中，一直是一股巨流。而《管子》一书，对西汉前期的影响也相当巨大，其中有的便成篇于汉初。法家对两汉也一直保持一个有力的传承的系统。但第一，道法各家的影响，是界域分明，因而也是有一定范围的影响；不是像《吕氏春秋》那样，以渗透融和之力，发生了几乎是无孔不入的影响。第二，各家的影响，都是系统分明，言者不讳，易为人所把握。但司马迁、刘向们，虽然都很重视吕不韦，可是在一般反秦风气之下，大家都讳其思想之所自出，故这样大的影响，却无人公开加以承认。所以值得特别提出来加以研究。

　　《吕氏春秋》，是对先秦经典及诸子百家的大综合。我约略统计一下，引《诗》者十五，引《逸诗》者一。引《书》者十，其中称《书》者一，称《商书》者二，称《仲虺》者一，称《洪范》者二，称《周书》者三，称《书》而不明所出者一。引《商箴》、《周箴》者各一。引《易》者四。述《春秋》者一。与政治有关之礼，则皆组入《十二纪》中。《仲夏纪》、《季夏纪》言音乐，多与《礼记》中之《乐记》相通。引《论语》者一，引《孝经》者一。在诸子百家方面，《吕氏春秋》全书，系统合儒、道、墨、阴阳五家思想而成；因含有反对秦国当时所行法家之治的深刻意味，故除一字不提法家外，其余被它个别提到的，孔子者二十四，墨子者六，孔墨并称者八。又多次提到孔墨的许多弟子。提到老子者四，孔老并称者一。提到庄子者二，列子者二，詹何者三，子华子者五，田骈者二。尹文、慎子、田子方、管子者各一。提到出于邹衍之后，与邹衍系统有密切关联之黄帝者十一。提到邓析者一，惠施者六，公孙龙者四。提到白圭者三，提到农家的神农、后稷者各二。里面还有采用了他人的思想而未出其名者更多，如孟子、荀子即其一例。而我这里举出的姓名和数字，只是粗略的统计，必有不少遗漏的。但即此已可推见其内容的宏富。

由上面简单的陈述，可以了解《吕氏春秋》，应当从各个不同的角度，来作重新发现性的研究。例如其中包含大量的古代史料，便值得与同一史料、但分见于先后或同时的各种典籍的，作一番比较性的研究。至于站在思想史的立场，应当把各种有关资料作比较而精密的处理，更不待说。同时，在一篇论文里，几乎不能包括每一重要角度的观点，也是非常明白的。本论文的目的，是站在吕氏门客的立场，来检别出其中他们认为最重要的部分，由此以讨论它所给予两汉学术及政治上的影响。我所以用"检别"两个字，因为即使识力卓绝的司马迁，他所把握的《吕氏春秋》的重点，或者说是骨干，可能便与吕氏门客们自己衡定的，并不相符。这里应顺便提破一点，构成内容骨干部分的，在今日看来，不一定是全书中最有价值的部分。

《史记》卷八十五《吕不韦列传》：

> 庄襄王元年，以吕不韦为丞相，封为文信侯……庄襄王即位三年，薨，太子政立为王，尊不韦为相国，号称仲父……当是时，魏有信陵君，楚有春申君，赵有平原君，齐有孟尝君，皆下士，喜宾客，以相倾。吕不韦以秦之强，羞不如，亦招致士，厚

遇之，至食客三千人。是时诸侯多辩士，如荀卿之徒，著书布天下。吕不韦乃使其客人人著所闻，集论以为《八览》、《六论》、《十二纪》，二十余万言，以为备天地万物古今之事，号曰《吕氏春秋》。

布咸阳市门，悬千金其上，延诸侯游士宾客有能增损一字者予千金。

按史公所重者在"备天地万物古今之事"，故先《八览》、《六论》而后《十二纪》。在《答任安书》中谓"不韦迁蜀，世传《吕览》"，这很明显地是以《八览》概括全书。然史公所见，与吕不韦自身之所期，颇有出入。《吕氏春秋》有《序意》一篇，不缀于全书之后，而缀于《十二纪》之末；且自名其书为《春秋》，正系综括《十二纪》以立名；则在吕氏及其门客的心目中，此书的骨干，是《十二纪》而不是《八览》、《六论》，至为明显。《序意》①说：

> 维秦八年②，岁在涒滩，秋甲子朔，朔之日，良人请问《十二纪》。文信侯曰，尝得学黄帝之所以诲颛顼矣。爰有大圜在上，大矩在下。汝能法之，为民父母。盖闻古之清世，是法天地。凡《十二纪》者，所以纪治乱存亡，所以知寿夭吉凶也。上揆之天，下验之地，中审之人，若此，则是非可不可，无所遁矣。

上面一段话，正概括了《十二纪》的内容；而其著《十二纪》之目的，乃以秦将统一天下，而预为其建立政治上之最高原则。其《十二

---

① 按《序意》一篇，颇有脱误。篇末引豫让、青萍之故事，就其性质言，疑本属《诚廉》篇，而误入此处。

② 按始皇八年，乃此书初次定稿之年。实则吕氏迁蜀，死于十二年，其后，秦政尚使人继续作整理工作。《孟冬纪·安死》篇："以耳目所闻见，齐、荆、燕尝亡矣，宋、中山已亡矣，赵、魏、韩已亡矣，其皆故国矣"；这分明是秦政二十六年灭六国以后的口气。又秦并天下，以十月为岁首；而《十二纪》中之九月有"来岁授朔"之语，此亦为秦并天下以后所增入的。

纪》所不能尽，或尚须加以发明补充者，乃为《八览》、《六论》以尽其意。《八览》之八，我以为殆指的是八方。有《始览》中之所谓"九野"，除中央外，实已举八方以为言；所谓"八风"，实指八方之风。则《八览》云者，乃极八方之观览。《六论》之六，我以为殆指的是六合。《庄子·齐物论》："六合之外，圣人存而不论。"则《六论》者，乃穷极六合之论。《八览》、《六论》的性格，正如史公之所谓"备天地万物古今之事"。不仅吕氏的主要用心并不在此，并且因为他们太喜爱数字上整齐的形式，于是全书都有分其所不必分，重其所不必重，以迁就整齐的数字形式。全书到了《六论》，在内容上似乎有蹶竭之感。

今人杨树达，著有《读吕氏春秋记》。其中颇多精义。但他在《读〈吕氏春秋〉书后》一文中谓"古人著书，自序必殿居全书之末，何以吕氏书不尔？及读《史记》，而后知今本《吕氏春秋》经后人易置其次，非吕氏书之旧也。请以五证明之"。杨氏长于训诂而不谙于思想，不能把握当时吕氏及其门客思想之骨干及其渊源，故其所举五证，皆不足置辩。

二　邹衍学派与《吕氏春秋·十二纪·纪首》

《十二纪》是综贯天地人以建立政治的最高原则，这表现了他们很大的野心。要对此作一确切的了解，应当自邹衍的思想说起；因为《十二纪》的成立，是邹衍的阴阳五行思想发展的结果。

(一) 有关邹衍的若干考查

有关邹衍最可靠的纪录，还只有《史记》的《孟子荀卿列传》里面的材料。因为邹衍在西汉是一种显学，所以史公在《孟荀列传》中费了相当大的篇幅来写他的生平与思想。《孟荀列传》：

> 齐有三驺(与邹同)子。其前驺忌，以鼓琴干威王……先孟子。其次邹衍，后孟子……是以邹子重于齐。适梁，惠王郊迎，执宾主之礼。适赵，平原君侧行帝席。如燕，昭王拥彗先驱，请

列弟子之座而受业。筑碣石宫，身亲往师之。

按上面所说的"在孟子前"，"在孟子后"，是史公有意以孟子作时间的定位。我们考查邹衍的生平，应以此为准。《史记》卷四十四《魏世家》："惠王数败于军旅，卑礼厚币以招贤者，邹衍、淳于髡、孟轲皆至梁。"卷四十六《田敬仲完世家》，"威王卒，子宣王辟疆立……喜文学游说之士。自如邹衍、淳于髡、慎到、环渊之徒，七十六人，皆赐第为上大夫"。这都是泛叙，没有各人时间先后的严格意味。《史记》卷三十四《燕昭公世家》："燕昭王于破燕之后即位，卑身厚币，以招贤者……乐毅自卫往，邹衍自齐往。"按此事史公系采自《战国策·燕策》，又见于《韩诗外传》卷七，《大戴记·保傅》第四十八，《新书》卷十《胎教》、《杂事》等。则邹衍在燕昭王初年到了燕国，是无可疑的。试以此一故事为中心，而将其他故事加以连缀，则据《史记·六国年表》，邹忌于西纪前三五八年(周显王十一年)以琴见齐威王；下距孟子游齐，早二十四年，故可谓"先孟子"。孟子于西纪前三二〇年(周慎靓王元年)游梁，梁惠王称之曰"叟"，假定此时为五十余岁。若此时邹衍三十多岁，亦可以与孟子相先后游梁。在年岁上可称为"后孟子"。孟子于西纪前三一八年由梁至齐①。邹衍本齐人，亦可能由梁返齐，为齐宣王之客。燕昭王嗣位于西纪前三一一年(周赧王四年)，若邹衍于燕昭王即位后之两三年内由齐来燕，则他此时约四十余岁。赵胜于西纪前二九八年封平原君，邹衍此时约五十余岁或六十岁左右；他参与燕昭王谋伐齐之策，而出外奔走，则他有"适赵"或"过赵"之可能。刘向《别录》所载邹衍破公孙龙白马非马之论，陈义得当，为后人所不及知，故甚为可信。且平原君以公子的身份而好客，不必始于封平原君之后；史家惯例，常以某人最后之爵位称其

① 《史记·孟荀列传》以为孟子先游齐，次游梁。赵岐《孟子注》及《风俗通·穷通篇》并从之。《资治通鉴》则先梁后齐。顾炎武《日知录》、王懋竑《白田草堂集》、任兆麟《孟子考》、江慎修《群经补义》、黄式三《周季编略》诸书，皆详加论列，以为系先梁后齐。今从之。所记孟子游梁年岁，则从梁惠王后十五年之说。

人之一生。公孙龙本为赵人，平原君对他的"厚待"，乃因其坚白异同之论，与邯郸解围后他劝平原君勿请封之事无关。则邹衍过赵，亦可在赵胜封平原君之前。乐毅于西纪前二八四年（赧王三十一年）伐齐人临淄，邹衍此时约七十岁左右。他的生平，应以此为准；《御览》十四引《淮南子》："邹衍事燕王尽忠，左右谮之王，王系之狱，仰天哭；夏四月，天为之下霜"；这种传说，恐不太可信了。总结的说，他的活动，应开始于西纪前三二〇年前后；西纪前三一八、三一九年左右，返齐为齐宣王的稷下大夫；到了西纪前三一一年以后入燕。他在齐国约住了十年，他的"深观阴阳消息，而作迂怪之变，《终始大圣》之篇，十余万言"①，应即完成于此时，这是他倾动当时王侯的资本。史公说："如燕，昭王……筑碣石宫身亲往师之，作《主运》"，是《主运》乃入燕以后所作，不同于入燕以前所作的《终始大圣》之篇。所以他大事著书的时代，乃在西纪前三一八、三一九到三〇八、三〇九年的时代；此时的年龄作合理的推测，当在他三十多岁到四十多岁；他应生于西纪前三五六、三五七年，而死于燕伐齐前后，得年当在六十几岁到七十岁之间。

吕不韦相秦，在西纪前二四九年（秦庄襄王元年）；他招集宾客，从事著书，应当始于此年；上距邹衍之死，约四十年左右。据《史记·孟荀列传》："邹奭者齐诸邹子；亦颇采邹衍之术以纪文……邹衍之术，迂大而闳辩，奭（邹奭）也文具（按：文饰其言而更加详尽）难施……故齐人颂曰，谈天衍，雕龙奭。"可知邹奭在邹衍之后，他继承邹衍之说，而更有所发挥。又《史记》卷二十八《封禅书》："自齐威宣之时，邹子之徒，论著终始五德之运。及秦帝，而齐人奏之，故始皇采用之……邹衍以阴阳主运，显于诸侯；而燕齐海上之方士，传其术，不能通；然则怪迂阿谀苟合之徒自此兴，不可胜数也。"这段话里面说，始皇因齐人奏之而始采用邹衍五德之说，殊未必然。因为应当是通过合著《吕氏春秋》的吕氏门客而采用其说。燕齐海上方士所传的，亦系邹说的更加附会；但由此亦可知邹衍生前死后，其说系

---

① 《史记·孟荀列传》。

不断地在发展传播①。而《吕氏春秋·十二纪》，正是直承其发展而加以组织化，具体化的。

（二）从邹衍到《吕氏春秋》

《汉书·艺文志》著录有《邹子》四十九篇，《邹子终始》五十六篇，早亡。《史记·孟荀列传》述其思想之内容如下：

> 邹衍睹有国者益淫侈，不能尚德，若《大雅》整之于身，施及黎庶矣。乃深观阴阳消息，而作怪迁之变，《终始》、《大圣》之篇十余万言。其语闳大不经；必先验小物，推而大之，至于无垠。先序今以上至黄帝，学者所共术，大并世衰。② 因载其机祥度制。③ 推而远之，至天地未生，窈冥不可考而原也……称引天地剖判以来，五德转移，治各有宜，而符应若兹。以为儒者所谓中国者，于天下乃八十一分居其一耳。中国名日赤县神州。赤县神州内自有九州，禹之序九州是也。不得为州数。中国外如赤县神州者九，乃所谓九州也……其术皆此类也。然要其归，必止乎仁义节俭，君臣上下，六亲之施。始也滥耳。

按邹氏之书，史公时俱在；篇幅既多，内容当亦庞杂；史公并不信其说，故又谓"邹衍其言虽不轨（不合于常道），傥亦有牛鼎之意乎"。因此，上面的简单叙述，未必能尽其条理。兹就其内容略加分析，可列为四端：

第一，其动机及归结，乃在以儒墨之道，解决当时的政治问题。且系以儒家思想为主。此通观上文，即可明了。

第二，以阴阳消息言灾异，予以加强对当时统治者行为上的压

---

① 我在《阴阳五行及其有关文献的研究》一文中曾谓："邹衍之说，除引起了一部分统治者的兴趣之外，没有引起当时思想界的兴趣。"（见拙著《中国人性论史·先秦篇》五七五页）的说法，应加以修正。

② 方苞以大当作及者是也。"并世"，乃随时之意。全句之意，当为"及随时所以盛所以衰之故"。

③ 按"机祥"即灾异。度制者，度灾异之所以然而加以制御。

力。所谓"乃深观阴阳消息，而作迂怪之变"；"因载其机祥度制"者是。

第三，以五行言五德终始，对政治上传统的天命，赋予全新的内容，而使其更具体化。所谓"终始大圣之篇"，"称引天地剖判以来，五德转移，治各有宜"者是。其所作的《主运》，当亦属此类。

第四，大九州说。此盖燕齐等地，当时已有海外交通，由此启发而来。

《吕氏春秋》未采第四项的大九州说。惟《应同篇》首段言五德终始一段，一般认为系采用第三项的邹衍之说。此证以《文选·魏都赋》注引"《七略》云，邹子为终始五德，言土德从所不胜，木德次之，金德次之，火德次之"等语，与《应同篇》首段的内容正合，当为可信。惟《应同篇》"代火者必将水……故其色尚黑，其事则水。水气至而不知数备，将徙于土"数语，俞樾以为"浅人不察文理，以上文之例增入"。因"当吕氏著此书时，秦犹未并天下，所谓尚黑者果何代乎"。按邹氏五德终始之说，正所以激励时君，代周之火德而王，故为此悬记，秦乃得因而用之；俞氏见浅不及此。然以五行相胜（克）言历史的递嬗，实过于机械而不能含摄人在历史行为中所应占有的地位。远不及《汉书》卷六十四《严安传》，严安上书有谓"臣闻邹衍曰，政教文质者，所以云救也"的话，为有文化的意义。所以史公不信五德终始之说，而于《高祖本纪赞》则沿用文质互救之意义，以言历史发展应循的轨迹。吕氏及其门客，虽未否定五德终始的说法，但全书中仅在《应同篇》中引及，可知其并不重视。给吕氏及其门客以最大影响的，仍在上述第二项。将第二项与第一项加以融合，并扩大其内容，此乃吕氏门客用心之所在。

第二项之所谓"深观阴阳消息"，须作进一步的解释。把向日者为阳，背日者为阴的两个表达经验现象的名词，逐渐抽象化以言天象，乃至由此以言天道运行的法则，开始是在主管天文的这一部分人手上发展出来的。到了战国中期，才慢慢扩展到一般思想界。① 孔子

---

① 详见拙文《阴阳五行及其有关文献的研究》。

只是以"四时行焉，百物生焉"①言天道。所谓"阴阳消息"，是指阴长(息)则阳消，阳长则阴消而言。阴阳二气，是人的眼睛看不见的；邹衍的"深观阴阳消息"，是如何"深观"法呢？《史记》卷二十六《历书》："是时独有邹衍，明于五德之传(转)，而散消息之分，以显诸侯。"张文虎因为不了解"散消息之分"的意义，所以认为"散字分字疑有误"。我以为散消息之分，是开始把抽象的阴阳观点，与经验界中的四时现象，结合在一起；把阴阳的消息，散布在四时中间去，由四时气候的变化，以看出消与息之分。只有这样，邹衍才可以"深观"。本来在通过《诗经》及《春秋》所代表的时代中，阴阳的观念，已由以日光为准，发展而为明暗、冷暖、气候的阴晴等观念。孔子以由四时生物言天道，这是春秋时代下及战国中期，一般的说法。温带气候，四时分明，冷暖殊致；邹衍进而把阴阳融入到四时中去，由四时的冷暖之度，以言阴阳消息之分，这是很自然的，也是他的一个划时期的创说。此一创说，形成了《十二纪·纪首》的骨干。十二纪，是把阴阳融入到四时十二月中去的。但就现在可以看到的材料看，邹衍是不是把五德运转，与阴阳消息，组成一个系统，亦即他是不是把五行视为由阴阳二气所分化而出，因而把五行也融入到四时中去，并不明了；而且我认为其可能性甚小。因为在他，是以阴阳消息为天道运行的法则；以五德终始为历史运行的法则；所以在《史记》中提到时，总是分作两事。但邹衍的用心，依然是在以仁义、节俭来解决政治问题的。他所谈的阴阳消息，如何能与政治关连上，以实现他的仁义节俭的要求呢？我觉得《吕氏春秋》卷十三(《召类篇》)下面的话，值得注意：

> 黄帝曰：芒昧(高诱《注》，广大之貌)，因天之威，与元同气。故曰：同气贤于同义；同义贤于同力；同力贤于同居；同居贤于同名。帝者同气。王者同义。霸者同力(功)。勤者同居，则薄矣。亡者同名，则觕(《注》：粗恶也)矣。其智弥觕者，其所同弥觕。其智弥精者，其所同弥精。

---

① 《论语·阳货》。

按先秦黄帝之言，多为各家所假托，不仅出于道家末流。上引黄帝之言，与《序意》"尝得学黄帝之所以诲颛顼矣，爰有大圜在上，大矩在下。汝能法之，为民父母"之言，两相符合，可能皆出于邹衍的这一派。所谓"帝者同气"，是说最理想的政治人物，他的以仁义节俭为内容的生活与施为，是与天同其气的。天之气为阴阳，阴阳消息于四时之中；作为最高政治理想人物的"帝"，他的以仁义节俭为内容的生活与施为，是与四时中所体现出的阴阳之气，完全相符合的。这样，便把阴阳消息与仁义节俭等政治原则，统一在一起了。这正是《序意》中的所谓"盖闻古之清世，是法天地"。《十二纪·纪首》，是以此一构想为基干所构成的。

三 从《夏小正》到《十二纪·纪首》

但《十二纪》不是仅凭邹衍学派的思想所凭空构造出来的；它是把许多有历史根据的材料，按照"同气"的原则，作一大的综合与统一。纪录一年四季十二个月的节候、产物，以适应农业社会的需要，在我国当起源很早。因为近年考古上的发现，在新石器的仰韶文化时代，生产便是以农业为主。农业与节候有不可分的关系。古人一定加以重视，并纪录下来。目前可以看到这方面有系统的材料，有《大戴记》中的《夏小正》，《周书》中的《周月》、《时训》。

《礼记·礼运》："孔子曰：我欲观夏道，是故之杞，而不足征也，吾得夏时焉。"郑注"得夏四时之书，其书存者有《小正》"。是以《夏小正》为夏代所传下来的。《夏小正》的传，是戴德所撰①，而《夏小正》的本文，记有十二月中可以作定时标准的星象，及可以表征气候寒暖，节物先后的各种天象及动植物的生态，也加入有季节性的重要人事活动；文字质朴而残缺，这是把长期累积的农业生产中所得的经验，写了出来，作为一年十二个月的全民活动的准据。说他是从夏

①　《隋书·经籍志》别出《夏小正》一卷，注云戴德撰。余嘉锡《四库提要辩正》卷一，页五十三—五十四，对此考证甚为明晰，读者可以参阅。

代传下来，在道理上是可以说得通的。他与后来的此类材料相比较，最显明的区别，在于他没有一丝一毫的阴阳五行的痕迹。

《周书》①中有很早的材料，也有少数为后来编进去的材料。卷六《周月》第五十一，统述夏商周的三统，总述一年的十二个月的中气。中谓"夏数得天，百主所同"；结以"亦越我周王，致伐于商，改正异械，以垂三统。至于敬授民时，巡狩祭享，犹自夏焉。是谓周月，以纪于政"。其中已出现有阴阳的观念。如以一月（夏之十一月）"微阳动于黄泉，阴降渗于万物"，及"阳气亏"等。这可能出于战国时代，周室主管天文者之手，与《夏小正》似乎没有直接关联。

在《周月》第五十一后面，有《时训》第五十二，述一年之节候，不以月为单位，而以二十四气为单位。由四时而十二中气；由十二中气而二十四气，似乎是在测候上的一种进步。其中对可以征表节候的动植物等的叙述，则很明显的是继承《夏小正》而来。里面所用阴阳的观念，与《周月》有关，且亦无五行观念；但出现有节物不时，即为政治社会将有某种不祥事物出现的思想。这或者是与《周月》同时的东西；《周月》简略，系总论性质，而此则每月皆分为二气，加以叙述，殆系分述的性质。

在《时训》第五十二后面，又有《月令》第五十三。卢文弨据蔡邕《明堂月令论》，及《隋书·牛宏传》，谓《礼记·月令》，即《周书·月令》；因以《吕氏春秋·十二纪·纪首》补之。乃朱右曾《周书集训校释》谓："马融《论语注》引《月令》改火之文，蔡邕、牛弘引《月令》论明堂之制，今俱不见于《吕览》，则其同异未可知也。"故以为"《周书》另有所谓《月令》，今已亡失"。然孙诒让《周书斠补》卷三引臧庸《拜经日记》谓："据中郎此言，是《周书·月令》，即《礼记·月令》也。初据《论语集解》言《周书·月令》有改火之文，疑别有《月令》。今考《周礼·司爟》，郑司农引《周书》为邹子……然则《论语注》所言《周书》，实邹子耳。"孙氏亦以"臧说近是"。至蔡邕、牛弘所引月令、明堂之制，正本于吕氏之《十二纪·纪首》，不知朱氏何以失察。总

① 《隋书·经籍志》称《汲冢周书》，先儒已多辩其谬。又有称为《逸周书》，是以不逸为逸。故宜用《汉志》、《周书》的原名。

之，《周书》之《月令》第五十三，实即《吕氏春秋》的《十二纪·纪首》。朱氏所辑《周书逸文》有关这一部分，正可为证。

《吕氏春秋·十二纪·纪首》，正吸收了《夏小正》及《周书》的《周月》、《时训》，加以整理；而另发展了邹衍的思想，以此为经；再综合了许多因素，及政治行为，以组织成"同气"的政治理想的系统。兹分引"正月"之文如下，以便比较。

《夏小正》（据顾凤藻《夏小正经传集解》本）：

> 正月。启蛰。雁北乡。雉震呴。鱼陟负冰。农纬厥耒。初岁祭耒。囿有见韭。时有俊风。寒日涤冻涂。田鼠出。农率均田。獭兽祭鱼，鹰则为鸠。农及雪泽，初服于公田。采芸。鞠（当为匏，星名）则见。初昏参中，斗柄县在下。柳梯。梅杏杝木也桃则华。缇缟。鸡桴粥。

《周书·时训》（据朱右曾《周书集训校释》本）：

> 立春之日，东风解冻。又五日，蛰虫始振。又五日，鱼上冰。风不解冻，号令不行。蛰虫不振，阴气奸阳。鱼不上冰，甲胄私藏。惊蛰之日，獭祭鱼。又五日，鸿雁来。又五日，草木萌动。獭不祭鱼，国多盗贼。鸿雁不来，远人不服。草木不萌动，果蔬不熟。

《十二纪·孟春纪纪首》（据许维遹《吕氏春秋集释》本）：

> 一曰：孟春之月，日在营室。昏参中，旦尾中。其日甲乙，其帝太皞。其虫鳞。其音角。律中太簇。其数八。其味酸。其臭羶。其祀户。祭先脾。东风解冻。蛰虫始振。鱼上冰，獭祭鱼。候雁北。天子居青阳左个。乘鸾辂，驾苍龙。载青旂。衣青衣。服青玉。食麦与羊。其气疏以达。是月也，以立春。先立春三日，太史谒之天子曰：某日立春，盛德在木。天子乃斋。立春之日，天子亲率三公九卿，以迎春于东郊。还，乃赏卿诸侯大夫于

朝。命相布德和令，行庆施惠，下及兆民。庆赐遂行，无有不当。乃命太史，守典奉法，司天日月星辰之行；宿离不忒；无失经纪，以初为常。是月也，天子乃以元日祈谷于上帝。乃择元辰，天子亲载耒耜，措之参于保介之御间。率三公九卿诸侯大夫，躬耕帝籍田。天子三推，三公五推，卿诸侯大夫九推。反，执爵于太寝。三公九卿，诸侯大夫皆御，命曰劳酒。是月也，天气下降，地气上腾。天地和同，草木繁动。王布农事，命田舍东郊。皆修封疆，审端径术。善相丘陵、阪险、原隰，土地所宜，五谷所殖，以教道民，必躬亲之。田事既饬，先定准直，农乃不惑。是月也，命乐正入学习舞。乃修祭典，命祀山林川泽。牺牲无用牝。禁止伐木。无覆巢。无杀孩虫胎夭飞鸟。无麛无卵。无聚大众。无置城郭。掩骼霾髊。是月也，不可以称兵，称兵必有天殃。兵戎不起，不可以从我始。无变天之道，无绝地之理，无乱人之纪。孟春行夏令，则风雨不时，草木早槁，国乃有恐。行秋令，则民大疫，疾风暴雨数至，藜莠蓬蒿并兴。行冬令，则水潦为败，霜雪大挚。首种不入。

在这里只指出由《夏小正》到《十二纪·纪首》的发展演变之迹。《夏小正》只单纯记录可以表征节候的事物，及直接与农业生活有关的事情；对节候的变迁，亦未深求其所以然之故。这只是记录，而未把记录者的观念加到里面去，也未牵涉政治问题。因文字质朴，在传承中可能有些错误。如"梅杏杝桃则华"句，"杏杝桃"三字可能由二月或三月误入。到了《时训》，则将一月分解为两气，加以叙述。对《夏小正》的文字，加以整理。如《夏小正》的"时有俊风，寒日涤冻涤"，整理为"东风解冻"。对节候之变，以阴阳观念加以说明，如"阴气奸阳"。对有关事物的出现，分别安排在每一个五日之中。对节候失调，则关联上政治的问题。但奇怪的是，它完全没有关涉农业的活动。可以推想这是出于一位知识分子把自己的观念应用到纯朴的记录中去，并把重点转到政治方面，而加以重新组织的。到了《十二纪》的《纪首》，不用《时训》的以二十四气为单位，而恢复以十二月为单位。但有关节物的叙述，则多采用经过《时训》上整理了的文句。

取回了《夏小正》中的农事活动而更加完备；不以《夏小正》的正月一月二月纪月，而改用春夏秋冬的孟、仲、季纪月，以特别显出"四时"的观念。接受了《时训》上政治的灾异与节物变异的关联。但《时训》上的灾异，不是由施政的得失而来，可以说，人是完全处于被动的。但到了《十二纪》的《纪首》，则完全倒转过来，灾异是由于施政没有按着节候而来，人成为主动的。但最大的发展演变，乃在于他们是以由邹衍思想所发展出的"帝者同气"的观念所完成的大综合，大系统。

四 《十二纪·纪首》的构造

我在《阴阳五行及其有关文献的研究》一文中，曾指出阴阳与五行，本是两不相属的系统。把两者组合在一起，即可能始于邹衍。但现在看起来，此一组合，可能完成于邹衍的后学。而成为《十二纪·纪首》骨干的，正是把阴阳二气，运行于四时之中，而将五行分别与四时相配合。例如春是"盛德在木"。夏是"盛德在火"。秋是"盛德在金"。冬是"盛德在水"。邹衍的所谓"盛德"的"德"，指的是五行的五种作用。此处之所谓"盛德"，是指五行之气所发生的"最当令"的作用。"盛德在木"，是指春季最当令的作用，乃在五行中之木。而木德是与春季之阳气相应的。但此时尚未认为五行乃由阴阳二气分化而来；而只是把两者组成一种相关，但并非融合的系统，以作为"天"的完整表现。再把一切生活事物，政治行为，安排得与春季的阳气与木德相合。其他各季，皆可由此类推。此即所谓"同气"。亦即所谓"是法天地"。这样一来，政治领导者的一举一动，皆与天地相通，皆表现为天人合一；形上形下，打成一片。他们认为这当然是最理想、最强大的政治。

问题是五行有五，而四时只有四；以五行配四时，还多出一行无法安顿；于是他们想了一个很笨的方法，在季夏之月（六月）的末段，加上"中央土，其日戊己，其帝黄帝，其神后土"等七十四个字，以安顿五行中的土。但其他四行，每行都主管四时中的一时三个月；季夏还是属于火德，天子服赤色，与孟仲夏正同。现在突然冒出一个

"中央土"出来，把服色改为黄色，这已经是一种混乱。同时，木火金水，在四时中皆是各配一时，故春谓"盛德在木"，夏谓"盛德在火"，秋谓"盛德在金"，冬谓"盛德在水"。至土则仅谓"中央土"，此"中央"应指一年之中央，即六七月之交。而六月属火，七月属金，土则完全落空了。这种显明的不合理，《吕氏春秋》的作者，竟无一字说明。淮南王安的宾客，将其采入《淮南内篇》二十一篇中而称为《时则训》时，补救的办法，是把季夏之月，分配给土；所以把"中央土"改为"季夏之月，招摇指未……其位中央，其日戊己，盛德在土……"这便使土德在季夏——六月有了落脚之处。但问题是：（一）一年十二月，季夏并非一年的中央。（二）这样一来，火德只当令两个月，土德只当令一个月，何以木、金、水却都能当令三个月？所以礼家把它采入《小戴记》中而称为《月令》时，补救的办法是不把"中央土"这一段，附属于季夏之末，而使其介于季夏与孟秋之间，成为独立的一段，这便与"中央土"的中央之义相合。但郑康成在此处注云"火休而盛德在土也"，如此，则究系何月何时而盛德在土的问题，依然是落空而不能解决。所以孔颖达疏不用郑注，谓："以木配春，以火配夏，以金配秋，以水配冬；以土则每时辄寄，王十八日也。虽每分寄，而位本未宜处于季夏之末，金火之间，故在此陈之也。"这是说土在四时中，各分主十八天，共七十二天。孔氏以三百六十日为一年，五行各主七十二日，加起来恰是三百六十日。"而位本未宜处于季夏之末"三句，是斥《十二纪·纪首》对此安排的不当，且申明所以将"中央土"一段改为独立之文的缘故。至此而五行配四时的问题，才算完全解决了。孔氏的这一改变，不是突然出现的。《春秋繁露·五行对》第三十八谓"土为季夏"，此犹秉承《十二纪》之说。但又谓："五行莫贵于土。土之于四时无所命者，不与火分功名。"董仲舒这种说法，是对"土为季夏"的说法感到有点不安，而想下一转语，尚未转得出。至《白虎通德论·五行》："土王四季，各十八日"，"五行更王，亦须土也；王四季居中央，不名时"，才算勉强说通了。孔《疏》实据此以为说。我之所以把这一问题的演变详加叙述，意在指明五行说盛行以后，把许多事物与五行的五相配合，都是出于这类的牵强附会；由此所说出的一套道理，都是胡诌出来的。并不代表某种真实存在。但在胡诌的演进历程中，却含有一种合理的要求在里面。

对《十二纪·纪首》中五行的性格，应当考查一下。我在《阴阳五行及其有关文献的研究》一文中，曾经指出，一直到春秋时代为止，所谓五行，只指的是国计民生所通用的五种材料，所以又称为"五材"；丝毫没有作为构成宇宙的五种基本元素，或由阴阳二气分化而为五气的意味。并且与阴阳的观念，全不相干。在战国初期约百年之间，五行一词，反甚少出现。中间不知如何沦为社会迷信之一。至邹衍而把它提升为"五德终始"。五行的作用（德），各主持一个朝代；以相胜（克）的规律，终而复始。这里的五行之德，便不是原来的五种通用材料所发生的作用，而系宇宙间五种神秘力量所发生的作用。邹衍或其后学把它和阴阳联结在一起，五行至此，便已由具体之物，上升而为抽象之物。但阴阳与五行，究系何种关系，从今日可以考见的材料来看，并不能完全明了。至《十二纪·纪首》，则明确地把五行配合到阴阳所运行的四时之中，五行在四时中轮流作主，发生作用。这正是由各朝代的五德终始，进而为四时的五德终结。它是抽象性的，或者可以说是形而上性的东西。但此五种形而上性的东西，表现在形器世界——经验世界的情形，却依然是由具体的五种材料的情形，所联想构成的。这便说明我国思想的性格，由具体升向抽象时，在抽象的舍象过程中，把由具体而来的属性，舍得并不干净，而成为抽象中含有具体性——具象性。孔颖达在《月令》"中央土"下谓："夫四时五行，同是天地所生；而四时是气，五行是物。"把四时与五行的性格分开，这一方面说明阴阳与五行，在《十二纪·纪首》中，依然是天的两种平行的因素；另一方面说明五行在《十二纪·纪首》中，依然保有"物"的具体性格。把五行视为由阴阳所分化出的五种气，这要到《白虎通德论》成立的前后才出现。但五行所含的具体性格依然保存着。所以对中国思想，仅在纯思辨中作形而上的把握，这与中国思想性格本身是不能相应的，除非在中国另建立一种新的学统。例如以青、赤、黄、白、黑五种颜色，为木火土金水五行的颜色，分明是由经验界中五种具体材料的颜色而来。而以金为白色，这说明了它是以战国中期前后为背景，此时对铁的冶炼，已到达了很高的程度，经过精炼后的铁才是白色。金和铜都不是白色。这是近十多年在考古上所能肯定的事实。

在《十二纪·纪首》中，把许多事物，都组入进去，而成为阴阳与五行所显露之一体，以构成包罗广大的构造，于是使人们感到，我们所生存的世界，都是阴阳五行所支配的世界，由此而成为而后中国的宇宙观、世界观。例如孟春之月"其日甲乙"，把起源很早的天干组入进去了。"其虫鳞"，把动物组入进去了。"其音角，律中太簇"，把音乐组入进去了。"其数八"，把数的观念组入进去了。"其味酸，其臭膻"，把臭味组入进去了。"其祀户，祭先脾"，把祭祀、房屋、身体构造组入进去了。"东方解冻，蛰虫始振，鱼上冰，獭祭鱼，候雁北"，把气候及节物的活动，都组入进去了。"食麦与羊，其器疏以达"，把饮食器具组入进去了。"孟春行夏令，则风雨不时，草木早槁，国乃有恐。行秋令，则民大疫……行冬令，则水潦为败，霜雪大挚，首种不入"，把风雨、草木、疾病、雨水、霜雪、稼穑等，也都组入进去了。其中由《夏小正》来的，本是与时令相关的，这是合理的一部分；其余的都是凭借联想，而牵强附会上去的。但一经组入到阴阳五行里面去，便赋予了一种神秘的意味，使万物万象，成为一个大有机体。若把它在知识上的真实性及由此所发生的影响的好坏，暂置不论，这确要算是吕氏门客的一大杰构，而为以前所没有的具体、完整而统一的宇宙观、世界观。

五 明堂的问题

四时加上中央，都是阴阳五行的体现，也即天道的体现。"天子"是天的儿子，有法天的责任。并且能法天，也便有天的功效与伟大。从春秋时代起，至战国中期，思想家们所说的天，是表现为道德的法则。此时则表现为阴阳五行之气；而阴阳五行之气，体现于四时与中央，是可加以描述的。天子法天，首先便要在生活上"与元同气"。春季阳气的功用是生育万物。此时阳气的方位是东方。木在春季发生作用，它的颜色是青的苍的，它的方位也是东方；天子在生活上为了与元同气，所以便须"居青阳左个。乘鸾辂，驾苍龙。载青旂，衣青衣。服青玉。食麦与羊，其器疏以达"。其他各季，皆可类推。其意义，高诱注都按阴阳五行解释得清楚。"青阳左个"，指的是明堂左边的一间房子，也即明堂的一部分。这里顺便对明堂的问题稍作考查。

明堂，是古典中引起争论最多的问题之一。到王国维的《明堂庙寝通考》①为止，讨论此一问题的文字，前后大概不下二十余万言，而终莫衷一是；主要是因为过去的人，不了解历史上的明堂，与《吕氏春秋·十二纪·纪首》的明堂，虽有关联，但并非一物。前者是事实的存在，后者是理想的存在。后儒多混而同之，所以便治丝益棼了。首先应当了解，凡《十二纪·纪首》所述各种制度，多有若干历史的根据；但吕氏的门客们，却按照他们自己的理想，来加以重新安排、改造，而赋予他们以所要求的新意义；明堂的问题，正是如此。

《左传·文公二年》："瞫曰：《周志》有云，勇则害上，不登于明堂。"杜注："明堂，祖庙也，所以策功序德。故不义之士不得升。"《周书·大匡》第三十八："勇如害上，则不登于明堂。明堂所以明道。"狼瞫所谓《周志》，当出于此。而《周书·明堂》第五十五："……周公摄政，君天下弭乱，六年而天下大治。乃会方国诸侯于宗周，大朝诸侯于明堂之位……明堂者，明诸侯之尊卑也，故周公建焉，而朝诸侯于明堂之位……"《礼记·明堂位》首段，全袭此文，而文字稍有异同。②《考工记·匠人》："夏后氏世室……殷人重屋……周人明堂。"《孟子·梁惠王》下："明堂者王者之堂也。王如行王政，则勿毁之矣。"《孝经·圣治章》："宗祀文王于明堂以配天。"《荀子·强国》篇："若是，则虽为之筑明堂于塞外③而朝诸侯，可矣。"上面这些材料，都可认为是《吕氏春秋·十二纪·纪首》以前的材料。《吕氏春秋》卷十五《慎大览》："故周明堂外户不闭"，卷十九《上德》："周明堂金在其后。"（注："作乐金铸在后"）此两处系征引性质，亦

---

① 见《观堂集林》卷三。

② 由文字及词汇言之，《周书》之《明堂》出于先秦，而《礼记》之《明堂位》，则由汉儒将《周书·明堂》之文加以整理抄入，至为明显。……后人又将此句羼入于《周书·明堂》之中；实则《周书·明堂》不应有"三公之位，中阶之前"二句。

③ "于塞外"三字，杨注以三字为衍文。

为周有明堂之证。如把这些以前的材料稍加整理，则：（一）明堂乃周人太庙之别名；或即系周公所建以祀文王之庙。因周公的关系，鲁亦有太庙，亦即有明堂。鲁悼公之时，"鲁如小侯"①，其明堂废而入于齐，而太庙之礼久废，原义不明，故齐宣王有"人皆谓我毁明堂，毁诸，已乎"之问。（二）周室以宗法制度为封建制度的骨干，重大的政事行为，皆于祖庙行之，则天子朝诸侯于太庙，颁布重大政令于太庙，纪功于太庙，都是可以承认的。其所以称太庙为明堂，或竟如蔡邕之说"圣人南面而听天下，乡明而治"；"取其乡明，则曰明堂"。②（三）在上述材料中，有祀祖先以配天之意，但不以明堂即是法天；更与阴阳五行无涉。

《十二纪·纪首》中的明堂，与上述的明堂，大异其趣。兹先录其材料如下：

《孟春纪》：天子居青阳左个。《韦注》：青阳者明堂也……各有左右房，谓之个……东出谓之青阳。南出谓之明堂。西出谓之总章。北出谓之玄堂。

《仲春纪》：天子居青阳太庙

《季春纪》：天子居青阳右个

《孟夏纪》：天子居明堂左个

《仲夏纪》：天子居明堂太庙

《季夏纪》：天子居明堂右个

《中央土》：天子居太庙太室

《孟秋纪》：天子居总章左个

《仲秋纪》：天子居总章太庙

《季秋纪》：天子居总章右个

《孟冬纪》：天子居玄堂左个

《仲冬纪》：天子居玄堂太庙

《季冬纪》：天子居玄堂右个

---

① 见《史记》卷三十三《鲁周公世家》。

② 《全后汉文》卷八十蔡邕《明堂论》。

它与以前的明堂不同之处：（一）以前的所谓明堂，系太庙的别称，明堂即是太庙。此处则太庙乃明堂的一部分。（二）明堂，太庙，太室三个名词，皆于古有据。甲骨文中已出现有七个太室①，都是祭先王先公的地方。其他如青阳、总章、玄堂等名词，则是吕氏门客们自己造出来的。由此可以推知，于古有据的三个名词，他们仅借用其名，并不拘泥于名词原有的内容。因为他们的目的不在述古。（三）他们这个特殊建筑物，不仅与祖宗的祭祀，完全没有关联；乃至与所有的祭祀，也没有关联。甚且是否在此一建筑物内施行重要政令，也是可疑的。因为庆赏等大政，还是在朝廷上施行，更无在此处朝诸侯的规定。他们构想此一理想建筑物的原因，是只要天子的居处，顺应阴阳五行，亦即是在居处上与元同气。

汉初，明堂的观念尚未定形。大体上可分为三支。一是儒生的一支；一是接近道家的一支；再另一是方士的一支。《史记》卷二十八《封禅书》：

> 周公相成王，郊祀后稷以配天。宗祀文王于明堂以配上帝。

这说的是《十二纪·纪首》以前的明堂。西汉首先要实现这一理想的，是汉武即位以后的事。

《史记》卷二十八《封禅书》：

> 而上（武帝）乡儒术……欲议古立明堂城南以朝诸侯。

《史记》卷一○七《魏其武安侯列传》：

> 魏其、武安俱好儒术，推毂赵绾为御史大夫，王臧为郎中令，迎鲁申公，欲设明堂。

———————

① 陈梦家《卜辞综述》页四七六。《考工记·匠人》谓"殷曰重屋"，甲骨中尚未发现此一名辞，颇为可疑。

《史记》卷一二一《儒林列传》：

> 兰陵王臧，既受《诗》(于申公)……今上初即位……一岁中
> 为郎中令。及代赵绾亦尝受《诗》申公。绾为御史大夫。绾、臧
> 请天子，欲立明堂以朝诸侯，不能就其事。乃言师申公。于是天
> 子使使束帛加璧，安车驷马，迎申公……至，见天子，天子问治
> 乱之事。申公时已八十余，老。对曰：“为治者不在多言，顾力
> 行何如耳。”是时天子方好文词，见申公对，默然。然已招致，
> 则以为太中大夫，舍鲁邸，议明堂事。太皇窦太后好老子言，不
> 说儒术。得赵绾、王臧之过以让上，上因废明堂事，尽下赵绾、
> 王臧吏，后皆自杀。申公亦疾免以归。

赵绾、王臧所欲实现的明堂，是《十二纪·纪首》以前的明堂。当武
帝初即位时的政治问题，在于分封的诸侯王及列侯与朝廷的关系问
题。赵、王两人，欲借古明堂之制，以整饬诸侯王及列侯的纲纪。而
汉代早另有庙制，与明堂无关。所以他们撇掉了“宗祀文王于明堂”
的一面，而只取周公朝诸侯于明堂的一面。这是属于儒生一支的明堂
观念。其所以难就，是要在庙制之外，再创造一套建筑与仪式出来的
缘故。但式微已久的明堂观念，重新被重视而当做政治上的重大设
施，提了出来，依然是受《十二纪》的影响。

　　《淮南子》中所述的明堂，有的是属于历史性的。如《主术训》：
“成康继文武之业，守明堂之制。”明堂之制，即以太庙为基点的宗法
制度。《齐俗训》：“武王既没，殷民叛之。周公践东宫，履乘石，摄
天子之位，负扆而朝诸侯，放蔡叔，诛管叔，克殷残商，祀文王于明
堂，七年而致政成王。”这与《周书》的《明堂》，可互相印证。《氾论
训》将“明堂太庙”并称，大概也是属于历史性的。《泰族训》：“乃立
明堂之朝，行明堂之令，以调阴阳之气，以和四时之节，以辟疾病
之”，这是历史性而又掺糅了《十二纪·纪首》的理想以立言的。其中
最有特别意义的是卷八《本经训》对明堂下面的描述：

> 是故古者明堂之制，下之润湿弗能及，上之雾露弗能入。四

方之风弗能袭。

　　土事不文，木工不断，金器不镂。衣无隅差之削，冠无觚嬴之理。

　　堂大足以周旋理文。静絜足以享上帝，礼鬼神。以示民知节俭。

《本经训》主张"同精于阴阳，一和于四时"，这便和《十二纪·纪首》的思想相一致。但它所说的明堂，由上下关联的文字看，其着眼点在针对当时统治者的奢侈的情形而提倡以道家思想为背景的节俭。其祭祀亦只泛言，而非以祖先为主；也没有与四时同气的意味。这算是道家的一支。

《史记》卷二十八《封禅书》：

　　初天子封泰山。泰山东北阯，古时有明堂处，处险不敞。上欲治明堂奉高（地名）旁，未晓其制度。济南人公玉带上黄帝时明堂图。明堂图中有一殿，四面无壁，以茅盖。通水圜宫垣，为复道。上有楼，从西面入①，命曰昆仑。天子从之入，以拜祠上帝焉。于是上令奉高作明堂汶上，如带图。及五年修封，则祠太乙五帝于明堂上坐。令高皇帝祠坐对之。祠后土于下房，以二十太牢。天子从昆仑道入，始拜明堂如郊礼。

按公玉带所献的黄帝明堂图及其意义，与《十二纪·纪首》以前及《十二纪·纪首》之所谓明堂，皆两不相涉。且亦与《淮南子·本经训》上的明堂构造，互不相干。这是方士一支所胡乱凑出来的。但《素问·著至教论》有"黄帝坐明堂"，《事物纪原·礼记·郊祀部·明堂》引"管子曰：黄帝有明堂之议"，是方士将黄帝与明堂附会在一起，相当的流行。我推测这是邹衍学派中某一支派所蕃衍出来的。《大戴记·盛德》第六十六中所说的"故明堂，天法也"，这是《十二纪·纪首》的明堂思想的发展。而《明堂》第六十七，则系西汉初年各种明堂

----

　　①　可能取《易·坤卦》卦辞"西南得朋"之义。

说法的初步综合，我怀疑这是戴德本人的杰作。所以开始说："明堂者古有之也。"接着是："凡九室。一室而有四户，八牖；三十六户，七十二牖；以茅盖屋，上圆下方。明堂者所以明诸侯尊卑。外水曰辟雍……堂高二尺……九室十二堂……其宫方三百步。在近郊，近郊三十里。或以为明堂者文王之庙也。"在此一初步综合中，还保存有历史性的与理想性的近于模糊的分界线。戴德在这种地方，亦稍露出两者间有某种程度的矛盾之感。

历史上的明堂，早因代远年湮而不易把握。从《十二纪·纪首》起，已经把它变成理想性的东西，大家可按照自己的理想随意加以构想。但因《礼记·月令》的影响一天比一天增大；对明堂的观念，便渐渐统一到《十二纪·纪首》的观念方面。而汉代学术基本性格之一，是常将许多各有分域的事物，组成一个大杂拌的系统。明堂在《大戴记·明堂》第六十七虽然有了初步的综合，但仍嫌简略而不圆融。到了蔡邕的《明堂论》而完成了以儒家及《十二纪·纪首》为主干的大系统。《明堂论》：

> 明堂者，天子太庙，所以宗祀其祖，以配上帝者也。夏后氏曰世室，殷人曰重屋，周人曰明堂。东曰青阳，南曰明堂，西曰总章，北曰玄堂，中央曰太室……虽有五名，而主以明堂也。其正中皆曰太庙，谨承天顺时之令，昭令德宗祀之礼，明前功百辟之劳，起尊老敬长之义，显教幼诲稚之学，朝诸侯，选造士于其中，以明制度。生者乘其能而至，死者论其功而祭。故为大教之宫，而四学具焉。官司备焉。譬如北辰，居其所而众星拱之，万象翼之，政教之所由生，变化之所由来，明一统也。故言明堂，事之大，义之深也。取其宗祀之貌，则曰清庙；取其正室之貌，则曰太庙。取其尊崇，则曰太室。取其乡明，则曰明堂。取其四门之学，则曰太学。取其四面之周，水圆如璧，则曰辟雍。异名而同事，其实一也……①

---

① 《全后汉文》卷八十蔡邕。

蔡邕不仅把历史的明堂及《十二纪·纪首》的明堂，糅合在一起，并且把从秦及汉初所提倡，至汉武而初步实现的太学乃至小学等，都糅合在一起，成为理想性的政教总机构；明堂至此而始完成至高无上的地位，给后世以很大的向往。而其实，这只是蔡邕由综合所构造的明堂。明堂的理想性愈高，他所含的历史因素便愈小。我现在把有关明堂的来龙去脉，在这里讲清楚了，则后儒要一一在历史中证明其存在，其聚讼纷纭，而不能折衷于一是，乃必然之事。因此也可以了解这是根本不必争论的问题。王国维氏，不知在历史的具体情况中，求其发展演变之迹，而仅以室堂等字的文字训诂为基点，由此而把明堂推定为古代宫室堂庙的统一建筑形式，因而下一结论谓明堂"为古代宫室通制"；此既不合于历史性的明堂，亦不合于理想性的明堂，而只成为王氏一人之臆说而已。

六 《十二纪·纪首》中的政令与思想的分配

阴阳之气的性格及作用，这是通过人对四时气候所得的感受，及四时对万物生存所发生的作用而加以把握的。在今日看，实际是把四时的气候套向假设的阴阳身上去；但在当时，则以为这是由阴阳的真实存在，发而为四时的气候及其作用。理想的政治，是要与元"同气"，即是要与阴阳同气，与阴阳展现而为四时同气；于是政治的设施，便分为四大类，按各类的性质，分别分配到与此性质相同的四时中的各时乃至各月中去。这种分配，有的是合理的，有的是牵强附会的。柳宗元已提出了这种看法，他说：

> 观月令①之说，苟以合五事，配五行，而施其政令，离圣人之道，不亦远乎。凡政令之作，有俟时而行之者，有不俟时而行之者。是故孟春修封疆，端径术，相土宜，无聚大众；季春利堤防，达沟渎，止田猎，备蚕器，合牛马，百工无悖于时。孟夏无起土功，无发大众，劝勉农人。仲夏班马政，聚百药。季夏行水

---

① 按：实即《吕氏春秋·十二纪·纪首》。

杀草,粪田畴,美土疆土功,兵事不作。孟秋纳材苇(按此一句
乃季夏非孟秋),仲秋劝人种麦,季秋休百工,人皆入室,具衣
裘……孟冬筑城郭,穿窦窖……斯固俟时而行之,所谓敬授人时
者也。其余郊庙百祀,亦古之遗典,不可以废。诚使古之为政
者,非春无以布德和令,行庆施惠,养幼少,省囹圄,赐贫穷,
礼贤者。非夏无以赞杰俊,遂贤良,举长大,行爵出禄,断薄
刑,决小罪,节嗜欲,静百官。非秋无以选士励兵,任有功,诛
暴慢,明好恶,修法制……非冬无以赏死事,恤孤寡,举阿党,
易关市,来商旅,审门闾,正贵戚近习,罢官之无事者,去器之
无用者,则其阙政亦以繁矣。斯固不俟时而行之者也。①

柳宗元的话,说得有点粗疏;例如把《十二纪》中的五行与阴阳
混同起来,这是以后来的观念,代替《十二纪·纪首》的观念。而"审
门闾",有检查修补之意,一般当然在冬季行之。但若不承认吕氏门
客的"与元同气"的哲学,则柳宗元的话,是可以成立的。"俟时而行
之者",多半由农业社会的长期经验而来,更进一步使其规律化。这
是《夏小正》的发展。"斯不俟时而行之"的部分,若不把它分别安排
进四时十二月中间去,则这类政令、行为,失掉了与天的关联,因而
失掉了作为政令、行为得以成立的根据;在他们看来,不仅减轻了它
们的意义,而且破坏了帝王与天的圆满关系,破坏了"法天"的政治
最高原则。

政令,行为,皆顺应阴阳四时五行之气的性格来操作,则帝王与
天,政治的规律与天的规律,皆贯通而合一,当然是吉祥而有价值
的。相反的,若有"春行秋令"这一类的情形,则是以人逆天,以政
治逆天道;其发生由错杂之气而来的灾异,这站在他们的逻辑上讲,
也是事有必至,理有固然的。《孟春纪》:"孟春行夏令,则风雨不
时,草木早槁,国乃有恐。"韦《注》:"春,木也。夏,火也。木德用
事,法当宽仁;而行火令,火性炎上,故使草木槁落……"即其一
例。灾异之说,起源甚早。至此而把过去对灾异的零星解释,重新安

---

① 《柳河东集》卷三《时令论》上。

放在"与元同气"的反面的基础之上，而赋予以一个可以推论，甚至可以预知的新的解说系统。

《周书》卷六《周月》第五十一："万物春生夏长，秋收冬藏，天地之正，四时之极，不易之道。"生、长、收、藏，是由阴阳展现而为四时的性格、作用。吕不韦的门客们，除了顺着上述性格、作用，以安排各种生活与政令外，更把与生活、政治有关的思想，作一大综合，也按照生、长、收、藏的四种性格、作用，分别安排到四时十二月中间去，每月安排四篇，以表示各种思想，也是顺应着阴阳之气的。但他们所建立的形式太整齐了，也太机械了，这便使他们不能不遇到更大的困难——即过于牵强和过于重复的困难。但我们不应抹煞他们这番苦心的。

春的作用是生，春季言思想的十二篇，皆在政治、社会、人生上发挥生或由生所引申之义。夏的作用是长，夏季言思想的十二篇，皆在政治、社会、人生上发挥长或由长所引申之义。秋的作用是收，秋季言思想的十二篇，皆在政治、社会、人生上发挥收或由收所引申之义。冬的作用是藏，冬季言思想的十二篇，皆在政治、社会、人生上发挥藏或由藏所引申之义。

《孟春纪·纪首》的第一篇是《本生》，言政治以养育人民之生命为本。所以一开始便说"始生之者天也。养成之者人也。能养天之所生而勿撄之，谓之天子。天子之动也，以全（注：犹顺也）天为故（注：故事也）者也。此官之所自立也。立官者以全生也。今世之惑主，多官而反以害生，则失所为立之矣"。人主不能独治，必设官以为治。现实上，人君与人民总是处于对立的地位，于是设官，只是为了榨压人民。吕氏门客们，特在这里来一个大回转。

《本生》篇接着便谈养个人之生的问题。养个人之生，在《吕氏春秋》全书中，占有很重的分量，其故有三。一是道家思想，在战国末期，特别向养生方面发展；方士长生之说，是由此附会出来的。所以《吕氏春秋》之重视养生，可以说是反映当时道家思想的倾向。二是《吕氏春秋》上所说的养生，主要指的是人君；而养生的内容，以节欲为主。人君能节欲，即可少取于人民，让人民能自养其生。三是认为养生可以"全其天"①能全其天，则一人之身，即一个小天地，可以与天地相通；且和天地一样，能发生莫大的感应效果。这也是战国末期由道家所发展出来的一种近于神秘的思想。《吕氏春秋》全书，发挥此一思想的很多。《本生》篇：

> 万物章章，以害一生（纵欲），生无不伤。以便一生，生无不长。故圣人之制万物也，以全其天也。天全则神和矣，目明矣，耳聪矣，鼻臭矣，口敏矣，三百六十节皆通利矣。若此人者，不言而信，不谋而当，不虑而得。精通乎天地，神覆乎宇宙。其于物，无不受也，无不裹也，若天地然。上为天子而不骄，下为匹夫而不惛，此之谓全德之人。

接着《本生》篇的便是《重己》，即尊重自己的生命。而尊重自己生命之要点在于节欲。所以说"凡生之长也，顺之也。使生不顺者欲也。故圣人必先适欲（《高注》：适犹节也）"。

接着《重己》篇的是《贵公》，这代表了《吕氏春秋》的基本政治思想，也直接提出了政治的最基本问题。公与私相对，贵公是说明统治者应以人民的共同意见、利益为贵；必如此，乃能全人民之生。他说：

> 昔先圣王之治天下也，必先公。公则天下平矣。平得于公。尝试观于上志，有得天下者众矣。其得之以公，其失之必以偏。凡主之立也生于公……天下非一人之天下也，天下之天下也。阴阳之和，不长一类。甘露时雨，不私一物。万民之主，不私一人。故智而用私，不若愚而用公。日醉而饰服，私利而立公，贪戾而求王，舜弗能为。

---

① 此处与性同义。性受于天，故亦称之为天。《高注》《本生训》释天为身，谓"天，身也"。但《淮南·原道训》《高注》"天，性也。一说曰，天，身也"。应以训性为是。

贵公则必去私，故继之以《去私》。他所说的私，是指"传子"而言。所以说："尧有十子，不与其子而授舜。舜有九子，不与其子而授禹，至公也。"最后说："庖人调和而弗敢食，故可以为庖……王伯之君亦然，诛暴而不私，以封天子之贤者，故可以为王伯。"吕氏的门客，及当时儒生，于秦统一天下之后，主张封建，其用意乃在不以天下私之于天子一人。后人多不明了他们的用心。

把一套政治理论安排在"春生"的"生"的观念之下，以为这样便会与春之气相应，自然会流于牵强。并且春有孟春、仲春、季春，孟、仲、季，各须安排四篇性质相同的东西，更不能不重复。所以《仲春纪》的四篇是《贵生》、《情欲》、《当染》、《功名》。《贵生》、《情欲》，是孟春《重己》的重述与发挥。《当染》的主要内容是："凡为君，非为君而因荣也；非为君而因安也，以为行理也。行理生于当染。故古之善为君者，劳于论人，而佚于官事，得其经也。"当染是指人君用得其人，能得到好的熏染。所以这篇实际讲的是人君应为官择人，可以说这是《贵生》"立官者以全生也"的意义的发挥。《功名》在说明严刑重罚，不能使天下归心。但能示民以仁义，而豪杰人民自至。他说："欲为天子，民之所走，不可不察。今之世，至寒矣，至热矣，而民无走者，取则行钧也。欲为天子，所以示民，不可不异也。"这是切指秦的现状以立言，但一定归之于仲春之纪，便有些勉强。《季春纪》的《尽数》、《先己》，是《重己》、《贵己》的重述与发挥；《论人》、《圜道》，乃《当染》的发挥，各有精义要言；但已不如《孟春纪》的四篇，与"生"的观念关联得密切。

夏秋冬各纪的政治思想的安排，其用心与春季相同，而其牵强更甚。"夏长"是万物在夏季因阳气正盛而得到发育成长的意思。吕氏的门客们，认为人的发育成长，系来自学问；而从艺术上使人的精神得以舒展的莫如音乐。所以便在《孟夏纪·纪首》后第一篇是《劝学》。《劝学》说：

> 忠孝，人君、人亲之所甚欲也。显荣，人子、人臣之所甚愿也。然而人君、人亲不得其所欲，人子、人臣不得其所愿，此生于不知义理。不知理义，生于不学……是故古之圣王，未有不尊

师者也。尊师则不论其贵贱贫富矣。圣人生于疾学……疾学在于尊师。

次篇为《尊师》，引用了许多圣人尊师的故事，以发挥尊师的意义。这可能受了荀子学说的影响；并开汉儒重师法的先河。他说：

> 君子之学也，说义必称师以论道……说义不称师，命之曰叛。背叛之人，贤主弗纳之于朝，君子不与交友。故教也者，义之大者也。学也者，知之盛者也。义之大者莫大于利人，利人莫大于教。知之盛者莫大于成身，成身莫大于学……天子入太学祭先圣，则齿尝为师者弗臣，所以见敬学与尊师也。

次于《尊师》者为《诬徒》，言教学之方法，在于因人情以施教，并要求"师徒同体"，而不可诬诳弟子。他说：

> 达师之教也，使弟子安焉、乐焉、休焉、游焉、肃焉、严焉……此六者不得于学，则君不能令于臣，父不能令于子，师不能令于徒……为之而乐者，奚待贤者，虽不肖者犹若劝之。为之而苦矣，奚待不肖者，虽贤者犹不能久。反诸人情，则得所以劝学矣。
>
> 不能教者志气不和，取舍数变……失之在己，不肯自非。愎过自用，不可证移……此师徒相与异心也。人之情，恶异于己者，此师徒相与造怨尤也。人之情，不能亲其所怨。不能誉其所恶。学业之败也，学术之废也，从此生矣。善教者则不然。视徒如己，反己以教……所加于人，必可行于己。若此，则师徒同体。人之情，爱同于己者，誉同于己者，助同于己者。学业之章明也，道术之大行也，从此生矣。

再次，则为《用众》。这是说学者为学之方，在于能用众多之长，以补一己之短。他说：

善学者若齐王之食鸡也，必食其跖数千而后足……物固莫不有长，莫不有短，人亦然。故善学者假人之长以补其短。故假人者遂有天下。

天下无粹白之狐，而有粹白之裘，取之众白也。夫取于众，此三皇五帝之所以立大功名也。凡君之所以立，出乎众也。立已定而舍其众，是得其末而失其本……夫以众者，此君人之大宝也。

《仲夏纪》、《季夏纪》共八篇，皆言音乐之功效、历史及其度数。虽其中杂有少数神秘思想；然古代音乐艺术之有关资料，以《吕氏春秋》所保存者最为完备，应另为专论。此处我们仅了解他们以音乐与仲夏季夏相配之用心为已足。

秋收，是万物到了秋天皆因成熟而可以收获。秋是"盛德在金"，金主杀戮，所以《孟秋纪》说："始用刑戮"，《仲秋纪》说："杀气浸盛，阳气日衰。"分配在秋季的思想，皆应与此种秋气相应。所以《孟秋纪》的《荡兵》、《振乱》、《禁塞》、《怀宠》四篇，皆言用兵之道，而归结于用兵所以救民。救民之兵称为义兵。《怀宠》篇说：

先发声出号曰，兵之来也，以救民之死。子(注：谓所伐国之君)……上不顺天，下不惠民，征敛无期，求索无厌，罪杀不辜，庆赏不当。若此者天之所诛也，人之所仇也，不当为君。今兵之来也，将以诛不当为君者也。以除民之仇而顺天之道也……故克其国，不及其民，独诛所诛而已矣。

《仲秋纪·论威》，论用兵以威重而胜；而威之立由乎义。《简选》论用兵须"简选精良"，《决胜》论决胜之道在于能"益民之气"，"有气则实，实则勇。无气则虚，虚则怯"。《爱士》言必平时爱士，战时乃能得士之用。此四篇依然是说的军事思想。

《季秋纪》阴气已盛，"乃趣狱刑，无留有罪"，以与季秋之阴气相应。《顺民》乃言不可以刑戮强迫人民，而先"取民之所悦"以"顺民心"为本。《知士》、《审己》、《精通》三篇，皆未直接言及刑罚。我的推测,秦自商鞅以来,以刑罚为治,《吕氏春秋》一书,欲以扭转秦的政治方向为职志,故特略刑罚而不言,特于《精通》篇言精诚感通之道,使君臣上下,如"骨肉之亲",因而"痛疾相救,忧患相感,生则相欢,死则相哀";如此,则刑罚亦可措而不用。

冬藏,因冬季是"盛德在水","天气上腾,地气下降,天地不通,闭而成冬"。万物此时都把自己的生命凝结隐藏起来。人死则藏于葬,葬之为言藏也;所以《孟冬纪》的《节葬》、《安死》、《异宝》、《异用》四篇,皆言丧葬之事,特伸张《墨子》薄葬的主张。但《仲冬纪·至忠、忠廉》二篇,所以辨忠臣之分。《当务》一篇,所以辨事理于疑似之间。《长见》一篇,乃言政治上之远见。此皆与冬季无密切关联。《季冬纪·士节、介立、诚廉、不侵》四篇,乃所以励士节,明士志,东汉的名节,皆可在这些地方得到一些线索。冬季气象严肃坚定,或即以此为士节士气之象征,所以便安排了这四篇文字。

将各种思想,分配于《十二纪》之下,以使思想与《十二纪》之气相适应,本来是说不通的,所以愈到后来,愈见牵强。到了西汉初年,几种典籍采用《十二纪》时,都摆脱了此一格套。但在吕氏门客的心目中,可能认为与四时之气结合在一起的思想,才能使这些思想更有生命,更有力量。

七 《吕氏春秋》中的天人思想

《吕氏春秋》一书,我已经指出过,内容包罗宏富,可从各种角度加以研究。这里仅提出两点,就全书作一简略的综述。一为天人性命的问题;二为他们所总结的先秦的政治原则的问题。

他们肯定人是由天所生[1],这是来自久远的传统观念。他们更具体地说:"凡人物者阴阳之化也。阴阳者造乎天而成者也"[2],这却是战国末期所出现的新观念。此一新观念为汉代所继承;并由董仲舒

---

[1] 《吕氏春秋》卷一《始生》,"始生之者天也"。卷五《大乐》"始生人者天也"。

[2] 《吕氏春秋》卷一《始生》,"始生之者天也"。卷二十《知分》。

在《春秋繁露》中特别加以推演。由人为天所生，更发展出两个重要观念，一为对生命的尊重，一为由养生而可以与天地相通。

《吕氏春秋》所用的"性"字，实与生命之生，同一意义。大概他们因生命由天而来，故亦称生为性，有时亦可称之为天。卷一《本生》："人之性寿，物者抇之，故不得寿。物也者所以养性也。非所以性养也。"《重己》："五者（按指饮食声色等）圣王之所以养性也。"皆说明生与性为一义。所以卷二十《知分》便明说："生，性也。死，命也。"天所生出的生命的内容，当然有理性的一面，因而发生生命内的欲望与理性的抵抗。但《吕氏春秋》并未把理性的一面特别突出，这大概因为他们认为生命既是得之于天，生命的整体即是理性的。由养生而全生，全生即是全天，全天即是理性全般呈现；所以在他们这一思想结构中，天理人欲的抵抗性，比之原始道家及儒家，较为轻微，这也表现出战国末期道家的特色。正因为如此，所以生命中最显现的，是情欲。而他们对情欲，是采取肯定的态度。卷二《情欲》："天生人而使有贪有欲。欲有情，情有节。圣人修节以止欲，故不过行其情也。"《高注》以"适"释"节"，从与《吕氏春秋》相关联的文字看，是很确切的。先秦儒家，多主张以礼来节制欲，即发挥理性的力量来节制欲。吕氏门客们对情欲既加以肯定，又要加以节制，与儒家相同。但节制的根据，不是直接求之于理性的本身，乃由《老子》："五色令人目盲"之意，直接求之于情欲的本身。他反复发挥物质享受太过，则反使情不适而生命为之剥丧。能节制欲望，反可适于情，而保全天所与人的生命；此之谓"全生"、"全性"、"全天"。《本生》篇说：

> 今有声于此，耳听之必慊（注：快也）己。听之则使人聋，必弗听。有色于此，目视之必慊己。视之则使人盲，必弗视……故圣人之于声色滋味也，利于性，则取之。害于性，则舍之。此全性之道也。世之贵富者，其于声色滋味也，多惑者，日夜求。幸而得之，则遁（注：流逸不能自禁也）焉。遁焉，性恶得不伤……万物章章，以害一生，生无不伤；以便一生，生无不长。故圣人之制万物也，以全其天也。

上面这类的话，全书许多地方皆有发挥。他是以生命的合理要求为准；合于此要求的，可以完成天所给予人的生命，否则会促短其生命；其真实用意，与今日的生理卫生学是一样的；这对当时希望能得到长生不老的统治者而言，应当是比较容易接受的。但吕氏的门客们，更由此而伸到神秘的境界。他们既认定人的生命是由天所生，便认为"人之与天地也同"①，认为"天地万物，一人之身也"②，既能由养生以全其天，则人即可与天地相通，而与天地同其功用。《本生》篇继续说：

> 天全则神和矣，目明矣，耳聪矣，鼻臭矣，口敏矣，三百六十节皆通利矣。若此人者，不言而信，不谋而当，不虑而得。精通乎天地，神覆乎宇宙。其于物，无不受也，无不裹也，若天地然。上为天子而不骄，下为匹夫而不惛（注：惛读忧闷之闷）。此谓全德之人。

儒家由人性中理性的扩充而得到与天地相通的精神境界；原始道家，由"致虚极，守静笃"的工夫，以扩充生命中的虚静之德，而得到与天地相通的精神境界。《吕氏春秋》则以养生而得到与天地相通的精神境界。但依然与原始道家的《老子》思想，有一条可以相通的线索。《老子》二十一章，在对道形容中有谓"窈兮冥兮，其中有精；其精甚真"的话。经验界的万物，对道而言，是粗。创造万物的道，《老子》则拟之为精。此处可借用《庄子·秋水》篇的话作解释。《秋水》篇说："夫精小之微也。"这意思是说，所谓精，是指比一般之所谓小还要微细的东西。这是勉强对道所作的形容。又说："可以言论者，物之粗也。可以意致者，物之精也。"这是说人对精的把握的方法。老子将道称为精，将道的作用称为神；庄子继承此一思想，而合称之为精神。但《庄子》称道为精神，对于人的心亦称之为精神；以

---

① 《吕氏春秋》卷二《情欲》。
② 《吕氏春秋》卷十三《有始览》。

见人之心与道是一体相通而无阻隔①。"精"的观念，至战国末期而大为流行；虽然各家使用精字神字时，不一定有《庄子》上指道而下指心的严格意义；但承认在人生命之中也有一种可称为"精"的东西，可以与天地之精相感通，也可以与天下之人相感通，则几乎成为共同的趋向。此一趋向在《吕氏春秋》上得到了发扬，与汉代，尤其是与《淮南子》中的道家及董仲舒以很大的影响。兹略举于下：

一、圣人察阴阳之宜，辨万物之利，以便生；故精神安乎形，而年寿得长矣。（卷三《尽数》）

二、大喜、大怒、大忧、大恐、大哀，五者接神，则生害矣。大寒、大热、大燥、大湿、大风、大霖、大雾，七者动精，则生害矣。故凡养生，莫若知本……精气之集也，必有入也。集于羽鸟，与为飞扬……集于圣人，与为夐明……流水不腐，户枢不蝼（蠹），动也。形气亦然。形不动则精不流。精不流则气郁。（同上）

三、凡事之本，必先治身。啬其大宝，用其新，弃其陈，腠理遂通。精气日新，邪气尽去，及其天年……昔者先圣王成其身而天下成，治其身而天下治……为天下者不于天下，于身。（卷三《先己》）

四、主道约，君守近。太上反诸己。……何谓反诸己也？适耳目，节嗜欲，释智谋，去巧故，而游意乎无穷之次，事心乎自然之途，若此，则无以害其天矣。无以害其天，则知精。知精则知神。知神之谓得一……故知知一，则若天地然。则何事之不胜，何物之不应。（卷三《论人》）

五、何以知天道之圜也？精气一上一下，圜周复杂，无所稽留，故曰天道圜。（卷三《圜道》）

六、日夜思之，事心任精。（卷七《禁塞》）

七、圣人南面而立，以爱利民为心。号令未出，而天下皆延颈举踵矣，则精通乎民也。夫贼害于人，人亦然……神者先告

---

① 请参阅拙著《中国人性论史·先秦篇》第十二章第四节。

也。身在乎秦，所亲爱在于齐，死而志气不安，精或往来也。德也者万民之宰也……圣人行德乎己，而四荒咸饬乎仁。养由基射兕，中石，石乃饮羽，诚乎兕也。伯乐学相马，所见无非马者，诚乎马也……故君子诚乎此，而谕乎彼；感乎己而发乎人，岂必强说乎哉……神出于忠，而应乎心，两精相得，岂待言哉。(卷九《精通》)

八、故曰天无形而万物以成。至精无象，而万物以化。(卷十七《君守》)

九、圣王……养其神，修其德而化矣，岂必劳形愁(虑)弊耳目哉……神合乎太一……精通乎鬼神。深微玄妙，而莫见其形。今日南面，百邪自正，而天下皆反其情。黔首毕乐其志，安育其性，而莫为不成。故善为君者矜服性命之情，而百官已治矣。(卷十七《勿躬》)

十、凡君也者处乎静，任德化，以听其要。若此，则形性弥羸，而耳目愈精。百官慎职，而莫敢愉綖。(同上)

十一、故诚有诚，乃合于情。精有精，乃通于天。乃通于天水(五字衍文)，木石之性，皆可动也，又况于有血气者乎。故凡说与治之务，莫若诚。(卷十八《具备》)

十二、故曰精而熟之，鬼将告之。非鬼告也，精而熟之也。(卷二十四《博志》)

十三、夫骥骜之气，鸿鹄之志，有谕乎人心者，诚也。人亦然，诚有之，则神应乎人矣。言岂足以谕之哉。(卷二十六《士容》)

上面所引材料中的精字神字，虽含义不能如《老子》、《庄子》中的确定；但就(五)及(八)说，天道之所以为圜，是因精气之一上一下。是天有此精。天之精虽不可见，但万物实因此精的活动而生育成长。就其余各项来看，是人生命之内，亦有此精此神，或合称为精神。就一的"精神安乎形"的话来看，是精神亦可不安于人之形体。此生命内之精或神，《高注》有时以魂魄释之，但就全书看不必如此。似乎可以这样说，天分化自己之精气于各生命之内，以成为各生命之精之神。此精神必由节省嗜欲，并讲求运动等各种养生之道，乃在生命中得以保全而发生作用。此观于一、二、三、四、十等项而可见。以养生的工夫使"形性弥赢"而让精能保存于生命之中，发生作用，此谓"矜服性命之情"九。凡《吕氏春秋》中之所谓性命，皆指此种意义而言。精为天所赋予，而为人所得。由养生而保全天所赋予于生命中之精，此即《吕氏春秋》中之所谓"全其生"，"全其天"，"全其德"。其第一效应为人可完成天所赋予之寿命而"年寿得长"。第二效应则生命中之精，本是来自天之精；故此时之生命"若天地然"，而可与天相感通（十一）。既可与天地相感通，则在政治上亦将若天之"无形而万物以成"，"万物以化"。此观于三、四、八、九、十各项而可见。精为万物所同具，故一人之精，即可通于万物。既可通于万物，则可收不言而万物自化之效，此观于七、九、十一、十三而可见。在上引材料中，又强调"诚"的观念。它所说的诚，指的是真实爱利人民的精神状态。因诚故精。故后来常将"精诚"连为一词。此乃在养生以外能达到精的一种积极工夫。补出此一积极工夫，《吕氏春秋》这一方面的思想，始有一部分的客观的意义。司马谈《论六家要旨》称述道家"凡人所生者神也，所托者形也……不先定其神，而曰我有以治天下，何由哉"一段话的思想，实由《吕氏春秋》而来。以养生致精而可与天地及天下相感通，这是由战国末期道家发展《老子》重生贵己的这一部分思想而来。但《老子》这一部分思想，决没有进入到这种神秘主义中去。《庄子·外篇·杂篇》中，虽多敷衍养生之说，但亦未尝由养生以言天人一体。老子的"体道"，亦即天人一体，必由"致虚极，守静笃"这类的工夫而来。庄子则更将此工夫落实于人的心上而称为"心斋"。所以由《吕氏春秋》所代表的道家思想，乃战国末期与阴阳家相混合以后，一方面是庸俗化，另一方面是神秘化的道家思想。与老庄的原始道家思想，有很大的距离。由养生致精以与天地通应的思想，在当时旁通于神仙方士，在以后发展为道教的炼气炼丹。但这里所提出的诚的观念，却接受了儒家《中庸》、《易传》中的观念；但亦为老庄所应有之义。所以《吕氏春秋》这一方面的思想，以战国末期的道家思想为主，而融合了一小部分儒家的思想。

不论由养生，或由诚，以达到与天地相感通，都是出于人在主观上的努力；也可便宜地称为"自觉地天人感通"。但自战国中期以来，发展出并非出于自觉的天人感通，即"以类相感"的观念，为《吕氏春秋》所演绎，给两汉思想以莫大的影响。

《易系传》："同声相应，同气相求。"这即以类相感的观念。《荀子·不苟》篇谓："君子絜其辩（身）而同焉者合矣。善其言，而类焉者应矣。故马鸣而马应之……"因荀子主张天人分途，所以此处不指天人相感而言；但其肯定"同类相感"的原则，并无二致。《吕氏春秋》既强调天人相感相应，又强调灾变与政治是否合乎月令的关系，自必更强调同类相感的观念。卷十三《应同》篇："类固相召。气同则合，声比则应。鼓宫而宫动，鼓角而角动……无不皆类其所生以示人。故以龙致雨，以形逐影。师之所处，必生棘楚。祸福之所自来，众人以为命，安知其所……物之从同，不可为记。"这段话，在卷二十《召类》篇又叙述了一次。全书这类的话很多。《吕氏春秋》应用这种观念，也和《荀子》一样，重在行为所招致的效果。所以《应同》篇继上文之后，接着说："君同则来，异则去。故君虽尊，以白为黑，臣不能听。父虽亲，以黑为白，则子不能从。"但又引"《商箴》云天降灾布祥，并有其职。以言祸福人或召之也"，即是说人以某类的行为，招致天降某类的灾祸，则以类相感的观念，既应用于君主臣民之间，亦用于天人之际。而两汉的灾异思想，主要以同类相感，作解释的根据。这对人自身而言，可以说是不自觉的天人感通。

八 《吕氏春秋》政治思想之一端

《吕氏春秋》的内容，虽包罗宏富，然究以政治问题为主。秦自孝公用商鞅变法以来，以法家的精神法度立国，并且这也是战国中期以后的一般倾向；不过其他六国，没有像秦国行之力而持之久。法家政治，是以臣民为人君的工具，以富强为人君的唯一目标，而以刑罚为达到上述两点的唯一手段的政治。

这是经过长期精密构造出来的古典的极权政治。任何极权政治的初期，都有很高的行政效率；但违反人道精神，不能作立国的长治久安之计。秦所以能吞并六国，但又二世而亡，皆可于此求得解答。吕氏的门客们，在消极方面，便是要扭转这一趋向，改建秦国即将统一天下的政治结构。此一努力，贯彻于全书之中，下面简录若干材料以为例证：

一、强令之笑不乐，强令之哭不悲。强令之为道也，可以成小，而不可以成大……以狸致鼠，以冰致蝇，虽工不能。以茹鱼去蝇，蝇愈至，不可禁，以致之道去之也。桀纣以去之道致之也，罚虽重，刑虽严，何益？……今之世，至寒矣，至热矣，而民无走者，取则行钧也(注：钧，等也。等于暴乱也)。欲为天子，所以示民，不可不异也。（卷二《功名》）

二、当今之世，巧谋并行，诈术递用，攻战不休，亡国辱主愈众。所事者末也。（卷三《先己》）

三、此十圣人六贤者，未有不尊师者也。今尊不至于帝，智不至于圣，而欲无尊师，奚由至哉。（卷四《尊师》）

四、今世之以偃兵疾说者，终身用兵而不自知悖。故说虽强，谈虽辩，文学虽博，犹不见听。（卷七《振乱》）

五、今天下弥衰，圣王之道废绝。世主多盛其欢乐，大其钟鼓，侈其台榭囿苑，以夺人财。轻用民死，以行其忿……攻无辜之国以索地，诛不辜之民以求利，而欲宗庙之安也，社稷之不危也，不亦难乎？（卷十三《听言》）

六、为天下及国，莫如以德，莫如行义。以德以义，不赏而民劝，不罚而邪止……岂必以严罚厚赏哉。严罚厚赏，此衰世之政也。（卷十九《上德》）

七、故择先王之成法，而法其所以为法。先王之所以为法者何也，先王之所以为法者人也。而己亦人也。故察己则可以知人。（卷十五《察今》）

故治国无法则乱，守法而弗变则悖。悖乱不可以持国。世易时移，变法宜矣。（同上）

八、法也者众之所同也，贤不肖之所以其(疑当作齐)力也。谋出乎不可用，事出乎不可同，此为先王之所舍也。（卷二十五《处方》）

上引材料中，一、六很明显地反对法家政治。再加以全书援引各家学说，广博丰富，独无一言援引当时盛行的法家之言，其用心可以概见。但他们反对法家，并不是反对法，更不是反对变法，而是反对法家的法，完全以统治者的权威、目的为基础，片面地加在人民身上的法。他们要把法的基础，安放在人民与统治者一律平等的"人"的基础之上。统治者自己的生活可以接受的法，乃可加之于人民。法家由法所规定的人民生活状态，与统治者自身的生活状态，完全属于两个本质不同的范畴，这就是八所说的"事出乎不可同"，所以他们便加以反对。法家反对文化学术，自然无所谓"师"。三要求统治者尊师；并且全书在许多地方尊重学术，这也可以说是对法家的抗辩。古代的由君师合一，到孔子以平民立教，而战国百家各尊其师，吕氏的门客更要求人君能尊师，把师的地位安放在君臣关系之外，以达到君师分立，这是一个了不起的大进步。二、四是针对纵横之士说的。五是针对统治者的侈靡风气说的。全书所反复叮咛，由节欲以养生的议论，只要想到秦政后来骄奢淫侈的情形，便可承认它的客观意义。

《吕氏春秋》在政治问题上的积极主张，除了前面已经提到的"与元同气"这一类特别观念外，在政治的基本原则上，是尽量发挥"天下为公"的主张。

一、昔圣王之治天下也必先公。公则天下平矣。……凡主之立也生于公……天下者非一人之天下也，天下之天下也。故智而用私，不若愚而用公。（卷一《贵公》）

二、尧有子十人，不与其子而授舜。舜有九子，不与其子而授禹，至公也。庖人调和而弗敢食，故可以为庖。……王伯之君亦然。诛暴而不私，以封天下之贤者，故可以为王伯。若使王伯之君，诛暴而私之，则亦不可以为王伯矣。（卷二《去私》）

三、尧舜、贤主也，皆以贤者为后，不肯与其子孙，犹若立官以使之方。今世之人主，皆欲世勿失矣，而与其子孙，立官不能使之方，以私欲乱之也。（卷三《圜道》）

四、凡君之所以立，出乎众也。立已定而舍（捨）其众，是得其末而失其本。得其末而失其本，不闻安居。（卷四《用众》）

五、故克其国，不及（罪）其民，独诛所诛而已矣。举其秀士而封侯之。（卷七《怀宠》）

六、众封建，非以私贤也，所以便势全威，所以（博利）博义。义博利（博），则无敌。（卷十七《慎势》）

七、古之君民者；仁义以治之，爱利以安之，忠信以导之，务除其灾，思致其福。（卷十九《适威》）

八、凡人之性，爪牙不足以自守卫……然犹足以裁万物，制禽兽……不唯先有其备，而以群聚邪（也）？群之可聚也，相与利之也。利之出于群也，君道立也……故废其非君，而立其行君道者。君道何如？利而物（勿）利章（俞樾：章字衍文）。为一国长虑，莫如置君也。置君，非以阿君也。

置天子，非以阿天子也。置官长，非以阿官长也。德衰世乱，然后天子利天下，国君利国，官长利官。此国所以递兴递废也。乱难之所以时作也。（卷二十《恃君览》）

九、安虽长久，而以私其子孙，弗行也。辛宽见鲁缪公曰：臣而今而后，始知吾先君周公之不若太公望之知封也……吾君周公封于鲁，无山林溪谷之险，诸侯四面以达，是故地日削，子孙弥杀。辛宽出，南宫括入见……对曰……夫贤者岂欲其子孙之阻山林之险，以长为无道哉。小人哉宽也。（卷二十《长利》）

由上面简录的材料，吕氏的门客，把儒、墨、道三家所蕴含的天下为公的思想，作了突出的表现。把夏禹以来，传子的传统，也敢于推翻。《说苑》十四《至公》："秦始皇帝既吞天下，乃召群臣面议曰：古者五帝禅贤，三王世继，孰是？将行之……鲍白令之对曰：天下官，则让贤是也。天下家，则世继是也，故五帝以天下为官，三王以天下为家。秦始皇帝仰天而叹曰：吾德出于五帝，吾将官天下。谁可使代我后者……"此虽系秦政一时矫情之言，但不可谓其非受有《吕氏春秋》的巨大影响。汉群臣请汉文帝立太子，而文帝却虚伪地谦逊一番，也是受了此一巨大影响。天下为公的思想，一直为西汉大儒所继承，到东汉后则已归隐没。《吕氏春秋》中有关政治方面所录之嘉言懿德，实集先秦诸家之精英，不可胜数，此处仅揭其根本义。就它全面的政治思想说，却只能算是它的一端。至于全书中特别重视农业生产，可谓补儒家政治思想之所不足。

九　《吕氏春秋》对汉代学术思想的影响

《吕氏春秋》的初稿成于秦政八年。但其补缀之功，直到秦政统一天下之后。卷十《安死》："以耳目所闻见，齐、荆、燕尝亡矣。宋、中山已亡矣。赵、魏、韩皆亡矣。其皆故国矣。"这分明是秦政二十六年以后所写的。由此可知有的吕氏门客的学术活动，可能与秦代同其终始，甚至一直延至汉初。因此，汉初的思想家，对《吕氏春秋》，有直传或再传的关系。它对汉代思想的影响，实在是至深且巨。《淮南子》及《周官》或称《周礼》所以成立，都是启发自《吕氏春秋》。这将另有专文论及。其思想及于两汉，尤其是西汉人的著作中的，不可胜数。兹仅就《十二纪·纪首》在汉代发生的影响，略加叙述。

《淮南子》成书于景帝末年，吸收了《吕氏春秋》许多材料，并全录《十二纪·纪首》以为《时则训》，而颇有变更。例如《十二纪·纪首》中的五帝五神，淮南王的门客把它编到《天文训》中而成为五星。《天文训》：

> 何谓五星，东方木也，其帝太皡，其佐句芒……南方火也，其帝炎帝，其佐朱明(高注：旧说云祝融)……中央土也，其帝黄帝，其佐后土……西方金也，其帝少昊，其佐蓐收……北方水也，其帝颛顼，其佐玄冥。

既把《十二纪·纪首》中的五帝五神改编到《天文训》中去了，所以在《时则训》中便把它略去。如以孟春之月为例，《时则训》中增加了"招摇指寅"，"其位东方"，"服八风水，爨萁燧火。东宫御女青色，衣青采，鼓琴。其兵矛，其畜羊"，"修除祠位，币祷鬼神"，"牺牲用牝"，"正月官司空"等。也有前后位置移易，并改变文字的。其中最重要者，《十二纪·孟春纪》在"候雁北"之下，接着便是"天子居青阳左个，乘鸾辂……衣青衣，服青玉……"而《时则训》则在"候雁北"之下，接着是"天子衣青衣……东宫御女青色……其兵矛，其畜羊"，再接着才是"朝于青阳左个，以出春令"。此一改变，意义重大。盖《吕氏春秋》，不以明堂为发号施令之地。天子发号施令，依然是在朝廷之上。而淮南王的门客，则以明堂为发号施令之地。《时则训》在按照《十二纪》把十二月叙完之后，再加了一段"五位"的叙述，这是在地理上叙述东、南、中、西、北、五方穷极所到之处。配上五帝五佐，中间各加上"其令曰"的五类政治措施。虽然五政也与五个方位有关联；但《十二纪》是决定于"与元同气"的"气"，《时则训》则加上"与地同位"。再加上一段四季的孟、仲、季的互相配合的"六合"，目的在说明施政不合时令时所引起的灾异。这与先秦之所谓六合，完全不同。例如"孟春与孟秋为合"，"正月(孟春)失政，七月(孟秋)凉风不至"等。再加上"天为绳，地为准，春为规，夏为衡，秋为矩，冬为权"的"六度"，而极力在政治作用上加以夸张。这都是淮南宾客在《十二纪》之外所增益上去的。但他们在《十二纪》中也有所删节。小的文字删节改变不计外，其重大者，例如孟春之月：

> 是月也，以立春。先立春三日，太史谒之天子曰，某日立春，盛德在木(此句被移于"其日甲乙"之下)天子乃斋。

《时则训》将上数句删去，而直述"立春之日"；这说明《吕氏春秋》犹承周代官制之遗风，太史有重要的地位。所以下面又说"乃命太史，守典奉法"。此地位至汉初已经失坠。所以淮南的宾客不再提到他。下面的一段，等于完全删掉了。

> 还(迎春于东郊还)，乃赏卿诸侯大夫于朝。命相布德和令，行庆施惠，下及兆民。应赐遂行，无有不当(此数句缩为"布德施惠，行庆赏，省徭役")。乃命太史，守典奉法，司天日月星辰之行，宿离不忒，无失经纪，以初为常。是月也，天子乃以元日祈谷于上帝。乃择元辰，天子亲载耒耜，措之参于保介之御间，率三公九卿诸侯大夫，躬耕帝籍田……(此处省五十四字)

王布农事，命田舍东郊。皆修封疆，审端径术。善相丘陵阪险原隰，土地所宜，五谷所殖，以教导民，必躬亲之。田事既饬，先定准直，农乃不惑。是月也，命乐正入学习舞。

由《时则训》之所增所省，可以得出如下的三点看法：

第一，反映政治风气之变。《时则训》中"服八风水"，这是淮南重神仙服食的反映。"东宫御女……"是汉代后宫之盛的反映。删去太史的职位，删去祈谷及籍田之礼，这是《吕氏春秋》继承了周初重视农业的政制及其有关礼制，而淮南王安及其宾客们却完全没有这些观念。站在"史的立场"来说，《吕氏春秋》中所保存的古代的"礼"及"礼意"，在《淮南子》的《时则训》中已被涤荡无余。

第二，就《时则训》中所增益的来看，可以了解淮南宾客，远较吕氏的门客，更好怪异之谈，喜夸张之论，并综括了《管子》中有关的材料，但缺乏条理贯通的合理精神。

第三，周初的统治阶级，因文王与周公的提倡，和农民农业，非常接近；到了贵族政治烂熟以后，这种意义已渐渐消失。战国时代，法家们从富强的角度，又注重农业与农民的问题；但在他们，不过是一种工具的意义。吕氏的门客，由此一趋向而唤起了对周初的记忆，所以在《十二纪》中，特详于农事，详于农政。且其序次皆与实际之要求相合。全书并终于《上农》、《任地》、《辩土》、《审时》四篇。但淮南宾客们，与人民的距离较远，所以《淮南子》全书中，言及农事者不多。

但不论怎样，没有《十二纪·纪首》，便没有《时则训》。甚至可以说没有《吕氏春秋》，便没有《淮南子》。这决不是偶然的、突出的事情，而是《吕氏春秋》在西汉初期所发生重大影响的结果。

就个人而论，受《十二纪》影响最大者当为董仲舒。他继承了《十二纪·纪首》阴阳五行的观念，并作了极烦琐的发展。此观于《春秋繁露》一书而可见。他的尚德去刑，以春夏为天之德，秋冬为天之刑的观念，也由《十二纪》发展而来。而《春秋繁露·观德》三十三谓"百礼之贵（贵重者），则编于月。月编于时"。这更是指《十二纪·纪首》而言。《五行对》第三十八"天有五行，木火土金水是也。木生火，火生土，土生金，金生水。水为冬，金为秋，土为季夏，火为夏，木为春。春主生，夏主长，季夏主养，秋主收，冬主藏"，皆本于《十二纪·纪首》。《五行之义》第四十二，《四时之别》第五十五等，莫不如此。要了解汉代学术的特性，便不能不了解董仲舒思想的特性及其在两汉中所占的重要地位。而董仲舒思想的特性，可以说全是由《十二纪·纪首》发展出来的。

汉易最大的特色，为京房的卦气说。《汉书》卷七十五《京房传》："其说长于灾变。分六十四卦，夏直日用事，以风雨寒温为候。"孟康曰：

> 分卦直日之法，一爻主一日；六十四（四字疑衍）卦为三百六十日。余四卦震离兑坎，为方伯监司之官。所以用震离兑坎者，是二至二分用事之日；又是四时各专王之气，各卦主时。其占法各以其日观其善恶也。

这里不深入讨论卦气问题；而仅指出《易十翼》中有一部分应用到阴阳的观念时，略带有时间的意味，但无明确的划分。且更未应用到五行的观念。《十二纪·纪首》，把阴阳五行之气，表现到十二个月中间去，于是阴阳运行于时间之中，更为具体而明确。由此再进一步地发展，则是把阴阳运行于时间之中，不仅以月为单位，而系以日为单位。六十四卦，抽出震离兑坎四卦各主一时；其余六十卦三百六十爻，各主一日；这样一来，运行于时间之中的阴阳之气，可以日为单位而加以考察按验，就较之《十二纪》更为具体而细密。由此以言占验，便更可应接人事的纷繁。把阴阳之气，由表现于十二月，进而表现于三百六十日，这是一条直线上的推演。所以卦气说是受了《十二纪》的影响所发展出来的。

《礼记》四十九篇，凡不以阴阳五行言礼者，多传自战国中期以前，或出自未受阴阳家影响之儒者。尤其是《荀子》这一系统的儒者。其以阴阳五行言礼者，则多直接间接，受有《十二纪·纪首》的影响。凡此皆应重加覆按，以论定其思想之渊源。而将《十二纪·纪首》录入为《月令》，成为四十九篇之一，《十二纪·纪首》的影响，更为扩大。

《经典释文·序录》引晋司空长史陈邵《周礼论序》谓："戴德删古礼二百四篇为八十五篇，谓之《大戴礼》。圣（戴德之弟）删《大戴礼》为四十九篇，是为《小戴礼》。后汉马融、卢植，考诸家同异，附戴圣篇章，去其繁重，及所叙略，而行于世，即今之《礼记》是也。"《隋书·经籍志》因陈说而更加附益，谓："汉河间献王又得仲尼弟子及后学者所记一百三十一篇献之，时亦无传之者。至刘向考校经籍，检得一百三十篇，向因第而序之。而又得《明堂阴阳记》三十三篇，《孔子三朝记》七篇，《王氏史记》二十一篇。《乐记》二十三篇，凡五种，二百十四篇。戴德删其繁重，合而记之为八十五篇，谓之《大戴记》。而戴圣又删大戴之书为四十六篇，谓之《小戴记》。汉末马融遂传小戴之学，融又足《月令》一篇，《明堂位》一篇，《乐记》一篇，合为四十九篇。又郑玄受业于马融，又为之注。"

按陈邵的说法，在可以看到的两汉有关材料中，只有相反的证明，找不出一条正面的证据。陈寿祺《左海经辨》，对此辨之甚为明晰。至《隋志》则将戴德、戴圣与刘向的时间也弄颠倒了。故其说更为无根。谓今《礼记》中的《月令》、《明堂位》、《乐记》三篇，系由东汉马融所补足，尤系不根之论。《隋志》既认《大戴记》所删取，已有《乐记》二十三篇在内，则小戴删大戴书时，即有现成的《乐记》，何待马融补足。孔颖达《义疏》于《乐记》曰："按《别录》四九篇。"《后汉书·桥宏传》："七世祖仁，著《礼记章句》四十九篇。"又郑康成注《礼》，皆于篇题下注明"此于《别录》属……"可见刘向《别录》及桥仁所见者皆为四十九篇。而《汉书·王莽传》上记群臣奏请王莽居摄的奏议中，引有"《礼·明堂记》曰……"即今《礼记·明堂位》十四。所以《月令》、《明堂位》、《乐记》三篇，系由马融所补入之说，决不可信。

《礼记》的情形，大抵是这样的。《汉书·儒林传》："由是《礼》有大戴、小戴、庆氏之学"，立于学官，此皆指传承后苍的《仪礼》而言，与大小《戴记》无涉。这点清人毛奇龄、何义门辈已言之。大小《戴记》之内容，由先秦以及汉初，既非出于一人，亦非出于一时，或单篇别行，或汇编成帙，并递有增损；大约在宣帝之世，经大小戴各承其传习而各编为一书，此后便成定本。《小戴记》，即今之《礼记》，以卷数言之，则为四十九。以篇题言之，则为四十六。盖《曲礼》、《檀弓》、《杂记》，卷分上下，共为六卷，而篇题实三，故钱大昕《廿二史考异》，以《小戴记》"实止四十六"之言，为不可易。大小《戴记》，因各人所传承之材料不同，故内容各别；然大较与礼有关，故其中相同者亦复不少。其说具见于陈寿祺《左海经辨》。不是大小戴分取《汉志》著录之"《记》百三十一篇"以成八十五篇之《大戴记》及四十六篇之《小戴记》，乃刘向合八十五篇及四十六篇而统著录为"《记》百三十一篇"。至《隋志》、《礼记》百三十一篇出于河间献王，及有谓出自叔孙通，皆系妄说。西汉最先引用《礼记》者可能是始于匡衡的时代①。此后则常称《礼记》。在《匡衡》以前，汉人文字中只称"《礼》曰"或"《记》曰"，内容绝大多数都是今日的《礼记》。由此可以了解，小戴所传承的系统，自汉初年，已占绝对优势。而"《礼记》"一辞，经小戴编定后始渐显著，而更为流行。此一问题，尚有许多须详加讨论的，这里只谈到此处为止。

《吕氏春秋·十二纪·纪首》，在汉初已极有势力。将《十二纪》改为《月令》，和其他文献编在一起，乃在戴圣以前。《盐铁论·论菑》第五十四的"大夫曰"中，即引有"《月令》，凉风至"的话，即其明证。编《周书》的人，也编为"《月令》第五十三"。可知这是西汉初年思想界的大趋势。不过经小戴将《礼记》编为定本后，《月令》的地位更高，所发生的影响亦更大。

关于《月令》的另一重大争论问题，郑康成以为"本《吕氏春秋》十二月纪之首章"；而蔡邕、王肃等，则以为周公所作。后世由此而继续争论下来。按孔颖达从官制等方面，列举四证，以坚持郑康成的说法。② 我现时再从思想史上把《十二纪·纪首》的思想脉络弄清楚了，所以对于这种争论，没有重加讨论的必要。我这里只指出两点：第一点，蔡邕们所以认定《月令》是周公所作，乃出自推崇《月令》太过的

---

① 《汉书·梅福传》以孔子世为殷后议，引匡衡之言，中有"《礼记》曰：孔子曰，丘殷人也"。

② 俱见《礼记正义·月令》第六下的注及疏。

心理。第二点，《十二纪·纪首》中所称述的许多礼制，本有历史的根源。例如籍田之礼，为周初所固有，特吕氏门客，按照他们的观念，重新加以安排，所以《十二纪·纪首》中的藉礼，与《国语·周语》中所记者又有出入。

《月令》全抄《十二纪·纪首》；其不同者，正如孔颖达所说，"不过三五字别"。而这些三五字别，其义多以《十二纪》为长。可以说，《淮南子》的《时则训》，是加了他们自己的意见和其他材料到里面；而《礼记·月令》，则是对《十二纪·纪首》作全面承认的。《月令》在两汉的影响，即《吕氏春秋·十二纪·纪首》的影响。

十 《吕氏春秋》对汉代政治的影响

两汉思想家，几乎没有一个人没有受到《十二纪·纪首》——《月令》的影响的；这里特别提到它在政治上的影响。但政治上的影响，几乎都是顺着"与元同气"的这一观念下来的。《吕氏春秋》在与元同气的这一神秘外衣里面，包含有许多政治上的大经大法，却发生影响极少。所以这种影响，可以说是买椟还珠。但这是在专制政体下必然的现象。专制政体与文化思想的关系，都是买椟还珠的关系。

《十二纪·纪首》对政治的影响，是认为政治与天，实际是与阴阳二气，有密切的关联，并且由此而对天发生一种责任感。《汉书》七十四《魏相传》："臣愚以为阴阳者王事之本，群生之命，自古圣贤，未有不由者也。天子之义，必纯取法天地，而观于先圣。高皇帝所述书《天子所服》第八曰：'大谒者臣章，受诏长乐宫，曰：令群臣议天子所服，以安治天下。相国臣何，御史大夫臣昌，谨与将军臣陵，太子太傅臣通等议，春夏秋冬，天子所服，当法天地之数，中得人和。故自天子王侯有土之君，下及兆民，能法天地，顺四时，以治国家，身无祸殃，年寿永究，是奉宗庙安天下之大礼也，臣请法之。中谒者赵尧举春，李舜举夏，兒宽举秋，贡禹举冬。四人各职一时。大谒者臣章奏。制曰可。'"西汉开国时由廷议所定的服制及定此服制的观念，全出自《十二纪·纪首》。《史记》第五十六《陈丞相世家》，汉文帝问左丞相陈平："君所主者何事？"平答以"宰相者，上佐天子，理阴阳，顺四时，下育万物之宜……"从政治上要去"理阴阳，顺四时"的观念，这也是在《吕氏春秋·十二纪·纪首》以前不会出现的观念。由此可以推知《周官》论三公之职为"论道经邦，燮理阴阳"的观念，必然是《吕氏春秋》以后，在西汉所发展的观念。《周官》的春官、夏官、秋官、冬官等名称，也是由《十二纪·纪首》演变而出。

《汉书》卷七十四《丙吉传》：丙吉继魏相为相，"尝出，逢清道群斗者，死伤横道，吉过之不问。掾史独怪之。吉前行，逢人逐牛，牛喘吐舌，吉止驻，使骑吏问逐牛行几里矣……或以讥吉，吉曰：'民斗相杀伤，长安令、京兆尹职，所当禁备逐捕……宰相不亲小事，非所当于道路问也。方春少阳用事，未可大热，恐牛近行用暑故喘，此时气失节，恐有所伤害也。三公典调和阴阳，职所当忧，是以问之。'掾史乃服"。丙吉的观念，与陈平完全相同。若不了解《十二纪》的思想背景，简直是无法使人理解。

如前所述，《十二纪·纪首》中的明堂，只是天子顺时气居处之宫室，至汉初则被看做天子顺四时十二月以发布与元同气的政令的神圣之地。这种思想，是完全顺着《十二纪·纪首》的观念引申出来的。汉初儒者，遂以建明堂，行十二月之令，作为一个最高的政治理想。这在历史上，在现实上，本都是无根之说，可以听任大家随意构想，所以《汉书·艺文志》在《礼》下收录有《明堂·阴阳》三十三篇，《明堂·阴阳说》五篇；其中较为合理的，保留在大小《戴记》里面。《淮南子》除《时则训》外，《主术训》、《本经训》、《齐俗训》、《氾论训》、《泰族训》等，都谈到明堂。晁错本是学刑名法术的人，在文帝十五年九月应贤良文学策里，也说："臣闻五帝神圣，其臣莫能及，故自亲事，处于法宫之中，明堂之上，动静上配天，下顺地，中得人；故众生之类，亡不覆也；根着之徒，亡不尽也……然后阴阳调，四时节……"①由此不难推想当时这种风气之盛。

但《十二纪·纪首》在汉代所发生的作用，主要是发生在：第一，是对灾异的解释与对策；第二，是对刑赏的规正与运用。

在前面引用过的魏相奏议中，曾有下面的一段话：

---

① 《汉书·晁错传》。

臣闻《易》曰：天地以顺动，故日月不过，四时不忒。圣王以顺动，故刑罚清而民服。天地变化，必由阴阳。阴阳之分，以日为纪。日冬夏至，则八分之序立，万物之性成。各有常职，不得相干。东方之神太皥，乘震、执规、司春。南方之神炎帝，乘离、执衡、司夏。西方之神少皥，乘兑、执矩、司秋。北方之神颛顼，乘坎、执权、司冬。中央之神黄帝，乘坤艮，执绳、司下土。兹五帝所司，各有时也。东方之卦，不可以治西方。南方之卦，不可以治北方……臣相伏念陛下恩降甚厚，然而灾气未息，窃恐诏令有未合当时者也。愿陛下选明经通知阴阳者四人，各主一时；时至，明言所职，以和阴阳，天下幸甚。

魏相上面的话，根据《淮南子》的《时则训》，并加上了新起的卦气说；两者皆由《十二纪·纪首》演变而出。汉宣帝中兴，魏相、丙吉，号称贤相。他们都以和阴阳，顺时令，为政治的最高原则；且以此作灾异的解说。自此以后，因戴圣编定《礼记》，而《月令》的影响更为增大。《汉书》卷八《宣帝纪》，元康元年三月诏：

朕未能章先帝休烈，协宁百姓，承天顺地，调节四时。

《汉书》卷九《元帝纪》初元三年六月《求言诏》：

……有司勉之，毋犯四时之禁。丞相御史，举天下明阴阳者三人……

《汉书》卷十《成帝纪》阳朔二年春《顺时令诏》：

昔在帝尧，立羲和之官，命以四时之事，令不失其序……明以阴阳为本也。今公卿大夫，或不信阴阳，薄而小之，所奏请多违时政……而欲望阴阳调和，岂不难哉？其务顺四时月令。

《汉书》卷四十九《李寻传·对诏问灾异》：

> ……加以号令不顺四时……夫以喜怒赏罚而不顾时禁，虽有尧舜之心，犹不能致和……故古之王者，尊天地，重阴阳，敬四时，严《月令》。顺之以善政，则和气可以立政……今朝廷忽于时月之令；诸侍中尚书近百，宜皆令通知《月令》之意；设臣下请事，若陛下出令，有缪于时者，当知争之以顺时气。

上面举的例子，实际都说的是施政不合《月令》，则阴阳失和而灾异现，以此作灾异的解释。从成帝的诏书看，当然有许多人并不相信这一套；而以阴阳言灾异，也有并不遵守《十二纪·纪首》的规格的。但顺《十二纪》的规格以言政治及灾异，在当时成为两股有力的观念，则万无可疑。

《十二纪·纪首》规定春夏阳气当令，应行庆赏宽仁之政，故春夏不行刑；行刑必于阴气当令的秋冬；这种观念，对汉代刑法的运用，产生了更大的影响。《汉书》卷七十《陈汤传》；汤上疏：

> 斩郅支首及名王以下，宜县头槀街……事下有司，丞相匡衡……以为……《月令》，春掩骼埋胔之时，宜勿县。

《汉书》卷十《成帝纪》：

> 嘉鸿元年春二月诏曰：……方春生长时，临遣谏大夫理等，举三辅、三河、弘农冤狱……

《汉书》卷七十五《李寻传·对诏问灾异》：

> 间者春三月治大狱，时贼阴立逆，恐岁小收。季夏举兵法，时寒气应，恐后有霜雹之灾。秋月行封爵，其月土湿奥，恐后有雷雹之灾。

《汉书》卷七十六《张敞传》：

> 敞使卒捕掾絮舜有所案验，舜以敞劾奏当免，不肯为敞竟事，私归其家。人或谏舜，舜曰："吾为是公尽力多矣，今五日京兆耳，安能复案事。"

> 敞闻舜语，即部吏收舜系狱。是时冬月未尽数日，案事吏昼夜验治舜，竟致其死事。舜当出死，敞使主簿持教告舜曰："五日京兆竟何如？冬月已尽，延命乎？"乃弃舜市。会立春，行冤狱使者出，舜家载尸并编敞教，自言使者。使者奏敞贼杀不辜，天子薄其罪。

《汉书》卷九十九下《王莽传》：

> 地皇元年正月乙未，赦天下。下书曰："方出军行师，敢有趋欢犯法者，辄论斩，毋须时，尽岁止。"于是春夏斩人。

从上面简录的材料看，春天应宣泄冤狱；死罪冬月未及行刑的，便不可于次年春夏行刑，此皆原自《十二纪·纪首》。

《月令》的影响，由东汉所继承；至明、章两帝的时代而更为扩大。《后汉书》二十六《侯霸列传》：

> 建武四年，光武征霸与车驾会寿春，拜尚书令。时无故典，朝廷又少旧臣。霸明习故事，收录遗文……每春下宽大之诏，奉四时之令，皆霸所建也。注："《月令》，春布德行庆，施惠下人，故曰宽大。奉四时，谓依《月令》也。"《集解》：惠栋曰："《续志》，立春之日，下宽大书曰，制诏三公，方春东作，敬始慎微，动作从之。罪非殊死，且勿案验，皆须麦秋。"

可知光武初建政权，《月令》已由侯霸而又成为朝廷行政中的故事。

《后汉书》卷四十三《隗嚣列传》，移檄告郡国数王莽的罪状中有：

冤系无辜，妄族众庶。行炮烙之刑，除顺时之法……

《后汉书》卷二《明帝纪》，明帝于中元二年二月即位，十二月甲寅诏曰：

方春戒节，人以耕桑，其敕有司务顺时气，使无烦扰。天下亡命，殊死以下，听得赎论。

又：

是岁(永平二年)始迎气于五郊。

又三年正月癸巳《劝农详刑诏》：

……夫春者岁之始也。始得其正，则三时有成。比者水旱不节……有司其勉顺时气，劝笃农桑……

《后汉书》卷三十二《樊宏列传》：

宏子倏"议刑辟宜须秋月，以顺时气。显宗并从之"。

《后汉书》卷四十一《钟离意列传》：

意复上疏曰……愿陛下垂圣德，揆万机。诏有司慎人命，缓刑罚，顺时气……

《后汉书》卷三《章帝纪》建初元年《丙寅诏》曰：

……各推精诚，专急人事。罪非殊死，须立秋案验。有司明选举，进柔良，退贪猾，明时令，理冤狱……

又建初五年冬：

　　始行《月令》迎气乐。

又元和元年七月丁未《禁酷刑诏》：

　　……自往者大狱以来，掠考多酷……宜及秋冬理狱，明为
其禁。

又元和三年秋七月《庚子诏》曰：

　　《月令》，冬至之后，有顺阳助生之文，而无鞫狱断刑之政。
朕咨访儒雅，稽之典籍，以为王者生杀，宜顺时气。其定律无以
十一月十二月报囚。

又章和元年秋：

　　令是月养衰老，授几杖，行糜粥饮食。

《后汉书》卷二十六《韦彪列传》：

　　彪以世承二帝吏化之后，多以苛刻为能。又置官选职，不必
以才。因盛夏多寒，上疏谏曰：臣闻政化之本，必顺阴阳。伏见
立夏以来，当暑而寒，殆以刑罚刻急，郡国不奉时令之所致也。

《后汉书》卷四十六《陈宠列传》：

　　元和二年旱，长水校尉贾宗等上言，以为断狱不尽三冬，故
阴气微弱，阳气发泄，招致灾旱……帝以其言下公卿议。宠奏
曰……秦为虐政，四时行刑。圣汉初兴，改从简易。萧何定律，
季秋论囚，俱避立春之月，而不计天地之正……陛下探幽析

微……稽《春秋》之文，当《月令》之意。

《后汉书》卷四《孝和帝纪》永元十五年：

> 有司奏以为夏至（当作孟夏）则微阴起，靡草死，可以决小
> 事。是岁初令郡国以日北至案薄刑。

《后汉书》卷二十五《鲁恭列传》：

> 初，和帝末，下令麦秋得案验薄刑。而州郡好以苛察为政，
> 因此遂盛夏断狱。恭上疏谏曰：臣伏见诏书敬若天时，忧念万
> 民，为崇和气。罪非殊死，且勿案验……旧制，至立秋乃行薄
> 刑。自永元十五年以来，改用孟夏，而刺史太守不深维忧民恤事
> 之原，进良退残之化，因以盛夏征召农人，拘对考验，连滞无
> 已……自三月以来，阴寒不暖，物当化变而不被和气。《月令》，
> 孟夏断薄刑，出轻系。行秋令则苦雨数来，五谷不熟。……夫断
> 薄刑者，谓其轻罪已正，不欲令之系，故时断之也。臣愚以为今
> 孟夏之制，可从此令。其决狱案考，皆以立秋为断，以顺时节，
> 育成万物，则天地以和，刑罚以清矣。

又：

> 初，肃宗时，断狱皆以冬至之前。自后论者互多驳异。邓太
> 后诏公卿以下会议。恭议奏曰：夫阴阳之气，相扶而行。发动用
> 事，各有时节。若不得其时，则物随而伤。王者虽质文不同，而
> 兹道无变。四时之政，行之若一。《月令》周世所造，而所据皆
> 夏之时也……夫王者之作，因时为法。孝章皇帝，深惟古人之
> 道，助三正之微，定律著令……然从变改以来，年岁不熟……
> 者，率入十一月，得死罪贼，不问曲直，便即格杀。虽有疑罪，
> 不复谳正……易十二月，君子以议狱缓死。可令疑罪使详其法。
> 大辟之科，尽冬月乃断。其立春在十二月中者，勿以报囚如

故事。

《后汉书》卷五《安帝纪》元初四年七月辛丑《霖雨诏》：

> ……又《月令》，仲春养衰老，授几杖，行糜粥。方今按比之时，郡县多不入奉行……甚违诏书养老之意……

又元初六年十二月乙卯《赈贫民养贞妇诏》：

> ……《月令》仲春养幼小，存诸孤。季春赐贫穷，赈乏绝，省妇使，表贞女，所以顺阳气，崇生长也。

《后汉书》卷七十五《刘焉列传》，张鲁：

> 自在汉中，因其人信行修业，遂增饰之……又依《月令》，春秋禁杀……

由上面简录的资料，可以了解《月令》的影响，东汉大于西汉。《后汉书集解·礼仪志》上第四引"黄山曰：《宋书·礼志》，汉制，太史每岁上其年历，先立春立夏大暑，立秋立冬，常读五时令。皇帝所服，各随五时之色……杜佑《通典》云，读时令，非古制也，自东汉始焉，其后因而沿袭……"司马彪《续汉书》八志中的《仪礼志》及《祭祀志》，由谯周改定蔡邕所立之志而成；而蔡邕的志，是胡广以《月令》作为骨干，为东汉所建立的制度。这更可以推见《月令》对东汉影响的既深且巨。而《月令》的意义，在蔡邕手上，更发挥到了极点。他说：

> 《周书》七十一篇，而《月令》第五十三。秦相吕不韦著书，取《月令》为纪号。淮南王安亦取以为第四篇，改名《时则》。故偏见之徒，或云《月令》吕不韦作，或云淮南，皆非也。（《蔡中郎集》）

这是他以《月令》出于周公的根据。《周书序》应出于西汉编集者之手，其中即有"周公制十二月赋政之法，作《月令》"，可见蔡邕的说法，其言有自。蔡邕在《月令·问答》中说：

> 问者曰：子何为著《月令》说也？曰：予幼读《记》，以为《月令》体大经问(同)，不宜与《记》书杂录并行。而记家记之又略。及前儒特为章句者，皆用其意传，非其本旨。又不知《月令》征验，布在诸经；《周官》、《左传》，皆实与《礼记》通；他议横生，纷纷久矣。光和元年，予被谤责，罹重罪，徙朔方……窃诚思之……审求历象，其要者莫于《月令》。故遂于忧怖之中，昼夜密勿，昧死成之……

> 问者曰：子说《月令》，多类《周官》、《左氏》。假无《周官》、《左氏传》，《月令》为无说乎？曰：夫根柢植，则枝叶必相从也。《月令》与《周官》，并为时王政令之记，异文而同体；官名百职，皆《周官》解。《月令》甲子，沈子所谓似《春秋》也。若夫太昊、蓐收、句芒、祝融之属，《左传》造义立说，生名者同，是以用之。

十一 《十二纪·纪首》是古代天的观念演变的结果

《吕氏春秋·十二纪·纪首》，何以在两汉发生这样大的影响，便不能不稍稍总结一下我国古代对天的观念的演变及其意义。

到西周初年止，天、帝，是我国原始宗教的最高人格神。殷多称帝而少称天；西周初年，称天的频度渐渐增加；而后则多称天而少称帝。但其为人格神的意味并没有两样。可是一方面自周初文王、周公开始，已出现了道德的人文精神，认定人的祸福是决定于人自己的行为，亦即是人自己决定自己的命运，这样一来，便大大减轻了原始宗教的意义与分量。另一方面，中国古代的僧侣阶级，在祭神时只处于助祭的地位，主祭的人是政治领袖的王。所以神的代表是王而不是僧侣，"天子"一词的出现，正说明了这种情形。这样一来，人民对于神的权威信仰，常和对于王的权威信仰，纠缠在一起。当王的权威失坠的时候，神的权威，也随之失坠。在殷纣的时候，殷民很轻松地把祭神的"牺牷牲"偷了吃掉①，不难推知殷王权的动摇，同时即是神权的动摇。西周到了厉、幽时代，也正遇着同样的问题。加以平王东迁，王权扫地，作为人格神的天、帝，便再也抬不起头来；于是春秋时代的贤士大夫，把天看做在人的上面的道德最高法则。天的运行，本来是有它自己的法则，及在此种法则下发生作用的。如从客观事实的角度去看此一法则，则可称为"自然法则"。但从人的道德价值要求的角度去看此一法则，即可称为"道德的法则"。前者是实，而后者是虚。在天的人格神的地位坠落以后，纯自然法则未确立以前，人与大自然的关系，便会出现此一过渡现象。

孔子把春秋时代外在的道德，转化到自己的生命里面生根；于是在他心目中的天，一方面保持了若干传统的观念；同时又将传统的观念，接上了由自己生命内部所发出的道德精神，而赋予感情以真实感，这便使人读到"畏天命"之类的语言时，仿佛把天的古老的人格神的观念，又复活了若干。但从《论语》的全般语言看，他所把握的，只是在人现实生命中所蕴藏的道德根苗的实体；天乃由此实体的充实所投射出去的虚位。"仁远乎哉？我欲仁，斯仁至矣"，"为仁由己，而由人乎哉"？这类的话，可为我的说法作证。所以他毕生的努力，都是集中在"人事之所当为"，只在"四时行焉，百物生焉"的经验现象上体验天道，不另在天的问题上去费工夫。因而孔子一方面肯定了天，同时又在人的定位上摆脱了天。顺着这一方向发展，出自子思的《中庸》，说了"天命之谓性，率性之谓道"的两句话，正是既肯定而又同时摆脱的表现。人性是由天所命，这是对天的肯定；性乃在人的生命之中，道由率性而来，道直接出于性，这实际是对天的摆脱。所以全书只言"尽性"、"明诚"，不在天的自身多作纠葛。到了孟子说"尽其心者，知其性也；知其性则知天矣"的话，事实上便完全从天的观念摆脱出来了。心是实而天是虚，至为明显。孟子的意思，到程明道说出的"心即天也"的话，才完全表达明白了。

---

① 见《尚书·微子》。

孔子、子思、孟子，是从道德主体的体验中，体验出道德主体是在人的生命之内的性、心，而不在天；他们在实际上摆脱了天，但在道德精神的无限性及道德精神中的感情上，仍不知不觉地保持了天对人的虚位。荀子则以知识的立场，承认了天的自然法则及其功用。但天的法则与人并不相干，所以干脆主张"惟圣人不求知天"。此一"天人分途"，取径虽然不同，但在古代儒家对天的关系上，实际也可以说是共同的大倾向。此一大倾向，在《礼记》的《祭义》、《祭法》、《祭统》诸篇中，很明显地说出人对鬼神的关系及祭祀的意义，都是活着的人对鬼神，对被祭祀者的精神与感情的关系和意义。所以大约出现于秦将统一天下或统一天下以后的《大学》一篇，便不再谈到天、天命的问题，使人的道德主体的心，向平面的社会性的天下国家中去展现。

老子，我承认他是孔子的前辈的传统说法。但现行《老子》一书，是他的弟子在战国初期录定并增补的。他提出以"道"来代替原始宗教中的人格神，以创造宇宙万物。他更用"无"的观念来描述道的体态。他走的是以形而上学来代替宗教的路，这正反映出春秋时代对天的宗教性格消退后，所开出的对万物根源的另一答案。但他依然保有春秋时代天是最高道德法则的影响；所以道创造人时，便非目的地，把"无"的性格赋予人，而成为人的虚静之德。人由"致虚极，守静笃"而可以体道，但道与原始宗教性的天，是不相关联的。因此，到了庄子，他所说的天，除有时是自然性格的意味外，只是人的精神境界。

墨子重视天志。但墨子并不是通过巫祝及卜筮以知道天志，而是由经验界的观察以推言天志。他不是由自己的经验乃至当时的经验以证明有鬼，而是假借历史中的鬼故事以证明有鬼。他更没有认定自己是天以及鬼的代表，也没有天或鬼的特别语言。因此，墨子心目中的天，是否系人格神的性格，实是模糊不清；而他本人不是许多人心目中的宗教家，则是可以断言的。人格神的建立，要靠人类的原始感情在原始社会中的长期塑造。我国原始宗教中，天的人格神的性格，既已经垮掉了，而代之以合理的人文主义精神，墨子生于春秋之末，便不可能想到，也不可能做到恢复天的人格神的地位。

总结上面的说法，我国古代文化的总方向，以"天"的问题为中心，是向非宗教的大指标发展，实际是向对天的摆脱的大指标发展。

但其中蕴藏着另一相反的强力要求。我国自新石器的仰韶文化时代起，便证明是以农业为经济的主干。农业生产的丰凶，与气候有不可分的关系；这在农业生产者看起来，即是与天有不可分的关系。而由道德法则及道德精神对天所作的性格转变后的肯定，即是从信仰上加以摆脱，从价值上加以肯定，使其成为虚位的存在，这不是一般人所能体验到，所能了解到的。即使老子所提出的代替人格神的形而上的道，也不是一般人所能推论到，所能了解到的，已垮掉了的人格神的天，已如前述，不可复活；但由气候而来的与天的关系，又随农业生产而永不能忘怀。正于此时，有一部分人，把本系古代天文家由测候所发展、提升上来的阴阳观念，作为天的性格的新说明，以重建天对人的作用。阴阳具现于四时之中，更把五行配合在一起，使其更与农业的气候关联密切；这较之道德法则、精神，及形而上的无，更能为一般人所容易接受，亦即更容易满足农业社会的广泛要求。原来由追求道德价值根源所肯定的天的道德法则与精神，至此而重新配合到阴阳五行上面去，将使听者感到更为具体，更为生动。到了吕氏的门客，把阴阳之气，亦即是天之所以为天的气，表现于十二个月之中，使人的生活、行为，皆与其相应；这样一来，天简直是随时随处随事而与人同在了。这怎能不在学术与政治上，发生主导性的影响呢？但它不是人格神，《十二纪·纪首》中的五帝，都是历史中的人物，虽然是出自传说性的历史。后来想把五帝由历史中的人物，升为天上的人格神，纬书中并加上些奇异名称，以资掀动；但这不是由原始感情所塑造出来的，终是四不像的有名无实的神。所以由阴阳五行所构造的天，不是人格神，不是泛神，不是静态的法则；而是有动力，有秩序，有反应（感通）的气的宇宙法则，及由此所形成的有机体的世界。沉浸、宣扬太久，在社会上有点感觉到这好像是精灵的世界，由此而酝酿出道教。总结上面的叙述，可以了解《十二纪·纪首》的思想，是古代天的观念长期演变所出现的结果。

《月令》在汉代影响之得失，应分两方面加以论断。就学术方面言，阴阳五行之说，假《月令》而大行；以想像代推论，由附会造证据，将愿望作现实，在学术发展中，加入了经两千年而尚不能完全洗汰澄清的弊害。但就政治方面言，把皇帝的权威、意志，及由这种权威意志所发出的行为，镶进了一个至高无上，而又息息相关的宇宙法则中去，使他担负由宇宙法则而来的不可隐瞒逃避的结果，则皇帝的权威，可以不期然而然地压低；他的行为可以不期然而然地谨慎。这在无可奈何地对专制皇帝的控制上，当然有其重大意义。而《月令》的影响，虽然有许多是落在毫无意义的形式中去；但在解释灾异及援引到刑法上的问题时，总或多或少地导向宽厚而合理的道路上去。在整个一人专制的政体结构之内，这点补救之功，依然是非常难得的了。

最后我要指出的是，汉代以阴阳五行言天道，并非仅出于《吕氏春秋·十二纪》的系统。并应指出由阴阳五行思想所引发的流弊——流于极端怪异的流弊，是在西汉成帝时代，开始由强调"原始经学"①来加以补救的。这都将另有专文论及。

(原载《大陆杂志》45 卷第 3 期，1972 年 9 月)

【评介】

徐复观《〈吕氏春秋〉及其对汉代学术与政治的影响》，曾发表于《大陆杂志语文丛书》第三辑第一册，后收入其晚年所成巨著《两汉思想史》第二卷(台湾学生书局，1976 年版)。

徐复观(1903—1982)，原名秉常，字佛观，后由熊十力更名为复观，取义《老子》"万物并作，吾以观复"，晚年居香港时，用名"天行"。湖北省浠水县团陂镇凤形湾人。在新儒家中甚至在整个 20 世纪的中国学术史上，徐复观被称为"学术界一位传奇人物"，他与牟宗三、唐君毅同列为"现代新儒学"的代表人物，对现代新儒学在 20 世纪下半叶的兴起作出了独特的贡献。1958 年，他与牟宗三、张君

---

① 五经及《论》、《孟》、《孝经》，本无阴阳思想；《易传》中的阴阳思想亦未与五行合流。将经学与阴阳五行相结合，这是西汉儒生的杰作。我把未大量掺入阴阳五行思想的经学，称为"原始经学"。

劢、唐君毅联合署名发表的《为中国文化敬告世界人士宣言》，成为新儒学思潮在港台地区崛起的重要标志。

1903 年 1 月 31 日，徐复观诞生于湖北浠水一个偏僻山村的贫苦农家，1911 年他 8 岁时在任乡村教师的父亲指导下发蒙读书，阅读了《四书》、《五经》以及《东莱博议》、《古文观止》、《纲鉴易知录》、《御批通鉴辑览》等书。1915 年 12 岁考入浠水县高等小学，1918 年毕业后考入设在武昌的湖北省立第一师范学校，开始阅读周秦诸子及梁启超、梁漱溟、王星拱、胡适等人的著作，后来他回忆说："我对于线装书的一点常识，是五年师范学生时代得来的。"1923 年徐复观师范毕业任浠水县第五模范小学教员，1925 年以第一名成绩考入湖北省立国学馆文科，受业于黄侃。1926 年参加国民革命军第七军，1928 年得省资助赴日本明治大学学习经济，1930 年转入日本士官学校步兵科第 23 期学习。1931 年"九一八"事变后，因秘密从事抗日活动而被捕入狱，获释后离日归国到上海。1932 年先任军职于广西，后任职于浙江省政府。1936 年任湖北省保安处科长。1937 年初，任团长，驻防湖北老河口。抗日战争爆发后参与指挥湖北阳新半壁山、山西娘子关等战斗，重创日军。1938 年参加珞珈山军官训练团受训，同年参加武汉保卫战。1940 年任荆宜师管区司令。

从 1926 年国学馆毕业加入北伐军，徐复观开始接触孙中山的著作，并进而由孙中山知道马克思、恩格斯、唯物论等，自此直至1940 年，一直阅读此类著作，涉足哲学、经济学、政治学等领域，为以后的治学奠定了一定的基础。

1942 年赴重庆，任国民党中央训练团兵役班少将教官。1943 年任驻延安高级联络参谋，同年接触到熊十力的《新唯实论》，与熊十力开始书信交往。

1944 年以军委会高参名义，调至参谋总长办公室任联合秘书处秘书长随从秘书。是年往勉仁书院谒师熊十力后，悟熊氏"亡国族者，常先亡其文化"之言，乃潜心于中国文化典籍。徐复观自述说，"我决心扣学问之门的勇气，是启发自熊十力先生"（《我的读书生活》，李维武主编《徐复观文集》（卷一），第 293 页，湖北人民出版社2002 年版）。

1945 年春，任职侍从室第六组；5 月国民党在重庆召开六全大会时，任蒋介石随从秘书；8 月抗战胜利后，任党政军联席会报秘书处副秘书长。1946 年春至南京，以陆军少将退役。1947 年与上海商务印书馆合办学术月刊《学原》，开始接触并了解中国学术界，《学原》至 1949 年停刊。1949 年 5 月去台湾，定居台中，从此退出国民党高层政界，6 月在香港创办政治—学术理论杂志《民主评论》半月刊，并在台湾设立分社，成为 20 世纪 50—60 年代台港地区现代新儒学思潮的主要舆论阵地，《民主评论》至 1966 年停刊。

1951 年以香港《华侨日报》记者身份访问日本，1952 年受台湾"省立"农学院院长林一民聘请，成为农学院兼任教师，担任"国际组织与国际现势"课教学。1953 年改任台湾"省立"农学院专任教师，担任"国文"课教学。1955 年东海大学在台中建校，聘为中文系专任教授，后兼任系主任。1969 年从东海大学退休。由于台湾国民党当局的政治压力，难以在台湾立足，前往香港中文大学新亚书院任教，1970 年任香港新亚研究所专任导师，又任《华侨日报》主笔。1982 年 4 月 1 日，病逝于台湾大学医院，1987 年骨灰移回故乡湖北浠水安葬。

徐复观早年参加政治活动多年，40 岁以后才逐渐走上学术之路，成为"现代新儒家"的代表人物之一。其一生中就儒家思想与中国传统、文化问题，中国知识分子的性格及历史、命运问题发表大量论著，为研究、传播中国传统思想、文化作出重要贡献。

徐复观著述甚丰，留下了数百万字的著作，代表作有《两汉思想史》三卷、《中国人性论史·先秦篇》、《中国艺术精神》、《周官成立之时代及其思想性格》、《中国经学史的基础》、《中国思想史论集》、《中国思想史论集续篇》、《中国文学论集》、《公孙龙子讲疏》、《石涛研究》、《学术与政治》(甲、乙集)、《徐复观杂文》六集等。另翻译了中村元著《中国人之思维方法》、萩原朔太郎著《诗的原理》。这些论著涵盖中国哲学、经学、史学、文学、艺术诸领域。其间一以贯之的主线，即通过对中国文化作"现代的疏释"，阐扬蕴含其中的中国人文精神。

《〈吕氏春秋〉及其对汉代学术与政治的影响》是一篇很有分量、

很见功底的长文，论文的目的，"是站在吕氏门客的立场，来检别出其中他们认为最重要的部分，由此以讨论它所给予两汉学术及政治上的影响"，共分十一部分：

一、《吕氏春秋》内容之检别

论文开篇即指出《吕氏春秋》对两汉政治思想的巨大影响及其研究的价值："一般地说，经学是两汉学术的骨干，也是支持、规整两汉政治的精神力量。但两汉人士，许多是在《吕氏春秋》影响之下来把握经学，把《吕氏春秋》对政治所发生的巨大影响，即视为经学所发生的影响；离开了《吕氏春秋》，即不能了解汉代学术的特性，这点却被人忽略了。所以为了打开探索两汉学术思想特性之门户，便应先从《吕氏春秋》所及于两汉学术与政治的影响开始……但第一，道法各家的影响，是界域分明，因而也是有一定范围的影响；不是像《吕氏春秋》那样，以渗透融和之力，发生了几乎是无孔不入的影响。第二，各家的影响，都是系统分明，言者不讳，易为人所把握。但司马迁、刘向们，虽然都很重视吕不韦，可是在一般反秦风气之下，大家都讳其思想之所自出，故这样大的影响，却无人公开加以承认。所以值得特别提出来加以研究。"

然后指出："《吕氏春秋》，是对先秦经典及诸子百家的大综合"，通过约略统计，得出"在诸子百家方面，《吕氏春秋》全书，系统合儒、道、墨、阴阳五家思想而成"。

论文通过辨析《史记》、杨树达《读吕氏春秋记》的失误，指出："在吕氏及其门客的心目中，此书的骨干，是《十二纪》而不是《八览》、《六论》"，"而其著《十二纪》之目的，乃以秦将统一天下，而预为其建立政治上之最高原则"。

二、邹衍学派与《吕氏春秋·十二纪·纪首》

论文开头一段介绍本部分的主旨："《十二纪》是综贯天地人以建立政治的最高原则，这表现了他们很大的野心。要对此作一确切的了解，应当自邹衍的思想说起；因为《十二纪》的成立，是邹衍的阴阳五行思想发展的结果。"然后从"有关邹衍的若干考查"、"从邹衍到《吕氏春秋》"二方面加以论述，其中代表性的论断有"始皇因齐人奏之而始采用邹衍五德之说，殊未必然。因为应当是通过合著《吕氏春秋》的吕氏门客而采用其说……而《吕氏春秋·十二纪》，正是直承其（按：指邹衍）发展而加以组织化，具体化的"。

三、从《夏小正》到《十二纪·纪首》

该部分旨在勾勒由《夏小正》到《十二纪·纪首》的发展演变之迹。论文指出："《十二纪》不是仅凭邹衍学派的思想所凭空构造出来的；它是把许多有历史根据的材料，按照'同气'的原则，作一大的综合与统一"，"《周书》之《月令》第五十三，实即《吕氏春秋》的《十二纪·纪首》"，"《吕氏春秋·十二纪·纪首》，正吸收了《夏小正》及《周书》的《周月》、《时训》，加以整理；而另发展了邹衍的思想，以此为经；再综合了许多因素，及政治行为，以组织成'同气'的政治理想的系统"，所不同的是"到了《十二纪》的《纪首》，不用《时训》的以二十四气为单位，而恢复以十二月为单位……但《时训》上的灾异，不是由施政的得失而来，可以说，人是完全处于被动的。但到了《十二纪》的《纪首》，则完全倒转过来，灾异是由于施政没有按着节候而来，人成为主动的。但最大的发展演变，乃在于他们是以由邹衍思想所发展出的'帝者同气'的观念所完成的大综合，大系统"。

四、《十二纪·纪首》的构造

论文指出："成为《十二纪·纪首》骨干的，正是把阴阳二气，运行于四时之中，而将五行分别与四时相配合"，有代表性的观点如："《春秋繁露·五行对》第三十八谓"土为季夏"，此犹秉承《十二纪》之说"，"在《十二纪·纪首》中，把许多事物，都组入进去，而成为阴阳与五行所显露之一体，以构成包罗广大的构造，于是使人们感到，我们所生存的世界，都是阴阳五行所支配的世界，由此而成为尔后中国的宇宙观，世界观……其中由《夏小正》来的，本是与时令相关的，这是合理的一部分；其余的都是凭借联想，而牵强附会上去的。但一经组入到阴阳五行里面去，便赋予了一种神秘的意味，使万物万象，成为一个大有机体。若把它在知识上的真实性及由此所发生的影响的好坏，暂置不论，这确要算是吕氏门客的一大杰构，而为以前所没有的具体、完整而统一的宇宙观、世界观"。

五、明堂的问题

论文指出："明堂，是古典中引起争论最多的问题之一。过去的人，不了解历史上的明堂，与《吕氏春秋·十二纪·纪首》的明堂，虽有关联，但并非一物。前者是事实地存在，后者是理想地存在"，有代表性的论断，如"《大戴礼记·盛德》第六十六中所说的"故明堂，天法也"，这是《十二纪·纪首》的明堂思想的发展，"历史上的明堂，早因代远年湮而不易把握。从《十二纪·纪首》起，已经把它变成理想性的东西，大家便可按照自己的理想随意加以构想。但因《礼记·月令》的影响一天增大一天；对明堂的观念，便渐渐统一到《十二纪·纪首》的观念方面。……到了蔡邕的《明堂论》而完成了以儒家及《十二纪·纪首》为主干的大系统……蔡邕不仅把历史的明堂及《十二纪·纪首》的明堂，糅合在一起，并且把从秦及汉初所提倡，至汉武而初步实现的太学乃至小学等，都糅合在一起，成为理想性的政教总机构；明堂至此而始完成至高无上的地位，给后世以很大的向往"。

六、《十二纪·纪首》中的政令与思想的分配

论文指出："生、长、收、藏，是由阴阳展现而为四时的性格、作用。吕不韦的门客们，除了顺着上述性格、作用，以安排各种生活与政令外，更把与生活、政治有关的思想，作一大综合，也按照生、长、收、藏的四种性格、作用，分别安排到四时十二月中间去，每月安排四篇，以表示各种思想，也是顺应着阴阳之气的"，《贵公》一文"代表了《吕氏春秋》的基本政治思想。也直接提出了政治的最基本问题"，"将各种思想，分配于《十二纪》之下，以使思想与《十二纪》之气相适应，本来是说不通的，所以愈到后来，愈见牵强。到了西汉初年，几种典籍采用《十二纪》时，都摆脱了此一格套。但在吕氏门客的心目中，可能认为与四时之气结合在一起的思想，才能使这些思想更有生命，更有力量"。

七、《吕氏春秋》中的天人思想

论文指出，《吕氏春秋》一书，"内容包罗宏富，可从各种角度加以研究"，本文仅从"天人性命的问题"、"所总结的先秦的政治原则的问题"两点作一简略的综述。

该部分有代表性的观点，如"《吕氏春秋》则以养生而得到与天地相通的精神境界……但承认在人生命之中也有一种可称为'精'的东西，可以与天地之精相感通，也可以与天下之人相感通，则几乎成为

共同的趋向。此一趋向在《吕氏春秋》上得到了发扬，与汉代，尤其是与《淮南子》中的道家及董仲舒以很大的影响"，"'以类相感'的观念，为《吕氏春秋》所演绎，给两汉思想以莫大的影响。……以类相感的观念，既应用于君主臣民之间，亦用于天人之际。而两汉的灾异思想，主要以同类相感，作解释的根据。这对人自身而言，可以说是不自觉地天人感通"。

八、《吕氏春秋》政治思想之一端

论文指出：《吕氏春秋》的内容"以政治问题为主"，其在政治问题上的积极主张，除了"与元同气"这一类特别观念外，在政治的基本原则上，是尽量发挥"天下为公"的主张。"天下为公的思想，一直为西汉大儒所继承，到东汉后则已归隐没。《吕氏春秋》中有关政治方面所录之嘉言懿德，实集先秦诸家之精英，不可胜数，此处仅揭其根本义。就它全面的政治思想说，却只能算是它的一端。至于全书中特别重视农业生产，可谓补儒家政治思想之所不足。"

九、《吕氏春秋》对汉代学术思想的影响

论文指出："汉初的思想家，对《吕氏春秋》，有直传或再传的关系。它对汉代思想的影响，实在是至深且巨。《淮南子》及《周官》或称《周礼》的所以成立，都是启发自《吕氏春秋》"，代表性的论断主要有："没有《十二纪·纪首》，便没有《时则训》。甚至可以说没有《吕氏春秋》，便没有《淮南子》。这决不是偶然的、突出的事情，而是《吕氏春秋》在西汉初期所发生重大影响的结果。就个人而论，受《十二纪》影响最大者当为董仲舒。他继承了《十二纪·纪首》阴阳五行的观念，并作了极烦琐的发展"，"要了解汉代学术的特性，便不能不了解董仲舒思想的特性及其在两汉中所占的重要地位。而董仲舒思想的特性，可以说全是由《十二纪·纪首》发展出来的"，"汉易最大的特色，为京房的卦气说。……卦气说是受了《十二纪》的影响所发展出来的"，"《礼记》四十九……其以阴阳五行言礼者，则多直接间接，受有《十二纪·纪首》的影响。凡此皆应重加覆按，以论定其思想之渊源。而将《十二纪·纪首》录入为《月令》，成为四十九篇之一，《十二纪·纪首》的影响，更为扩大"，"《月令》全抄《十二纪·纪首》……《月令》在两汉的影响，即是《吕氏春秋·十二纪·纪首》的影响"。

十、《吕氏春秋》对汉代政治的影响

论文指出:"两汉思想家,几乎没有一个人没有受到《十二纪·纪首》——《月令》的影响的……《十二纪·纪首》对政治的影响,是认为政治与天,实际是与阴阳二气,有密切的关联,并且由此而对天发生一种责任感","《周官》的春官、夏官、秋官、冬官等名称,也是由《十二纪·纪首》演变而出","《十二纪·纪首》在汉代所发生的作用,主要是发生在:第一,是对灾异的解释与对策;第二,是对刑赏的规正与运用","《十二纪·纪首》规定春夏阳气当令,应行庆赏宽仁之政,故春夏不行刑;行刑必于阴气当令的秋冬;这种观念,对汉代刑法的运用,发生了更大的影响","《月令》的影响,东汉大于西汉……《月令》对东汉影响的既深且巨。而《月令》的意义,在蔡邕手上,更发挥到了极点"。

十一、《十二纪·纪首》是古代天的观念演变的结果

这一部分重在探讨"《吕氏春秋·十二纪·纪首》,何以在两汉发生这样大的影响",是前文的延伸或深化,徐复观说:"……到了吕氏的门客,把阴阳之气,亦即是天之所以为天的气,表现天十二个月之中,使人的生活、行为,皆与其相应;这样一来,天简直是随时随处随事而与人同在了。这怎能不在学术与政治上,发生主导性的影响呢。"其结论是"《十二纪·纪首》的思想,是古代天的观念长期演变所出现的结果。"值得提出的是,论文最后对《月令》在汉代影响之得失,进行了一番探讨与评论,他说:"就学术方面言,阴阳五行之说,假《月令》而大行;以想像代推论,由附会造证据,将愿望作现实,在学术发展中,加入了经两千年而尚不能完全洗汰澄清的弊害。但就政治方面言,把皇帝的权威、意志,及由这种权威意志所发出的行为,镶进了一个至高无上,而又息息相关的宇宙法则中去,使他担负由宇宙法则而来的不可隐瞒逃避的结果,则皇帝的权威,可以不期然而然地压低;他的行为可以不期然而然地谨慎。这在无可奈何地对专制皇帝的控制上,当然有其重大意义。而《月令》的影响,虽然有许多是落在毫无意义的形式中去;但在解释灾异及援引到刑法上的问题时,总或多或少地导向宽厚而合理的道路上去。在整个一人专制的政体结

构之内，这点补救之功，依然是非常难得的了。"

徐复观《〈吕氏春秋〉及其对汉代学术与政治的影响》的价值与贡献表现在以下方面：

第一，高度肯定了《吕氏春秋》一书的作用与影响。他在《两汉思想史》第二卷《自序》中说："两汉思想，对先秦思想而言，实系学术上的巨大演变。不仅千余年来，政治社会的格局，皆由两汉所奠定。所以严格地说，不了解两汉，便不能彻底了解现代。即就学术思想而言，以经学史学为中心，再加以文学作辅翼，亦无不由两汉树立其骨干，后人承其绪余，而略有发展。"这是从学术思想史来看两汉思想的价值与地位的，而在两汉思想史上，徐复观首重的是《吕氏春秋》，其在论文开篇所说："经学是两汉学术的骨干，也是支持、规整两汉政治的精神力量，而两汉人士多是在《吕氏春秋》的影响下来把握经学的"，因此，"离开了《吕氏春秋》，便不能了解汉代学术的性格"，"为了打开探索两汉学术思想特性之门户，便应先从《吕氏春秋》所及于两汉学术与政治的影响开始"，这样就把《吕氏春秋》在两汉思想史乃至中国学术思想史的价值与意义讲充分了。

第二，论断明确，新人耳目，影响很大。《两汉思想史》（三卷）是徐复观晚年（74 岁）居港时期的一部力作，是其十多年来心血的结晶，许多论断来源于徐复观长期系统的学习与思考，而《〈吕氏春秋〉及其对汉代学术与政治的影响》一文是其中重要的组成部分，论文视野开阔，提出了许多独创性的观点与论断，令人耳目一新，也影响了后来不少思想史、哲学史的写法，尽管《吕氏春秋》处于先秦晚末，是先秦诸子的集成与总结，但从其价值与地位看，将它放在汉代开端更合适，所以从任继愈《中国哲学发展史》（秦汉卷，1985 年 1 版）《〈吕氏春秋〉——秦汉哲学史的开端》，到复旦大学哲学系中国古代哲学教研室所编《中国古代哲学史》（上）（上海古籍出版社，2006 年版）第二编秦汉时期哲学第一章《〈吕氏春秋〉：兼容与构建》都是如此，田凤台《〈吕氏春秋〉对后世之影响》（《复兴岗学报》32 期，1984年 12 月出版），不少观点应是受到徐复观的启发与影响。

第三，排比分析材料，证据充分，线索清晰。

徐复观认为，研治中国思想史或者要写一部像样的中国思想史，

"第一，必须读书读得多，读得实在。第二，必须受有思想的训练。第三，必须有做人的自觉"。其治学方法是知人论世——注意思想发生和发展的基础，在历史中探索思想发展演进之迹，以归纳方法从全书中抽出结论。徐复观早年在湖北省立第一师范上学，曾受到黄侃等国学大师的严格训练，有考据学的功底，留学日本时，深受河上肇的影响，通过日译西方著作，学习了西方的政治、经济、法律、文化，学贯中西，视野开阔，又有复兴探讨中华文化的自觉，行文扎实细密，排比材料，前后贯通，左右比较，考证分析，来龙去脉清晰，结论切实可信，是青年治学的榜样。

当然，白璧微瑕，个别地方也存有不足之处，如"吕不韦相秦，在西纪前二四九年（秦庄襄王元年）；他招集宾客，从事著书，应当始于此年"，"《吕氏春秋》的初稿成于秦政八年。但其补缀之功，直到秦政统一天下之后……由此可知有的吕氏门客的学术活动，可能与秦代同其终始，甚且一直延至汉初"，按照这种理解，《吕氏春秋》的编纂用了10多年时间，且不能一次成书，其补缀之功，"一直延至汉初"，前后达百十年之久，现在看来，这种观点是值得商榷的。

（王启才）

徐复观《吕氏春秋》研究主要论著：

《〈吕氏春秋〉及其对汉代学术与政治的影响》，《大陆杂志》第45卷第3期，1972年9月。后收入《两汉思想史》第二卷，台湾学生书局1976年版。

《〈吕氏春秋〉中的经学影响》，见《徐复观论经学史两种》，上海书店出版社2002年版。

《〈吕氏春秋〉的本生贵生》，见徐复观《中国人性论史》，上海三联书店2001年版。

《阴阳五行进一步的融合——从〈吕氏春秋〉到董仲舒》，见徐复观《中国思想史论集续编》，上海书店出版社2004年版。

《吕氏春秋》——先秦诸子的集大成

孙以楷　刘慕方

郭沫若在《荀子的批判》中说："荀子是先秦诸子中最后一位大师，他不仅集了儒家的大成，而且可以说是集了百家的大成的。"这一观点得到了学术界的普遍承认，迄今我们所看到的有关中国哲学史的著作中，几乎都以荀子作为先秦诸子哲学的终结。但是，郭氏此说并不符合事实，而且也未能把握先秦及以后中国古代哲学及中国传统思维方式的特点。

就思想史的事实而言，荀子并不是"先秦诸子中最后一位大师"，在他之后，至少还有韩非。荀子既然不是先秦诸子中最后一位大师，他的思想当然就不可能集先秦诸子之大成，韩非的学术思想就不可能由荀子来加以总结继承。于是，不少中国哲学史著作勉强作如下：荀子是先秦诸子的集大成者，其后的韩非则是先秦法家的集大成者，这样安排，固然煞费苦心，但却是捉襟见肘，以至于为了保证荀子集大成者的地位，《吕氏春秋》这部理论巨著竟被排除在外，或者被安排在秦汉部汉之首。实际的情况是，《吕氏春秋》完成于公元前241年，当时韩、赵、魏、楚、齐、燕诸国未灭，天下尚未统一，吕不韦本人也死于天下统一之前。按公认的朝代纪年，秦代始于公元前221年。所以，《吕氏春秋》是先秦理论著作，其主编吕不韦则是先秦诸子之一。

吕不韦的时代，是从诸侯封建割据走向封建中央集权的时代。当时，齐、楚、秦三大强国都有完成统一这一历史任务的可能。一方面在齐国，荀子三游稷下学宫，在这所百家会集讲学辩论的学术中心里，荀子是极有可能成为先秦诸子的集大成者的。可惜，荀子生时稍早，离全国统一尚有一段时间，在他之后仍有理论巨匠出现，加之齐国自湣王穷兵黩武，国势浸衰，一度濒于亡国，稷下学宫这个理想的为行将到来的封建大一统铸造理论的场所，也随之衰微，荀子不得不入楚，晚年仅为兰陵令，离开了统一大业的实践。另一方面，在荀子访问秦国之后不久，吕不韦登上了秦国的政治舞台，由秦国完成统一大业已是历史发展所呈现出来的趋势。吕不韦在任期间，亲手灭掉了东周君，并接连取得了对三晋的胜利，大大加快了统一战争的进程。作为一名政治家和统一战争的实践家，吕不韦从实践中深切认识到需要从理论上加以解决的问题是什么。他站在时代的前列，代表着处于上升时期新兴地主阶级的利益，这决定了吕不韦能够高瞻远瞩，重视知识，重视理论，重视人才，并站在最先进的立场来批判、吸收前人的成果，从而达到当时最高的理论水平。也正是这种实践，使吕不韦比其他人更善于解决统一大业中遇到的理论的、政治的、策略的和组织的问题。

走向统一发展趋势，要求一种融合百家的统一理论。先秦百家争鸣，诸子独立探索，在各自的领域里总结了大量科学知识，积累了丰富的思想资料，这为各学派间互相吸收融合创造了极好的条件。理论的融合和终结，是这一时期理论的特色。作为学术交流中心的稷下学宫，既是争鸣的场所，也是融合的佳境。荀子在这里为祭酒，本来极有可能建构出集先秦诸子大成的巨著。但是伴随齐湣王的失国，稷下学宫也趋向衰微，荀子入楚，齐襄王时荀子虽再到稷下，但稷下已没有昔日的盛况，最后，荀子偏居兰陵。实践之于理论，犹如闪电先于雷鸣。理论家一旦离开了实践（特别是大变革时代的实践）其思想就会枯竭，再加上远离理论交流的中心，因而其理论的时代特色和历史感就会受到损害。而在秦国，政治上的稳定，经济上的富庶，军事上的强大和胜利，吸引了六国各派学者。秦国，特别是吕不韦的门下，成了当时学术交流融合会通的另一个中心。这个中心伴随着秦国统一事业的发展而发展。这为《吕氏春秋》这一部先秦诸子终结性的著作的完成，提供了优厚的条件。

吕不韦之所以取得成功，不仅因为历史选择了他，也因为他理解了历史，把历史本身蕴含的可能性变成了现实性。以他为首的写作群

体力图站在公正的立场上，以客观的历史的态度去对待先秦思想文化
成果，力图为即将出现的封建大帝国提供一个理想的治国方案和一套
完整的治国理论。诚然，荀子在争鸣中也受到了百家理论的浸透，郭
沫若说荀子"把百家的学说差不多都融会贯通了"（《荀子的批判》）。
但荀子却不很自觉或不太公开地吸收融合了诸子学说。而《吕氏春
秋》则是自觉地、有意识地、公开地吸收融合诸子。《用众》说："天
下无粹白之狐而有粹白之裘，取之众白也。……故以众勇无畏乎孟贲
矣，以众力无畏乎乌获矣，以众视无畏乎离娄矣，以众知无畏乎尧舜
矣。"《吕氏春秋》十分自觉地集中诸子百家之"众知"，以达到"无畏
乎尧舜"的理论高度，亦即创造一种崭新的、足以一统天下平治万代
的理论。《吕氏春秋》作者们认识到"物固莫不有长，莫不有短，人亦
然。故善学者，假人之长，以补其短。……虽桀纣犹有可畏可取者，
而况于贤者乎"？正是出于高度的历史使命感，《吕氏春秋》超出学派
门户之见去吸取诸子的优点。它以极其恢弘的气度和胸怀，去肯定和
吸收百家的长处。《不二》篇说："老耽贵柔，孔子贵仁，墨翟贵廉，
关尹贵清，子列子贵虚，陈骈贵齐，阳生贵己，孙膑贵势，王廖贵
先，儿良贵后。此十人者，皆天下豪士也。"荀子虽然"先秦诸子几乎
没有一家没有经过他的批判"，但是这种批判在很大程度上却是出于
儒家的门户之见，着眼于揭示各家的短处。对于诸子学说，荀子即使
吸收了对方的观点，也还是要加以攻击，甚至把对方说得一无是处。
《荀子·解蔽》说："墨子蔽于用而不知文，宋子蔽于欲而不知得，慎
子蔽于法而不知贤，申子蔽于势而不知知，惠子蔽于辞而不知实，庄
子蔽于天而不知人。"从这种狭隘的排外立场出发，荀子不可能成为
作出系统的集先秦诸子之大成的著作。比如，他对五行学说就表现出
一种深恶痛绝的态度。而五行学说恰恰是中国古代唯物主义最典型的
形态，它不仅在先秦学术中占有重要地位，而且影响和支配了中国古
代哲学长达两千年之久。把五行说排除在自己的思想体系之外的学
说，就决不具有集先秦诸子之大成的性质。而《吕氏春秋》却以它的
深刻的历史使命感客观而公正地对先秦的学术思想进行了一次大规模
的系统整理和总结。

作为一种集大成的理论，它必须具有一种完整的集各家学说于一

身的结构体系。《荀子》并不具有这样的体系。它的各篇之间缺乏内在的逻辑联系。荀子也没有表现出集诸子学说于一体的写作意图。《吕氏春秋》则不同，它以道家的法天地为原则，以黄老学派的精气说为基础，以月令图式为中心，按照阴阳五行法则构建了贯通天地人三者的和谐的有机系统。在自然(天地)部分，它主要吸收了老庄道家、黄老学派和阴阳五行学说。在社会(人)部分，它主要吸收了儒、墨、法、兵、农各派学说。在认识论部分，它主要吸收了黄老学、名家的学说。可以说，先秦诸子说无一不被组织在一个有机的和谐的体系中。《吕氏春秋》的体系的完整及其内在的逻辑联系，是《荀子》所不及的。而这种完整的结构形式正是《吕氏春秋》写作群体自觉总结先秦学术思想并为未来构造天人合一的理论体系的表现。天人合一是中国古代哲学基本问题的表现形态和基本特点，它在先秦最初表现为宗天神的天人合一，即上帝、天神、祖先神创造和主宰着自然和人类社会的一切。春秋时期，伴随着奴隶的解放，人也从神的奴役下逐渐获得解放，"天道远，人道迩，不相及也"(《左传·昭公十八年》)。那么，天道与人道究竟还有什么关系呢? 老庄道家提出了"人法地，地法天，天法道，道法自然"的天人合一观。孔子则虚悬天命而重人事，对天命与人事之间的关系似乎采取了平行二元论的态论。荀子发展了孔子的这一倾向，在"天人相分"的基础上提出了"制天命而用之"。这固然是唯物主义的光辉命题，但它是以人对自然的改造来实现的"天人统一"，与中国传统的天与人在本源、本体上的合一不相同，因而并不是中国古代哲学基本命题"天人合一"的典型形式。而天人合一的观点恰恰在《吕氏春秋》中得到充分的表现。《吕氏春秋》总结了《夏小正》和《管子》中的《幼官》、《四时》、《五行》、《轻重己》，邹衍的阴阳五行思想以及其他思想资料，按照"法天地"、"上揆之天，下验之地，中审之人"的原则，构建了以十二纪纪首为主体的月令图式，使天地人三者构成一个和谐的有机系统。在这一系统中，人居于中心地位，对天象、物候的记述归根结底是为了让君主更好地安排人事活动。但人在此系统中又不是绝对自由的，人的自由仅表现在在遵循自然运动变化规律的前提下，利用自然，即要保持这一系统稳定和谐的状态。在认识天行有常的基础上主张"知天"、"制天命而用之"这一基本观点上,《吕氏春秋》与《荀子》是一致的。但是《荀子》更侧重强调天人相分以及在后天实践中所达到的天人统一,而《吕氏春秋》则侧重强调天人在本原、本体上的合一。正因为如此,《吕氏春秋》更为重视寻求自然环境与人的内在的和谐统一。应该指出,《吕氏春秋》关于天人合一的本原论、本体论,才表现了先秦和整个中国哲学天人合一的真正特色。

《吕氏春秋》继承稷下黄老学派的精气说,用精气改造了老子的"道"。精气说以后发展为气论,气论恰恰又是中国古代哲学的根本特征之一。中国哲学,特别是宋以后的哲学,无论是唯物主义者还是唯心主义者,几乎都离不开气这一范畴。可以说,没有对气的探讨,就构不成中国哲学(指战国以后)。无论是对气范畴探讨的深度和广度,还是对秦以后的中国哲学气论的影响而言,《吕氏春秋》比《荀子》的贡献都要大得多。

《吕氏春秋》的天人合一的思想体系,是按照阴阳五行法则建构起来的,阴阳五行归根结底又都是由精气衍生出来的。在《吕氏春秋》中,五行主要被用来解释一年中时令的更替、历史领域里政权的转移以及世界万物之间的普遍联系,而天地万物以及人的形成都是阴阳二气相互作用的产物。阴阳五行,这是除道、气以外中国哲学的又一个根本特征所在。

先秦儒家著作基本上不提阴阳五行(《周易》属哪家著作,尚在争论之中),《荀子》中提到阴阳的地方也很少。真正发展了阴阳五行说的乃是《吕氏春秋》及汉唐道家。汉代《黄帝内经》、道教的炼丹术,大大推进了对阴阳五行的研究。儒家直到宋代周敦颐、王安石等人才重新以阴阳五行解释万物化生。正是在"二五之精,妙合而凝"的基础上,才有朱熹的"无极而太极",才形成完整的理学体系。在中国哲学阴阳五行的传统中,起着承上启下作用的,不是《荀子》,而是《吕氏春秋》。

《吕氏春秋》对中国思想文化影响最深远的,还是月令图式。在这一图式中,农业居于中心地位。中国古代是以农业为基础的,这决定了月令图式在政治、文化、思维方式上的支配地位。直到鸦片战争,西方自然科学大规模输入以前,月令图式始终居于中国文化和思维方式的统治地位，它对中国古代的科学、艺术、哲学、伦理学都产生了广泛深刻的影响。

月令图式是以时空为框架的天人合一的有机系统。阴阳五行法则支配着这一系统。在这一系统中，时间是主体，人是天地万物的中心。一方面，宇宙万物与人组成和谐的大系统，另一方面，每种事物形成一个小系统。因为大系统和小系统都受阴阳五行支配，具有相同的内在结构，所以它们之间表现出相似性。由此，它影响于中国传统的思维方式，就是对宇宙万物的考察不是着眼于个体、部分，而是着眼于整体、系统；不是着眼于事物本身的具体结构，而是着眼于事物的功能、动态及属性。月令图式又表现为循环往复的流动过程，宇宙的无限性不是通过时间的直线流逝及空间的无限扩展获得的，而是通过时空的循环往复体现出来。这种思维方式表现在医学上，就是从人体的整体功能特征出发去诊断病情，而不是细微准确地解剖人体器官。这种思维方式影响其他自然科学，同样表现以阴阳五行为主体的整体观念去研究事物，缺乏量度观念和对事物属性的分析归纳。这种思维方式也使中国传统艺术呈现出完全不同于西方艺术的特质，即注重主体意识的表现而忽略对客体的再现。

真正总结了中国先秦思维方式特点并把这一特点体现在其结构体系之中，又通过其结构体系影响中国人思维方式长达两千年之久以至于今天的，也是《吕氏春秋》，而不是《荀子》。《荀子》的思维方式，与其说是注重整体关系以及事物的功能，不如说它更强调"明分"。

本文的结论是：《吕氏春秋》作为先秦最后一部理论巨著，它的出现标志着战国以来百家争鸣的终结，它通过对先秦诸子学说的全面整理继承，构建了一个庞大的集大成的理论体系，这是秦国最终统一天下的理论要求，它的结构体系及其观点、方法，支配中国人思维方式达两千年之久。

（原载《学术界》1992 年第 6 期）

【评介】

《吕氏春秋——先秦诸子的集大成》一文发表于《学术界》1992 年

第6期，为孙以楷与其学生刘慕方合著，后收录在《道家与中国哲学》先秦卷第二十一章(人民出版社2004年版)。

孙以楷(1938—2007)，安徽寿县人，著名中国哲学史专家、安徽大学哲学系教授，安徽省首批国务院特殊津贴获得者。1956年毕业于安徽省寿县一中，同年秋，入苏州航空工业专科学校三系学习，1958年2月转入南京航空学院本科学习，同年秋，转入上海复旦大学哲学系学习，1962年夏毕业，考取中山大学哲学系中国哲学史研究生，导师为杨荣国教授。1965年夏研究生毕业，次年分配到北京中华书局编辑部哲学编辑室工作，1972年调安徽省淮南市谢家集区委宣传部任专职理论教员。1978年1月调安徽大学任教，所授课程有中国哲学史、中国现代哲学、辩证唯物主义与历史唯物主义、韩柳研究、稷下学研究。曾任哲学系主任，安徽省哲学学会副会长，中国哲学学会理事，后为安徽大学道家文化研究所所长，安徽省朱子研究会常务副会长。1986年以前他的学习研究方向主要为韩愈与柳宗元哲学思想的比较研究以及他们与宋代理学的关系，以后主要研究稷下学与黄老学兼及儒家人性学说，进一步研究中国历史哲学与传统文化以及吕祖谦。出版了《老子通论》、《〈老子〉注释三种》、《庄子通论》、《道家与中国哲学》(主编)等著作10多部，发表论文百余篇。

刘慕方(1964—)，男，汉族，安徽肥东人。1991年毕业于安徽大学，获哲学硕士学位。1997年毕业于复旦大学，获哲学博士学位。1997年进入上海财经大学，现为人文学院副教授。开设有"马克思主义哲学原理"、"中国哲学史概论"等课程。目前主要从事中国哲学研究。合著有《道家与中国哲学》(先秦卷)等书，在《学海》、《哲学研究》等期刊发表论文多篇。

《吕氏春秋——先秦诸子的集大成》一文针对郭沫若在《荀子的批判》中说"荀子是先秦诸子中最后一位大师，他不仅集了儒家的大成，而且可以说是集了百家的大成的"这一观点进行批驳，指出其"并不符合事实，而且也未能把握先秦及以后中国古代哲学及中国传统思维方式的特点"。然后在破中立论，指出先秦诸子的集大成者是《吕氏春秋》。

为了证明这一论点，作者采取了先树立靶子，然后逐层批驳，边破边立的论证方法，首先指出：就思想史的事实而言，荀子并不是"先秦诸子中最后一位大师"，其后还有韩非与吕不韦，既然如此，其思想"当然就不可能集先秦诸子之大成"，而完成于公元前 241 年的《吕氏春秋》"是先秦理论著作，其主编吕不韦则是先秦诸子之一"。

论文接着说明荀子"生时稍早"，"离全国统一尚有一段时间"，虽"三游稷下"，但与"先秦诸子的集大成者"失之交臂，吕不韦则是时代的宠儿，"作为一名政治家和统一战争的实践家"，"他站在时代的前列，并站在最先进的立场来批判、吸收前人的成果，从而达到当时最高的理论水平"。

"走向统一发展趋势，要求一种融合百家的统一理论"，这是时势的客观要求，齐国的衰落、秦国的强大，致使人才汇集于吕不韦的门下，学术中心西移，这为成就《吕氏春秋》这部"先秦诸子终结性的著作"提供了优厚的条件。

作者进一步指出："吕不韦之所以取得成功，不仅因为历史选择了他，也因为他理解了历史，把历史本身蕴含的可能性变成了现实性。以他为首的写作群体力图站在公正的立场，以客观的历史的态度去对待先秦思想文化成果，力图为即将出现的封建大帝国提供一个理想的治国方案和一套完整的治国理论。"而荀子有门户之见，从狭隘的排外立场出发，"不可能成为系统的集先秦诸子之大成的著作"。

再者，作者指出"作为一种集大成的理论，它必须具有一种完整的集各家学说于一身的结构体系。《荀子》并不具有这样的体系……《吕氏春秋》则不同，它以道家的法天地为原则，以黄老学派的精气说为基础，以月令图式为中心，按照阴阳五行法则构建了贯通天地人三者的和谐的有机系统"，"《吕氏春秋》的体系的完整及其内在的逻辑联系，是《荀子》所不及的。而这种完整的结构形式正是《吕氏春秋》写作群体自觉总结先秦学术思想并为未来构造天人合一的理论体系的表现"，"《吕氏春秋》关于天人合一的本原论、本体论，才表现了先秦和整个中国哲学天人合一的真正特色"。

"《吕氏春秋》继承稷下黄老学派的精气说……精气说以后发展为气论，气论恰恰又是中国古代哲学的根本特征之一。……无论是对气范畴探讨的深度和广度，还是对秦以后的中国哲学气论的影响而言，

《吕氏春秋》比《荀子》的贡献都要大得多"，"阴阳五行，这是除道、气以外中国哲学的又一个根本特征所在……在中国哲学阴阳五行的传统中，起着承上启下作用的，不是《荀子》，而是《吕氏春秋》"，"《吕氏春秋》对中国思想文化影响最深远的，还是月令图式。……它对中国古代的科学、艺术、哲学，伦理学都产生了广泛深刻的影响"，"真正总结了中国先秦思维方式特点并把这一特点体现在其结构体系之中，又通过其结构体系影响中国人思维方式长达两千年之久以至于今天的，也是《吕氏春秋》，而不是《荀子》"。

行文到此，作者水到渠成地得出结论："《吕氏春秋》作为先秦最后一部理论巨著，它的出现标志着战国以来百家争鸣的终结，它通过对先秦诸子学说的全面整理继承，构建了一个庞大的集大成的理论体系，这是秦国最终统一天下的理论要求，它的结构体系及其观点、方法，支配中国人思维方式达两千年之久。"

这篇驳论文字写得很精彩，破得彻底，立得鲜明，站在先秦历史、整个哲学发展史的角度观察、分析问题，高屋建瓴，新颖精辟。特别是把荀子与吕不韦所处的具体历史条件与背景，以及二书的体系、内容与态度进行了具体的对比分析，结论不由人不信服。

（王启才）

孙以楷、刘慕方吕氏春秋研究论著

孙以楷：《吕氏春秋·用众》，《诸子百家名篇鉴赏辞典》，上海辞书出版社 2003 年版。

刘慕方：《论〈吕氏春秋〉的成书》，《学海》1999 年第 5 期。

孙以楷、刘慕方,：《〈吕氏春秋〉——先秦诸子的集大成》，载《学术界》1992 年第 6 期。

《吕氏春秋》平论

王利器

春秋　素王　大一统

《史记·十二诸侯年表序》：

> 孔子……西观周室，论史记旧闻，兴于鲁而次《春秋》，上记隐，下至哀之获麟，约其辞文，去其烦重，以制义法。王道备，人事浃。七十子之徒，口受其传指，为有所刺讥褒讳挹损之文辞，不可以书见也，鲁君子左丘明惧弟子人人异端，各安其意，失其真，故因孔子史记，具论其语，成《左氏春秋》。铎椒为楚威王傅，为王不能尽观春秋，采取成败，卒四十章为《铎氏微》。赵孝成王时，其相虞卿，上采春秋，下观近世，亦著八篇，为《虞氏春秋》。吕不韦者，秦庄襄王相，亦上观尚古，删拾春秋，集六国时事，以为《八览》、《六论》、《十二纪》，为《吕氏春秋》。

司马迁此文，以孔子次《春秋》、左丘明成《左氏春秋》、虞卿为《虞氏春秋》与吕不韦为《吕氏春秋》，相提并论；其在《虞卿传》又谓："魏齐已死，不得意，乃著书，上采春秋，下观近世，曰《节义》、《称号》、《揣摩》、《政谋》凡八篇，以刺讥国家得失，世传之曰《虞氏春秋》。"寻刘向《别录》："左丘明授曾申，申授吴起，起授其子期，期授楚人铎椒，铎椒作《抄撮》八卷授虞卿，虞卿作《抄撮》

九卷授荀卿，荀卿授张苍。"①据此，知荀卿为虞卿弟子，而荀卿弟子李斯之相秦，则又在吕不韦既死之后也。今司马迁言虞卿之作《虞氏春秋》也，曰"上采春秋，下观近世"，其言吕氏之作《吕氏春秋》也，曰"亦上观尚古，删拾春秋"，是虞、吕二氏之著书，俱上观尚古，采拾春秋，而于《吕氏春秋》更著一亦字，所以明其同条共贯也。又案：《虞氏春秋》以二字名篇，实为《吕氏春秋》造作篇目，导乎先路。元杜道坚《玄经原旨发挥》卷下《章句章》十一谓："河上公章句，甄别其旨，析为八十一章，章著二字，以训一章之义。"②其说不啻为《吕氏春秋》而发也。吴汝纶乃谓："凡《吕氏春秋》名篇分章，皆后人所为，非其书本然也。"③臆逞自恣，深可闵笑。如出后人所为，则凡《八览》与《六论》、《十二纪》篇目之相类似者，自可加以改作，奚必学黎丘之鬼之为也。

吕氏书之以《春秋》为名，世或疑之。《史记·太史公自序》载其答壶遂之言曰："余所谓述故事，整齐其世传，非所谓作也，而君比之于《春秋》，谬矣。"史迁此言，可移之以说《吕氏春秋》。刘知幾《史通·六家》篇说春秋家曰："儒者之说春秋也，以事系日，以日系月，言春以包夏，举秋以包冬，年有四时，故错举以为所记之名也。苟如是，则晏子、虞卿、吕氏、陆贾，④ 其书篇第，本无年月，而亦谓之《春秋》，盖有异于此也。"又《题目篇》曰："案吕、陆二氏，各著一书，唯次篇章，不系时月，此乃子书杂记，而皆号曰《春秋》。"片言可以决狱矣。而李淑《书目》以为"是书凡百六十篇，以月纪为首，故以《春秋》名焉"。⑤ 王应麟《〈汉书·艺文志〉考证·杂类》本其说，亦以为"是书以月纪为首，故以《春秋》名"。此特望文生义耳，《吕氏春秋》不以月纪为首，将于下文详言之。寻《史记·儒林传》："孔子因史记作《春秋》，以当王法。"又《太史公自序》："壶遂曰：

---

① 杜预：《春秋左传序》孔颖达《疏》引。
② 《正统道藏》彼字十号。
③ 吴汝纶：《吕氏春秋点勘·仲春纪·功名篇》。
④ 《汉书·艺文志·六艺略》："《楚汉春秋》九篇，陆贾所记。"
⑤ 《玉海》四十一。

'孔子之时，上无明君，下不得任用，故作《春秋》，垂空文以断礼义，当一王之法。"《汉书·董仲舒传》载仲舒《对策》曰："孔子之作《春秋》，先正王而系万事，见素王之文焉。"①刘向《说苑·贵德》篇："孔子哀道不行，德泽不洽，于是退作《春秋》，明素王之道，以示后人。"王充《论衡·超奇篇》："孔子之《春秋》，素王之业也。诸子之传书，素相之事也。"又《定贤》篇："孔子素王之业在《春秋》。"杜预《春秋左氏传序》："说者以仲尼自卫反鲁，修《春秋》，立素王，丘明为素臣。"孔颖达《正义》："故说《左氏》者，言孔子自卫反鲁，则便撰述《春秋》，三年文成，乃致得麟。孔子既作此书，麟则为书来，应言麟为孔子至也。麟是帝王之瑞，故有素王之说，言孔子自以身为素王，故作《春秋》，立素王之法；丘明自以身为素臣，故为素王作左氏之传。汉魏诸儒，皆为此说。董仲舒《对策》云云。②贾逵《春秋序》云：'孔子览史记，就是非之说，立素王之法。'郑玄《六艺论》云：'孔子既西狩获麟，自号素王，为后世受命之君，制明王之法。'卢钦《公羊序》云：'孔子自因鲁史记而修《春秋》，制素王之道。'是先儒皆言孔子立素王也。"由此可见，若孔子者，不在其位，而明其道，以当一王之法，故称之为素王，称其道为素王之道，称其文为素王之文。夫汉、晋人之称孔子为素王固已，然司马迁作《素王妙论》曰："计然者，蔡（葵）丘濮上人，其先晋国公子也，姓辛氏，字文，当（尝）南游，范蠡师事之。"③又曰："黄帝设五法，布之天下，用之无穷。盖世有能知者，莫不尊荣，范子可谓晓之矣，子贡、吕不韦之徒颇预焉。自是以后无其人，旷绝一百有余年。"④王应麟《困学纪闻》二〇曰："太史公著论以素王名，而言求富之术，岂以家贫无财赂，有激而云，如《货殖传》之意钦？然何足以为《妙论》。"何焯曰："《妙论》者犹云戏论也。"器案："妙论"读如《史记·货殖传》"户说以眇论"之"眇论"，《索隐》："眇论，上音妙，下如字。"是眇论即妙论，

① 杜预：《春秋左传序》孔颖达《疏》"见"作"是"。
② 已见上文引。
③ 《太平御览》四百四。
④ 《太平御览》四百七十二。

《老子》第二十七章以"要妙"连言为义，则妙论犹言要论，何焯谓之戏论，直是信口开河之戏言耳。《货殖传》曰："今有无秩禄之奉，爵邑之入，① 而乐与之比者，命曰素封。"《索隐》："素，空也。"又曰："千金之家，比一都之君。巨万者乃与王者同乐，岂所谓素封者邪？非也？"是素封与素王义同。夫称计然、范蠡、子贡诸人为素封，犹之可也；若就吕不韦而言，则贵为相国，富则食河南、雒阳十万户矣，岂曰素封也哉？其以不韦为素王者，盖以吕氏之作《春秋》，犹孔子之修《春秋》也。《礼记·礼运》篇："四灵以为畜。"郑注："四灵者，其征报也。此则《春秋》始于元终于麟包之矣。吕氏说月令而谓之《春秋》，事类相近焉。"孔颖达《正义》："吕氏谓吕不韦也。说十二月之令，谓为《吕氏春秋》。事之论类，与孔子所修《春秋》相附近焉。《月令》亦载天地、阴阳、四时、日月、星辰、五行、礼义之属，故云相近也。"今案：孔疏所言，即高诱《〈吕氏春秋〉序》所谓"备天地万物古今之事"也。故司马迁于《十二诸侯年表序》以为孔子之修《春秋》，左丘明之成《左氏春秋》、虞卿之为《虞氏春秋》，以及吕不韦之为《吕氏春秋》，皆上采春秋，下观近世，而有所刺讥褒讳挹损，先后一辙也。此则吕不韦自名其书为《吕氏春秋》，而司马迁称吕不韦为素王之故也。虽然，孔子《春秋》于书为史纲，若《吕氏春秋》则子杂也，今比而一之，此又何说？曰：此当于《春秋》义法求之。《春秋》："隐公元年，春，王正月。"《公羊传》曰："何言乎'王正月'？大一统也。"何休注："统者，始也，总系之辞。夫王者始受命政制，布政施教于天下，自公侯至于庶人，自山川至于草木昆虫，莫不一一系于正月，故云政教之始。"《汉书·王吉传》载吉上宣帝疏曰："《春秋》所以大一统者，六合同风，九州共贯也。"《春秋繁露·三代改制质文》篇曰："王者必受命而后王。王者必改正朔，易服色，制礼乐，一统于天下。"然则大一统者，此素王之《春秋》义法也。吾意当时吕不韦悬之国门者，厥惟《十二纪》而已。《周礼·天官·大宰职》："正月之吉，始和，布治于邦国都鄙，乃县治象之法于象魏，使万民观治象，挟

---

① 《太平御览》四百七十一"入"作"人"。

(浃)曰而敛之。"注引郑司农云:"象魏,阙也。"贾公彦疏曰:"又谓之阙者,阙,去也,仰视治象,阙去疑事。"又《地官·大司徒职》:"正月之吉,始和,布教于邦国都鄙,乃县教象之法于象魏,使万民观教象,挟日而敛之。"又《地官·司稼职》:"掌巡邦野之稼,而辨穜稑之种,周知其名,与其所宜地以为法,而县于邑闾。"若由是观之,则吕不韦以《十二纪》悬之国门者,即视之为时令,① 所以指导农业生产也;求能增损一字者,即求能"阙其疑事",增益其不足之谓,此皆时王布政之先务也。《管子·四时》篇:"令有时;无时,则必视顺天之所以来,五漫漫,② 六惛惛,③ 孰知之哉? 唯圣人知四时。不知四时,乃失国之基。不知五谷之故,国家乃路。④ ……是圣王务时而寄政。"此戴法兴所谓"时作事,事以厚生,此乃生人(民)之大本,历数之所先"⑤是也。今司马迁之为《素王妙论》也,不仅以吕不韦与子贡相提并论,且进而以吕不韦与孔子同享素王之名,盖司马迁以吕氏之制《十二纪》,与孔子之书"春王正月",皆《春秋》大一统之义法也。若乃其时,秦正建亥,⑥ 其历法疏阔,不利于农政;而颛顼、夏禹,以建寅为正,⑦ 则与天时人事相近,故吕氏断然舍秦正而用夏正,以治历明时,教民稼墙。⑧《论语·卫灵公》篇:"孔子曰:'行夏之时。"何晏《集解》:"据见万物之生,以为四时之始,取其易知。"取其易知者,谓从事农业生产易于掌握

---

① 《尚书·洪范》:"五纪:一曰岁,二曰月,三曰日,四曰星辰,五曰历数。"则纪者,与《月令》之令、《时则》之则同义。

② 五,五行。

③ 六,六气。《左》昭元年:"天有六气……六气曰阴、阳、风、雨、晦、明也。"

④ 路谓赢露,《荀子·富国篇》:"田畴秽,都邑路。"《战国·齐闵王策》下:"百姓罢而城郭露。"是二字通用之证。

⑤ 《宋书·历志》下。

⑥ 见《史记·历书》。《周礼·春官·龟人》注:"秦以十月建亥为岁首,则《月令》秦世之书。"

⑦ 《史记·历书》。

⑧ 《国语·鲁语》上:"帝喾能序三辰以固民。"韦昭注:"谓能次第三辰,以治历明时,教民稼墙以安之。"

耳。《礼记·月令·释文》:"此是《吕氏春秋·十二纪》之首,后人删合为此说。蔡伯喈、王肃云:'周公所作。'"孔颖达疏:"按郑《目录》:'名曰《月令》者,以其记十二月政之所行也,本《吕氏春秋·十二月纪》之首章也,以礼家好事抄合之,后人因题之名曰《礼记》,言周公所作。其中官名时事,多不合周法。此于《别录》属《明堂阴阳记》。此卷所出,解者不同,今且申郑旨释之。'按:吕不韦集诸儒士,著为《十二月纪》,合十余万言,名为《吕氏春秋》,篇首皆有月令,与此文同,是一证也。又周无大尉,唯秦官有大尉,而此《月令》云:'乃命大尉。'此是官名不合周法,二证也。又秦以十月建亥为岁首,而《月令》云:'为来岁授朔日。'即是九月为岁终,十月为授朔,此是时不合周法,三证也。又周有六冕,郊天迎气则用大裘,乘玉辂,建大常日月之章,而《月令》及饰车旗,并依时色,此是事不合周法,四证也。故郑云'其中官名时事,多不合周法'。然按秦始皇十二年吕不韦死,十六年并天下,然后以十月为岁首。岁首用十月,时不韦已死十五年,而不韦不得以十月为正。又云'《周书》先有《月令》',何得云不韦所造?又秦并天下立郡,何得云诸侯?又秦以好兵杀害,毒被天下,何能布德施惠,春不兴兵?既如此不同,郑必谓不韦作者,以《吕氏春秋·十二纪》,正与此同,不过三五字别;且不韦集诸儒所作,为一代大典,亦采择善言之事,遵立旧章,但秦不能依行,何怪不韦所作也。"黄震《黄氏日抄》十六《礼记·月令》第六:"秦相吕不韦集儒士使著所闻,为《十二纪》,名《吕氏春秋》,每篇皆有月令,此书即其文也。其衣服器皿官名,虽多杂秦制,然能仰视日月星辰霜露之变,俯察虫鱼草木鸟兽之化,以修人事,以授民时,庶几《虞书》历象之遗意,故君子有取焉。"又曰:"《月令》固非尽述二代之制,亦非立为秦人一代之制,吕不韦始集众闻,而天时行事,若可垂训,记礼者又从而取之;顾其文辞,间有差误,多吕氏之本为是,而《月令》之传写为讹。"按《史记·秦始皇本纪》:"平定天下,海内为郡县,法令由一统……政年始朝贺,皆自十月朔。"《正义》:"周以建子之月为正,秦以建亥之月为正,故其年始用十月而朝贺。是始皇初未尝用吕氏之说,以建寅之月为正也。然建寅为正,天时人事相近，遂为千古不刊之农历。"①故《艺文类聚》八十八引"爝蝉"者三条，② 称之为《吕令》，孔颖达《月令正义》谓："名为《吕氏春秋》，篇首皆有月令。"《宋会要稿》礼十七称之为《吕氏月令》，③ 良有以也。《晋书·律历志》中："至永平之末，政行四分，七十余年，仪式乃备。及光和中，乃命刘洪、蔡邕共修律历……献帝建安元年，郑玄变其法，以为穷幽极微，又加注释焉。"盖郑玄以其推而上则合于古，即《十二纪》所用之颛顼历，引而下则应于今，即以建寅之月为岁首，故以《月令》为吕不韦所作，而不知《十二纪》乃为秦王推历建制，将以求大一统者，夫固不知有汉也。④ 由是可知，其以《十二纪》悬之国门者，盖欲求能增损也，故良人以《十二纪》问，吕氏则以黄帝之诲颛顼以告之，即正面答复其用颛顼历之故也。《序意》篇载其说曰："尝得学黄帝之所以诲颛顼矣：'爰有大圆在上，大矩在下，汝能法之，为民父母。'盖闻古之清世，是法天地。凡《十二纪》者，所以纪治乱存亡也，所以知寿夭吉凶也。上揆之天，下验之地，中审之人，若此则是非、可不可无所遁矣。"今案：大圆大方之说，又见《管子·心术》篇，曰："能戴大圆者，体乎大方。"又《内业》篇："乃能戴大圆而履大方。"高诱序谓"备天地万物古今之事"，即据此为言，而《十二纪》用颛顼历之故因明白矣。《史记·十二诸侯年表》以孔子之次《春秋》，与吕不韦之为《吕氏春秋》，相提并论，于学术源流，大有关系。一则以《吕氏春秋》比义孔子之修《春秋》，即以《十二纪》之治历明时，比义《春秋》之书"春王正月"，此大一统之义法也。再则以

----

① 《汉书·武帝纪》："太初元年夏五月，正历以正月为岁首。"师古曰："谓以建寅之正为正也。未正历之前，谓建亥之月为正，今此言以正月为岁首者，史追正其月名。"李慈铭《汉书简端记》曰："此古今一大关键也，孔子所谓'行夏之时'者，至此始验，遂行之万世矣。"

② 《开春论·期贤》篇。

③ 《六书故》引。

④ 《贞观政要》一《政体》：贞观十年，太宗谓侍臣曰："《月令》是早晚有？"……征曰："计《月令》起于上古，是以《尚书》云'敬授民时'，吕不韦止是修古，《月令》未必起于秦代。"《礼记·明堂位》孔颖达疏："以秦相吕不韦作《春秋》时说者，盖非古义也。"

吕氏之上观尚古，删拾春秋，集六国时事，比义孔子之论史记旧闻，兴于鲁而次《春秋》；左丘明之因孔子史记，具论其语，成《左氏春秋》；虞卿之上采春秋、下观近世，亦著八论，为《虞氏春秋》。明乎此，则知《十二纪》每纪所附各篇，上观尚古，下观近世之故也。抑又明乎此，而知《吕氏春秋》之编次，本为《六论》、《十二纪》、《八览》，其以《八览》居首者，乃因司马迁意有所郁结，发而为"不韦迁蜀，世传《吕览》"之说也。因是，而余以为《六论》、《十二纪》为吕氏原书，故《序意篇》在《十二纪》之末，即原书之末，若《八览》则由吕氏宾客于不韦死后发愤而著之续书也。

六论　十二纪　八览

古书自序率在全书之末，如《淮南子》之《要略》、《史记》之《太史公自序》、《汉书》之《叙传》、《盐铁论》之《大论》①、《论衡》之《自叙》、《华阳国志》之《序志》、《抱朴子·外篇》之《自序》、《真诰》之《叙录》、《金楼子》之《自序》俱其证，《抱朴子·自序》篇所谓"自纪终篇"是也。今本《吕氏春秋》乃以高序所言《十二纪》、《八览》、《六论》为目录之本，唐人马总《意林》二："《吕氏春秋》二十六卷。"注云："吕不韦，始皇时相国，乃集儒士为《十二纪》、《八览》、《六论》。"与高序从同；自是以来，《吕氏春秋》目次为《十二纪》、《八览》、《六论》，遂成定本，其实乃出于唐人改窜，而非高诱所注之本即是也。《路史余论》六《书唐月令》②："顷见郭京《易举正序》言：'我唐御注《孝经》、删定《月令》。'知唐室尝改定古之《月令》矣。中见斗南于世家获唐板《五经》，首帙为贶，其本既以《礼记》为先，而以《月令》冠篇，《曲礼》次之云云。"《文献通考·经义考》经礼部引《三朝国史艺文志》："初，《礼记·月令》篇第六，即郑注；唐明皇改黜旧文，附益时事，号御删《月令》，升为首篇，集贤院别为之注，

---

① 《汉书·黄霸传》："大议庭中。师古曰：'大议，总会议也，则大有总义。'"
② 此从篇目，正文则误为"唐书月令"。

厥后学者传之。"案：孟蜀《石经·礼记》以《月令》为首，题云"御删定"，即本唐《月令》也。夷考其时，唐人颇尝改窜古书编次，非止《月令》而已，如于《史记》①则升《老子列传》第一，居伯夷之首，《正义》曰："老子、庄子，开元二十三年奉敕升为列传首，处伯夷上。"《旧唐书·礼仪志》四："天宝元年二月丙申诏：'《史记》、《古今人表》，玄元皇帝升入上圣。'"《能改斋漫录》十三："政和八年诏：'《史记·老子传》升于列传之首，自为一帙，前汉《古今人表》列于上圣，其旧本并行改正。'"②即踵唐人为之，此宋徽宗自名为道君之所为也。余以为《吕氏春秋》以《十二纪》为首，盖受唐明皇删定《月令》之影响，故马总率先仰承御旨，改定《吕氏春秋》编次，又从而点窜高序为"《十二纪》、《八览》、《六论》"，颠之倒之，以致首尾错位；然传本《十二纪》与《八览》，首尾相衔，一仍旧贯。因是，传本《季冬纪》多一篇，《有始览》少一篇，不辩而自明，正以《八览》在《十二纪》之后故也。又案：《贵直论·过理》篇："齐湣王亡居卫，谓公玉丹云云。"高注："湣王，宣王之子。公玉丹，湣王臣也。"寻《季秋纪·审己》篇："齐湣王亡居于卫，谓公玉丹云云。"无注，以注文已见于前，不烦复出，此尤为《六论》在前《十二纪》在后之有力内证。因是，则《六论》为《吕氏春秋》之卷首，庶几毫发无遗憾矣。而明朱图隆刊本于《有始览》附言云："此卷阙一卷，疑《季冬纪·序意》篇当冠于此览。"此昧于古书旧式者之谰言，何足算也。

然则以《六论》为《吕氏春秋》之首，此何故也？曰：此起于秦人之尚六数。《史记·秦始皇本纪》："数以六为纪，符、法冠皆六寸，而舆六尺，六尺为步，乘六马；更名河曰德水，以为水德之始。"《集解》："张晏曰：'水北方，黑。数终六，故以六为符，六尺为步。'瓒曰：'水数六，故以六为名。'"今案：《吕氏春秋·孟冬纪》："其数六。"高诱注："五行数五，水第一，故曰水也。"③蔡邕《月令章句》：

---

① 据黄善夫本。
② 又见《郡斋读书志》赵希弁《附志》。
③ 《淮南子·时则》篇注同。

"北方有水一、土五，故数六。"①寻《吕氏春秋·有始览·应同》篇：
"代火者必将水，天且必先见水气胜。水气胜而不知，数备将徙于
土。"《白帖》二引《吕氏春秋》："秦灭六国，自以获水德之瑞，遂改
河名德水。"此邹衍终始五德之说，②吕氏宾客本之以立言。《史记·
封禅书》："秦文公出猎，获黑龙，此其水德之瑞，于是秦更命河曰
德水，以冬十月为岁首，色上黑，度以六为名。"则秦之数以六为纪，
尚矣。《汉书·律历志》上："战国扰攘，秦兼天下，未皇暇也，亦颇
推五胜，③而自以为获水德，乃以十月为正，色上黑。"④《南齐书·
高帝纪》上："兼太史令将作匠陈文奏符命曰：'六，亢位也……咸以
六终六受。六，亢位也，验往睽今，若斯昭著。'"案：《广雅·释诂》
三："亢，当也。"亢位，亦犹言"当涂高"⑤之当涂也。六终六受，即
始终五德之说，《管子·五行》篇亦谓"人道以六制"。然则数以六为
纪，以五行推之，亦以明其当王耳，此吕氏为秦制法之本旨，故于开
卷即揭示其义，而以开春为名。《楚辞》屈原《九章》言"开春发岁"，⑥
陶潜《庚戌岁九月中于西田获早稻诗》："开岁理常业。"《盐铁论·授
时》篇："发春而后，悬青幡而策土牛，殆非明主劝耕稼之意，而春
令之所谓也。"《北堂书抄》七十七引王粲《务本论》："负青幡而令春，
有劝农之名，无赏罚之实。"以言失时也。盖发春而发布春令，以劝
耕稼而理常业也。上农之道，太上审时，此与《十二纪》记时令之得
失，其归一揆；与《春秋》书"春王正月"以明大一统之义，相辅相成，

---

① 《南齐书·乐志》。
② 《文选·魏都赋》李善注引《七略》："邹子有终始五德，从所不胜；土
德后，木德继之；金德次之；火德次之；水德次之。"《盐铁论·论儒》篇："邹子
以儒术干世主，不用，即以变化始终之论，卒以显名。"《史记·封禅书》："自齐
威、宣之时，邹子之徒，论著终始五德之运，及秦帝，而齐人奏之，故始皇采
用之。"《集解》："韦昭曰：'邹子名衍。'如淳曰：'今其书有五德终始，五德各
以所胜为行，秦谓周为火德，灭火者水，故自称水德。"
③ 孟康曰："五行相胜，秦以周为火，用水胜之。"
④ 师古曰："获水德，谓有黑龙之瑞。"
⑤ 图谶言当涂，见《后汉书·公孙述传》及《袁术传》。
⑥ 《后汉书·冯衍传》载衍《显志赋》亦有是语。

是亦吕氏为秦制法之可得而言者。《论语·尧曰》篇载尧咨舜、《尚书·大禹谟》载舜告禹，俱曰"天之历数在尔躬"，因是，可知数以六为纪者，此吕不韦本阴阳五行之说而制定之帝秦策也。《战国·赵孝成王策》载鲁仲连之言曰："方今唯秦雄天下，此非必贪邯郸，其意欲求为帝。"①此非鲁男子一人之言，即吕氏宾客亦昌言"秦王立帝"也。② 及始皇统一天下，即正宣布"数以六为纪"，此又其因袭之迹之可得而言者也。

《吕不韦传》曰："吕不韦乃使其客人人著所闻，集论以为《八览》、《六论》、《十二纪》。"今案：论读如鲁人所传论语谓之《鲁语》，齐人所传论语谓之《齐论》之论。③《文心雕龙·论说》篇："不韦《春秋》，《六论》昭列。"唐释法琳《辨正论·品藻众书》篇："秦悬《吕论》，一字翻成可贵。"不曰秦悬《吕氏春秋》，而曰秦悬《吕论》者，盖古书往往有以首篇之小题作为其书之大题者，如《楚辞》一书，或有称为《离骚》者，④ 即其比也。唐人心知其意，故称《吕氏春秋》为《吕论》也。因是，则《吕氏春秋》原本为《六论》、《十二纪》，《八览》为续出之书，从可知矣。

不韦迁蜀　世传吕览

《汉书·司马迁传》载迁之言曰："盖西伯拘而演《周易》；仲尼厄而作《春秋》；屈原放逐，乃赋《离骚》；左丘失明，厥有《国语》；孙子膑脚，《兵法》修列；不韦迁蜀，世传《吕览》；⑤ 韩非囚秦，《说

---

①　又见《史记·鲁仲连传》。

②　见《审应览·应言》篇。

③　皇侃《论语义疏序》引刘向《别录》。

④　班固《离骚序》："冥婚宓妃，虚无之语。"《文选》曹子建《赠白马王彪诗》李善注引作"班固《楚辞序》：'帝阍宓妃，虚无之语。'"《文史通义·经解下》："史迁以下，至取《骚》以名其全书。"

⑤　苏林注曰："《吕氏春秋》篇名《八览》、《六论》。"案：《苏林传》见《三国志·魏书·刘邵传》及注引《魏略》，则汉魏间人已以《八览》列于《六论》之前，盖用司马迁说也。

难》,《孤愤》;《诗》三百篇,大抵圣贤发愤之所为作也。此人皆意有所郁结,不得通其道,故述往事,思来者。"师古曰:"令将来之人见己志。"此文又见《文选》司马子长《报任少卿书》,"思来者"下,李善注曰:"言故述往前行事,思令将来人知己之志。"《金楼子·立言上》:"裴几原问曰:'西伯拘而阐《易》,仲尼厄而作《春秋》,孙子之遇庞涓,韩非之值秦后,虞卿穷愁,不韦迁蜀,士嬴疾行,夷齐潜隐,皆心有不悦,尔乃著书",此文即据司马迁书为说,前者谓"此人皆意有所郁结,不得通其道,故述往事,思来者",后者谓"皆心有不悦,尔乃著书"。夫岂不知吕不韦于秦八(六)年,集儒士著书立说之日,乃不韦为相国,封文信侯,号称仲父,食河南、雒阳十万户之时,书成悬之国门,无人敢增一字者,可谓踌躇满志也,夫何心有不悦、意有所郁结之有?寻《史记·十二诸侯年表》及《吕不韦传》,俱以《八览》、《六论》、《十二纪》为言,此司马迁回护其"不韦迁蜀,世传《吕览》"之说,不惜一再倒置其首尾而言之断断如也;然而《六论》、《十二纪》之编次尚未殽乱也。而《史记·吕不韦传·索隐》乃就《八览》、《六论》、《十二纪》为说。王应麟《小学绀珠》四列《吕氏春秋》篇目亦为《八览》、《六论》、《十二纪》。吾以为苏林、司马贞、王应麟皆有所蔽,非彼三人所见果为以《八览》、《六论》、《十二纪》为次之本也。而《四库全书总目提要》以为不韦迁蜀、世传《吕览》,"盖史驳文耳"。① 马其昶《读吕氏春秋》以为"不韦之作《春秋》,惧祸而作也,太史公知之,故曰'不韦迁蜀,世传《吕览》',谓其知有迁蜀之祸而为之也,岂谓迁蜀后始为书乎?明方正学先生以此讥史公之失,疏也"。② 此皆向壁虚造之言耳。原夫《八览》之为书,乃吕氏宾客于不韦既死之后,发愤之所作也。故其书以《有始览》始,盖所以刺讥秦王用吕不韦之有始无终也。《恃君览·观表》篇载吴起之去西河,泣数行下,谓其仆曰:"君诚知我,而使我毕能,秦必可亡,而西河可以王。"高诱注:"毕,盖。可以立王政也。"此事,《仲冬

---

① 《四库全书总目提要》子部杂家《吕氏春秋》。
② 《东方杂志》第十三卷第十二号。方说见明方孝孺《逊志斋集·读吕氏春秋》。

纪·长见》篇已载之,高氏注云:"能,力也,尽力为之,可以致君于王也。"此非故意打重台而喋喋不休也。《先识览·知接》篇亦云:"此不卒听管仲之言也。"①一则曰"不卒听也",再则曰"不尽能也",无他,皆所以影射秦王用吕不韦之有始无终也。且《长见》篇载吴起事,却无"秦必可亡"句,立言自有分寸,此《季春纪·论人》篇高注所谓"扬长蔽短"也,与《有始览·应同》篇之言"水气至而不知,数备,将徙于土",几同于诅秦者,大有分别。故余以为《吕氏春秋》一书,当分为两部分去读,其前一部分,《六论》、《十二纪》为吕氏原著,此吕不韦之帝秦策也;其后一部分,《八览》为续书,乃吕氏宾客于不韦既死之后所著之过秦论也。

抑尝考之,《孝行览》有云:"民之本教曰孝,其行孝曰养。养可能也,敬为难;敬可能也,安为难;安可能也,卒为难。"高诱注:"卒,终。"言行孝卒为难,与言用人之有始无终,先后一揆,则吕氏宾客发愤著书之旨,昭然若揭矣。抑又言之,《有始》一览,七出"解在"之文,高诱于《务本》篇注云:"见《务大论》。"又于《谕大》篇注云:"见《务大论》。"《务大论》者,《士容论》之一篇。见者,谓已见,犹言有言在先,不必重出,此温故而知新者之辞,此又《六论》在前《八览》在后之又一有力内证也。汪中《吕氏春秋序》云:"惟《有始览》所谓解见某书者,于本书能观其会通尔。"②余以为"解在"之说,盖取法于《墨经》与《经说》之言"说在",及《韩非子·内、外储说》经与传之言"说在",盖就所举之事,提絜纲领,指出前已有说或后铺陈,所以避免床上安床、屋下架屋之累也。吾人于是有以知《有始》一览为《八览》提要钩玄之作,其书自成体系,故与先出之《六论》、《十二纪》时有重规叠矩之处,然不足为《八览》病,此《八览》之所以为《八览》也。盖今日著述《八览》之宾客,固昔日著述《六论》、《十二纪》之宾客也,当其属辞比事之际,驾轻就熟,涉笔成趣,难免有陈陈相因者,故其篇目之相类似,有如《有始览·谕大》篇之与《士容

---

① 原注:"'言'一作'败'。"
② 汪中:《述学·补遗》。

论》之《务大》篇,《孝行览·慎人》篇①之与《季秋纪》之《顺民》篇,如此之等,亦步亦趋,固无论矣。又如《孝行览》之《遇合》篇,即本之《孟夏纪·劝学》篇之言遇合,《离俗览》之《离俗》篇,即本之《季冬纪·介立》篇之言介子推之离俗,如此之等,其推陈出新者,又可得而详矣。然其人虽同,而其时则异,故《八览》之为书,与《六论》、《十二纪》又自不同也。吕氏宾客继《有始览》之后而编撰《孝行览》,以为孝者众行之本,先王之所以治天下也。"故爱其亲,不敢恶人;敬其亲,不敢慢人。爱敬尽于事亲,光耀加于百姓,究于四海,此天子之孝也。"此文见于今本《孝经·天子孝章》,外此其余,尚有《诸侯》、《卿大夫》、《士》及《庶人章》,而独举天子之孝以为言者,其意固明若观火也。当日者,华阳太后内行不修,随秦王益壮,而吕不韦则常有恐觉祸及己之感矣。终于始皇九年九月败露,夷嫪毐三族,杀太后所生两子,而遂迁太后于雍。秦王欲诛相国,为其奉先王功大,及宾客辩士为游说者众,王不忍致法。十年十月,秦王免相国吕不韦。齐人茅焦说秦王曰:"陛下车裂假父,有嫉妒之心;囊扑两弟,有不慈之名;迁母萯阳宫,有不孝之行;从蒺藜于谏士,有桀纣之治。"②始皇纳茅焦之谏,乃迎太后于雍,归复咸阳,而出文信侯就国河南,其家属徙处蜀。不韦自度稍侵,恐诛,乃饮酖死。③ 此吕不韦宾客发愤著书之故也。故《八览》之为书,多刺讥秦王之言。高似孙《子略》谓其言所以讥始皇。④ 方孝孺谓"书皆诋訾时君为俗主,至数秦先王之过无所惮"。⑤ 陈继儒谓"此书乃列国故老斥秦寄慨之书"。⑥ 包世臣谓"《吕氏春秋》多讽切秦事"。⑦ 吴汝纶谓《有始览·听言》篇"攻无辜之国以索地,诛不辜之民以求利"为"似讥秦王",又谓《孝行览·义赏》篇"赏罚之所加,不可不慎,成而贼民"为"此讥秦

---

① 原注:"'慎人'一作'顺人'。"
② 《说苑·正谏》篇。
③ 《史记·吕不韦传》。
④ 引《审分览·任数》篇"十里之间,耳不能闻"云云。
⑤ 《逊志斋集·读〈吕氏春秋〉》。
⑥ 《刻李苍严先生批点〈吕氏春秋〉》。
⑦ 张履:《积石文稿》八《书吕氏春秋》。

王之贵诈力，上首功"，又谓《慎大览》"胜非其难者也，持之其难者
也"为"讽秦"。① 案：诸家毛举细故为言，等之椎秦之仅中副车耳。
余以为吕氏宾客之发愤著书也，首则以《有始览》刺讥秦王用吕不韦
之有始无终，继则以《孝行览》刺讥秦王之迁母为不孝。夫言暴秦之
虐政，尚有逾于斯二者乎？诸家乃识其小者而遗其大者，殆未知吕氏
宾客心有所郁结者之为何等也。

足食足兵　　能耕能战

高诱《吕氏春秋序》："不韦乃集儒书，使著所闻。"《礼记·月令
疏》、《北堂书抄》九十九、《意林》二引"儒书"俱作"儒士"，儒士即
《先识览·去宥》篇之所谓"文学之士"，② 义胜。言儒士，即言为儒
学之士，而非其他。《说文》士下引孔子曰："推十合一为士。"段玉裁
注："数始一终十，由博返约，故云'推十合一'。"然则推十谓由博，
合一谓返约也。《汉书·艺文志·诸子略》："杂家者流……兼儒墨，
合名法，知国体之有此，见王治之无不贯。"斯言也，惟《吕氏春秋》
足以当之。当日者，不韦集儒士而为《吕氏春秋》，左右采获，取精
用宏，宜若不暧昧于一先生之言矣，然究其实，殊非有闻必录，而漫
无友纪也。尝试观之，其《孟秋》、《季秋》二纪所载兵家言，无虑八
篇，其最录诸子百家之言，未有如是之以多文为富者，此鲁仲连所以
有"被秦者弃礼谊而上首功之国"之说，③《荀子·议兵》篇载李斯问
孙卿子有"秦四世有胜，兵彊海内"之言也。《汉书·晁错传》载错《对
策》，以为"秦始并天下之时……地形便，山川利，财用足，民利
战"，言秦之富强，得其实矣。又案：《士容论》所载农家言凡四篇，
盖为教民稼墙而作。《淮南子·主术》篇："食者，民之本也；民者，

---

① 俱见吴汝纶：《吕氏春秋点勘》。
② 王利器撰《文学古义今案》，载《传统文化与现代化》1995 年第 2 期。
③ 《战国·赵孝成王策》，又见《史记·鲁仲连传》。

国之本也。"①他日者，始皇于琅琊刻石曰："上农除末，黔首是富。"②可谓知本也。当秦孝公时，商君以法经六篇入秦，③倡为农战之说，以为"国之所以兴者农战也。……国待农战而安，主待农战而尊"。④又曰："上无使农战，必贫至削。"⑤"居秦五年，秦人富强。"⑥农战者，足食足兵，⑦能耕能战之谓也。⑧盖自是以还，秦之为秦，"天下无敌"，⑨遂由天府之国，⑩发展而为农战之国，始皇因之，终以吞二周，灭六国，而一统天下焉。故余以为《六论》、《十二纪》，其要害为足食足兵，能耕能战，与治历明时之为大一统，相辅相成，故曰：《六论》、《十二纪》，吕不韦之帝秦策也。

《吕氏春秋》与秦火前之古籍

李慈铭曰："自来类书，实以此⑪为祖，而《淮南》继之，故所存古义独夥；而此作于秦火以前，殷周佚说，赖以仅存，尤可宝贵。"⑫案：李说是矣，惜语焉不详，今辄证成之。有如《恃君览·召类》篇引《易》曰："涣其群，元吉。"而解之曰："涣者，贤也；群者，众也；

----

① 又见《文子·上仁》篇。
② 《史记·秦始皇太纪》。
③ 《后魏书·刑罚志》。
④ 《商子·农战》篇。
⑤ 《商子·靳令》篇。
⑥ 《史记·商君传》。
⑦ 《论语·颜渊》篇。
⑧ 《西溪丛话》下引杜牧之云："彼商鞅者，能耕能战，能行其法，基秦为强。"
⑨ 《战国·魏景闵王策》。
⑩ 《战国·秦惠文君策》："沃野千里，蓄积饶多，地势形便，此所谓天府之雄国也。"《史记·刘敬传》："因秦之故，资甚美膏腴之地，此所谓天府者也。"《索隐》："案《战国策》苏秦说秦惠王：'大王之国，地势形便，此所谓天府。'高诱注云：'府，聚也。'"
⑪ 指《吕氏春秋》。
⑫ 《越缦堂日记》第十册《受礼庐日记》下册。

元者，吉之始也；涣其群元吉者，其佐多贤也。"《有始览·务本》篇引《易》曰："复自道其何咎，吉。"而解之曰："以言本无异，则动卒有喜。"寻《荀子·大略》篇亦引《易》此文，而解之曰："《春秋》贤穆公以为能变也。"此盖与《战国·齐宣王策》引《易传》同科，其文曰："居上位未得其实，以喜其为名者，必以骄奢为行，据慢骄奢，则凶必从之。"有如此者，盖商瞿、子木以后之微言也。有如《有始览·谕大》篇引《夏书》、《商书》，又《孝行览》引《商书》，《有始览·听言》篇、《慎大览》、《离俗览·适威》篇，又《贵信》篇引《周书》，俱出逸书，此在汲家书之前，尤可以考见先秦传世之《尚书》，与伪古文区以别矣。又如《有始览·务本》篇引《诗》"有晻淒淒，兴云祁祁"，今《小雅·大田》作"有渰萋萋，兴雨祁祁"，《释文》："'渰'，《汉书》作'黤'。'兴雨'本或作'兴云'，非也。"案：《释文》引《汉书》，见《食货志》上，今本作'有渰淒淒，兴云祁祁"，治《汉书》者不知有作"黤"之本，《吕氏》作'晻'，王应麟《诗考》引同，黤、晻音义俱同。"淒淒"，《食货志》、《后汉书·左雄传》、《玉篇·水部》、《广韵·五十琰》、《初学记》一、《白帖二》、《七经考文》引古本，皆作"淒淒"，与《吕氏》同，《说文·水部》："淒淒，云雨起也，从也妻声，《诗》曰：'有渰淒淒。'"皆不误。"兴云"，《食货志》、《韩诗外传》八、《隶释》载《无极山碑》、《颜氏家训·书证》篇、王应麟《诗考》俱作"兴云"，与《吕氏春秋》同，而颜之推、陆德明俱谓'云'当作'雨'，其说非是。《说文·水部》："渰，雨云儿。"段玉裁注："按：有渰淒淒，谓黑云如鬈，淒风怒生，此山雨欲来风满楼之象也。既而白云弥满，风定雨甚，则兴云祁祁，雨我公田也。《诗》之体物浏亮如是。"案：段说是，足以释疑解纷矣。又如《审应览·不屈》篇："《诗》曰：'恺悌君子，民之父母。'恺者，大也；悌者，长也；君子之德长且大者，则为民父母。父母之教子也，岂待久哉？"案：《诗·大雅·泂酌》"恺悌"作"岂弟"，《毛传》曰："乐以强教之，易以说安之。"《礼记·表记》："《诗》云：'凯弟君子，民之父母。'凯以强教之，弟以说安之。"毛公、小戴亦同《吕氏》教子之说，可谓说经铿铿也。①《吕氏》引《诗》，多与齐、鲁、韩三家合，而《审应览·重言》篇引

① 《后汉书·儒林·杨政传》："说经铿铿杨子行。"

《诗》"何其久也? 必有以也。何其处也? 必有与也"。今《邶风·旄丘》作"何其处也? 必有与也。何其久也? 必有以也",翩其反也。而《韩诗外传》一两引俱与《毛传》本同,然则此岂为齐、鲁二家诗邪? 未知谈言之微中否也。又如《仲夏纪·古乐》篇:"昔黄帝令伶伦作为律。伶伦自大夏之西,乃之阮隃之阴,取竹于嶰溪之谷,以生空窍厚钧者,断两节间,其长三寸九分而吹之,以为黄钟之宫,吹曰舍少。次制十二筒,以之阮隃之下,听凤皇之鸣,以别十二律。其雄鸣为六,雌鸣亦六,以比黄钟之宫,适合。黄钟之宫,皆可以生之,故曰黄钟之宫,律吕之本。"又《季夏纪·音律》篇:"大圣至理之世,天地之气,合而生风。……天地之风气正,则十二律定矣。"今案《汉书·律历志》上:"其《传》曰:'黄帝之所作也。黄帝使泠纶,自大夏之西,昆仑之阴,取竹之解谷,生其窍厚均者,断两节间而吹之,以为黄钟之宫。制十二箭,以听凤之鸣,其雄鸣为六,雌鸣亦六,比黄钟之宫,而皆可以生之,是为律本。至治之世,天地之气,合以生风。天地之风气正,十二律定。"文见《吕氏春秋》"古乐"、"音律"二篇,则其传谓《吕氏春秋》也。王先谦《补注》曰:"言古说相传如此。'惜未得其本柢。又如《先识览·悔过》篇载郑贾人弦高、奚施犒秦师,《左氏》及《公羊》僖三十三年、《史记·秦本纪》及《晋世家》俱无奚施,此可补史之阙。"奚施",《淮南子·人间篇》、《高士传》上作"蹇他",他、施一声之转,古通。《论语·宪问》篇:"祝鮀治宗庙,王孙贾治军旅。"《易林·咸之临》:"祝施王孙,解事鬼神。""鮀"作"施",即其证。"奚"之与"蹇",未知孰是。案:《淮南子·道应》篇亦载此事,却无"蹇他",《道应》篇为许注本,《人间》篇为高注本,此盖二家之异同也。又《仲秋纪·简选》篇:"汤以戊子战于郕,遂禽移大牺。"案:《竹书纪年》:"帝癸三十一年,商师征三朡,战于郕,获桀于焦门,放之南巢。"此与之合,而戊子之日,《纪年》亦失载,此可补史之阙也。又《仲秋纪·爱士》篇:"晋惠公之右路石奋投(杸)而击缪公之甲。"今本《左传》僖十五年仅云"家仆徒为右"而已。又《孟春纪·去私》篇载祁黄羊请老,荐其仇解狐及其子午,孔子闻之曰:"善哉,祁黄羊之论也! 外举不避仇,内举不避子,祁黄羊可谓公矣。"《左》襄二十一年则以为叔向之辞。案:《左》襄三年:"君子谓祁奚于是能举善矣，称其仇，不为谄，立其子，不为比，举其偏，不为党。"则作孔子之辞为是。而崔适、康有为之徒率谓《左传》解经语多刘歆伪造，①而不知《吕氏春秋》用其文之未去葛龚也。《汉书·艺文志·六艺略》："《孝经》唯孔氏壁中古文有异。"师古注引桓谭《新论》："《古孝经》千八百七十二字，今异者四百余字。"朱一新《汉书管窥》曰："《今孝经》千八百六十二字。"今案：《吕氏·先识览·察微》篇引《孝经》曰："高而不危，所以长守贵也。满而不盈溢，所以长守富也。富贵不离其身，然后能保其社稷，而和其民人。"《黄氏日抄》曰："观此所引，《孝经》固古书也。"《汉书·翟方进传》载汉成帝绥和二年二月赐翟方进册："《传》曰：'高而不危，所以长守贵也。'"师古曰："《孝经》之言也。"此秦汉人所见之《古孝经》也，与今传唐明皇注本《诸侯章》无异文。

如上所述，凡《吕子》所引用古书而明征其辞者，今尚可得而详也。然亦有不出其名者，而人将疑其为数典忘祖也。如《审分览·慎势》篇："失之乎数，求之乎信，疑。"此用《申子》，《韩非子·难三》篇："《申子》曰：'失之数，而求之信，则疑矣。'"即其证也。《慎势》篇又云："故先王之法，立天子不使诸侯疑焉，立诸侯不使大夫疑焉，立适子不使庶孽疑焉。疑生争，争生乱。是故诸侯失位，则天下大乱；大夫无等，则朝廷乱；妻妾不分，则家室乱；适孽无别，则宗族乱。《慎子》曰：'今一兔走，百人逐之。非一兔足为百人分也，由未定。'"是"立天子不使诸侯疑焉"至"争生乱"五句，《吕子》不以为《慎子》文，故下文乃引《慎子》。案：《群书治要》三十七所载《慎子·德立》篇："立天子者不使诸侯疑焉，立诸侯者不使大夫疑焉，立正妻者不使嬖妾疑焉，立嫡子者不使庶孽疑焉。疑则动，两则争，杂则相伤。"此出唐人荟萃，可存而不论，以《吕子》之文，层次分明，无可置疑矣。寻马王堆汉墓帛书《称》曰："故立天子(者不)使诸侯疑焉，立正敌(嫡)者不使庶孽子疑焉，立正妻者不使婢(嬖)妾疑焉。疑则相伤，杂则相方。"然则《吕子》用《称》文也。《管子》有《小称》

①　分别见崔适：《史记探原》、康有为：《新学伪经考》。

篇，盖即对《称》而言，谓之小者，谦也。① 有如是者，特其一隅耳。取他人之说以为己说，非掠人之美，掩人之长，盖将以为此乃天下之常言，人所共知，故人人得而用之，孔子所谓"述而不作"②是也，非《吕氏春秋》为之权舆也。故其书看似书卷纷披，实则其中有我，总之，不离乎求天下之大一统者近是。故高诱称其书"大出诸子之右"，朱熹称"《吕览》……煞有道理"，③ 谭献称："集众成书，而立制有宗，立言得人。言立制，立慎法，言尚农。寻其脉络，篇篇衔接，义义相生，文章之妙，《淮南》不能及也。"④《老君指归·略例》曰："杂者尚乎众美，而总以行之。"⑤《吕氏春秋》有焉。故其书自汉以来，即为世人所重。唐大历中，赵匡上《举选议》，其《举人条例》有云："其有通《礼记》、《尚书》、《论语》、《孝经》之外，更通《道德》诸经、《通玄经》、《孟子》、《荀卿子》、《吕氏春秋》、《管子》、《墨子》、《韩子》，谓之茂才。举达观之士，既知经学，兼有诸子之学，取其所长，舍其偏滞，则于理（治）道无不该矣。试策征问诸书义理并时务共二十节，仍与之言论，观其通塞。"⑥则《吕氏春秋》且尝列为举人必读之书矣。孔子曰："君子不以人废言。"⑦若《吕氏春秋》之立言，可以不朽矣。

（原载《传统文化与现代化》1996年第5期）

---

① 《韩非子·难三》引《管子》曰"见其可，说之有证；见其不可，恶之有形"云云。此见《管子·权修》篇。又引《管子》曰："言于室满于室，言于堂满于堂，是谓天下王。"此见《管子·牧民》篇。此二证，向宗鲁先生《月令章句疏证叙录》所举。案：《韩非子·扬权》篇："若地若天，孰疏孰亲。"此虽未标《管子》之名，实用《管子·牧民》篇："如地如天，何私何亲。"韩非略与吕不韦同时，则管子之书，出于吕不韦之前，当为战国人之所作矣。
② 《论语·述而》篇。
③ 《朱子语类》一百十九。
④ 《复堂日记》三。
⑤ 《正统道藏》学字一号。
⑥ 《通典》十七《选举》五《杂论议中》，《全唐文》三百五十五。
⑦ 《论语·述而》篇。

【评介】

有关王利器先生的生平著述简介，见前文《吕氏春秋注疏》评介，这里着重介绍一下其代表性的论文《吕氏春秋平论》。

王利器先生《吕氏春秋平论》发表于《传统文化与现代化》1996 年第 5 期，2002 年巴蜀书社出版其《吕氏春秋注疏》时将该文作为全书之《序》。

论文共分五部分，每一部分都设有小标题。

第一部分是"春秋、素王、大一统"，由司马迁《史记·十二诸侯年表》"春秋"类书籍立论开始，说明《吕氏春秋》与其体例有大致相同、前后一贯的地方，论文又引元杜道坚的书以证己说，同时驳斥了吴汝纶"凡《吕氏春秋》名篇分章，皆后人所为"之说的可笑。然后探讨吕氏书之以《春秋》为名的原因，"盖以吕氏之作《春秋》，犹孔子之修《春秋》也……吕氏说月令而谓之《春秋》，事类相近焉"，"盖司马迁以吕氏之制《十二纪》，与孔子之书'春王正月'，皆《春秋》大一统之义法也"。之所以如此，是因为"《史记·十二诸侯年表》以孔子之次《春秋》，与吕不韦之为《吕氏春秋》，相提并论，于学术源流，大有关系"。该部分作者提出的重要论断，如"然则大一统者，此素王之《春秋》义法也。吾意当时吕不韦悬之国门者，厥惟《十二纪》而已"，"吕不韦以《十二纪》悬之国门者，即视之为时令，所以指导农业生产也；求能增损一字者，即求能'阙其疑事'，增益其不足之谓，此皆时王布政之先务也"，"其以《十二纪》悬之国门者，盖欲求能增损也，故良人以《十二纪》问，吕氏则以黄帝之诲颛顼以告之，即正面答复其用颛顼历之故也"，"余以为《六论》、《十二纪》为吕氏原书，故《序意》篇在《十二纪》之末，即原书之末，若《八览》则由吕氏宾客于不韦死后发愤而著之续书也"。

第二部分为"六论、十二纪、八览"，作者认为"古书自序率在全书之末"，今本《吕氏春秋》以高序所言《十二纪》、《八览》、《六论》顺序"其实乃出于唐人改窜"，然后探讨《吕氏春秋》以《六论》为之首的原因，在于"秦人之尚六数"，"数以六为纪者，此吕不韦本阴阳五行之说而制订之帝秦策也"，"唐释法琳《辨正论·品藻众书》篇：'秦悬《吕论》，一字翻成可贵。'不曰秦悬《吕氏春秋》，而曰秦悬《吕论》

者，盖古书往往有以首篇之小题作为其书之大题者"，最后又重申了
"《吕氏春秋》原本为《六论》、《十二纪》，《八览》为续出之书"的
观点。

第三部分为"不韦迁蜀，世传吕览"，作者先批驳《汉书·司马迁
传》及颜师古注、《金楼子·立言上》等书中"意有所郁结"而著书的观
点，指出吕不韦于秦八(六)年，集儒士著书立说之日，正是其"踌躇
满志"之时，"夫何心有不悦、意有所郁结之有"，然后就苏林、司马
贞、王应麟、《四库全书总目提要》等关于《吕氏春秋》写作时间与三
大部分排列顺序的观点，进行反驳，指出"原夫《八览》之为书，乃吕
氏宾客于不韦既死之后，发愤之所作也。……故余以为《吕氏春秋》
一书，当分为两部分去读，其前一部分，《六论》、《十二纪》为吕氏
原著，此吕不韦之帝秦策也；其后一部分，《八览》为续书，乃吕氏
宾客于不韦既死之后所著之过秦论也"，最后针对《吕氏春秋》论孝文
字的对比分析，得出《八览》"自成体系"，与《六论》、《十二纪》虽然
"时有重规叠矩之处"，"又自不同也"，"《八览》之为书，多刺讥秦
王之言"，"吕氏宾客之发愤著书也，首则以《有始览》刺讥秦王用吕
不韦之有始无终，继则以《孝行览》刺讥秦王之迁母为不孝"的结论。

第四部分为"足食足兵能耕能战"，作者意在说明不韦集儒士而
为《吕氏春秋》，虽取精用宏，但又有所侧重，具体来说就是重视采
纳农家与兵家之言，最后得出结论："故余以为《六论》、《十二纪》，
其要害为足食足兵，能耕能战，与治历明时之为大一统，相辅相成，
故曰：《六论》、《十二纪》，吕不韦之帝秦策也。"

第五部分为"《吕氏春秋》与秦火前之古籍"，作者先引李慈铭的
话，将《吕氏春秋》作为类书之祖，认为它保存秦火前之古籍最多，
"尤可宝贵"，然后以明引《易》、《书》、《诗》、《左传》、《孝经》，
暗引《申子》、《慎子》为例具体对比分析，最后评述了其征引的原则
"不离乎求天下之大一统者近是"，并征引汉唐评述具体说明其征引
的价值与意义，最后以"若《吕氏春秋》之立言，可以不朽矣"一句
作结。

王利器先生一生著述等身，除《吕氏春秋》外，给不少古籍如《文
子》、《新语》、《盐铁论》、《风俗通义》、《文心雕龙》、《颜氏家

训》、《世说新语》等作过校注、疏义，其以渊博的学识、扎实的考证，赢得了的海内外的称赞与尊重。就这篇论文而言，是对《吕氏春秋》一书的整体评价，其中有不少新颖、独到、精辟的观点与论断，如"其书看似书卷纷披，实则其中有我，总之，不离乎求天下之大一统者近是"等，读后确实使人有耳目一新之感，但王利器先生其长在此，其短似乎亦在此，有些观点，因过于坐实，不免有偏颇之感，如说吕书《六论》在前，《八览》为吕氏宾客于不韦死后发愤而著之续书等观点，以目前的材料，尚有值得商榷之处，不足以使人信服，当然，可备一说。

（王启才）

王利器《吕氏春秋》研究主要论著：

《"不韦迁蜀，世传〈吕览〉"说》，《制言》第 54 期。

《吕氏春秋释名》，《文史杂志》第 5 卷第 3、4 期。

《吕氏春秋平论》，《传统文化与现代化》1996 年第 5 期。

《吕氏春秋注疏》（共四册），巴蜀书社 2002 年版。

《吕氏春秋》的思想及其批判

赵雅博

　　《吕氏春秋》一书，是在吕不韦主动中，由他食客中的少数学人，集体完成的一部著作。这部著作，我们也可以说是先秦时代的一部结束著作，吕不韦虽然晚死于韩非一年，然而韩非著书则早于《吕氏春秋》。同时，我们也可以说《吕氏春秋》是集先秦之大成并结束先秦思想著作，书中名法儒道墨的思想都有，也是折中其间；有所取，也有所删；与其说它是杂家，倒不如说它是折中派。另外，在《吕氏春秋》中，如果找到矛盾的话，那绝不足稀奇，不要说集体作品，有此现象，就是个人著作，由于时代前后的不同，也会有这种现象的。这是因为人智不足，而事理渊深；今日所见如此，明日所见如彼，除非能窥全豹，才会免掉这种现象；然而事理的全豹，事物之完全内容，又岂是一时一代一人一组之所能为功哉！

思想内容提要

　　《吕氏春秋》，虽然是很多人的集体而分别的作品，但在思想内容方面，仍然有其贯串性，其给予这个贯串性的人，并不是那些分别撰述的作者们，而是总其成、主其事、创其意的吕不韦。他要人写这部书，是有其用意的，并且也有一个中心思想。这个中心思想，无可怀疑，是有着与孔子春秋相仿佛，对于以往政治作业的褒贬，同时也有意作成创业垂统大纲大法，而为万世行政之典范，全书为十二纪、八览，六论。

　　对全书的顺序，有些人的主张彼此不同，史迁认为是：八览、六论、十二纪；吕不韦本人在《序意》中，只提十二纪，因该序残缺，我们绝不能结论八览六论不在《吕氏春秋》书内。唐马总则认为《吕氏春秋》的组合是十二纪、八览、六论。现行《吕氏春秋》的顺序，正如马总所说。鄙意以为十二纪八览六论之顺序，较合《吕氏春秋》原意。吕氏在序中说"大圜在上，大矩在下，汝能法之为民父母"，所谓法之，自然是"法天地"，"凡十二纪者，所以纪治乱存亡也，所以知寿夭吉凶也，上揆之天，下验之地，中验之人，若此则是非可不可，无所遁矣。天曰：顺顺维生，地曰：固固维宁，人曰：信信维听"。从此，我们可以知道，《吕氏春秋》乃是以天地人为准的一部政治理论的书，由于他要"法天地"。那么以十二纪作为开始是很合理的，又每纪五篇，合共六十、六十一周环，与其五德循环之主张，又相符合。

至于八览六论，则仍可以是法天地，但此外他又加入了人，至论八览每览为八篇，六论每论为六篇，仍然与十二纪的总为六十一循环的用意相同。

《吕氏春秋》，从吕不韦自己的《序意》文中，我们可以看到的思想概貌是：治乱存亡，寿夭吉凶，而其所有的根据，则是以天为标准，以地人为征，验以各家为折中，而发抒了集体而又有个人的见解。如果是在发抒的过程中，有矛盾，有不协调，那是很可理解的事，只要在大体能有和谐就好了，我们不必过于苛求。

天 人 关 系

人的意义，在这里我们认为不必加以说明。因为在《吕氏春秋》中的人，并没有歧义或类比义出现，而对于天之一字，我们就需要加以说明了。

一般说来，天有两个意义，一个指的是苍苍者天，也就是今天我们所说的自然，在这种意义下，地也可以包括在内；另一个则是指的于穆不已的天，也就是指的有位格的天，说得更明白一些，那是指的最高神的天。

在我们本题内所说的天人关系之天，乃是指的前者的天，也就是自然。

《吕氏春秋》内是不是只有自然之天，而没有位格之神的天呢？有些唯物论派的人，是有这样主张的；然而如果我们不抱偏见，完全以客观的态度来处理这件事，我们发现并不是那么回事。

我们在十二纪中，很多次看到上帝，皇天上帝的字眼，同时我们也感觉得出来，上帝、皇天上帝，乃是至尊无上的神明，高出于其他一切神祇。另外，我们在吕书中也看到不少次提到神的字眼。神在吕书内，虽然不是指的最高神；然而既然承认神，就不能说是无神，也不能说是无神论或唯物论！

在中国哲学内，讲天人关系的哲人或书籍，在《吕氏春秋》以前，早已经有了，并且也可以说，很少有哲学家不谈天人关系的。因为哲学在本质上，就是追求最后的根，追求天人之际的学问，穷理、尽性、知人、知天，这不是先秦哲人的口头禅吗？然而《吕氏春秋》，却与他们有所不同，并且可以说是独创一格的天人关系：自然与人事的相应；并且这个自然与人事的相应，也并不是泛论自然与人事的相应，而是将自然与人事的相应，限制在政治的原则上，也就是从自然的现象，推结出用人行政的实际原则；并且也将这个"自然"加以限定，虽然吕氏将自然给以天地人之名，而实际上乃是就天气地气与五行配合而生出的一种状况，而称之曰自然。

《吕氏春秋》的这一思想，远影响可以说始自《易经》的阴阳与《洪范》的五行，近影响可说是受自邹衍的"深观阴阳消息，而作迂怪之变"（《史记·孟荀列传》）以及"五德终始"（同上），至论五行说归之于孟子思想的说法，从今天的文献去求证，是无法证实的，我们虽不坚决地否认，但也不敢作如此主张，只有存而不论，等待新的发掘或新的证据出现了！

从孔子为儒家思想的创始与体系来说，我们可以说找不到本体论或宇宙论，儒家有宇宙论，可以说从《易传》开始；然而在王弼注《易经》以前，儒家也没有人将《易经》视为哲学书籍的，汉儒的解易，一直在卜筮上兜圈子。但是，我们并不能因注解家不把《易经》当哲学，不从《易经》中看到宇宙论，而就否认写易与写易传的人，认为没有哲学思想或宇宙思想，我们应该从他本文中去找意义，不应该以后人的注解为归结，更不该以后人的注解，作为前人书中意义的标准。
《易经》、《易传》有哲学思想，也并不因为王弼注《易经》才有，即使
没有王弼，没有任何人注解《易经》，它也是哲学；如果《易经》、《易
传》本身是哲学，自然就永远是哲学。不过对我们来说，在人们了解
它是哲学之前，它只是客观存在于书本中的哲学，也就是潜能哲学，
而不是生活在人心中的主观现实哲学！

　　《易经》最早的注解，可以说是《易传》，它可以说将《易经》看成
了哲学。而《易传》的原文，我们可以说有两种不同的注解方式，一
个是近于儒家的伦理哲学或者称之为人生哲学；一个是近于道家的形
上哲学。有人说《易经》影响或开创了儒道两家的哲学学派，笔者认
为儒道两家在先，而《易传》的文字在后，写《易传》的人，是有儒道
家的思想的(如果写《十翼》的不是一个人，那么，写《十翼》的那几个
人，有的是属于道家；有的则是属于儒家)。

　　《吕氏春秋》，一方面接受了《易经》、《易传》的天人相应思想，
另一方面又将邹衍的"阴阳消长，机祥度制"的主张，再加入了五行
五德，而成了一个严密组织，自然与政治相应的思想系统。

　　任何思想系统，总该有一个最高原则的存在，而其他的思想，则
由这个最高的原则派生出来。

　　《吕氏春秋》的这个最高思想系统原则，当然是与人事或政事相
应的天或自然了。这个天或自然，乃是宇宙论的研究对象：《吕氏春
秋》在《大乐》篇中写道：

　　　　太一出两仪，两仪出阴阳。阴阳变化，一上一下，合而成
　　　章。混混沌沌，离则复合，合则复与，是谓天常。天地车轮，终
　　　则复始，极则复反，莫不咸当。日月星辰，或疾或徐；日月不
　　　同，以尽其行，四时代与，或暑或寒，或短或长，或柔或刚。万
　　　物所出，造于太一，化于阴阳。(《大乐》)

太一是什么呢？《大乐》篇上，毫不迟疑地给我们指出是"道"；他说：

　　　　道也者，听之不见，听之不闻，不可为状……道也者，至精

也，不可为形，不可为名，疆为之谓之太一。(同上)

这个道又是"莫知其原，莫知其端，莫知其始，莫知其终，而万物以为宗"(《圜道》)。《下览》篇又有："其大无外，其小无内!"

在这里，我们看出来，一切非人之物，皆出于太一，化于阴阳，太一究竟是什么呢？《吕氏春秋》，告诉我们太一是道；然而道并不是天地，为什么？首先，就太一说，乃是最最之一，并且这个一并不是我们看得见的一个具体之物；非具体之物，自然就不是天地了。另外，道之为物，也不是可见可触的形体物，《吕氏春秋》中一再告诉我们：道乃是无形无声无始无终的一个存在有，而不是具形的天地。至论道与太一是不是有位格之神的天呢？这个，我们不拟在这里加以讨论，在论人时，我们再给予说明。反正道不是天地，太一也不是天地，但它是不是与天地有关呢？我们且看《吕氏春秋》的一段文字：

> 天地有始，天微以成，地塞以形，天地合和，生之大经也。以寒暑日月昼夜知之，以殊形殊能异宜说之。夫物合而成，离而生，知合知成，知离知生，则天地平矣。(《有始览》)

一般注解《吕氏春秋》的人，多以天为阳，地为阴；然而由于《吕氏春秋》说："两仪出阴阳"，两仪应该是指天指地，由天所生之气为阳气，由地所出之气为阴气(其实只是一气，由人的主观感觉与一气为阴阳)；阴阳二气，只是万物变化的缘由，并不是万物出生的原则，因为在《大乐》篇中，已经清楚说明万物造于太一。

如果说万物造于太一，化于阴阳，那么，"天地合和，生之大经"，又如何解释呢？在这里，我们应该说的是"生"字的意义，并不只是生产、出生的意义，并且还有生长、创造，以及协助生长的意义。天地为万物生之大经，乃是指的万物藉天地而能生长的意义，并不是说天地是产生万物的原因，这也就是说太一所造生之物。在天地内阴阳之气的合和分离、寒暑日月的状况下，有了殊形殊类，于此，对天地万物就有了适当的了解了。

关于万物生生长长，异类殊形的种种情况，《吕氏春秋》在《圜道》篇内，也有解释：

> 天道圜，地道方……精气一上一下，圜周复杂，无所稽留，故曰天道圜。万物殊类殊形，皆有分职相为，故曰地道方。

又说：

> 精行四时，一上一下，各与遇，圜道也。物动则萌，萌则生，生而长，长而大，大而成；成乃衰，衰乃杀，杀乃藏，圜道也。

精气一上一下，环绕万物，精行四时，使万物生长衰杀，万物在同出于太一，同在于一天地，同煦育于一阴阳，一精气，彼此虽各不相为（不能彼此互换、互变）。但彼此有关系，则是不可否认，并顺理成章的事。

万物不但同出于一太一，同长于一阴阳，并且还同为一精气所构成。您看：

> 精气之集也，必有入也。集于羽鸟与为飞扬，集于走兽与为流行；集于珠玉，与为精朗；集于树木与为茂长，集于圣人，与为夐明。集气之来也，因轻而扬之，因走而行之，因美而良之，因长而养之，因智而明之。（《尽数》）

在这种情形下，我们可以看出《吕氏春秋》在肯定从无生物到人，也就是谓从自然到人，都是由于精气之人，精神既在不同物类内，则不同的物类，基本上是有关系的，该是很自然的事。那么自然之物（天）与人相应，也没有什么不可了。

天（自然）人相应的具体说明，在十二纪的每一首篇内，都会让我们看到；《吕氏春秋》的十二纪与《礼记》中的《月令》，《淮南子》中的《时则》相同，究竟是谁先撰出的，聚论纷纭，无法作一个绝对的确定，郑康成认为是《吕氏春秋》，在郑康成以后的蔡邕又认为不是。

另外，《逸周书》也有同样的一篇，以私意推断，大概是《吕氏春秋》首先采用这种解释，其余人以后跟进，并作了一点改删。在这里，我们只引《吕氏春秋·孟夏纪》作一个实例：

> 孟夏：其日丙丁，其帝炎帝，其神祝融，其虫羽，其音徵，其数七，其性礼，其事视，其味苦，其臭焦，其祀灶，其祭先肺，其色赤，其食谷菽，其食肉鸡，其器高以觕，其德火，其兵戟（自《管子·幼官篇》补入）。

这种自然与人事相应，我们可以说一方面是人从经过的事实上，发现而整理出来的，一方面也有些是人自己设计的，并不都是天然如此的。《吕氏春秋》，是先有了天人（自然）相关的观念（这观念是根据一些事实），然后才后天将它们刻画得整整齐齐，其实在自然与人事上，未必都是像他们所说的那样。

另外，《吕氏春秋》这一部书，也是由自然与人事相关这一观念，而拟定了题目："春天主生，夏天主长，秋天主杀（收），冬天主藏"，他根据这四种特色，拟出四十八篇文字，分别完成他的主张。但是从现在《吕氏春秋》这四十八篇的东西中，我们不能不说，他并没有完全成功。不过在著书立论上，能够有一个这样有系统而又想各方面都贯彻得很好的想法，在吕氏以前，是没有一个人会这样做的，就是在吕氏以后，也没有人在这样复杂的结构下，来完成一部著作的，在这一点上，《吕氏春秋》实在算是了不起的。

天人关系实例

宇宙万物，来自太一，并同为一个精气入内所构成，又同在一个天地阴阳之气内，在《吕氏春秋》的中心里，宇宙万物——天地人乃是一个有机体的大组合，各方面都息息相关。为此，在宇宙中得精神而为叡明的人，做任何事情，无论有关物质的生命，有关道德的生活，以及皇帝（天子）与诸侯大夫的行政，都要注意到天与人的相应。

在政治上，天与人的相应，有一般的行政，有改朝换代的相应。

我们先说一下改朝换代的相应，有关改朝换代的相应，首先由邹衍创出了五德终始之运(见《史记·封神书》)，后又有《文选·魏都赋》注引《七略》云："邹子有终始五德，言土德从所不胜，木德次之，火德次之。"到了《吕氏春秋》，始详尽而有系统地写出：

> 凡帝王者之将兴也，天必先见祥乎下民。黄帝之时，天先见大螾大蝼，黄帝曰土气胜，土气胜，故其色尚黄，其事则土。及禹之时，天先见草木秋冬不杀，禹曰木气胜。木气胜，则其色尚青，其事则木。及汤之时，天先见金刃生于水，汤曰金气胜。金气胜，故其色尚白，其事则金。及文王之时，天先见火赤乌衔丹书集于周社。文王曰火气胜。火气胜，故其色尚赤，其事则火。代火者必将水，天且先见水气胜，水气胜。故其色尚黑，其事则水，水气至而不知数备，将从于土……类固相召，气同则合，声比则应。(《应同篇》)

五德终始，祸福循环，乃是天人相应，自然的现象，众人不知底细，认为是命，其实不然。为此：

> 尧为善而众善至，桀为非而众非来……天降灾布祥，并有其职，以言祸福，人或召之也，故国乱非独乱也，又必召寇。独乱未亡也，召寇则无以存矣。

治乱与衰，祸福灾祥，并不是独立事件，而都是互相关联的，天人相通，人好天赐福，人坏天降祸，如鼓斯桴，如响斯应。并且在福祸祥灾未来之前，天已先显朕兆，如果善利用朕兆，及早回头，由于天人感应，一样可以转危为安，转祸为福。在《吕氏春秋》内，可以看到许多实例，我们且引一、二则：

> 成汤之时，有穀生于庭，昏而生，比旦而大拱，其史请卜其收，汤退卜者曰：吾闻祥者，福之先者也，见祥而为不善，则福不至。妖者祸之先者也，见妖而为善则祸不至。于是早朝宴退，

问疾吊丧，务镇抚百姓，三日而谷亡，故祸兮福之所依，福兮祸之所伏。(《制乐》)

　　宋景公之时，荧惑在心，公惧，召子韦而问焉……子韦曰：荧惑者，天罚也，心者宋之分野也，祸当于君，虽然可移于宰相。公曰宰相所与指国家也，而移死焉不祥。子韦曰：可移于民。公曰：民死，寡人将谁为君乎？宁独死。子韦曰：可移于岁。公曰：岁害则民饥，民饥必死，为人君而杀其民以自活也，其谁以我为君乎？是寡人之命，固已尽矣，子无复言矣。子韦反走北面载拜曰：臣敢贺君，天之处高而能卑，君有至德之言三，天必三赏君，今昔荧惑其徙三舍，君延年廿一岁。公曰：子何以知之。对曰：有三善言，必有三赏，荧惑必三徙舍，一徙当七年，三七二十一。臣故曰：君延年二十一岁矣。臣请伏于陛下以俟之，荧惑不徙，臣请死。公曰：可，是夕，荧惑果徙三舍。(《制乐》)

皇天无亲，常与善人，他应该有信用。不然，便不足以称为天子。天行也是一样，如果：

　　天行不信，不能成岁……地行不信，草木不大……信而又信，重袭其身，乃通于天，以此治人，则毫雨甘露将矣，寒暑四时当矣。(《贵信》)

因为天行有常，地行有常，人们如肯留心，则可以发现出自然律。自然律，如我们在另文中所谓，有的只关于道德律，有的只关于物理定律。总之，人从其中，可以找到天人相应的规律。

　　另外，《吕氏春秋》认为自古以来，王位的传递，也是天人相应的结果：

　　夫舜遇尧，天也；舜耕于历山，陶于河滨，钓于雷泽，天下说之，秀士从之，人也；夫禹遇舜，天也；禹周于天下，以求贤者，事利黔首，水潦川泽之湛滞壅塞可通者，禹尽为之，人也；夫汤遇桀，武遇纣，天也；汤武修身积善，为义以忧苦于民，人

也。(《慎人》)

天人相应，无论是就自然方面说，也无论是对有位格之神的天来说，乃是双方面有必要条件相应的。在尧之时，人多了；然而只有舜与汤继承了尧与桀，这也是由于舜与汤的积善所得。为此，我们也应该说，天人相关相应，并不是偶然，而是有其道理在的。

至论纯自然的天人相应，也就是从天地阴阳日月星辰，影响了人的衣食住行方面，由于吕氏有这种想法，自然就在他的十二纪内，设计出来了一套办法。这种办法，有些是天然现象，天然的要求，也有些是人为的做法，人为的设计；自夫子以至百官，由上面领导，而下民实行。总之，有的是自然配合人事，有的是人事配自然。归结地说，大多是配合自然。因为，如其不然，则自然不随人意；天行有常，您不按着它们的常规常则，在自然状况的人事方面，自然不会成功，那自然也有后灾，比如冬天行春天或夏天应行的自然人事，那一定无法成功，同样春天做冬天的事，也自然会失败。至论是否引起吉凶，那就不完全一定，但《吕氏春秋》由于主张天人相应，自然不只认为不与自然相应。除自然的天灾外，人事的吉凶，自然也在他的主张之内，例如在《季冬纪》内，我们可以读到：

> 季冬行秋令，则白露早降，介虫为妖，四邻入保，行春令则胎夭多伤，国多固疾，命之日逆；行夏令则水潦败国，时雪不降，冰冻消释。(《季冬纪》)

在其他纪内，如果逆令而行，对天灾人祸的接踵而至，也给我们说得清清楚楚。至论在其他篇章内，也有不少援例；顺应天时，不逆地利，才有良好的人行。在十二纪内，吕氏是尽量供给我们经验，而使大家信服的。

关 于 人

任何哲学思想，总不会一点也不谈有关人的思想，《吕氏春秋》

当然也不例外；然而有关人的定义，像西方式的说法，在《吕氏春秋》中是找不到的，一如太一究竟是什么？是道？而道为什么？有时候，中国哲人对它的特征，在不同的地方，加以不同的描述，直截了当的定义，则可以说是绝无仅有，在这些地方，在某些名辞方面，中国哲人仿佛有这种态度，是什么就是什么，没有什么本质的定义好说，拿人来说吧，在吕书中找不到人是什么的答案；而太一即道，这又是什么？是气？是太极？是精气？是天？没有说出。在《吕氏春秋》来说，太一就是太一，不必硬给他按上是太极，是气。如果是太极，是气，《吕氏春秋》会自己说出来的，不劳我们后人伤这样的脑筋。还有对老子的道，《易经》的太极等哲学名辞，我们最好是从老子本身，从《易传》本文去找解释，不必给他们冠上后来哲人们所创出的哲学名辞。

关于人的来源，《吕氏春秋》上说：

> 始生人者，天也，人无事焉。天使人有欲，人弗得不求；天使人有恶，大弗得不辟。欲与恶所受于天也，人不得与焉。不可变，不可易。（《大乐》）

在前面，我们会引过："万物所出，造于太一，化于阴阳"（同上），万物之中，当然也包括了人，吕氏一面说天生人；一面又说造于太一，太一与天，自然也应该有关联了。如果就《史记·天官书》中的："中宫天极星，其一明者，太一常居也"，《史记》注说："泰一，天帝之别名也"；刘伯庄曰："泰一，天神之最贵者"；《史记·封禅书》也说："天神贵者太一。"在这种情形下，太一与道与最高神的上帝，乃是同所指了。《吕氏春秋》既是吕不韦同意而成的书，吕氏不是无神派也明矣！

《吕氏春秋》又说：

> （人）生，性也；死，命也……凡人物者，阴阳之化也。（《知分》）

天造生人，使人有欲，有恶，有情，有节，"天生人而使有贪有欲，欲有情，情有节"（《情欲》）。欲生，是天性，是自然的要求；恶死，死乃是神之所定，乃必然之事。如果就阴阳二气说，也可以说是二气之化，这正合庄子的说法。在人生一事，吕氏是混合了儒道两家的主张。

他又说：

> 凡人物者，阴阳之化也，阴阳者造乎天地而成者，天固有衰嗛废伏，有盛盈蚡息；人亦有穷困屈匮，有充实达遂；此皆天之容，物理也，而不得不然之数也，古圣人不以感私伤神，俞然而以待耳。（《知分》）
> 达乎死生之分，则利害存亡弗能惑矣。（同上）
> 性也者，所受于天地，非择取而为之也。（《诚廉》）
> 凡人之性，爪牙不足以自守卫，肌肤不足以扞寒暑。（《恃君》）

又说：

> 性也者，所受于天也，非人所能焉也。（《荡兵》）
> 祸福之来，众人以为命焉，不知其所由。（《召数》）

《应同篇》只少了一个"由"字，而在《知分篇》中，吕氏对命运的定义是：

> 命也者，不知所以然而然者也，人事智巧以举指者，不得与焉，故命也者，就之未得，去之未知……知其若此也，故以义为之决，而安处之。（《知分》）

从这里，我们可以看出吕氏是反对命运，至少是不把命运当一回事，不必害怕命运，有义就好了。

贵生与余生

人与其他动物是不是有基本的区别,《吕氏春秋》没有明言,但是从人对自己的生命处理的态度上,可以看出不同来。

天使人有好恶:"人情欲死而恶死",因为"今吾生之为我有,而利我也亦大矣。论其贵贱,爵为天子不足以比焉;论其轻重,富有天下,不可以易之;论其安危,一曙失之,终身不复得"(《重己》)。"此三者,有道者之所慎也……夫弗知惧者,是死生存亡,可不可,未始有别也……若此人者,天之所惑也。以此治身,必死必殃,以此治国,必残必亡。夫死殃残亡,非自至也"(同上),"寿长至常亦然,故有道者,不察所召,而察所召之者"(同上),也就是《吕氏春秋》所说的,我们的生命乃是:"始生之者,天也;养成之者,人也"(《本生》),为此,"圣人深虑,天下莫贵于生。夫耳目口鼻,生之役也。耳虽欲声,目虽欲色,鼻虽欲芬芳,口虽欲滋味,害于生则止。在四官者,不欲利生者,则弗为……此贵生之术也"(《贵生》)。人之情,莫不有重,莫不有轻,"有所重,则欲全之,有所轻,则以养所重"(《诚廉》)。一般来说,人莫不以生命为所重,尤其是在《吕氏春秋》内,我们更到处看到这种主张,他虽然也主张仁义道德,但却不主张为仁义道德而"残害生命,为得天下,也不肯有害于生",他说:"天下重物,而不以害其生,又况于他物乎。"(《贵生》)不错,人生在世,不得不以物来养其生;然而"人之性寿,物者抇之,故不得寿"。(《本生》)

在这种情形下,《吕氏春秋》说出了他的意见:"物也者,所以养性也,非所以性养也",物本来是为养活生命,而使人长寿的,如果不会用它,结果则是反而危害了生命,而不能全生,这是不知轻重,不会养生,而只是以性养物的狂惑人物,而真正知道养生的人,如果:

> 今有声于此,耳听之必慊,已听之,则使人聋,必弗听;有
> 色于此,目视之必慊,已视之,则使人盲,必弗视;有味于此,

口食之必慊，已食之，则使人瘠，必弗食。是故圣人之于声色滋味也，利于性则取之，害于性则舍之，此全性之道也，世之贵富者，其于声色滋味也，多惑者……万物章章，以害一生，生无不伤；以便一生，生无不长。故圣人之制万物也，以全天也。天则神和矣，目明矣，耳听矣，鼻臭矣，口敏矣，三百六十节，皆通利矣，若此人者，不言而信，不谋而当，不虑而得，精通乎天地；神覆乎宇宙。其于物，无不受也，无不裹也，若天地然，上为天子而不骄，下为匹夫而不惛，此谓之全德之人。(《本生》)

从上文中，我们看到的，《吕氏春秋》的贵生或全生，只是指的肉身的生命，要人得长寿，不受物的损害，并没有涉及精神的生活，伦理道德的生命，也许是为这种原因，便有些人说《吕氏春秋》，是唯物论者，这是错的。因为吕氏在谈全生贵生时，如果没有谈及精神伦理生命，并不能因此便结论他否认精神伦理生命生活，更何况，他在另处还提到道德与伦理呢？在《贵生》也谈到不义之生不若死呢？

《吕氏春秋》，主张人要全其生命，他认为"道之真以持身"(《贵生》)，他借着子华子的话说：人以"全生为上……所谓尊生者，全生之谓。所谓全生者，六欲皆得其宜也(生死，耳目口鼻)。所谓亏生者，六欲分得其宜。亏生则于其尊之者薄矣……所谓迫生者，六欲莫得其宜也，皆获其所甚恶者，服是也，辱是也。辱莫大于不义，故不义迫生也，而迫生非独不义也。故曰：迫生不若死……嗜肉者，非腐鼠之谓也；嗜酒者非败酒之谓也，尊生者非迫生之谓也"(《贵生》)。

从这里看，吕氏的全生，不与庄周和杨朱相似，因为在全生中，他不只像杨朱放纵六欲地生活，并且也顾及到义，而认为义比生命更为重要，只是没有像孔孟一样那么多地发挥这一理论罢了。

养生与顺欲

以生为贵，以全生为主要的思想的实际办法，自然是要好好地养这个所重视的生命了。

生命如何养矣？他不像老庄道家的绝欲，也不像《列子·杨朱篇》所说的纵欲，而是以满足六欲的顺欲办法来善养自己的生命。吕氏在《重己篇》中说："无贤不肖，莫不欲长生久视，而日逆其生欲之何益。凡生之长也，顺之也，使生不顺者欲也。故圣人必先适欲"，适者当也；也就是恰到好处之谓，有关衣食住行乐的安排，适于身心即可，绝对不可过于奢靡，因为那样的养生，正足以戕生，那样的顺欲，正足以害欲，实在"天生阴阳寒暑燥湿，四时之化，万物之变，莫不为利，莫不为害。圣人察阴阳之宜，辨万物之利，以便生。故精神安乎形，而年寿得长焉。长也者，非短而续之也，毕其数也"（《尽数》），世间的一切物，皆可以说是为准备，人可以随意使用它们，它们本身对人来说，可以说是相对的，用之得宜，则为人有利，用之不当，则为人有害。会养生的人，一定要善用它们，而将它们对人身生命之害处去掉；吕氏给我们具体指出除去对我们养生的害处；他说：

> 大甘、大酸、大苦、大辛、大咸，五者充形则生害矣。大喜、大怒、大忧、大恐、大哀，五者接神则生害矣，大寒、大热、大燥、大湿、大风、大霖、大雾，七者动精则生害矣，故凡养生莫若知本，知本则疾无由至矣。（《尽数》）

养生，无论对肉体的生命，身体的官能，以及内在的情欲，都不能以太过的方式，来满足它们，因为这样，将都有害于它们，不是一种适当的养生，也可以说不是养生。真正的养生是什么呢？吕氏答复我们说：

> 凡养者，瞻非适而以之适者也，能以久处其适，则生长矣。生也者其身固静，感而后知，或使之也。遂而不返，制乎嗜欲。制乎嗜欲无穷，则必失其天矣。且夫嗜欲无穷，则必有贪鄙悖乱之心，淫佚奸诈之事矣。（《侈乐》）

养生先适欲，并不是使欲嗜无穷。如此，不但有害于自身，且有害于社会，贪淫暴乱，各种犯罪，都会由此开始的。从此，又可使我们看出来，真正的养生顺欲，是多么重要了。

由贵生而养生，养生需要顺欲，不能使嗜欲无穷，不能保嗜欲无穷，那就说"修节以止欲"了。夫声色味之于人，无论贵贱智愚贤不肖，欲之若一……圣人所以异者，得其情也（即修节以止欲），由贵生动，则得其情矣，不由贵生动，则失其情矣，此二者死生存亡之本也……古之得道者，生以寿长，声色滋味，能久乐之，奚故？论早定也（注：生而能行之，故曰论早定），论早定，则知早啬（注：爱），知早啬，则精不竭（情欲），精神饱满，心情畅快，自然而然，得以养生，得以长生久视，并且精神饱满的人，自然也会生出心平气和的境界，有这样境界的人，才会适欲，才会顺欲，才会有快乐。吕氏认为一切的快乐，皆系于心的快乐，有心的快乐，才能算是真的养生。他说：

> 耳之情欲声，心不乐，五音在前弗听，目之情欲色。心弗乐，五色在前弗视，鼻之情欲芬香，心弗乐，芬香在前弗嗅，口之情欲滋味，心弗乐五味在前弗食。欲之者，耳目口鼻也，乐之弗乐者心也。心必和平然后乐，心必乐然后耳目口鼻有以欲之，故乐之务在于和，心在于行适。夫乐有适，心亦有适。人之情欲寿而恶夭，欲安而恶危，欲乐而恶辱，欲逸而恶劳，四欲得，四乐除，则心适矣。四欲之得也，在于胜理，胜理以治身则生全，以生全则寿长矣。（《适音》）

人的心有和平，精神快乐，情欲安适，四官满足，无过犹不及，则无忧无惧；饮食适当，形体舒畅，精充气沛，神气洋溢，养生顺欲之道，尽于此矣！

《吕氏春秋》，主张全生贵生养生，自然而然地也主张贵己了；或者我们也可以说由于贵己，才主张全生并养生。这个在吕氏的政治思想内，我们可以看到他的主张，他大体上认为自己好好快乐地生活，比为国劳身劳形，更有价值，为此他主张不以天下害己。因此，才有"凡事之本，先治身，啬其大宝"，"圣王成身而天下成"，"治其身而天下治"（《先己》）。在这里，《吕氏春秋》表示给我们，要治天下，必须要先治好自己，不但自己在身体方面要健康，而且在精神方面，在道德方面，其身正，则天下可治，其身不正，则天下必乱。另外，他表示，如果一个人会治理自己的身体，或小心自己，以小心自己的精神，再治理天下，治理国家，国家若治得好，天下也会安定，吕氏主要以完全贵生贵己的精神，来治理天下啊！

教 育 思 想

一个有文化的人或民族，一定有教育的设置，中国是一个文化最古老的国家之一，自然也必有教育的设置。三代以下，我们有着很多有关教育设置的数据，从中可以窥出古人对教育的思想。另外，一些饱学之士的人们，又有救世淑人的思想与情怀，对于让人类脱离动物秩序，而有一种改造与利用自然的生活的教育，不能不注意，同时也不能没有他的看法。

在目前，一谈教育，无意与有意地都会想到知识教育，对于道德教育，使人成圣成贤的教育，反而不会想及。古代中国哲人，几乎没有一个例外，谈教育，无论被动或自他教育的教，也无论是主动或自我教育的学，都是首先提到道德教育；吕不韦虽然是商人出身，在谈教育时，却没谈功利的技术教育或知识教育，而更是注意到道德教育。您看，他在《劝学篇》中开始便说：

> 先王之教，莫荣于孝，莫显于忠，忠孝人君人亲之所甚欲也，显荣人子人臣之所甚愿也。然而人君人亲不得所欲，人子人臣不得其所愿，此生于不知理义，不知义理，生于不学。

为了要人子人臣知忠知孝，必须要人们了解义理，义是什么呢？《吕氏春秋》说："义者，万事之纪也，君臣上下亲疏之由起也，治乱安危过胜之所在也。"（《论威》）纪是纪律，是秩序，是恰如其分，是谁的应该归于谁；而理，如果作名词讲，在《离谓篇》中说："理也者，是非之宗也"，在《明理篇》中，则以正为理，其他一切不合理者为邪。

学固然说可以自学，但一般来说，则是从师。有关于师的资格，《吕氏春秋》告诉我们，是不管他"轻重尊卑贫富"的，而是看他的得道情形如何；换句话说，就是看做教师的人格如何，吕氏说"其人苟可（即有道德，有人格），其事无不可，所求尽得，所欲尽成，此生于得圣人"（《劝学》），一个教师，其身教远胜于其言教，身教即是良好的模范，良好的模范，最易引人效法。

有了好的教师，作学生的人需要努力学习，在学问上是如此，在道德上也是如此，吕氏说："圣人生于疾学"（同上），实在，人生是应该受教育的，因为"天生也，而使其有耳可以闻，不学其闻不若聋；使其目可以见，不学其见不若盲；使其口可以言，不学其言不若爽；使其心可以知，不学其知不若狂"，实在，上天给了人学习的官能，耳可以听，目可以见，这是人类接受知识的两大外在感官，人有口，可以言，可以问，问其所不知；人有口，可以言，教欲知者其不知；而心在人乃是知的总枢纽，心，在这里也就是认知的能力，这一切官能，都该有其作为大圣大贤者，比比皆是。另外，吕氏也认为：人心内原本有善根。

> 凡学非能益也，达天性也，能全天下之所生，而勿败之，是谓善学。（《尊师》）

他又说：

> 凡学必务进步，心则无营（惑），疾讽诵，谨司闻，观骥愉，问书意，顺耳目，不逆志，退思虑，求所谓，时辩说，以论道，不苟辩，必中法，得之无矜，失之无惩，必返其本。（《尊师》）

在吕氏看来，教与学虽然是两回事；然而在实际上是一回事，不应分开。有善教者，必须有善学者，如果教师不善教，学生不善学，在进德修业方面，是不会有进步或成就的；相反，如果有善教而又有善学者，一定会大有成就，学者成为得道之人。至于不能学者，即有善师，也不一定会有善果，吕氏在《诬徒篇》内，对于这种情形，描写得很清楚，您看：

> 不能教者，志气不和，取舍数变，固无恒心，若晏阴喜怒无处，言谈日益，以恣自行，失其在己，不肯自非，愎过自用，不可证移，见权亲势，及有富厚者，不论其材，不察其行，驱而教之，阿而谄之，若恐弗及。

这种不善教的教师，遇上的学生，如果不是富厚权势，而是：

> 弟子居处修洁，身状出伦，闻识疏远，就学敏疾，本业几终者，则从而抑之，难而悬之，妒而恶之，弟子去则冀终，居则不安，归则愧于父母兄弟，出则惭于知友邑里，此学者之所悲也。此师徒相与异心也，人之情恶异于己者，此师徒相与造怨尤也，人之情不能亲其所怨，不能誉其所恶，学业之败也，道术之废也，从此生矣。(《诬徒篇》)

如果我们不存偏见，细心察看今天的教育情形，大而世界，小而一国，这种情形，可以说是很普遍的。有些教师，实在无教师资格，不足以为人师表，然而却一直盘踞在学校中；无心就学的学生，混个毕业算了；有心要学的学生，真是苦恼万分。

另外，还有不能学的学生，在现行的制度下，又不能不敷衍，这样的人遇上了不善教的不必说了，如果遇上了达师，并且想在道术方面来教导他，那更糟了；他认为遇到这样的老师：

> 师则不中，用心则不专，好之则不深，就业则不疾，辩论则不审，教(效)人则不精，于师愠，怀于俗，羁神于势，秒势好尤，故湛于智巧，昏于小利，惑于嗜欲，问事则前后相悖。以章则有异心，以简则有相反，离则不能合，合则弗能离，事至则不能受，此不能学者之患也。(同上)

　　然而如果是善教者遇上了善学者吧？情形自然就完全不同了。吕氏说：

　　　　善教者则不然，视徒如己，反己以教，则得教之情也，所加于人，必可行于己。若此则师徒同体，人之情爱同于己者，誉同于己者，助同于己者，学业之章明也，道术之大行也，从此生矣。(同上)

　　如果有好教师善教，也有好学生善学，那就要如吕氏所说的：

　　　　教也者，义之大者也，学也者，知之盛者也。知之盛者，义之大者，莫大于利人，利人莫大于教；知之大者莫大于成身，成身莫大于学，身成则为人子弗使而孝矣，为人臣弗令而忠矣，为人君弗强而平矣，有大势可以为天下正矣。(《尊师》)

　　吕氏对教育的重视，可以说到了非常的境界，在家有孝，家中平安；在国有忠，国家自强；人君有教育，对天下人正义公平，则天下自然会和平公正，快乐幸福了。
　　另外，吕氏在教育方面，为达师，也就是真正的好老师，在培养学生的人格道德做人方面，指出几个重要的境界。他说：

　　　　达师之教也，使弟子安焉、乐焉、休焉、游焉、肃焉、严焉，此六者得于学，则邪僻之道塞矣，理义之术胜矣。(《诬徒》)

　　一个教师，如果无论在学问上，在道德上，都能给予徒弟好东西，而徒弟又能努力向学；老师爱护徒弟，师生一体，学生自然会尊师的；师尊而后，他的话自然得到信任，他所讲的道理自然也会实行的。
　　实在，一个做老师的，一定要在于胜理，在于行义；有了理胜，有了义行，自然就会被人尊重了；被人尊重，然后教授学生，学生自然会喜欢听从的，自然就会收得良好的效果。

要在教育上收到良好的效果，一定要师尊，要师尊则"往教者不化，召师者不化"（《劝学》），因为这样是老师自贬身价，如果老师自贬身价，自然不为学生所重视；不为学生所重视，老师的教导，他自然也不为重视。学问不能长，道德也不能修，教育自然会失败；教育失败，则家庭国家都要蒙受最大的不幸，甚至亡国灭种，也未可知。

还有在教育方面，《吕氏春秋》也提示了两点：一点是假人之长——补己之短，也就是要利用别人已有的经验，来充实自己，不用再重复前人已经走过的同样的路子，这也可以说明自他教育的重要。另一点则是注意环境，环境对人的关系，至重至大，吕氏告诉我们戎人生长在戎地自然戎言，楚人生长在楚地自然楚言。但是如果戎人生长在楚地，楚人生长在戎地，那戎人就要楚言，楚人就要戎言了，这个理论，他在《当染》篇也一再强调，教育之于环境，是该注意的。

教育的目的，无可怀疑，是让人得道，得了道的人：

> 穷亦乐，达亦乐，所乐非穷达也。达得于此，则穷达一也。（《慎人》）

《吕氏春秋》在《下贤》篇中，对得道之人，上自天子，下至庶人，不会骄倨，不会骋夸，不瘁摄，不尤慑，不渝移，与阴阳共化，心固不渝，不为伪诈，志气深远，亮节高风，不肯自是，轻俗诽誉：

> 以天为法，以德为行，以道为家，与物变化而所终穷，精充天地而不竭，神覆宇宙而无望。（《下贤》）

得道之人，直可以变成为道：

> 莫知其始，莫知其终，莫知其门，莫知其端，莫知其源；其大无外，其小无内，此之谓至贵。（同上）

这实在是与天地合流，与道为一的境界。吕氏对教育的重视，实在是可以说至矣尽矣，蔑矣加矣！

关于知识的思想

吕氏告诉我们：学知识，不在多寡，而在于别真假，知是非，他说：

> 可不可，未始有别也，未始有别者，其所谓是未尝是，其所谓非未尝非。是其所谓非，非其所谓是，此之谓大惑。（《重己》）

如果学者不知是非真假，而又予以颠倒，不但亡身，且必亡国。另外，吕氏还告诉我们，有其知的人，不只知道事实的发生，而更要知道其所以如此的理由：

> 不察所召，而察其召之者。（同上）

实在，知是人人都有的，但却不是人人皆知其所以知的，他说：

> 人莫不以其知知，而不知其所以知，知其所以知之谓知道，不知其所以知之谓弃宝。（《侈乐》）

知识之获得，吕氏也有其说法，他说：

> 人之目以照见之也，以瞑则与不见同，其所以为照、所以为瞑异，瞑士未尝照，故未尝见，瞑者目无由接也。无由接而言见，谎。智亦然，其所以接智，所以接不智同，其所能接、所不能接异。智者其所能接远也，愚者其所能接近也，所能接近告之以远化，奚由相得，无由相得，说者虽工，不能喻矣。（《知接》）

他这一段话的意义是：我们的认知官能，与被官能认知的（知识）物，也就是说主观的认知工具，与客观的被认知物，并不直接发生关系，必须要有另一个媒介；将这个体联结起来，才有知识。目有见的能力；然而没有光照，没有光明，则不能看见，有目与无目同。有光明为媒介的目，与无光明为媒介的目，本身是一样的；然而在作用上则不同了。如果没有光照为媒介，而有眼的人，说他看见了，这是扯谎。

人的聪明智力，也是一样，它虽然与有具体形状的眼睛不一样，它有接（媒）与没有媒介，在官能上，是一样的，这是说无论智有接与无接，智仍然是智。然而智能接（媒介）与不能接（媒介），其结果就不一样了。另外，智和愚，虽然都有接，但由于智与愚在认知的程度上不同，所以才有远近的分别，也就是说在对所接之物的了解程度上不一样，如果将智者的接远，与愚者的接近，同一看待，为愚者讲智者的远接，那是没有办法让愚者了解的。

《吕氏春秋》也承认由类比与推论可以获得知识；他说：

> 先王之所以为法者人也，而已亦人也，故察己可以知人，察今则可以知古，古今一也。人与我同耳，有道之士，贵以近知远，以今知古，以（益）所见，知所不见。（《察今》）

彼人我人，这是逻辑学上的类比，而由近知远，这是由已知到未知的推理方法。另外，吕氏在《长见》篇中，也发挥了同样的思想。

有人说吕氏是反智论者，因为在《别类》篇内："知不知，上矣。"又说"至智弃知"（《任数》）。其实，这是误解吕氏，他在《谨听》篇中说："太上知之，其次不知……不知自以为知，百祸之言也"，这显然又是在主智了，这其间有矛盾吗？没有，您看他不是也说：

> 适耳目，节嗜欲，释智谋，去巧故，而游意乎无穷之次，专心乎自然之涂，若此则无以害其天矣，无以害其天则知精，知精则知神，知神之谓得一，凡彼万形，得一后成，故知一则应物变化，阔大渊深，不可测也……故知知一，则复归于朴……故知知

一则可动作当务，与时周旋，不可极也……故知知一则若天地然，则何事之不胜，何物之不应。(《论人》)

《吕氏春秋》主张知知一，则不是主张不知、反知，而是要人真知，要人忘掉不知知一之知，正如至仁忘仁，乃是要最高之仁，而并不是反仁，在《审分览》内也说："知德忘知，乃大得知也。"吕氏弃知，乃是弃一般之知，而寻找至知；这个非至智之人，是不会如此的，站在这种立场，我们绝不应该说：《吕氏春秋》是反知的。也不该说这是儒家立场与老庄立场两派学人的冲突，不，《吕氏春秋》是以至知至仁为其目标，而不是戈戈之知，孑孑之仁，为其追求的鹄的。在我国古代思想家的思想内，我们不应该动不动就说有矛盾，而应该深层地看看他们的用意所在。

对语言的思想

吕氏的知识思想，概要如上。有关语言方面，《吕氏春秋》也告诉了我们他的想法：

夫辞者意之表也，鉴其表而弃其意，悖，故古人得其意则居其言矣，听言者以言观意，听言而意不可知，其与桥言无择。(《离谓》)

人由认知感官，接触可认知之物，而有知识，也就是在内心得了观念，古人称这个观念是意，人有了意或观念，不能只是摆在心内，有机会时，一定会表达给他人，这就是语言之所以造，也是文字之所以创，让表意的语言能够保持永久。

辞既为意之表，那么辞或言的用意是要人了解说话者或致辞者的意思，所以吕氏在《离谓》篇之首，就说："言所以论意也。"首先，说话的人，一定要使人了解我这个说话人的意思，如果我说话而不能让人了解，那便失掉说话者的意义。听言的人，不能只听言者的声音，而不求他的意义；然而听言的人，一旦了解了说话的意义，那语言或辞藻就不在听者的心中，这正是庄子所说的得意忘言，得鱼忘筌。言辞既然是意之表，那自然它的任务是让人了解说话人的用意，言而不论意，不可；然而，言而与自己的意不合，吕氏则说："言意相离凶也(同上)。"言意相离的结果，自然"以非为是，以是为非，是非无度，而可与可日变"(同上)可不可无定型，是"可不可无辨也"(同上)，那么，用在政事上，不是欺骗无信，便是赏罚不当，赏罚不当，国家必乱，"以言非信，则百事不满矣"(《贵信》)。信是非常重要的，然而表达信的，首先是语言，如果无信，语言与意不符，则"君臣不信则百姓诽谤；社稷不宁，处官不信，则小不畏长；贵贱相轻，责罚不信，则民易犯法；不可使令，交友不信，则离散幽怨；不能相亲，百工不信，则器械苦伪"(《贵信》)，人们彼此言而无信，什么也不能做了，天下岂不大乱？言而不信，吕氏又称为淫说："说淫则可不可，然不然，是不是，而非不非"(《正名》)，其结果不是凶还是什么呢？

为此，吕氏教人："得言不可以不察，数传而白为黑，黑为白"(《察传》)，"以讹传讹，害莫大焉"(同上)，"辞多类非而是，多类是而非，是非之经，不可不分，此圣人之所慎也"(同上)。实在，这是非常重要的，言辞的指意，绝不应不恰切，更不能以非为是，以是为非。任何言辞，必须有它的指谓，合于它的指谓，我们必须把握住它的指谓："惟知言之谓者为可耳。"(《精喻》)实在，要把握他人的言的真正指谓，必须自己知言，而不在指谓上有歧义。因为："言者谓之属也"(同上)，言不能无谓，无谓之言非谓非言。

吕氏对语言，注重正面，注重确切的意义，他认为："非辞无以相期，从辞则乱，乱辞之中，又有辞焉，心之谓也，言不欺心，则近之矣，凡言以论心也，言心相离，而上无以参之，则下多所言非所行也，所行非所言也，言行相诡，不祥莫大焉。"(《淫辞》)

非辞是否定，无积极意义，从辞意义无定，吕氏也不赞成。他要的言论心，心论言，言行相符，最后，他也达到了庄子的想法："不言之言。"(《士容论》)"至言去言，至为无为"(《精喻》)。可是这也是不信，因为吕氏毕竟说了好多话，也做了好多事，而未至至啊！

政 治 思 想

《吕氏春秋》，说真的，这部书编写的动机，并不是为了说明他的天人思想，教学思想。不，他要说的乃是他的政治理想，他想为后世统一天下，为天下王；或者说是王天下的人，写成一部大经大法，作为万世万代的垂统大业，他给书名取作春秋，就是这种意义。然后书又分为十二纪、八览、六论，用意都是在政治方面，都是给王天下的人理出一个兴亡盛衰治乱的理论体系，使后世王天下的人，有所警惕，有所遵循，而不蹈前人失败的覆辙，而使天下能够久安长治。

但为了达到这个目的，他不愿单刀直入，一下子就说出他的就政治而政治的思想。他想为他的政治思想，建立一个坚强的基础，具有说服的力量。为此，他才搜集了前人各方面有利于他的主张成立的思想，给政治理想找出一个形上以及人事方面的根基；由天而人而教而学的一个前后连贯，不可分割的完整脉络；去其他认为当去的东西，存其他认为当存的条件，而完成一部名副其实的政治哲学。

在取舍存弃之间，当然有许多不完美的地方，当然也不免有矛盾或相反的地方，这在《吕氏春秋》内，只能说是小毛病，而不妨碍他的大计划。

一般执政者应有的作风

吕氏认为人不同于其他动物，一方面，他的爪牙、肌肤、筋骨、勇敢不如其他动物；然而另一方面，他却能裁万物、制禽兽，服蛟虫，也能控制自然，其原因则是由于能群，有了群自然要有君，君为群利；君为群利，这是君道所以立的基本原因，如果一旦君不为利群而工作，君必为人民所抛弃，丧身亡国，但还是要另外生出君王。因为如果无君王在上，一如吕氏所说：

> 其民麋鹿禽兽，少者使长，长者畏壮，有力者贤，暴傲者尊，日夜相残，无时休息，以尽其类。(《恃君览》)

这种情形，君王是不能废的，也是为这个缘故。圣人与人民才置立天子；天子者，为天下者也，那么贵为天子该如何尽他天子的责任呢？

> 昔先圣王之治天下也，必先公，公则天下平矣，平得于公……凡主之立也，生于公……天下非一人之天下也，天下之天下也。（《贵公》）

天子应为公，而天下又为公共之天下，非一人得而私之。天子如不为公，在理论上，失掉其为天子的条件；在事实上，人民一定不让他存在下去，天子国王以及各级官长，都应该了解他们所以存在的基本理由，不应该由智而私，而应由愚而公，其实为公者为其智，而为私者乃真愚也。

> 圣人……置天下非以阿天子也……置君非所以阿君也（此句原在置天子之上，但依理应改在天子句下），置官长非所以阿官长也。德衰世乱，然后天子利天下，国君利国，官长利官，此国之所以递兴递废也，乱难之所以时作也。（《恃君》）

天子国君长官，其所以设置之由，是为公，这是由于"天无私覆也，地无私载也，日月无私烛也，四时无私行也"（《去私》），天地的确皆如此，而至于与天相应的人，也不能私了，自己为天子做国君为官长，都该为公，为此作为王伯之君亦然；"诛暴而不私，以封天下之贤者，故可以为王伯，若使王伯之君，诛暴而私之，则亦不可以为王伯矣"（《去私》），天下者公器也，以天下为公，可以称王伯，为私，则不可以，这显然是反对家天下的主张，在《长利》篇又有：

> 天下之士也者，虑天下之长利也，而固处之以身，若也；利虽倍于今，而不使于后，弗为也；安虽长久，而私其子孙，弗行也。

公为治天下之基础，这正与西方政治哲学，要求国家政治是为人民的公益相同，进一步更超过西方政治哲学的，乃是连政权都要是公的，那只有民主政权才可以当之；或者禅让让贤的做法，这个在西方是没有过的，在东方也只是昙花一现，作为一种政治的理想了。

为 人 民

天子国君与官长的任务，既然是为公不为私，那自然是为他人了。为他人，这里自然是指的为他所管理，或为所置之的百姓万民了："先王先顺民心，故功名成……夫以德得民心"，"仁人之于民也，可以便之，无不行也"（《爱类》）。便民、利民，取民之要，虽然时代不同，环境迥异，但这个基本要件，乃是万古常新的。"上世之王者众矣，而事皆不同；其当世之急，忧民之利，除民之害，同"（《爱类》）；因为这实在是为政之要务，不可于任何时地改变的："贤人之不远海内之路而时往来于王公之朝，非要利也，以民为物故也"（同上）。

为什么天子君王官长要如此呢？因为民为国本："宗朝之本在民"（《务本》），因为"凡君之所以立出乎众者也"（《用众》）；然而，也要知道，这个让人在众人中作为天子国民的人，如果"立已定而舍其众"（同上），那么，他该明白："民无常用也，无常不用也，唯得其道为可"（《用民》），失其道则失民，失民则失其本，未闻这样的执政者是可以安居的。为此，如果有人要革命，一定要看民心的向背：吕氏说："凡举事必先审民心然后可举。"（同上）

一个天下国家，如果民为所用，则国无不强，天下无不王；然而要如何用民呢？"太上以义，其次以赏罚"（《用民》），又说："民之用也有故，得其故，民无所不用，用民有纪有纲。壹引其纪，万目皆起；壹引其纲，万目皆张，为民纲纪者何也？欲也，恶也，何欲何恶，恶荣利，恶辱害。恶辱害，所以为罚充也，荣利所以为赏实也，赏罚皆有充实，民无不用矣。"（同上）用民不可用威，因为："威愈多，民愈不用。"（同上）《吕氏春秋》，用民使民有欲的说法，在政治上，可以说是前他所无者，他说："使民无欲，上虽贤犹不能用，夫无欲者，其视为天子也与为皂隶同，其视有天下也，与无立锥之地同，其视为彭祖也，与为殇子同"。人无欲，则无事可以动其心，那么，他自然不会为人用，实在："人之欲多者，其可得用亦多，人之欲少者，其得用亦少，无欲者，不可得用也……善为上者，能令人得欲无穷，故人之可用亦无穷也。"(《为欲》)然而使民有欲，也就是使民有爱利之心，但这爱利之心，需出之于正，"欲不正以治身则夭，以治国则亡，故古之圣王审顺其天，而以行欲，则无不令矣，功无不立矣"(同上)。

德 治 思 想

用民要使民有欲，但是，欲需要是正当之欢，顺其天性之欲。《吕氏春秋》，虽未明言性善，但从全书的脉络，我们看出来它是认为人性向善恶恶。为此，在政治上，在管理人民上，它也主张以德为主。

您看：

> 古之君民者，仁义以治之，爱利以安之，忠信以导之，务除其灾，思致其福。(《适威》)

又说：

> 古之王者，德回乎天地，澹(瞻也)乎四海，东西南北，极日月之所烛，天覆地载，爱思不藏，虚素以公，小民皆之。其之敌，而不知其所以然，此之谓顺天。教，变容改俗，而莫得其所受之，此之谓顺情……岂必严罚厚赏哉！严罚厚赏，此衰世之政也。(《上德》)

为此，吕氏有治国的原则是："为天下及国(家)，莫如以德，莫如行善，以德以义，不赏而民劝，不罚而邪止。"(同上)然而德与义的意义，我们却不能不说，带有墨子思想一些色彩：他说："善不

善，本于利，本于爱，爱利之为道大矣。"(《听言》)

不过，吕氏的德治，并不反对用赏罚，他更说："太上以义，其次以赏罚"，不过，赏罚要认真执行，因为"赏罚则不足去就，若是而能用民者，古今无有"(《用民》)。为此，如果赏罚信乎民，"何事而不成"？(《慎小》)

行政以德，以德治民，还需要执政者有德，也就是如用孔子所说的："其身正，不令而行，其身不正，虽令不从"；他说："为国之本在于身，身为而家为，家为而国为，国为而天下为，故曰：以身为家，以家为国，以国为天下。"(《执一》)又说："先圣人成其身而天下成，治其身而天下治……为天下者，不于天下，于身。……行义则人善矣，乐备君道而百官已治矣，万民已利矣……孔子曰：丘闻之，得之于身者得之人，失之于身者失之人，不出于门户而天下治者，其惟知反于己身者乎？"(《先己》)"圣人组修其身，而成文于天下。"

一般说来，在下位者，多看在上位者如何？所谓"上行下效"，所谓君子之德风，小人之德草，其结果乃是："圣人德行乎已，而四荒咸伤乎仁。"(《精通》)实在，如果不是个人在道德仁爱上为天先，如果不是"主道约，君守近，太上反诸己，其次求诸人"，则会有"其索之弥远者，其推之弥疏，其求之弥强者，其失之弥远"。(《论人》)

然而君王天子以及为民上者，如何才能成身呢？吕氏说："成身大于学"，学的则是孝，则是忠；学则知义理，才可以成为圣人，"圣人之所在，则天下理焉"(《劝学》)，由学而"成身……为人君弗强而平矣，有大势，可以为天下正矣"。(《尊师》)圣王在上，政出公平，人无冤屈，各得其正，天下不和平乐利者，未之有也。

对最高执政者的思想

在任何时代，任何国家，在政治行事上，不管法律有多么好，多么严，然而法究竟不是活体，不是有理智与意志的人，"徒法不足以自行"，必须有执行法或行政的人。有治人无治法的思想，虽然不对，但也不能不正视这个事实！要执政者，最高的执政者，了解这种事情，他该如何行政或执法，才有真正的实效。

　　《吕氏春秋》对最高级执政者的要求，除去了我们前面所说，能够适用到他者外，吕氏又说出了其他的想法。

　　他对于亡国之君曾说过："亡国之主，必自骄，必轻物。自骄则简士，自智则专独，轻物则无备；无备召祸，专独位危，简士雍塞，必礼士，欲位无危，则必得众。欲无召祸，必完备，三者人君之大经也"（《骄恣》），一个人一骄傲，则必自智，而不听人之言，对事则不能看清，国事万岁，不清则处理必有误！

　　《吕氏春秋》，认为最高当局，要使天下和平乐利，自身在行政方面，一定要做到无为，他是要天子或人主做到无为，并不是要人人无为，这一点与老庄就有区别了。那么，要如何才能如此，吕氏认为他应选贤任能；他说：

　　　　贤主劳于求人，而佚于治事。（《士节》）

又说：

　　　　古之善为君者，劳于论人，而佚于官事，得其经也。不能为君者，伤形费神，愁心劳耳目，国愈危，身愈弱，不知要故也。（《当染》）

　　天下之大，人数之多，一个天子或国君，再有能力，也是有限，必须依赖多人代他管理天下，这些人自然该是贤者；

　　　　君人者……要在得贤……国治身逸……天下之贤主，岂必苦形愁虑哉，执其要而已矣。（《察贤》）

宓子贱也说：

　　　　我之谓任人……任人者故逸。
　　　　逸四肢，全耳目，平心气……任其数而已。（《察贤》）

有了贤士在朝或在外地为官，他必定尽力做好事："世之所以贤君子者，为其能行义也"(《壹行》)，实在贤君子一定会"为政以义，故义者百事之始也，万利之本也"(《无义》)，为政以义，自然也是为政以仁，"仁也者，仁乎其类者也，故仁人之于民也，可以使之无不行也……人主有能以民为务者，则天下归之矣"。(《爱类》)

实在，治国必需贤士："身定国安天下治，必贤人"(《求人》)。为此："贤主所贵者莫如士，所以贵士者，为其直言也，言直则枉者见矣，人主之贵欲闻枉而恶直言，是障其原而欲水也"(《贵直论》)，闻直言，知枉者，则枉者去，直者用，天下自安矣，为此，"昔者禹一沐而三捉发，一食而三起，以礼有道之士，迥乎己之不足也"(《谨听》)，实在，"人主之欲大立功名者，不可不务此人(士)也"(《士节》)，贤主知道贤士的重要，为此他才会敬礼士人，重用士人，贤士在位，人心顺服，"顺民心，故功名成"(《顺民》)，贤士一心为君为国，直言无隐，一般说来："至忠逆于耳，倒于心，非贤主，孰能听之"(《至忠》)，真的："言极则怒，怒则说者危，非贤者孰肯犯危，而非贤者将以恶利矣……故不肖主，无贤者，无贤则不闻极言，不闻极言，则奸人必周，百邪悉起，若此则无以存矣"(《直谏》)。

"亡国之主，不可以直言，不可以直言则无道闻，而善无自至矣，无自至则壅"(《壅塞》)，人主如果不欲壅塞，不欲不自知，"则必直士"(《自知》)，有直士，肯直言。"贤主有度而听，故不过；有受而以听，则不可欺矣"(《有度》)，人主不为人欺，自然能使国平安，天下治。

人主欲久安长治，会用贤士，贤士亦乐为之用："有道之主，其所以使群臣者，亦有辔，其辔如何，正名审分，是治之辔已，故按其实而审其名，以求其情，听其言而察其类，无使放悖。夫名多不当其实，而事多不当其用者，故人主不可以不审名分也，不审名分，是恶壅而愈塞也"(《审分览》)。"凡人主必审分，然后治可以治，奸伪邪僻之塗可以息，恶气苛疾无自至"。(《审分览》)吕氏又说："至治之务，在于正名，名正则人主不忧劳矣"(《审分览》)。又说："凡为治，必先定分，君臣父子夫妇……治乱之纪也"(《处方》)。有了定分，也就是说：事事有了法度，照法度实行，不必劳神焦思，就会天下太平。

如果不是这样，则"人主以好暴示能，以好唱自奋；人臣以不争持拉，以听从取容，是君代有司为有司也"(《任数》)，其结果是"人主好以己为，则守职者舍职而阿主之为矣"(《君守》)，为此吕氏又说：世主之患，"耻不知而矜自用，好愎过而恶听谏；以至于危，耻无大乎危者"。(《似顺》)

人主如不任用贤士，而自"以其智强智，以其能强能，以其为强为，此处人臣之职也。而欲无壅塞，虽舜不能"(《分职》)，人主处人臣之职，人臣自然自作虚牝，天下之大，人主再聪明，也无法遍见一切："明君者，非遍见万物也"，只要："明于人主之所执"就够了，"有术之主者，非一自行也，知百官之要也，知百官之要也，知百官之要，故事省而国治也"。(《知度》)

从上面的种种理由中，《吕氏春秋》主张，人主无为，我们不必对吕氏的言语多加论列，只是抄写出来，作为最高执政者的参考就好了：

> 凡主有识，言不欲先，人唱我和，人先我随，以其出为之入，以其言为之名，取其实以责其名，则说者不敢妄言，而人主之所执要矣。(《审应览》)
>
> 王者执一而为万物正……天下必有天子，所以一主也，天子必执一，所以抟之也，一则治，两则乱。(《执一》)
>
> 夫君人而知无恃其能……凡君也者，处平静，任德化，以听其要。(《勿躬》)
>
> 君也者虚虚，素服而无智，故能使众能也。能执无为，故能使众为也，无智无能无为，此君之所执也。(《分职》)

到此，读者可以明了：吕氏所谓执一、执要，乃是修执无为也。他又说：

> 善为君者无识，其次无事，有识则不备矣，有事则不恢矣，不备不恢，此官之所以疑，而邪之所从来也。(《君守》)

古之王者，其所为少，其所因多，因者，君术也。为者，臣道也。(《任数》)

由于因：

大圣无事而千官尽能。(《君守》)

得道者必静，静者无知，知乃无知，可以言君道也。(同上)

有道之主，因而不为，责而不诏，去想去意，静虚以待，不伐之言，不夺之事，督名审实，官复自司，以不知为道，以奈何(追问根柢)为实。(《知变》)

先王之立高官也，必使之方，方则分定，分定则下不相隐……贤主之立官……百官各处其职，治其事以待主，主无不安矣，以此治国，国无不利矣，以此备患，患无由至矣。(《圜道》)

总之，我们应该知道，吕氏的主张：君主无为，并不是无所事事，而是专一自己的任务所在，人主是以天下公益为己务，爱利人民；然而一个人如何能够达到这样艰难的任务，他必须选贤能，定名分，要每个人有对自己完成任务的完全权利，而自己高高在上，高瞻远瞩，乘众人之智之能，来为爱利国家人民做事。所谓无为，乃不做其他人员官员分内应做之事，也就是要人人负起个人的责任，要人人尽自己的能力；天子要求宰相尽职，宰相要求各部会尽责，各部会要求所属行事，人人在自己范围内有全权，有规律，人人守己规律，人人尽己责任，最高当局可以拱手而治天下，这是民主政治的最高理想。在君主时代，分担相国的吕氏，容许或自己有最高执政者无为的想法，实在可以说有过人的地方。因为像老庄他们的要求无为，那只是一种理想，他们自己从无执政；而吕氏则大权独揽，能有这样的胸襟，不能不说是一种慧见！

结　论

　　有关《吕氏春秋》书内的思想，我们还可以写出很多。例如他主张忠孝："莫荣于孝，莫显于忠"，认为孝乃治天下国家之本并为万事之纪，一位大商贾能有这样的想法或容许有这样的想法也不寻常了。还有他主张以乐治民，教育人民，与《礼记·乐记》和荀子的《乐论》前后辉映。另外，他的节丧、非攻，是取自墨子的观念，但是他仍然有自己的想法，他主张有义兵而不能偃兵，天子应该有力量，使诸侯们和平相处，这些都是综合前人们的思想。另外，他也采取并弘扬了五行阴阳思想，开启了汉朝的淮南子与董仲舒，以及西汉五行灾异，天人相应的思想，而形成一种思想派系。

　　至论《吕氏春秋》的思想矛盾问题，如果仔细地分析，详尽地解说，是可以将所谓的矛盾化除的。例如他一方面赞同用众，听从舆论，一方面又说如果各家（十子）的思想，都被尊重，则行政无法贯彻，很容易危及国家安全。这其间并没有矛盾，他主张开放舆论，使民情上达，然后将众多意见，斟酌选择，作为行政处事之参考，另一方面又说："听众人议以治国，国危无日矣。"（《不二》）这是说，如果有人谏议，不加斟酌，贸然听从；另有人谏议，与前所得到的谏议不同，而也听从；那自然陷国于危了。吕氏正是要人们开放舆论，然后从舆论中，找到正确的民意，然后实行，而不让人们毫无选择地胡乱听从舆论啊！如此说，请问又哪里有矛盾。

　　再如也有人说《吕氏春秋》中有迷信的说法，也有反迷信的说法，彼此矛盾，这也错了。吕氏认为天人感应，乃至理，由天象审断国之兴亡，这是当然之理，在吕氏说并非迷信，至论有病而不用药，卜筮祷祠，吕氏大加反对，因为他认为那是迷信，并不是天人相应也是迷信，而信这迷信啊！

　　至于他有时崇尚古代，有时反对先王之法，这也不是矛盾，他认为至理不变，永远有效，后王也该则效；然而有若干法条，若干措施，古者不适于今，不能死守旧条文，应该适应时代，不可泥古，两者境界不同，并没有真正矛盾存在！其他表面有矛盾的地方，我们都可由分析来找出它们的相合。

总之，《吕氏春秋》，并不是一种真正的杂家，他的采用多家的思想，乃是经过深思并解析的；不加深思，很容易陷入错误，而误解了吕氏！

（原载《十子批判》，台湾星光出版社1984年版）

【评介】

赵雅博（1917—），河北望都人，台湾现代哲学家，文艺理论家。1938年到北平，入辅仁大学攻读神哲学，1939年转到国文系。1949年赴西班牙，入马德里国立大学研究院研究哲学，1952年获哲学博士学位，并继续在该院从事研究工作。1955年到台湾，曾任台湾师范大学、私立辅仁大学、文化学院哲学研究所教授，政治大学哲学系教授兼系主任等职。

赵雅博是兼具天主教神父身份的哲学家，现代台湾士林哲学的重要代表人物之一。他曾创办《教友生活》杂志和《现代学人》月刊，并主编过《哲学与文化》。1972年应聘赴阿根廷首都布宜诺斯艾利斯，任天主教教主大学东方研究所主任，1975年获该校荣誉教授衔。1980年被选为世界成功人物，传记登录于英国出版的《世界名人录》。

赵雅博治学范围甚广，对中西哲学、宗教均有深入的研究，著作颇丰，其主要著作有《哲学概论》、《哲学新论》、《西洋哲学的发展》、《希腊三大哲学家》、《知识论》、《近代西洋哲学的起源》、《思想方法与批判》、《文艺哲学新论》、《抽象艺术论》、《中西文化的新出路》、《中国文化与现代化》、《现代人文主义的面面观》、《文艺心理学》、《雷鸣远神父传》、《伦理学》、《认识萨特》、《存在主义论丛》、《中国哲学史》、《印度哲学史》、《中西哲学概论之比较研究》、《中国古代思想批判史》、《十子批判》等。他比较重要的论文有《新旧逻辑的关系研究》、《哲学的语言》、《哲学史的哲学研究》、《欧战前夕艺术与动的表现》、《今日始，自我始》等。

《吕氏春秋的思想及其批判》出自赵雅博《十子批判》（台湾星光出版社1984年版）一书，文章前有小引，指出《吕氏春秋》是"先秦时代的一部结束著作"，"《吕氏春秋》是集先秦之大成并结束先秦思想著作，书中名法儒道墨的思想都有……与其说它是杂家，倒不如说它是折中派"，加之集体撰述，所以矛盾不可避免。

第一部分是"思想内容提要"，作者认为《吕氏春秋》在思想内容方面，仍然有其贯串性，并且也有一个中心思想，即"对于以往政治作业的褒贬，同时也有意作成创业垂统大纲大法，而为万世行政之典范"，这些要归功于"总其成、主其事、创其意的吕不韦"，且现行十二纪八览六论之顺序，"较合《吕氏春秋》原意"，"《吕氏春秋》乃是以天地人为准的一部政治理论的书"，该书的思想概貌是："治乱存亡，寿夭吉凶，而其所有的根据，则是以天为标准，以地人为征，验以各家为折中，而发抒了集体而又个人的见解。"

第二部分是"天人关系"，作者认为，《吕氏春秋》中的天，主要指的是自然，《吕氏春秋》书中有"独创一格的天人关系：自然与人事的相应"，"就是从自然的现象，推结出用人行政的实际原则"，关于其思想来源，"一方面接受了《易经》、《易传》的天人相应思想，一方面又将邹衍的"阴阳消长，机祥度制"的主张，再加入了五行五德，而成了一个严密组织，自然与政治相应的思想系统"，"《吕氏春秋》的十二纪与《礼记》中的《月令》，《淮南子》中的《时则》相同……以私意推断，大概是《吕氏春秋》首先采用这种解释，其余人以后跟进，并作了一点改删"。作者指出："由自然与人事相关这一观念，而拟定了题目……不过在著书立论上，能够有一个这样有系统而又想各方面都贯彻得很好的想法，在吕氏以前，是没有一个人这样做的，就是在吕氏以后，也没有人在这样复杂的结构下，来完成一部著作的，在这一点上，《吕氏春秋》实在算是了不起的。"

第三部分是"天人关系实例"，在《吕氏春秋》的中心里，宇宙万物——天地人乃是一个有机体的大组合，各方面都息息相关……聪明的人"在做任何事情，无论有关物质的生命，有关道德的生活，以及皇帝(天子)与诸侯大夫的行政，都要注意到天与人的相应"，"在政治上，天与人的相应，有一般的行政，有改朝换代的相应"。《吕氏春秋》的天人相应多是人事配合自然。"顺应天时，不逆地利，才有良好的人行。在十二纪内，吕氏是尽量供给我们征验，而使大家信服的。"

第三部分是"关于人"，关于人的来源，"吕氏一面说天生人；一面又说造于太一，太一与天，自然也应该有关联了"，"在人生一事，吕氏是混合了儒道两家的主张"，"天造生人，使人有欲，有恶，有情，有节"，吕氏反对命运，"至少是不把命运当一回事，不必害怕命运，有义就好了"。

第四部分是"贵生与余生"，人莫不以生命为重，作者认为："吕氏的全生，不与庄周和杨朱相似，因为在全生中，他不只像杨朱放纵六欲的生活，并且也顾及到义，而以义比生命更为重要，只是没有像孔孟一样那么多地发挥这一理论罢了。"

第五部分是"养生与顺欲"，作者认为《吕氏春秋》养生，是"以满足六欲的顺欲办法来善养自己的生命，而让他得到全兴全归"，"养生需要顺欲，不能使嗜欲无穷"，"要治天下，必须要先治好自己"，"吕氏主要以完全贵生贵己的精神，来治理天下啊"！

第六部分是"教育思想"，作者认为《吕氏春秋》非常注重教育，"吕不韦虽然是商人出身，在谈教育时，却没谈功利的技术教育或知识教育，而更是注意到道德教育"。"学固然说可以自学，但一般来说，则是从师"，"一个教师，其身教远胜于其言教"，《吕氏春秋》说"圣人生于疾学"，"如果有善教而又有善学者，一定会大有成就，学者成为得道之人。至于不能学者，即有善师，也不一定会有善果"，当然，"要在教育上收到良好的效果，一定要师尊"。在具体的教育方法上，《吕氏春秋》也提示了两点：一是假人之长以补己之短，二是注意环境对人的影响。至于教育的目的，则是让人得道，达到"与天地合流，与道为一的境界"。

第七部分是"关于知识的思想"，作者说"吕氏告诉我们：学知识，不在多寡，而在于别真假，知是非"，"有其知的人，不止知道事实的发生，而更要知道其所以如此的理由"，"知识之获得……与客观的被认知物，并不直接发生关系，须要有另一个媒介"，"由类比与推论可以获得知识"，"《吕氏春秋》是以至知至仁为其目标，而不是戋戋之知，孑孑之仁，为其追求的鹄的"。

第八部分是"对语言的思想"，《吕氏春秋》说："夫辞者意之表也"，"言所以论意也"，"言意相离凶也"，所以"得言不可以不察"。作者认为吕氏对语言，注重正面、确切的意义，要求"言论心，心论言，言行相符"，不赞成"否定，无积极意义"的"非辞"，意义无定的"从辞"。

第九部分是"政治思想"，作者认为《吕氏春秋》的编写动机，出于其政治理想，即为"王天下的人，写成一部大经大法，作为万世万代的垂统大业"，"使后世王天下的人，有所警惕，有所遵循，而不蹈前人失败的覆辙，而使天下能够久安长治"。为此，该书"搜集了前人各方面有利于他主张成立的思想，给政治理想找出一个形上以及人事方面的根基"，以"完成一部名副其实的政治哲学"。

第十部分是"一般执政者应有的作风"，作者认为《吕氏春秋》因主张君为群利，所以"君王是不能废的"，"天子应为公，而天下又为公共之天下，非一人得而私之"，"天子国君长官，其所以设置之由，是为公"，当然，这是一种政治理想。

第十一部分是"为人民"，《吕氏春秋》认为，天子国君与官长的任务，就是"便民、利民，取民之要"，之所以如此，是因为"民为国本"，民为所用，国家才能强盛。用民之道，以义而不以威，特别是要利用民之欲望进行管理，"人之欲多者，其可得用亦多……善为上者，能令人得欲无穷，故人之可用亦无穷也"（《为欲》），然而，欲"需出之于正"。

第十二部分是"德治思想"，《吕氏春秋》主张在政治上，在管理人民上，以德为主，当然，其德治并不反对用赏罚。以德治民，还需要执政者有德，执政者之德对在下位者是一种示范作用。"成身大于学"，学则知义理，才可以成为圣人，圣王在上，政出公平，天下和平乐利。

第十三部分是"对最高执政者的思想"，《吕氏春秋》认为君主不能"自骄"、"轻物"，"好暴示能"、"好唱自奋"，而应执一无为，选贤任能，为政以仁，爱利人民，纳直士之言，正名审分，即"要每个人有对自己完成任务的完全权利，而自己高高在上，高瞻远瞩，乘众人之智之能，来为爱利国家人民而做事"，这是吕氏的"一种慧见"！

文章"结论"部分，先是列举《吕氏春秋》除上文以外的其他思想与贡献，如主张忠孝、主张以乐治民、主张有义兵而不能偃兵，"采取并弘扬了五行阴阳思想，开启了汉朝的淮南子与董仲舒，以及西汉五行灾异，天人相应的思想，而形成一种思想派系"，然后分析所谓的《吕氏春秋》思想矛盾问题，如用众与不盲从、天人感应与反迷信、崇古与反先王之法等，其实并不矛盾，"表面有矛盾的地方"，"都可由分析来找出它们的相合"。最后得出结论："《吕氏春秋》，并不是一种真正的杂家，他的采用多家的思想，乃是经过深思并解析的。"

赵雅博的这篇《吕氏春秋》研究文章，涉及面很广，内容很充实，无论是对该书总的思想面貌的认识，还是对其具体思想论述，都比较客观，言必有据，特别是对该书与政治思想有关的内容，发未发之覆，精辟深刻，其创新之处是明显的。再者，文章各部分之间，看似有些散乱，其实层层深入，一脉贯穿，行文的逻辑性也是很强的。最后，文章的标题《〈吕氏春秋〉的思想及其批判》，"批判"二字颇与内容不符，作者说读《吕氏春秋》"不加深思，很容易陷入错误，而误解了吕氏"，如果我们不仔细看文章最后的内容，是很容易误解赵氏的，这哪里是"批判"，分明是在褒扬，就连书中的矛盾、缺点，也在作一一回护、辩解！

（王启才）

赵雅博《吕氏春秋》研究主要论著：

《吕氏春秋的思想》，《华国月刊》第 151 期。

《十子批判》，台湾星光出版社 1984 年版。

论《吕氏春秋》的性质

洪家义

自从班固在《汉书·艺文志》里把《吕氏春秋》定为"杂家"之后。历代学者多沿其说。直到清代，才有人开始怀疑班固的界定，提出许多不同的意见。章学诚提出"杂于己而不杂于众"的主张，认为《吕氏春秋》"兼取众长"，"必有其中心之一贯"。①《四库总目·子部》说：《吕氏春秋》"大抵以儒家为主，而参以道家、墨家"。卢文弨在《书〈吕氏春秋〉后》说："《吕氏春秋》一书，大约宗墨氏之学，而缘饰以儒术。"近人又有主张归属于"道家"、"新道家"、"阴阳家"者。如此等等，不一而足。

愚以为不必把《吕氏春秋》附属于一家或数家，应该给它一个独立门户，申论于下。

一 有一贯的指导思想

《吕氏春秋》虽然涉及领域十分广泛，但却有一个贯穿全书的指导思想，这就是道家的自然主义思想。自然主义思想来源于《老子》。《老子》二十五章说："王法地，地法天，天法道，道法自然。""自然"在《老子》书中是高于一切的范畴。自然主义思想体现了当时哲学思考的最高成就。当然《老子》的自然主义思想有其不足之处，即忽视了主观能动性的作用。《吕氏春秋》汲取了自然主义思想，并弥补了这一不足，作为全书的指导思想。这个指导思想体现在两方面：一

---

① 《章氏遗书·立言·有本》。

是以自然主义思想为准绳扬弃诸子学说；二是把自然主义思想运用于社会、历史、政治、军事、经济、文化等各个领域。

对道家的扬弃。《吕氏春秋》除了对《老子》的自然主义思想有所汲取外，对道家学派的因顺思想也多有吸纳。《吕氏春秋·尽数》说："精气之来也，因轻而扬之；因走而行之；因美而良之；因长而养之；因智而明之。"《吕氏春秋》认为，万物各有其特性，如"轻"、"走"、"美"、"长"、"智"，精气只能顺其特性而"扬"，而"行"，而"良"，而"养"，而"明"。这是说，无论是万物的特性，或是精气的作用，都是出于自然，决不是人的创造和指使。但是，《吕氏春秋》对道家某些消极因素则予以舍弃。例如对《老子》中的消解矛盾、毁弃文明、小国寡民等思想，只字不提。对《庄子》中的不可知论、无是非论和消极颓废等思想更是批判的。

对儒家的扬弃。《吕氏春秋》对儒家的汲取，主要是汲取它关于政治伦理的内容，而对儒家的保守观点以及过于夸大仁义作用的言论，则予以舍弃或批判。《吕氏春秋》非常重视孝道，"孝子之重其亲也，慈亲之爱其子也，痛于肌骨，性也"。① 这就是说，孝道出于自然。《吕氏春秋》对于儒家的德政、仁义也极其推崇。"德也者，万民之宰也。圣人形德乎己，而四方咸饬乎仁。"② "为天下及国，莫如以德，莫如行义，以德以义，不赏而民劝，不罚而邪止。"③ 在《吕氏春秋》看来，德政、仁、义也是效法自然的。但是，对于儒家的不足之处和夸大之辞则予以补充和批判。《吕氏春秋》认为，儒家的仁义虽然很好，但难以推行。其所以难以推行，关键在于他们未能"通乎性命之情"。"唯通乎性命之情，而仁义之术自行矣。"④ 这是对儒家仁义学说的补充。"世有言曰：'锄櫌白梃，可以胜人之长铫利兵。'此不通乎兵者之论。"⑤ 这是对孟轲的批判。

---

① 《吕氏春秋·节丧》。
② 《吕氏春秋·精通》。
③ 《吕氏春秋·上德》。
④ 《吕氏春秋·有度》。
⑤ 《吕氏春秋·简选》。

对墨家的扬弃。《吕氏春秋》对墨家的"节用"、"节葬"基本上是采纳了；对于"兼爱"似乎也不反对；对墨者巨子的行事更是十分赞许。但是，对于墨家的"非乐"、"非攻"却严加批判。"夫乐，天地之和，阴阳之调也。世之学者有非乐者矣，安由出哉？大乐，君臣父子长少之所欢欣而悦也。欢欣生于平，平生于道。"①这是说，音乐源于自然。墨家否定音乐，是违反自然，违反人情的，所以应该批判。"兵之所自来者上矣，与始有民俱。凡兵也者威也，威也者力也，民之有威力，性也。性者所受于天也，非人之所能为也。"②"今世之学者多非乎攻伐；非攻伐而取救守；取救守，则向之所谓长有道而息无道，赏有义而罚不义之术不行矣。"为天下之长患，致黔首之大害者，若说为深！乱天下，害黔首者，若论为大！"③在《吕氏春秋》看来，战争是人类的天性，是不能否定，也否定不了的，所以非攻主张应该受到批判。

可见《吕氏春秋》对当时各家思想的汲取或批判，运用的都是自然主义思想这个武器。

再谈《吕氏春秋》如何把自然主义思想运用于全书。

社会生活中最重要的是政治生活，政治生活中的决定因素是君、民。因此，《吕氏春秋》首先把自然主义思想运用于研究君道和民性。《吕氏春秋》认为：君道是社会历史发展的自然产物。它说："昔太古尝无君矣。"后来为了克服自然界的毒蛇猛兽和"寒暑燥湿"，就结成了群体，为了更好发挥群体的力量，就产生了君主。所以它说："群之可聚也，相与利之也；利之出于群也，君道立也。"④这就是说，君道出于自然。

关于民性，《吕氏春秋》首先从自然主义思想出发对人性作了解剖。"始生人者，天也，人无事焉。天使人有欲，人弗得不求，天使人有恶，人弗得不避。欲与恶所受于天也，人不得与焉。"这是一般

---

① 《吕氏春秋·大乐》。
② 《吕氏春秋·荡兵》。
③ 《吕氏春秋·振乱》。
④ 以上引文均见《吕氏春秋·恃君》。

的人性。民性自然也不能例外。"用民有纪有纲，壹引其纪，万目皆起，壹引其纲，万目皆张。为民纪纲者何也？欲也，恶也。何欲？何恶？欲荣利，恶辱害。"①君主必须顺应这个自然民性进行统治。"故古之圣王，审顺其天而以行欲，则民无不令矣，功无不立矣。"②除君道、民性外，在礼乐刑政、社会生产、养生、音乐、教育等领域也都贯穿着自然主义思想。这里就不缕述了。

总之，自然主义思想是贯穿《吕氏春秋》全书的指导思想。需要指出的是：《老子》的自然主义思想偏重于哲学范畴，而《吕氏春秋》的自然主义思想则偏重于政治社会范畴，运用于政治、伦理、战争、艺术等各个领域。《老子》的自然主义思想有回归原始的倾向，而《吕氏春秋》虽然吸取了《老子》的自然主义思想，却对它作了根本的改造，二者性质截然不同。

二 有突出的中心主题

《吕氏春秋》内容虽然丰富，但却有一个突出的中心主题，这就是政治理论。这一点，可以从编著的主旨和后人的评论中得到证明。

《吕氏春秋·序意》说："凡《十二纪》者，所以纪治乱存亡也，所以知寿夭吉凶也。上揆之天，下验之地，中审之人，若此则是非、可不可无所遁矣。"所谓"治乱存亡"，是指社会国家而言的，所谓"寿夭吉凶"，是指国君(实指国祚)而言的。所谓"是非可不可"，是指重大决策而言的。可见吕不韦主编这部书，主要目的在于给秦国和即将到来的统一国家创立政治理论基础。

《汉书·艺文志》说："杂家者流，盖出于议官。兼儒墨，合名法，知国体之有此，见王治之无不贯，此其所以长也。"高诱《吕氏春秋序》说："然此书(按指《吕氏春秋》)所尚，以道德为标的，以无为为纲纪，以忠义为品式，以公方为检格，与孟轲、孙(荀)卿、淮南、扬雄相表里也。"元人陈澔说："吕不韦相秦十余年，此时已有必得天

---

① 《吕氏春秋·用民》。
② 《吕氏春秋·为欲》。

下之势，故大集群儒，将欲为一代兴王之典礼也。"①孙人和在《〈吕氏春秋〉集释序》中说："尝谓《吕氏春秋》一书……盖以秦势强大，行将一统，故不韦延集宾客，各据所闻，撰《月令》，释《圜道》，证人事，载天地、阴阳、四时、日月、星辰、五行、礼义之属，名曰《春秋》，欲以定天下，施政教，故以《序意》殿其后焉。"以上所引，说明许多学者都把《吕氏春秋》看做一部政治理论著作，或者说政治理论是全书的中心主题。

事实上，从《吕氏春秋》全书内容看，它所着力阐述的的确是一些政治理论问题。公天下，是《吕氏春秋》政治理论的出发点；君道和民性，是《吕氏春秋》政治理论的根本；选贤举能，是《吕氏春秋》政治理论的核心；德主刑辅，是《吕氏春秋》政治理论的重点。此外，《吕氏春秋》中的战争、教育、生产，乃至科技、艺术等，无不归本于政治。

综上所述，可知把"政治理论"作为全书的中心主题，是有充分根据的。需要指出的是：春秋战国时期诸子的著作，大多是谈政治理论的。由于各家的立场、观点不同，因而形成了不同的特色。儒家以道德、伦理为特色；墨家以兼爱、非攻为特色；黄老以无为、因顺为特色，等等。《吕氏春秋》也有自己的特色，那就是"开明"。它反对君主专独，主张君臣分工，而且"君同则来，异则去"；主张天下为公，而且分封贤者；当然它也是坚持君主制的，我们可以称之为"开明君主制"。这一特色是为各家所不及的。

三　有严密的系统

《吕氏春秋》认为，宇宙的本源是"一"，也可叫"道"或"气"，这就是"与元同气"。这是一个最高系统。由气演化出天、地、人、物，于是产生了第二层次的三大系统——天、地、人（含物）。天有日、月、星、辰，地有山、川、泽、薮，人有君、臣、上、下，于是又产生了众多的子系统，子子系统。《吕氏春秋》的编制，是按第二层次

---

① 陈澔：《礼记集说》。

的三大系统进行的。全书分为三大部分：第一部分《十二纪》是配天时的；第三部分《六论》是配地利的；中间第二部分《八览》是配人事的。这正符合《序意》中所说的旨意——"上揆之天，下验之地，中审之人。"这种安排可能与《易传》有关。《系辞上》说："天数五，地数五，五位相得而各有合。""天数五"是指一、三、五、七、九；"地数五"是指二、四、六、八、十。天的中数是"五"，地的中数是"六"。

《十二纪》每纪五篇，是符合天之中数的；《六论》每论六篇，是符合地之中数的。至于《八览》也符合八卦之数。《系辞上》说："圣人立象以尽意，设卦以尽情伪。"《系辞下》也说："八卦成列，象在其中矣。"所谓《八览》，大概就是览圣人之意，览人事之情伪。

余嘉锡在《四库提要辩证》中说："今以《春纪》、《冬纪》之文考之，盖春令言生，冬令言死耳。其取义何也？曰：此所谓春生夏长秋收冬藏也(原注：语见司马谈《论六家要旨》)。"这说明了《十二纪》确与天时相应。

那么，《六论》、《八览》是否也能与地利、人事相应呢？经过初步考察，似乎也有迹象可寻。《六论》以《上农》等四篇殿后，明显是与地利相应的。其余各篇都是谈事理的，因与"地"义相近，① 故可属地。《开春》说："言尽理而得失利害定矣。"《有度》、《分职》、《壹行》、《贵当》、《处方》、《无义》等篇说的是君主办事的总原则："故义者，百事之始也，万利之本也……以义动，则无旷事矣。"《审为》、《慎行》、《不苟》、《当赏》、《博志》、《爱类》等篇是说办事的标准和原则。"君子计行虑义，小人计行其利，乃不利。有知不利之利者，则可与言理矣。""贤者之事也……必中理然后动，必当义然后举。"《察传》说："凡闻言必熟论，其于人必验之以理。"《务大》是讲"细大贵贱，交相为赞"的道理，可视为《六论》的压轴。

总之，《六论》36 篇，主要是以"事"或"事理"为轴心展开论述的。因为"事理"隐藏在现象的背后，处于现象的深层或底层，义近于"地"，所以我认为这部分内容是与"地"相应的。

---

① 《释名·释地》："地者，底也。"又《鹖冠子·夜行》："地者，理也。"事理属事物的底层，故与"地"义相近。

　　《八览》今存 63 篇,① 主要是谈"人"的,《有始》是说天地的形成,万物的化生,以及天地的结构和布局,展现人类生存的空间和条件,是总领《八览》全部内容的。《应同》是从国家社会的角度谈天人之际的。天是人的主宰,人必须遵循天的制约。《召类》是谈因果关系的,根据"同类相召"的原理,企图找出祸福产生的原因及其互相转化的规律。《孝行》是谈亲子关系的,又从亲子关系扩及一切人际关系。《遇合》、《必己》、《首时》是说人际关系的不确定性。《离俗》、《高义》说的是一些与众不同的特殊人物,他们"高节厉行,独乐其意"。《察微》是说细微的小事往往酿成国与国、家与家、人与人之间的严重后果。《观表》是说"凡论人心,观事传(迹),不可不熟,不可不深"。《听言》、《谨听》是说虚心听取别人的意见,弄明真相,分清善恶。《精谕》是说人与人之间的思想交流,有时不用语言,不用耳朵,而是"以精相告",达到默契的程度。《离谓》、《淫辞》、《不屈》是说那些心术不正的人,他们的言论,是迷乱人心的大患。《谕大》是谈全局观点的,"务在事大","国"、"家"、"身"(个人)三者"交相为恃,然后皆得其乐"。《审分》、《君守》、《任数》、《勿躬》、《慎势》、《审应》、《重言》、《应言》等篇是谈君道无为、臣道有为的。《务本》、《顺说》、《权勋》是谈臣道的。《下贤》、《报更》、《先识》、《观世》、《达郁》、《举难》、《义赏》等篇是谈君主如何礼贤下士,为什么要礼贤下士,怎样任贤等。《本味》是谈君臣之间的融洽关系。《慎大》、《为欲》、《用民》、《适威》、《乐成》等篇谈的是民心向背的重要性,以及如何得民、用民、教民的问题。《贵因》、《察今》、《具备》等篇是谈人与客观规律、客观情势、客观条件之间的关系。《骄恣》、《贵信》、《行论》、《上德》、《长利》等篇是谈君主的修养。《知接》、《悔过》、《正名》、《知分》、《不二》、《执一》等篇是从不同角度谈君主智能提高的必要性。《慎人》、《不广》所说的是对一般士人的要求。

　　由上可知《八览》的内容主要是围绕"人"或"人际"这个轴心而展

────────────────

　　① 《八览》每览 8 篇,本应 64 篇,《有始览》散佚 1 篇,只有 7 篇,故今实存 63 篇。

开论述的。当然，人和事是不能截然分开的，但主题是人而不是事。以上事实表明，《吕氏春秋》是有其严密系统的，有其内在逻辑的。

四　有完整的结构

《吕氏春秋》是以天、地、人和阴阳、五行两种模式建构起来的。天、地、人好比一片大屋顶，阴阳、五行好比梁柱，二者组合，构建了一座理论大厦。前者体现在篇章的整齐部勒上，后者主要体现在《十二纪》和《应同》、《召类》等篇中。这座大厦既有天、地、人三者的和谐统一，又有阴阳、五行的互相联系和互相制约。这是一种前所未有的宇宙观。

这个结构有两大特点。一是容量很大。用当时话说，就是"备天地万物古今之事"。用现代话说，举凡政治、经济、军事、文化、科技、艺术，无所不包。二是便于汲取众长，以为己用。《吕氏春秋》说："物固莫不有长，莫不有短。人亦然。故善学者，假人之长以补其短。……天下无粹白之狐，而有粹白之裘，取之众白也。"①"老耽贵柔，孔子贵仁，墨翟贵兼，关尹贵清，子列子贵虚，陈（田）骈贵齐，阳生贵己，孙膑贵势，王廖贵先，儿良贵后。……夫能齐万不同，智愚工拙皆尽力竭能，如出乎一穴者，其唯圣人矣乎！"②这就是说，取众物之长，制成一件精品；改造各种学说，建立一种统一理论。

需要提出的是，结构性改造是十分重要的。按照结构主义理论，部分只能在整体中获得它的意义，其中任何一个成分的变化，都会引起其他成分的变化。在自然科学中，乙醇和甲醚是人们常用的例子，虽然二者每个分子中所包含的原子数量、质量都完全相同，但由于分子的排列次序不同，就形成了两种根本不同的化合物。在社会生活中，两支同样数量、素质的军队，由于分散和集中使用的不同，战斗的结果就不一样。著名的田忌赛马的故事，也说明了同样的道理。

---

① 《吕氏春秋·用众》。
② 《吕氏春秋·不二》。

　　《吕氏春秋》对诸子的改造也应作如是观。兹举数例如下："无为"在老、庄书中和在吕书中完全不同，一是消极，一是积极，效果截然相反。《老子》说："道常无为而无不为。"①什么叫无为而无不为呢？"圣人云：我无为而民自化，我无事而民自富，我好静而民自正，我无欲而民自朴。"②这是一种幻想。统治者怎么能做到"无为"、"无事"、"好静"、"无欲"呢？即使做到了，民也不能"自化"、"自富"、"自正"、"自朴"，因为还有一个阶级在剥削、压迫他们。《吕氏春秋》也谈"无为"，但意义却不一样。第一，它说的是君无为，臣有为。"因者，君术也；为者，臣道也。"③"大圣无事，而千官尽能。"④"无为"只是一种"术"，一种手段，并非木然不动。第二，君"无为"是为了更有效地"有为"。"夫君也者处虚，素服而无智，故能使众智也，智反无能，故能使众能也；能执无为，故能使众为也。无智、无能、无为，此君之所执也。"⑤君主并非真的无智、无能、无为，而是为了让群臣更能充分发挥各自的积极性。

　　"赏罚"在商、韩书中与在吕书中也不一样，前者借以推行耕战政策，后者则借以辅行仁义和教化。商鞅说："所谓一赏者，利禄官爵搏(专)出于兵，无有异施也。"⑥他又说："重刑而连其罪……则草必垦矣。"⑦韩非说："赏莫如厚而信，使民利之，罚莫如重而必，使民畏之。……不事力而衣食，则谓之能，不战功而尊，则谓之贤，贤能之行成，而兵弱地荒矣。"⑧《吕氏春秋》也讲"赏罚"。它说："威不可无有，而不足专恃。譬之若盐之于味。凡盐之用，有所托也，不适，则败托而不可食。威亦然，必有所托，然后可行。恶乎托？托于爱利。"⑨可见它所说的赏罚是处于

① 《老子》三十七章。
② 《老子》五十七章。
③ 《吕氏春秋·任数》。
④ 《吕氏春秋·君守》。
⑤ 《吕氏春秋·分职》。
⑥ 《商君书·赏刑》。
⑦ 《商君书·垦令》。
⑧ 《韩非子·五蠹》。
⑨ 《吕氏春秋·用民》。

辅助地位的，并以爱利为依托。《吕氏春秋》还以赏罚助教化。"赏罚之柄，此上之所以使也。其所加者义，则忠信亲爱之道彰。久彰而愈长，民之安之若性，此之谓教成。教成则虽有厚赏严威弗能禁。"①这与商、韩的赏罚观不可同日而语。

"仁义"在《论语》、《孟子》中是一种说教，而在吕书中却能"通乎性命之情"。孔子说："君子喻于义，小人喻于利。"②"孟子见梁惠王，王曰：'叟，不远千里而来，亦将有以利吾国乎?'孟子对曰：'王，何必曰利，亦有仁义而已矣。'"③他们都把仁义和利对立起来。《吕氏春秋》也谈"仁义"，但他并不讳言"利"字，而且还把"爱"和"利"联成一个词。"圣人南面而立，以爱利民为心。"④"爱利之为道大矣! ……故贤主秀士之欲忧黔者，不可不务也。"⑤在它看来，爱民就要利民，爱与利是不可分割的，否则爱便是空洞的说教，那是行不通的。

"五德"说在邹衍那里与在《吕氏春秋》中是截然不同的。"邹子有终始五德，从所不胜：木德继之，金德次之，火德次之，水德次之。""五德从所不胜：虞土、夏木、殷金、周火。"⑥这是把土、木、金、火、水五德当做天数来解释朝代的兴亡，是一种历史宿命论思想。《吕氏春秋·应同》也引用了五德终始说，但它更强调人的主观努力，它说："……代火者必将水，天且先见水气胜。水气至而不知，数备，将徙于土。天为者时，而不助农于下。"

这里是提醒人们认清历史形势，抓紧时机，开创事业。《吕氏春秋》说："当今之世，浊甚矣，黔首之苦，不可以加矣。天子既绝，贤者废伏，世主恣行，与民相离，黔首无所告诉。世有贤主秀士，宜察此论也，则其兵为义矣。"⑦可见《吕氏春秋》引用"五德终始"说是有积极意义的。

---

① 《吕氏春秋·义赏》。
② 《论语·里仁》。
③ 《孟子·梁惠王》。
④ 《吕氏春秋·精通》。
⑤ 《吕氏春秋·听言》。
⑥ 《文选·魏都赋》李善注引《七略》。
⑦ 《吕氏春秋·振乱》。

诸子学说经过《吕氏春秋》的结构性改造便出现了一种与诸子完全不同的崭新面貌。

五　有独到的见地

《吕氏春秋》除了在系统、结构方面的独创外，在具体观点方面也有许多独到的见地。例如：《吕氏春秋·序意》载："文信侯曰：尝得学黄帝之所以诲颛顼矣：'爰有大圜在上，大矩在下，汝能法之，为民父母。'盖闻古之清世，是法天地。"《圜道》又说："天道圜，地道方，圣王法之，所以立天下。"这里是说，帝王为政，必须效法自然。效法自然有两种含义：一是因顺。顺则治，逆则乱，顺则兴，逆则亡。这与传统的说法"有德者昌，无德者亡"相比是一个重大突破。二是"主执圜，臣处方，方圜不易，其国乃昌"。这是君臣分工论。在君主制度下，可以制约君主的专独，这比单纯地"犯颜直谏"要有力得多。这些都是属于政治理论上的建树。

《吕氏春秋·贵因》说："三代所宝莫如因，因则无敌。"禹因水力而疏通了三江五湖，舜因人心而"三徙成国"，汤、武民欲而制服了夏、商，众人因舟车而免除了长途跋涉。接着又讲了武王因纣之内乱和民怨而一举克殷的故事。最后结论说："故因则功，专则拙。因者无敌。"这是把黄老的因顺思想作了广泛的运用，特别是运用于政治和军事，当然也是一种发展。

《吕氏春秋·尊师》说："……故凡学，非能益也，达天性也。能全天之所生而勿败之，是谓善学。"这是说学习并不能增加耳、目、口、心等器官的功能，只是充分发挥其固有的功能而已。能够保全这些器官而不使之败坏，就叫做善于学习了。这里完全排除了天才(如"生而能言"之类)和种种特异功能的传说。这在我国古代教育理论方面是一大贡献。

《吕氏春秋·诬徒》说："善教者则不然，视徒如己。反己以教，则得教之情也。所加于人，必可行于己，若此师徒同体。人之情，爱同于己者，誉同于己者，助同于己者，学业之章明也，道术之大行也，从此生矣。""师徒同体"思想至今仍闪闪发光。

　　《吕氏春秋·为欲》说："使民无欲，上虽贤犹不能用。……善为上者，能令人得欲无穷，故人之可得用亦无穷也。蛮夷反舌殊俗异习之国，其衣服冠带，宫室居处，舟车器械，声色滋味皆异，其为欲使一也。三王不能革，不能革而功成者，顺其天也；桀、纣不能离，不能离而国亡者，逆其天也。"这段话肯定了欲望是普遍的人性，也是正当的人性。而且统治者还可以利用这一点，使人的欲望不断地得到满足，从而也就能不断地使用人力。顺应这种天性就能成功，违反这种天性就要亡国。这一观点，相对于儒家、道家的压抑人欲和法家的扭曲人欲，无疑是一种大胆的卓见。

　　同篇又说："逆而不知其逆也，湛于俗也，久湛而不去则若性，性异（与）非性，不可不熟。不闻道者，何以去非性哉？无以去非性，则欲未尝正矣。欲不正，以治身则夭，以治国则亡。"违反天性还不知道是违反，这是沉湎于俗欲的缘故。沉湎于俗欲而久久不能自拔，那就积习成性了。所以天性与习性，不能不仔细区分。不懂道理的人怎么能革除习性呢？习性不革除，欲望就不能正当。欲望不正当就要遭到身夭国亡的惨祸。《吕氏春秋》把习性称为"非性"，区分了天性和习性的不同，这在当时人性问题争论中是独树一帜的。

　　《吕氏春秋·知分》说："达士者，达乎死生之分。达乎死生之分，则利害存亡弗能惑矣。"《论人》又说："适耳目，节嗜欲，释智谋，去巧故，而游意乎无穷之次，事心乎自然之涂，若此则无以害其天矣。无以害其天则知精，知精则知神，知神之谓得一（道也）。凡彼万形，得一以成。故知一，则应物变化，阔大渊深，不可测也。"

　　第一段引文说的是，生而不苟，死得其所，"以义为之决而安处之"。这就是"达乎死生之分"。这与儒家倡导的"杀身成仁，舍生取义"，没有什么两样。第二段说的是胸怀和理性。有了广阔的胸怀和自觉的理性，就可以应物变化而无害其天了。把这两段话结合起来看，就可以知道《吕氏春秋》的生死观，是比儒家高出一筹的。《吕氏春秋·节丧》说："凡生于天地之间，其必有死，所不免也……知生也者，不以害生，养生之谓也。"《安死》说："人之寿，久不过百，中寿不过六十。"《当赏》说："圣人察阴阳之宜，辨万物之利以便生，故精神安乎形，而年寿得长焉。长也者，非短而续之也，毕其数也。"

《重己》说："世之人主贵人，无贤不肖，莫不欲长生久视；而日逆其生，欲之何益？凡生之长也，顺之也；使生不顺者，欲也；故圣人必先适欲。"《本生》说："物也者，所以养性也，非所以性养也。……故圣人之制万物也，以全其天也。天全则神知矣，目明矣，耳聪矣，鼻臭矣，口敏矣，三百六十节皆通利矣"。

《吕氏春秋》的养生学是以自然主义思想为指导的，死生夭寿都有自然定数。所谓养生，只能是"全天"、"养性"。怎样"全天"，"养性"呢？那就是"察阴阳之宜，辨万物之利"，而且要"适欲"，这样就能保持身心健康，达到"神知"、"目明"、"耳聪"、"鼻臭"、"口敏"和关节通利，以"毕其数"的目的。它还从"四时之化，万物之变，莫不为利，莫不为害"的观点出发，批判了那些世主、贵人纵情淫逸的行为，结果酿成"百病怒起，乱难时至"①的大患。

这些养生观点，在神仙方术之学盛行的当时，实在是一副清凉剂，而且还对后世产生了深远的影响。

此外，《有始》中的分野说，《本味》中的食谱学，《音律》中的律吕学，都具有开创意义，这里就不一一评说了。

以上所举都是《吕氏春秋》创造性的火花。这就说明，吕氏门客并不是一批"滕文公"，《吕氏春秋》也不是一部杂抄汇集。

根据以上五点，可以看出，《吕氏春秋》在战国诸子中是卓然独立的。用高诱的话说：就是"大出诸子之右"。② 这样一部著作是不应该属于"杂家"的，也不应该作为某家的附户，应该自立门庭。至于这个门庭叫什么名字，那只是形式问题，如果援《墨子》之例，不妨定为"吕家"。

(原载《南京大学学报(哲学·人文·社会科学)1999 年第 4 期》

【评介】

《论吕氏春秋的性质》发表于《南京大学学报》1999 年第 4 期，作

---

① 《吕氏春秋·情欲》。
② 高诱：《〈吕氏春秋〉序》。

者是洪家义。作者简介已见前文。

洪家义在论文《摘要》中说："《吕氏春秋》在历史上遭到过长期的冷落，偶而有人为它鸣不平，但声音很微弱。现代学者对它的价值逐渐有所认识，极力为它作出公正的评价，但积习既久，轻蔑余音，至今未绝。"有鉴于此，作者对《吕氏春秋》一书的性质进行了专门的探讨。

针对班固《汉书·艺文志》、章学诚《文史通义》、《四库总目》、卢文弨《书〈吕氏春秋〉后》等对《吕氏春秋》一书性质的界定，以及近人的"道家"、"新道家"、"阴阳家"等的主张，洪家义认为"不必把《吕氏春秋》附属于一家或数家，应该给它一个独立门户"。

一、有一贯的指导思想

洪家义认为，"《吕氏春秋》虽然涉及领域十分广泛，但却有一个贯穿全书的指导思想，这就是道家的自然主义思想"。这个指导思想体现在两方面：一是以自然主义思想为准绳扬弃诸子学说；二是把自然主义思想运用于社会、历史、政治、军事、经济、文化等各个领域。洪家义指出，《老子》的自然主义思想偏重于哲学范畴，而《吕氏春秋》则偏重于政治社会范畴，运用于政治、伦理、战争、艺术等各个领域。《老子》的自然主义思想有回归原始的倾向，而《吕氏春秋》虽然吸取了《老子》的自然主义思想，却对它作了根本的改造，二者性质截然不同。

二、有突出的中心主题

洪家义认为，"《吕氏春秋》内容虽然丰富，但却有一个突出的中心主题，这就是"政治理论"，"吕不韦主编这部书，主要目的在于给秦国和即将到来的统一国家创立政治理论基础"，从《吕氏春秋》全书内容看，它所着力阐述的的确是一些政治理论问题。公天下，是《吕氏春秋》政治理论的出发点；君道和民性，是《吕氏春秋》政治理论的根本；选贤举能，是《吕氏春秋》政治理论的核心；德主刑辅，是《吕氏春秋》政治理论的重点。此外，《吕氏春秋》中的战争、教育、生产，乃至科技、艺术等，无不归本于政治。《吕氏春秋》的"政治理论"也有自己的特色，那就是"开明"，可以称之为"开明君主制"。这一特色是为各家所不及的。

三、有严密的系统

洪家义说，《吕氏春秋》认为，宇宙的本源是"一"，也可叫"道"或"气"，这就是"与元同气"。这是一个最高系统。由气演化出天、地、人、物，于是产生了第二层次的三大系统——天、地、人（含物）。天有日、月、星、辰，地有山、川、泽、薮，人有君、臣、上、下，于是又产生了众多的子系统，子子系统。《吕氏春秋》的编制，是按第二层次的三大系统进行的。全书分为三大部分：第一部分《十二纪》是配天时的；第三部分《六论》是配地利的；中间第二部分《八览》是配人事的，这种安排可能与《易传》有关。《十二纪》每纪五篇，是符合天之中数的；《六论》每论六篇，是符合地之中数的；至于《八览》也符合八卦之数，所以《吕氏春秋》是有其严密系统的，有其内在逻辑的。

四、有完整的结构

洪家义说，《吕氏春秋》是以天、地、人和阴阳、五行两种模式建构起来的。天、地、人好比一片大屋顶，阴阳、五行好比梁柱，二者组合，构建了一座理论大厦。前者体现在篇章的整齐部勒上，后者主要体现在《十二纪》和《应同》、《召类》等篇中。这座大厦既有天、地、人三者的和谐统一，又有阴阳、五行的互相联系和互相制约。这是一种前所未有的宇宙观。这个结构有两大特点：一是容量很大，二是便于汲取众长，以为己用。

《吕氏春秋》为建立一种统一理论，改造各种学说，诸子学说经过《吕氏春秋》的结构性改造，便出现了一种与诸子完全不同的崭新面貌。

五、有独到的见地

《吕氏春秋》在具体观点方面也有许多独到的见地，如效法自然的观点，贵因论，为学达性论、"师徒同体"思想、顺欲施治论、区分天性和习性的不同，生死观、养生观……《有始》中的分野说，《本味》中的食谱学，《音律》中的律吕学，都具有开创意义，这些都是《吕氏春秋》创造性的火花。

最后作者总结说：《吕氏春秋》在战国诸子中是卓然独立的，应该自立门庭。不妨定为"吕家"。

　　洪家义这篇论文，主旨鲜明，层层推演，逻辑严密，结构清晰，语言通俗，是一篇有见地、有分量、有说服力的文章。

（王启才）

论《吕氏春秋》的中心思想

熊铁基

《吕氏春秋》把"各序其旨意"的黄老学说"集论"起来，是黄老新道家形成的标志。《吕氏春秋》决非"杂家"，而是新道家的代表作。全书的中心思想，高诱的概括最为恰当，即：

> 此书所尚，以道德为标的，以无为为纲纪，以忠义为品式，以公方为检格。

道德、无为、忠义、公方等就是该书的中心思想。道德、无为是道家的根本思想。"公方"，方就是正，公方亦公正，它与"无为"是有关系的，与《老子》思想是有关系的，《老子》有"圣人方而不割"、"直而不肆"（58章）等要求，《韩非子·解老》篇说：

> 所谓方者，内外相应也，言行相称也……所谓直者，义必公正，心不偏党也。

《吕氏春秋》中所言忠义，与儒、墨的思想有明显的不同，强调的是"义"，但又没有像《墨子》那样引向"兼爱"。"义"是一种节操，也有正义、义勇等意义。

《吕氏春秋》虽以道家思想为本，但战国以来诸子百家相互影响、相互吸收，因而有与其他各家相似、相近甚至相同的思想是不足为奇的。司马谈对道家概括说：

> 其为术也，因阴阳之大顺，采儒、墨之善，撮名、法之
> 要……

这种对儒、墨、名、法"采善"、"撮要"的说法，比班固后来的"兼儒、墨，合名、法"的说法要确切得多，司马谈指出这是道家(实为新道家)之术的特点，而班固却得出了杂家的错误结论。

下面就来具体论述其中心思想。

(一) 水到渠成的"集论"

首先，从历史背景看《吕氏春秋》的产生，可以说是水到渠成。司马迁说：

> 当是时，魏有信陵君，楚有春申君，赵有平原君，齐有孟尝
> 君，皆下士喜宾客以相倾。吕不韦以秦之强，羞不如，亦招致
> 士，厚遇之，至食客三千人。是时诸侯多辩士，如荀卿之徒，著
> 书布天下。吕不韦乃使其客人人著所闻，集论以为《八览》、《六
> 论》、《十二纪》二十余万言，以为备天地万物古今之事，号曰：
> 《吕氏春秋》……①

这里涉及的时代背景是战国时期士的活跃，武士文士都有，鸡鸣狗盗之徒亦为食客，其中有不少"辩士"是"著书布天下"的，吕不韦就是集合其门客中的文士而作书的，所谓"集知略之士而造《春秋》"。②

关于士的活跃以及与之相关的百家争鸣等具体情况，似不必在此多说，但要指出其发展趋势：战国时期的诸子百家，看起来水火不相容，实际上又是相辅相成的，《汉书·艺文志》早已指出："其言虽殊，辟犹水火，相灭亦相生也。"到了战国后期，彼此间的吸收、融合越来越明显，从而有的主张求同存异，如《尸子·广泽》篇所说：

① 《史记·吕不韦列传》。
② 《汉书·楚元王传》附《刘向传》。

"无相非也"，有的主张"齐万不同"，这后者正是《吕氏春秋》的主张和实践。因此，从百家争鸣发展的规律看，《吕氏春秋》的产生是水到渠成。

其次，从道家本身的发展看，可说是瓜熟蒂落。我们认为《吕氏春秋》是新道家，是以"黄老"为名号的新道家，这是本文论述的主要观点。但是，黄老这个名号的产生和发展有一个过程，这一点学界也讨论得比较多了，这里仅就其主要发展线索略述管见。

众所周知，齐国的稷下是"黄老"的中心，几度盛衰，前后持续了一个世纪，直至《吕氏春秋》编纂的前夕。如何看待稷下黄老呢？我认为最重要的是司马迁的一段论述：

> 慎到赵人，田骈、接舆齐人，环渊楚人，皆学黄老道德之术，因发明序其指意。故慎到著《十二论》，环渊著《上下篇》，而田骈、接舆皆有所论焉。①

谁都不否认，黄帝是假造出来的，黄帝之学——我相信并且认为——是依托老子之学而"发明"的。"因发明序其指意"，透露出黄老之学产生的消息，无论是假托黄帝之名的书，或者如慎到的《十二论》、环渊的《上下篇》等论著，都是一批"文学游说之士"或者"稷下学士""发明序其指意"的成果，这些成果丰富了黄老之学的内容。它们的根据是"道德之术"，所谓"黄老道德之术"，实即老子的思想。"发明"黄老之学的人不止田骈、慎到、环渊、接舆几个人，这几个人也不能称为黄老道家，黄老道家此时尚未形成。

一批学"黄老道德之术"的人，曾经在齐稷下集中过，后来分散了，如《盐铁论·论儒》篇所说：

> （齐湣王）矜功不休，百姓不堪，诸儒谏不从，各分散。慎到、接舆亡去，田骈如薛，而孙卿适楚。

---

① 《史记·孟子荀卿列传》。

这批人虽然分散了，但人还在，思想还在，并且会不断发展变化，也会往下传授。只是社会动荡不安，人们流离奔波，师承关系也就不那么严密了。荀卿那样的大学者和李斯那样曾显赫一时的大人物，虽有李斯"从荀卿学帝王之术"的几句记载，但几乎看不出什么师承关系，而且李斯的思想主要可归类于法家。当时(战国末年)单个人的思想是可能有多种来源，而且是不断变化的，但原有的各学派的思想继续存在，不为这个人就会为那个人所传承，这些无需多加说明了。

吕不韦招致宾客(李斯亦在其中)，必有各学派思想的人士，吕不韦"集知略之士而造《春秋》"，把"各序其旨意"的黄老学说"集论"起来，成为一部完整的黄老道家的代表作，也是水到渠成。因此，可以认为《吕氏春秋》是新道家形成的标志。其以前的发展是很清楚的，其以后的发展则因为政治的原因，使之成为一个当时大家都不敢明言的问题。

(二)"以道德为标的，以无为为纲纪"

难能可贵的是，《吕氏春秋》既有明显的中心思想，又有明确的指导思想。作为"一家言"的著作，都会有自己的中心思想，而作为集众人之论的《吕氏春秋》，其中心思想的形成，是因为在"集论"时有十分明确的指导思想。这一点在其《序意》中写得明明白白：

> 维秦八年，岁在涒滩，秋，甲子朔，朔之日，良人请问《十二纪》，文信侯曰："尝得学黄帝之所以诲颛顼矣，爰有大圜在上，大矩在下，汝能法之，为民父母。盖闻古之清世，是法天地。凡《十二纪》者，所以纪治乱存亡也，所以知寿夭吉凶也。上揆之天，下验之地，中审之人，若此则是非可不可无所遁矣。天曰顺，顺维生；地曰固，固维宁；人曰信，信维听。三者咸当，无为而行。行也者，行其理也。行数，循其理，平其私。夫私视使目盲，私听使耳聋，私虑使心狂。三者皆私设精则智无由公。智不公，则福日衰，灾日隆，以日倪而西望知之。"

这一段文字，以下几点值得注意：

第一，"文信侯曰"显然是实录吕不韦的话，不会有假，不会有人代拟言辞由他宣读。那么，从其所说内容看，吕不韦是一个颇有思想的人，这一点人们有意无意地忽略了。

第二，所谓"黄帝之诲颛顼"云云，只不过是借题发挥，或者当时确已流行此一说法，要紧的是他以"大圜在上，大矩在下，汝能法之，为民父母"的黄帝思想为自己的指导思想。

第三，吕不韦自己表述的指导思想，简而言之就是"法天地"三字，进一步地说明又提出了"上揆之天，下验之地，中审之人"。这"中审之人"的补充是很有意义的。因为"法天地"即"法"天地自然，但如果仅止于此，那就会如荀子所批评的那样："庄子蔽于天而不知人。"①（杨倞注云："天，谓无为自然之道，庄子但推治乱于天，而不知在人也。"）可以这样认为，《吕氏春秋》"法天地"的指导思想，是在原有道家自然思想基础上的进一步发展，这正是新道家最重要的特点——出世与入世之分。

第四，吕不韦要求编写者们以天地人统一的思想来"纪治乱存亡"，以便使"是非可不可无所遁矣"。

第五，"法天地"指导思想更具体的阐述，就是："三者（天、地、人）咸当，无为而行"；"行数，循其理，平其私"；"三者（目、耳、心）皆私设精则智无由公"等。《序意》的文义未完，当有脱文，甚为可惜！仅此数句，已涉及全书的中心思想。

关于全书的中心思想，如前所说，即高诱概括的道德、无为、忠义、公方几个方面。在具体说明这些思想之前，有必要再提一下高诱作出这种概括的时代背景和条件。高诱是东汉末年的人，是在注解《孟子》、《淮南子》、《孝经》之后才注解《吕氏春秋》的。

他最后完成《淮南子》注解的时间是建安十七年，十足的东汉末年。当时道家思潮冲破儒家思想的"一统"天下，开始了一次大规模的"复兴"，如其《淮南子叙目》所说：

---

① 《荀子·解蔽》。

夫学者不论《淮南》，则不知大道之深也。是以先贤通儒述
作之士，莫不援采以验经传。

人们重读老、庄，同时也参考《淮南》，当然不会不参考《吕氏春
秋》。高诱是在这种背景下研究(注解)《吕氏春秋》的。他已经广泛而
且深入地研究了儒家经典，如作《孟子章句》，作《孝经解》，等等。
他对《淮南子》作了长期的深入的研究——他不仅少年时"变其句读"，
从建安十年到十七年前后八年时间又"为之注解"，深思精研的结果
为：其旨近《老子》，淡泊无为，蹈虚守静，出入经道。……然其大
较，归之于道。是在这种研究的基础上，再来注解《吕氏春秋》，认
识《吕氏春秋》的。其"寻绎案省"的结果为：《吕氏春秋》"大出诸子
之右"。因此，高诱对其中心思想的概括是极为可信的，比其他任何
见解都正确，我们可以一一加以论证。

首先，"道德"、"无为"是道家的根本思想，这一点不会有任何
分歧。上述《序意》"法天地"的指导思想中虽未见"道德"两字，但
《老子》的"人法地，地法天，天法道，道法自然"①的思想是众所周
知的。因而所谓"法天地"，就是顺应道之自然性的意思。我们知道，
道家的形而上的"道德"两字，道是根本，德是道的体现或作用，大
多数时间只讲一个"道"字，《吕氏春秋》把它当做最高的目标，关于
它的描述和《老子》是一样的，例如其《大乐》篇云：

> 道也者，视之不见，听之不闻，不可为状。有知不见之见，
> 不闻之闻，无状之状者，则几于知之矣。道也者，至精也，不可
> 为形，不可为名，强为之谓之太一。

在《老子》那里，把道说成"大"或者"一"的话和意思都有，仅"太一"
一词是《庄子·天下》篇中有的，它说老子"主之以太一"，名称不同
而已。《吕氏春秋》中关于道的种种议论，包括《圜道》篇中的"天
道"、"地道"等，都是合于老子思想的，此其一。其二，"道德"、

---

① 《老子》25章。

"无为"的思想，在指导思想中阐述得很清楚，即《序意》中所说："三者咸当，无为而行。"三者，天、地、人，归根结底是天，是天道。咸当，就是顺应自然的天道，无为而行。我们还要进一步指出，这种指导思想是贯穿了全书的。无论是讲自然、论社会，无论是政治上"纪治乱存亡"，或者知人事的"寿夭吉凶"，处处体现出顺其自然之性的基本思想，确实是以"道德"和"无为"为最高目标和纲领的。这方面，《吕氏春秋》还有自己的创造，创造了"贵因"论，在《贵因》、《慎势》、《顺说》等篇作了理论阐述，它认为："顺风而呼，声不加疾也；际高而望，目不加明也；所因便也。"①在《贵因》篇更集中地作了论述，它说："三代所宝莫如因，因则无敌。"其所谓因，讲的就是一个顺任的道理，顺天、顺时、顺力、顺俗、顺人心、顺民欲乃至顺人之所欲，它举例作了一些具体说明，因是有目的的，"因则功"，"因则贫贱可以胜富贵矣，小弱可以胜强大矣"②。所以，它的因顺不是消极的、被动的，而是"因性任物"，即：因物之性而使用的，此言乃《执一》篇记田骈说"道术"之言，其全文是：

> 变化应来而皆有章，因性任物而莫不宜当，彭祖以寿，三代以昌，五帝以昭，神农以鸿。

长寿是"因性"的结果，治世昌盛也是"因性"的结果，高诱注解更明确说是"以治性而昌盛"，是"皆治世以体道"。这就完全落实到了政治上，新道家就是把自然之道运用和落实到政治上，而说"因性任物"这话的人，恰恰又是发明黄老道德之意的田骈，颇能说明《吕氏春秋》标志着新道家的形成。

其次，"无为"与因顺"道德"——或者说顺天之道，是相互为说的，因顺天道（或者自然之道）就应该无为，无为则能很好地体现因顺自然之道。"贵因"思想最后落实到政治上，无为思想更是主要就政治而言的，所以高诱说的"以无为为纲纪"，我们可以用现代话说，

---

① 《吕氏春秋·顺说》，以下引文仅注篇名。
② 见《贵因》、《顺说》等篇。

无为是政治纲领。《吕氏春秋》关于无为理论也有建树，那就是把"无为"和"平其私"联系起来，从而又创造了一个"贵公说"。《序意》中说：

> ……无为而行，行也者，行其理也。行数，循其理，平其私。……三者(目、耳、心)皆私设精则智无由公。智不公，则福日衰，灾日隆……。

《吕氏春秋》有一套关于"贵公"的论述。第一，其"贵公"论同样是从自然的天道中得出来的，《贵公》篇中写道：

> ……故老聃则至公矣。天地大矣，生而弗子，成而弗有，万物皆被其泽，得其利，而莫知其所由始，此三皇、五帝之德也。

天地广大无私，所以"生而弗子，成而弗有"，"公"是从这里引申出来的。

第二，提倡一个"公"字，也主要从政治上着眼，所以说，"圣王之治天下也，必先公，公则天下平矣"。"凡主之立也，生于公"。甚至说出了"天下非一人之天下也，天下之天下也"这样惊人之语。既然"贵公"是全书的中心思想，因而它也处处贯彻，多篇加以论述。不但《去私》篇与《贵公》篇文义相承，同样从天地日月四时的"无私"讲起，列举了一些去私而公的事例，而且《务本》篇讲为道者必先公而后私，"本"就是"公"。还有《谕大》、《务大》等篇的"大"在性质上和"公"也没有什么区别，大而能容，如地大、山大、水大之能容纳，所以说："凡谋物之成也，必由广大众多长久。"而这"广大众多长久"符合"道"的意义，如《老子》所说：

> 知常容，容乃公，公乃全，全乃天，天乃道，道乃久，没身不殆。①

---

① 《老子》16章。

　　《吕氏春秋》关于"公"与"大"等论述不就是直接从《老子》的思想中发挥出来的吗？其说天地广大无私时说："生而弗子，成而弗有"，几乎也是《老子》原文的照搬，《老子》第二章讲"圣人处无为之事"时就说过："生而弗有，为而弗恃，功成而弗居。"

　　由此可见，"无为"是《老子》的、道家的，"贵公"也是《老子》的、道家的。儒家不是没有"天下为公"的思想，《吕氏春秋》在具体论述中也免不了会采纳甚至引用儒家的东西，如《贵公》篇直接引《鸿范》，这是所谓"采儒墨之善"（详下），但《吕氏春秋》的"贵公"论主要是从道家思想中引用和发挥出来的。

　　第三，这里就涉及高诱所说的另一句话："以公方为检格。""贵公"思想与"无为"思想有关，而且十分重要，在《吕氏春秋》全书中十分突出，所以高诱补充说了这一句。"检格"就是检验标准，以"公方"为检验一切人与事的标准。《吕氏春秋》原文中似未见"公方"的提法，看来是高诱的概括，这个概括是正确的，就是说：《吕氏春秋》的"公"，不仅有背私为公、大公无私的意思，也有公平正直的含义。所谓"方"就是正，如《韩非子·解老》所言：

　　　　所谓方者，内外相应也，言行相称也……所谓直者，义必公正，公心不偏党也。

这是对《老子》一段文字的解释，《老子》58章原文是：

　　　　是以圣人方而不割，廉而不刿，直而不肆，光而不耀。（按：对"圣人"的要求！）

可见在道家思想系统内，原来有"公正"或者"方正"的思想，《吕氏春秋》的《贵公》、《去私》等篇中所举的许多具体事例，多半是讲政事的，既有大公无私之意，也有公平正直的思想，如《去私》中说：

　　　　尧有子十人，不与其子而授舜，舜有子九人，不与其子而授禹，至公也。

篇中还引用了孔子"外举不避仇，内举不避子"的话，又直接称赞墨者的大公无私，我认为这都属于"采儒墨之善"。

陈奇猷先生因为主张"吕不韦之指导思想为阴阳家，其书之重点亦是阴阳家说"①，不以道家思想指导为然，他认为《贵公》为"伊尹学派之学"，《去私》"出于墨家者流之手"，自然就很"杂"了。说高诱训"公"为"正""不洽"，认为是《说文》"背公为私"之公，是亦有所偏，所以会有自相矛盾之处，如在注同篇"立公"之时说："即建立公正之意。"

据上所述，我认为一般把"公方为检格"说成是儒家思想或墨家思想都是不恰当的，这句话仍在道家思想的体系之内。

第四，还有一句就是"以忠义为品式"。"品式"也是标准，和"检格"一词的意义和程度相当，意思是说，"忠义"是另一个重要标准，也是全书的中心思想和主要内容之一。"忠义"两字，人们很容易联想这是儒家的或者墨家的。仔细研思，其实不然。在儒家经典中，"仁义"相连，几乎可说是俯拾即是（特别在战国中期的《孟子》一书中），而"忠义"相连却很难找到。在儒家伦理道德思想中"义"是隶属于"仁"的，讲"忠"字，则"忠信"、"忠恕"、"忠顺"相连得比较多。墨者的行动可以说讲"忠"、讲"义"，但在《墨经》中，也和儒家一样讲"仁义"，"仁，爱也；义，利也"，不论是合讲"仁义"，或单讲"仁"与"义"，它都引向了"兼爱"。看来，这"忠义"两字虽与儒、墨有关，是从他们那里借用来的，《吕氏春秋》仍有自己的发挥和创造。书中也有"仁义"的词句，但不是主要思想。

当然，"忠义"两字是高诱的概括，但这个概括是符合《吕氏春秋》原意的。首先，忠、义思想同样是《吕氏春秋》的主要内容，它有《至忠》、《高义》等篇，"至"与"高"和《贵公》的"贵"字是同义的，是表示其着重。关于"忠义"的内容很多，除开篇名上有"忠"、"义"两字外，还有许多篇都涉及"忠义"的内容。"忠"的意义很明确，"忠臣"之"忠"，为人臣者要"忠"，所以《达郁》篇说：

① 《吕氏春秋校释》，学林出版社1984年版，第1980页。下引此书，只注页码。

圣王之贵豪士与忠臣也，为其敢直言而决郁塞也。

在《吕氏春秋》中"忠"与"义"又是紧密相连的，例如《不苟》篇说：

> 贤者之事也……必中理然后动，必当义然后举，此忠臣之行也。

《至忠》篇说：

> 夫忠于治世易，忠于浊世难。文挚非不知活王之疾而身获死也，为太子行难以成其义也。

由此可见，"忠"或"忠臣"的表现集中就是一个"义"字。《上德》篇说：

> 为天下及国，莫如以德，莫如行义。以德以义，不赏而民劝，不罚而邪止，此神农、黄帝之政也。（按："义""德"相提并论值得注意。）

《用民》篇也说：

> 凡用民，太上以义，其次以赏罚。

统治者对所有臣民都提倡一个"义"字。因此，《吕氏春秋》中从许多方面论述了"义"，凡是论《知士》、《士节》、《士容》等的时候，凡是讲"贤人"、"君子"言行的时候，都会涉及"义"字。有些文字虽未明言"义"，高诱也认为是讲"义"，例如他注《不侵》篇之"天下轻于身，而士以身为人"时说："轻于身，重于义也。以身为人者，为人杀身。"注《士节》"士之为人，当理不避其难"云："理，义也。杀身成义，何难之避也？"等等。

更重要的是,《吕氏春秋》把"义"字看得极重,《无义》篇说:

> 义者百事之始也,万利之本也。

《论威》篇提得更高:

> 义也者,万事之纪也,君臣上下亲疏之所由起也,治乱安危
> 过胜之所在也。

因此书中特别强调"义"是一种节操,是士人、君子为人的根本。
《士节》篇说:

> 士之为人,当理不避其难,临患忘利,遗生行义,视死
> 如归。

《高义》篇说:

> 君子之自行也,动必缘义,行必诚义。

提倡"义",反对"不义"和"无义",所以《高义》篇赞扬孔子、墨子、
子囊、石渚之高义,《无义》篇批评公孙鞅、郑平、续经、公孙竭之
无义。

《吕氏春秋》讲"义"字,既有重点的意义,即士人的节操,为人
臣忠心的表现,也有正义、义勇、义气等意义(只是仁义的意义不
大)。这后者也有突出的内容,那就是"义兵"思想的阐述,如上述
《论威》篇中所说,义是"治乱安危过胜之所在",就在这一篇中提出
了:"敌慑民生,此义兵之所隆也。"一再论述"圣王有义兵而无偃
兵"①。

《吕氏春秋》的"忠义"思想,看来与道家思想的联系不大,但据

---

① 《荡兵》、《召类》等许多篇。

上所述，虽不能武断地说与儒、墨的思想没有关系，但与它们有很大不同也是明显的。我认为也是"采儒墨之善"而加以改造和发挥的结果。

在分别阐述了高诱的四句话之后，总起来看，我们还可以得到这样的认识："无为"主要是对君主而言的，"忠义"主要是对臣下而言的，"道德"是君主和臣下需要遵循的最高准则，"公方"也是君主和臣下所要共同遵守的一个检验言行的标准。由此可见，《吕氏春秋》是一部有完整体系的政论书。

(三)"采儒、墨之善，撮名、法之要"

诸子百家之不同，是因为学术思想不同，古代的说法是"旨趣"不同，刘向就曾明确地说：

> 诸子各著篇章，欲崇广道艺，成一家之说，旨趣不同，故分为九家。①

所谓"旨趣不同"，就是宗旨、主义、意义的不同，了解和区别各家，就是要了解和区别各家的"旨趣"。班固（或者是根据刘向）把《吕氏春秋》和《淮南子》都列入杂家，看来是未把握好两书的"旨趣"。东汉末年的高诱从两书的内容出发，对其"旨趣"重新认识，认识《吕氏春秋》的旨趣，即以上阐述的那四句话，高诱是说其"书所尚"。他在概括《淮南子》的"旨趣"时，就更为明确：

> 其旨近老子，淡泊无为，蹈虚守静，出入经道。言其大也，则焘天载地，说其细也，则沦于无垠，及古今治乱存亡祸福，世间诡异壤奇之事。其义也著，其文也富，物事之类，无所不载，然其大较归之于道。

高诱真正了解两书的"旨趣"，而从刘向到班固至少是忽略了它

---

① 荀悦：《前汉纪》二五《孝成纪》二。

们的"旨趣"，仅仅是表面注意到了"兼儒墨，合名法"，似乎一兼一合就杂了，那么到底还有没有"旨趣"呢？刘、班这个说法，也许是从司马谈那里借来的，然而却是远离了司马谈的正确论述，司马谈论道家之"要指"有一段话：

> 道家无为，又曰无不为，其实易行，其辞难知，其术以虚无为本，以因循为用。无成势无常形，故能究万物之情；不为物先，不为物后，故能为万物主。有法无法，因时为业，有度无度，因物与合。故曰：圣人不朽，时变是守。虚者道之常也，因者君之纲也。群臣并至，使各自明也。其实中其声者谓之端，实不中其声者谓之窾。窾言不听，奸乃不生，贤不肖自分，白黑乃形。在所欲用耳，何事不成？乃合大道，混混冥冥。光耀天下，覆反无名。凡人所生者神也，所托者形也。神大用则竭，形大劳则敝，形神离则死。死者不可复生，离者不可复反，故圣人重之。由是观之，神者生之本也，形者生之具也。不先定其神，而曰"我有以治天下"，何由哉？①

这是司马谈对道家旨趣的概述，然而我们完全有理由可以说，这是司马谈对《吕氏春秋》"旨趣"的概述，是从《吕氏春秋》的主要思想、内容中作出的概述，还不可能根据《淮南子》，因为武帝"爱秘"其书②，司马谈没有看到。

司马谈在论道家"要指"时的另一段话说：

> 其为术也，因阴阳之大顺，采儒墨之善，撮名法之要，与时迁移，应物变化，立俗施事，无所不宜，指约而易操，事少而功多。

术就是学问——同于我们所说的思想，所以有"阴阳之术"、"儒

① 《史记·太史公自序》。
② 《汉书·淮南衡山济北王传》。

术"、"道术"之类的说法。前引"其术"两字，即指道家之术，而这里引用的一段文字是说"其为术也"，"为"字如何理解？是作"创作"解？还是作"成为"解？或者是兼而有之？"其为术也"，意即说"道家学术(思想)之形成"。道家思想是如何形成的？如何"为"的？那就是"因阴阳之大顺，采儒墨之善，撮名法之要"，这后两句，与"兼儒墨，合名法"不同，虽然也可以含有儒、墨、名、法思想兼而有之的意思，但不是简单地兼与合，而是采其善，撮其要，对于儒、墨、名、法各家是有选择地采取，从而成为道家之术。

这样自然呈现出的问题是：选择采取的原则立场是什么？标准是什么？这些在司马谈"论六家之要指"时，已有了非常明确的回答。

他认为儒、墨、名、法、阴阳各家各有长短，道家所采取的"善"和"要"就是各家之长，要去掉的就是各家之短，所以他与"儒者"对比之后说：

> 至于大道之要，去健羡，绌聪明，释此而任术。

道家之"任术"，就是要除去各家之短。这里《史记》的《集解》和《索引》分别引了两条如淳的解释很有意思，在"去健羡"之下，"如淳曰"：

> 知雄守雌，是去健也。不见可欲，使心不乱，是去羡也。

在"绌聪明"之下，"如淳云"：

> 不尚贤，绝圣弃智也。

显然是以针对儒、墨之短的道家思想来加以解释的。

再说各家之长(或者说"善"、"要")：

(1)阴阳家之长，就是"其序四时之大顺"，具体一些说：

> 夫春生夏长，秋收冬藏，此天道之在经也，弗顺则无以为天

下纲纪，故曰："四时之大顺，不可失也。"

司马谈说"因阴阳之大顺"，对儒、墨、名、法之采、撮有些不同，因者依也、顺也，似乎阴阳家思想更为突出，是其依据。不过，所因者也只是其"善"、"要"，也就是春夏秋冬的四时"大顺"，关键是这个"大顺"是"天道之大经"，符合"大道"的原则立场。《吕氏春秋》的内容的确是按春夏秋冬四季来安排十二纪的，也确实是顺应"春生夏长，秋收冬藏"的规律而立论的，这一点当代学者已看得很清楚了，如陈奇猷《吕氏春秋校释》一开头就解释说：

> 春夏秋冬四纪，显系春言生，夏言长，秋言收，冬言藏。每纪所系之文，亦皆配合春生、夏长、秋收、冬藏之义。①

具体的说明这里就不再征引了。这个意图就是"因阴阳之大顺"而不失四时之序，但是，也就仅此而已，很难成为指导思想，尤其很难说"其书之重点亦是阴阳家说"。② 陈奇猷先生重点之说似欠精审，例如，《十二纪》之首篇和《礼记·月令》一样，从季节之所宜讲该做什么，"不可以"做什么，是严格顺四时之序的。就是这，陈先生也没有认为是阴阳家之言，而说："余疑《十二纪》之首篇，系吕氏本之古农书并杂以阴阳家说增删而成。"③阴阳家说在《吕氏春秋》中本来没有多少具体内容可言，有的学者在对该书逐篇分析其所属学派时，根本就没有阴阳家之说。④ 陈奇猷先生说阴阳家是该书重点，但在《十二纪》中除上述十二首篇之外，明确指为阴阳家之言的只有《本生》、《重己》、《圜道》、《至忠》几篇，另外有杂阴阳之说的《大乐》等八篇。说《本生》、《重己》"系阴阳家养生之要"，"言安时处顺"亦"养

---

① 《吕氏春秋校释》，第 3 页。
② 《吕氏春秋校释》，第 1890 页。
③ 《吕氏春秋校释》，第 3 页。
④ 参阅王范之：《吕氏春秋研究》，内蒙古大学出版社 1993 年版，第 2 页。下引此书，只注页码。

生之道",实在有点牵强,讲"养生"是否阴阳家之言且不说它,两篇中提倡"道",讲"全性之道",讲"有道者",实属道家之言,"安时处顺"也是道家思想,所以高诱作注,多次引《老子》之言,用《老子》之意,不知为何硬指为阴阳家之言。《至忠》篇仅据"绝阴阳之气"四字而指为阴阳家之言,更为武断。至于《圜道》,陈先生列了"十证",似确定无疑,单说此篇为阴阳家未尝不可,但涉及《吕氏春秋》全书的指导思想,倒是一个值得注意的问题,不过当另行讨论,几句话说不清楚。《八览》六十三篇中有十二篇被指为阴阳家之言,其所据亦以偏概全,且以《首时》相连六篇为例来说,陈先生认为:

> 《首时》言举事首要在遇时,《义赏》言善赏罚以合于春生秋杀,《长攻》言时未至必耐心待时之至,《慎人》言遇时又必遇其人,继之以《遇合》言遇人未必合,所遇而合乃偶然而非必然,结之以此《必己》言遇而合者在自己之处理得宜,而不是责之于人。一言以蔽之,此六篇所言为尽人事而待时。是此六篇之意义节节相承,一贯而下,故此篇亦阴阳家之言也。或曰:"此篇多引《庄》《列》,似出于道家。"案:阴阳家之学,以顺时顺天为要义,至其内容则杂采儒墨名法道德等流派之言以成其说,故本篇既引道亦引儒。……①

这几篇中顺时、待时的思想确实比较突出,但远远超过了因顺的意义,它在"知时"、知物的基础上,进一步发挥了道德无为的思想,例如《必己》篇引用庄子之言曰:

> 若夫道德则不然:无訾无訾,一龙一蛇,与时俱化,而无肯专为;一上一下,以禾为量,而浮游乎万物之祖,物物而不物于物,则胡可得而累,此神农、黄帝之所法。

陈先生认为"引《庄子》仍否定《庄子》'处于材不材之间'之说",不知

---

① 《吕氏春秋校释》,第 830 页。

是如何理解的？又如《首时》开章明义：

> 圣人之于事，似缓而急，似迟而速以待时。

高诱注云："似缓，谓无为也，急，谓成功也。""奇猷案：此谓圣人为事，外似无为而内心实急，成事似迟而实速。高注迂。"高注是否迂，我们不辩，圣人之于事讲"无为"，陈先生未否认。再者，陈先生也正确指出："首时，谓以时机为首要"，时乃时机之时，非简单的春夏秋冬四时之时。《长攻》、《遇合》篇之讲遇、讲合以及《慎人》篇之讲遇人，都超出了顺四时的范围，而是"无为"思想体系的一些具体论述。可以说这几篇是从阴阳四时之顺中引申出来的，如《义赏》篇从春生秋杀讲起，但转到"古之人审其所以使，故物莫不为用"之后，就远离了顺四时的思想，对这句话高诱作注时还照应了因四时之顺的思想："使之者以其时生则生，时落则落，故曰莫不为用。"陈先生认为"高诱非"，说："所以使，即下文所言'赏罚之柄'，审其所以使，谓审其所以使人之柄。"这不更远离春生秋杀之意了吗？我认为陈奇猷先生所指这几篇为阴阳家之言，不过是道家的"因阴阳之大顺"。

　　六论中也有十几篇被指为阴阳家之言，与以上所述的道理基本相同，有时就因为开篇提到了"四时寒暑"，例如《当赏》中说：

> 四时寒暑日月星辰之行当，则诸生有血气之类皆为得其处而安其产。……主之赏罚爵禄之所加者宜，则亲疏远近贤不肖皆尽其力而以为用矣。

主要是"当"与"宜"两个字联系起来的，与"阴阳家甚重赏罚，春行赏，秋行刑"的联系几乎没有！其他一些篇，"因"、"顺"、"当"等思想是有的，"因阴阳之大顺"的思想在有些篇中也有反映，但很多篇被指为阴阳家之言实有些勉强。

　　(2)什么是"儒、墨之善"和"名、法之要"呢？这方面司马谈《论六家之要指》讲得十分明确：

儒者……序君臣父子之礼，列夫妇长幼之别。

墨者……强本节用。

法家……正君臣上下之分（或者说：尊主卑臣，明分职不得逾越）。

名家……正名实（或者说：控名责实，参伍不失）。

都是讲的为政之要，这正是《吕氏春秋》这部政论书的主要目的，因而无论哪一方面的具体思想，都是从"务为治"出发，而最后也落脚到"治"字上的，无论哲学、人生、军事、音乐、农事哪一方都是如此。且举例说明，如《孟春纪》的《本生》、《重己》两篇，讲了一些养生的道理，但是否"阴阳家言养生之要"①值得考虑，这里且不讨论。但它讲养生，是与为政联系起来的，《本生》篇开头的一段文字是讲养生与为政的关系：

> 能养天之所生而勿撄之谓天子，天子之动也，以全天为故者也。此官之所自立也。立官者以全生也，今世之惑主，多官而反以害生，则失所为立之矣。譬之若修兵者，以备寇也，今修兵而反以自攻，则亦失所为修之矣。

养生是圣人"全性之道"，是为了做"全德之人"。《重己》篇也是如此，"治身"、"治国"相提并论，主张"不处大室，不为高台，味不众珍"等，说：

> 圣王之所以养性也，非好俭而恶费也，节乎性也。

"宫室台榭"、"舆马衣裘"、"声色音乐"明明都是浪费，应该反对，也符合墨家"强本节用"的要旨，为了说服当权者（或者如《本生》篇所说之"贵富者"），就从"顺生"、"顺阴阳"、"适欲"的角度来劝诫：

---

① 此为陈奇猷《吕氏春秋校释》的解释。

对你自己有利呀！身体是本钱呀！你要"重己"呀！这岂不更有说服力。其政治主张就这样巧妙地利用各家之说，由此可见一斑。

在前一部分中，我们已经指出，"以忠义为品式"和"以公方为检格"，不能说单是哪一家的思想，而在《吕氏春秋》的各篇之中，又大多体现出对各家思想"采善"、"撮要"的特点，或者杂引各家，或者形成自己独立的见解。例如，《孟夏纪》的《劝学》等四篇主要论学、论师、论教，一般都认为是儒家的学说，但这前后相连的四篇，从开头到结尾并没有突出儒家的地位，其内容虽"可与《学记》、《荀子》相互发明"①，但不知为什么，作者似乎并不知道《荀子》之存在一样，只字未提。而在《尊师》篇中就已经"孔子"、"子夏"、"子墨子"（用了尊称）、禽滑黎等相提并论，《诬众》篇引了"子华子"（也是尊称），《用众》篇更引田骈之言结尾，丝毫看不出门户之见。再者，由"善学"而引申出的"用众"、"取长补短"、"众视"、"众知"等思想，是很有意义的，是《吕氏春秋》所独创的。

正因为是采、撮各家之说而阐述自己的思想和主张，所以要把某篇指为某家之学是很困难的，例如王范之《吕氏春秋研究》说：

> 《顺民》、《长见》、《不侵》、《长攻》、《重言》、《离谓》、《淫辞》、《不屈》、《应言》、《举难》、《达郁》、《行论》、《骄恣》、《疑似》、《察传》、《贵直》、《直谏》、《知化》、《过理》、《壅塞》、《原乱》、《不苟》、《赞能》、《自知》、《当赏》、《别类》、《慎小》、《尊师》、《诬徒》、《用众》、《功名》、《察微》等三十二篇，没有辨明是何家之学。（在陈奇猷的《吕氏春秋校释》中又是都有所属学派的。）

并且作了一些具体说明：或者揭举其主要结论而不能分辨是哪家之学；或者指出与某派学说相似而又有不同。我认为这是比较客观的，反映了《吕氏春秋》的实际。这里还应该指出，所谓"未明辨为何家之学"者，远不止三十二篇，可以说绝大多数的篇章都是如此。例如，

---

① 此为陈奇猷《吕氏春秋校释》的解释。

《适威》篇，陈奇猷列了五条理由，根据其文义与被他指为兵家言的《用兵》、《上德》、《怀宠》等篇相近，而认为"亦兵家言也"①。但是我们不难看到该篇中有一段理论性的概括叙述：

> 古之君民者，仁义以治之，爱利以安之，忠信以导之，务除其灾，思致其福。……此五帝三王之所以无敌也。身已终矣，而后世化之如神，其人事审也。

这话与荀子的话有相近之处，《荀子·强国》篇云：

> 礼乐则修，分义则明，举错则时，爱利则形。如是百姓贵之如帝，高之如天，亲之如父母，畏之如神明。

似乎可算是儒家荀卿之言，但是该篇下文中有结论性的语言说："故礼烦则不庄"云云，是否是重礼的，这又与重礼的荀卿之学不同，所以有人说："本篇以言爱为主，重在爱利，荀卿固然也讲爱利，但不是他的主要思想，所以应是墨翟学。"②短短一篇中，往往有许多事例，涉及许多思想理论，很难断言为哪一家之学，而学者根据所谓杂家"兼儒墨，合名法"的特点，努力分辨某一篇为某家之学，往往结论不同，这不能不说是意义不大的一种努力。人们可以统计书中称引经籍及诸子的文语，也可以划分各篇所属学派，然后统计所属各派有多少。那么如何看待和分析这些统计呢？又会生出不同解释，我们且介绍两种分析的统计情况，看看分歧的意见：

陈奇猷的《吕氏春秋校释》，逐篇指明了其所属学派。其所指为阴阳家之言者约三十六篇（含兵阴阳家之言），还有"十二纪"首篇及《大乐》以下八篇被说成"杂阴阳家之说"或者"阴阳家治乐者"。被指为儒家之言者约十九篇（大多是所谓"北宫、孟舍、漆雕学派"）。被指为兵家（司马法）之言者十八篇（几篇兵阴阳未计在内）。墨家只有

---

① 《吕氏春秋校释》，第 1281 页。
② 《吕氏春秋研究》，第 179 页。

四篇，法家十二篇(还包括形法、尹文学派等)。其所言尹文、料子等派含混不清。明确指为道家者仅《异宝》一篇，另有道家伊尹学派三篇，子华子三篇或也可以列入道家类。其他还有方技、小说、农家、季子、料子等。从归类来看，阴阳家之言最多，所以陈先生说："吕不韦之指导思想为阴阳家，其书之重点亦是阴阳家说。"①但是我们认为绝大多数的篇章被指为阴阳家之言理由是不充分的，有一些陈先生说了只不过杂有阴阳家之言，有一些我们在前面有所分析，讲顺因四时的比较多，但并不就是阴阳家之言，讲五行相生之类的阴阳家言极少。另外，如说养生论是阴阳家言，亦很勉强。很少有纯阴阳家之言。同样，儒、墨、名、法各家之言也是如此，在各篇中有相近的或直接引用的，但往往不是单纯的，所以儒家、墨家等也都是后学之言。

王范之的《吕氏春秋研究》作了另一种分析。具体罗列了"引书"的情况，也具体分析了各篇所属的学派。在他的统计中阴阳家之言没有，引儒、墨、名、法等家之言也不多，例如引孔子之语加起来不过五处，引《孟子》、《荀子》之文二、三条且未指名，引儒家经典(《易》、《诗》、《书》——在先秦还很难说是专属儒家的)也不多。而引《老子》、《庄子》之文三四十条，如果加上子华子(凡五见)、詹何乃至《黄帝》书等，属于道家的显然很多。再看他分析所属学派，除阴阳家之外，各家都有，儒、道两家最多。

儒家列有"曾参学"、"孟轲学"、"孟轲门第学"、"荀卿学"、"荀卿门第学"、"孔丘门第后学"六项，道家列了"老聃学"、"老聃后学"、"关尹学"、"杨朱学"、"杨朱后学"、"黄帝学"、"子华子学"、"庄周学"、"庄周门第学"、"田骈学"、"詹何学"十一项。涉及的篇目，儒家仅二十来篇，道家五十余篇。这样，结论自然就会是：

> 道家，在《吕氏春秋》里保存他的学说是最多的。从书中称

---

① 《吕氏春秋校释》，第1890页。

引关于老庄书的文字特别多这点来看，也就可以想见了。①

我个人无疑是认为王范之先生之说比较符合《吕氏春秋》的实际，但其说亦有不尽完善之处，且不说各篇所属学派是否恰当，仅就吕氏怎样来集合百家九流的学说来谈一谈。王先生在综述了各家在《吕氏春秋》中保存的学说之后说：

> 根据上面说的这一切，我们更加可以明白，吕氏在辑合百家九流的学说时，并未曾就拆散了百家九流，割裂了百家九流，打乱了百家九流的学说系统，任凭着自己来折衷齐合一番。因此各家学说的独立性依然是很强的。②

我认为不是这样，恰恰是打乱了百家九流的系统——包括了老庄的道家系统，但也不是"折衷齐合一番"。它不是简单地兼合儒墨名法，而是："因阴阳之大顺，采儒、墨之善，撮名、法之要。"因此其所"集论"的结果是：与时迁移，应物变化，立俗施事，无所不宜，指约而易操，事少而功多。其目的是"我有以治天下"——用班固的话说则是："知国体之有此，见王治之无不贯。"这样来看，就不应该说《吕氏春秋》是杂家了(班固列为杂家有其历史原因，此不详论)。

司马谈《论六家之要指》所说的道家就是指《吕氏春秋》为代表的学派而言，其所说道家的"要指"就是以《吕氏春秋》为代表而概括起来的，不可能是从《老子》或者《庄子》中得出的结论。但后来(至少从刘向开始)又有老庄为代表的道家之说，所以我们认为司马谈所说的以《吕氏春秋》为代表的道家是新道家，这是现在应该作出的科学的区分。

(原载《道家文化研究》第十四辑，三联书店1998年版)

---

① 《吕氏春秋研究》，第12页。
② 《吕氏春秋研究》，第14页。

【评介】

《论〈吕氏春秋〉的中心思想》一文的作者是熊铁基。熊铁基（1933—），湖南常德人，著名历史学家，道家、道教文化研究专家。1956年毕业于华中师范学院历史系，1958年华东师范大学研究生班毕业，长期从事中国古代史教学与研究工作，近十余年侧重思想文化史，特别是道家思想史的研究。现为华中师范大学历史文化学院教授，博士生导师，道家道教研究中心主任，曾任中国秦汉史研究会副会长，享受国务院特殊津贴。

熊铁基的学术研究，主要集中在秦汉史和道家道教文化研究两个领域，取得了一大批学术成果，主要著作有《秦汉官制史稿》（合著）、《秦汉军事制度史》、《秦汉文化志》、《汉唐文化史》、《秦汉新道家略论稿》、《秦汉新道家》、《中国老学史》（合著）、《中国庄学史》（合著）、《二十世纪中国老学》（合著）等；主编《传统文化与中国社会》、《道教文化十二讲》、《中国帝王将相辞典》、《中国历史五千年》、《中国帝王百传》、《宰相百传》、《中华道藏：第9—12册》等；并被聘为《中华道藏》副主编。在《哲学研究》、《中国史研究》、《光明日报》、《中国哲学史》、《文史哲》等报刊发表论文百余篇。受到史学、哲学、宗教学各方面同行专家的关注。《秦汉新道家》更被视为"一家之言"，受到更大的关注，老、庄学史亦是道家思想文化领域中的拓荒之作。

《论〈吕氏春秋〉的中心思想》一文发表于《道家文化研究》第十四辑。论文开篇，作者就鲜明地亮出自己的论点：《吕氏春秋》把"各序其旨意"的黄老学说"集论"起来，是黄老新道家形成的标志。《吕氏春秋》决非"杂家"，而是新道家的代表作。道德、无为、忠义、公方等就是该书的中心思想。司马谈对道家的概括比班固确切。

正文具体论述《吕氏春秋》的中心思想，共分三部分。

（一）水到渠成的"集论"

从历史背景，特别是从百家争鸣发展的规律看，《吕氏春秋》的产生是水到渠成；从道家本身的发展看，吕不韦"集知略之士而造《春秋》"，把"各序其旨意"的黄老学说"集论"起来，成为一部完整的黄老道家的代表作，也是水到渠成。

（二）"以道德为标的，以无为为纲纪"

作者指出"《吕氏春秋》既有明显的中心思想，又有明确的指导思想"是"难能可贵的"，《吕氏春秋》中心思想的形成，是因为在"集论"时有十分明确的指导思想。吕不韦在《序意》中自己表述的指导思想，简言之就是"法天地"三字，具体说就是"上揆之天，下验之地，中审之人"。"法天地"指导思想的更具体阐述，那就是："三者（天、地、人）咸当，无为而行"；"行数，循其理，平其私"；"三者（目、耳、心）皆私设精则智无由公"等。

全书的中心思想，即高诱概括的道德、无为、忠义、公方几个方面。其中"无为"主要是对君主而言的，"忠义"主要是对臣下而言的，"道德"是君主和臣下需要遵循的最高准则，"公方"也是君主和臣下所要共同遵守的一个检验言行的标准。《吕氏春秋》是一部有完整体系的政论书。

（三）"采儒、墨之善，撮名、法之要"

作者指出："诸子百家之不同，是因为学术思想（旨趣）不同"，班固（或者是根据刘向）把《吕氏春秋》和《淮南子》都列入杂家，是未把握好两书的"旨趣"。东汉末年的高诱从两书的内容出发，真正认识了《吕氏春秋》的旨趣。刘向、班固的主张来自司马谈，却远离了其正确论述。作者通过分析司马谈《论六家之要指》中各家特别是道家的长处与短处，辨析"儒、墨之善"和"名、法之要"的含义，指出司马谈对道家旨趣的概述，就是从《吕氏春秋》的主要思想、内容中作出的概述，也就是对《吕氏春秋》"旨趣"的概述。道家思想"采其善，撮其要"，对于儒、墨、名、法各家是有选择地采取，从而成为道家之术。至于选择的原则与标准，就是取各家之长，去各家之短。

以阴阳家为例，该家长处就是"其序四时之大顺"，作者指出，陈奇猷《吕氏春秋校释》一书力主吕书阴阳家说"似欠精审"，其所指"这几篇为阴阳家之言，不过是道家的'因阴阳之大顺'"。六论中"被指为阴阳家之言实有些勉强"。

作者指出，所谓的"儒、墨之善"和"名、法之要"，都是讲的为政之要，都是从"务为治"出发，而最后也落脚到"治"字上的，这正是《吕氏春秋》这部政论书的主要目的。在《吕氏春秋》的各篇之中，又大多体现出对各家思想"采善"、"撮要"的特点，或者杂引各家，或者形成自己独立的见解，所以，要把某篇指为某家之学是很困难的。王范之《吕氏春秋研究》或者揭举其主要结论而不能分辨是哪家之学，或者指出与某派学说相似而又有不同，他说："道家，在《吕氏春秋》里保存他的学说是最多的"，这些是比较客观的，比较符合《吕氏春秋》的实际，但其说亦有不尽完善之处，如他说："吕氏在辑合百家九流的学说时，并未曾就拆散了百家九流，割裂了百家九流，打乱了百家九流的学说系统，任凭着自己来折衷齐合一番"，熊铁基就不同意，熊铁基认为吕书"恰恰是打乱了百家九流的系统"，采善撮要，"集论"于"王治"，如此看来，吕书就不应该是杂家了，其代表的道家，应是新道家。

熊铁基提出"秦汉新道家"的称谓，说《吕氏春秋》是新道家的代表作，其观点是很有新意的，台湾学者陈鼓应《从〈吕氏春秋〉看秦道家思想特点》(《中国哲学史》2001 年第 1 期)虽对熊铁基列举此说成立的理由有有不同的看法，但也承认"以《吕氏春秋》为代表的秦代新道家之说是能够成立的"。本文所提出的其他观点，如从《吕氏春秋》产生的历史背景看，其出现是有其必然性的，吕书"既有明显的中心思想，又有明确的指导思想"，从其编纂的实际情况分析看，不应该归之于杂家，而是新道家，都比较新颖，也有一定的道理，可备一说。但《吕氏春秋》的主导倾向是否以道家为主，是否新道家，仍存有一定的争议，有学者甚至呼吁"慎用"新道家这一称呼。

（王启才）

熊铁基《吕氏春秋》研究主要论著：

《重评吕氏春秋》，《江汉论坛》1979 年第 4 期。

《从〈吕氏春秋〉到〈淮南子〉——论秦汉之际的新道家》，《文史哲》1981 年第 2 期。

《〈吕氏春秋〉的结构与思想体系》，《道家文化研究》第十四辑，三联书店 1998 年版。

《论〈吕氏春秋〉的中心思想》，《道家文化研究》第十四辑，三联书店 1998 年版。

《再论"秦汉新道家"》,《哲学研究》2007 年第 1 期。

《秦汉新道家》,上海人民出版社 2001 年版。

《秦汉新道家略论稿》,上海人民出版社 1984 年版。

论《吕氏春秋》的结构体系

吕　艺

历史上对《吕氏春秋》的看法，可以一个字概括："杂"。这既是指思想"漫羡而无所归心"(《汉书·艺文志》)，又是说结构杂然拼凑，"实绝无深义"(清叶德辉(《郋园读书志》卷五)。其实，《吕氏春秋》可谓我国历史上第一部主编负责、集体撰著的书籍①，全书采撷、融汇诸子学说，虽"杂"不乱，自成一家。而结构体系，亦有相应的严谨系统，井然有秩。对于前者，学界的看法已渐趋统一；但对后者，则论者寥寥，且难如人意。这不仅影响对《吕氏春秋》结构形态的总体框架和局部组织的理解，也不利于对其思想系统性和主导倾向的认识，因此有必要深入探讨。

1.《吕氏春秋》分纪、览、论三大部分，下又分若干小的部类；纪分为十二，览八，论六。每个小部类各有其名，下辖若干篇命题短文；每纪五篇，每览八篇(《有始览》今缺一篇)，每论六篇。加上《序意》一篇，全书共一百六十一篇。外观极为规整，很难想象出于随意的拼凑。

最早觉察《吕氏春秋》的结构具有某种内在规律的，首推《四库提要》。《四库提要》在分析十二纪的结构时说："顾以十二月割为十二篇，每篇之后各间他文四篇，惟夏令多言乐，秋令多言兵，似乎有义，其余则绝不可晓。"这段话透露出两点认识：第一，按十二月序排列的十二纪，可以依照春夏秋冬四季，归纳为四个季节部类；第

---

① 本文是吕艺所著《〈吕氏春秋〉研究》一书《思想篇》第二章的缩论。关于作者、编纂方面的问题，此书《编纂篇》有专章论述，本文不作考辨。

二，季节部类得以归纳，是因为各有其中心论题。这对于前人旧有观念，无疑是重要的突破。其后，余嘉锡先生继续研究，不仅又发现了"春令言生，冬令言死"的主题，弥补了《四库提要》之阙，而且指出，十二纪的四个季节部类的结构规律是"因四时之序而配以人事"，其设置思想则基于"春生夏长秋收冬藏"的"古者天人之学"(《四库提要辨正》卷十四)。受所启发，我们不禁想到：既然十二纪的结构并非杂然拼凑，有着深蕴的内涵和严谨的组织，既然八览、六论与十二纪是在同样的编纂思想指导下编成，成于一时且合于一书，那么八览、六论也应有相应的严谨结构，才符合逻辑。既然如此，八览、六论的结构怎样？与十二纪的结构关系如何？其整体的组合基于怎样的设计，要体现什么构想？而这些问题恰恰是前人未遑论及，今人较少留意的。

我以为研究上述问题，《吕氏春秋》的《序意》篇首先应当格外重视并进行透彻研究。因为，作为《吕氏春秋》的事实主编，吕不韦的基本思想和编纂宗旨在《序意》篇中有着直接的叙述和集中的概括，这不仅决定了全书思想体系的走向，也对全书结构体系的建设具有指导意义。《序意》篇文字较长，选录如下：

> 维秦八年……良人请问《十二纪》。文信侯曰："尝得学黄帝之所以诲颛顼矣，爰有大圈在上，大矩在下，汝能法之，为民父母。盖闻古之清世，是法天地。凡《十二纪》者，所以纪治乱存亡也，所以知寿夭吉凶也。上揆之天，下验之地，中审之人，若此则是非可不可无所遁矣。天曰顺，顺维生；地曰固，固维宁；人曰信，信维听。三者咸当，无为而行……"

据上所引不难看出，"是法天地"以行人事，是《序意》篇通篇阐论的基本思想和行为准则，吕不韦期冀以此作为判断"是非可不可"的根本标准，在书中"纪治乱存亡"、"知寿夭吉凶"。为此，他提出"上揆之天，下验之地，中审之人"的方法论，并以"天曰顺，顺维生；地曰固，固维宁；人曰信，信维听"为审验标准。何谓"天曰顺，顺维生"？我认为"天曰顺"实与"天道圜"义同(《吕氏春秋·孟春纪·圜道》)。下凡引《吕氏春秋》只注篇名)。古人"以四时寒暑日月星辰之行知天"(《当赏》),"顺"即指天体、季节、气象等天的运动恒常有秩,"圜周复杂(匝),无所稽留"(《圜道》)。唯其如此,万物方得以生养壮大,这就是"顺维生"了。"地曰固"主要指"地无私载"(《去私》),"地不一利"(《管子·宙合》),兼养万物无所弃绝,各有其类。黄帝古佚书说:"高下不敝(蔽)其刑(形),美亚(恶)不匿其请(情),地之稽也"①;又说:"夫地有山有泽,有黑有白,有美有亚(恶)"(《十六经·果童》)。在这个意义上,"地曰固"与"地道方"义通。《圜道》篇说:"何以说地道之方也?万物殊类殊形,皆有分职,不能相为,故曰地道方。"《管子·君臣下》则说:"方者执,执者固",唐尹知章注:"方而有常,故执而不舍则固",于此可知意义上的联系。唯其如此,世上万物"山居木棲、巢枝穴藏、水潜陆行,各得其所宁焉"(《淮南子·泰族训》),这就是"固维宁"之义。

至于"人曰信,信维听","信"并非仅指诚实不欺、"言而有信"的伦理道德(《论语·学而》)。《离俗览》认为,"信"是"国之宝"(《为欲》),"三代之道无二,以信为管"(《用民》),同览设《贵信》一篇,论述"信"的功用简直提高到无以复加的地位:"君臣不信,则百姓诽谤,社稷不宁;处官不信,则少不畏长,贵贱相轻;赏罚不信,则民易犯法,不可使令;交友不信,则离散郁怨,不能相亲;百工不信,则器械苦伪,丹漆染色不贞。夫可与为始,可与为终,可与尊通,可与卑穷者,其唯信乎!"吕不韦如此看重"信"的功用,与"是法天地"的思想是否冲突?回答是否定的。因为从道家的老子开始,"信"就首先被视为道及天地自然的恒常规律受到重视,诸子书中多所论说。②《吕氏春秋》只是作了更为深入详尽的阐述,并且与人事纲纪联系了起来,这同样见于《贵信》篇:"天行不信,不能成岁;地

---

① 1973 年长沙马王堆三号汉墓出土帛书《老子》乙本卷前黄帝学派佚书四篇,其命名学界有不同说法,本义姑且只称"黄帝古佚书",引文见《经法·四度》。

② 如《老子》二一章说:"道之为物……其中有信",黄帝古佚书《经法·论》说:"日信出信入","月信生信死","列基有数而不失其行,信之稽也","信者,天之期也",《管子·四时》说"故天曰信明,地曰信圣"等。

行不信，草木不大。春之德风，风不信，其华不盛"，"果实不生"；"夏之德暑，暑不信，其土不肥"，"长遂不精"；"秋之德雨，雨不信，其谷不坚"，"五种不成"；"冬之德寒，寒不信，其地不刚"，"冻闭不开"。"天地之大，四时之化，而犹不能以不信成物，又况乎人事?"这里的"不信"，指天地自然运动失秩，有悖常规；反之，"信"当然就指恒常有秩，符合常规了。我们由此可知，"天曰顺"、"地曰固"其实都是天地之"信"的具体表现，而"人曰信"正是由此推演而来，是"是法天地"的直接结果。这就要求人事皆当循常道，行常理，正而不失。因此，"人曰信"之"信"，指人事纲纪或者说规律，而诚实不欺之"信"则是这一概念内涵的外延。那么这种人当奉为纲纪的"信"如何实现? 所谓常道、常理又用什么标准衡量；显然只能是"是法天地"，以天地之道为人之纪，所以《贵信》说："信而又信，重袭于身，乃通于天"，如此则天听佑，民听从，这就是"信维听"了。从内容与形式的关系考虑，显然，《序意》篇提出的基本思想和方法论，不仅会对全书思想内容产生作用，也会对结构建设产生影响，唯有结合起来研究，才可望获得正确的结论。

2. 现在回过头再看十二纪的结构体系，我认为余嘉锡先生的创见，似乎有待补充和完善。的确，十二纪六十篇，结构上实可分为两个系统：各纪首篇合为一系统，后四篇合为一系统，二者侧重的角度有所不同。不过余嘉锡先生说："十二月纪以第一篇言天地之道，而以四篇言人事"，共同体现"春生夏长秋收冬藏"之义，恐怕不够准确。首先，十二纪首篇，"纪十二月政之所行也"①，亦即按十二月序记当行之事，这就并非单纯"言天地之道"，而是说人事应当如何顺应天道，所以仍属"言人事"范畴。当然，十二纪首篇系统"言人事"与后四篇系统"言人事"有所不同，前者是在具体意义上言天子当行之政事，后者则是在比较抽象的意义上言人事，内容既较宽泛，适用对象又不仅限于天子，也适用他人。

其次，十二纪首篇"言人事"，以"无逆天数，必顺其时"为准则（《仲秋纪·仲秋》)，而其余四十八篇，则严格依照"春生夏长秋收冬

---

① 《礼记·月令》孔《疏》引郑玄《三礼目录》语。

藏"之义来构建，二者并不等同。所以十二纪首篇所言之事，有些与
"春生夏长秋收冬藏"并没有什么干系。比如，十二纪首篇首节，皆
据五行思想言当月之天体、星象，主司帝神、数字、音律、祭祀、天
子衣食住行等，可以说顺应"天数"、天时，却很难看出"生长收藏"
之义，又如，《孟春纪》言"天子焉始乘舟"、《季夏纪》言"命妇官染
采"，"以别贵贱等级之度"、《季秋纪》言"为来岁受朔日"、《孟冬
纪》言命太卜"审卦吉凶"等，都是因循天时而定人事，但却很难与
"生长收藏"挂上钩。其实，十二纪两个结构体系的构建思想，并非
绝对矛盾，之所以并不等同，只是因为包容面大小不一，前者大于后
者，可以包容后者。因此，只能以"无逆天数，必顺其时"——亦即
顺应天道概言"春生夏长秋收冬藏"的思想本质，反之则有以小括大，
以偏概全之虞。所谓"无逆天数，必顺其时"，就是要求不违背天之
规律，固顺天时。而四季代兴，是天时变化的反映；"生长收藏"，
是"天数"循环的产物，这是古人长期持有的看法。战国以降，论者
不绝。黄帝古佚书说："日月星辰之期，四时之度……天之稽也"
(《经法·四度》)，《管子·形势解》说："天生四时"，"故春夏生长
秋冬收藏，四时之节也。"《史记·太史公自序》也说："夫春生夏长，
秋收冬藏，此天道之大经也。"这种"天道之大经"，古人又或以"生"
与"杀"、"文"与"武"概言，并由此推导人事。如《管子·版法解》
说："生长之事，文也；收藏之事，武也。"黄帝古佚书则说："因天
之生也以养生，胃(谓)之文，因天之杀也以伐死，胃(谓)之武。文
武并行，则天下从矣。"(《经法·君正》)因此，既然《吕氏春秋》亦视
四时为天行，视生长收藏为天之"圜道"①，当其十二纪的后四篇系
统据此构建时，无疑只能是"因天之生"、"因天之死"以言人事，这
当然就是"无逆天数，必顺其时"，亦即顺应天之道了。

　　显而易见，十二纪这种顺应天道的根本构建思想，正是"是法天
地"以行人事的基本思想衍生，在方法论上则属于"上揆之天"的内
容。而"春生夏长秋收冬藏"正是体现了"天曰顺"的道理，是天道之

---

　　① 《圜道》说，"物动则萌，萌而生，生而长，长而大，大而成，成乃衰，
衰乃杀，杀乃藏。圜道也"；《义赏》说："春气至则草木产，秋气至则草木落。"

"信"的具体表现。十二纪依照顺应天道的思想来构建，实质也就是在为"人曰信"中法天之道的部分作诠解。当我们明了《序意》篇的思想与十二纪结构体系之间的这种联系，对十二纪的内在结构无疑就有了更为深入的理解。而且，对于探讨八览和六论的结构体系，也不无启发。

3. 先看八览。八览分《有始览》、《孝行览》、《慎大览》、《先识览》、《审分览》、《审应览》、《离俗览》、《恃君览》，下属六十四篇命题短文(今缺一篇)。在任继愈先生主编的《中国哲学发展史》(秦汉卷)中，曾对八览及六论的篇章内容作过简略的综合性概括，虽然具体看法不无可商，但"每一部分皆有自己相对突出的论题"这一观点，用诸八览，我是赞同的。共中《先识览》和《审应览》最为明显地体现了这种结构特点，不妨先行引证。

所谓"先识"，指先于常人察知事物发展的征兆，预见未来。览中八篇，或者正面要求人主重贤礼士，借照贤者的远见卓识"先知其化"(《先识》、《观世》、《知接》、《乐成》)；或者从反面指证"智不至"而不信"贤者之言"，"为害大矣"(《悔过》)；或者转入认识论领域，论述正确认识事物所需条件及应当注意的问题(《察微》,《去宥》、《正名》)，皆不离既定主题。《审应览》集中讨论言辩问题，侧重三方面论说：其一，告诫人主出言应对，必须审慎，并以"至言去言"为最高境界(《审应》、《重言》、《精谕》)；其二，反对"言心相离"、"言行相诡"的诡辩(《离谓》、《淫辞》、《不屈》)；其三，虚实结合、理事相应，指出言语行动皆当以"诚"为务，才能使人信从(《应言》、《具备》)。上述二览都以览为单位划分主题，意义关联的各篇分属其下。其余六览也具有这样的结构特点，不过这种论证我们先放一放，因为，《先识览》和《审应览》的主题，给我们似曾相识之感，极似《洪范》"五事"中的"视"、"听"二事。

如果得到证实，无疑将为分析他览主题，提供线索。《尚书·洪范》载天帝赐禹之《洪范九畴》，其二为"五事"："一曰貌，二曰言，三曰视，四曰听，五曰思。""五事"各有要求和功用："貌曰恭，言曰从，视曰明，听曰聪，思曰睿。恭作肃，从作乂，明作哲，聪作谋，睿作圣。"关于"视"，《管子·宙合》说："目司视，视必顺见，见察谓之明。"董仲舒说:"明者,知贤不肖者,分明黑白也";"哲者知也。王者明则贤者进、不肖者退,天下知善而劝之,知恶而耻之矣"(《春秋繁露·五行五事》,下不注篇名者同)。《汉书·五行志》说:"'视之不明,是谓不悊',悊,知也……言上不明,暗昧蔽惑,则不能如善恶。"这些论旨,皆与《先识览》相合;而且,"识"与"视"意义相关,都指认识事物,由此可知《先识览》主题,实可归结为"视"。关于"言",董仲舒说:"从者可从";"'从作乂',言王者言可从,明正从行而天下治矣";《汉书·五行志》说:"从,顺也";"乂,治也。孔子曰:'君子居其室,出其言不善,则千里之外违之,况其迩者虖(乎)'"!所引孔子语见于《周易·系辞上》。《系辞上》还说:"子曰:'乱之所生也,则言语以为阶……是以君子慎密而不出也。"这些论说也都与《审应览》主题相符。因此《审应览》主题,实可归结为"言"。二览主题与"视""听"二事如此契合,会因为偶然的巧合吗?考虑到"五事"为战国秦汉时人津津乐道、考虑到《吕氏春秋》曾两次明文征引《洪范》①,我认为与其说是巧合,倒不如说是参照了《洪范》"五事"来设置主题,更能使人信服。那么其余六览是否还有参照"五事"设置的主题?回答是肯定的。

关于"貌",董仲舒说:"王者貌曰恭,恭者敬也";"言王诚能内有恭敬之姿而天下莫不肃矣"。《汉书·五行志》说:"内曰恭,外曰敬。人君行己,体貌不恭,怠慢骄蹇,则不能敬万事,失在狂易。"总之,行己处事当恭敬慎惧,是"貌"的要求。据此以观,《慎大览》主题近之。《慎大览》的《慎大》、《下贤》、《报更》三篇,或言"贤主愈大愈惧,愈强愈恐"、"惧事"能"持胜"之理;或言人主欲得贤士,必须"去其帝王之色","士虽骄之,而己愈礼之",甚至要人主"与天下之贤者为徒",其与"貌"事相合,显而易见。另外五篇反映主题虽非直接易见,但仍有内在联系。《权勋》一篇,论说"利不可两,忠不可兼",务求去小利、小忠。然而贪图小利、小忠,与嗜欲蔽目、忘乎所以不知戒惧有关,所以在刘向《说苑·敬慎》篇中,可见同样的论旨、用语甚至事例。《敬慎》篇总结说:"修身正行,不可不慎",

①　一见《孟春记·贵公》,一见《审分览·君守》。

"嗜欲使行亏"。这就显现出《权勋》主旨与"貌"的关系。其余《顺说》、《不广》、《贵因》、《察今》四篇，都围绕"因"的概念作文章，或言因人、因势，或言因时，因民。"因"者顺也；"顺"首先要有敬慎之心，否则"不能敬万事，失在狂易"，顺也就无从谈起。所以刘向在论说敬慎"五本"时说："能治敬以助天时，凶命不至而祸不来。"关于"听"，《伪孔传》说："察是非"；董仲舒说："聪者，能闻事而审其意也"；"谋者，谋事也；王者聪则闻事与臣下谋之，故事无失谋矣"。《汉书·五行志》则说："言上偏听不聪，下情隔塞，则不能谋虑利害。"这其实都是说听治统治之术。据此观之，《审分览》主题近之。其中《审分》、《勿躬》、《知度》三篇，要言政事委诸百官，人主"处平静、任德化以听其要"，具体做法是"按其实而审其名"，"听其言而察其类"，"有职者安其职，不听其议，无积者责其实，以验其辞"等；《不二》、《执一》二篇意义相贯，认为百家学说各异，"听群众人议以治国，国危无日矣"，应当"执一"以正；《任数》篇实则主张耳目心三官任术因时以行其职。此六篇不离听治之旨，其义甚明。《君守》篇倡言君道"必静"，"智乎深藏，而实莫得窥"，实则论说听而"聪"的主观条件，所以《管子·九守》篇"主听"一节，就有类似的论述①；《慎势》篇则论说藉势行权的思想，涉及"听"的主体与对象的关系，实则是听而"聪"的客观条件。因此，《审分览》八篇所言人君统治术，实以"听得而事得"为宗旨，皆与"听"事有关。

"五事"之末"思曰睿"，《伪孔传》说"必通于微"；董仲舒所引的"睿"皆作"容"，说："容者言无不容"，"王者心宽大、无不容则圣，能施设役事各得其宜也。"《汉书·五行志》也释"睿"为"宽"，不过其意指君上"宽大包容臣下"，似较董说狭窄。据此而观，《恃君览》主题近之。其中《恃君》、《长利》二篇，言君道以"利而物（勿）利"为本，"虑天下之长利"而不私利一己和子孙，这当然就要有"宽大无不容"之心；《知分》篇标榜"达乎死生之分"，"不以感私伤神"，亦以"心宽大"为基；《达郁》认为唯有"豪士与忠臣"，"敢直言而决郁塞

---

① 《九守》篇说："听之术曰：勿望而距，勿望而许。许之则失守，距之则闭塞。高山仰之，不可极也；深渊度之，不可测也；神明之德，正静其极也。"

也"，"人主贤则人臣之言刻"，正是"宽大包容臣下"之义；《行论》篇要人主以国事为重，必要时以宽大之心容垢忍辱；《骄悠》篇指责"亡国之主""自智"、"轻物"，正所谓"居上不宽"（《汉书·五行志》），不能容物。此外，《召类》篇言祸福为人自召，虽与"思"事无关，却是承前接言行事之不同结果；《观表》篇言"审微表"以"先知"，与"宽大"之义无关，却与《伪孔传》"必通于微"之说相通。因此，《恃君览》所言，大体与"思"有关。

据上所析，《吕氏春秋》中的五览，主题大体相当《洪范》"五事"。这表明八览的结构建设，应当是参照了《洪范》"五事"。当然，参照不是照搬，因此，五览的某些内容，容或与"五事"稍异；而"五事"的划分，也并未囊括八览的全部主题。究其原因，大概因为在战国晚期"五事"的分类与内容都还未像汉代那样最终形成一种公认的凝固形态，时人不免以意增损。但"五事"从人的生理功能、反应着眼将人事诸方面归纳分类的做法，无疑给八览的主题划分很大启发，这即便不是《洪范》的创造，至少也反映了战国时期普遍存在的思维方式。《吕氏春秋》中类似的分类屡见不鲜，诸如耳目口鼻（《贵生》）、耳目口心（《情欲》）、视听虑（《序意》）、体目耳口志（《孝行》，类似"五事"分类）、"气志视听动作"（《乐成》）、"容貌音声"、"行步气志"等（《精谕》）。这就启发我们在探究其余三览主题时，应当参照《吕览》的分类。

在《孝行览》中，首篇《孝行》言"务人"治天下，以孝为本；次篇《本味》言"必先知道"、"为天子"，方能"至味具"，都以修身砺节为宗。其余六篇要言行事、成功须遇贤主、待天时，但仍将修身砺节视为遇人、待时的先决条件。因此，此览主题或可归为"气志"之属。这不仅因为修身砺节，本来就是情操、志趣方面的问题，而且因为在《吕氏春秋》修身砺节以求遇人、待时的论说中，还渗透着"类固相召，气同则合"的道理（《应同》，文见《召类》）。《离俗览》八篇，则大体围绕缘理义以定行止的问题展开论说。《离俗》、《高义》二篇，赞赏君子"动必缘义，行必诚义"，高洁异俗，《上德》、《用民》、《适威》三篇，言治国行事，德义为上，"其次以赏罚"，《为欲》篇主张以义正欲，"行义"以"得欲"；《贵信》篇阐述行必以理，必由道；

《举难》篇则要求"责人以人，自责则以义"。依照《吕览》的分类，或可归为"动作"、"行步"之属，亦即《管子》所言"足有履"之列（《白心》）。

最后谈谈《有始览》。此览与众不同，很难以人事某一方面概括，颇似八览总纲。这主要因为：第一，《有始篇》集中体现了诸览分类构建的思想基础；第二，其余六篇与相应各览在内容上有所关联。首篇《有始》，虽以"天地有始"发论，但却鲜言天地始生的原因、过程，着重阐述的是天地已成的"殊形殊能异宜"，如"天有九野"、"地有九州"及九山、九塞、九薮、八风、六川之类。这充分显露出作者对万物"众异"的特质，具有足够的重视，并期望运用分门别类的方法，使之系统化和条理化。依据篇中"天地万物，一人之身也，此之谓大同"的说明，阐明天地自然"众异"，实质上也就揭示出人的生理功能、反应和人事行为必然"众异"，这同样需要用分门别类的方法，才能使之系统和条理化。而"天斟万物，圣人览焉，以观其类"一语，已经明白无误地点出这种由自然到人类的观览，必然发生，这大概正是八览以"览"为名的由来。因此我认为，作为诸览诸篇之始，《有始篇》如此不吝言辞，分类规划天地自然之"众异"，其潜在目的是为其余七览分类规划人事，提供理论上的依据。而以天地自然之理推导人事，本是吕不韦和《吕览》的一贯方针。

如果说《有始》篇提供了分类规划人事的方法，那么其余六篇可视为运用这种方法对人事所作的大致分类。因为在内容上，各篇与相应各览主题大体有着两相对应或相互通连的关系，览中论说不过是具体和丰富了而已；《应同》篇阐述"类固相召，气同则合，声比则应"的道理，与《孝行览》主题相应；《去尤》篇论述正确认识事物，必先去胸中"所尤"，是《先识览》的方法论；《听言》篇既要求听言而察，又主张出言而当，与《审应览》主题相符；《谨听》篇论说听治断事之术，与《审分览》主题不二；《务本》篇辩说先公后私，私离于公的道理，与《恃君览》主题相通；《谕大》篇指出治国"谋物"，皆当期以"大义"，与《离俗览》主题有着内在联系。① 正因为《有始览》既提出

---

① 据此推测，《有始览》所缺一篇，或当与《慎大览》主题有关。

了分类以"览"的原则，又作出了上述大致的分类，视为八览总纲，或许符合实情。其名为"有始"，正反映出八览枢机的重要地位，大概暗寓八览之始的意思。

八览与十二纪的结构建设具有明显的区别。在十二纪中，顺应天道的思想不仅仅反映于具体内容，也鲜明地表现在结构载体上。而八览则依据自己对人事各主要方面的理解，分类论说，效法天地确定人的行为规律的思想只是渗透于具体论说中，但不表现在结构形式上。如果参照《序意》所言，很显然，八览的结构建设所依循的是"中审之人"的准则，各览所论，其实都是在各自的主题范围内确立人事之"信"，而各个侧面的、局部的人事之"信"汇总起来，也就构成了"人曰信"的整体面貌和丰富内容。正因为这些人事之"信"渗透着天地之道，在作者看来，如若遵行不悖，自然天听民从，这是八览结构体系的根本着眼点。

4. 既然十二纪和八览都有严整的结构体系，是按"上揆之天"和"中审之人"的需要构建，那么六论亦当自具系统，而且应当是按"下验之地"的思想来构建，就是合乎情理的推论。

六论包括《开春论》、《慎行论》、《贵直论》、《不苟论》、《似顺论》、《士容论》，据实际状况考察，应该说，其结构的严整性的确不如十二纪和八览，这主要表现在以下两个方面：其一，论的主题有时不够集中和突出。也就是说，有时不能以论为单位来归纳，一论中或许包纳两个以上的论题；其二，在大致统一的论题下，篇与篇之间意义上的连属关系，有时不像纪、览那样紧密。尽管如此，六论的结构也的确自具系统，这主要表现在其主题和论说与古人认为地所具有的属性和功能之间，大多有或明或暗的联系，目的则是法地之德以行人事。

由此考虑问题，六论的思想和内容就比较易于把握，有些难点也可得以解释。首先，《士容论》的《上农》、《任地》、《辩土》、《审时》四篇，历来被视为农家遗说，这是不错的。但为何选入论中，却鲜见合理解释。其实，如从六论结构与"下验之地"的关系考虑，这个问题不难理解。因为在古人眼中，地尽管有多种属性和功能，但载物而养之却是有关人类生存的头等大事，"下验之地"自然要求"秉耒躬耕，采桑亲蚕，垦草殖谷，开辟以足衣食，所以奉地本也"（《春秋繁露·立元神》)。如从法地之德的目的着眼，"动静不时，种树失地之宜"（黄帝古佚书《经法·论》），还不仅是"地道不宜，则有饥馑"的民生问题（《管子·五辅》），更是"天地之道逆矣"的重大行为失误（黄帝古佚书《经法·论》），因此，置于论中论说，正与结构的目的性相统一。

其次，六论中以臣佐、士民为论说对象的文字，较十二纪、八览大大增多，这是因为"主执圜，臣处方"（《圜道》）、"为人君者，其法取象于天"，"为人臣者，其法取象于地"（《春秋繁露·天地之行》），乃为古人常有的认识，这虽然并非绝对的界限，但内容上有所侧重是很自然的事。

再次，所谓"地道方"、"地曰固"，主要注目于地载万物各有其类，古人由此出发，遂推导出众多的人事准则。六论中的不少篇章，正是据此论说。比如，由"万物殊类殊形，皆有分职，不能相为"，既可推导出"六者当位"、人伦十际的等级制度，还可推导出"百官各处其职，治其事以待主"的政治制度（《圜道》），因此《慎行论·壹行》、《似顺论》的《处方》、《分职》、《慎小》等篇，皆据以论说；又如，万物各有其类而不变，是因为各有其道，各守其德，这又可推导出人臣"暴其形而著其情"、"竭愚写情，不饰其过，所以为忠也"的伦理道德（《春秋繁露·天地之行》）。诸如言行不苟、直言进谏、取舍不妄等，皆属所列。因此，《慎行论》的《慎行》、《无义》，《贵直论》的《贵直》、《直谏》，《不苟论》的《不苟》、《士容论·士容》等，都与此有关；再如，辨明部类是分清职守、谨守其德的前提条件，似是而非必然导致混乱失序。因此，《慎行论·疑似》、《似顺论》的《似顺》、《别类》、《有度》等篇，就此论说。而《慎行论·察传》、《贵直论》的《过理》、《壅塞》等，实亦与此有关。

最后，地的其他属性还可推导出另外一些人事准则，如由地的厚载无私，可推导出人当厚积其德，《开春论·开春》篇思想近之；由地的宽厚慈爱如母，又可推导出仁爱之石，《开春论·爱类》主旨近之，由地的广大容众物，还可推导出求大定小的道理，《士容论·务大》内容近之，等等。

此外，六论中的一些篇章，虽然与地之德没有什么直接的联系，但却与他篇内容具有某种连属关系。如六论中有数篇呼吁知贤、用贤的文章，而知贤重用，当然首先是因为他们有"竭愚写情"的忠贞品德。当然，六论中也确有少数篇章，与地之德既无直接联系，也无间接关系，何以入围，实难揣摩。《开春论》的《审为》、《贵卒》、《贵直论·原乱》和《不苟论·贵当》属于此列。这也许是因为编者不审，误入其中，或许是两千多年的历史间隔，造就了理解上的障碍。但区区四篇之数，毕竟不反映本质，不应当也不可能改变六论结构体系的基本规律。

5. 概括而言，我对《吕氏春秋》结构体系的基本看法如下：

《吕氏春秋》的总体结构，是据"法天地"以行人事的基本思想来设计，这与其思想体系的主导倾向正相表里。在这样的总结构下，十二纪、六论和八览分别依照"上揆之天、下验之地、中审之人"的方法论三要素，构建成三个既相联系，又相区别的结构系统。三者联系的枢纽，在于天道、地理、人纪相通，揆天验地最终都落实于人事，这以"天地万物，一人之身"的"大同"宇宙观为哲学基础（《有始》，以下同）；三者区别的界河，则在于天道、地理、人纪毕竟有别，人之揆天验地也就有不同的具体内容，这以"众耳目口鼻"、"众五谷寒暑"的"众异"思想为理论依据。因此，十二纪按"天曰顺"的规律安排人事；六论则按"地曰固"的特性广加推绎；至于八览，则按"人曰信"的要求，参照了(《洪范》)"五事"分门别类地论述人事行为规范，而这些规范又往往能从天道、地理中找到根据。这样，三个结构体系之结合，就使得《吕氏春秋》的总体结构具有了严整的系统、鲜明的目的和清晰的格局。

应当承认，在我对《吕氏春秋》结构体系的探讨过程中，十二纪、八览和六论的篇章组合之数，引起了我的注意，并最终坚定了我对三个结构体系的认识。如前所言，十二纪的篇章组合之数是十二与五，八览是八与八，六论是六与六。这不禁启人疑窦：为什么纪、览、论一定要使用三组不同的数字来规定篇章？如果说纪必须依循十二个月数，难与览、论统一，那为什么览和论的篇章数仍旧不同？这显然不是偶然的随想，而是有意的选择。那么作者为何作此选择？

原来，在古人心中，自然数字不仅是用以计算的数学符号，还是一种反映和表现内容的形式符号，他们运用时甚为讲究，往往成为论证思想、表现内容的有力工具。这在阴阳五行学说盛行的战国秦汉时代，尤为如此。董仲舒在论述"天人之学"时，在这方面就不仅有示范表演，也作了理论的解说，这见于《春秋繁露·人副天数》篇。他说："身犹天也，数与之相参，故命与之相连也"，"比而偶之，弇合于其可数也"。因此，"人有三百六十节，偶天之数也；形体骨肉，偶地之厚也"；"小节三百六十六，副日数也；大节十二，分副月数也；内有五藏，副五行数也；外有四肢，副四时数也"。这种类比当然是牵强附会的，之所以如此，董仲舒没忘交代理由："是故陈其有形以著其无形者、拘其可数者，以此言道之亦宜以类相应，犹其形也以数相中也。"显然，他所考虑的只是如何用形式上的"数相中"，去证明内容上的"类相应"。在战国时代成书的《黄帝内经》中，也可见到许多这类"人副天数"之例①。而《吕氏春秋》的十二纪首篇，就已经用八、七、五、九、六五个数字与五行、五日、五章、五色、五音、四季等相配，以描摹"天曰顺"的蓝图，可见对这种做法是相当熟悉的。因此，十二纪、八览和六论用三组数字规定结构载体，应当是出于内容的需要。事实的确如此。

十二纪的结构体系要反映顺应天道的内容，而十二与五，正是古人心目中的"天数"。"十二"这个数字，常用于天象、天体、天时，如十二次、十二辰、十二宫、十二月等，古人视为天数，易于理解。所以董仲舒说："十二者岁之度也"，"十二而天数毕"(《春秋繁露·官制象天)；《汉书·律历志》也说："制礼上物，不过十二，天之大数也。"因此十二纪之数，既是循月数而成，也暗寓天数之义。至于"五"，《汉书·律历志》说："天之中故五"，根据的是《周易·系辞上》。《系辞上》将一至十的自然数按奇偶分开。认为奇数是天数，偶

---

① 例如《素问》的《气穴论》和《气府论》，总言人的命穴数都说是三百六十五，但实际上《气穴论》中只提到三百四十二穴，而《气府论》中则有三百八十六穴(参任应秋《〈内经〉十讲》第 49 页，北京中医学院 1978 年内部印刷)。之所以不顾自相矛盾强用三百六十五之数，显然是为了体现身与天合一的思想，追求穴数与日数的一律。

数是地数。在一、三、五、七、九五个奇数中,"五"位居其中,所以被视为天数的代表。五行学说中的金木水火土,五种物质都产于地,古人却偏偏认为"天有五行"(《春秋繁露·五行对》),恐怕正因为"五"为天数,所以配天。八览以八与八组合而"中审之人",《汉书·律历志》有段文字,简直是专为解惑辨疑所作:"人者,继天顺地,序气成物,统八卦、调八风、理八政、正八节,谐八音,舞八佾,监八方,被八荒,以终天地之功,故八八六十四卦。其义极天地之变……以应六十四卦……"如果参照《周易·系辞下》所说,伏羲氏"作八卦","以通神明之德,以类万物之情",可见古人心中,"八"这个数字自八卦始创之日,就与人事关联。《汉书·律历志》这段文字,本为解释十二律中"太族为人统,律长八寸"所写。而"人统"之律以"八寸"为限,又一次反映了"八"与人事的关系。六论以六与六组合,反映效法地道的内容,则是因为"地之中数六"(《汉书·律历志》)。"地之中数六"与"天之中数五"来源相仿,因为在二、四、六、八、十五个偶数之中,"六"位居其中,所以古人视为地数的代表。《黄帝内经》将人之"六府"配地,说:"六者,地气之所生也,皆藏于阴而象于地"(《灵枢·五脏别论》);《汉书·律历志》则说"林钟为地统,律长六寸",都是六数配地的具体运用。据此可知,《吕氏春秋》纪、览、论三个结构体系分别用三组数字来规定载体,实与内容契合,暗蕴深义。当然,古人心目中天、地、人之数既多,运用时也并非完全一致。但是我想,只要能把握数字形式与内容的关系,选用哪些数字来反映内容,是自己的自由,吕不韦当然也有选择的权利。

其实,借助结构的篇章数字反映书籍内容,对《吕氏春秋》而言,既非"前无古人",亦非"后无来者"。如《黄帝内经》的《素问》、《灵枢》两大部分各有八十一篇、淮南王所以强调《淮南子》只二十篇(《淮南子·要略》)、梁刘勰《新论》规定五十五篇之数等,在我看来都是出于反映内容的需要。限于篇幅,只举《新论》为例。《新论》一书,明人评为:"泛论治国修身之要,杂以九流之说。"①其结构甚为奇

① 林其锬、陈凤金《刘子集校·附录一》,上海古籍出版社 1985 年版,第 310 页。

特。此书十卷，其中卷一、三、六、七和卷九，每卷六篇；其余五卷，每卷五篇，合为五十五篇。这当然是有意设计。如果视六为地数代表、五为天数代表，那么五卷六篇就表示五个地数之义，五卷五篇就表示五个天数之义，这与《周易·系辞上》所说一至十中"天数五、地数五"正相吻合。而且，如果将表示天数的五个"五"相加，是二十五；将表示地数的五个"六"相加，是三十；天地之数相合，是五十五。这又与《周易·系辞上》所说"天数二十有五，地数三十①，凡天地之数五十有五"正同。这"五十有五"之数，《系辞上》认为"所以成变化而行鬼神也"，《新论》用之，显然是为了表示其书取舍"九家之学"，包宏天地之道的意思。认识这样的事实，其意义不仅在于能使我们对《吕氏春秋》用数字表现和反映内容的做法见而不怪，而且对据此理解《吕氏春秋》三个结构体系的内在规律，并进而把握全书总体结构之要旨，都应当不无启发。

（原载《北京大学学报》（哲学社会科学版），1990年第5期）

【评介】

《论〈吕氏春秋〉的结构体系》的作者吕艺，1982年2月，北京大学中国语言文学系本科毕业，获学士学位，1984年7月，北京大学中文系毕业，获硕士学位，留系任教，1988—1991年，在北大中文系攻读博士学位，现为北京大学新闻与传播学院教授、新闻系系主任、中国新闻学研究会常务理事。主要研究领域为新闻编辑、汉语言修养、编辑实用语文与写作、中国的社会与文化、中国文化史、大学语文，专著、合著有《玉台新咏译注》、《散文写作》等9部，在《北京大学学报》、《文学遗产》、《文献》等期刊发表论文20多篇，主要获奖有北京大学第五届科学研究成果论文二等奖等多项。

《论〈吕氏春秋〉的结构体系》是吕艺博士论文《吕氏春秋研究》第二章《思想篇》的缩论，发表于《北京大学学报》（哲学社会科学版）

---

① 指一、三、五、七、九相加，为二十五，二、四、六、八、十相加，为三十。

1990 年第 5 期，论文共分 5 部分：小引部分主要说明《吕氏春秋》虽"杂"不乱，自成一家，结构体系"严谨系统，井然有秩"，对于该书结构体系，论者寥寥，有探讨之必要。

第一部分，作者提出从《吕氏春秋》的结构看，"外观极为规整，很难想象出于随意的拼凑"，并引《四库提要》、余嘉锡《四库提要辨正》为证，然后提出"八览、六论的结构怎样？与十二纪的结构关系如何？其整体的组合基于怎样的设计，要体现什么构想"的问题，进而从体现吕不韦基本思想和编纂宗旨的《序意》入手进行研究，得出"法天地"以行人事，是《序意》篇通篇阐论的基本思想和行为准则，吕不韦期冀以此作为判断"是非可不可"的根本标准……提出"上揆之天，下验之地，中审之人"的方法论，并以"天曰顺，顺维生；地曰固，固维宁，人曰信，信维听"为审验标准。作者通过"天曰顺，顺维生；地曰固，固维宁，人曰信，信维听"的解释与论证，并从内容与形式的关系考虑，提出："《序意》篇的基本思想和方法论，不仅会对全书思想内容产生作用，也会对结构建设产生影响，唯有结合起来研究，才可望获得正确的结论。"

第二部分，主要论述十二纪的结构体系，作者对余嘉锡的观点进行了补充和完善，认为"十二纪六十篇，结构上实可分为两个系统：各纪首篇合为一系统，后四篇合为一系统"，"十二纪两个结构体系的构建思想，并非绝对矛盾，之所以并不等同，只是因为包容面大小不一，前者大于后者，可以包容后者"，最后指出十二纪这种顺应天道的根本构建思想，正是以"是法天地"以行人事的基本思想衍生，在方法论上则属于"上揆之天"的内容。而"春生夏长秋收冬藏"正是体现了"天曰顺"的道理，是天道之"信"的具体表现。十二纪依照顺应天道的思想来构建，实质也就是在为"人曰信"中法天之道的部分作诠解。

第三部分，主要论述的八览结构体系，作者认为《先识览》和《审应览》的主题，给我们似曾相识之感，极似《洪范》"五事"中的"视"、"言"二事，然后通过具体论证，推断《吕氏春秋》参照了《洪范》"五事"来设置主题。然后论证《先识览》主题，实可归结为"视"，《慎大览》的主题近"貌"，《审应览》主题，实可归结为"言"，《审分览》主题近"听"，《恃君览》所言，大体与"思"有关。"五事"从人的生理功能、反应着眼将人事诸方面归纳分类的做法，无疑给八览的主题划分以很大启发，至于《孝行览》，主题或可归为"气志"之属，《离俗览》，则大体围绕缘理义以定行止的问题展开论说。《有始览》颇似八览总纲，其名为"有始"，正反映出八览枢机的重要地位，大概暗寓八览之始的意思。作者最后指出，八览与十二纪的结构建设具有明显的区别。在十二纪中，顺应天道的思想不仅仅反映于具体内容，也鲜明地表现在结构载体上。而八览则依据自己对人事各主要方面的理解，分类论说，效法天地确定人的行为规律的思想只是渗透于具体论说中，但不表现在结构形式上。

第四部分，主要论述"六论亦当自具系统，而且应当是按'下验之地'的思想来构建"，作者指出，尽管六论结构的严整性的确不如十二纪和八览，但"六论的结构也的确自具系统，这主要表现在其主题和论说与古人认为地所具有的属性和功能之间，大多有或明或暗的联系，目的则是法地之德以行人事"。从这方面考虑，《士容论》的农家四篇遗说入选，实与"下验之地"有关，由于大地象征臣民，所以六论中以臣佐、士民为论说对象的文字较多，再由"地道方"、"地曰固"，推导出众多的人事准则。当然，六论中也确有少数篇章，与地之德并没有什么联系。

第五部分，总结并对全书结构中数字寓意进行探讨。作者认为：《吕氏春秋》的总体结构，据"是法天地"以行人事的基本思想来设计……十二纪、六论和八览分别依照"上揆之天、下验之地、中审之人"的方法论三要素，构建成三个既相联系，又相区别的结构系统。三者联系的枢纽，在于天道、地理、人纪相通，揆天验地最终都落实于人事……十二纪按"天曰顺"的规律安排人事；六论则按"地曰固"的特性广加推绎；至于八览，则按"人曰信"的要求，参照了《洪范》"五事"分门别类地论述人事行为规范，而这些规范又往往能从天道、地理中找到根据。这样，三个结构体系之结合，就使得《吕氏春秋》的总体结构具有了严整的系统、鲜明的目的和清晰的格局。

《吕氏春秋》十二纪的篇章组合之数是十二与五，八览是八与八，六论是六与六，"纪、览、论三个结构体系分别用三组数字来规定载体，实与内容契合，暗蕴深义"，这对把握全书总体结构之要旨不无启发意义。

吕艺的这篇论文发表于23年前，在当时《吕氏春秋》研究相对冷落的情况下，撰文专门就吕书的结构体系进行探讨，选题是新颖的，对吕书结构体系的认识是深刻的，也比较客观，特别是其对《尚书·洪范》"五事"给予八览结构体系的影响，对六论"自具系统"的阐发，对全书整体结构设计的说明，对三个结构体系分别用三组数字来规定载体的抉发，都有独到之处。整个论述言之成理，层次清晰，语言平实，显示出作者扎实的文献功底。

（王启才）

吕艺《吕氏春秋》研究主要论著：

《中华活页文选：王者之风——〈吕氏春秋〉选讲》，中华书局，2001年版。

《论〈吕氏春秋〉的结构体系》，《北京大学学报》，1990年第5期。

《吕氏春秋》的传播意识探索

王启才

早在先秦，我国就有颇为丰富的传播活动。《吕氏春秋》成书于秦统一之前，书中含有较为丰富的传播活动与传播观点，有不少精辟的见解和较为典型的例证。

从传播媒介看，先秦传播手段原始，主要是口语传播。方汉奇说："在秦以前，主要是以口头的方式进行，汉以后，逐渐转为主要以书面的方式及口头的方式并行。"①所以，《吕氏春秋》着重论述的是口语传播，但也特别关注和营造书面语传播的效果，尤其值得注意的是，它还论述了非语言传播问题。

一 具有明确的传播意图

《吕氏春秋》系吕不韦组织门客编纂的一部政论书，吕不韦有着明确而强烈的传播意识。不韦生活在战国后期列国纷争、七雄争霸、百家争鸣、谋臣策士摇唇鼓舌的大环境，往来买贱卖贵的商人职业，使他见多识广，对信息的捕捉能力极强，眼光敏锐，头脑灵活。尤其是编纂、公布《吕氏春秋》，凸显了其卓越的公共传播意识，在中国传播学史上留下了浓墨重彩的一笔。据《史记·吕不韦传》记载：

---

① 方汉奇：《中国新闻事业史》第一卷，中国人民大学出版社 1992 年版，第 18 页。

……是时诸侯多辩士，如荀卿之徒著书布天下。吕不韦乃使其客人人著所闻……号曰《吕氏春秋》。布咸阳市门，悬千金其上，延诸游士宾客，有能增损一字者予千金。

有人说吕不韦只是一个商人、政客，没读过什么书，没有接受过多少正规的教育。这种看法是不对的，试想一个胸无点墨的人，哪会有如此强烈的文化传播意识？这么看来，《秦会要》中记载"不韦好经书"，倒是可信的。其编书的动机是受荀卿等人"著书布天下"的影响，是不容置疑的，但其意图并不是纯粹为个人争名誉，其中也有为秦国确立治国指导思想，并进行文化积累，进而长保吕氏集团的利益等因素。

《吕氏春秋》成书以后，吕不韦命人将其悬挂在咸阳城门，让公众知晓，并以"一字千金"的许诺作公开宣传，有人说这种做法是给书做广告，陈静甚至认为它相当于今天的"炒作"，其目的无非是"扩大与加深自己著作在社会公众间的影响"。依我看，这种行为背后还有更为深层的政治目的与现实针对性，比如在治国指导思想等方面与秦王的矛盾，权力交接在即，吕不韦公布自己的治国思想是为了广为人知，迫使秦王接受等，但无论如何，吕不韦具有公众传播意图与观念，则是十分明确的。陈静接着说：

> 作者以自己姓氏命书，以前没有，吕不韦是历史上第一次。作者以自己姓氏命书，与作者署名的作用是一样的。
>
> 《序意》篇实际上是该书序言……就是为了向陌生的公众读者推荐自己的著作。……这样的作者观念，是以前从未有过的……吕不韦具有明确的公众传播观念与自觉的作者意识，这些在当时只是局部现象或个别现象，并非普遍现象。①

之所以征引这段话，是因为其观点较为公允，对吕不韦和《吕氏春

---

① 陈静：《先秦至魏晋文人著述观念的变化》，《首都师范大学学报》（社会科学版）2005 年第 2 期。

秋》在中国传播史的贡献，对后世产生的较大影响，定性、定位比较
准确。正是因为吕不韦有如此明确而强烈的传播意识，《吕氏春秋》
一书才有着较为丰富的传播活动与事例的记载，才有较为明确的传播
观点与传播思想。

二　对传播功能的重视

《吕氏春秋》认为上传下达的政治传播在治国方面发挥着重要作
用，它要求君主主动接受臣下的建议，鼓励臣下进谏，要"善听"，
即善于纳谏；同时，它还要求臣子对君主的过失要敢于直谏，善于讽
谏，如《贵直》说：

> 贤主所贵莫如士，所以贵士，为其直言也，言直则枉者见
> 矣。人主之患，欲闻枉而恶直言。

《直谏》说：

> 言极则怒，怒则说者危，非贤者孰肯犯危……无贤者不闻极
> 言，不闻极言则奸人比周，百邪悉起，若此则无以存矣。

《达郁》说：

> ……国亦有郁。主德不通，民欲不达，此国之郁也……故圣
> 王之贵豪士于忠臣也，为其敢直言而决郁塞也。

接着征引《国语》中"召公谏厉王弭谤"的故事，说明"治民者宣之使
言"的重要性；如果上传下达的传播渠道不畅，有可能造成君主国亡
身死的可悲下场！《吕氏春秋》对政治传播功能的高度重视，于此可
见一斑。

三 对先秦传播活动的记载与评价

《吕氏春秋》是一部政论书，讲的是帝王之道，因此它对传播活动的评价多偏重于道德、政治、功业、名声等方面，如：

> 三苗不服，禹请攻之，舜曰："以德可也。"行德三年，而三苗服。孔子闻之，曰："通乎德之情，则孟门、太行不为险矣。故曰德之速，疾乎以邮传命。"(《上德》)

这段话突出了以德治国、以德教化的重要性，也客观地道出了战国时期"以邮传命"的邮驿制度，在传播史上具有重要意义。

> 荆庄王好周游田猎，驰骋弋射，欢乐无遗，尽传其境内之劳与诸侯之忧于孙叔敖。孙叔敖日夜不息，不得以便生为故，故使庄王功迹著乎竹帛，传乎后世。(《情欲》)

这段话突出了传播的目的与价值，"功迹著乎竹帛，传乎后世"，显示出《吕氏春秋》渴望"不朽"的意识和对政治、功名事业传播的高度重视。

> 周宅酆镐，近戎人。与诸侯约，为高葆祷于王路，置鼓其上，远近相闻，即戎寇至，传鼓相告，诸侯之兵皆至救天子……幽王欲褒姒之笑也，因数击鼓，诸侯之兵数至而无寇。至于后戎寇真至，幽王击鼓，诸侯兵不至，幽王之身乃死于丽山之下，为天下笑。(《疑似》)

周幽王宠幸褒姒"烽火"戏诸侯的故事，《诗经》、《国语》、《史记·周本纪》、《说苑》等都有记载，《吕氏春秋》所载故事内容与其他典籍大体相同，只是传播媒介是鼓而不是烽火。这则故事在传播学史上的意义有二：一是记载了周代军事传播的媒介，二是说明了传播者应具备诚信的品质，否则，会受到失信所带来的严厉惩罚。

> 国弥大，家弥富，葬弥厚。含珠鳞施，玩好货宝钟鼎壶滥，舆马衣被戈剑，不可胜其数……奸人闻之，传以相告。上虽以严威重罪禁之，犹不可止。(《节丧》)

这段话旨在戒侈葬，因为葬品越好、越丰厚，越会引起盗墓者的注意和兴趣，他们高兴地相互奔走传告，自然坟墓被盗的可能性就越大，即使是君主严禁重罚，也无济于事。其中"奸人闻之，传以相告"指出了消息传播之秘密、迅速。

> 乱国之俗，甚多流言，而不顾其实，务以相毁，务以相誉，毁誉成党，众口熏天。
>
> 郑国多相县以书者，子产令无县书，邓析致之。子产令无致书，邓析倚之。令无穷，则邓析应之亦无穷矣。是可不可无辩也。

这两段话说明了如下两个问题：国家动乱是流言传播的温床，流言混淆视听，对社会危害甚大；郑国为便于新法令的宣传和实施，有把新法令悬挂起来示人的习俗，这在传播史上很有意义，但由于大夫邓析与执政大臣子产对着干，使人可不可无辨，致使国家陷入混乱，可见，法令要统一、明确。

> 孔子曰："昔者舜欲以乐传教于天下，乃令重黎举夔于草莽之中而进之，舜以为乐正。夔于是正六律，和五声，以通八风，而天下大服。"(《察传》)

这段话中与传播学有关的词语是"传教"，即传布教化。《吕氏春秋》称引孔子，认为音乐深入人心，是教化百姓、移风易俗的工具，在教化传播方面成效明显。

四 《吕氏春秋》传播观

《吕氏春秋》在记载传播活动的同时，也或隐或显地表达了其传播观：

1. 传播要为治国服务，为当时的中心工作——思想统一服务

《吕氏春秋》成书之时，百家争鸣已近尾声，天下"定于一"的大势已成。随着军事、政治上的统一，思想也必须统一，所以《吕氏春秋》对那种"反以相非，反以相是，其所非方其所是也，其所是方其所非也"（《安死》）的陋俗非常反感，鉴于"乱国之俗，甚多流言……贤不肖不分"（《离谓》）的事实，《不二》说："听群众人以治国，国危无日矣"，提出要"齐万不同"、统一思想：

> 有金鼓，所以一耳；必同法令，所以一心也……故一则治，异则乱；一则安，异则危。夫能齐万不同……如出乎一穴者。

至于如何统一思想，《吕氏春秋》反对单纯诉诸武力，主张以说服教育为主、武力征服为辅，如《禁塞》说：

> 早朝晏罢，以告制兵者，行说语众，以明其道。道毕说单而不行，则必反之兵。

需要补充的是，《吕氏春秋》虽然看到百家争鸣、私学传播不利于思想统治的一面，明确反对名家邓析"可不可无辩也"的学说，但是，《吕氏春秋》反对的仅是没有事实根据、毫无原则的乱说，并不是不让人说，相反，它比较重视舆论传播的监督功能，提倡直言谏诤，以有利于下情上达，决策治国。

2. 对传播手段与效果的诉求

明胡缵宗《愿学编》说："今之邮驿传……犹血脉然，宣上达下，不可一日缓者。"早在战国晚末，《吕氏春秋》已认识到上传下达政治传播的必要性和重要性。面临一个即将统一、前所未有的秦帝国，疆域辽阔、人口众多，如何才能有效地统治与治理，是一个亟待解决的难题，而要想进行有效的统治与治理，构建多渠道的信息收集、发布系统，建立发达的邮驿设施，下情上达，政令畅通，是关键。《圜道》说：

> ……圣王法之，以令其性，以定其正，以出号令。令出于主口，官职受而行之，日夜不休，宣通下究，瀸于民心，遂于四方，还周复归，至于主所，圜道也。令圜，则可不可，善不善，无所壅矣。无所壅者，主道通也。故令者，人主之所以为命也，贤不肖、安危之所定也。

从这段话可知，《吕氏春秋》对政治传播特别关注，尤其是对传播的手段、速度、广度和效果等都有所考虑与要求。如对于重大法令的颁布，皇帝诏令的传达、紧急事件的上传，重要公文的传递等，要通过驰道、邮驿系统日夜不停地传递，迅速地宣布与传达，并及时反馈信息；需要广大民众知晓的，要注意广泛而深入的宣传，尽可能做到四方人士，妇孺皆知；在宣传效果方面要威恩并用，深入民心，为他们所理解与支持。政令、奏议、土风民情的不断下达与上传，正如人体的血液循环，只有循环不已，才能保障国家这个有机体得以正常运转。

针对当时"田畴异亩，车涂异轨，律令异法，衣冠异制，言语异声，文字异形"严重妨碍传播和交流的情形，为达到上述目的，国家就要考虑进行统一和规范，就要开辟、运用先进的传播渠道。后来秦始皇实行"书同文"的政策，修筑著名的驰道和直道：

> 秦为驰道于天下，东穷燕齐，南极吴楚，江湖之上，滨海之观毕至。道广五十步，三丈而树，原筑其外，隐以金椎，树以青松。①

---

① 贾山：《至言》。

秦始皇五次巡行各地，就是为了加强对全国各地的控制与督察，显示皇帝威势，保证政令、信息畅通。

在传播效果方面，《吕氏春秋》要求君主有远见卓识，能掌握传播的主动权。《吕氏春秋》认为，君主以一人之身，面对众多臣民传播者，为树立君主绝对权威，尽量减少失误，尤其要做到"有识"，牢牢掌握传播的主动权。具体说来，要给予正常的渠道，允许臣下集议、讽谏甚至直谏，以广泛收集各方面的信息；面对臣子的言论、大臣的集议、民间的舆论，君主要能识别其高下优劣，然后采纳良策，弥补时阙，从容决策；再者，"人主之言，不可不慎"，"人主出声应容，不可不审"，君主言出法随，一言一行，关乎国运民生，出言应特别谨慎，以免造成被动，出现失误；最后，君主要执要、顺随，因势治人，《审应》说：

> 凡主有识，言不欲先。人唱我和，人先我随，以其出为之入，以其言为之名，取其实以责其名，则说者不敢妄言，而人主之所执其要矣。

3. 六"贵"的要求

《吕氏春秋》以贵名篇的是《贵公》、《贵因》、《贵卒》、《贵当》、《贵直》和《贵信》，今天看来，这6篇文章多少都与传播有关联，如《贵卒》说：

> 力贵突，智贵卒。得之同则速为上，胜之同则湿为下。所为贵骥者，为其一日千里也；旬日取之，与驽骀同。所为贵镞矢者，为其应声而至；终日而至，则与无至同。

其中的"湿"，犹"迟，久之也"，《荀子·修身》有"卑湿重迟"之说。这段话虽是讲军事对抗中智与力的重要性的，但很显然，智、力与传播时间与速度又密切相关。余下5篇，在传播方法，特别是在说服传播的内容与技巧上颇有独到的论述。首先，从传者方面看，一定要有一个客观公正的态度。《贵信》说："凡主之立也，生于公"，在政治、军事传播方面，君主一定要从国家利益出发，做到公正无私，不能恣意妄为；还要讲求诚信，"凡人主必信，信而又信……故信之为功大矣"（《贵信》），君主的威势再大，如果不能取信于人，人们也难以听从，周幽王为博褒姒一笑戏诸侯就是典例。如果说下行传播如此，那么，臣下游说、进谏的上行传播亦如此。要力戒那种凭一己之私利，故意增损信息的"淫说"；不仅要"贵直"，而且要"贵因"、"贵当"，即"不可强求，各由其道"，"因其固然而然"，具体说来，就是要把握进谏、劝说对象的特点，了解其心理与要求，预测事态的变化趋势，因人、因势、因事、因时、因地而异；不仅要注重实际、洞察变化，而且要适度恰当，能准确地反映物理实情，力戒知小而不知大的"小察"，和想当然的"推知"（《别类》）。其次，从受众方面看，《吕氏春秋》强调学习、接受的重要性，"不知而自以为知，百祸之宗也"（《谨听》），但在接受信息的过程中，要"去其尤"，要避免有个人的好恶和"先入之见"；还要对所接受的信息进行审察和分析：

> 听言不可不察，不察则善不善不分。善不善不分，乱莫大焉。（《听言》）

即要"察传"；否则，"闻而不审，不若无闻矣"；对于使人迷惑的"疑似之迹，不可不察"，而要做到不为表面的现象所迷惑，就必须对有关信息进行审察、分析，做到"知之审"。（《疑似》）

4. 对非语言传播的重视

所谓非语言传播，是指人类除语言之外进行传播的所有符号，如面部表情，体态手势，服饰发型、声音暗示、环境利用等许多方面。《吕氏春秋》已经记载并重视这种重要的传播手段。如《重言》说：

> 齐桓公与管仲谋伐莒，谋未发而闻于国……少顷，东郭牙至……管仲曰："我不言伐莒，子何故意之？"对曰："臣闻君子有三色：显然喜乐者，钟鼓之色也；湫然清静者，衰绖之色也；艴然充盈，手足矜者，兵革之色也。日者臣望君之在台上也，艴然充盈，手足矜者，兵革之色也。君呿而不唫，所言者'莒'也；

君举臂而指，所当者莒也。臣窃以虑诸侯之不服者，其惟莒乎！臣故言之。"

《精谕》说：

> 齐桓公合诸侯，卫人后至。公朝而与管仲谋伐卫，退朝而入，卫姬望见君，下堂再拜，请卫君之罪。公曰："吾于卫无故，子曷为请？"对曰："妾望君之入也，足高气强，有伐国之志也。见妾而有动色，伐卫也。"明日君朝，揖管仲而进之。管仲曰："君舍卫乎？"公曰："仲父安识之？"管仲曰："君之揖朝也恭，而言也徐，见臣而有惭色，臣是以知之。"

这是两个典型的非语言传播实例。可见，人们的思想可以通过"精神"表现出来，"容貌音声"、"行步气志"等具有潜在的信息价值，是语言传播的重要补充，而且能传递语言信息难以表达的蕴含、意念和感情。《精谕》要求人们重视、体察语言之外的信息，以作出准确的决断。吕书对于非语言传播的记载与重视，一是告诉传者尤其是君主说话、做事要谨慎，以防泄密；二是告诉受众要"察微"、审"征表"，以增强对物态、信息"先识"的预见性。

五　《察传》对传播失实的全面总结

值得称道的是，在先秦诸子中唯有吕书设专篇文章——《察传》，对传播效果进行分析，对传播失实的情况进行全面总结，此文在中外传播史上意义重大。

汉以前以口头传播为主，口头传播属口耳相传，俗话说："空口无凭"，尽管它为听者取舍信息提供了相当大的自由，听者可以根据一己之愿改组所接受的信息，这种改组有的是无意的，然而，有的却是为了达到某种目的故意进行强调、添加、隐瞒甚至歪曲，如制造、散布谣言之类，所以，信息在口头传播过程中最容易变形、失真，传得越多、越久，离真相越远。

吕书对先秦传播活动与理论进行了集中探讨和总结，《察传》是中国最早的一篇探讨谣言的专论，它说：

> 夫得言不可以不察。数传而白为黑，黑为白。故狗似玃，玃似母猴，母猴似人，人之与狗则远矣……辞多类非而是，多类是而非。是非之经，不可不分。此圣人之所慎也。然则何以慎？缘物之情及人之情以为所闻，则得之矣。

所谓"察传"，就是对入耳传闻，不要轻信，要加以考察、审视、分辨和验证。《察传》严肃地对待"察"的过程，郑重其事；主张对传闻必须加以审察，这样才能澄清事实，辨明是非，否则，很有可能以讹传讹，黑白颠倒，是非不分，贻害无穷。

不仅如此，《察传》还从语言和思维的角度，研究语言、文字信息何以会在传播中失真问题。

1. 汉语词汇本身的丰富性与多义性造成了传播的歧义与模糊

《察传》已注意到汉语词汇的丰富性与多义性，以及受众理解的不同所造成传播本身的歧义与模糊问题，如"夔一足"的"足"既有"足够"义，又有"脚"义；从句意看，既可以理解为"夔，一足"，也可以理解为"夔一，足"，这样其本身就有"夔只有一只脚"，和"夔，一个就足够了"等截然不同的意涵和阐释。孔子不语"怪力乱神"，作了后一种理解和阐释；《吕氏春秋》多次称引孔子，赞同其观点。《庄子·齐物论》说："彼亦一是非，此亦一是非。"让人感到好笑的是，《察传》所赞同的孔子观点却是把夔这一神话人物历史化了，但不管作何种解释，《察传》注意到汉语词汇在传播理解中的模糊与歧义现象，则是难能可贵的。

2. 传者与受众理解的不一致

《察传》还注意到在口语作为传媒的情况下，传者与受众理解的不一致问题。由于汉语的句子是意合的，往往有双重乃至多重含义，传者意在此，受众意在彼；传者未必然，受众未必不然。该情况是时常发生的，这样就会使传播信息发生变异，如：

> 宋之丁氏，家无井而出溉汲，常一人居外。及其家穿井，告
> 人曰："吾穿井得一人。"有闻而传之者曰："丁氏穿井得一人。"
> 国人道之，闻之于宋君，宋君令人问之于丁氏，丁氏对曰："得
> 一人之使，非得一人于井中也。"

丁氏话中"一人"的原意，是借代"一人之役使"，但信息在不断传播
过程中，受众或不了解这种借代的语用特点，或有意突出其传闻的新
奇性，从而把"一人"理解为"一个大活人"，以至于离谱得惊动了国
君，最后才澄清了"得一人之使"的事实。

3. 汉字形似字对传播的影响

从书面传播看，《察传》指出，传言的错误，还在于汉字中形似
字较多，一般人对符号信息的编码系统不甚了解，于是出现似是而
非、以讹传讹的怪事，如：

> 子夏之晋，过卫，有读史记者曰："晋师三豕涉河。"子夏
> 曰："非也，是己亥也。夫'己'与'三'相近，'豕'与'亥'相
> 似。"至于晋而问之，则曰"晋师己亥涉河"也。

"豕"，就是猪，子夏路过卫国，听有人读史书说："晋国军队的
三头猪渡过黄河"，这位著名学者马上意识到其错误，纠正说应该是
"己亥"，指出错误的原因在于辨认或刻写之误。事实果如其言。子
夏之所以能纠正这一传播错误，是因为他学识渊博，识辨力强：第
一，从语法看，"晋师"与"三豕"形成定中关系，"三豕"与"涉河"构
成主谓结构，这与常理不合；而说"晋师""涉河"，情理通顺，"三
豕"可能是舛误。第二，古代史书常用"干支"纪年法。第三，从文字
看，'己'与'三'、'豕'与'亥'字形近似，易造成传刻错误。第四，
若是"己亥"，从语法上看，作时间状语，正合适；从功能上看，具
体记载的是晋师在何日渡的黄河。所以，了解汉字符号系统，正确使
用、解读符号，是传播得以正常进行的必要条件。

既然信息在传播的过程中易发生增损误解，那么，怎样才能避免
其损失呢？从受众方面看，那就是"察"。具体来说，要"闻而审"，

要"熟论","验之以理",即采取谨慎的态度,去做一番调查研究的工作,推断它是否合乎常识、常情、常理,《审己》说:"凡物之然也,必有故",进而要察事物的所以然之"故",可信则信,决不盲信,更不能以讹传讹,听任或助长谣言的传播。

综上所述,《吕氏春秋》系统地对先秦传播活动与传播思想进行记载与总结,在中国传播史上具有相当的价值与地位,对后世政治、文化的传播影响较大;对今天正确地理解传播文化的历史继承,建构有中国特色的传播学,仍有一定的启示与借鉴作用。

(原载《中国社会科学院研究生院学报》2007年第2期)

【评介】

《吕氏春秋传播意识探索》一文发表于《中国社会科学院研究生院学报》(2007年第2期),作者是王启才。王启才(1966—),男,安徽阜阳人,1992年获安徽师范大学文学学士学位,1997年6月获山东大学文学硕士学位,研究方向为先秦两汉文学,2004年6月获复旦大学文学博士学位,研究方向为先秦两汉文学与文论,2009年8月从中国社会科学院文学所博士后出站,研究方向为中国文学文献学。

从1997年7月至今,在阜阳师范学院中文系工作,历任讲师、副教授、教授,现任文学院院长,中国语言文学一级学科硕士点、国家级特色专业负责人,安徽大学硕士生导师,安徽省学术与技术带头人后备人选,安徽省文学学会副会长,安徽古籍丛书第四届编委会委员。

近期出版专著有《汉代奏议的文学意蕴与文化精神》(人民出版社,2009年7月)、《吕氏春秋研究》(学苑出版社,2007年6月),《吕氏春秋注译》(中州古籍出版社,2010年7月)等,合著有《周易与人生》、《近现代学术大师治学方法比较》、《人文社会科学基础》、《中国古代文学史》等7部,并在《文学遗产》、《文献》、《文学评论丛刊》、《中国社会科学院研究生院学报》、《档案学研究》、《图书馆杂志》、《学术前沿》(港)等期刊发表论文60多篇,其中有多篇文章被人大复印资料全文转载或编目。

主持国家级、省部级课题 6 项。2008 年 11 月所主持的国家社科基金项目"汉代奏议的文学意蕴与文化精神"（批号：CZW006）顺利结题，被国家哲学社会科学规划办公室鉴定为"优秀"等级，同名专著获 2009—2010 年安徽省社会科学文学艺术（著作类）二等奖；2008 年 11 月，获全国第一批中国博士后科学基金特别资助；2003 年 11 月（读博期间）获复旦大学一等奖学金。另获阜阳师范学院教学质量优秀奖、教研成果一等奖、师德先进个人、教学管理先进个人等奖励多项。

《吕氏春秋》成书于秦统一之前，具有明确的传播意识，出于治国的需要，它非常重视传播的功能，书中记载了先秦许多的传播活动，提出独具特色的传播观点，有不少精辟的见解和较为典型的例证。《吕氏春秋》着重论述的是口语传播，但也特别关注和营造书面语传播的效果，尤其值得注意的是，它还论述了非语言传播问题。对传播失实进行了全面总结，在中国传播史上留下了浓墨重彩的一笔。

该文共分五部分：

一、具有明确的传播意图

作为商人出身的政治家，《吕氏春秋》的主编吕不韦有着明确而强烈的传播意图，其编纂、公布《吕氏春秋》，凸显了其卓越的公共传播意识：扩大传播影响，提高传播效果，达到其传播目的。职是之故，《吕氏春秋》一书才记载有比较丰富的传播活动与事例，有明确的传播观点与传播思想。

二、对传播功能的重视

《吕氏春秋》认为上传下达的政治传播在治国方面发挥着重要作用，它要求君主鼓励臣下进谏，要善于纳谏；同时要求臣子对君主的过失，要敢于直谏，善于讽谏。

三、对先秦传播活动的记载与评价

《吕氏春秋》是一部政论书，讲的是帝王之道，因此它对先秦传播活动的记载与评价多偏重于道德、政治、功业、名声等方面。

四、《吕氏春秋》传播观

主要有 4 点：1. 传播要为治国服务，为当时的中心工作——思想统一服务，2. 对传播手段与效果的诉求，3. 六"贵"的要求，4. 对非语言传播的重视。

五、《察传》对传播失实的全面总结

在先秦诸子中唯有吕书设专篇文章——《察传》，对传播效果进行分析，对传播失实的情况进行全面总结，此文在中外传播史上意义重大。

《察传》从语言和思维的角度，研究语言、文字信息为何在传播中失真问题，1. 汉语词汇本身的丰富性与多义性造成了传播的歧义与模糊，2. 传者与受众理解的不一致，3. 汉字形似字对传播的影响。

作者最后总结说：《吕氏春秋》系统地对先秦传播活动与传播思想进行记载与总结，在中国传播史上具有相当的价值与地位，对后世政治、文化的传播影响较大；对今天建构有中国特色的传播学，仍有一定的启示与借鉴作用。

《吕氏春秋》中的传播观点新颖独特，所记载的传播活动丰富，在先秦乃至中国传播史上，都具有一定的地位，但以前很少有人撰文专门予以探讨，王启才的这篇论文选题视角较新，靠事实说话，言之成理，持之有故，论证较有说服力，且层次清晰、语言朴实，是其《吕氏春秋》研究 20 多篇论文中功底扎实、较有分量的一篇。

（李树侠）

王启才《吕氏春秋》研究主要论著：

《吕氏春秋研究》，学苑出版社 2007 年版。

《吕氏春秋注译》，中州古籍出版社 2010 年版。

《略论〈吕氏春秋〉的文学价值》，《宁夏大学学报》（哲学社会科学版）1998 年第 4 期。

《略论〈吕氏春秋〉的编辑特点》，《文献》2000 年第 3 期。

《〈吕氏春秋〉的生态观》，《江西社会科学》2002 年第 10 期。

《〈吕氏春秋〉的艺术心理论略》，《兰州学刊》2003 年第 6 期。

《〈吕氏春秋〉传播意识探索》，《中国社会科学院研究生院学报》2007 年第 2 期。

《〈吕氏春秋〉的饮食主张与烹调技艺》,《武汉科技大学学报》(社会科学版)2009年第4期。

《〈吕氏春秋〉的修辞心理探微》,《古籍研究》2002年第4期。

《〈吕氏春秋〉佚文辨正》,《古籍研究》第49辑2013年7月。

《〈吕氏春秋〉论士》,《中国人才发展报告》NO4,社会科学文献出版社2007年版。

《〈吕氏春秋〉论孝》,《淮南师范学院学报》2009年第1期。

《〈淮南子·道应训〉征引〈吕氏春秋〉考论》,《淮南子研究》第4辑(黄山书社,2012年出版)。

《略论〈吕氏春秋〉的文采》,《阜阳师范学院学报》(社会科学版)1997年第4期。

《〈吕氏春秋〉研究二十年》,《阜阳师范学院学报》(社会科学版)2001年第2期。

《〈吕氏春秋〉管理心理思想及其现代意义》,《阜阳师范学院学报》2001年第6期。

《〈吕氏春秋〉对〈周易〉的继承与改造》,《汉中师范学院学报》(社会科学)2002年第1期。

《〈吕氏春秋〉对〈老子〉的继承与超越》,《阜阳师范学院学报》(社会科学版)2002年第4期。

《〈吕氏春秋〉与〈史记〉》,《阜阳师范学院学报》(社会科学版)2003年第2期。

《〈吕氏春秋〉称引孔子及其意义》,《阜阳师范学院学报》(社会科学版)2007年第1期。

《关于〈吕氏春秋〉命名与主编问题的文献爬梳》,《阜阳师范学院学报》(社会科学版)2012年第3期。

《关于〈吕氏春秋〉辨伪问题的文献爬梳》,《阜阳师范学院学报》(社会科学版)2013年第3期。

《吕氏春秋》与中国文化

修建军

  《吕氏春秋》是一部与秦国统一天下相伴而生的政治理论巨著。由于吕不韦在与秦王政所进行的统治集团内部的斗争中的失败，《吕氏春秋》也自然地被打入冷宫，没有如吕不韦所期望的那样，在秦王朝的政治实践中得以实施。同时，由于《史记》等正、野史书对吕不韦宫闱之事的着力描写，以及人们对"杂家"之称的误解，长期以来，《吕氏春秋》在中国文化发展史上的地位，并没有得到充分的重视。但是，中国文化的发展史却明白无误地告诉我们：《吕氏春秋》上承先秦诸子，下启汉代学术，在实质上最初完整地奠定了中国文化的发展方向；它不仅开启了汉代综合学术之先河，而且在整个中国文化发展史上，都具有重要意义。今天，我们应该以公正的态度，对《吕氏春秋》在中国传统文化中的地位，作一个正确的定位和公允的评价。

一、《吕氏春秋》是先秦儒学官学化的余绪

  我们不否认，《吕氏春秋》具有"杂"的思想特征，然而从文化学的角度来看，《吕氏春秋》在整个中国思想文化发展史上的意义，恐怕主要还在于它的这个"杂"字。众所周知，先秦时期伴随列国之间的称霸、争雄的时代需要，百家蜂起，各学派都力图实现其学说的官学化，并为此进行了艰苦的努力。到战国末期，世称"显学"者仅有儒、墨。先秦儒家争取官学化的实践比较集中而突出的主要有三次，包括孔门的干政实践、思孟学派的干政实践、荀子学派的干政实践等，但总的说来收效不是很大，也可以说先秦儒家官学化的努力是以

失败而告终的。然而这其中却创造了一种不朽的精神，那就是"知其不可而为之"，儒家争取官学化的努力一直没有停止过。到秦朝统一前夕，在秦国拥有相位之尊与仲父之亲的吕不韦，召集他手下的门人、宾客"使其著所闻"，卒成《吕氏春秋》一书，旨在为统一后的秦帝国制定一部施政纲领。从《吕氏春秋》的基本特征来看，该书一定是出于不同的学派人物之手。据记载，吕氏门下，食客三千，可谓人才济济，虽不必全是儒家人物，但从该书的主体思想来看，可以推定儒家人物占了较大的比例。学术界对于《吕氏春秋》一书的评价，可以说是异说纷呈，但在几个关键性的问题上，意见又相对的比较统一。诸如多数学者认为，《吕氏春秋》是有一贯的指导思想的，并且该书的主体思想也是十分突出的。也就是说，《吕氏春秋》对于时政方针是有其独到的见地的。但是，在《吕氏春秋》一书的主体思想究竟是什么的问题上，仍然是莫衷一是。以往学人对于《吕氏春秋》的"杂家"之称存在很大的误解，认为其既被归为"杂家"类，就一定是杂乱无章或者是杂糅诸学的，因而其学说体系也只能是混乱而无所归依的。《汉书·艺文志》对"杂家"作了这样的定义："杂家者流，盖出于议官。兼儒墨，合名法，知国体之有此，见王治之无不贯，此其所长也。及荡者为之，则漫羡而无所归心。"究竟应该怎样理解这个"杂"字呢？《说文》："与袭字义略同，所谓五采彰施于五色作服也。引申为凡参错之称。亦借为聚集字。"如果追根求源的话，"杂家"之"杂"的原初本义，应该是采"聚集"义较为准确。我们知道，吕不韦是靠商业投机进而政治投机而登上秦国的政治舞台的，应该说他本人是没有什么学派基础和学术偏见的。但他又是秦国一时无两的权贵大臣。《史记·吕不韦列传》记载："当是时，魏有信陵君，楚有春申君，赵有平原君，齐有孟尝君，皆下士，喜宾客，以相倾。吕不韦以秦之强，羞不如，亦招致士，厚遇之，至宾客三千人。是时诸侯多辩士，如荀卿之徒，著书布天下。吕不韦乃使客人人著所闻，集论以为八览、六论、十二纪，二十余万言。"还应当指出《吕氏春秋》成书的两大社会政治背景：一方面是随着兼并战争的进行，秦渐强而齐渐弱，当时的学术中心也开始由齐国而向秦国转移。一大批稷下学者离齐而赴秦，带来了稷下的开明的思想和学风。另一方面，也是秦国统治集团内部的斗争日趋尖锐并逐步公开化的时期。随着秦王政的渐渐长大，其刚愎暴戾的个性也日益凸显，在治国方针上则迷信强力、专任刑法，吕不韦以"仲父"的身份辅佐秦王，《吕氏春秋》的写成，恐怕也是要给秦王一个理论上的导引。该书之《序意》篇就指出："尝得学黄帝之所以诲颛顼矣，爰有大圜在上，大矩在下，汝能法之，为民父母。"众所周知，自从秦孝公重用商鞅变法以来，法家思想一直占据秦国文化的主流，秦国依靠法家路线而实现了富国强兵。应该说，法家思想在一个非常的历史时期，作为一种治国之策是可以的。但法家往往又流于过分严苛，"刑小过"、"重轻罪"是其统治人民的一贯手法，毫无疑问，这种高压手段，未必能够长久奏效。应该说吕不韦已经认识到了这一点。他提出了一套以儒家思想为主体而辅以其他诸子学说的治国安邦的策略，并且在书写成之后，将其布之咸阳市门，悬金其上，称有能增损一字者赏千金。我想，吕不韦决不是在炫耀其文字功夫(当然，该书也没有完美到不能增损一字的程度)，这既是给秦王政的一个公开昭示，也是向秦国传统思想的公开宣战。吕不韦为此而付出了生命的代价。

为什么说《吕氏春秋》可以看成是先秦儒家争取官学化的余绪呢？因为这两者之间存在着逻辑的连续性。先秦儒家争取儒学的官学化从实践到理论上都可以归结为一点，那就是以"德治"、"仁政"来干预和指导现实政治，实现"定于一"的天下有序性。儒家信奉道德至上，认为拥有大批的有着良好的道德教化的民众，可以"制梃以挞秦楚之坚甲利兵"，"以德兼人者"便可以"王天下"。而有才德的人一旦被重用，就能够出现"百里之地，久而后三年，天下为一"(《荀子·儒效》)的局面。可以说，先秦儒家提出的"德治"、"仁政"主张，是儒家从封建统治者长远利益考虑的结果。但是，正如司马迁所评论的那样："卫灵公问陈，而孔子不答；梁惠王谋欲攻赵，孟轲称大王去……持方枘欲内圆凿，其能入乎？"(《史记·孟子荀卿列传》)也就是说，先秦儒家的学说已经有了某种超前性的特质。这也使得儒家的学说"在社会的变革时期只适于作变革目标，而不宜作为变革手段"。① 用通俗的话讲，也就是"他们认为'取天下'之道也就是'守天下'之道，'守天下'之道也

---

① 马振铎：《仁·人道——孔子的哲学思想》，中国社会科学出版社 1993年版，第 259 页。

就是'取天下'之道，二者在原则上是一致的"。① 或许是儒家人物已经自觉地认识到了本身的不足，或许是由于思想学说自身的发展规律使然，事实上儒家已经在有意识地吸收别家的学说来补充儒家思想。到战国中后期，各家思想都开始呈现出驳杂不纯的特征，只是程度不同而已。在先秦儒家，尤以荀子最为明显。他的学说体系以"隆礼重法"为核心，他以儒家学说谋求用世而失败，倒是他的弟子李斯和韩非，学于儒而入于法，并且以集大成的法家学说，最终指导秦国完成了统一大业。任何一种学说的产生，似乎无一不是以指导现实为目的的。《吕氏春秋》的急就成书，更是因为现实的迫切需要。秦之一统呼之欲出，战国时期百家争鸣的情况显然已经不能适应统一的形势了。吕不韦也已经清醒地认识到了这一点。《吕氏春秋·不二》篇指出："听群众人议以治国，国危无日矣。……一则治，异则乱。一则安，异则危。"《执一》篇也说："天子必执一，所以抟之也。一则治，两则乱。"如何才能实现"执一"、"不二"呢?《吕氏春秋》认为其中的关键问题是"齐万不同"。汉高诱注《吕氏春秋》，在《序文》中说："此书所尚，以道德为标的，以无为为纲纪，以忠义为品式，以公方为检格。"客观地概括了《吕氏春秋》对诸子学说进行综合的特征。《吕氏春秋》着意于"齐万不同"，既没有扼杀一切异己，也不是"统统拿来"。而是"有一定的权衡，有严正的去取"。② 不是杂乱无章，而是杂而有章，是有其主体思想的，这个主体思想就是儒家思想。根据有两点：其一是《吕氏春秋》对儒家思想采取了尽量吸收的态度，以至于儒家言论"几于书中俯拾皆是"③。如儒家的正名、怀疑鬼神而信天命、强调个人修身为治国之本、重视"孝"的社会作用、提倡"德治"与"仁政"、高度重视教育与教化的作用等，而其尚贤的主张，却又颇近于儒家的为王者师的气派。其二是《吕氏春秋》书中有用儒家

---

① 马振铎：《仁·人道——孔子的哲学思想》，中国社会科学出版社 1993 年版，第 250 页。

② 郭沫若：《十批判书·吕不韦与秦王政的批判》，人民出版社 1954 年版，第 353 页。

③ 李峻之语，见《古史辨》第六册。

思想去补充、改造其他诸子的情况。在《吕氏春秋》之《不二》篇当中，罗列了先秦"十子"，吕不韦称"此十人者，皆天下之豪士"。他认为"天下无粹白之狐，而有粹白之裘，取之众白也"。(《用众》)《吕氏春秋》的成书，从意图上讲，便是想取诸子思想之"众白"而成治国方针之"粹白之裘"。从整部书来看，吸收与改造并存，扬弃与补充同用。诸如：该书吸收了道家的本体论学说，其目的是为了宣扬君道无为而臣道有为的"尚贤"政治主张。但对于道家的贵己的思想却进行了加工改造，如《贵生》篇在涉及子华子的"迫生为下"的观点时，指出："不义，迫生也。而迫生非独不义也。故曰迫生不若死。"认为不义而生不若为义而死，在不经意之中，将儒家的"舍生取义"的思想渗透进去。对于法家，前面已经提到，《吕氏春秋》并没有因循秦国的一任于法的传统，但也没有像有的学者所认定的那样对于法家是一字不提，该书不仅吸收了法家因时变法的思想，而且承认赏罚是君主役使人民的手段。同时又指出："其所以加者义，则忠信亲爱之道彰。"(《义赏》)把"义"作为规定手段，就是在儒家的准则下为法治注入了新的思想内容。《吕氏春秋》利用阴阳家学说来为以秦代周制造舆论，它对阴阳家的最大的改造，便是在《月令》图式之下，加入了各家的思想，使人事政治与天道运行结合在一起。墨家作为先秦"显学"之一，《吕氏春秋》中吸收了墨家的"贵公"、"尚同"等思想，但是，墨家力主"非攻"，在统一战争势在必行的社会历史条件下，这种思想显然已经不合时宜。所以，从整体上看，《吕氏春秋》对墨家的批判的成分更大一些；提出了"义兵"说来决定战争的性质，认为只要是合乎正义，攻伐和救守都是可以的。其实"义兵"说完全是可以与儒家的"义利"说互为诠释的。当然，我们必须指出，由于当时种种错综复杂的原因，《吕氏春秋》在一定程度上显得不是那么系统，但作者有意以儒家思想去统领其他诸子，这一点还是比较明显的。与先秦儒家相比较，《吕氏春秋》更加自觉地改造吸收诸子学说，在这个意义上，我们把《吕氏春秋》定位于先秦儒家官学化的余绪，并且《吕氏春秋》在中国文化史上，也是第一次对先秦文化的一次全面总结。

二、《吕氏春秋》开拓汉代以后封建
学术思想的发展方向

郭沫若指出："这书(指《吕氏春秋》)却含有极大的政治上的意义，也含有极高的文化史上的价值，向来的学者似乎还不曾充分地认识。它对于各家虽然兼收并蓄，但却有一定的标准。……这是最值得注意的本书的一个原则，也可以说是吕不韦这位古人或文化评论家的生命。而且我们还要知道，他是在秦国作丞相，在秦国著书的人，在秦国要批判法家，与在秦国要推尊儒家道家，在这行为本身已经就具有重大的意义。"①在这里，郭沫若又以"文化评论家"来称谓吕不韦，也倒是贴切的。客观地讲，在先秦时期，作为完全形式的"杂家"的出现，《吕氏春秋》尚处于筚路蓝缕之中，因而书中常有矛盾抵牾的现象。这应该不难理解，任何一种学说理论的形成以至于完备，都还是需要一个过程的。纵观中国思想文化发展的历史，《吕氏春秋》的承上启下之功是不可磨灭的。这可以从以下几个方面来理解：

(一) 它具备了秦汉文化的基本特征

与先秦时代相比较，秦汉时期的社会状况有了根本性的变化。大一统的帝国统治呼唤统一的思想文化模式与之相适应。在某种程度上可以说，《吕氏春秋》为此提供了方法论的启迪。诸如，在西汉初期，淮南王刘安为适应汉初"休养生息"的治国策略，完全按照《吕氏春秋》的模式，主持编写了《淮南鸿烈》一书(亦称《淮南子》)。高诱注《淮南子》，在《叙目》中指出："天下方术之士多往归焉。于是遂与苏飞、李尚、左吴、田由、毛被、伍被、晋昌等八人，及诸儒大山、小山之徒，共讲论道德，总统仁义，而著此书。"《淮南子》又说："其旨近《老子》。澹泊无为，蹈虚守静，出入经道，言其大也，则焘天载地，说其细也，则沦于无垠。及古今治乱存亡祸福，世间诡异瑰奇之

---

① 郭沫若：《十批判书·吕不韦与秦王政的批判》，人民出版社 1954 年版，第 351—352 页。

事，其义著，其文富，物事之类，无所不载，然其大较，归之于道。"所以，自古至今，《淮南子》在学术界一般被归为汉代道家的代表作。限于篇幅，在这里我们无法对其主体思想加以探讨。仅从该书成书的意图和思维路向而论，与《吕氏春秋》则一脉相承。《淮南子·齐俗训》中说："百家之言，指奏相反，其合道一体也。"其综合诸子百家学说的思想主旨一语道明。《淮南子》书成之后，也模仿吕不韦的做法，将其"布之都市"，悬千金其上，以待"能有变易者"。甚至于刘安的最后下场也与吕不韦有惊人的相似，最后也是被逼自杀。到了汉武帝时期，为了统一思想，董仲舒则另辟蹊径，提出了"罢黜百家，独尊儒术"的建议。在他著名的《天人三策》中说："师异道，人异论，指意不同，是以无以持一统。"他认为只有思想的统一，才能有统一的法规，才能使天下人民的行为有统一的规范，才能真正实现对人民的有效控制。在"罢黜百家"的口号下是不是真正完全的"独尊儒术"了呢？当然不是。汉代新儒学体系实质上主要是儒学与阴阳家的结合，也吸收了法家、墨家、道家、名家等学派的思想，明显具有"杂家"学派的特征，只是体系较《吕氏春秋》更加完备而已。如果把追求思想的统一作为秦汉文化的第一个基本特征的话，那么，秦汉文化的第二个明显特征即是着力于对"天人之际"的追问。《吕氏春秋》承袭了先秦诸子"天人之辨"的理论，在宇宙观的问题上，持"人与天地参"的观点，主张效法天地。《圜道》篇中说："天道圜，地道方，圣王法之，所以立天下。"《序意》篇中说："上揆之天，下验之地，中审之人，若此则是非可不可无所遁矣。"《淮南子》思想相同，只不过是换了一种说法而已："上考之天，下揆之地，中通诸理。"（《要略训》）"仰取象于天，俯取度于地，中法于人。"（《泰族训》）天人关系到董仲舒时代得到了更为系统的发展，他的著名的《举贤良对策》一般被称为"天人三策"，他的学说则常常被概括为"天人感应论"。董仲舒的学说以"天"为最高本体，认为"天者，万物之祖"。（《春秋繁露·顺命》）而人世间的一切都是天意的体现，所以人应该时时去体会天意、顺从天意。董仲舒天人感应思想体系的建立，主要是吸收和利用了阴阳家学说的某些成分。有的学者说《吕氏春秋》中已经具备了天人感应思想的雏形，是正确的。所不同的是，《吕氏春秋》的天人感应学说是为了呼之欲出的秦王朝制造舆论、提供理论依据，如《应同》："凡帝王者之将兴也，天必先见祥乎下民。"而董仲舒的天人感应论则主要是对现世人君的一种警示，因为董仲舒的天人学说中，有一个极其重要的组成部分，就是"灾异谴告说"。告诫人君施政必须"省天谴畏天威"，才能稳定统治。实质上也是异曲同工，都是为维护封建统治服务的。从这个意义上是否可以讲，秦汉文化的"究天人之际"的特色，是由《吕氏春秋》奠基而由董仲舒系统化的呢？

（二）秦汉是中华民族传统基本定型的时期，秦汉文化基本上体现了中华民族传统文化的特征

从这个意义上讲，《吕氏春秋》在中国历史文化长河中的地位是不容忽视的。

当今一些学人称《吕氏春秋》为中国文化的智慧宝库，给予了比较高的评价，是有一定道理的。该书的部分思想影响是深远的，在以后历代许多思想家的著作里都可以寻觅到与《吕氏春秋》十分契合的论说。在这里我们要特别强调指出的是，《吕氏春秋》在中国文化发展史上的重要意义还体现在，该书大量保存了先秦时期的一些珍贵的资料，如农家是先秦时期的一个重要的学派，他们讲求"播五谷，劝耕桑，以足衣食"。（《汉书·艺文志》）但农家著作大多湮没失传，在《吕氏春秋·士容论》当中，有《上农》、《任地》、《辩土》、《审时》四篇。除了《上农》篇是集中阐发"农为本教"的基本主张外，其余三篇都是关于农业生产技术的介绍。尽管农家思想在先秦时期没有产生多大的影响，但其有关农业生产的专业理论，对后世的影响是深远的，历代农书几乎均以此为范本。另外一个重要方面，那就是对中国古音乐理论的阐发。《吕氏春秋》重视社会教化，突出强调音乐与政治的关系及其"移风易俗"的社会功能。该书的《制乐》、《大乐》、《侈音》、《适音》、《古乐》、《音律》、《音初》、《制乐》、《明理》等篇，都是关于音乐理论的专文。重视音乐的教化作用，是儒家的一贯主张。难能可贵的是，《吕氏春秋》在中国历史上第一次完整地记录了十二律产生的理论和方法，这是中国音乐发展史上的一笔宝贵的遗产。还有关于养生的学说，关于天文、历法的知识，甚至于美食的理

论，都可以在《吕氏春秋》中找到源头。

三、余　论

　　长期以来，《吕氏春秋》一直是一部有争议的著作。通观整个思想史界对《吕氏春秋》的评价，我们可以产生以下认识：

　　第一，对于该书的评价一直是在褒贬不一的矛盾中进行的，如即便是对吕不韦的绯闻进行着力描写、而造成人们对吕不韦千古误会的司马迁，在《史记》中也还有对吕不韦的极高的评价，《史记·太史公自序》中把吕不韦与周文王、孔子、屈原、左丘明、孙膑、韩非等一并称为"贤圣"。自汉代开始或称其"大出诸子之右"，或贬吕不韦为"小人"、"不学无术"，莫衷一是。建国前后的一段时间里，人们似乎忘记或者是不屑于研究，是《吕氏春秋》研究最为沉寂的时期。但在"史无前例"的"文化大革命"中，出于某种政治需要，《吕氏春秋》却曾被"重点"研究，在有关杂志上发表了一系列的评论吕不韦和《吕氏春秋》的文章，这又从反面论证了《吕氏春秋》在中国文化史上的重要地位。目前在学术界对《吕氏春秋》的研究已经受到了各方关注，人们开始客观地看待《吕氏春秋》。这说明，正确认识的产生，始终是需要一个过程的。

　　第二，《吕氏春秋》不能单纯地划归为某一地域文化。前面我们也谈过，无论是从该书的参与编写者来看，还是从该书的思想内容来看，都很难把它简单地看成是齐鲁文化或者是三晋文化等。

　　第三，《吕氏春秋》毕竟是一部开创之作，它并不是完美无缺的。该书也明显有长期流传过程中所难免出现的窜错之处，这是研究者应当注意到的。总之，我们认为，《吕氏春秋》的综合思想的出现，是符合历史的发展方向的，因而这种思想的出现，既是必然的，也是必要的，历史已经从正反两方面证明了这一点。所以，从根本上讲，《吕氏春秋》的思想体系尽管还不完备，但它在中国思想文化发展史上的地位，是不可低估的，应当给予足够的重视。

（原载《孔子研究》，2001 年第 4 期）

【评介】

《吕氏春秋与中国文化》一文的作者是修建军。修建军(1962—)，女，山东龙口人，曲阜师范大学历史文化学院教授，专门史专业硕士生导师。1985 年 7 月毕业于曲阜师范大学历史教育专业，获历史学学士学位，1988 年 7 月毕业于华中师范大学历史文献学专业，获历史学硕士学位。主要从事中国儒学的教学与研究工作。近期出版专著、合著主要有《儒家伦理范畴研究》、《孔门弟子》、《〈吕氏春秋〉智慧名言故事》、《原始儒学与齐鲁教育》等，在《孔子研究》、《齐鲁学刊》、《光明日报》等发表论文数十篇，主持国家社科基金项目子课题、山东社科规划项目等多项，论文《论"和"为儒学之精义》(《孔子研究》2005 年第 3 期)，获得山东省社会科学优秀成果三等奖。

《〈吕氏春秋〉与中国文化》发表于《孔子研究》2001 年第 4 期。

修建军认为，"《吕氏春秋》是一部与秦国统一天下相伴而生的政治理论巨著"，它"上承先秦诸子，下启汉代学术，在实质上最初完整地奠定了中国文化的发展方向；它不仅开启了汉代综合学术之先河，而且在整个中国文化发展史上，都具有重要意义"，然而长期以来，该书并没有得到人们充分的重视。

论文第一部分"《吕氏春秋》是先秦儒学官学化的余绪"，作者认为，从文化学的角度来看，《吕氏春秋》在整个中国思想文化发展史上的意义，在于其"杂"的思想特征，《吕氏春秋》主体思想是儒家思想，它"有意以儒家思想去统领其他诸子"，"更加自觉地改造吸收诸子学说"，"在中国文化史上，也是第一次对先秦文化的一次全面总结"。

论文第二部分"《吕氏春秋》开拓汉代以后封建学术思想的发展方向"，作者先引郭沫若《十批判书·吕不韦与秦王政的批判》中对吕不韦与《吕氏春秋》的高度评价，然后指出《吕氏春秋》的承上启下之功是不可磨灭的：(一)它具备了秦汉文化的基本特征。《吕氏春秋》对汉代统一的思想模式具有方法论启示意义，从汉初刘安著《淮南子》，到汉代新儒学体系"杂"的特征，无不与《吕氏春秋》一脉相承。对于秦汉文化着力于对"天人之际"追问的特征，作为意在为即将到来的秦王朝制造舆论、提供理论依据的《吕氏春秋》，也有奠基作用。(二)秦汉是中华民族传统基本定型的时期，秦汉文化基本上体现了中华民族传统文化的特征。作为"中国文化的智慧宝库"、"大量保存了先秦时期的一些珍贵的资料"的《吕氏春秋》，其在中国历史文化长河中的地位是不容忽视的。

论文第二部分是"余论"，主要说明"长期以来，《吕氏春秋》一直是一部有争议的著作"，由此提出三点认识：第一，对于该书的评价一直是在褒贬不一的矛盾中进行的。第二，《吕氏春秋》不能单纯地划归为某一地域文化。第三，《吕氏春秋》毕竟是一部开创之作，它并不是完美无缺的。最后再次强调"它在中国思想文化发展史上的地位，是不可低估的，应当给予足够的重视"。

修建军女士的这篇论文，写得比较大气，比较宏观，对于扭转人们对《吕氏春秋》一书的误解与偏见，起到了一定的作用，对于《吕氏春秋》与中国文化的关系，尤其是其在先秦与汉代思想文化中的作用与地位，也作了充分的肯定，论文是很有价值的，其中有些论断也是比较新颖的，如说《吕氏春秋》的意义，在于其"杂"的思想特征，《吕氏春秋》"是先秦儒学官学化的余绪"等。不足之处是论文只是粗线条的勾勒，没能完全充分展开，论据稍嫌单薄。

（王启才）

修建军《吕氏春秋》研究主要论著：

《〈吕氏春秋〉是一部以儒家思想为主体的"杂家"著作》，《中国哲学史研究》1989 年第 4 期。

《博采众长独倾儒——从〈吕氏春秋〉的孔子观谈起》，《齐鲁学刊》1991 年第 4 期。

《〈吕氏春秋〉与〈荀子〉思想主体之比较：兼议学派归属性的一般问题》，《管子学刊》1994 年第 3 期。

《〈吕氏春秋〉与阴阳家》，《管子学刊》1995 年第 3 期。

《〈吕氏春秋〉与墨学》，《齐鲁学刊》1995 年第 4 期。

《超越传统的尝试：〈吕氏春秋〉与法家》，《管子学刊》1998 年第

2 期。

《〈吕氏春秋〉成书年代问题辨正》,《管子学刊》1999 年第 3 期。

《〈吕氏春秋〉与道家析论》,《管子学刊》2000 年第 3 期。

《〈吕氏春秋〉之于名家评析》,《齐鲁学刊》2001 年第 5 期。

《〈吕氏春秋〉与中国文化》,《孔子研究》2001 年第 4 期。

《〈吕氏春秋〉"以乐和心"思想及其现代启示》,《青岛科技大学学报》2012 年第 2 期。

《〈吕氏春秋〉智慧名言故事》,齐鲁书社 2004 年版。

中外"《吕氏春秋》学"评考综要(上)

李家骧

拙著《吕氏春秋通论》付梓后,蒙诸报刊和文史名家广泛关注、称许,而诸专家读者觉得如能附录有关资料将更有参考价值,故现将十来年搜集的"中外历代吕书研究资料辑要"十多万字几经压缩,成两万余字,先行发表,以应需求。深觉视野狭窄,资料搜罗实艰,难免挂一漏万,敬请读者鉴察。

一、吕书的性质

1. 百科全书说。《史记·吕不韦列传》说吕书是不韦使门客人人著所闻而集之,"以为备天地万物古今之事",这说明吕氏和太史公都把它看做百科全书。明张同德《吕氏春秋序》:"第观其书,法四时之运,极万物之变,究治乱兴亡之理。上拓鸿古,下搜列国……其于民法事情,缅缅亦备矣。"①清徐时栋《吕氏春秋杂记序》说吕书"瑰伟宏博,幽怪奇艳,上下巨细名物之故,粲然皆具,读之如身入宝藏……而不能不叹美其备物之富有也"。②(下引近现代人不标时代,同一人之著作之言不复标时代与书文名)江绍原《吕氏春秋杂记》说吕书实是"吕家许多派别门客所编成的百科全书"。③

2. 史书说。《史记·十二诸侯年表》说吕书"亦上观上古,删拾

---

① 《吕氏春秋集释》等五书后附录三。
② 许维通《吕氏春秋集释》后附录。
③ 《中法大学月刊》五卷一号。

春秋，集六国时事"，《史记》又仿吕书纪等体例创为本纪等。清章学诚《校雠通义》说："《吕氏春秋》亦春秋家言，而兼存典章者也。当互见于《春秋》《尚书》，而猥次于杂家，亦错误也……刘知幾讥其本非史书而冒称'春秋'，失其旨矣。"冯友兰《吕氏春秋集释序》："此书不名曰'吕子'而名曰'吕氏春秋'，盖文信侯本自以为其书为史也……《史记·十二诸侯年表叙》以《吕氏春秋》与《左氏春秋》《虞氏春秋》并列，是史公亦以此书为史也……此书非子部之要籍，而实乃史家之宝库也。"①

3. 子书说。汉高诱《吕氏春秋序》首认吕书"大出诸子之右"。清汪中《述学补遗·吕氏春秋序》说诸子争鸣，"最后《吕氏春秋》出，则诸子之学兼而有之"。

4. 政书说。元陈澔《礼记集说》说吕书"将欲为一代兴王典礼"。明汪一鸾《吕氏春秋序》说吕书是"吾儒钦天授时立政之典"，"岂区区天文时令阴阳五行机祥谶纬诸家之说乎"？② 清江瑔《读子卮言》视吕书"为纵谈政治，商榷道术之奇作"。孙人和《吕氏春秋集释序》说吕书"名曰春秋，欲以定天下，施政教"。③ 黄湘阳《吕氏春秋学术思想》断吕书"是一部治国兴邦的政治学理论与实际，它包括了当时各家学说的主张，希望架构成最完整的政治宝典"。美国哥伦比亚大学武兹生说吕书"全书大部分讲的是政治问题……大体说来，这部书讲的是一般原则而不是特殊问题"。④

5. 类书说。梁启超《覆毕校本吕氏春秋》认吕书"实类书之祖，后世《艺文类聚》《太平御览》《永乐大典》等，其编纂之方法及体裁，皆本于此……先秦学说今亡者，多赖此书存其梗概"。⑤ 清梁汉志《中国学术思想变迁之大势》说吕书"兼儒墨，合名法，齐兵农，实千古类书之先河，亦一代思想之渊海也"。傅斯年《战国子家叙论》说吕

---

① 见许维遹《吕氏春秋集释》。
② 《吕氏春秋集释》等五书后附录三。
③ 许维遹《吕氏春秋集释》。
④ 《中国古代文学》页一五〇。
⑤ 梁启超《饮冰室文集》第十六册页九。

书"体裁乃是后来人类书政事之祖"。"在著书体裁上是个创作",自此之后"汉朝人著文,乃造系统"。① 钱基博《古籍举要》:"征其材聚事,《吕览》类辑之义也。"

6. 先秦总揽性文化要籍说。李家骧《吕氏春秋通论》说吕书"是一部中华民族先秦总结期最后一部总揽性的文化要籍,一部集先秦诸子精英之大成的学术专著,一部被司马迁誉为'备天地万物古今之事'、东汉高诱称为'大出诸子之右'的百科全书式的鸿篇巨制,一部查考历史文献资料的丰富要籍,一部欲为大一统封建的秦帝国制定'钦天授时立政之典'的建国宝典,一部开后世集体著书之先声的鸿图力作"。

二、吕书的基本倾向与所属家派

吕书的基本思想倾向是什么就决定了其书所属家派问题。刘歆《七略》分出杂家为十家之一。班固《汉书·艺文志》早说吕书属杂家,"兼儒墨,合名法,知国体之有此,见王治之无不贯。此其所长也"。历来均视吕书为杂家,但一落到如何看待吕书的基本倾向(或曰主导思想或曰一书重心)上就各执其说了:

1. 认为吕书是杂家但主导思想倾向于一二家。高诱就认为吕书主道家兼容儒法:"此书所尚,以道德为标的,以无为为纲纪,以忠义为品式,以公方为检格,与孟轲、孙卿、淮南、扬雄相表里也。"今人亦有认吕书为新道家或黄老思想者。明凌稚隆刻本《吕氏春秋》眉批载陆游(实为贺铸)说:"吕氏之学,主于老墨。"陈澔说吕书"亦当时儒生学士所有志者为所"。《四库全书总目提要》:"大抵以儒为主,而参以道家墨家,故多引六籍之文与墨子、曾子言。"郭沫若《十批判书》以为吕书主要是摄取儒道两家思想。清卢文弨《抱经堂文集·书吕氏春秋后》说吕书"大约宗墨氏之学,而缘饰以儒术"。陈奇猷《吕氏春秋校释》说"不韦之指导思想为阴阳家,其书之重点亦是阴阳家说"。有人则认为吕书斥弃或基本否定法家等某一两家。

① 《傅斯年先生文集》第二册页五四。

2. 认为吕书为杂家即杂合拼凑不成一家言。清洪亮吉《北江诗话》卷二说吕书"类皆割裂诸子，捃撦纪传成书，秦以前书亡佚既多，无从对勘"。梁汉志《诸子考略释》说吕书"儒墨名法，粲然杂陈，动相违件，只能为最古之类书，不足成一家言，命之曰杂固宜"，蒋伯潜《诸子通考》："杂家兼儒墨，合名法，其长在博，其短在杂。"以为杂即杂合。黄公伟《中国哲学史》："战国诸子思想，到战国末期混合各派思想为一流者，称为杂家……故《吕览》可为战国杂家思想代表……是即缺乏中心思想的一派。以言哲学，应居末流。"冯友兰《吕氏春秋集释序》：说吕书"惟其成书于众手，各纪所闻，形式上虽具系统，思想上不成一家"。其《中国哲学史新编》第二册说吕书的"方法不是对各家在更高水平上加以综合，而用一种拼凑式的方法加以综合"，意谓这是大杂烩，不能成为真正的哲学体系。侯外庐等三人著《中国思想通史》说吕书"杂有诸说，正是折中的没落思想"。"编制是'兼听杂学'的糅合，而没有创造精神，颇倾向于统一思想的路数。"何兆武等三人著《中国思想史》说吕书"把诸子百家的学说拼凑在一起……很像是一部先秦诸子百家的史料汇编"。徐文珊《先秦诸子导读》说："此书非一家之言，故无中心思想，不似其他各家有系统可资介绍。"《中国学术名著今释语译》说吕书"编著书的思想，可说是兼畸儒道，略合名法，走向折中调和的路径"。方克《中国辩证法思想史》说吕书"主观上是为了采诸子之长，集大成于一篇"，实际上，"是一部拼凑各家思想而成的，缺乏独立的思想体系的文章汇编……这就是一个折中主义体系"。明陈继儒《吕氏春秋序》："吕氏独著……千狐制裘，百鸡取趾，非若贾子、陆贾所自撰一家言也。"①

3. 认为吕书此杂家乃荟萃众长自立一家言。这又分三说：一是视"杂"，为会聚之意。汪一鸾说："夫诸宾客非一人，所立非一家，所承非一派，所出非一词……此则欲会于一。"明叶逢春《吕氏春秋序》说吕书不像《淮南子》"人人言殊，取吕比之，则皆一家言也"。②刘文典《吕氏春秋集释序》说："班固志《艺文》，列之杂家。夫杂者会

---

① 明天启七年南亭李氏刊本《吕氏春秋·序言》。
② 许维遹《吕氏春秋集释》。

也……实能综合方术之长，以成道术，非徒以钞内群言为务者也。"
郭沫若说吕书，"'杂家'中的各书事实上要以本书为代表作"，《艺
文》将其列入杂家而给予的评语正好是对此书的批评，"'杂'之为名
无疑是有点恶意的。这书不仅在思想上兼收并蓄，表现得'杂'，就
是在文字结构上也每每钉饾泄沓，表现得'杂'"。却又认为弄明白了
吕书的主要关键后再去读吕书，"可以发现它并不'杂'，它是有一定
的权衡，有严正的去取"。张岱年《中国哲学史史料学·吕氏春秋》说
杂家并非混杂不分，毫无原则。吕书自有特点："博采各家学说，但
不取迷信、鬼神的思想，而是吸取各家的比较进步的思想"，因此可
说是"杂而不杂"，是个综合学派；缺点是未提出独创的中心观点。
张双棣等四人著《吕氏春秋译注》说"这个杂字，乃'会聚'之意，非
'杂糅'之谓"。它用自己的主导思想把各家之长贯穿起来，"已经将
各家思想融会贯通，成为它自己的思想"。二是认为吕书是杂取众长
的集锦之作。钱穆《秦汉史》："今考晚周学术，大抵邹衍吕不韦为一
派，荀韩为一派。邹衍吕不韦取径宽，主兼容并包，有浑涵之
势……"缪钺《吕氏春秋撰著考》说吕书"融合群言，折中众说"。① 黄
钊主编《道家思想史纲》："所谓'杂'，并非说它只是对各家学说简单
'杂凑'，而是说它杂取了众家之长，而又自成一家。"它是一部"集锦
之作"，不能简单视其为"大杂烩"，它实已自成一家，可称为吕氏学
派。田凤台《吕氏春秋发微》说吕书"欲汇百家之长诚是，但未尽圆融
处亦有"。三是认为吕书裁定百家集大成，杂糅浑凝自立一家言。清
章学诚《文史通义·言公上》说吕书《淮南子》"二家固以裁定之权，自
命家言，未尝不约一律。吕氏称为一代典要，刘安托于道家支流，斯
又出于宾客不与也"。范耕砚《吕氏春秋补注》说吕书"虽杂出众手，
而平亭百家，后世总治诸子之学者，未能出其范围……弃短取长，要
在集于大成。《吕氏春秋》，此物此志也。赋以杂家之名庶几不愧"。
许维遹《吕氏春秋集释序》说吕书"总晚周诸子之精英，荟先秦百家之
眇义，虽未必一字千金，要亦九流之喉襟，杂家之管键也"。姜蕴刚
《统一政治下秦代社会》说吕书包含多家思想"复自成为一有体系之中

---

① 《中国文化研究汇刊》第六卷。

心思想，当然不是普通杂家，故该叫为统一家"。并认同高诱视吕书主道家说的意见谓吕书便自成一家。说吕书"自有统一思想，并代表实际政治统一趋势而构成其独立的理论……最主要的就是主张政治的统一而至于思想的统一"。① 日本中西牛郎《吕氏春秋》说吕书"统一周秦诸子之说"，对诸子"兼收并采，而去其一偏之说……最能代表秦汉间思想潮流"。② 李家骧则详析了吕书的指导思想、理论体系、篇章内容、学科见解、结构体例、思想渊源和本身声明，从而断定那种视吕书为杂拼、折中、调和、颓退、并无中心、不成一家等论是说不通的。吕书是以其指导宗旨和一定之规对先秦诸子取长弃短，为我所用，自铸宏辞，故能"大出诸子之右"。其雄视百家的眼光和气度就已高过百家，因为它不主某家之说、不立门户宗派、不固执偏见而排斥别家的胸怀与诸子的各立门户排斥异己是大异其趣而见高远。它意图总结先秦一代的文化成果，探索各家得失，"以为备天地万物古今之事"，而颇具百科全书派的风度。作为杂家巨擘，它是集先秦百家精英之大成，而融汇总贯、改铸创造、杂糅浑凝为吕氏学派。杂家之杂乃会聚之意，并未涂上贬斥色彩。吕书这杂家即综合家、统一家，它不归属哪家，折中于哪几家。事物的基本性质、主要倾向决定事物质的规定性，如说吕书基本主于哪家则它就是哪家著作，又谈什么杂家？刘歆、《汉书·艺文志》又何必与九家并列专列杂家一项！再说以为吕书主于哪家或基本否定法家等二三家之说，按之原书均非事实，也根本不合吕书《用众》等多篇屡屡申明的博采众长、综贯群言、欲求一统的宗旨。吕书原貌是对儒墨等十家按所需作具体分析而有取舍，不能以计较哪家观点所占分量和篇幅的多少就认吕书主于哪家，以偏概全，各执一端，就不见全貌。看一书的指导思想要看贯穿全书的中心思想，更要综观整个思想体系才能确定，要看内容实质而非单看形式上的篇章多少和某家所占的地位如何。吕书在许多篇目、多种论述就融汇着几家学说，并非哪个单篇属哪家哪派。就其书的思想渊源和全书内容讲，请问能说清全书究竟属哪家吗？

---

① 《东方杂志》四十卷第十二册。
② 《东洋哲学》第二编第十号。

三、吕书的指导思想和理论体系

对吕书有无指导思想或曰中心思想和理论体系的问题近现代才引起争论:

1. 否定论。梁汉志说吕书"非有宗旨,务炫博哗世而已"。李峻之《〈吕氏春秋〉中古书辑佚》:"是书于先秦各派兼容并包,无一贯之思想。故《汉志》以下均列杂家。① 傅绍杰《〈吕氏春秋〉战争理论》说吕书固无特定显著的中心思想。美国哥伦比亚大学武兹生说吕书每篇哲学观点不同,编者似乎不想避免观点不一致的现象。侯外庐等说吕书"'诸子之说兼而有之',即调和折中的缘故,所以任何一说都没有彻底,不能创立一个体系"。

2. 肯定论。胡适《中国中古思想史长编》说吕书"颇有特别注重的中心思想","不能不承认他代表一个有意综合的思想系统","据吕书《序意》篇所讲其书主旨在于'法天地'、其所谓'上揆之天,下验之地,中审之人'即'贵生之道,安宁之道,听言之道',他用这三大纲领来总汇中国古代的思想"。吕振羽《中国政治思想史》说吕书"不惟编列相当严密,其理论亦有其一贯系统,且能充分代表其时地主——商人的政治意识"。于长卿《淮南王刘安》说吕书有意综合百家之学为新思想体系,精神上是开新启后的②。尹仲容《吕不韦与〈吕氏春秋〉》说吕书"大体上,究是有中心主张、有系统的一部巨著。当秦国统一天下的前夕,在学术思想方面,亦有摄取精华、排斥渣滓的统一运动"。③ 贺凌虚《〈吕氏春秋〉政治理论》说吕书厌恶诸子"人以自是,反以相诽……务以相毁,以胜为故",故既主张同法令一人心,又企图摄取各家精华,汇成一种最适当最完善的学说。陈郁夫《吕氏春秋探微》说吕书思想实有一贯性,系由若干中心思想构成思想体系,即法天尚德、贵生重己、兼长用众三种,法天地为先秦诸子

---

① 《古史辨》第六册页三二二。
② 《中国历代思想家》第二册页二四、页三一。
③ 尹仲容《〈吕氏春秋〉校释·前言》。

共同观念，尚德为儒道阴阳三家所同重，贵生重己为杨朱遗说，兼长用众乃杂家思想之特色。田昌武《吕不韦和〈吕氏春秋〉》说吕书有思想体系，其主旨按《汉志》之说即"国体"和"王制"，讲王者之治，即要体现天地阴阳之道。① 任继愈主编《中国哲学发展史》说吕书是直接为行将统一的封建王朝提供思想统治的理论体系。张双棣等说吕书所称"假人之长以补己之短"，"天下无粹白之狐，而有粹白之裘，即之众白也"，即形象地说明其融合百家言以构成自家思想体系的意图，这愿望已基本实现。陈奇猷《吕氏春秋校释》说吕书虽是杂家，但主导思想是阴阳家说，故有五行递嬗，水德代火德的问题。他以阴阳说在全书所占的地位与篇章的多寡来证明。李家骧据对吕书全书和《序意》的考察，认为按原书之意，是为建立清平盛世即良好的封建秩序的一统帝国，而总结历史经验、记述国家治乱存亡、了解人事寿夭吉凶，这是著书主要目的。法天地，或具体说是揆天验地审人，即其中心主旨。这主导思想的要点：一要顺应事物的本性和客观规律而行事即顺天固地信人；二要承认事物的差异而求和谐统一，是所谓"三者咸当，无为而行"；三要按天地人之道而平私贵公，即所谓"行也者，行数，循其理，平其私"。这主导思想直接间接或明或暗灌注于全书各部分各篇目的组织系统和各学科的详细论述，而创构一个气魄宏伟、丰富多彩而具相当系统的理论体系。

四、吕书的思想研究

1. 吕书的哲学思想。吕书的哲学思想历来未受到学界足够重视，现行诸哲学史、思想史几乎无一为它独辟专章，多是将它附于各家之后。近期学界才开始重视它并有初步成果。这有如下观点：吕振羽说吕书提出了认识论，是从"客观主义出发而达到环境决定论"。它认为"一切现象的发生，都有因果关系的必然，而不是偶然"，"只有达到这种客观的因果性，才能达到客观事物的认识"。"人之认识客观在于万物都有'性'"。吕书又从论性而达到宇宙起源论。而提出宇宙

---

① 《西北大学学报》1981年第1期。

本原"道"，道赋予万物化为性，性即人类及万物的本体，这是偏于观念论了。吕书的历史观认为由人群利益产生国家，历史是变动进化的，这是进步的见解，但它把人类发展过程中客观之必然归于无君之患，宣扬"五德"循环，其变法主张又是立于封建主义基础的部分改良，这都是阶级历史的局限。郭沫若说吕书大体折中儒道的宇宙观和人生观，摒弃墨家的宗教思想，采取道家的卫生教条，遵循儒家的修齐治平理论，反对名家的诡辩苟察。它认为宇宙万物出于一元——"太一"或"道"或"精气"，由此判生天地分阴阳，阴阳二气变化便出现万事万物。侯外庐等说吕书的哲学思想是"中国古代思想的没落倾向"之一，吕书在调和折中之中畸重道家。因为道家持盈保泰之术，对吕不韦这投机大商更协调。最好的证据就是吕书序。其"法天地"等思想都是黄老道德思想。其兼诸子之说是因调和折中的缘故，所以它任何一说都不彻底，不能创立体系。徐复观《两汉思想史·〈吕氏春秋〉及其对汉代学术与政治的影响》说吕书十二纪纪首"这确实要算吕氏门客的一个大杰构，而为以前所没有的具体、完整而统一的宇宙观、世界观"。方克说吕书的历史价值在于它阐发了许多唯物论和辩证的观点，在当时它已提不出任何创新见解，只好乞灵于折中调和主义，这表现了先秦学术思想的衰颓和先秦哲学的终结。黄湘阳说吕书将道家阴阳学说结合为全新的积极天道观念，施于人事，在个人为节欲贵生、精神专一，在群体为贵生的行义主义，它有向上提升的精神、积极入世的追求。任继愈等说吕书代表的思潮和所起的历史作用是秦汉哲学史的开端，对汉代政治和思想有重大影响。在学术思想的演变上开启了秦汉之际的道家思潮，推动了汉初唯物主义哲学的发展。牟钟鉴《〈吕氏春秋〉与〈淮南子〉思想研究》说吕书在宇宙发生论和万物运动规律的问题上，提出"太一"的新概念，并将"道"推广于探索各种具体规律，强调天地自然生成和自行运动，排除上帝鬼神，基本是朴素唯物论的宇宙观。在天人关系上提出"法天地"和"因则无敌"两个响亮而崭新的口号，在社会历史观和政治观上其论君道产生、尚贤顺民、时变法变等见解有进步性，在认识论及思维经验教训方面思想极丰富，新意迭出，启人智慧。在人生论上形成独特的人性理论，但吕书也有唯心论。张双棣等说吕书改造了道家思想而具朴素辩证法性质。它认为宇宙本原即物质的"道"或"精气"，提出"类同相召，气同则合，声比相应"的命题，认为天地万物在不断运动，是朴素唯物论；但又说物质运动循环往复，这又是消极和自相矛盾的。黄钊等说吕书改造了道家的本体论、"无为"理论，崇尚其清静养身之术。李家骧说吕书有完备的哲学理论系统，以"法天地"的指导思想照耀全书，提出宇宙构成模式论："太一"（宇宙构成的物质本原）——生"两仪"（天地）——生"阴阳"（对立统一两极之统称）——生"章"（万物的形体）——生"精气"（精华灵秀之气与活力，而非宇宙本原或阴阳之气）。由此又推及自然论、社会历史论、人生论、认识论、辩证法思想，而结构整套理论体系。这是融汇老庄、子华子、荀墨、阴阳五行、宋尹学派的思想而自创一体，有杂糅浑凝的杂家的鲜明特色，而绝非什么乞灵于折中主义、调和衰颓的产物。但它存在循环论、君权神授、天人感应说和对鬼神妖异的迷惘等缺陷。其哲学思想对后世有或明或暗的深刻影响。

2. 吕书的政治思想。胡适说吕书的政治思想"根据法天地的自然主义，充分发展贵生的思想，侧重人的情欲，建立一种爱利主义政治哲学"。郭沫若说吕书的政治思想系统大体因袭儒家，也有道法气息；反对家天下制、尊重民意、赞成修齐治平的哲人政治，讴歌禅让。吕振羽视吕书为"由初期封建到专制主义封建交换期之封建地主政治学说的演变"的首唱，它在政治论上"首先便主张打破原来封建闭锁性的形成独立的各封国，建立中央集权的大一统王国"。这种政权组织的改变，正是初期与后期封建制的分歧点。是在创造大一统王国的总方针下提出正名、武力统一、统治思想的三大主张。对农民如封建主一样主张采取愚民政策。这和"民可使由之，不可使知之"的主张基本上并无区别。是认为统治者只有从人们的利己本性出发，"把欺骗政策和刑罚主义相互为用，甚至前者还更重要，才能顺利地实现统治农民的目的"。黄公权《中国政治思想史》说吕书为反秦之书，其重己贵民，道体儒用之政治思想乃针对商韩而发。故其政治意义为新王以反秦，其思想内容则为申古学以排法。徐文珊说吕书随处可见"寻常理则，立身处世之经，或得失成败之故，为一般人所体认，不属任何家派"之言，皆为人身政治民主的金玉良言，这是一最大特点。贺凌虚说吕书以法天地为一切人事法则的最高准绳，而形成贵生个人主义中心思想，并本于尚德治国的最高原则的基本观念，形成爱利人民为目的的政治理论。黄湘阳说吕书"是一部治国兴邦的政治学理论与实际"，想要构成最完整的政治宝典，而呈现博而务实的特点。游污读《漫谈吕不韦及〈吕氏春秋〉》说吕书的一套政治思想是想改革政治，而赞成儒家禅让学说与正心诚意、修齐治平之论、道家无为而治、养生长寿之法，反对墨家的宗教思想和极端的推崇理性①。田凤台说吕书是治道之书，千古论政之书，比先秦诸子更尚政治，故全面赅备。它以十二纪为骨干，想建立政治的最高原则、确立行政纲领——配合春生夏长秋收冬藏之理而言养（养民，经济思想）、教（教民，教育文化）、卫（卫民，军事行动）、管（理民，政治大端）这四大经，即明王政当顺天时。再以八览六论敷陈君道治术，以达到统一天下的目的。洪家义《略论〈吕氏春秋〉中反君主专制的思想》说吕书明确主张建立统一中央集权制的封建专制政体，有《执一》和班固说"知国体之有此，见王治之无不贯"为证②。余世明《试评吕不韦》说吕书主张的分封制不是奴隶制的翻版，它分封的不光是宗室子弟，主要"封天下的贤者"，为巩固封建统治服务③。张双棣等说吕书政治主张的基础是"法天地"——人类应按天地关系建立君臣关系，其政治思想的核心是虚君实臣、民本德治，这是主于儒基于道采各家之长的独特政治思想。李家骧说吕书就著书动机和全书内容讲基本是一部准备统一天下的整套治国的纲领和理论学说。它提出成体系的治国方案，十二月纪就建构庞大的施政框架并推衍到全书。贯彻观天鉴古察今之理而推出为臣为君治民之道，力图建立和谐有序的封建秩序和完备、运转的国家机器。反映出上升期统治阶级的宏大气度和对美好社会的强烈追求，是宗儒兼及道法。这标志我国很早的集大成的明确的治国纲领的问世。

　　3. 吕书的军事思想。傅绍杰《〈吕氏春秋〉战争理论》说吕书绝异

---

① 《畅流》三十九卷五期。
② 《南京大学学报》1981 年第 4 期。
③ 《贵州大学学报》1989 年第 4 期。

《商君书》，后者提出富国强兵的具体方案，前者对立身处世、治国养民诸方案提出普遍原则，尤其极大胆地控诉黑暗现实，是笃学抱道、爱民忧世之士为正义护法为民请命之举分。田凤台说吕书对不利秦一统之偃兵非攻说起而非之，实为此书军事思想的重心。牟钟鉴说吕书批评偃兵说，论证战争在社会历史上的必然性，揭示战争的政治本质，揭出用兵策略。张双棣等说吕书的战争思想具唯物论性质，在当时及后世都有重要意义；它强调战争胜负的决定因素是战争性质正义与否和人的作用，并也注意物的重要因素。张一中《〈吕氏春秋〉的军事思想》说吕书主张先德后兵说，强调战争的必然性、重要性和正义性，务主太上以义说，反对偃兵说①。李家骧认为吕书最早提出战争起源论，以为战争源自社会的对抗性矛盾；其性质在于正义性；其方略讲究战略战术，既重人的主观能动性又兼顾事物的条件；并视战争与政治的关系是相互影响的。这四方面就构成整套系统的军事思想。其中心和要义则反映战国末强秦这种新兴地主势力力求总结战争经验、探索军事理论以求统一天下的意图。这是批判吸收老子、墨子、宋尹学派、孟子、兵家的思想的。它是先秦仅存的几种重要军事著述之一。若说《孙武兵法》是春秋之季军事思想的总结，《孙膑兵法》是战国中叶战争经验的总结；则吕书的战争论是战国末军事理论的总结，它有超过前此兵法之处，乃至超出战争领域而有认识论、方法论上的哲学意义，足以独立成书，堪称《吕氏春秋兵法》。

4. 吕书的经济思想。吕书论经济主要论农业，因主张实行重农轻工商的政策而极少论工商，故学者多研究其农业思想。夏纬英《〈吕氏春秋·上农〉等四篇校释》说吕书论农四篇大致采自后稷农书，此农书当是战国早期作品，《汉书·艺文志》未著录，可见早已失传，幸吕书有保存。吕书论农四篇应是研究我国农业技术史和经济史的好资料②。吕振羽说吕书论农业是地主们为剥削农民的剩余劳动而讲求生产技术的提高，"在农民经营组织上，表现着生产力与生产技术的

---

① 台湾《三军联合月刊》三卷十一期。
② 见张舜徽主编：《中国历史文献研究》（三），中国历史文献研究会、华中师范大学历史文献研究所编。

前进"。吕书的论经营"是当时农业经营组织和生产技术的最高水准的总结"，至今还被广泛运用。侯外庐等说吕书的农业技术的记载是宝贵的文献，对尽地力的秦国来说并非偶然。田凤台说吕书之论农业系采自后稷农书之说尚待考证。吕书重农目的在使民朴重易治，这合《商君书·农战》《管子·治国》《孟子·梁惠王》之言。李家骧说吕书论经济是主张农为本兼顾他业的政策而构成封建经济格局。其论农业的完整资料和系统理论可称首始，这远非先秦他书可比，而自来少有专论。其内容为农业思想、农业政策和农业技术三部分。其关于土壤学研究、人工肥料使用的言论是我国乃至世界较早的文献。这对研究吕氏智力集团的农业思想、秦国的农业政策、战国和上古农业生产发展史、我国农业科学史及秦国的政治经济均极有价值，可说是中国首始的"农政全书"或"农业大全"。吕书的农本理论表现为要使农民安土重迁淳朴易使等方面，多吸收农法墨家的思想，是反映了小农经济的封建社会中农民和地主两方面的思想愿望的，这在世少见，是有战国的鲜明时代色彩的。

5. 吕书的教育思想。田凤台说吕书十二纪特重教育思想。夏令言政教与乐教。政教启君民心智，培养人格品德；乐教怡和君民情志，建立安和悦易风气。冬令言薄葬欲转移厚葬之风，使民俗俭朴，是为社会教化。它欲借政教、乐教、社教以疏导帝王观念，培养健全国民，养成善良风气。其言教异于儒家而偏重帝王，以成名治教为务。以显荣鼓励情志，而达成倡忠孝于天下之教育目标。李家骧说吕书的教育思想具有面向人生、社会、未来——建立统一安宁的封建社会——的鲜明特色。它论述教育的宗旨、关键、原则和教学态度方法。提出从人的本性出发、健全体质心性、"师徒同体"、"反己以教"、重视教育环境等观点都比儒家的教育思想更见推进、深刻和独到价值。其教育思想主于儒并采道墨农家言而推出新系统，应在中国教育史占重要地位。忽视此点是颇不适宜的。

6. 吕书的人才思想。雷祯孝《中国人才思想史》说吕书的人才思想含有不少论做人做有价值的人的思想，值得发掘。雷著以五节篇幅详论吕书综合发挥诸子人才思想和秦国人才内流的总论题，阐析吕书所论圣君贤相、人才与人才的关系、成功的机遇、识别贤才、求师修身、思想方法、人生学说与自调理论等问题。

7. 吕书的美学思想。李泽厚、刘纲纪主编的《中国美学史》说吕书的美学思想是先秦美学的终结,向汉代美学过渡的桥梁。特征是:继承儒道阴阳家说对美感作了生理心理的考察。折中儒道美学,在考察美与自然生命上有突出贡献,表现了我国古代企图把美与自然科学相联系的倾向。其特殊贡献是首先把道家思想用于建立艺术理论而提出相当系统的观点。其乐论是其美学体系的集中体现。它到自然中寻找美的起源,提出"美出于适"的问题,在某种意义上可说是中国古代生理学的美学。敏泽《中国美学思想史》说吕书调和融会各家而名"杂家",其美学思想创见少,未成完整体系,对后世影响很小。李家骧说吕书的美学思想是认为美在宇宙万物的运动变化之中,主客体的相契相合之中——"美出于适"(这主客观的统一是统一于主体认识之上)和物为我用,符合人生需要、人生追求的理想之中。这是最早提出的美学上的主客观统一的理论,是吸收儒道、杨朱、韩非诸家思想的改创。它讲"适"立足和看重人的主观能动性,这就是与儒道的本质区别,而并非什么折中调和于儒道间,亦非中国古代生理学的美学,更非首先用道家思想建立艺术理论提出相当系统的观点。其影响十分深远,不应轻视。

8. 吕书的文艺思想。缪钺说儒家乐论之兴在战国末分两派,荀卿一派承孔子之义而阐发,吕书则借道家阴阳家新说,秦汉间儒者继承发展了吕书乐论,故今本《乐记》有采自荀吕及秦汉儒者的,其论乐之玄妙精微者皆吸取道阴阳家言,而吕书之贡献则在开创此新途径①。牟钟鉴说吕书乐论基本观点来自荀子但有发展。它详论音乐的产生、发展、性质和作用及五音十二律的形成,是我国古乐史的重要贡献。其论十二律相生之说是中国乐理的鼻祖。李家骧说吕书的文艺思想是杂糅阴阳五行、儒道墨之说自树一家言。它首次系统地提出文艺起源论——以为文艺起源是个由人群共同创造多因素造成的渐变过程,文艺产生于宇宙的物质和物质的运动变化,原始文艺殊为注重人的主体性。这种文艺起源于社会生活的多种需要的学说,就远比国内

① 《中国文化研究汇刊》第六卷《〈吕氏春秋〉音乐理论》。

文学、文论、美学、民俗、文化学等十多门学科的千百种论著教材所普遍确认而定于一尊的普列汉诺夫的文艺只能起源于劳动的谬论要符合实际得多。吕书又是在先秦最详细提出文艺创作论，首次完整详细地记载十二律和三分损益法，最早提出舞蹈发生发展史纲并揭示某些规律的。这对研究中国古代音乐史、文艺发生发展史有重要作用。

五、吕书的思想渊源

《汉志》说吕书兼儒墨、合名法实是论吕书思想渊源之先声。高诱说"此书所尚，以道德为标的，以无为为纲纪，以忠义为品式，以公方为检格"。贺铸说吕书宗于老墨。陈澧说吕书是儒生所为。汪一鸾说吕书取儒家宗旨是大本原。"于老子不取翕张予取与和光同尘之说，独取至公至正无为自然之旨；于墨子不取兼爱尚同之说，独采去取守法节丧守时之旨；于法家独以管子为尊，下申韩而斥商鞅；于兵家讲王者之师而并气专精在心未发之旨，于纵横家斥弃揣摩捭阖之说，取解纷息争之旨，于名家目为谣辞而排斥；于农家得周家井田重农立国之本，而商君阡陌隐在所斥。"《四库提要》说吕书是以儒为主参以道墨，引庄列之文不取其放诞恣肆，于墨不取非儒明鬼，于纵横无所及。① 卢文弨说吕书"大约宗墨氏之学而缘以儒术"。汪中说先秦诸子各明其学，最后吕书出兼有诸子之说，他指认书中各篇对儒、阴阳、道、农、兵、墨之说既吸取又批评之处。郭沫若说吕书兼取并蓄却有标准。主要摄取儒道批判墨法，这最值得注意。它大体折中儒道的宇宙观和人生观，反对墨家的非攻、法家的严刑峻法、名家的诡辩苟察，主张君主无为，鼓吹儒家的禅让说，每篇每节都和秦国政治传统尤其是嬴政相冲突。陈奇猷说各家之说杂陈吕书中，吕书的指导思想和重心是阴阳家说。田凤台说吕书非主某家说，其论尚公、诚信、修己、行孝、德治教化与儒家合，论"道"、法天、无为、去智、贵虚、贵生与道家合，论爱利、尚贤、节丧与墨家合，论顺天、五德、机祥、感应与阴阳家合，论审时、君道、赏罚、分职、任势、任

---

① 许维遹《吕氏春秋集释》等五书中册。

法与法家合，论正名、审分、反类推、反坚白与名家有出入，论义说、顺说、势说、谈说与纵横家合，论农艺与农家合而取许行君民并耕说，其论说多引故事传说是取小说家言。张岱年说吕书吸取各家较进步的思想，如道家的贵生、墨家的薄葬、法家的察今、儒家的教育、音乐思想。虽采各家说却并无矛盾。萧艾说长沙出土的战国楚缯书为吕书十二纪的来源信而有征，郭沫若治吕未涉及吕书受楚文化之严重影响是未深入到"里"①。牟钟鉴说吕书取道家的道法自然、无为，去其消极避世、寡欲去知，在宇宙观社会观上受老庄影响，但未摆脱庄子的神秘主义。取墨家的兼爱、尚贤、节葬、辩察，去其非攻、非乐、明鬼。取儒家的三纲五常、论音乐、教育，去其天命、礼。取阴阳五行家的深观阴阳消息、机祥度制、五德终始，这在吕书的思想体系中起了很大作用。取法家的法、势、术，去其专制君权，以利害定是非。也受兵农家影响。它加工改造各家思想为理论体系的有机部分且基本是协调的。李家骧说吕书取儒家说重在政治教化，如民本、德治、伦理、乐教、修身、尚公、天人合一，弃其天命与理、言不及利，改造其教育、美学论，提出其未及的文艺起源论。取墨家说重在社会政治思想、认识论，弃或变其狭隘功利主义、宗教观念、反战、非乐。取道家说重在宇宙观、政治观、人生论，弃其绝圣弃智、小国寡民、柔弱阴谋之术及唯心论、神秘色彩。取法家法术势三派说重在政治论、社会论，如功利主义、中央集权制、奖励耕战，而斥商鞅的严刑峻法、韩非的君权专制。取阴阳家说重在阐述万物结构变化、行政月历、天人关系，而斥其方士卜筮之术。取名家说的名实相符，斥其诡辩谣辞。取农家说的重农为重要国策，之中也有儒法色彩，它不采许行的君民并耕说，但十二纪讲帝后率臣下亲耕的礼仪般操作有许派痕影。取兵家孙武、孙膑、吴起说，但吕书论战争起源、战争与政治关系等都有独创。取小说家言文采、表现力。据《不二》篇看，吕书还受其他家影响，吕书博采众长更强调集中统一而求自铸宏辞定于一尊。

（原载《湘潭大学学报》1998 年第 6 期）

① 李家骧《吕氏春秋通论》之萧艾序文。

中外"《吕氏春秋》学"评考综要(下)

李家骧

六　吕书的历史文化地位与影响

1. 吕书的历史文化地位。A. 吕书的学术价值。高诱说吕书"大出诸子之右",宋高似孙、明方孝孺亦赞同此说。宋蔡伯尹说吕书堪与诸子争衡①。叶逢春:"意吕多博雅之辈、锐意著述者,故其中多推见至隐,揭若语简旨宏者,自老以下,不多见焉。"《四库提要》说吕书"较诸子独为醇正","其持论颇为不苟。论者鄙其(指吕氏)为人而不重其书,非公论也"。清刘咸忻《推十书·读诸子杂家》说杂家之书今所见者莫古于《尸子》,但吕书岂尸子之徒所能为?刘文典说吕书"斟酌阴阳、儒、法、刑、名、兵、农百家说,采撷其精英,捐弃其畛挈,一以道术之经纪条贯统御之,诚可谓怀囊天地,为道关门者矣"。范耕砚说吕书杂出众手而平亭百家,后世总治诸子之学者未能出其范畴。日本大岛利一《吕不韦略传》说吕氏死后意味战国终止,焚书坑儒祸起,先秦学脉断绝,故吕书是战国思想自由最后之菁华②。日本中西牛郎说吕书统一诸子之说,兼收杂采而去一偏,其著作方法大异他家子书,最能代表秦汉间思想潮流③。杨宽《吕不韦和〈吕氏春秋〉新评》说吕书综贯各派之长形成一套封建统治理论是符合

---

① 《黄氏日抄》卷五十六《读〈吕氏春秋〉》(中)引页三一。
② 《东洋史研究》七卷第二十三号。
③ 《东洋哲学》第二编第十号。

历史发展趋势。在大一统局面出现前后，地主阶级为寻找封建大一统的思想武器，有过探索过程，之中吕书是有先行的历史贡献，应在思想史上给这首名杂家应有的地位①。李家骧说吕书在中国文化发展史上作出史无前例的集大成的突出贡献，是标志封建社会学术思想的开启和发展的里程碑。B. 吕书的文献价值。《吕不韦列传》说吕书"备天地万物古今之事"。清毕沅《吕氏春秋新校正·序》说吕书"在秦火以前，故其采缀原书类亡，不能悉寻其所本"，"其书沈博绝丽……后人所以探索而靡尽与！"汪中说吕书"其所采摭，今见于周汉诸书者，十不及三四。其余则本书已亡，而先哲之话言前后之佚事赖此书传于后世……庶几乎立言不朽矣"。张同德说："第观其书，法四时之运，极万物之变，究治乱兴亡之理，上拓鸿古，下控列国……其于民法事情亦既备矣……考古者证其义，轨事者踵其故，尚权者习其数，驰说者掇其辞，即以其书为后世之资亦奚不可。"清徐时栋《烟屿楼文集·吕氏春秋杂记序》："其书瑰伟宏博，幽怪奇艳，上下巨细名物之故粲然皆具，读之如身入宝藏……而不能不叹羡其备物之富有也……遗文轶事至理名言往往而在，考其征引神农之教，黄帝之诲，尧之戒，舜之诗，后稷之书，伊尹之说，夏之鼎，商周之箴，三代以来，礼乐刑政，以至春秋战国之法令，易、书、诗、礼、孝经、周公、孔子、曾子、子贡、子思之言，以及夫关、列、老庄、文子、子华子、季子、李子、魏公子牟、惠施、慎到、宁越、陈骈、孙膑、墨翟、公孙龙之书、上志故记、歌诵谣谚，其捃摭也博，故其言也杂，然其说多醇而少疵。"②郭沫若说吕书含有极大的政治意义，也有极高的文化史的价值，以往学者似未充分认识。杨宽说今天研究战国各派之长，不少部分还得依靠吕书的思想资料。张岱年说吕书保存了宋钘、尹文、邓析、子华子、惠施等先秦各家的材料，很有史料价值，应重视研究。徐复观说吕书应当从各国不同角度作重新发现性的研究，从思想史的立场作比较性研究。张双棣等说吕书保存了很多卫生医学、原始音乐、天文历法、农业生产的可贵资料。李家骧说吕书是

---

① 《复旦大学学报》1979年第3期。
② 许维遹《吕氏春秋集释》后附录。

文献资料的丰富宝库。其文献价值可注意几点：时代久远尤为珍贵；可靠性较强；涉及面广；可作比较研究；很可补佚；可与他书互证；后人广泛利用其书；可作断代史的历史和文化的研究。C. 吕书的文学成就。对此历代有高度评价，而今之文学史多不重视，仅稍带一笔。吕氏本传说吕书"布咸阳市门，悬千金其上，延诸侯游士宾客有能增损一字予千金"。《昭明文选·杨德祖〈答临淄侯笺〉》说吕书"字直千金，然而弟子箝口，市人拱手者，圣贤卓荦，固所以殊绝凡庸也"。

汪一鸾说吕书"不啻如秦吏以秦法而治秦狱……其文则神奇而不吊诡，浩荡而不谬悠，峻洁而不凌兢，婉约而不懦缓，含弘而不庞杂，独造而不偏枯，遍采诸家之文而斧凿之，遂蒉出其表……斯又后世文章之所望而震惊焉者"。明李鸣春《吕氏春秋序》说吕文奇特，简若《檀弓》《左传》，严若荀卿，丽若《国语》，核若《管子》，纵横若《鬼谷子》《战国策》，揣事情极变化若韩非，怪诞幽渺不可考若漆园吏，等等①。清包世臣《艺舟双辑·摘抄韩吕二子题评》："文之奇宕……至《吕览》斯极天下能事矣。"清方濬颐《读吕子》说吕书"文字章法之妙，议论之精，辞足理足，有意于古而笔无不古，择其雅驯者直可厕之经，以与圣贤相抗"。② 田凤台说吕书是"陈古鉴今，专精证验，得《书》之教，后世政书论说之典范"。但也有多篇仅积前古例而无奇。郭预衡《中国散文史》说吕书有些话说得相当随便而大胆。其文较平实却不乏精彩笔墨；兼采了诸子之长，很会取譬设喻，富有形象；有的篇章用语近于法家。章沧授《论〈吕氏春秋〉的文学价值》说吕书之文吸收百家之长，如《论语》的平朴自然，不事雕饰，浅近易明；墨子的类比推理，层层推论，逻辑严密；孟子的犀利明快，直指时弊；庄韩的多以故事说理，而予以创新形成杂家散文的特色。其书体完密，开后世集体写书的先河，在散文史上具开创意义；其风格独特，简练、宏阔、形象、严密；说理精巧透辟，故事寓言丰富③。李

---

① 《吕氏春秋集释》等五书后附录三。
② 《方忍斋所著书》第二册页五七四。
③ 《文学遗产》1987 年第 4 期。

家骧说吕书是先秦政论文学的大总结而具里程碑性质。有简明凝炼、切实精当、平朴近人、自然舒展、严谨周密、形象生动、浩荡宏广、雄奇洒脱的风貌。先秦诸子的政论讲究务实用去浮言的价值取向，崇尚质朴自然美的审美惯性，注重以逻辑思维为主兼重形象思维、直觉思维、灵感思维的思维形态，尤为讲究气壮气盛的精神状态，吕书对此多有采撷而有创新。另外，王充《论衡·自纪》说吕书文字不无累害，时人是畏吕氏势不敢谴一字。高诱及明方孝孺《逊志斋集·吕氏春秋》也同此说。高诱注吕书《制乐》篇说"故扬子云恨不及其时，车载其金而归也"。明王世贞《吕氏春秋序》说吕书"文辞措出而不雅驯，往往有类齐谐稗官者，其食客所为耳"。① 李家骧说吕书之所以敢悬赏千金而世人莫敢增损，一是其文本也精练，二是一字千金说是言之过当，吕文确有重复芜杂之处。D. 吕书在书籍、文体发展史上的地位。汪中说吕书不出一人之手而为后世《修文御览》、《华林遍略》之所托始。梁启超说后世种种类书的编纂方法及体裁皆本于吕书。冯友兰说吕书"为我国最早之有形式系统之私人著述"。缪钺说："诸子著述，仁兴发抒，或由自撰，或由弟子所记，或后学所附，初皆各篇单行，不相统贯，甚至一篇之文并非出于一人之手，汉人校书，始汇集诸篇，勒为定本，而吕书当撰写之际，即有计划；故纲举目张，自成统系……此种撰述方法，自吕不韦开端，厥后《淮南鸿烈》为其嫡子，而魏文《皇览》以降之类书，亦其支与流裔。"傅斯年说吕书"这部书在著书体裁上是个创作，盖前于《吕览》者，只闻著篇而不闻著成系统之一书，虽慎子著十二论以齐物为始，仿佛是个系统论，但慎子残文见《庄子》等书者甚少，我们无以见他的十二论究竟原始要终系统到什么地步。自吕氏而后，汉朝人著文，乃造系统，于是篇的观念进而为书的观念，淮南之书，子长之史，皆从此一线之体裁"。程千帆《先唐文学源流之论略》之(二)说吕书出，"章进为篇，篇更为书，遂为先秦诸子书最完密之形式"，此则吕书对文体衍进之贡献，而读者不甚注意②。李家骧说吕书是明确地一次性大规模有组织的集体著书

① 《吕氏春秋集释》等五书后附录三。
② 《武汉师范学院学报》，1981 年第 2 期。

的首创，它在书籍发展史、文体发展史上是座重镇，往下带起了《淮南子》直至《四库提要》的修纂的群起仿效和大量涌现，它对文体衍进和撰述方法是一大创造和巨大贡献。

2. 吕书对后世的影响。A. 在政治上：胡适说秦始皇所取的"五德终始说"非邹子之徒齐人所奏，乃是间接采吕书《应同》篇。任继愈等说吕书对汉代政治和思想有重大影响，在学术思想演变上开启了秦汉之际的道家思潮，推动了汉初唯物主义哲学的发展。徐复观说吕书十二纪影响两汉政治很深，主要发生在：对灾异的解释与对策；对刑赏的规正和运用。这有得失两方面：在学术上阴阳五行说假《月令》而大行，加入了经两千年都未完全洗汰澄清的弊害。"但就政治方面言，把皇帝的权威意志所发生的行为，镶进了一个至高无上，而又息息相关的宇宙法则中去，使他担负由宇宙法则而来的不可隐瞒逃避的结果，则皇帝的权威，可以不期而然地压低；他的行为，可以不期而然地谨慎，这在无可奈何对专制皇帝的控制上，当然有其重要意义。而《月令》的影响，虽然有许多是落在毫无意义的形式中去，但在解释灾异及援引刑法上的问题时，总或多或少地导向宽厚而合理的道路上去。在整个一人专制的政体结构之内，这点补救之力，依然是非常难得的了。"田凤台说秦汉政治都受吕书影响，如采用其五德终始说，实行改制与封禅，以机祥度制论灾异等。田昌五说汉代实行黄老政治，从某种意义上讲，可说是吕书的翻版。李家骧说秦汉都面临政局统一巩固的问题，故易受吕书影响。秦始皇还是采用了吕书的几点说法：取阴阳五行说将君权神化；用法而重术、势；普遍推行郡县制；以农为本使民安土重迁。吕书的五德终始说影响波及历代封建王朝。B. 在学术上：徐复观说："两汉思想家，几乎没有一个没有受到十二纪纪首——《月令》的影响。"受影响最大的董仲舒，其思想特性可说是由十二纪首发展出来。贺凌虚说吕书的五德终始理论经始皇采纳扩充，使经学乃至诸家学说无不为阴阳五行所渗透，以至泛滥整个社会，深入一般人的观念而至今不衰。林丽雪《董仲舒传》说吕书首次建立了以阴阳五行为依据的宇宙人生政治的特殊结构，给汉代思想重大影响，经董氏发展，完成了天人哲学的大系，以形成汉代思想的特殊性①。田凤台说吕书影响汉代学术，有杂家论政之勃兴、阴阳五行之传播、天人相与之观念、谶纬图籍旁出等项，都大行其道。李家骧说吕书影响汉以后的学术有几点：杂家书兴盛，汉时名政论家多仿吕书博采众长而成己见；宇宙论进而演化，《淮南》、王充均据吕书而发挥；天人感应观念更浓，到董仲舒更见完备系统；医学有发展，《黄帝内经》的观点名称都有见于吕书的；物候学有发展，后世《四民月令》等之类著作都受吕书影响。C. 在文学上：包世臣说汉代晁错、赵充国、刘子政尤其是司马迁均出于吕书，"子厚《封建论》、永叔《朋党论》推演《吕览》数语，遂以雄视千秋"。田凤台说两汉议政书、东莱博议、明代八股皆推演吕书而得。李家骧说司马迁《太史公自序》等多篇赞誉吕书，将其列为圣贤发愤之作的八种重要典籍之一，他对吕书多有采撷仿效。D. 后人纷纷利用、仿效吕书。一是《淮南子》与吕书的关系：汉桓谭、王充、蔡邕、宋高似孙、近人蒋伯潜均说《淮南》仿吕书之例而作。李家骧说《淮南》在编排体例、写作方式、采取资料、某些思想、有的篇章等方面均承袭吕书。二是《礼记》《史记》与吕书的关系：汉郑玄《三礼目录》《礼记·礼运》注说《礼记·月令》基本取自吕书十二纪。唐陆德明《经典释文》说《月令》是从十二纪删合而成。但蔡邕则说十二纪取自《周书》。王肃、《四库提要》、郭沫若、杨宽均持类似说法。而清梁玉绳却确论："《月令》一篇，先儒或云周公作，或云不韦作，虽疑莫敢定。然如'太尉'秦官名，而曰'命太尉'；'囹圄'秦狱名，而曰'省囹圄'；自秦以下民始得立社，而曰'命民社'，皆不合周法，且《序意》明言'维秦八年，良人请问十二纪'，则不韦作审矣。"②宋蔡伯尹说："汉兴高堂生后仓二戴之徒，取此书之《十二纪》为《月令》，河间献王与其客取其《大乐》、《适音》为《乐记》，司马迁多取其说为世家、律、历书，孝武藏书以予九家之学，刘向集书以系《七略》之数。"章学诚说："吕氏之书，盖司马迁之取法也。十二本纪仿其十二月纪，八书仿其览，七十列传仿其六论，则亦微有所以折中是也。"李家骧说《礼记·乐记》为《荀子·乐

---

① 《中国历代思想家》第二册页二四、页三一。
② 毕沅《吕氏春秋新校正》的《季秋纪》注。

论》与吕书的乐论的合并。三是他种有关书与吕书的关系：明梅鷟《南雍志经籍考》"子类"引扬子云之说，指明吕书"史角往鲁之说足以祛《明堂位》《祭统》之诬成王、伯禽，学者不可不考也"。清钱保塘《清风堂文抄·跋毕氏吕氏春秋序》："吕氏《上农》、《任地》、《辩土》等篇与《亢仓子》所载略同。按《亢仓子》云天宝王士元撰，见本书自序及晁氏《读书志》、《新唐书·艺文志》，正取吕氏之言而为此说。"余嘉锡《四库提要辩证》以吕书之论拨正《四库》之说有多项。

七、吕书的编纂体制

汉桓谭《新论》说吕书体具而言微。梁刘勰《文心雕龙·诸子》说吕书"鉴远而体周"。汪一鸾说吕书纲巨而目精，体严而用博。清刘咸炘《读诸子杂家》："是书十二纪、八览最整密，六论盖绪余，故杂乱复，每篇义类咸不贯，盖其每立一义，必引事以明之，引事既已又论其事，或支出他义，如是者多，岂抄取他书失于删削耶，抑其简多错乱佚脱，联贯之迹不明耶！"《四库提要》最早察觉吕书结构有内在规律，说十二纪是按时序排列，"夏令多言乐，秋令多言兵，似乎有义，其余绝不可晓"。余嘉锡："春令言生，冬令言死"，"春生而冬死，夏乐而秋刑（古者大刑用甲兵，故秋多言兵），其取义何也？曰此所谓春生夏长秋收冬藏也（语见司马谈《论六家要指》）。其因四时之序而配以事，则古者天人之学也。说在董子《春秋繁露》"。"故十二纪以第一篇言天地之道，而以四篇言八事（其实皆言天人相应），以春为喜气而言生，夏为乐气而言养，秋为怒气而言杀，冬为哀气而言死。所谓春生夏长秋收冬藏也。"庄适《吕氏春秋选注序》说吕书大体不差，但因篇幅大作者多，结构难细密，旨趣难统一，故往往有记载失实、主张冲突、议论不贯之处。郭沫若说吕书文字结构也杂，因篇数有限制、每篇长短约略相等，而就有多篇是勉强凑成，或一篇割为数篇，或同一内容在他篇重出，因而全书编制实在相当拙劣。田凤台说吕书纲举目张，但其目难尽合体要，多支蔓不进、篇旨与例证不合、前后重出、引书失误、实核未精、删校不严之处，但仍是瑕不掩瑜。陈奇猷说吕书是各派各家之作各自为篇杂陈书中。吕艺《论〈吕氏春秋〉的结构体系》说吕书的总体结构"据'法天地'以行人事的基本思想来设计，这与其思想体系的主导倾向正相表里。在这样的总结构下，十二纪、六论和八览分别依照'上揆之天，下验之地、中审之人'的方法论三要素，构建成三个既相联系，又相区别的结构系统。三者联系的枢纽，在于天道、地理、人纪相通，揆天验地最终都落实于人事……十二纪按'天曰顺'的规律安排人事，六论则按'地曰固'的特性广加推绎；至于八览，则按'人曰信'的要求，参照《洪范》'五事'分门别类地论述人事行为规范……"这三个结构体系之结合，就使吕书的总体结构具严整的系统、鲜明的目的和清晰的结局。"十二纪的结构体系要反映顺应天道的内容，而十二与五，正是古人心目中的'天数'。'十二'这个数字，常用于天象、天体、天时。在一、三、五、七、九这五个奇数中，'五'位居其中，所以被视为天数的代表。""八览以八与八组合而'中审之人'……在古人心中，'八'这个数字自八卦始创之日，就与人事关联。""六论以六与六组合，反映效法地道的内容，则是因为'地之中数六'。因为在二、四、六、八、十这五个偶数之中，'六'位居其中，所以古人视为地数的代表。"①牟钟鉴说吕书在编排结构上有两大特色：一是靠集体力量按预定计划写成，事先定好门类、子目，这种有主编、统一计划、统一体例而集体完成的理论著作是中国思想史的首部；二是处处构成体系，具系统性完整性。李家骧说吕书"法天地""上揆之天，下验之地，中审之人"的指导思想已体现在其组织形式。十二纪按四季十二月布置，每纪首篇辖四篇指四方，加首篇为五，合五行之数。八览览数、每览篇数皆为八，均指八方。六论论数、每论篇数皆为六，均指六合。全书首以《孟春》论时令开篇，终以《任地》等论耕地结尾，中间多论人事。这种种编排符合吕书合天时地利人和的指导思想和古人的数字观念。统而言之，正是时空相配——所谓"备天地万物古今之事"。纪为内篇、览为外篇，论为杂篇。吕书的编排独具特色而有和谐统一美、严密系统性。但也有缺欠：刻意追求形式整齐，故有重复、割裂、体制不一之处。

---

① 《北京大学学报》1990 年第 5 期。

八、吕书的作者与成书年代

1. 著书董其事者吕不韦

A. 对吕氏的评价。一种倾向是历史上，尤其是封建儒者对吕氏毁多于誉。或抱反秦偏见，或鄙薄吕之行业，如宋张凤翼《评吕不韦》说是"奸雄而审于贾者"。今人亦动辄说吕是阳翟大贾、投机奸商。或敌视其权谋，如明王世贞《吕氏春秋序》说吕氏"诡谲狙好"。或讥刺其品行，如明方孝孺说"不韦以大贾乘势市奇货，致富而行不谨，其功业无足道者，特以宾客之书显其名于后世"。高维昌《周秦诸子概述》说："不韦之为人，无足取矣。"或认其败亡为应得，如宋苏辙《评吕不韦》即如是说。或诽其为窃国大盗，如汉扬雄《法言·渊骞篇》斥吕氏"以国易宗"，是"穿窬之雄"。明陈懿典《读史漫记》、清方濬颐《方忍斋所著书·读吕子》斥吕氏盗秦国、盗当世名。或谤其为欺世盗名，骂其为奸佞小人，如汉马融解释《吕不韦列传》中史公所说不韦为孔子所说的"闻者"是指佞人。《四库提要》也说："不韦固小人。"清毕沅《吕氏春秋新校正》说："其著一书，专觊后世名，又不成于一人，不能名一家者，实始于不韦。"或咒其为驵侩之诈者，如明张同德之说。或首肯其书而非其人，如近人范耕砚《吕氏春秋校补》说："书虽幸存，言以人废。"侯外庐等三人认为吕氏除了执行秦国耕战拓地的传统政策外，并无新的政绩，唯一值得注意的是《吕氏春秋》。或视其为阻碍革新搞倒退复辟者，如方克《中国辩证法思想史》认为吕氏为了维护既得权位，就不惜勾结太后及奴隶主贵族势力，阻碍秦国的革新过程，与秦始皇作对，这在历史上是有案可查的。另一种倾向是批评传统之见。吕思勉《经子解题》说吕氏的政迹符合儒家之义；其书立论甚纯，假使秦国一直任用吕氏，贯彻其说，则秦未见得速亡，苍生也不至蒙荼毒。不韦为人，固善恶不相掩，而其书卓然可传，讥其失而亡其书，已不免一曲之见，因其人而废其书，则更是耳食之流。吕振羽认为吕氏出身新兴地主——商人阶层，又是其阶层开始掌握全国性政权的代理人，其书体现了其阶层政治行动的方针。《中国历代战争史》认为吕氏不仅富于谋略，且有经济与学术的见解。郭沫若认为吕氏在中国历史上该是一位有数的大政治家，不幸被迫自杀，死后又为一些莫须有的事迹所掩，而应还其本来真面目。他绝不是一位寻常的人，是投机进入政界。吕嬴的斗争是封建思想的代表与奴隶主代表在思想、政见和其他态度的斗争。另有人认为吕氏非常了不起，对秦统一中国作出了不可磨灭的贡献。亦有人认为他是文化巨人，他是以他的文化活动的成就名垂后世的。牟钟鉴认为吕氏是重要的思想家，太史公称吕氏为"吕子"、"闻者"，依《论语》之意是有赞美之情的。钱穆认为："自不韦之死，李斯得志，因有焚坑之祸。先秦学脉，竟以此绝，亦可惜也"。日本大岛利一说："吕不韦死后，意味着战国时代的终止。他死后，天下一统，庶政皆改，商贾活动受到抑制，思想界受到弹压，他死后，李斯得志，焚书坑儒之祸起，先秦学脉从此断绝，所以《吕氏春秋》是战国时代思想自由最后之菁华。"田凤台认为"不韦人品……千古訾议之的……其行止居心，一无可采"，"不韦一生，毁在人品"。但又认为吕氏功业表现在军事、外交、著述上，胆识过人，舌锋机利，才堪御众，轻财好施，只是毁在人品上，不然其功当驾管、乐、申、商而上，何至言人羞称其书。杨宽认为吕不韦主编《吕氏春秋》，在地主阶级找寻巩固封建大一统的思想过程中，是有历史贡献的。主要引起吕嬴之争的还是两人间发生了争夺政治权威和理论权威之争。李家骧认为封建文人对吕氏虽多毁诋，但在以农为本的中国封建社会中，就奇人奇事和功业而论，他是有独无偶的千古一人而已。这是特定社会形态特定时代背景下的特殊产物。在为相上，其功业不光超过其前任范雎、蔡泽，即以管、晏比亦未见有愧色。他与诸葛亮的德才兼备、精神品格远不能相比，也与曹操的雄才大略、度量意气有所不同，但他却又是另一种类型，不可因历史的偏见而埋没其人的事功，在中国历史上从史传而言，是应该大书一笔的。他在为相期间，在内政、军事、外交、文化建设上，实有为秦统一天下和确立封建制度而奠定基础的丰功，其才具识力、精神情操亦不可低估。关于其人品，他是有野心，有投机之举和生活失检之处，但就当时世情而论，不宜过于苛责；何况《吕不韦列传》有矛盾、失实，引起后世学者纷纷猜疑和辩驳之处。吕氏于民有德、于国有功、于史有成，不宜因其有失而一概抹杀。吕氏是由世俗奴隶主转向封建大地主势力的突出代表人物，他攀登相位的过程，典型地反映了在奴隶制全面崩溃封建制行将完全确立的历史时期，由工商业世俗奴隶主自觉转变为新兴封建大地主，而构成巨大政治势力的成功。其成功既是他以个人独有的野心、才能和条件进行政治投机、铤而走险的问题，也是时代、阶级的问题，是历史潮流和社会趋势给他提供了千载难逢的机会。吕氏与秦始皇的斗争，实质上是新兴封建地主统治集团内部，由世俗奴隶主转化而来的地主势力与由贵族奴隶主转化而来的地主势力这两派，即温和派、渐进派的代表与激进派、强硬派的代表，在政治主张、思想倾向和基本路线上的两种政治势力的斗争。以嬴吕二人的权力、思想、性格、秦国的历史传统和历史趋势看，吕氏的失败乃是事理的自然。郭沫若说吕氏是"有数的大政治家"这是卓见。他所说吕氏"不幸被迫害自杀了"的问题，这实则是统治者内部争权夺利的斗争，无所谓"幸"与"不幸"可谈。而从吕氏的民本思想、于世于民于史有其丰功或被误受祸殃或被歪曲而言，则诚为不幸，实应同情。侯外庐等三人的许多看法和方克之说都是偏误不公的。吕嬴同是封建制的新兴势力，其统一天下建立封建制的目标大体一致，仅在具体方略和认识上政见有所不一，这怎能说吕氏是"阻碍"革新和"守旧"呢？所谓历史上有案可查，无非指吕氏本传。这可查的是疑案，后世学者指出其不实、矛盾、有误之点甚多，怎能据为信史？B. 吕氏的著作权。封建时代的学者出于种种偏见，如鄙薄吕氏的行为，藐视其营商，抹杀其见识，有意于反秦，而一向不承认吕氏的著作权和在编书过程的作用。他们的倾向、惯性是承认吕书的价值而认吕氏为挂名主编。宋黄震《黄氏日抄》引蔡伯尹跋吕书之语："不韦固无与焉。"清卢文弨说："书于不韦固无与也。"清徐时栋说："此岂贾人子与其食客之所能为者哉？"但侯外庐等三人认为吕书"序文既冠以'文信侯曰'，纵不出于他自己的手笔，也必须经过他的同意。因此，书中有他的见解无疑。"田凤台认为吕氏未参加执笔，可能是吕氏日理万机，文字非其长的缘故。徐文珊说，就书籍编辑体例言之，吕氏于吕书只能称发行人或编辑委员会主任，真正主编另有其人。牟钟鉴认为吕氏亲自主编，是重要的思想家。李家骧认为，按史载与事理言，吕氏既非挂名主编，亦非亲自主编，是主持编书的编委会主任，而另有执行主编，虽执行主编无从查考其人。因吕氏本传已载吕氏为发起、组织、主持、审查编书的董其事者。吕书《序意》又有其序，故按事理言，他应是编委会主任兼作者。因为吕氏对全书只是原则指示，于文才又非其长，其权位和行政事务使他亦无意于充当执行主编；再者，吕门宾客三千又必有硕学通才可充当执行主编者。李著还颇疑《序意》所说向吕氏请示的"良人"为执行主编或编委。

2. 吕书的具体作者

吕书的具体作者原书未见记载，历来不乏猜测。有识者多谓吕书作者必多异才硕学、抱道护法、爱民忧世之士①；据书的内容，或主墨者多②，或认儒者多③，或说道者多，或称荀况子弟多④，或谓除儒、道、墨三家外尚有各派学者⑤；有讲秦文化落后，此书非秦人所为者⑥，有断言大抵为外籍人，中多三晋人者⑦。钱穆以为李斯当参与著书。郭沫若认为吕氏门下九流百家都有，墨、法、名家不占势力，儒、道特别是庄子门人颇占势力。李斯曾为其书尽了力，而李斯、甘罗、张唐、司空马似乎只是政客而非学者。吕门学者可能是完全被消灭了。缪钺说可知之作者唯李斯及司空马。田凤台据《史》、《策》、孙楷《秦会要》及《秦会要补》认为，作者除此二人外可能还有甘罗、蔡泽。李家骧认为论者之说难以推定。可能吕氏的当时习俗为一般作者不署名，或吕书作者们谦逊不肯署名，或原书《序意》篇已署名但今已残缺。已考证，除上述四人外尚有张唐、尉缭，共六人可能参与著书。其他作者中，可能三晋人多。

3. 吕书的成书年代

吕书对成书年代早有记载，但论者对吕书《序意》篇及书的内容

① 傅绍杰《〈吕氏春秋〉战争理论》。
② 卢文弨《抱经堂文集·书〈吕氏春秋〉后》。
③ 陈澧《东塾读书记·读诸子》、包世臣《艺舟双楫·论文二》。
④ 刘文典说见许维遹《吕氏春秋集释》之《劝学篇》注。
⑤ 缪钺《〈吕氏春秋〉撰著考》。
⑥ 徐文珊《先秦诸子导读》。
⑦ 贺凌虚《〈吕氏春秋〉政治理论》。

仍有多种认识，故历来有聚讼纷纭之说。A. 八年说。宋吕祖谦、清周中孚、郭沫若等据《序意》主成书于始皇八年说①，但也有人视此篇所说"八年"之"八"是"六"或"四"之误②。B. 驳迁蜀说。明方孝孺以为《史记·太史公自序》与《报任安书》所说"不韦迁蜀，世传《吕览》"是史公言误，吕书不当成于吕氏迁蜀后。《四库全书总目提要》则认为史公所说的此二句乃"《史记》驳文耳。"另也有指史公思有未审者③，为史公辩解者④。C. 吕氏死后说。明顾亭林《日知录》说吕书成于秦初并三晋时⑤。徐复观则据吕书《安死》篇"以耳目所闻见……其皆故国矣"的文句，认为"这分明是秦政二十六年以后所写的"，断定吕书的"初稿成于秦政八年。但其补缀之功，直至秦统一天下之后"。D. 七年说。姚文田《邃雅堂集·吕览维秦八年岁在涒滩考》、钱穆《吕不韦著书考》认为吕书成于始皇七年，而钱氏又认为"吕书确有成于迁蜀之后，并有成于不韦之身后者"。田凤台认为《序意》所说"八年"实统庄襄王而言，吕书成书应在始皇七年。E. 分部问世说。陈奇猷认为吕书《十二纪》确系成于始皇六年，《八览》、《六论》则成于吕氏迁蜀之后。F. 六年说。宋王应麟认为《汉书·艺文志》指明《序意》所说"岁在涒滩"乃指申年，不合八年(乃壬戌)之说，八年说乃算历者之差。《通鉴》、《皇极经世》也说八年岁在壬戌而非涒滩，故吕书成于秦政六年。牟钟鉴也论断吕书成于秦政六年。李家骧认为吕书是对先秦学术文化带集大成总结性的关门著作，是标志一个时代完结的里程碑，也是先秦古籍中唯一可确定写作年份的，故确定其成书年代就更见重要。他从《序意》所说吕书成书"岁在涒滩"这项最重要最可靠的首项铁证、《吕不韦列传》的依年岁顺序叙事、吕氏当时面临的国内外形势、秦国早以火德自居、干支纪年、宋王应麟之说等多方面论定吕书是一次性完整地完成于始皇六年(申年、公元前241

① 许维遹《吕氏春秋集释》后附录。
② 见黄式三《周季编略》，又见钱穆《先秦诸子系年·吕不韦著书考》。又见张文虎《舒艺室随笔》。
③ 刘知幾《史通·外篇杂说上》。
④ 吕思勉《经子解题》。
⑤ 顾亭林《日知录》，又见钱穆《先秦诸子系年·吕不韦著书考》。

年），且对五年说、七年说、八年说、迁蜀说、吕氏死后说、分部问世说均据事理多方论证予以全面否定。

（原载《湘潭大学学报》1999 年第 1 期）

中外"《吕氏春秋》学"评考综要补

李家骧

　　拙文《中外"〈吕氏春秋〉学"评考综要》(上、下)系应诸读者、专家之需，将 10 来年搜集的"中外历代吕书研究资料辑要" 10 多万字几经压缩成 2 万余字而发表的，现已经多种大型系列丛书和杂志转载，为使此项资料尽可能少些缺欠和遗漏，故特作以下几项补述，以方便众读者和专家。

一、吕不韦的生卒年月与籍贯行止

　　(一)吕氏的生卒年月。《史记·秦始皇本纪》说："(始皇)十二年，文信侯不韦死。"钱穆《先秦诸子系年·吕不韦著书考》认为据《史记》推论，"不韦之卒年六十也……然余考《秦策》……其卒，盖年逾五十犹未及六十耳"。其意推定吕氏为公元前 290 年至公元前 235 年，56 岁，因不韦游秦在孝文王之世。吕振羽《中国政治思想史》说："其生卒年代，据《史记·秦始皇本纪》云，不韦死于始皇十二年，适当公元前 235 年；其生年已不能正确考定：唯据现代一般学者推断，判定其与始皇假父秦太子子楚相遇时，应在三十以上，因推定其生年当为前 290 至 280 年之间。"田凤台《吕氏春秋发微》(下引同一人之同一著论之言不复标明书、文名)说法，暂拟"不韦之年谱"。准定周赧王十五年，秦昭襄王七年，公元前 300 年吕氏生；至秦王政十二年，公元前 235 年卒，年 66 岁，与钱穆所推约差 10 年。以为吕氏卒时尚未至老耄，不然，始皇何恐其变。

　　(二)吕氏的籍贯行止。《战国策·秦策五》说："濮阳人吕不韦，贾于邯郸。"《吕不韦列传》说:"吕不韦者,阳翟大贾人也。"高诱《吕氏春秋序》则说吕氏为濮阳人,为阳翟之富贾。后人多依史公之说。唐司马贞《史记索隐》说或者是刘向定《战国策》时以己之异闻改易其书,才致与《史记》不合。王叔岷《史记·吕不韦列传校证》说吕氏本传索隐、《秦始皇本纪索隐》、《通鉴·周纪五》是"大贾"下无"人"字,说明《史记》旧本原无"人"字。吕氏濮阳人,为阳翟之富贾,合《周策》、《史记》之言。田凤台认为按王说史迁暗寓不韦为阳翟之贾者,似未确指为阳翟人,"人"字即非误增亦不害吕氏为阳翟贾者之证。故吕氏幼籍濮阳,长为阳翟大贾。李家骧《吕氏春秋通论》认为史、策、高诱三家之说均为有据,可能吕氏原籍濮阳,后寓于阳翟又多居此地而具声名,高诱之说可行,倒不在于《史记》吕氏本传有无"人"字的问题,因有无此字,文义无甚差异。至于吕氏家世、所营何业,史无记载,中外猜测索隐之说均难为信,亦不必刻求。

二、吕书的著书动机

(一)家国荣辱说。《史记》吕氏本传说当时信陵君等六国四公子善养士以相倾,诸侯又多辩士,如荀卿著书布天下,吕氏以秦之强羞不如,亦养士三千,集其客人人著所闻而成吕书。郭沫若《十批判书》认为当时吕氏外见六国将倾趋归一统,内见嬴政已成人,嫪毐素势力膨大,方编此吕书,决非出于史公所说仅为同列国四公子比赛的虚荣心。杨宽《战国史》说吕氏不先不早公布吕书是想抢在嬴政亲政前使自己学说定于一尊,让嬴政实践其学说,从而维护其地位。

洪家义《略论〈吕氏春秋〉中反君主专制的思想》认为吕不韦为改变秦国在文化及政治上的落后局面而招徕文人学士,吕书是在秦国实行文化开放,引进政策的产物①。张双棣等《吕氏春秋译注》持类杨宽的看法,并认为史公说吕氏完全是以个人荣辱出发的看法不确,吕氏是想适应秦统一天下的需要,宣布治国纲领欲定于一尊,迫使嬴政

---

① 洪家义:《略论〈吕氏春秋〉中反君主专制的思想》,《南京大学学报》,1991年第2期。

照办，以维持秦之长治久安和己之权位。

（二）盗名沽誉说。明陈懿典《读史漫记》认吕氏既盗秦国又盗当世后世名，是窃富贵并著作。见方孝孺、清方浚颐亦持类似看法。

（三）立言不朽说。明汪一鸾、许宗鲁、贺万祚《吕氏春秋序》均认为吕氏思自成一家言以示不朽。

（四）立政讽箴说。元陈澔《礼记集说》认为吕氏编书"欲为一代兴王之典礼"。宋高似孙《子略》引吕书《任数》篇，明方孝孺引吕书《节丧》、《安死》、《勿躬》、《用众》、《达郁》、《分职》等篇，说是讥刺始皇，切中其病。清卢文弨《抱经堂文集·书〈吕氏春秋〉后》说吕书对秦始皇时寓规讽之旨。

（五）羁客穷愁说。明陈继儒《吕氏春秋序》认为吕氏召集宾客著书是为解除宾客们的旅况寄愁又耗其雄心异志。而曹楞跋《王念孙〈吕氏春秋〉》手校本则认为吕门宾客也是借著书自宣其蕴概，慨叹世无真士与知己之难求。

（六）文化西移说。钱穆《秦汉史》认为秦本无文化可言，东方游士西入秦者欲求别辟新局以成功业。其大规模地为东方文化西渐之鼓励者，厥为吕氏，吕书即其成绩。田凤台认为吕氏著书，沽誉诚有，盗名难采。因吕氏未以集众为讳，古无联名著书之证。立言赢之实诚有，是对当时各国政治而言；著书之初未见箴赢之意，因始皇尚幼。羁客穷愁之说实无根纵笔泛论，因战国食客心无宗国，急功近利，腾说致贵，其时客卿执政屡见不鲜。文化西渐之事是书的客观效用非吕氏的初始动机。陈澔之说则非诬语。李家骧认为吕氏著书是或公或私的多种意图的：一是意图编就治国宝典，为秦一统天下后准备守业久治之计。二是要想舆论归于一统，使百家之说和社会散化定于一尊。三是欲为先秦百科全书，以全书规模和内容及所谓"以为备天地万物古今之事"即可证。四是箴诲赢政压制嫪毐。因为吕氏政敌赢政专横刻暴，书中多篇对其有箴警。五是出于国家个人荣辱观念。史迁之说是认识到战国七雄的强弱之势力与其对内思想倾向而发的，并非说吕氏完全是从个人的荣辱观念出发的；但他却也未着重从当时的政治形势来分析。

吕氏对已成年并非年幼且已表现出刚愎刻暴的个性的赢政能无戒

心？其书名自号"吕氏"，且悬布天下，又多篇切中嬴政之弊病与各国弊政，这不是在着意提高国家和个人的威望又是什么呢？

三、吕书的编排原貌

吕书的纪、览、论三部分的原本编次问题，关涉对吕书的著述动机、指导思想和内容、体制、书名、成书年代的理解，故见重要。古今对此有如下众说：

（一）览居前说，史公《吕不韦列传》、《十二诸侯年表序》叙编次是八览、六论、十二纪，《太史公自序》、《报任安书》，又称吕书为《吕览》。清周中孚《郑堂札记五》认为《史记》、《汉书》俱称《吕览》是举书首篇《览》以该余篇，"且古人作序皆在书末，吕氏十二纪终而缀以《序意》，纪之居末可知。"清吕思勉《经子解题》认为：《四库全书提要》谓刘知幾作《史通》，自序在内篇之末、外篇之前，因疑纪为内篇，览与论为外篇，均误。《礼记》郑玄注庄本无吕氏以春秋名书，以十二纪之意。古人著书以春秋名者甚多，"岂皆有十二纪以之为首耶"？孙志楫《吕氏春秋札记》认为古人著书，序皆居后，岂尝见自序居中的？为什么唯独吕书而歧异呢？《序意》言十二纪是唯有十二纪居后方举以为说，序《十二纪》即所以序全书，正因为八览居首，故可简称《吕览》。若十二纪居首，行文不拘，何以无称"吕论"、"吕纪"者而必称《吕览》？（《国立北平图书馆馆刊》九卷三期）王叔岷《〈史记·吕不韦列传〉校证》认为称《吕览》指举首者言称，称《吕氏春秋》就十二纪言。古人序皆在卷末，《序意》当是终篇。梁玉绳既说览论是纪之附见者，则史公何致首称八览？（台湾《中研院历史语言所集刊》四十六本第一份）

（二）纪内览外说。《四库提要》认为纪犹内篇，览与论为外篇与杂篇，《序意》为纪之总论。唐刘知幾作《史通》内外篇，自序一篇也在内篇之末，外篇之前，是其例。

（三）编次不一说。章学诚《文史通义·诗教下》认为据吕书自序有良人请问十二纪事，是览论未尝入次。诸子体制命意各殊，不可强行绳以类例。孙人和《吕氏春秋集释序》认为吕书"实以智略之士，各有所辑，编者将纪、览、论混而一之，遂沿用'春秋之名'。吕书'著书之旨'当在十二纪，览、论自可别行"，则览、论置前殿后无不可，不可拘滞马迁之文①。蒋伯潜《诸子通考》更为纪、览、论三部分按内容无由分别轻重。或书为二次编成，纪为一次，名《吕氏春秋》；览、论又为一次，名《吕览》，复合为一书。陈郁夫《吕氏春秋探微》认为书中重复思想甚多，是编者不相谋之证，纪较览、论有系统，为吕书特重，《序意》仅是序纪，书悬国门的仅是纪，故无一字可易，不韦列传之说传闻不足信者多；因此该是纪先而世，览、论继出，而总号《吕氏春秋》。

（四）纪居前说。清梁玉绳《吕子校补》以为郑康成《礼运注》云："吕氏说月令谓之春秋"，则汉以来诸书皆以《吕氏春秋》为吕书正名，至于行文之便，容或不拘。十二纪居首乃春秋之所由名，且古人作序皆在卷末，吕书十二纪终而缀以《序意》，可知纪当居首，八览、六论乃其附见者。清刘咸炘《吕氏春秋发微》则说纪乃全书大旨所在，六论乃其余义，且多杂泛，不庄重者居后轻者居前；《序意》既先述十二纪(后半脱缺是述览、论之文)，则纪居前很明显。田凤台认为纪内览外说、编次不一说，诸家的看法实则都可归于纪居前说。因为既说纪为内篇则纪居前可知；说览、论未尝入次是因览、论非其书之所重，实则也是说纪居前之证：说著书之旨当在纪，还是说纪先编成。故吕书篇次之争实仅纪在前或览在前二说。古人虽有以首名篇者，但不以篇首名书者更众，故吕书称《吕氏春秋》或《吕览》，也未见是纪或览居前。《序意》置纪之后未违著书体例，它本错乱，不可据以说不合体例。《史记·太史公自序》《报任安书》所说"不韦迁蜀，世传《吕览》"之文是行文为求畅美协和，不能就据以认为览居书前。以纪居前是因全书所重，最有系统。览、论非治道的纲领论，吕氏著书既蓄宏图焉能无其重心？李家骧认为如论者单从一二角度看吕书，各执一理是皆不足得其全，应从多侧面全面地来考察方可。按吕书的创作动机，纪是吕氏的政治思想、治国纲领的集中明确的体现，这是全书的主旨、纲领，要义、重心之所在。其思想内容系统全面，符合

---

① 许维遹：《吕氏春秋集释》，世界书局 1933 年版。

《序意》要表达的主要思想。其组织结构远比览、论系统严谨。以此岂有将具如此地位、价值、分量的开宗明义的部分置于书后而降低其重要性之理？分析览可知它乃纪所说之理的深入化和具体化．似应有一中心来联结，像这样的思想内容和组织结构若置书前岂非本末倒置！《序意》序全书，开篇讲成书年月、基本思想，后文紧接的就是论十二纪。若书以览为首，其序何不先谈览？古今均认《吕氏春秋》为吕书正名。古代许多学者均认为纪是记月政，书以月纪为首，故以"春秋"名书。并非如论者所说如此地名书与纪为首毫不相干。吕书经改朝换代和纷飞战火至汉代恐多非原貌，司马迁、高诱之说虽各有所据，但恐均非亲见吕书原本，况史迁之说矛盾甚多，故判二家之说只能从吕书本身和其他诸因素来看。史迁有时称《吕览》是为行文或方便或匀称。以行文之便讲，从不同角度称《吕论》、《吕纪》也未尝不可，古书从书中的姓名或要义或某部分等角度取书名之例也不少。看问题不能单从形式上或称《吕览》或称《吕纪》就断定何者居先，而应从全书各部分的内容、观点、关系、写书的动机、当时的背景等多方面来考察，才能较准确、全面、科学，若各执一端则是永远争执不休的。纪、览、论似有内、外、杂篇性质，这可以从它们的内容、内在联系和外在表现看出，而并非只是《四库提要》有说。

（原载《湘潭大学学报》2001 年第 5 期）

【评介】

《中外"〈吕氏春秋〉学"评考综要》作者是李家骧。李家骧（1938—），男，湖南省浏阳市人。1961 年毕业于北京师范大学，任湘潭大学中文系教授、海南大学特聘研究员、中国古代散文学会理事等职。曾任报刊主编、教研室主任。有省级以上期刊的论文数十篇。参编校《曾国藩全集》（国务院重点科研项目）、《新编全唐五代文》，参编《简明中国文化史》、《中国历史文选》（获国家教委第三届普通高校优秀教材二等奖）等多部书及几种大型辞典。所著《吕氏春秋通论》（1995 年，岳麓书社），首次确认"吕学"这一学科，已有国家级、省级的 10 余家报刊及澳门报刊的书评书读，并为东京大学东洋文化研究所"永为收藏，以资研究之用"，且受到诸文、史名家的广泛关注，被誉为"前所罕见"、"极见功力"的"一部研究'吕学'的力作"、"'吕学'研究的里程碑"、"古籍研究的奇葩"，"填补了先秦著作的一项重要空白"的"传世之作"。1997 年获湖南省第四届社会科学优秀成果二等奖；又为"湖南名人资料中心"所收藏。其事迹收入《中国高等教育专家名典》、《中国当代著作家大辞典》等 10 余部名人辞典。

《中外"吕氏春秋学"评考综要》一文由于篇幅较长，分上、下、补三篇短文发表，分别刊登于 1998 年第 6 期、1999 年第 1 期、2001年第 5 期《湘潭大学学报》上。关于编著缘起，李家骧说："拙著《吕氏春秋通论》付梓后，蒙诸报刊和文史名家广泛关注、称许，而诸专家读者觉得如能附录有关资料将更有参考价值，故现将十来年搜集的'中外历代吕书研究资料辑要'十多万字几经压缩，成两万余字，先行发表，以应需求。"20 世纪 90 年代，网络尚不发达，电子图书与期刊尚未普及，作者深感"资料搜罗实艰"，自己即将退休，为方便后学，推动《吕氏春秋》研究，作者遂把自己所搜罗资料的家底以综述的形式和盘托出。

综要(上)主要涉及吕书的性质、吕书的基本倾向与所属家派、吕书的指导思想和理论体系、吕书的思想研究、吕书的思想渊源 5 个问题。

综要(下)主要涉及吕书的历史文化地位与影响、吕书的编纂体制、吕书的作者与成书年代 3 个问题。

综要(补)主要涉及吕不韦的生卒年月与籍贯行止，吕书的著书动机、吕书的编排原貌 3 个问题。

综要涉及吕不韦与《吕氏春秋》研究的主要内容与方面，资料古今中外，凡所能搜罗，巨细靡遗，是较为系统与全面的，这在 20 世纪 90 年代以前完全靠手工搜索，是需要费大量时间与工夫的，很辛苦，也很不容易。

作者在爬梳资料方面，也是经过构思与精心安排的，每一大目下，又条分若干小目，在每一小目下，又按时代或古今中外的顺序罗列，所引资料原文，加引号、标出处，比较严谨。排比资料，尽量以客观的叙述为主，但在罗列叙述中，又不乏自己的见识与判断。

　　这三篇综要资料丰富，条理清晰，语言朴实，合在一起，就是《吕氏春秋》研究最基本的资料汇编，特别方便后学，是其入门研究的有价值的参考资料。

（王启才）

李家骧《吕氏春秋》研究主要论著：

　　《〈吕氏春秋〉的文艺起源论》，《湘潭大学学报》1990 年第 4 期。

　　《〈吕氏春秋〉的战争论》，《湘潭大学学报》1994 年第 3 期。

　　《〈吕氏春秋〉成书年代新考》，《湘潭大学学报》1995 年第 2 期。

　　《〈吕氏春秋〉的主观辩证法思想》，《南昌职业技术师院学报》1995 年第 3 期。

　　《中外"〈吕氏春秋〉学"评考综要》（上），《湘潭大学学报》1998 年第 6 期。

　　《中外"〈吕氏春秋〉学"评考综要》（下），《湘潭大学学报》1999 年第 1 期。

　　《中外"〈吕氏春秋〉学"评考综要补》，《湘潭大学》2001 年第 5 期。

　　《〈吕氏春秋〉的舞蹈史论》，《台州师专学报》2001 年第 4 期。

　　《〈吕氏春秋〉的天道观和天命论》，《台州学院学报》2002 年第 4 期。

　　《〈吕氏春秋〉之论美》，《台州学院学报》2004 年第 2 期。

　　《〈吕氏春秋〉与先秦百家的思想渊源关系》，《台州学院学报》2005 年第 2 期。

　　《吕氏春秋通论》，岳麓书社 1995 年版。

研读《吕氏春秋》应有之认知

朱守亮

一、《吕氏春秋》之作者及命名、著书动机与成书岁月

读《吕氏春秋》，在欲了解其内容、价值、对后世影响及读法前，应先知作者究系何人？何以名曰《吕氏春秋》？其著作动机何在？成书何时？

（一）作者及命名

《吕氏春秋》之作者及命名，下述诸记载言之甚详。班固于《汉书·艺文志·诸子略·杂家》、《吕氏春秋》二十六篇下自注曰："秦相吕不韦辑智略士作。"①《史记·吕不韦传》曰："吕不韦乃使其客，人人著所闻，集论以为八览、六论、十二纪，二十余万言，以为备天地万物古今之事，号曰《吕氏春秋》。"②又《十二诸侯年表》："吕不韦者，秦庄襄王相，亦上观尚古，删拾《春秋》，集六国时事，以为八览、六论、十二纪为《吕氏春秋》。"③《汉书·楚王传》曰："（刘向曰）：'秦相吕不韦集知略之士而造《春秋》。'"④桓谭《新论》曰："吕

---

① （艺文影印清乾隆武英殿刊本）《汉书补注》；第897页。
② （艺文影印清乾隆武英殿刊本）《史记》，第1014页。
③ （艺文影印清乾隆武英殿刊本）《史记》，第2229页。
④ （艺文影印清乾隆武英殿刊本）《汉书补注》，第972页。

不韦迎高妙作《吕氏春秋》。"①马总《意林》曰："吕不韦，始皇时相国，乃集儒士为十二纪、八览、六论。"②陈澔《礼记集说》曰："吕不韦集诸儒著十二月纪，名曰《吕氏春秋》。"③黄震《黄氏日抄》曰："使其宾客共著八览、六论、十二纪，窃名《春秋》。"④陈澔《礼记集说》曰："吕不韦相秦十余年，此时已有必得天下之势，故大集群儒，损益先王之礼，而作此书。……亦当时儒生学士有志者所为。"⑤郑元祐《元刻本序》曰："然吕不韦乃能招延四方辩博之士，成《吕览》一书。"⑥《南雍经籍考·子类》曰："秦吕不韦招延四方辩博之士成此书。"⑦《郑堂读书记·子部·杂家类》曰："旧题秦吕不韦撰，实其宾客之所集也。"⑧就以上记载，知《吕氏春秋》作者非一人，乃秦相吕不韦集门下众游客中才智之士所作。然才智之士，究何所属？贺凌虚《〈吕氏春秋〉的政治理论》曰："大体籍属三晋，似可推定原书大致出自三晋人之手。"⑨包世臣《摘钞韩吕二子题词》曰："其源皆出于荀子"。又曰："多荀子之徒"。⑩ 刘叔雅《吕氏春秋校补》曰："《吕氏

---

①　《桓子·新论》，第20页。

②　(新文丰影印清乾隆敕刊　聚珍版丛书本卷二)马总：《意林》，第122页。

③　(杨家骆主编：增订《中国学术名著》第一辑)《礼记集说》，台湾：世界书局1962年版，第83页。

④　黄震：《黄氏日钞·吕氏春秋》，第648页。

⑤　同下注(惟查该书数遍，未得此文，不知原因何在?)第5页，总1201—1206页。

⑥　杨家骆主编：中国学术类《吕氏春秋集释》等五书中《吕氏春秋附考》，台湾鼎文书局1977年版，第6页，总1203页。

⑦　光绪王寅嘉平刊本上篇，第22页。

⑧　杨家骆主编：《中国学术名著》(《目录学》第一集第四册)《郑堂读书记》，台湾世界书局1960年版，第8页。

⑨　贺凌虚：《〈吕氏春秋〉的政治理论》，台湾商务印书馆1970年版，第13页。

⑩　包慎伯：《艺舟双楫》，上海古今书室1934年版，第40页。

春秋》作者，多荀子弟子，故用字多与荀子同。"①前说或因秦近三晋，或以不韦籍属三晋，乡土之见，难言无因。至荀卿，硕儒也，弟子盈天下，西入秦如李斯辈为不韦门下客者必多。故叶逢春《重梓吕氏春秋叙》曰："吕之客，以斯为最。"②钱穆《吕不韦著书考》亦曰："李斯入秦，为吕不韦舍人，《吕览》之书，斯亦当预。"③深以为所谓才智之士，乃三晋人及荀卿弟子西入秦者李斯辈也。书虽题吕不韦作，而吕不韦其人，实等于今日所言该书之主持人、监修人或发行人，并非亲自濡笔为文者也。书以月纪为首，故僭其名曰《春秋》；为吕不韦主持，故专其号叫吕氏，而为《吕氏春秋》。又因有"成《吕览》一书"、"世传《吕览》"之言，故又名《吕览》。

(二) 著书动机

吕不韦乃一买贱卖贵，颇具野心之大贾，本"奇货可居"原则，投资在夺取政治权势上。兹据《史记·吕不韦列传》、高诱《吕氏春秋序》，作如下叙述："吕不韦者，濮阳人也。为阳翟大贾，家累千金。尝谓其父曰：'耕田之利几倍'？曰：'十倍'。'珠玉之赢几倍'？曰：'百倍'。'立主定国之利几倍'？曰：'无数'？不韦曰：'今力田疾作，不得暖衣饱食，今定国立君，泽可遗后世，愿往事之。'贾于邯郸，见秦质子子楚，曰：'此奇货可居也'。乃善结之。并以重金购奇物玩好西游秦，献秦昭王次子安国君所甚爱姬华阳夫人。夫人言于安国君，乃立子楚为嫡嗣。又吕不韦取邯郸诸姬绝好善舞者与居，知有身。子楚从不韦饮，见而说之，因起为寿，请之。不韦怒，念已破家为子楚，欲以钓奇，乃随献其姬。姬自匿有身，至大期时，生子政。昭王薨，安国君立为王，华阳夫人为王后，子楚为太子。安国君立一年薨，谥为孝文王，子楚立，是为庄襄王。德不韦，以为

① 杨家骆主编：《中国学术名著》第六辑 《读书劄记丛刊》第二集 第三十八册《云自在龛随笔》等三种《三余札记》卷二，《吕氏春秋斠补》，台湾世界书局1963年版，第27页。

② 杨家骆主编：中国学术类编《吕氏春秋集释》等五书下《吕氏春秋附录》三，《吕氏春秋旧本序跋》，台湾鼎文书局1977年版，第701页。

③ 钱穆：《先秦诸子系年》，台湾商务印书馆1956年版，第488页。

相，封文信侯，食河南洛阳十万户。庄襄王立三年薨，子政立，是为始皇，政实不韦子也。（或以为斯说乃好事者为主，以訾始皇，似亦可信。）既立，尊不韦为相国，号称仲父，权倾中外。是时，魏有信陵君，楚有春申君，赵有平原君，齐有孟尝君，皆下士，喜宾客，以相倾。吕不韦以秦之强，羞不如，亦招致士，厚遇之，至食客三千人。是时诸侯多辩士，如荀卿之徒，著书布天下。吕不韦耻以贵显而不及之，乃招致天下豪杰士，罗古今图书，刺取众说，采精录异。上观尚古，删拾《春秋》，集六国时事，勒成巨编，以为八览、六论、十二纪。”

在既得权势后，不韦之所以厚遇宾客，所以招致天下豪杰士，写成此书，绝无甚文化理想，学术抱负，全在争强取胜，不在任何方面输人。写作动机竟如此，但终“勒成巨编”，使怀有政治野心，并已达目之商人吕不韦流传千古，斯亦“奇货可居”之奇特现象矣。是以凌稚隆《吕氏春秋引》曰：“夫不韦以国为利，竟离（罹）族灭；孰与夫藉宾客书，显名后世之为利乎？愚以为奇货在此不在彼也。”①

（三）成书岁月

古时一书写成，不似今日出版业者之确切注明时间。欲知一书究竟成于何时，须从甚多方面求证，《吕氏春秋》自亦不例外。宋吕祖谦据《吕氏春秋·序意篇》：“维秦八年，岁在涒滩，秋、甲子朔，朔之日，良人请为十二纪。”断定为《吕氏春秋》成书岁月。但《史记·太史公自序》、《文选·报任少卿书》及《汉书·司马迁传》又有“不韦迁蜀，世传《吕览》”之说。明方孝孺《读吕氏春秋》对后一说非难之曰：“夫不韦以见疑去国，岁余即饮酖死，何有宾客？何暇著书哉？史又称不书书成，悬之咸阳市，置千金其上，有易一字者辄与之。不韦已徙蜀，安得悬书于咸阳？由此而言，必为相时所著，太史公之言谬

---

① 杨家骆主编：中国学术类编《吕氏春秋集释》等五书下《吕氏春秋附录》三，《吕氏春秋旧本序跋》，台湾：鼎文书局 1977 年版，第 707—708 页。

也。"①方氏同意吕祖谦"书成始皇八年"为相时所著是也,《观世》篇、《谨听》篇中屡言:"周室既灭,而天子已绝,乱莫大于无天子。无天子,则强者胜弱,众者暴寡,以兵相划,不得休息,今之世当之矣。"于此,知此书之成,东西周均亡,秦尚未统一,似不得后及不韦之迁蜀也。然《安死》篇复云:"以耳目所闻见,齐、荆、燕尝亡矣,宋、中山、已亡矣,赵、魏皆失其故国矣。"钱穆《著书考》曰:"顾亭林《日知录》谓:'作书之书,秦初并三晋。'然考始皇七八年间,三晋皆无恙。韩最先亡,在始皇十七年,已在不韦卒后五年。赵以王迁之虏为亡,则在韩亡后两年。魏最后,其亡已在始皇二十二年,去不韦之卒已十年。然则吕书之成,其最后者,岂在始皇之二十二年乎?是年燕蓟亦拔,越三年,楚亡。又越两年,齐亡,皆《安死》作者所未及也。《史记》谓不韦迁蜀,而著《吕览》:然则《吕书》确有成于迁蜀之后,并有成于不韦之身后者。"②观此,太史公"不韦迁蜀,世传吕览"之说,虽就蒙难著书之意言之,不全系事实,然亦不无所本。方孝孺据此以难太史公之言为谬,则似嫌厚非。否则,司马迁于吕不韦本传,何以不误?

总之,《吕氏春秋》之成书,吕祖谦据《序意篇》断为始皇八年,可信。或以为序言八年,统庄襄言之,实为始皇七年,亦有考辨为始皇六年者。成书后,秦相吕不韦悬咸阳市门,置千金其上,亦不容置疑。至书中有成于迁蜀之后,甚至在不韦身后者,想是悬书之后,或就当时事实修补,亦极有可能。此在先秦典籍中常有之。

二、《吕氏春秋》之内容

《吕氏春秋》分八览、六论、十二纪三大部分,览所统子目六十三,论所统子目三十六,纪所统子目六十一,共一百六十篇。《汉志》所谓二十六篇,乃举其要,当为二十六卷,共二十余万言。其内

① 杨家骆主编:中国学术类编《吕氏春秋集释》等五书中《吕氏春秋附考》,台湾:鼎文书局1977年版,第6—7页,总1204—1205页。
② 《吕氏春秋旧本序跋》,第489页。

容可就下述三方面言之。

(一)百家杂陈，兼容并包

前云《吕氏春秋》作者非一人，既非一人，思想观点必不一致，故汪中《吕氏春秋序》曰："然则是书之成，不出于一人之手，故不名一家之学。"①李峻之《〈吕氏春秋〉中古书辑佚》亦曰："是书于先秦各派，兼容并包，无一贯之思想，故自《汉志》以下，均列之为杂家。"②而杂家特色，《汉书·艺文志·诸子略》又曰："杂家者流，盖出于议官，兼儒、墨，合名、法，知国体之有此，见王治之无不贯，此其所长也。及荡者为之，则漫羡而无所归心。"③于此，吾人可知，所谓杂家者，乃兼采各家，而取其长。《吕氏春秋》既列入杂家，必亦包蕴各家思想，此不容置疑者。高诱《吕氏春秋序》曰："然此书所尚，以道德为标的，以无为为纲纪，以忠义为品式，以公方为检格，与孟轲、孙卿、淮南、扬雄相表里也。"④由此，知吕氏书包蕴儒家、道家。《汉书·楚元王传》曰："(刘向曰)：'秦相吕不韦集知略之士而造《春秋》，亦言薄葬之义。'"⑤卢文弨《书吕氏春秋后》曰："《吕氏春秋》一书，大约宗墨氏之学，而缘以儒术。其《重己》、《贵生》、《节丧》、《安死》、《尊师》、《下贤》，皆墨道也。⑥ 在儒家、道家外，又益出墨家。汪一鸾《吕氏春秋序》曰："至于《上农》、《任地》、《辩土》、《审时》诸篇，深得周家井田重农立国之本。"⑦

毕沅《吕氏春秋新校正序》曰："《上农》、《任地》、《辩土》等篇，

---

① 杨家骆主编：中国学术类编《吕氏春秋集释》等五书中《吕氏春秋附考》，台湾鼎文书局 1977 年版，第 12 页，总第 1215 页。

② 胡适、顾颉刚主编：《古史辨》第六册，台湾蓝灯文化事业公司 1987 年版，第 322 页。

③ (艺文影印清乾隆武英殿刊本)《汉书补注》，第 897 页。

④ 杨家骆主编：中国学术类编《吕氏春秋集释》等五书上《吕氏春秋序》)《高序》，台湾鼎文书局 1962 年版，第 2 页，总第 25 页。

⑤ (艺文影印清乾隆武英殿刊本)《汉书补注》，第 972 页。

⑥ 《吕氏春秋附考》，第 8 页，总 1207 页。

⑦ 《吕氏春秋旧本序跋》，第 706 页。

述后稷之言，与《亢仓子》所载略同，则亦周、秦以前农家者流，相传为后稷之说无疑也。他如采《老子》、《文子》之说，亦不一而足，是以其书沈博绝丽，汇儒、墨之旨，合名、法之源。"①汪中《吕氏春秋序》曰："十二纪发明《明堂》礼，则《明堂》阴阳之学也。《贵生》、《情欲》、《尽数》、《审分》、《君守》五篇，尚清净养生之术，则道家流也。《荡兵》、《振乱》、《禁塞》、《怀宠》、《论威》、《简选》、《决胜》、《爱士》七篇皆论兵，则兵权谋形势二家也。《上农》、《任地》、《辩土》三篇，皆农桑树艺之事，则农家者流也。"②在儒家、道家、墨家外，又益出农家、名家、法家、阴阳家、兵家。在刘汝霖《吕氏春秋之分析》，李峻之《吕氏春秋中古书辑佚》中，又列出纵横家、小说家。徐时栋《吕氏春秋杂记序》复有："其征引神农之教，黄帝之诲，尧之诫，舜之诗，后稷之书，伊尹之说，夏之鼎，商、周之箴，三代以来，礼乐刑政。以至春秋、战国之法令，《易》、《书》、《诗》、《礼》、《孝经》、周公、孔子、曾子、子贡、子思之言。以及夫关、列、老、庄、文子、子华子、季子、李子、魏公子牟、惠施、慎到、宁越、陈骈、孙膑、墨翟、公孙龙之书，上志故记，歌诵谣谚"③之言，使列为杂家之首《吕氏春秋》，确完成包含所有各家内容任务。故司马迁《史记·吕不韦列传》有："备天地万物古今之事。"④毕沅《吕氏春秋新校正序》有："古今帝王天地名物之故，后人所以探索而靡尽与？"⑤汪中《吕氏春秋序》有："诸子之说而有之"，⑥许维遹《吕氏春秋集解自序》有："总晚周诸子之精英，荟先秦百家之眇义"⑦之言，皆非虚语，而网罗博赡，巨细靡遗为艺林瑰宝矣。

---

① 《吕氏春秋附考》，第9页，总第12010页。

② 《吕氏春秋附考》，第11页，总第1214页。

③ 《吕氏春秋附考》，第18页，总第1227页。

④ （艺文影印清乾隆武英殿刊本）《史记》，第1014页。

⑤ 《吕氏春秋附考》，第9页，总第1210页。

⑥ 《吕氏春秋附考》，总1213页。

⑦ 杨家骆主编：中国学术类编《吕氏春秋集释》等五书上《吕氏春秋序》，《高序》，台湾：鼎文书局1962年版，第1页，总第19页。

（二）以儒为首，道墨次之

《吕氏春秋》内容包含百家之说，已如上述；然在分量之分配上，乃儒家最多。故汪一鸾《吕氏春秋序》曰："乃今谛观此书而亭论之，其中《劝学》、《尊师》、《先己》、《用众》、《孝行》、《至忠》诸篇，无非孔、曾之言，与夫尧、舜、禹、汤、义、武、伊、周之事，其于儒家宗旨已得之矣，夫固此书之大本原乎？"①陈澧《东塾读书记》曰："《吕氏春秋》多采古儒家之说，故可取者最多。"②纪昀《四库全书总目·子部·杂家类》曰："大抵以儒为主，而参以道家、墨家，故多引六籍之文，与孔子、曾子之言。"③于此，知儒最多，道次之，墨又次之。卢文弨《书吕氏春秋后》亦曰："《吕氏春秋》一书，大约宗墨氏之学，而缘饰以儒术。"④除以上三家外，列为显学之法家，当亦不少，盖吕不韦为秦相，而秦一向主法治故也。其次为兵家，须知兵家精神，多与法家相通；且法家亦无不言兵，以求强兵富国者，故兵家分量，仅次四家显学。又因战国期间，合纵连横，为"一怒而诸侯惧，安居而天下息"⑤之盛行期，故纵横家言亦有之。再次为名家、阴阳家、农家，小说家最少。此乃本人董理所得者也。

（三）采精录异，词腴旨奥

《吕氏春秋》内容，非特太史公所谓："备天地万物古今之事"，且采录多精彩特异，文字优美，旨趣深长。故汪一鸾《吕氏春秋序》曰："遍采诸家之文，而斧藻之，遂蒉出其表。"⑥高似孙《子略》曰："不韦乃极简册，攻笔墨，采精录异，成一家言。"⑦徐时栋《吕氏春秋杂记序》曰："吕不韦以相父之尊，耦国之富，招致天下豪桀（杰）

---

① 《吕氏春秋旧本序跋》，第 701 页。
② 陈澧：《东塾读书记》，台湾："商务印书馆"1975 年版，第 226 页。
③ 《钦定四库全书总目》，117 卷，第 89 页。
④ 《吕氏春秋附考》，第 8 页，总第 1207 页。
⑤ 艺文影印附阮元校刊《十三经注疏本》，《孟子·滕文公下》，第 108 页。
⑥ 《吕氏春秋旧本序跋》，第 701 页。
⑦ 高似孙：《子略》，台湾："中华书局"1968 年版，第 4 卷，第 1 页。

士，罗古今图书，刺取众说，采精录异，勒成巨编。"又曰："其书瑰
玮宏博，幽怪奇艳，上下巨细事理名物之故，粲然皆具。读之如身
入宝藏，贪者既得恣所欲以去，廉介之士，虽一毫无取，而不能不
叹羡其备物之富有也。"①毕沅《吕氏春秋新校正序》曰："其书沈博
绝丽"。② 桓谭《新论》曰："书成，布之都市，悬置千金，以延示
众士，而莫能有变易者，乃其事约艳，体具而言微也。"③汪中《吕
氏春秋序》曰："亦有闾里小智，一意采奇词奥旨，可喜可观。"④李
鸣春《吕氏春秋评》曰："盖其文有简而奇者，若《檀弓》、《左传》；
有严而奇者，若荀卿；有丽而奇者，若《国语》；有核而奇者，若
《管子》；有纵横而奇者，若鬼谷、《战国策》；有揣事情极变化而
奇者，若韩公子；亦有怪诞幽渺莫可考测而奇者，若漆园吏；至其
备天地万物古今之事，明君臣父子道德忠义之经，则又柱下叟、子
舆氏所不摈于门墙者也。"⑤内容如此丰富艳丽赅备，故徐时栋《吕
氏春秋杂记序》又曰："其捃摭也博，故其言也杂，然而其说多醇
而小疵"，"刘歆《汉志》品目之为杂家，盖精确乎不可易矣"。⑥ 斯
皆言之非虚发者也。

三、《吕氏春秋》之价值与缺失

严格言之，前所云《吕氏春秋》之"兼容并包"、"沈博绝丽"、
"采精录异"、"奇词奥旨"、"瑰玮宏博"、"幽怪奇艳"、"备物万有"
等内容，皆可谓系该书价值。但仅此了解，尚感不足：该书有尤有价
值之价值所在，当亦自不少。

---

① 《吕氏春秋附考》，第 17 页，总第 1225—1226 页。
② 《吕氏春秋附考》，第 9 页，总第 121 页。
③ 《全上古三代秦汉三国六朝文》二《全后汉文》卷一三　严可均校辑：
《桓子·新论》，第 20 页。
④ 《吕氏春秋附考》，第 12 页，总第 1216 页。
⑤ 李鸣春：《吕氏春秋译》，第 3—5 页。
⑥ 《吕氏春秋附考》，第 18 页，总第 1227 页。

（一）价值

1. 征引至丰，多存遗文轶事

庄周有言曰："天下大乱，圣贤不明，道德不一，天下多得一察焉以自好。譬如耳目鼻口，皆有所明，不能相通。犹百家众技也，皆有所长，时有所用，虽然，不该不遍，一曲之士也。"又曰："百家往而不反，必不合矣！后世之学者，不幸不见天地之纯，古人之人体，道术将为天下裂。"①班固亦曰："昔仲尼没而微言绝，七十子丧而大义乖。"②因之，百家争鸣，诸子之言纷然兴起。于是各择其术，以明其学。无不持之有故，言之成理，蔚为一时之盛。

在九流竞兴，百家杂起后，《吕氏春秋》最晚出，则诸子之说兼有之矣。且秦燔文章，以愚黔首，故籍亡者甚多。而不韦书在秦火之前，多保有先秦之旧，虽诸书多已亡佚，而先哲之话言，前古之佚事，又独赖吕氏之存，以观其梗概也。孙人和《吕氏春秋集释序》曰："晚周殽乱，百家蜂起，往往托古以自重，今世传本，多失其真，吕氏所引，最可依据。"③故汪中《吕氏春秋序》曰："最后《吕氏春秋》出，则诸子之说兼有之……《大乐》、《侈乐》、《适音》、《古乐》、《音律》、《音初》、《制乐》皆论乐。《艺文志》言刘向校书，别得《乐记》二十三篇，今《乐记》有其一篇，而其他篇名载在《别录》者，惟见于《正义》所引。按本书《适音篇》、《乐记》载之。疑刘向所得，亦有采及诸子同于河间献王者，凡此诸篇，则六艺之遗文也。"又曰："然其所采摭，今见于周、秦诸书者，十不及三四，其余则本书已亡。而先哲之话言，前古之佚事，赖此以传于后世。"④陈澧《东塾读书记》

---

① 杨家骆新编：《诸子集成》本，《庄子·天下》篇，台湾：世界书局1972年版，第463页，又第463—464页。

② （艺文影印清乾隆武英殿刊本）《汉书·艺文志》，第870页。

③ 杨家骆主编：中国学术类编《吕氏春秋集释》等五书上，《孙序》，台湾：鼎文书局1962年版，第6页。

④ 杨家骆主编：中国学术类编《吕氏春秋集释》等五书中《吕氏春秋附考》，台湾：鼎文书局1977年版，第11页，总第1213—1214页，又第12页，总第1215页。

曰："古之儒家，多伟人名论，其书虽亡，其姓名虽湮没，而其言犹有存者，令人发思古之幽情耳。"徐时栋《吕氏春秋序》曰："遗文轶事，名言至理，往往而在。"蒋维乔、杨宽、沈延国、赵善诒《吕氏春秋汇校叙例》曰："《吕氏春秋》者，百家之总汇，九流之钤键。遗文轶事，亦可欣可观。"①《吕氏春秋》保存先弃之佚书言语，仅就诸子言，李峻之在《〈吕氏春秋〉中古书辑佚》一文中，即辑出：儒家六家：计《宓子》二则，《子思》一则，《曾子》二则，《魏文侯》四则，《李克》二则，《宁越》二则。道家五家：计《伊尹》二则，《公子牟》一则，《子华子》六则，《田子》三则，《黄帝书》五则。李峻之疑《吕氏春秋》中之《本生》、《重己》、《贵生》、《情欲》、《尽数》五篇，即《杨朱》之原书。阴阳家二家：计《宋司星子韦》一则，李峻之疑《明理》篇言灾异，《有始》篇言星野，为《宋司星子韦》三篇之旧。《邹子》一则。法家二家：计《申子》一则，《李子》二则。名家三家：计《邓析子》一则，《尹文子》一则，《惠子》二则。农家一家：《神农书》一则。李峻之疑《上农》、《任地》、《辩土》、《审时》四篇，皆未标明为神农之言；然所述皆为农事，即班注："道耕农事"之书。其他不论，仅就此，其价值即可知矣。

2. 立意无讳，厚讥俗君庸主

《吕氏春秋》在语及君主昏庸，政治黑暗时，皆毫无隐晦。不管是否将触怒时君，无不加以诋讥讽刺；甚至绝无畏忌以数说秦国先王之恶，此在其他书似少有。故高似孙《子略》曰："始皇不好士，不韦则徕英茂，聚俊豪，簪履充庭，至以千计。始皇甚恶书也，不韦乃极简册，攻笔墨，采精录异，成一家言。吁！不韦何为若此者也，不亦异乎！《春秋》之言曰：'十里之间，耳不能闻；帷墙之外，目不能见；三亩之间(宫)，心不能知。而欲东至开梧，南抚多䴢，西服寿靡，北怀儋耳，何以得哉！'此所以讥始皇也，始皇顾不察哉！"②

方孝孺《读吕氏春秋》曰："然其书诚有足取者，具《节丧》、《安

---

① 杨家骆主编：中国学术类编《吕氏春秋集释》等五书上，《吕氏春秋汇校叙例》，台湾：鼎文书局1962年版，第3页。

② 高似孙：《子略》，台湾：中华书局1968年版，第4卷，第1页。

死》篇讥厚葬之弊；其《勿躬》篇言人君之要在任人，《用民》篇(《上德》篇)，非《用民》篇)言刑罚不如德礼，《达郁》篇、《分职》篇皆尽君人之道，切中始皇之病。其后秦卒以是数者败亡国，非知几之士，岂足以为主哉！"又曰："世之谓严酷者，必曰秦法；而为相者乃广致宾客以著书，皆诋訾时君为俗主，至数秦先王之过无所惮。若是者，皆后世之所甚讳，而秦不以罪，呜呼！然则秦法犹宽也。"①此等价值，多为后人所忽略。

3. 持论不苟，有裨人心世教

《吕氏春秋》另一价值，为甚多持论点正确。无论系事物之叙述，抑系理论之辩说，处处皆寓有极严肃之讽谏规诫，深有助于人心世教，故李瀚《吕氏春秋后序》曰："奇闻异见，有裨于世。"②卢文弨《书吕氏春秋后》曰："而其为书，时寓规讽之旨，求其一言近于揣合而无有。此则风俗人心之古，可以明示天下后世而不怍者也。"③纪昀《四库全书总目·子部·杂家类》曰："是书较诸子之言独为醇正，大抵以儒为主，而参以道家、墨家，故多引六籍之文，与孔子、曾子之言。其他如论音则引《乐记》，论铸则引《考工记》：虽不著篇名，而其文可案。所引庄、列之言，皆不取其放诞恣肆者，墨翟之言，不取其非儒明鬼者；而纵横之术，刑名之说，一无及焉，其持论颇为不苟。"④蒋维乔、杨宽、沈延国、赵善诒《吕氏春秋汇校叙例》曰："谭献称其'采庄、列之言，非庄、列之理；用韩非之说，殊韩非之指。'(见《复堂日记》)"⑤正以持论不苟，故前徐时栋谓"读之如身入宝藏，贪者既得恣所欲以去；廉介之士，虽一毫无取"。与大众起共鸣效果。能如此，自必如郑元祐之《刻本序》所谓："其书虽醇疵相参，至于奇闻异见，有裨世敦。"⑥汪中《吕氏春秋序》所谓："其善者可以

---

① 《吕氏春秋附考》，第 7 页，总第 1205—1206 页。

② 《吕氏春秋旧本序跋》，第 698 页。

③ 《吕氏春秋附考》，第 8 页，总第 1208 页。

④ 《钦定四库全书总目》，117 卷，第 89 页。

⑤ 《吕氏春秋汇校叙例》，第 3 页。

⑥ 《吕氏春秋附考》，第 6 页，总 1203 页。

劝，其不善者可以惩焉"①矣。《吕氏春秋》成书后，太史公于《史记·吕不韦列传》中曰："布咸阳市门，悬千金其上，延诸侯游士宾客，有能增损一字者予千金。"又曰："孔子之所谓闻者，其吕子乎？"②高诱《吕氏春秋序》曰："家有此书，寻绎案省，大出诸子之右。"③贺万祚《刻吕氏春秋序》曰："《吕氏春秋》，高似孙、方希古两先生，更评在诸子之右者，不独其文神奇而不吊诡，矜贵而不卑弱，峻洁而不凌兢，典核而不庞杂，高古而不谬悠，遂复出其表也。……至其间尊孔、孟之言，该老、庄之旨，贵仁义之谭，兼富强之术，而又审兴亡，辨忠佞，谨好恶，慎赏罚，定制度，备典礼，言有关于天下国家。倘始皇能行其说，真足以药其病，而使之瘳，岂仅二世而亡哉！"④如此推崇《吕氏春秋》，或以为皆就此价值而言。

（二）缺失

1. 重文

《吕氏春秋》之重文颇多，虽写作时，在辩说、申论、举例诸方面，不可能一件事或几句话，书中只用一次，不能他见。但《长见》篇："吴起治西河之外，王错谮之于魏武侯"一节，亦见《观表》篇。除字句偶有小异外，大意完全相同。又《去尤》篇篇末二事，亦见《去宥》篇。而《谕大》篇与《务大》篇"燕雀争善处"一节，《谨听》篇与《观世》篇"主贤世治，则贤者在上：主不肖世乱，则贤者在下"一节，各一百八十余字。除《谕大》篇作"季子曰"、《务大》篇作"孔子曰"外，余均无大出入。即使偶有增减或异文，亦绝无甚影响，可说完全相同，重文部分各约占该篇三分之一。如此严重问题，不能视作偶然。

2. 乖乱

《吕氏春秋》之乖乱处亦不少，甚至连篇目多少、篇名亦有问题。

---

① 《吕氏春秋附考》，第 12 页，总 1215—1216 页。

② （艺文影印清乾隆武英殿刊本）《史记》，第 1014—1015 页。

③ 杨家骆主编：中国学术类编《吕氏春秋集释》等五书上《吕氏春秋序》，《高序》，台湾：鼎文书局 1962 年版，第 2 页，总第 25 页。

④ 《吕氏春秋旧本序跋》，第 708—709 页。

如各览所统皆八篇,独《有始览》仅七篇。又每纪皆附四篇,独《季冬纪》附五篇,最后一篇识年月,题曰《序意》,尤为可怪。故卢文弨曰:"《玉海》云:《书目》是书凡百六十篇,今书篇数与《书目》同,然《序意》旧不入数,则尚少一篇。此书分篇极为整齐,十二纪纪各五篇,六论论各六篇,八览览当各八篇。今第一览止七篇,正少一。考《序意》,本明十二纪之义,乃末忽载豫让一事,与《序意》不类。且旧校云:'一作《孝廉》',与此篇更无涉,即豫让亦难专有其名。因疑《序意》之后半篇俄空焉,别有所谓《孝廉》者,其前半篇亦简脱,后人遂强相附和,并《序意》为一篇,以补总数之缺。然《序意》首无六曰二字,后人于目中辄加之,以求合其数,而不知其迹有难掩也。"①此等乖乱现象,亦是问题。

3. 缺脱

《吕氏春秋》缺脱之处有,如《有始览》八篇,结构最为奇特,短简之末,皆有:"解在乎……"等句。而所指故事,往往在数篇之后,详加叙述。知各简之所以"解在乎……",全系此种故事之抽象道理,必须以后再详加叙述证明。而《应同》以下七篇,所谓"解在乎……"者,皆可寻其出处;惟独《有始览》:"解在乎天地之所以形,雷电之所以生,阴阳材物之精,人民禽兽之所安平。"则不详其所出,而独缺之。此等缺脱现象,亦是(所以)问题。

4. 讹误

前所谓重文、乖乱、缺脱现象。或非原书之旧,有散失亡佚,或后人所窜乱者,不可谓《吕氏春秋》缺失。然就其所记事,并非一字不能改易者也。汉高诱训诂,于引证颠乖之处,已正之者,有:称成汤之时穀生于庭,则据《书序》以驳之;称南子为釐夫人,则据《论语》、《左传》以驳之;称西门豹在魏襄王时,则据《魏世家》、《孟子》以驳之;称晋襄公伐陆浑,楚成王慢晋文公,则皆据《左传》以驳之;称颜阖对鲁庄公,则据《鲁世家》以驳之;称卫逐献公立公子黑甘,则据《左传》、《卫世家》以驳之。至如称魏文侯虏齐侯,献之天子,传无其事;称齐桓伐鲁,鲁请比关内侯,亦非事实。称晋平公问

---

① 《吕氏春秋附考》,第7页,总1206页。

于祁黄羊，南阳无令。谁可而为之？平公既为悼公之误，南阳令复为军尉之伪；称鲁惠公使宰让请郊庙之礼于天子，桓王使史角往。桓王为平王之误。称赵宣孟食骹桑下饿人事，桑下饿人乃灵辄，斗死者乃提弥，此误合二人为一人；称楚之边邑曰卑梁。楚乃吴之误；称晋襄公使人于周，愿藉途祈福事。襄公乃顷公之误；称子产杀邓析事。子产、邓析并不同时；称管仲觞桓公，日暮矣，桓公乐之而征烛。此《左传》陈敬仲之言，而云管仲，盖因同谥敬仲而致误，高诱并未正之。又不韦引《夏书》、《商书》、《周书》，亦多有所舛异讹误；且论德本乎黄、老，书出众人之所传闻，并非一字不能改易者也。

王世贞《吕氏春秋叙》曰："当书成，而不韦县之咸阳市肆曰：'有能损益一字者，予千金。'而竟莫能一字损益也。"①马总《意林》曰："曝于咸阳市，有能增损一字予千金，无敢易者。"②前引桓谭《新论》："书成，布之都市，悬置千金，以延示众士，而莫能有变易者，乃其事约艳，体具而言微也。"又杨德祖《答临淄侯笺》曰："《春秋》之成，莫能损益，《吕氏》、《淮南》，字直千金：然而弟子箝口，市人拱手者，圣贤卓荦，固所以殊绝凡庸也。"③书何能如此完整无缺。方孝孺《读吕氏春秋》曰："其时竟无敢易一字者，岂畏不韦势而然耶！"④高诱《吕氏春秋序》曰："诱以为时人非不能也，盖惮相国，畏其势耳。"⑤高似孙《子略》曰："不韦以此书暴之咸阳门曰：'有能损益一字者，予千金。'人卒无一敢易者，是亦愚黔之甚矣。秦之士，其贱若此，可不哀哉。"⑥在暴秦虐政下之读书人，竟如此轻易被慑服，何等可畏？惟须肯定者，乃畏不韦势，不敢易一字。'昔汉扬雄读《吕氏春秋》，恨不生当其时，走咸阳市中，弹射其书，载千金而

---

① 《吕氏春秋旧本序跋》，第 702 页。

② 马总：《意林》，新文丰影印清乾隆敕刊 聚珍版丛书本卷二，第 122 页。

③ 学海：《详注昭明文选》，台湾：学海出版社 1937 年版，第 758 页。

④ 《吕氏春秋附考》，第 7 页，总 1206 页。

⑤ 杨家骆主编：《中国学术类编》《吕氏春秋集释》等五书上《吕氏春秋序》，《高序》，台湾：鼎文书局 1962 年版，第 2 页，总 25 页。

⑥ 高似孙：《子略》，台湾："中华书局"1968 年版，第 4 卷，第 1 页。

归成都。'①扬子思辇其金以自豪",② 由扬子云屡欲辇咸阳之金而走之之想，则《吕氏春秋》之缺失，扬氏固已知之矣。

四、吕氏春秋对后世之影响

任何一书，只要本身有内容，对后世即有影响，无论是正面，抑或负面，甚而两者兼备。影响又有大有小，有轻有重，有长远，有短暂。且在此一方面影响为善，在彼方面则影响可能为恶。故真正讨论一书之影响如何，见仁见智，甚难有一致结论。《吕氏春秋》对后世之影响为何？须视由何角度衡量之。今仅以稍后汉朝著名作家写作型态，代表学者表现精神，甚而活跃在下层社会侠士特有作风，作一简单叙述。

（一）对汉朝著名作家之影响

《吕氏春秋》写作型态，如体例、方式，及所含内容，皆不同于先秦其他诸子，而自成一派，此给予稍后汉朝作家影响甚巨。故汪中《吕氏春秋序》曰："然则是书之成，不出于一人之手，故不名一家之学，而为后世《修文御览》、《华林遍略》之所托始。"③今以著《史记》之司马迁，著《淮南子》之刘安，著《新序》、《说苑》之刘向，说明如下。

1. 司马迁

《吕氏春秋》给司马迁之影响，是在写作体例方面。司马迁写《史记》体例，完全取法《吕氏春秋》，故黄震《黄氏日抄》曰："司马迁多取其说为世家、律历书。"④章学诚《校雠通义》曰："《吕氏春秋》，亦《春秋》家言，而兼存典章者也。当互见于《春秋》、《尚书》；而猥次

---

① 《吕氏春秋旧本序跋》，陈文烛《刻吕氏春秋序》，第701页。
② 《吕氏春秋附考》，曾楞《跋王念孙吕氏春秋手校本》第2页，总第1231页。
③ 《吕氏春秋附考》，第12页，总第1215页。
④ 黄震《黄氏日钞·吕氏春秋》，第648页。

于杂家，亦错误也。古者《春秋》家言，体例未有一定。自孔子有'知我罪我'之说，而诸家著书，往往以《春秋》为独见心裁之总名。然而左氏而外，铎叔、虞卿、吕不韦之书，虽非依经为文，而宗仰获麟之意，观司马迁叙《十二诸侯年表》，而后晓然也。吕氏之书，盖司马迁之所取法也。十二本纪仿其十二月纪，八书仿其八览，七十列传仿其六论，则亦微有所以折中之也。"①日本松皋圆《毕校吕氏春秋补正序》曰："夫司马迁作《史记》十二纪、十表、八书、三十世家、七十列传，篇目整齐，题义粲明，古人用心正严固然。"②包世臣《摘抄韩吕二子题词》曰："史公推勘事理，兴醋韵流多近《韩》，序述话言，如闻如见，则入《吕》尤多。"③

2. 刘安

《吕氏春秋》给刘安之影响，是在方式方面。刘安之募奇士之融合群书，折中众说写《淮南子》，系吕不韦集合门下才智之士写《吕氏春秋》之翻版，而为其嫡子。故桓谭《新论》曰："秦吕不韦请迎高妙，作《吕氏春秋》；汉之淮南王，骋天下辩通，以著篇章。"④章学诚《文史通义·言公上》曰："《吕氏春秋》，先儒与《淮南鸿烈》之解同称，盖谓集众宾客而为之。不能自命专家，斯固然美矣。然《吕氏》、《淮南》，未尝以集众为讳，如后世之掩人所长，以为己有也。"⑤毕沅《吕氏春秋新校正序》曰："降如虞卿诸儒，或因穷愁托予造述，亦皆有不获己之故焉。其著一书，专觊世名，又不成于一人，不能名一家者，实始于不韦，而《淮南》内外篇次之。"⑥高似孙《子略》曰："淮南王尚奇谋，募奇士，庐馆一开，天下隽绝驰驱之流，无不雷奋云集，蜂议横起，瑰诡作新，可谓一时杰出之作矣。及观《吕氏春秋》，则

---

① 《章氏遗书》卷一三，《校雠通义》内篇三，台湾：汉声出版社1973年版，第237页。

② 《吕氏春秋附考》，第13—14页，总1218—1219页。

③ 包慎伯：《艺舟双楫》，上海古今书室1934年，第40页。

④ 严可均校辑：《全上古三代秦汉三国六朝文》二《全后汉文》卷一三，《桓子·新论》，第20页。

⑤ 章学诚：《文史通义》，台湾：史学出版社1972年版，第104页。

⑥ 《吕氏春秋附考》，第9页，第1209页。

淮南王书，殆出于此者乎!"①

3. 刘向

《吕氏春秋》给刘向之影响，是在内容方面。《新序》、《说苑》二书之博杂，与《吕氏春秋》似无区别；且《吕氏春秋》文见于此二书者亦最多。甚至连篇名之用字，与《吕氏春秋》亦无甚不同。至其特色，尤随处可见。故张同德《吕氏春秋序》曰："厥后淮南、刘向，多祖其言以成书。"②曾巩《新序叙》亦曰："汉兴，六艺皆得于散绝残脱之余，世无复明先王之道为众说之所蔽，暗而不明，郁而不发。而怪奇可喜之论，各师异见，皆自名家者，诞漫于中国，一切不异于周之末世，其弊至于今尚在也。自斯以来，天下学者，知折中于圣人，而能纯于道德之美者，扬雄氏而止耳。如向之徒，皆不免为众说之蔽，而不知有所折中者也。"又曰："此书于今最为近古，虽不能无失，然远至(自)舜、禹，而次及于周、秦以来，古人之嘉言善行，亦往往而在也，要在慎取之而已。"③

(二) 对汉朝代表学者之影响

《吕氏春秋》将各家思想杂糅在一起的特色；十二月纪、《有始》篇、《应同》篇较任何书为详；且又有系统、有次序肆言阴阳消息，五德终始，天时与人事相应之理，此皆给予汉儒莫大影响。使汉朝代表学者所表现出特重阴阳灾异，天人一体，感应相生。不偏于阴阳五行，则近于谶纬灾异；甚而杂道之清净无为，墨、法之事功刑法，绝无醇乎其醇之儒家思想，多带有趋向某一方面之杂家色彩与气象。今以著名儒者陆贾、贾谊、董仲舒、刘向、扬雄说明如下。

1. 陆贾

《汉志》著录陆贾二十三篇，今可见者仅《新语》一书。然观《新语》所云，亦以政治根本在无为，而说以无为为道之道。太史公曰：

---

① 高似孙：《子略》，台湾："中华书局"1968 年版，第 4 卷，第 1 页。

② 《吕氏春秋旧本序跋》，第 701 页。

③ 杨家骆编：《新序》，台湾：世界书局 1962 年版，第 1—2 页。

"是时诸侯多辩士"①班固曰:"陆贾位止大夫,致仕诸吕,不受忧责,从容平、勃之间,附会将相,以强社稷,身名俱荣,其最优乎?"②乃一兼道家、纵横家,非醇乎其醇,而为杂家形态之儒家。

2. 贾谊

《汉志》著录贾谊五十八篇,今存《新书》五十六篇。班固曰:"追观孝文,玄默躬行,以移风俗,谊之所陈,略施行矣。"③孝文之玄默,原自贾谊,非儒家精神所可致之。且谊之与文帝谈鬼神事,竟至夜半而使文帝前席,去孔子之不语怪力乱神远矣。

又"有鵩鸟飞入谊舍,止于坐隅,鵩似鸮,不祥鸟也。谊既以谪居长沙,长沙卑湿,谊自伤悼,以为寿不得长,乃为赋自广。(或易为作赋以齐生死,等荣辱,以遗忧患"。)④且以怀王堕马死,自伤为傅无状,竟哭泣岁余而死,亦不似"居易以俟命"⑤之君子。乃一道家,非醇乎其醇,而为杂家形态之儒家。

3. 董仲舒

《汉志》著录董仲舒百二十三篇,今可见之《春秋繁露》,但不在此百二十三篇内。今就其对策及《春秋繁露》观之,则阴阳五行之说,天人相与之论,灾异符命之言,比比皆是。董氏为汉朝巨儒,何以竟博杂如是?乃一兼阴阳家,尤非醇乎其醇,而为杂家型态之儒家。

4. 刘向

《汉志》著录刘向所序六十七篇,其书皆可见。今就《新序》、《说苑》观之,所用事至杂,《吕氏春秋》文见于此二书亦最多。且向之所上封事,多以阴阳休咎论时政得失。又"集合上古以来,历春秋、六国至秦、汉符瑞灾异之记,推迹行事,连传祸福,著其占验,此类相从,各有条目,凡十一篇,号曰《洪范五行传》"。⑥尤远乎儒而近于

① (艺文影印清乾隆武英殿刊本)《史记》,第 1014 页。
② (艺文影印清乾隆武英殿刊本)《汉书补注》,第 1033 页。
③ (艺文影印清乾隆武英殿刊本)《汉书补注》,第 1081 页。
④ 《文选·鵩鸟赋序》,台湾:五南出版社 2000 年版,第 332—333 页。
⑤ 蒋伯潜:《语译广解四书读本》,《中庸》,台湾启明书局 1952 年版,第 14 页。
⑥ (艺文影印清乾隆武英殿刊本)《汉书·楚元王传》,第 971 页。

阴阳矣。故至其子歆，益尚五行灾异，谶纬符命。乃一兼阴阳家，非醇乎其醇，而为杂家形态之儒家。

5. 扬雄

《汉志》著录扬雄所序三十八篇，今就《太玄》、《法言》观之，《法言》之作也仿《论语》，尚能归本于儒家；然《太玄》之作也拟乎《易》，其说固近于老矣。又扬氏虽辟阴阳家之言，破迷信之说，亦终未能完全脱离阴阳家见解。仍未可云为醇乎其醇，不带有杂家色彩之儒家也。

综合上述五人，则可知汉朝大儒思想之所以不纯正，所以含有杂家色彩气象，虽有其他因素，但受《吕氏春秋》影响必多，此乃无可置疑者。故以非醇乎其醇，表现多为杂家形态儒家，略述如上。

(三) 对汉朝活跃在下层社会侠士之影响

《吕氏春秋》将墨家贵义、尚侠精神过度渲染，给予汉朝活跃在下层社会墨家裔嗣游侠之影响甚巨。墨家本有"磨顶放踵，利天下为之"。① 备世之急之救世精神，此与任侠无甚区别。墨子曰："士，损己而益所为"、"欲其义之成"、"以成人之所急也"。②《史记·游侠列传》亦曰："不爱其躯，赴士之阨困。"③因之，此类之人，至汉代"一变而为游侠尚义犯禁，急人之难。"而"侠即墨"，"侠出于墨"，"墨家是原始侠的组织"④等说，自无问题。但在汉朝墨家衰歇至绝，而充满天下，不可胜数墨徒，转入下层社会，以游侠面目、姿态出现，其气候如何？作风如何？似深受《吕氏春秋》影响。今以朱家、

---

① （艺文影印附阮元校刊《十三经注疏本》)《孟子·离娄上》，第229页。
② 杨家骆主编：增订中国学术名著第一辑 增补中国思想名著第十六册《墨子间诂》，《墨子·经上》，又《贵义》，又《经说上》，台湾：世界书局1962年版，第192页，第268页，第204页。
③ （艺文影印清乾隆武英殿刊本)《史记》，第1301页。
④ 蒋维乔：《中国哲学史纲·苦行派哲学》，台湾："中华书局"1962年版，第183页。杨俊光《墨子新论·附录一·墨子流布兴衰考略》，江苏教育出版社1992年版，第306页。田敏英《西班牙骑士与中国侠》，台湾："商务印书馆"1986年版，第91页。

郭解说明如下。

1. 朱家

《史记·游侠列传》曰："鲁人皆以儒教，而朱家用侠闻。所藏活豪士以百数，其余庸人，不可胜言；然终不伐其能，歆其德。诸所尝施，唯恐见之；振人不赡，先从贫贱始。家无余财，衣不完采，食不重味，乘不过轺牛。专趋人之急，甚己之私。既阴脱季布将军之厄，及布尊贵，终身不见也。自关以东，莫不延颈愿交焉。"①朱家"专趋人之急，甚己之私"之贵义自苦，牺牲自我，济人之急之侠义精神，由墨家出。但"自关以东，莫不延颈愿交焉"，则俨然似《吕氏春秋》中徒属甚众之墨者巨子孟胜矣。

2. 郭解

《史记·游侠列传》曰："振人之命，不矜其功。"②此原系墨者救世精神。但"以躯借交报仇"，此《吕氏春秋·上德》篇所谓"孟胜死，弟子死者百八十三人"所必有最起码表现。于此，又可发现《淮南子·泰族训》所谓："墨子服役者百八十人，皆可使赴火蹈刃，死不旋踵"③之言，乃就《吕氏春秋》言之，《墨子》书中无此等记载。至"解入关，关中豪贤，知与不知，闻其声，交争骥解"④，依然似《吕氏春秋》中徒属甚众之墨者巨子孟胜。

五、《吕氏春秋》之读法

在许多有关读书方法、读法、导读一类书中，总先有如：拟计划，定进度，作札记，课成果；或通训诂，明史地，识源流；甚而精考证，辨谬误，别真伪等极气派之言。此亦正确重要，但在真拿到一本书要读时，究能派上何等用场，收到何等效果，产生何等心得，触

---

① （艺文影印清乾隆武英殿刊本）《史记》，第 1302 页。

② （艺文影印清乾隆武英殿刊本）《史记》，第 1302 页。

③ 杨家骆主编：世界文库《淮南子·泰族训》，台湾：世界书局 1960 年版，第 357 页。

④ （艺文影印清乾隆武英殿刊本）《史记》，第 1303 页。

发何等感想与启示，则大成问题。不如此言之，似又将有"舍正路而不由"①游谈无根之讥。《吕氏春秋》之读法如何？除将此书置于首，以表正确重要，须注意外，此下所提出各点，将是对真正如何读《吕氏春秋》所必须了悉者。

(一) 本诸全书体例

《吕氏春秋》作者虽不是一人，但全书之成，绝非毫无目的将每一作者作品，杂凑在一起，而无体例章法。编纂前似有一预定计划，作者按预先既已厘定计划，分工合作，互不侵犯，以类相从，而从事写作。读《吕氏春秋》时，须先把握此一点。

1. 全书叙事有序

《吕氏春秋》全书叙事，虽非绝对井然有序，但大体不失其体例。纪所论多天时，览、论所论多人事。天时以阴阳五行为中心，人事以政治设施，为人立身之道为中心。今以十二纪为例，十二纪，各按月令配合，春生夏成，秋收冬藏。关于生者属之春，关于杀者属之秋，盛茂快乐者为夏，严肃凶暴者为冬。举凡政令设施，人民举措，无不以此为准。并且春主生，故重其生，养其性，言本生、贵生，言情欲、尽数。夏主长，故重于学，教于行，言劝学，言尊师。秋主杀，故言兵，言征伐。冬主藏，故言丧葬、言节操、言忠孝。自春至冬，循序而进，各依其时，备言天地之象，自然之理；进而至于人事必与天时之相配合，无不有其次序，读时须寻出此等类似脉络。

2. 每篇结构有则

《吕氏春秋》每篇之写作，亦有其体例。篇名一律用两字组成，并各有完整意义；而篇中所叙述者，亦多包含在篇名中；且篇幅长短亦大致整齐。即文字之结构，亦皆先标题旨，次申论断，然后列举或反或正事实以为例证，篇末以呼应前文题旨作结语。全书如此，甚少例外。读时须清楚何者为题旨，何者为论断，何者为例证，最后结语又何所在？

① （艺文影印附阮元校刊《十三经注疏本》)《孟子·离娄上》，第122页。

3. 其他例外情形

上所云甚少有例外，但并非绝对无例外。诸如题旨、论断、事例、结语，并不贯穿；且漠不相关，甚而互相抵牾者，亦复多有，读之不能不加以注意。尤有奇特者，乃《有始览》八篇篇末，皆有："解在乎……"等句。而所指故事，往往在数篇之后详加叙述。而各篇之所以"解在乎……"，全系此种故事之抽象道理，必须以后再详加叙述证明。此种特殊例证，读时须先用心寻出，详读以作印证，始能了悉。

（二）参诸百家诸子

读《吕氏春秋》，除上所述者外，必须参考百家诸子。以先秦子书，被引用者过多，读时能寻出其原始出处，对了解帮助极大；而此等工作，注疏校释家多已指出，不需费大工力，只依前人所言者，寻出参阅并观即可。能如此，除可发现其异同外，并可知其运用事例数据之写作技巧。此不仅为读《吕氏春秋》方法之一，同时亦作到旁通博观。

1. 同其文而取其义者

如《贵生》篇越人三世杀其君，王子搜患之，逃乎丹穴，越国无君一百二十余字记载，全录自《庄子·让王》篇，取义亦无甚不同。又如《当染》篇，文字取义，几与《墨子·所染》篇全同。书中类此情形至多，读时须找出参阅并观。

2. 异其文而取其义者

如《分职》篇："夫君也者，处虚服素而无智，故能使众智也。智反无能，故能使众能也。能执无为，故能使众为也。无智、无能、无为，此君之所执也。"《韩非子·主道》篇："明君之道，使智者尽其虑，而君因以断事，故君不穷于智。贤者效其材，君因而任之，故君不穷于能……此之谓贤主之经也。"①文虽不同，而义无别，读时亦当找出参阅并观。不过，此类事例，初学者，往往不能得之。

---

① 杨家骆主编：增订中国学术名著第一辑 增补中国思想名著第十六册第四册，《韩非子·主道》，台湾：世界书局 1962 年版，第 18 页。

3. 节其文而断章取义者

如《义赏》篇记城濮之战，晋文公用咎犯谋败楚师，归而行赏，雍季为首记载。止乎孔子"临难用诈，足以却敌；反而尊贤，足以报德，义公虽不终始，足以霸矣"赞语。乃在推崇"焉有以一时之务，先百世之利者乎"！文公行赏为善。殊不知《韩非子·难一》篇，此下有几近两倍于此之文字批评此事。末有"文公之霸，不亦宜乎！仲尼不知善赏也"①评讯语，以文公如此行赏为不善。全未被《吕氏春秋》作者采用。故文公行赏一事之真正善与不善，两书即有不同之认定。以《吕氏春秋》为是，则《韩非子》即为非；以韩非子为是，则《吕氏春秋》即为非，读时亦应寻出参阅并观。读先秦子书，最难者，也最精彩者即在此。往往一句话，一事例，分处在不同书中，竟有不同含义与认定。初读时极困惑，但书一读多，了解各书之论点所在后，即知其何以如此之原因。

4. 并其文而综合取义者

如《贵公》篇记管仲病将死时，桓公往问之，并询以将国家政事托何人最妥，管仲推荐贤者证明贵公之义之记载三四百字。乃杂糅《管子·戒》篇、《列子·力命》篇、《庄子·徐无鬼》篇等文而成。三书所载略同，但以《吕氏春秋》综合后独详。又《过理》篇："亡国之主一贯，天时虽异，其事虽殊，所以亡同者，乐不适也。乐不适，则不可以存。糟丘酒池，肉圃为格，雕柱而桔诸侯，不适也。刑鬼侯之女而取其环，戮涉者股，而视其髓；杀梅伯，而遗文王其醢，不适也。文王貌受，以告诸侯，作为琁室，筑为顷宫，剖孕妇而观其化，杀比干而视其心，不适也。孔子闻之，曰：'其窍通，则比干不死矣'。"以上记载，散见《尚书·泰誓》篇、《论语·微子》篇、《庄子·人间世、胠箧》篇、《荀子·议兵》篇、《韩非子·喻老篇·难四》篇(后于《吕氏春秋》之《淮南子·本经训·俶真训》、《新书·君道》篇)皆各言某一事，惟此合并后独详。此等所在，读时如意在随便欣赏，追根究底与否，自无所谓；但如作深入研究，则必须寻出参阅并观。

---

① 杨家骆主编：增订中国学术名著第一辑 增补中国思想名著第十六册第四册，《韩非子·难一》，台湾：世界书局1962年版，第264页。

(三) 验诸九流学派

读《吕氏春秋》,除把握上述两项外,但仍须注意者,为"兼儒、墨,合名、法"之杂家特色。因之,分析各篇性质,与《汉志》九流学派作一比较,验证《吕氏春秋》,何者篇旨合于某一家,或近于某一家;甚而先就已了解之各家学术思想,再读《吕氏春秋》,作同样验证,想亦极为重要,而亦极有意义。现仅举儒、道、墨、法显学,简单举例言之,加以验证,其他各家从略。

1. 儒家

儒家言政,植本于仁,以仁用于政治,即为仁政。能行仁政,必能得民心,天下归之。如《异用》篇言:汤见祝网者置四面,而汤收其三面。汉南之国闻之曰:"汤之德及禽兽矣。"能"德及禽兽",必能德及万民,故四十国归汤。文王使拘池,得死人之骸,令更葬之。天下闻之曰:"文王贤矣,泽及髊骨,又况于人乎?"能"泽及髊骨"必能泽及生人,故文王为天下主。此等得民心,天下归之之仁政功效记载。及儒家修身,特重孝道,而《孝行》篇倡言《论语·学而》篇:"孝弟也者,其为仁之本与?"①人主孝,人臣孝,士民孝如何如何,与《孝经·诸侯章·感应章·庶人章》可比观。又言曾子、乐正子春之保身而孝,多与《礼记·祭义》有相同记载,皆可看作儒家作品。

2. 道家

道家养生,在依乎天理,因其固然。亦即顺应自然本性,而少私寡欲,去泰去甚,勿撄戕断害之,以顺其天,全其性。如《本生》篇:"始生之者,天也。养成之者,人也。能养天之所生,而勿撄之,谓之天子。"言生命天生之,养之能顺性,而不撄戕断害,则为天子。此处天子,指最善养生者。"人之性寿,物者拘之。""圣人之于声色滋味也,利于性则取之,害于性则舍之,此全性之道也。"言不以物乱性,必少私寡欲,能少私寡欲,则可全其性。"故圣人之制万物也,以全其天。天全则神和矣,目明矣,耳聪矣,鼻臭矣,口敏矣,三百六十节皆通利矣。"又《尽数》篇:"精神安乎形,而年寿得长焉。

①　(艺文影印附阮元校刊《十三经注疏本》)《论语·学而》,第1页。

长也者，非短而续之也，毕其数也。毕数之务在乎去害？大甘、大酸、大苦、大辛、大咸，五者充形，则生害矣。大喜、大怒、大忧、大恐、大哀，五者接神，则生害矣。大寒、大热、大燥、大湿、大风、大霖、大雾，七者动精，则生害矣。故凡养生莫若知本。知本，则疾无由至矣。"言如何全其天并及其功效。否则，纵耳目口鼻之欲，而无厌足，必耳聋、目盲、口爽而害生。完全发挥《老子》"五色令人目盲，五音令人耳聋，五味令人口爽，驰骋畋猎，令人心发狂"，"圣人去甚，去奢，去泰"及《庄子》"无以人灭天"思想。① 此等记载，皆可看作道家作品。

3. 墨家

墨家以"厚葬久丧者为政、国家必贫、人民必寡、刑政必乱"。② 故本节俭原则，而主张薄葬。如《节丧》篇，先言养生安死、葬藏之义，次言丧葬之礼，当本节俭原则。否则，"国弥大，家弥丰，葬弥厚。含珠鳞施，玩好、货宝、钟鼎、壶滥、舆马、衣被、戈剑、不可胜数，诸养生之具无不从者"而厚葬之，不仅有违节俭之义，且有"其势有不得不被盗发抇掘者矣"之可忧。而《安死》篇又历言齐、荆、燕、宋、中山、赵、魏、韩诸国大墓，未有不被挖盗者，望后世勿厚葬，多就《墨子·节葬》篇言之。此等记载，皆可看作系墨家作品。

4. 法家

法家于法之精神，主张因时制宜，"各当时而立法，因事而制礼；礼法以 （时而）定，制令各顺其宜，兵甲器备各便其用"。又"故治民无常，唯法为治。法与时转则治，治与时宜则有功"之变法。③《察今》篇："上胡不法先王之法，非不贤也，为其不可得而法。先王之法，经乎上世而来者也，人或益之，人或损之，胡可得而法？虽人弗损益，犹若不可得而法。东夏之命，古今之法，言异而典

---

① （艺文影印附阮元校刊《十三经注疏本》)《老子·十二章》，第6页·又《二十九章》，第17页·《庄子·秋水》，第260页。

② 杨家骆主编：增订中国学术名著第一辑 增补中国思想名著第十六册《墨子间诂》《墨子·节葬下》，台湾：世界书局1962年版，第111页。

③ 杨家骆主编：增订中国学术名著第一辑 增补中国思想名著，台湾：世界书局1962年版。《商君书·更法篇》第2页。《韩非子·心度》，第366页。

殊。故古之命，多不通乎今之言者；今之法，多不同乎古之法者。"
下或用文字，或用荆人袭宋表澭水，医之投药治病，楚人刻舟求剑，
反复申论证明变法之重要，多就《商君书·更法》篇言之。此等记载，
皆可看做系法家作品。

六、重要必读之书籍及文章

读任何书，除有其读法外，必须有够多之主要或相关文献。如
此，始可就各方面了解该书，而不致顾此失彼，挂一漏万，而多遗
珠。古来研治《吕氏春秋》者，虽多鄙其人而不甚重其书，不及庄、
韩之众；但亦有可言者。现将重要习见者，附之于后。

(一) 诠释书籍

此一部分，计有《吕氏春秋注》汉高诱(随正文训释，今皆合刊
本)，《吕氏春秋新校正》(清，毕沅，世界书局《诸子集成》七)，《吕
氏春秋校补、续补》(清，梁玉绳《清白士集》)，《吕氏春秋补校》
(清，茆泮林《鹤寿堂丛书》)，《吕氏春秋正误》(清，陈昌齐《岭南丛
书》)，《吕氏春秋高注补正》(清，李宝淦，广文书局)，《吕氏春秋
集释》(民国，许维遹，鼎文书局)，《吕氏春秋汇校》(民国，蒋维乔
等，鼎文书局)，《吕氏春秋校释》(民国，尹仲容，国立编译馆)，
《吕氏春秋校释》(大陆，陈奇猷，华正书局)，《吕氏春秋今注今译》
(民国，林品石，商务印书馆)。

(二) 研究论著

此一部分，计有《吕氏春秋上农等四篇校释》(民国，夏纬英，鼎
文书局)，《读吕氏春秋》(民国，胡适，《胡适文存》第三册)，《读吕
氏春秋札记》(民国，杨树达)，《积微居读书记》，《读吕氏春秋》(民
国，马叙伦 台北市立图书馆藏本)，《吕氏春秋的政治理论》(民国，
贺凌虚，商务印书馆)，《吕氏春秋思想理论》(民国，李九环，台湾
书店)，《六十年来之吕氏春秋学》(民国，杨宗莹，正中书局)，《吕
氏春秋探微》(民国，田凤台，学生书局)，《吕氏春秋与诸子之关系》

（民国，傅武光，中国学术著作奖助委员会），《吕氏春秋补注》（民国，范耕研，文景出版公司），《毕校吕氏春秋补正》（日本松皋圆，中央图书馆藏手稿本）。

（三）期刊文章

此一部分，计有《〈吕氏春秋〉之分析》（民国，刘汝霖，太平书局），《〈吕氏春秋〉中古书辑佚》（民国，李峻之，太平书局），（《古史辨》第六册，该书系根据朴社一九三八年版重印），《〈吕氏春秋〉引书例及老聃在当时的地位》、《〈吕氏春秋〉语与〈老子〉书的比较》民国顾颉刚，（太平书局），（上两文系《〈吕氏春秋〉推测〈老子〉之成书年代》文中 二子目，载古史辨 第四册，该书系根据朴社 一九三八年版重印），《〈吕氏春秋〉反古考》（民国，罗根泽，太平书局），（该文系《晚周诸子反古考》之一子目，载《古史辨》第六册，该书系根据朴社一九三八年版重印），《〈吕氏春秋〉导读》（民国，徐文珊，幼狮书店），（该文系《先秦诸子导读》之最后一篇），《〈吕氏春秋〉与法家之关系》（民国，朱守亮），《中华学苑》二期（该文系《〈吕氏春秋〉与法家关系之研究》绪言），《〈吕氏春秋〉中之孔子》（民国，朱守亮），《孔孟月刊》十五卷二、三期，《吕氏春秋导读》（民国，傅武光），《国学导读丛编》（上册），《吕氏春秋》（民国，傅武光），《国学导读》（三）。

（原载台湾私立东吴大学《中文学院》，1995 年第 1 期）

【评介】

《研读〈吕氏春秋〉应有之认知》发表于台湾私立东吴大学《中文学院》1995 年第 1 期，作者是朱守亮。朱守亮（1929—），山东济宁人，早年毕业于台湾师范大学国文研究所，获文学硕士学位，后为台湾政治大学中文系教授，主要论著有《诗经释评》、《韩非子释评》、《诗经论著目录》、《列子辨伪》、《从荀卿性恶论看韩非学说》、《吕氏春秋研究》，《论语孟子中'仁'字之研究》、《研读古籍首先应考虚妄》等。

《研读〈吕氏春秋〉应有之认知》一文共分五部分：

第一部分是"《吕氏春秋》之作者及命名、著书动机与成书岁月"。

1. 作者及命名。朱守亮列举汉代以降有代表性的 17 种著述及其观点，然后提出个人意见："吕不韦其人，实等于今日所言该书之主持人、监修人或发行人，并非亲自濡笔为文者也。书以月纪为首，故僭其名曰《春秋》；为吕不韦主持，故专其号叫吕氏，而为《吕氏春秋》。又因有"成《吕览》一书"、"世传《吕览》"之言，故又名《吕览》。

2. 著书动机。朱守亮通过排比史料，提出："不韦……写成此书，绝无甚文化理想，学术抱负，全在争强取胜，不在任何方面输人。写作动机竟如此，但终'勒成巨编'，使怀有政治野心，并已达目的之商人吕不韦流传千古，斯亦'奇货可居'之奇又一奇特现象矣。"

3. 成书岁月。朱守亮通过史料分析，得出："《吕氏春秋》之成书，吕祖谦据《序意篇》断为始皇八年，可信。或以为序言八年，统庄襄言之，实为始皇七年，亦有考辨为始皇六年者……至书中有成于迁蜀之后，甚至在不韦身后者，想是悬书之后，或就当时事实修补，亦极有可能。"

第二部分是"《吕氏春秋》之内容"。

1. 百家杂陈，兼容并包。朱守亮列举古今论述，证明："列为杂家之首之《吕氏春秋》，确完成包含所有各家内容任务"，"诸子之说兼有之"，"总晚周诸子之精英，荟先秦百家之眇义"之言，皆非虚语，而网罗博赡，巨细靡遗为艺林瑰宝矣。

2. 以儒为首，道墨次之。《吕氏春秋》内容虽包含百家之说，但在分量之分配上，乃儒家最多，道次之，墨又次之。"列为显学之法家，当亦不少"，其次为兵家，再次为名家、阴阳家、农家，小说家最少。

3. 采精录异，词腴旨奥。朱守亮胪列明清诸家评点，旨在说明"《吕氏春秋》……且采录多精彩特异，文字优美，旨趣深长"，"内容丰富艳丽赅备"，非虚言也。

第三部分是"《吕氏春秋》之价值与缺失"。

该书价值除"兼容并包"，"沈博绝丽"，"采精录异"，"奇词奥旨"，"瑰玮宏博"，"幽怪奇艳"，"备物万有"外，尚有：

1. 征引至丰,多存遗文轶事。作者援引孙人和《吕氏春秋集释序》、汪中《吕氏春秋序》、陈澧《东塾读书记》、徐时栋《吕氏春秋序》、蒋维乔等《吕氏春秋汇校叙例》、李峻之《〈吕氏春秋〉中古书辑佚》评论,说明其资料价值。

2. 立意无讳,厚讥俗君庸主。《吕氏春秋》在语及君主昏庸、政治黑暗时,皆毫无隐晦。不管是否将触怒时君,无不加以诋讥讽刺,甚至绝无畏忌以数说秦国先王之恶,此在其他书似少有。

3. 持论不苟,有裨人心世教。《吕氏春秋》另一价值,为甚多持论点正确。无论系事物之叙述,抑系理论之辩说,处处皆寓有极严肃之讽谏规诫,深有助于人心世教。

《吕氏春秋》一书的缺失主要表现为:1. 重文,多而严重,如《谕大篇》与《务大篇》重文部分各约占该篇三分之一。

2. 乖乱,如《序意》,"尤为可怪",亦是问题。

3. 缺脱,如《有始览》,缺脱之处多有。

4. 讹误,汉高诱训诂,已发现《吕氏春秋》存有不少讹误,"不韦引《夏书》、《商书》、《周书》,亦多有所舛异讹误"。

第四部分《吕氏春秋》对后世之影响。

仅以稍后汉朝著名作家写作型态,代表学者表现精神,甚而活跃在下层社会侠士特有作风,作一简单叙述。

(一)对汉朝著名作家之影响

《吕氏春秋》写作型态,如体例、方式,及所含内容,皆不同于先秦其他诸子,而自成一派,此给予稍后汉朝作家影响甚巨。

1. 司马迁。《吕氏春秋》给司马迁之影响,是在写作体例方面。司马迁写《史记》体例,完全取法《吕氏春秋》。"十二本纪仿其十二月纪,八书仿其八览,七十列传仿其六论,则亦微有所以折中之也。"

2. 刘安。《吕氏春秋》给刘安之影响,是在方式方面。刘安之募奇士之融合群书,折中众说写《淮南子》,系吕不韦集合门下才智之士写《吕氏春秋》之翻版,而为其嫡子。

3. 刘向。《吕氏春秋》给刘向之影响,是在内容方面。《新序》、《说苑》二书之博杂,与《吕氏春秋》似无区别;且《吕氏春秋》文见于此二书者亦最多。甚至连篇名之用字,与《吕氏春秋》亦无甚不同。

(二)对汉朝代表学者之影响

《吕氏春秋》将各家思想，杂糅在一起特色……此皆给予汉儒莫大影响。使汉朝代表学者……绝无醇乎其醇之儒家思想，多带有趋向某一方面之杂家色彩与气象。

1. 陆贾。《汉志》著录陆贾二十三篇，今可见者仅《新语》一书……乃一兼道家、纵横家，非醇乎其醇，而为杂家形态之儒家。

2. 贾谊。《汉志》著录贾谊五十八篇，今存《新书》五十六篇……乃一道家，非醇乎其醇，而为杂家形态之儒家。

3. 董仲舒。《汉志》著录董仲舒百二十三篇，今可见之《春秋繁露》……乃一兼阴阳家，尤非醇乎其醇，而为杂家形态之儒家。

4. 刘向。《汉志》著录刘向所序六十七篇，其书皆可见……乃一兼阴阳家，非醇乎其醇，而为杂家形态之儒家。

5. 扬雄。《汉志》著录扬雄所序三十八篇……扬氏虽辟阴阳家之言，破迷信之说，亦终未能完全脱离阴阳家见解。仍未可云为醇乎其醇，不带有杂家色彩之儒家也。

综合上述五人，则可知汉朝大儒思想之所以不纯正，所以含有杂家色彩气象，虽有其他因素，但受《吕氏春秋》影响必多，此乃无可置疑者。

(三)对汉朝活跃在下层社会侠士之影响

《吕氏春秋》将墨家贵义、尚侠精神过度渲染，给予汉朝活跃在下层社会墨家裔嗣游侠之影响甚巨……但在汉朝墨家衰竭至绝，而充满天下，不可胜数墨徒，转入下层社会，以游侠面目、姿态出现……似深受《吕氏春秋》影响。

1. 朱家。朱家之侠义精神，由墨家出。但"自关以东，莫不延颈愿交焉"。则俨然似《吕氏春秋》中徒属甚众之墨者巨子孟胜矣。

2. 郭解。至"解入关，关中豪贤，知与不知，闻其声，交争骣解"，依然似《吕氏春秋》中徒属甚众之墨者巨子孟胜。

第五部分《吕氏春秋》之读法

(一)本诸全书体例

《吕氏春秋》编纂前似有一预定计划，作者按预先既已厘定计划，分工合作，互不侵犯，以类相从，而从事写作。读《吕氏春秋》时，须先把握此一点。

1. 全书叙事有序。纪所论多天时，览、论所论多人事。天时以阴阳五行为中心，人事以政治设施，为人立身之道为中心。

2. 每篇结构有则。篇名一律用两字组成，并各有完整意义；而篇中所叙述者，亦多包含在篇名中；且篇幅长短亦大致整齐。即文字之结构，亦皆先标题旨，次申论断，然后列举或反或正事实以为例证，篇末以呼应前文题旨作结语。

3. 其他例外情形。诸如题旨、论断、事例、结语，并不贯穿；且漠不相关，甚而互相抵牾者，亦复多有。

（二）参诸百家诸子。读《吕氏春秋》……必须参考百家诸子。以先秦子书，被引用者过多，读时能寻出其原始出处，对了解帮助极大……除可发现其异同外，并可知其运用事例数据之写作技巧。

1. 同其文而取其义者，如《贵生》篇有全录自《庄子·让王》篇者，《当染》篇文字取义，几与《墨子·所染》篇全同。

2. 异其文而取其义者，如《分职》篇文字与《韩非子·主道》篇，文虽不同，而义无别，读时亦当找出参阅并观。

3. 节其文而断章取义者，如《义赏》篇记城濮之战，晋文公用咎犯谋败楚师，归而行赏，雍季为首的记载，取自《韩非子·难一》篇，但文字有出入，读时亦应寻出参阅并观。读先秦子书，最难者，也最精彩者即在此。往往一句话，一事例，分处在不同书中，竟有不同含义与认定。

4. 并其文而综合取义者，如《贵公》篇、《过理》篇都是杂糅先秦数部典籍而成，如作深入研究，则必须寻出参阅并观。

（三）验诸九流学派

读《吕氏春秋》，仍须注意者，为"兼儒、墨，合名、法"之杂家特色。因之，分析各篇性质，与《汉志》九流学派作一比较，验证《吕氏春秋》，何者篇旨合于某一家，或近于某一家；甚而先就已了解之各家学术思想，再读《吕氏春秋》，作同样验证，想亦极为重要，而亦极有意义。

儒家言政，植本于仁，以仁用于政治，即为仁政……及儒家修身，特重孝道。道家养生……顺应自然本性，而少私寡欲，去泰去甚，勿撄戕断害之，以顺其天，全其性。墨家本节俭原则，而主张薄葬。法家于法之精神，主张因时制宜而损益变法。凡以上主张之作品，可以类相从，进行判别。

第六部分重要必读之书籍及文章

作者列举东汉以降重要诠释书籍 11 种，列举民国以来研究论著 11 种，作者列举民国以来期刊文章 9 种。

文章最后是附注，说明写作此文之缘由，目的在于"利读者之核校检阅也"。

朱守亮的这篇属于《吕氏春秋》导读之类文章，对初学者十分有用，不仅介绍较为全面，而且评价也较为客观，特别是在《吕氏春秋》的价值及其缺失、《吕氏春秋》的读法等方面，有自己较为独到的体会与见解，文章又列举重要必读之书籍及文章以资参阅，考虑是非常周全的。

（王启才）

朱守亮《吕氏春秋》研究主要论文：

《〈吕氏春秋〉研究：〈吕氏春秋〉与名、阴阳、纵横、农家之关系》，《"国科会"报告》1967 年。

《〈吕氏春秋〉中之孔子》，《孔孟月刊》第 15 卷 2 期，1976 年 10 月。

《〈吕氏春秋〉中之孔子》（续），《孔孟月刊》第 15 卷 3 期，1976 年 11 月。

《吕氏春秋导读》，《国学导读丛编》，1979 年 4 月。

《〈吕氏春秋〉与先秦显学绪论》，《中华学苑》，1987 年 6 月。

20
世
纪
以
来

《
吕
氏
春
秋
》

研
究
论
著
提
要

《〈吕氏春秋〉政治思想论》

黄大受著，东方文化社 1947 年出版。书前有杨家骆教授《序》、萧公权教授《代序》。内容分六章，分述先秦政治思想述略、《吕氏春秋》之政治论、君道论、贤人政治论；用民与议兵论、治术论。

《〈吕氏春秋〉上农等四篇校释》

中国农书丛刊，先秦农书之部。夏纬瑛校释，农业出版社 1956 年版，7 万字。内容有序言，对《上农》、《任地》、《辩土》、《审时》四篇的校释，后记。

《〈吕氏春秋〉校释》

(台)尹仲容著，国立编译馆 1958 年版，1979 年再版。初版序，再版序，吕不韦与《吕氏春秋》，《吕氏春秋》校释卷第一至二十六，序意，附录一 佚文辑校，附录二 引用诸家姓氏。

《〈吕氏春秋〉中的音乐史料》

吉联抗辑译，上海文艺出版社 1963 年版，书名为《吕氏春秋音乐文字译注》，1978 年版，改为现名，该书的"古乐篇"和"音初篇"，是属于史学史的内容，但同时也是古代音乐的史料，其中有不少内容是属于夏朝之前的音乐。该书的"大乐篇"、"侈乐篇"、"适音篇"(均在仲夏纪)，"音律篇"、"音初篇"(均在季夏纪)都是关于音乐的篇章。"音律篇"中讲的三分损益法是这方面最早的材料之一。"音初篇"的内容也涉及远古时期的音乐。另外，其他各篇中还有不少文字涉及音乐，吉联抗先生把《吕氏春秋》中所有关于音乐的文字都辑出来，并有译文和评述。

《〈吕氏春秋〉的政治理论》

贺凌虚著，台湾"商务印书馆"股份有限公司 1970 年版。全书六章。第一章吕不韦与《吕氏春秋》，第二章《吕氏春秋》的中心思想，第三章《吕氏春秋》的国家论，第四章《吕氏春秋》的政道与治术，第五章《吕氏春秋》论帝德、时令与灾祥，第六章《吕氏春秋》政治理论的影响。结语。

《〈吕氏春秋〉选注》

王范之著，中华书局 1981 年版，15.5 万字。该书部分注释了《吕氏春秋》。该书作者从《吕氏春秋》160 篇文章当中选出有代表性的文章 26 篇，分别加以注释。每篇文章前均冠说明，辩说其主要思想内容，然后依次是文章、注释和白话译文。注中采用了前人的研究成果，有选择也有考辨，其间也有很多作者的个人见解。该书内容充实、注释严谨，译文稳妥可靠。

《吕氏春秋八览研究》

吴福相著，台湾文史哲出版社 1984 年版。全书八章。序例。第一章 绪论，第二章 吕不韦生平及其著述，第三章 吕氏春秋八览考，第四章 八览与先秦诸子之关系，第五章 八览中之人生哲学，第六章八览中之政治思想，第七章 结论。参考书目。

中国烹饪古籍丛刊——《吕氏春秋·本味篇》

王利器疏证，王贞珉整理，邱庞同译注，中国商业出版社 1984年版。伊尹是中国食疗开拓者，是烹饪鼻祖。《本味篇》是吕书中汤王与伊尹专门讨论烹饪方面问题的一篇。其讨论的问题包括：其一，各种肉食之味。二，烹调的调味至关重要。其三，火候的掌握，要恰到好处。其四，所选食物、原材料，要地地道道，才是佳品。其五，烹饪用的调味品，也需地道。其六，烹饪用的水源，是制作佳肴的基础。由此可见伊尹对汤液、烹饪技术造诣之深。

《吕氏春秋今注今译》(上下)

林品石 注译，台湾商务印书馆 1985 年版，1990 年、2005 年再版，918 页。又，1996 年联经出版社出版。编著《古籍今注今译》序，《古籍今注今译》续序，《吕氏春秋》今注今译前言，《吕氏春秋》卷一至二十六今注、今译。

《吕氏春秋通检》

中法汉学研究所编，上海古籍出版社 1986 年版，163 页，目录 1. 凡例，2. 法文拼音检字，3. 英文拼音检字，4. 各版《吕氏春秋》卷页推算法，5.《吕氏春秋》通检，按一至二十六画顺序排列。

《吕氏春秋译注》(上下)

管敏义译注，陈奇猷审定，宁夏人民出版社 1988 年版，54 万字。书前有陈奇猷《〈吕氏春秋〉评介——兼为管敏义先生〈吕氏春秋译注〉序》。本书根据陈奇猷先生《吕氏春秋校释》本译注。凡原文讹脱之处，均据《校释》加以校正，衍文、讹文加圆括号，补正的文字加方括号。每篇文章有一个简单的《题解》。《题解》根据《校释》说明该篇属于哪个家派，介绍文章的主要内容。指出需要注意的问题。该《译注》重在帮读者读懂《吕氏春秋》，凡译文中可解决的词语，一般不再注释，读者对照译文去理解。训诂典故也只限于帮助读者读懂原文而作简单的解释。

《吕氏春秋词汇研究》

张双棣著，山东教育出版社 1989 年版，22.7 万字。该书是国内

第一部对古代专书词汇进行全面描写的著作。全书共九章，详细地研讨了《吕氏春秋》的词汇面貌、词的结构、意义系统。作者对《吕氏春秋》五千词的语音形式、意义系统、语法特点都逐一进行过研究，在此基础上提出了各种类型的具体数据，又注意把《吕氏春秋》词汇跟先秦其他著作联系起来进行考察，提出许多新的发现，对先秦词汇研究、对整个汉语词汇史的研究均有重要参考价值。

《吕不韦的 99 种智慧》

《中国的智慧》丛书之一，张自文著，浙江人民出版社 1991 年版，又，台北国际村文库书店 1993 年版，小仓书房 2011 年版。全书将吕氏智慧析分为顺天之道、养生之道、治国之道、处世之道、辩证之道、教学之道、音乐之道、战争之道和治农之道九个方面等九十九种璀璨的智慧光彩。

《〈吕子〉校补、〈吕氏春秋〉正误》

《丛书集成初编》本，中华书局 1991 年版，77 页。其中包括《吕子校补》二卷，清梁玉绳撰，清嘉庆道光间刻清白士集本，卷一从高诱《序》到《必已》校补 121 条，卷二从《慎大》到《审时》校补 146 条。《吕氏春秋正误》一卷。清海康陈昌齐撰，清道光三十年（1850）刻岭南遗书本。书中校正《吕氏春秋》所误 164 条。书后有伍崇曜跋。

按：此二书又收在中国学会编《周秦诸子斠注十种》第七与第九，北京图书馆出版社，2007 年版。

《吕氏春秋箴言录》

暴拯群、李科编著，北京广播学院出版社 1992 年版，本书分天人、人伦、言行、哲理、军事等 20 部分，每段言录包括：原文、译文、点题、注释 4 项。

《吕氏春秋白话今译》

先秦诸子今译丛书之一，谷声应译注，中国书店 1992 年版，485 页。该书以世界书局《诸子集成》的高诱注、毕沅校本为蓝本，参照十余种译注本校本，书前有序、导言，正文按《吕氏春秋》二十六卷顺序，每篇文章由原文、注释、白话三部分组成。

《吕氏春秋译注》

张双棣、张万彬、殷国光、陈涛译注，吉林文史出版社 1993 年版，北京大学出版社 2000 年版。主要内容：凡例《吕氏春秋》原文校勘所据旧刻本，孟春纪第一，仲春纪第二，季春纪第三，孟夏纪第四，仲夏纪第五，季夏纪第六，孟秋纪第七，仲秋纪第八，季秋纪第九，孟冬纪第十，仲冬纪第十一，季冬纪第十二，序意，有始览第一，孝行览第二，慎大览第三，先识览第四，审分览第五，审应览第六，离俗览第七，恃君览第八，开春论第一，慎行论第二，贵直论第三，不苟论第四，似顺论第五，士容论第六，附录。

《吕氏春秋词典》

张双棣、殷国光等，山东教育出版社 1993、2000 年版，商务印书馆 2009 年版。书的内容依次为序、前言、凡例、几点说明、词表，词典正文，总备考，附一 现代汉语拼音检字表、部首笔画检字表，附二 部首笔画检字表部首目录、现代汉语拼音检字表音节索引，修订本后记。本书收录《吕览》书中的全部词汇和固定词组，以供研究先秦词汇语法之用。全书依据上古的声韵系统排列，每个词条下分别注明所属词类，辨析词义，举出原书用例，并区分其在语法上的结构功能，把词义和语法连贯注解，给读者一个全面的知识。本词典采用词义描写与用法描写结合的编纂方式，这是为研究古汉语词汇的发展而建立的一种全新的方式。

《吕氏春秋逐字索引》

先秦两汉古籍逐字索引丛刊之一，刘殿爵、陈方正编，香港商务印书馆 1994 年版。内容：出版说明，凡例，汉语拼音检字表，汉语拼音对照表，笔画检字表，通用字表，征引书目，误字改正说明表，增字、删字改正说明表，《吕氏春秋》原文，逐字索引，附录：全书用字频数表。

《吕不韦传》

林剑鸣著，人民出版社 1995 年版，21 万字。林剑鸣是著名秦汉史研究专家。该书分上中下三篇，依时间顺序，评述了吕不韦从经商发迹到政治投机成功再到魂归北邙的整个过程，故事情节既有史实依据，又通俗易懂。

《吕氏春秋韵语研究》

何科根著，广东人民出版社 1996 年版，189 页，12 万字。该书对《吕氏春秋》韵语详作研究，以系统性的资料和研究结论去描写中国语音史上一个重要时代语音面貌的若干要点。作者通收《吕氏春秋》用韵篇章，举述韵语凡 351 例、631 条，考证上古韵类系统，对书中入韵字详加审定，确认韵类归属，并对其有关用韵篇章校勘不当处，指示校语疏失，提出匡正意见，丰富了音韵学研究的内容。

《经世大览——〈吕氏春秋〉一日一语》

梁一群，浙江人民出版社 1996 年版，26 万字。书前有导读该书撷取《吕氏春秋》较有代表性的片言只语，用现在人的语言对之作一二发挥。

《绝代政商吕不韦》(上下)

韩耀旗著, 国际文化出版公司 1996 年版, 上册, 341 页, 下册 705 页, 长篇历史纪实小说。作者站在历史变革时期抉择人生道路的时代高度, 用恢宏大气而不失丰富细腻的如梭之笔, 展示了吕不韦"以小富求大贵, 以大贵保大富", 先商后官、亦官亦商的特殊生命里程, 描绘了吕不韦商场上惊心动魄的冒险生涯和情场上哀婉别离的醋海波澜, 以及宦海中惊涛拍岸般的悲喜人生。

《吕不韦评传—— 一代名相与千古奇书》

中华历史名人评传, 道家系列之一。李维武著, 广西教育出版社 1997 年版, 13 万字。内容依次是总序, 序, 前言, 一 从阳翟大贾到秦国丞相, 二 杂家乎? 道家乎? 三 吕不韦的思维模式, 四《吕氏春秋》的自然哲学与科学思想, 五《吕氏春秋》的历史哲学与社会思想, 六《吕氏春秋》的认识方法与逻辑思想, 七 吕不韦与中国文化。后记。

《〈吕氏春秋〉の思想的研究》

沼尻正隆著, 汲古书院, 平成九年三月 (1997)。稲田孝序, 吕氏春秋編纂の意図、編者、成立年代等についての序説に続いて、儒家・墨家・道家・法家・農家等について各論し、先秦時代の思想界がいかに自由で奔放であったかの実況とその価値や尊さを実証的に示す。補章 名家思想, 汉字学概说讲义资料, 基本汉字形义资料。

《吕氏春秋词类研究》

殷国光著, 华夏出版社, 1997 年版, 又, 商务印书馆 2008 年版。作者对《吕氏春秋》一书的词类进行了全面考察, 广泛采用了量化的研究方法, 用统计数据来校正主观的判断, 贡献了一条处理古代汉语材料的新路子。

《吕氏春秋全译》(上下)

关贤柱、廖进碧、钟雪丽译著,贵州人民出版社 1997 年版,2009 年 3 月修订版。书主要内容有前言、吕氏春秋序 、《十二纪》《八览》《六论》的原文、注解与译文。

《吕氏春秋养生精要》

萧风著,宗教文化出版社 1998 年版,407 页。该书尽可能将《吕氏春秋》艰深、分散的养生思想准确完备的阐释出来。书有前言,正文分养身(生理)、养心(心理)两大篇;在体例上,以例析来加深读者的理解程度与兴趣,以应用来加强其内容在新时代背景下的实用性。

《吕不韦传》

宰相列传丛书之一,臧知非著,重庆出版社 1999 年版,17.2 万字。这是苏州大学臧知非教授所写的宰相吕不韦评传,书前有"小引",附有"后记",吕不韦一生主要事迹叙述清晰,评价得当,适宜一般读者阅读。

《〈吕氏春秋〉与现代企业领导》

王双著,广西人民出版社 1999 年版,11.4 万字。该书先介绍吕不韦与《吕氏春秋》概况,然后从现代企业管理角度审视《吕氏春秋》的治道思想,从五个方面总结了企业领导应从吕书中汲取的管理智慧与艺术,不仅丰富了现代企业管理理论,也为《吕氏春秋》研究开辟了新的路径。

The Annals of Lü Buwei 吕氏春秋

A complete transtation and study by John Knoblock and Jeffrey Riegel, Stanford University Press, 2000. Conventions and Abbreviations, Introduction, PART I: THE ALMANACS, BOOKS1-12, PART II: THE EXAMINATIONS, BOOKS13-20, PART III: THE DISCOURSES, BOOKS21-26, APPENDIXES, REFERENCE MATTER.

《王政全书:〈吕氏春秋〉与中国文化》

张富祥著, 河南大学出版社 2001 年版, 25.5 万字。本书以通俗易懂的语言向读者介绍并解读《吕氏春秋》。内容依次为冯天瑜序, 李振宏"元典文化丛书"的说明, 本书引言, 一 吕不韦, 二 吕不韦主编《吕氏春秋》, 三 "十二月纪": 上古王政的年历, 四 天道观·发展观·历史观, 五 尚贤传统与"无为"政治, 六 性理之说与帝王修身, 七 礼乐文化与儒的功用, 八 民本思想与法的折衷, 九 墨与名的吸收和批判, 十 论兵八篇, 十一 农学四篇, 十二《吕氏春秋》的文化史价值, 附录一《吕氏春秋》选译, 附录二 主要参考书目。

《绝代雄魁吕不韦与〈吕氏春秋〉七九个经略》

史义军、张荣庆著, 中华工商联合出版社 2001 年版, 418 页, 31 万字, 本书从《吕氏春秋》萃取精华, 并通读吕不韦的"立功、立言、立德", 精炼为经营人世和人生的方略、智略。全书分为养生、治国、处世、辨证、知学五大门类七十九种经略, 每一经略单成一节, 先选取《吕氏春秋》原文, 再联系经略作阐释解读, 并选取古往今来可佐证的典型事例等, 从中可以读取到吕不韦和《吕氏春秋》的智慧和经世智略。

《吕子答客》问

《贤哲自述丛书》之一种。陈学良撰，上海人民出版社 2002 年出版，15.9 万字。吕不韦是个复杂的历史人物，作者以答问形式，借吕不韦之口，将其一生所作所为，历史作用呈现出来，有助于人们了解历史上真正的吕不韦形象。全书文字通畅，浅显易读。书后有附录：一 吕不韦年谱，二 主要参考书目。

《吕氏春秋索引》

张双棣等编，山东教育出版社 2002 年版。1985 年，为了准确地反映《吕氏春秋》词汇的面貌，张双棣等决定采用一种新的方式，即将词义描写与用法描写相结合的方式编写一部《吕氏春秋词典》，而其基础就是制作《吕氏春秋》逐字索引，其时哈佛燕京学社引得编纂处编印的那套"引得"中并没有《吕氏春秋》，所以他们 4 人用做卡片的方式，手工逐字编排，费时数年，遂成此书。该书为《吕氏春秋词典》编纂打下了坚实的基础。

二十二子详注全译——《吕氏春秋译注》(上下)

吕不韦门客著，张玉春等注译，黑龙江人民出版社 2003 年版，870 页，81.25 万字。总序，前言，正文按《吕氏春秋》十二纪、八览、六论译注，附录《吕氏春秋》序。该书以清光绪初年由浙江书局辑刊的二十二子本为底本，参照了陈奇猷编写的《吕氏春秋校释》、高诱注《吕氏春秋》、张双棣等《吕氏春秋译注》等书。有题解有注有译，注得较详细，生僻字也有拼音，总体质量较好。

《吕氏春秋全译》

该书是中国古代哲学名著全译丛书之中的一本，由廖名春、陈兴安合作完成，巴蜀书社 2004 年版。全书包括凡例，总序、前言、《吕氏春秋》今译、《吕氏春秋》原文、参考书目、重要名词概念索引、后记。以直译为主，个别地方如直译晦涩难通，则酌情采用意译。

《〈吕氏春秋〉智慧名言故事》

先秦经典智慧名言故事丛书之一，修建军 编著，齐鲁书社 2004 年版，24.71 万字。本书每一节分为三个部分，即名言、要义和故事。"名言"部分从原著中选取了有关修身养性、治理国家的至理名言大约有七十余条，主要涉及崇尚信义、严于律己、注重道义、效法圣贤、努力向学、躬行实践、以义制利、见贤思齐、推己及人等方面。其中所选取的有关政治伦理的名言，主要涉及以民为本、贤者在位、以德服人、为民表率等方面。"要义"部分对选取的名言的基本含义进行现代诠释。"故事"部分以进一步阐明名言所蕴含的道理为目的。

《解读吕不韦》(全三册)

《吕不韦官场发迹的奥秘：弄权》、《吕不韦赚大钱厚黑绝技：求财》、《吕不韦人事关系处理妙法：夺人》，吕不韦原典，博文解译，内蒙古人民出版社 2004 年版，分别是 469、470、468 页，书的性质属于人物评传。

《吕氏春秋经典故事》

经典故事系列之一。王卫宾 编著，海天出版社 2005 年版，25 万字。《吕氏春秋》是一种对中国传统管理思想和管理模式的"吕氏解读"，所以《吕氏春秋经典故事》就有《吕氏春秋》锦囊计解的管理读法。该书撷取 64 则故事，具体内容分吕氏语录、故事介绍、锦囊计解三部分，以时间为顺序，具体故事与管理理论相结合进行评论。

《唐宋类书征引〈吕氏春秋〉资料汇编》

何志华、朱国藩编,香港中文大学 2006 年出版。本书为香港特别行政区研究资助局之研究用途补助金支持计划、古文献资料库现行研究计划之拓展与完善计划及先秦两汉文献首阶段研究计划之部分成果。目录为《汉达古籍研究丛书》序,出版说明,唐宋类书征引《吕氏春秋》资料汇编序、凡例,吕氏春秋序,卷一至卷二十六征引情况,佚文。

《权商合璧:吕不韦投机方略》

中华经世方略,秦汉唐著,台湾 广达(文经阁)文化事业有限公司 2006 年版。该书对权商合璧吕不韦的投机方略作了细致透彻的探讨与分析,找出可供个人借鉴之处,文笔生动,通俗易懂。书后附。

《〈吕氏春秋〉的领导智慧》

陈伟光著,香港中文大学出版社 2006 年版,353 页。《吕氏春秋》是一部论述国家统一事业与管治方略的巨著,其所载的故事最适合今日的行政人员参考。该书朝着"古智今用"的方向,摘取《吕氏春秋》个别事件作为案例,分析及讨论事件的发展始末,借以显示有关人物的价值取向、待人处世的智慧,并对西方领导管理学者的理论与现代营商高手的做法作古今对照,评论及归结出一些领导管理的原则与艺术,让读者认知、思考,进而转化作实际应用。主要内容有领导智慧[百科全书]——《吕氏春秋》(代序),行政管理,奖赏之道,领导风采,领导素质等。

《世俗教育思想与〈吕氏春秋〉选读》

教师必读文库 中国教育名家名著精读丛书,北京师联教育科学研究所编选,中国环境科学出版社 2006 年出版,227 页。上篇 吕不韦教育活动和教育思想，（一）吕不韦和《吕氏春秋》、（二）商人政治家吕不韦、《吕氏春秋》的民本思想、《吕氏春秋》导读、《吕氏春秋》教育心理思想、《吕氏春秋》的人才教育思想。附：《吕不韦列传第二十五》选读，华夏最传奇的商人——吕不韦，下篇《吕氏春秋》选读。

《吕不韦十讲》

周华文编著，哈尔滨出版社 2007 年出版，18.5 万字。书前有丛书总序，导言。全书十章。第一讲 商人的政治思维，第二讲 外来户的政治豪赌，第三讲 商人伦理与官僚帝国精神，第四讲 偷龙转凤：追加投资的内幕，第五讲 高额回报：从商人到宰相的转型，第六讲 以"权""财"求才：养士的政治功用，第七讲《吕氏春秋》，著书为谁，第八讲《吕氏春秋》中的"商道"与"才论"，第九讲 后宫引发的政治地震，第十讲 功臣宿命：吕不韦必死。后记。

古都西安《吕不韦与〈吕氏春秋〉》

李颖科、丁海燕著，西安出版社，2007 年出版，15.9 万字。目录前有崔海涛序。全书六章，第一章 吕不韦与秦国，第二章 吕不韦与《吕氏春秋》，第三章《吕氏春秋》与战国百家之学，第四章《吕氏春秋》的政治军事思想，第五章《吕氏春秋》的经济思想，第六章《吕氏春秋》的天人观，第七章《吕氏春秋》的历史思想，第八章《吕氏春秋》的养生及乐律思想，第十章《吕氏春秋》与中国文化。后记。

《解读大秦政坛双星——吕不韦与李斯》

孙立群著，中华书局 2007 年版，10 万字。上篇：吕不韦，第一讲 改变命运的抉择，第二讲 进入政坛的关键一步，第三讲 谁是秦始皇的生父，第四讲"仲父"的辅政生涯，第五讲 一代政客的凄凉末路。下篇：李斯。

《吕氏春秋》(精选本)大学生传世经典随身读

李运富、刘波校注,高等教育出版社 2008 年版,433 页,《吕氏春秋》内容丰富,包括政治、军事、农桑、数术、天文、历法、教育、音乐、礼制、养生等诸多方面,还保存了古代许多遗文轶事和学术资料。为方便众多想学习和了解《吕氏春秋》的读者朋友更好地理解和吸收。书有前言,分纪部、览部、论部,其中纪部选 32 篇文章,览部选 36 篇文章,论部选 13 篇文章。

国学基础教程·子部 《〈吕氏春秋〉:四季的演讲》

许富宏著,上海古籍出版社 2009 年出版,17.2 万字。包括出版说明,前言。第一章 天道有始,第二章 春:人道贵生,第三章 夏:君道贵养,第四章 秋:臣道贵收,第五章 冬:治道贵藏,结束语,篇目索引。编者说:本书不失为一本全面了解《吕氏春秋》的入门读物,也可以作为一种为初学者学习《吕氏春秋》的基础教程。

《〈吕氏春秋〉的教育智慧》

吴苏林编,新疆青少年出版社 2009 年版,12 万字。主要内容包括:吕不韦的教育思想;《吕氏春秋》的教育智慧;《吕氏春秋》选编。内容涵盖吕不韦简介;吕不韦的教育思想;重农思想;安贫守道重用贤能;推崇教育;主张知士、爱士与举贤等。

《吕不韦谋世大智慧——〈吕氏春秋〉今读》

"点化先哲"丛书之一。鲍国斌编著,中国国际广播出版社 2009 年版。以《吕氏春秋》中的寓言、典故为素材,生发出 105 个短小精悍的哲理故事,依据主题的不同,分为君道篇、士道篇和世情篇三个部分,并配有 19 幅插图,再现古代生活画面和圣贤们的风采,每则故事后均有点评,让读者在轻松的阅读中领会《吕氏春秋》的思想精华。

《新译〈吕氏春秋〉》(上下)

朱永嘉、萧木著，黄志民校，台湾三民书局 2009 年版，出版简介说："本书在前贤时彦的研究基础上，进行全面而深入的导读、校注和语译，是今人研读《吕氏春秋》的不二之选。"附录有汉高诱《吕氏春秋》序，本书原文所据《吕氏春秋校释》(陈奇猷)的若干情况说明，主要参考书目，注释中引用或依据的注家及其著作目录，后记。

《察道吕览》

劳心者必读经典，"吕览观天下，察道悟人生"。李黎、刘涛编著，经济日报出版社 2009 年版，9 万字。《吕览》内容驳杂，本书《察道吕览》即选取了书中对今天有益的语句，从谋略、管理、修身、人才四个方面来做现代阐释与解读，希望读者能从中学到对自己有用的知识和智慧。从书中精选的 36 个语句看，每个语句又由释义、出处、解释、察道四个部分组成。

《吕氏春秋通诠》(上下)

王晓明 注译，江西人民出版社 2010 年版，55.5 万字。书前有纪连海序，作者自序。纪序说本书的好处必须在：第一，详尽的注释，第二，20 幅插图，第三，较为精心的考证。作者自序说："本书的底本为陈奇猷先生所著《吕氏春秋校释》中的原文部分，同时参考了由广州出版社于 2004 年出版的中国古典名著译注丛书之《吕氏春秋》和《曲礼·礼运》中的译文部分。作者对其中认为较不完善或欠妥的地方进行了重新考证和注译，力图尽可能贴近原著；同时，还参考了毕沅的《吕氏春秋新校正》和许维遹的《吕氏春秋集释》，缘于这两本关于《吕氏春秋》的本子，多为其他注者所重视和参考，尤其是许本，集合了多家《吕氏春秋》之校注，能够通过比对诸家之所长，而更定原本之错讹，此亦大善。因此，在引许本时，尽量保留校者之本意，并作删繁就简处理。此外，本书对《吕氏春秋》全文做了生僻字注音、词条注释、全文翻译、点评与插图，力图尽可能贴近《吕氏春秋》原貌，以符合'通俗、全面、诠释'之题旨"。该书为《吕氏春秋》全译注本。书后有《吕氏春秋通诠》所引诸书姓氏，跋。

国学经典《吕氏春秋》

国学经典系列之一，王启才 注译，中州古籍出版社 2010 年版，34 万字。本书为选译本，选文总计 106 篇。书的内容有前言、106 篇文章的注、译文，附录有《吕氏春秋》评论选，主要参考书目。

国学新读本《吕氏春秋》

张富祥注说，河南大学出版社 2010 年版，57.4 万字。前有序，《吕氏春秋》通说，正文是《吕氏春秋》原文与注说，书后有主要参考文献。编者希望该书能够成为广大读者学习国学精华、体认民族精神、继承祖国优秀文化遗产的良师益友。

《帝王必读书慢说〈吕氏春秋〉》

张国擎著，凤凰出版社 2010 年版，25 万字。全书二十三章，一、吕不韦的千秋伟业，二、酒色为伐性之斧钺，三、珍爱生命从健康生活开始，四、商女不知亡国恨，五、尊师有道则用众道广，六、贵公在于能去私，七、雨露滋润禾苗壮，八、执一不二知度有度，九、商汤与伊尹的故事，十、帝王如何防"小人"，十一、帝王最怕是什么，十二、周鼎入秦的启示，十三、君子明理敬贤，十四、审时顺势尽智慧，十五、刻舟求剑与一诺千金贵，十六、事必躬亲，不如慎事如敬佛，十七、得贤者必有天下，十八、君子慎言，一诺千金，十九、进言与纳谏，二十、言辞贤善方可惠泽万民，二十一、奴性与城邦，二十二、君主之道，奥妙何在，二十三、尊孔敬儒恰又提倡杂家。后记。

《〈吕氏春秋·十二纪〉纪首、〈淮南子·时则训〉及〈礼记·月令〉之比较研究》

曾锦华著，台北花木兰文化出版社 2010 年版。前言，第一章《吕氏春秋·十二纪》、《淮南子·时则训》及《礼记·月令》著述考，第二章《吕氏春秋》纪首之撰著，第三章《十二纪》纪首之内容结构，第四章《吕氏春秋·十二纪》纪首、《淮南子·时则训》及《礼记·月令》之比较研究，第五章《吕氏春秋·十二纪》纪首、《淮南子·时则训》及《礼记·月令》之影响与评价，参考书目。

《吕氏春秋句法研究》

汉语史专书语法研究丛书之一，殷国光著，河南大学出版社 2011 年版，18.6 万字。目录下有出版锐明、《古代汉语专书语法研究》序、前言、【壹】《吕氏春秋》句子的界定、【贰】《吕氏春秋》句型研究的若干问题、【叁】《吕氏春秋》不含"之"的体词性向心结构的考察、【肆】《吕氏春秋》含"之"的体词性向心结构的考察、【伍】《吕氏春秋》谓词性向心结构中修饰语的内部差异及其语序、【陆】《吕氏春秋》谓词性向心结构向非向心结构变换的考察、【柒】《吕氏春秋》述宾结构的考察，参考文献，后记。

《吕氏春秋思想新探》

王伟著，天津古籍出版社 2011 年版，23 万字。全书六章。绪论部分介绍《吕氏春秋》的研究价值、《吕氏春秋》的主导思想研究综述、本书的研究脉络与各章内容。第一章《吕氏春秋》的思想底蕴，论述《吕氏春秋》的认识论基础，《吕氏春秋》的事理思想。第二章《吕氏春秋》"一"的观念，主要论述"一"之论证，《吕氏春秋》的"阴阳"观念与"圜道"观,人"法天地"。第三章如何知"一":经验与推论,主要论述知"一"的重要性,知"一"的类推途径,知"一"的经验途径。第四章"言说"之论,主要论述《吕氏春秋》的"顺说"与"谨听",《吕氏春秋》之"利","贵生"是《吕氏春秋》的论说手段。第五章"行""用"之论,主要论述人与天,"君"与"民"。第六章结语。书后有参考文献,后记。

《吕氏春秋鉴赏辞典》

古代经典鉴赏系列之一种,许富宏主编,上海辞书出版社 2012年版,27.1万字。本书分设文本篇、寓言篇、名句篇三部分,从《吕氏春秋》原有 160 篇中精选 50 篇思想意义突出、完整、较有代表性的篇目,基本涵盖了儒、墨、道、法、名、阴阳、兵、农等九流十家的作品,精选若干寓言和名句,集原文、注释、鉴赏于一体,既能体现《吕氏春秋》的杂家性质,又能使读者更好地了解和鉴赏《吕氏春秋》思想的精髓。

中国文化知识读本《杂家学派与〈吕氏春秋〉》

金开诚主编,金东瑞编著,吉林文史出版社 2012 年版,3 万字。全书四章。一、先秦杂家概述,二、先秦杂家思想的时代背景,三、先秦杂家主要著作考,四、《吕氏春秋》的政治思想。

《被遗忘与曲解的古典中国 ——〈吕氏春秋〉对传统学术的投诉》

郭智勇著,广西师范大学出版社 2012 年版,27.5 万字。全书七章。致读者,第一章 来自古典中国的抗议,第二章 义篇,第三章 被曲解与遗忘的古典之"士",第四章 阳生与"贵已",第五章《庄子》非庄子,第六章 道篇,第七章 从古典中国到传统中国。

《提问吕不韦》

提问是思想发展的驱动机。由郭志坤、陈雷良著的《提问吕不韦》是提问诸子丛书之一，中西书局 2012 年出版。该书前有总序、前言，内容分六章，分别为弃商从政，著述春秋、效法天地、孝治天下、兴王典礼、杂家之父。附有后记。

20世纪以来《吕氏春秋》研究大事记

1918 年，张之纯评注《吕氏春秋》由上海商务印书馆出版，该书为《注评诸子菁华录》卷十六。

1919 年 3—9 月，孙锵鸣在《国故》1—4 期发表《〈吕氏春秋〉高注补正》，1974 年由台湾正中书局结集出版。

1925 年 11 月—1926 年 7 月，宋慈褒在《华国》2 卷 10 期、12 期，3 卷 2、4 期发表《吕氏春秋补正》。

1928 年 12 月，孙人和在《北平图书馆月刊》1 卷 4—6 期，2 卷，1、5、6 期发表《吕氏春秋举正》。

Richard Wilhelm（卫礼贤）Fruhling und Herbert des In-Bu（the Lu Shih Chhun Chhiu（吕氏春秋）Tr by Richard Wilhelm jena 1928.

1929 年，庄适选注《吕氏春秋》由商务印书馆出版。

1933 年，李峻之在《清华周刊》39 卷 8 期，发表《〈吕氏春秋〉中古书辑佚》。

1936 年，王心湛《吕氏春秋集解》，由上海广益书局出版，同年 4 月，杨树达在《清华学报》11 卷 2 期发表《吕氏春秋拾遗》。

1937 年，蒋维乔、杨宽、沈延国、赵善诒《吕氏春秋汇校》由中华书局出版。

3 月，沈延国在《制言》37、38 期发表《吕氏春秋·开春论·集解初稿》。

4 月，在《论学》4 期发表《吕氏春秋·序意篇·集解》。

1940 年，姜荣《吕氏春秋集释补正》，武汉大学毕业论文，导师：高晋生。

1943 年 12 月，郭沫若在《群众周刊》8 卷 20—22 期发表《吕不韦与秦代政治》。

1945 年 4 月，王利器在《文史杂志》5 卷 3、4 期发表《吕氏春秋释名》。

1947 年，缪钺在《中国文化研究汇刊》6 期发表《〈吕氏春秋〉撰著考》、《〈吕氏春秋〉中之音乐理论》。黄大受《吕氏春秋政治思想论》由东方文化社出版。

1958 年，尹仲容《吕氏春秋校释》由台湾"国立编译馆"出版，1979 再版。

1963 年，吉联抗《〈吕氏春秋〉音乐文字译注》由上海文艺出版社出版，1978 年该社再版时改为《〈吕氏春秋〉中的音乐史料》。

1967 年，朱守亮《吕氏春秋研究：〈吕氏春秋〉与名、阴阳、纵横、农家之关系》发表于《国科会报告》。

1970 年，贺凌虚《〈吕氏春秋〉的政治理论》由台湾"商务印书馆"股份有限公司出版。

傅武光《〈吕氏春秋〉与先秦诸子之关系》，台湾师范大学国文学系博士论文，指导教授：林尹、杨家骆。

1971 年，李九瑞《吕氏春秋思想理论》由中华丛书编审委员会出版。

1972 年 9 月，徐复观在《大陆杂志》45 卷 3 期发表《〈吕氏春秋〉及其对汉代学术与政治的影响》。

1978 年 3 月，杨家骆《吕氏春秋集释等五书》由台湾鼎文书局出版。

1979 年，夏纬瑛《吕氏春秋上农等四篇校释》由农业出版社出版。

1980 年，《论〈吕氏春秋〉的语言：公元 3 世纪著作中语法与风格的某些特征》，华盛顿大学博士论文。

1981 年，王范之《吕氏春秋选注》由中华书局出版，王毓瑚《先秦农家言四篇别释》由农业出版社出版。

[美] J. MARSHALL，《吕氏春秋——中国古代的政治观》，华盛顿大学博士论文。

1983 年，王利器疏证，王贞珉整理，邱庞国译《吕氏春秋本味篇》由中国商业出版社出版。

1984 年，吴福相《吕氏春秋八览研究》由台湾文史哲出版社出版。

1985 年，许维遹《吕氏春秋集释》由中国书店出版。

1986 年，田凤台《吕氏春秋探微》由台湾学生书局出版，林品石《吕氏春秋今注今译》由台湾商务印书馆出版，中法汉学研究所编《吕氏春秋通检 论衡通检》由上海古籍出版社出版。

1987 年，牟钟鉴《〈吕氏春秋〉与〈淮南子〉思想研究》由齐鲁书社出版。吴福相《吕氏春秋寓言研究》，台湾中国文化大学中国文学研究所博士论文，指导教授：王更生。

1988 年，管敏义《吕氏春秋译注》由宁夏人民出版社出版，钟吉雄《吕氏春秋的政治思想》由台北私立东吴大学中国学术著作奖助委员会出版。

1990 年，清梁玉绳、陈昌齐《吕子校补、吕氏春秋正误》由中华书局出版。

1991 年，张自文《吕不韦的 99 种智慧》由浙江人民出版社出版，范耕研《吕氏春秋补注》由台湾文史哲出版社出版。吕艺《论〈吕氏春秋〉的编纂者与结构体系》，北京大学博士论文，导师：金开诚。

1992 年，刘元彦《杂家帝王学——〈吕氏春秋〉》由三联书店出版。黄大受《〈吕氏春秋〉政治思想论》由上海书店出版，暴拯群、李科编《吕氏春秋箴言录》由北京广播学院出版社出版，谷声应《吕氏春秋白话今译》由中国书店出版，王宁《评析本白话〈吕氏春秋〉〈淮南子〉》由北京广播学院出版社出版。

1993 年，王范之《吕氏春秋研究》由内蒙古大学出版社出版，张双棣等《吕氏春秋词典》由山东教育出版社出版，支菊生、钟南合编《杂家妙语选》由百花文艺出版社出版，钟吉雄《吕氏春秋故事 200 则》由高雄复文图书出版，傅武光《〈吕氏春秋〉与诸子之关系》由台湾学生书局出版。李如苹《〈吕氏春秋〉政治哲学思想之研究》，台湾师范大学政治学研究所博士论文，指导教授：黄人杰教授。

1994 年，刘文忠译注《吕氏春秋选译》由巴蜀书社出版，刘殿爵、陈方正主编《吕氏春秋逐字索引》由香港商务印书馆出版。

1995 年，李家骧《吕氏春秋通论》由岳麓书社出版，陈奇猷《吕氏春秋校释》由学林出版社出版，洪家义《吕不韦评传》由南京大学出版社出版，林剑鸣《吕不韦传》由人民出版社出版，萧木、朱永嘉《新译吕氏春秋》(上下)由三民书局出版，宋子然主编《吕氏春秋故事今解》由四川人民出版社出版。

1996 年，何根科《吕氏春秋韵语研究》由广东人民出版社出版，梁一群《经世大览——〈吕氏春秋〉一日一语》由浙江人民出版社出版，包瑞峰《吕氏春秋译注》由辽宁民族出版社出版，丁惟中、董治详《圣贤智谋〈吕氏春秋〉篇》由华龄出版社出版。

1997 年，沼尻正隆《吕氏春秋の思想的研究》由汲古书院出版，殷国光《吕氏春秋词类研究》由华夏出版社出版，李维武《吕不韦评传——一代名相与千古奇书》由广西教育出版社出版，刘洪仁、牛马走著译《千古奇人奇书——吕不韦及其〈吕氏春秋〉》由四川人民出版社出版，关贤柱等《吕氏春秋全译》(上下)由贵州人民出版社出版。刘慕方《吕氏春秋思想研究》，复旦大学博士论文。

1998年，萧风《〈吕氏春秋〉养生精要》由宗教文化出版社出版，鲍世安《吕不韦谋世大智慧》由中国国际广播出版社出版。

1999年，王双《〈吕氏春秋〉与现代企业领导》由广西人民出版社出版，鲍世斌编著《吕不韦谋世大智慧〈吕氏春秋〉今读》由中国国际广播出版社出版，臧知非《吕不韦传》由重庆出版社出版。陈宏敬《〈吕氏春秋〉哲学思想研究》，中山大学博士论文，导师：李宗桂。

2000年，张双棣等《吕氏春秋译注》，北京大学出版社出版，*The Annals of Lü Buwei* 吕氏春秋 *a complete translation and study by John Knoblock and Jeffrey Riegel*，Stanford University Press。蔡燕《吕氏春秋研究》，北京大学博士论文，导师：褚斌杰。

2001年，张富祥《王政全书——〈吕氏春秋〉与中国文化》由河南大学出版社出版，史义军、张荣庆《绝代雄魁吕不韦与〈吕氏春秋〉七九个经略》由中华工商联合出版社出版，史义军、张荣庆《吕不韦与吕氏春秋》由台北正展出版公司出版。侯文莉《论〈吕氏春秋〉的天人之学与生态观念》，南开大学博士论文，导师：刘文英。

2002年，王利器《吕氏春秋注疏》由巴蜀书社出版，张双棣等编《吕氏春秋索引》由山东教育出版社出版，陈雪良《吕子答客问》由上海人民出版社出版，梁一群译著《读吕氏春秋开智慧》(上下)由智慧大学出版社有限公司出版，樵子《权商合璧：吕不韦投机方略》由京华出版社出版。俞长保《20世纪〈吕氏春秋〉研究综述》，发表于《徐州师范大学学报》(哲学社会科学版)2002年第4期。

2003年，张玉春等译注《吕氏春秋译注(上下册)——二十二子详注全译》由黑龙江人民出版社出版。徐子宏、全忠林译《白话吕氏春秋》由岳麓书社出版。黄伟龙《吕氏春秋研究》，西北师范大学博士论文，导师：赵逵夫。

2004年廖名春、陈兴安《吕氏春秋全译》由巴蜀书社出版，吕不韦原典、博文解译《解读吕不韦》(全三册)由内蒙古人民出版社出版,修建军编著《〈吕氏春秋〉智慧名言故事》由齐鲁书社出版,黄碧燕《吕氏春秋》(中国古典名著译注丛书 第 1 辑)由广州出版社出版。

2004 年 12 月安徽省《淮南子》研究会在淮南成立。《淮南子》是受《吕氏春秋》影响而成的一部书。

2005 年,王子今《细说吕不韦》由上海人民出版社出版,王卫宾编著《〈吕氏春秋〉经典故事》由海天出版社出版,韩耀旗《吕不韦》由国际文化出版公司出版,翟江月《吕氏春秋》(大中华文库 汉英对照本,全三卷)由广西师范大学出版社出版。申镇植《吕氏春秋思想研究》,北京大学博士论文,导师:许抗生。庞慧《〈吕氏春秋〉对社会自序的理解与建构》,北京师范大学博士论文,导师:刘家和。

2006 年,何志华、朱国藩《唐宋类书征引〈吕氏春秋〉资料汇编》由香港中文大学出版,陈伟光《〈吕氏春秋〉的领导智慧》由香港中文大学出版,北京师联教育科学研究所编选《世俗教育思想与〈吕氏春秋〉选读》由中国环境科学出版社出版,9 月,淮南子研究会主编的《淮南子研究》第一卷由黄山书社出版,

2007 年,王启才《吕氏春秋研究》由学苑出版社出版,李颖科、丁海燕《吕不韦与吕氏春秋》由西安出版社出版,周华文《吕不韦十讲》由哈尔滨出版社出版。李钟琴著《经商巨贾吕不韦》(古今中外第一风险投资商)由广西人民出版社出版,王学典编著《吕氏春秋》由哈尔滨出版社出版,孙立群《解读大秦政坛双星·吕不韦与李斯》由中华书局出版。

2008 年,张双棣《吕氏春秋词汇研究》(修订版)由商务印书馆出版,李运富、刘波选注:大学生传世经典随身读《吕氏春秋》(精选本)由高等教育出版社出版。吴欣《高诱吕氏春秋注词汇研究》,浙江大学博士论文,导师:王云路。

5 月,淮南子研究会主编的《淮南子研究》第二卷由黄山书社出版。

2009 年,许富宏著《〈吕氏春秋〉:四季的演讲》由上海古籍出版社出版,李黎、刘涛编著《察道吕览》由经济日报出版社出版,吴苏林编《〈吕氏春秋〉的教育智慧》由新疆青少年出版社出版。

8月，淮南子研究会主编的《淮南子研究》第三卷由黄山书社出版。

2010年，王启才注译 国学经典《吕氏春秋》由中州古籍出版社出版，张富祥注说，国学新读本《吕氏春秋》由河南大学出版社出版，张国擎《帝王必读书：慢说吕氏春秋》由凤凰出版社出版，王晓明注译《吕氏春秋通诠》(上下)由江西人民出版社出版。曾锦华著《〈吕氏春秋·十二纪〉纪首、〈淮南子·时则训〉及〈礼记·月令〉之比较研究》由台湾花木兰文化出版社出版。林荣《吕氏春秋与百家合流》，吉林大学博士论文，导师：吕文郁。孔令梅《儒道融合视域下的〈吕氏春秋〉之道研究》，安徽大学博士论文，导师：陆建华。

2011年，殷国光《吕氏春秋句法研究》由河南大学出版社出版，王伟《吕氏春秋思想新探》由天津古籍出版社出版，陆玖译《吕氏春秋》由中华书局出版。

5月，淮南子研究会主编的《淮南子研究》第四卷由黄山书社出版。

2012年，郭智勇《被遗忘与曲解的古典中国——〈吕氏春秋〉对传统学术的投诉》由广西师范大学出版社出版，郭志坤、陈雪良《提问吕不韦》由中西书局出版，金开诚主编、金东瑞编著《杂家学派与〈吕氏春秋〉》由吉林文史出版社出版，许富宏主编《吕氏春秋鉴赏辞典》由上海辞书出版社出版。李铭娜《吕氏春秋动词研究》，吉林大学博士论文，导师：武振玉。俞林波《〈吕氏春秋〉学术思想体系研究》，山东大学博士论文，导师：郑杰文。杨汉民《〈吕氏春秋〉的政治哲学研究》，苏州大学博士论文，导师：臧知非。

10月，淮南子研究会主编的《淮南子研究》第五卷由黄山书社出版。

2013年许维遹著《吕氏春秋集释》(1—10)由华龄出版社出版。

后 记

　　本书是王启才 2010 年教育部人文社会科学研究项目"《吕氏春秋》文献稽考与唐前接受研究"（10YJA751078）的成果之一。

　　2012 年 3 月 19 日，中国社会科学院文学所范子烨先生专门写信告诉我，"武汉大学陈文新教授主编一套《中国学术档案》，兹将相关书目及有关体例等方面的材料转给大家，有兴趣的朋友，请直接和他联系。他的电子信箱是……"，从陈文新教授所策划的《中国学术档案》书目看，尚无人承接的《吕氏春秋》，恰好是我近年一直在从事的研究内容之一，已出版著作 2 部，发表论文 20 余篇，正在进行教育部人文社会科学项目"《吕氏春秋》文献稽考与唐前接受研究"工作，算是轻车熟路，于是就向陈文新先生申请加盟，陈先生很快回复，慨然应允，武汉大学出版社 6 月份寄来出版合同，要求 2013 年 9 月交稿，可谁知"成如容易却艰辛"，众多琐事缠身，身不由己，根本没时间集中精力去做，结果比预期延迟了 4 个多月，特向武汉大学出版社方面表示歉意！

　　本书选编的原则，一是在《吕氏春秋》研究史上比较重要的、带有资料性质的论著，二是一般读者不容易找到的论著。对于所选论著中出现的带有明显引文等错误，则予以改正；至于因理解不同，所造成的断句、标点不一情况，则尽量忠实原著。论著评介，尽量做到如实客观公允。书稿在写作过程中，编选了不少《吕氏春秋》研究同仁的论著，有的无法联系上作者本人，在此表示衷心的感谢！

　　衷心感谢武汉大学陈文新先生、中国社会科学院文学所范子烨先生，武汉大学出版社胡程立、朱凌云女士、白绍华先生的大力支持与帮助！

　　　　　　　　　　　　　　　启才 2014 年 2 月写于颍州西清河畔